Die Rettung von John Smith durch Pocahontas Anfang Januar 1607 in Virginia ist ein Gründungsmythos Amerikas. Dies Buch stellt den Mythos dar, setzt ihn in Beziehung zu Shakespeares Vision des »guten Staats« in *Der Sturm*, und folgt ihm bis in seine heutigen Verzweigungen: ein Buch zur Klärung unseres Verhältnisses zu »Amerika« und seiner (andauernden) Neu-Erfindung sowie zur vertiefenden Verwirrung des Verhältnisses von Mythos und Geschichte:

›Marlon Brando, Pocahontas and me‹
(Neil Young, 1979)

PHILOSOPHENDÄMMERUNG. EIN WORT ZUR LAGE

Der »neueste Streit« in den Zeitungen ist morgen immer so alt und so tot wie Shakespeares 1613 gestorbene geniale Katze; keiner kennt mehr das blauschwarze Bessie-Tier, vielleicht wird Sloterdijk ihr ein Denkmal setzen in seiner brandneuen *Haustier*-Forschung. Großer Krach im Züchtungsstall. Sloterdijks böse Tat soll sein, den »Humanismus«, das teuerste Gut unserer Abend-Kultur verraten zu haben. Er ist mit der (nicht eben allzu neuen) Erkenntnis aufgekreuzt (mit unangenehm hoher Bugwelle), daß Menschen *gemacht* werden, seit ewig schon: gezüchtet, gekreuzt, geplant, technisch-medial konstruiert; Plato gebühre die Urheberschaft an dieser Erkenntnis...

Ein »Faschist« soll er *deswegen* sein; und weil er Nietzsche zitiert, zu *den Menschen*, so: »Tugend ist ihnen das, was bescheiden und zahm macht: damit machen sie den Wolf zum Hunde und den Menschen selber zu des Menschen bestem Hausthiere«. – Stichwort: Menschenherstellung. Sloterdijk beschwert sich mit *Zarathustra*, daß der Mensch sich »kleingezüchtet« habe. Nietzsche ein weiteres Mal als Festredner zum *Züchtungstag*. *Die Zeit* druckt die Sonntagsrede, 16.9.99, das letzte große Medien(Kultur)Ereignis des alten Jahrtausends. Wau! Kompliment.

Ein andres Blatt, die Computerzeitschrift »ct«, Rubrik Internet-Buchhandel, macht fast gleichzeitig darauf aufmerksam, daß das *Buch der Könige 3, »Freud«,* Probleme habe mit dem In-der-Welt-Erscheinen ...Züchtungsprobleme. Das ist, weil sein Autor – »ich« – sich mit anderen Projekten beschäftige. Das stimmt: Internet verbreitet nicht *nur* Unsinn – aber stimmt auch nicht. Nicht *andere* Projekte, es sind *ähnliche*. Sie berühren sich mit denen von P. Sloterdijk – diesem Menschen, der im Jahr 2299 nach Plato als *Philosoph* öffentlich figuriert!, das ist allerhand ...really heavy ...indeed...

Was die Computerzeitschrift verbreitet, stimmt insofern, als ich Weihnachten 1996 in einem Kaufhaus wunschzettelgemäß das Spiel *Die Siedler* (kleiner gedruckt: »von Catan«) erstand. An diesem Spiel hängt seit ein paar Jahren die gesamte jüngere Menschenwelt Mitteleuropas mit einer Vergnügtheit und Ausdauer, die zwei, drei Erweiterungen des Spiels auf den Markt rief; jede mit dem Resultat erhöhter addiction – ein großer Züchtungserfolg auf dem Gebiet der menschlichen Hausthier-Erzeugung; und macht sogar *Spaß*. Die »Sozialgeschichte der Zähmungen« ist *Thema* Sloterdijks in seinem Elmau-Talk. Er sagt:

> In der Lichtung erweist sich, um welche Einsätze die Menschen kämpfen, sobald sie als städtebauende und reicheerrichtende Wesen hervortreten.

Fortsetzung auf Seite 4

Klaus Theweleit

Pocahontas in Wonderland. Shakespeare on Tour.

Indian Song

Stroemfeld/Roter Stern

Fortsetzung von Seite 2

Das ist die Essenz von *Siedler;* plus Heidegger (»Lichtung«), versteht sich; P. Sloterdijk, wie immer, am Puls der Zeit.

Nicht unähnlich wie den Siedlerspielern erging es mir mit den *Pocahontas*-Büchern. Sie handeln von Straßen-, Siedlungs- und Städtebau in Neuen Kontinenten, von Seefahrern, Raubrittern und Liebesgeschichten: die im Brettspiel allerdings fehlen; da ist die Sexualität *zwischen* den Spielern. Ansonsten hat Siedler wirklich was von einer Selbstdefinition des Europäischen: Kolonisieren (als Zähmungsarbeit und Konkurrenzkampf), eine Unter-der-Hand-Reflexion der Grundlagen »unserer Kultur«. Im Spiel kommt der Kolonist zu sich selbst...

...so wie der Philosoph im Feuilleton. Ich lese sein obszönes Objekt, das die Humanisten den »Faschist«-Vorwurf ausstoßen läßt, und – ...meine Hand beginnt zu kritzeln, Namen, an den Rand. Irgendwie kenn ich das alles ...Kittler, Aufschreibesysteme; die McLuhan-Bücher; Derrida, Die Postkarte an Sokrates und jenseits; Bernhard Siegert, Relais; Derrida, Dem Archiv verschrieben; ('ne Menge Brinkmann & Bose-Bücher hat er sich geangelt! Sloterdijk kommt an bei den Medientheorien! ...spät, aber er kommt), & 'n bißchen Foucault ...aber ohne Namensnennung alles; auch meine Wenigkeit finde ich gut ausgenommen. Okay, wer Philosoph ist, braucht keine Quellen nennen, der ist selbst die Quelle, und zapft sich ab. Bloß Plato, Heidegger und Nietzsche leuchten in seinem Text, mit Richtungsmarkierung immer auf Leuchtturm Nr. 4: – – – –

Ohauaha. Auch das kenn ich von woher, Benn, u.a. Könige... Benn? Der hatte doch versucht, 1934, genau unter dem Begriff der »Züchtung« dem Hitler-Staat seine eigene Version »des Menschenmachens« aufzudrücken (oder unterzujubeln). Neues Thema? Große Transgression? Ach wo. Technologischer Menschenbau und Kritik des »humanistischen Weltbilds«: das flüstern alle vernünftigen Leute von allen Dächern seit gut 30 Jahren (außer eben Habermäsen und grünen Gen-Mais-Phobikern, die allerdings den Geist-Pegel im dt. Feuilleton exakt anzugeben scheinen). Aus einem Buch von 1988 erinnere ich die Passage:

> In der Geburts- und Vermehrungsarbeit gibt es den Krieg um die Königsposition ... Traum: der ›Königsweg ins Unbewußte‹, sagte Freud (zu einer Zeit, als der Königsweg ins Bewußte die Militärausbildung war) ... Kaiserweg ... wer oder was nun? Sind es Mütter, Eltern, Schulen ... ist es die Politik, sind es Kirchen, ist es die Kunst, die Medizin, die Presse, sind es Ingenieure, ist es der Arbeitsplatz, die ökonomische »Bewegung«, die ›die Menschen‹ machen? (Daß sie nicht einfach ›wachsen‹ sprach sich herum.)

Wer läßt sie wachsen? Wer macht das Programm? (nach der Grundausbildung der Mutter-Kind-Dyade.) ›Die Macht‹? Das Anwaltswesen? Physiker? Gentechnologen? Architekten? (...) Sind es Computer? Das sanfte Kribbeln des Siliziums ...die Liebe? Die Multis? Geheimdienste? Die NASA? ...Väter? Die Werbung? König Alk? Biochemie? Das Schlagzeug aus dem Synthesizer? (...) die wundersame Glasfaser erhebt ihre lautlose Stimme, zu schweigen von Jürgen Habermas. (...) Wo ist die Post?

...»hat sich herumgesprochen« ...inzwischen auch zu Sloterdijk. Die Machtstellung des Menschenbaus heißt die Königsposition bei Plato – erzählt uns P.S. – ja mei, deswegen schreib ich das auf meine Bücher, seit nun 11 Jahren, und nicht als meine Neuerfindung, sondern als das, was die Lage nahelegt: *Buch der Könige*; das Zitat oben ist aus der Einleitung zu Bd. 1.

Und nun Sloterdijk auf *Schloß Elmau*: von Plato bis zu ihm war Funkstille in diesem Bereich, unterbrochen von ein paar Takten Nietzsche und einem (eher zufällig) richtig tickenden Heidegger – wo man zu *fast jedem* von S.'s Sätzen einen (ungenannten) näherliegenderen Urheber angeben kann. Langsam hab ich die Nase voll von dem Kerl. Endlich wieder'n Plato?? Sloterdijk hat alles noch mal zusammengeklau(b)t und (milchschnittenhaft) übersetzt in »The latest News« vom Denk-Pol. Wau! – Wau!

– nicht etwa, daß Slot und »ich« (oder die genannten anderen) »gleiche Züchtungsziele« verfolgten. Wir berühren uns in der Wahrnehmung, daß Menschen nicht nur biologisch, sondern auch *technisch* produziert werden können und werden. Mit dieser Selbstverständlichkeit gehört man (groteskerweise) zu einer Minderheit unter den dt. Denker-Horden. Aber darin enden die Berührungen schon. Sloterdijk, eine Weile schwankend, hat sich entschlossen, genau im alten Plato-Sinn den Wisser-Experten-König in die Menschenmacherposition zu hieven, d.h. im 20. Jh.-Kontext: Chef-Eugeniker aus Machtzentren – auch wenn der Mantel des »Stillen im Lande«, des »nachdenklichen Einsamen« der Figur umgehängt wird; Fingerspitze immer auf der eigenen Brust –; einzige Begründung fürs Zucht-Programm: die Zunahme der Gewalt in amerikanischen Schulen.

Für mich »züchtet« es sich anders. Menschen werden nicht nur gemacht, techno-biologisch, sie machen sich auch selber, sie »spielen sich neu«, zwischen Zweien, zwischen Dreien, in Familien, Gruppen, Arbeitszusammenhängen, Therapien, auf Tanzflächen, in Kinos, auf Straßen, in Betten, jede(r) weiß das außer notorischen Philosophen. Sloterdijk weiß das auch, aber spielt das Spiel notorisch weiter, im Wissen des eigenen Überflüssigseins; das war schon Heideggers hartes Brot und ist heute nicht leichter. Wer dies Spiel nicht spielte, war Gilles Deleuze.

Womit wir zurück wären beim Spiel und bei Freud. *Keine Sekunde* bin ich in »anderen Projekten«. Ein geplantes *Pocahontas-Kapitel* unterblieb 1988 in *Buch der Könige 1* aus Platzgründen. Es sollte die Darstellung des Einbaus von Frauenkörpern in die Fundamente artistischer Großwerke komplettieren: am Fall der Kontinent-Groß-Gründung Amerika. Und blieb liegen ...und wuchs. *Heiner Müller. Traumtext* und *Ghosts* schoben sich hinter *Buch der Könige 2x+y*. 1997 war zu entscheiden: »Freud oder nicht Freud«. Mein Gefühl dazu: wenn jetzt nicht *Pocahontas*, dann ist es *weg* ...soviel Material, so viel investierte Zeit. Und Freud, glaube ich, wird nicht *weg* sein ...»Freud macht weiter«, im nächsten Jahrtausend...

Aber: ist es überhaupt »das eine« *oder* »das andere«? Freud sah sich als Conquistador. Um dieser Einschätzung gerecht zu werden, ist ein Durchgang durch *die Conquista* (und deren Züchtungsprojekte) ohnehin vonnöten. Die PO-CA-HON-TAS-Bände versuchen das. Sie führen nicht weg, sie führen hin »zu Freud und jenseits«; wobei der TAS-Band, Schmidts *Seelandschaft mit Pocahontas*, weit in *Buch der Könige 4* hineinreicht, in Céline und Joyce. Band 2, CA, *Königstöchter*, ist eine Weiterschreibung von *Könige 1*, starting with Medea. Band 3, HON ist eine Fortschreibung der Theorie der männlichen Gewalt aus *Männerphantasien*, mit Einarbeitung heutiger Medientheorien in die Theorien des Kolonialen.

Dieser Band hier, PO, erzählt die (in unsern Siedlerbreiten) so gut wie unbekannte Geschichte der Pocahontas, weitet sich zu einem Text über die Gleichzeitigkeit der Jamestown-Besiedlung, Virginia, mit Shakespeares *Sturm*, weitet sich zu »Poca in den Literaturen« und entfaltet die Darstellung der IndianerIn als Mytho- und Bildwesen von den frühen Stichen der Europäer ins Design der Werbung und der Kinderbücher; eine Bildgeschichte der »Kultur, aus der Warhol kam« und die Disney-Feen ...»Züchtungs-Geschichten« von der Erfindung Amerikas.

Das Projekt vom *Pocahontas-Komplex* ist jetzt 12 Jahre alt, so alt wie Pocahontas in Werowocómoco war, als sie auf den Kolonisten John Smith traf. Zeit, unter die Leute zu gehen.

Dies war dann meine Art, *Siedler* zu spielen die letzten Jahre.

I *Rettungen.* Who's Pocahontas?

URSZENE

O LEÃO HAVE SETE CABEÇAS

POCAHONTAS' GEISELNAHME, TAUFE UND HEIRAT

II Shakespeare on Tour

I *Rettungen*. Who's Pocahontas?

URSZENE

1. KOPF AUF STEIN

Unter allen Urszenen der Kolonisierung Amerikas ist die von Captain Smith & Pocahontas 1607 bei Jamestown, »Virginia«, die aufgeladenste und folgenreichste. Die Szene zeigt: der englische Soldat und Siedler John Smith (27), wird von Pocahontas (12), einem *Native American Girl,* vorm Tod durch Schädeleinschlagen gerettet. Den Tod hat der »Häuptling« Powhatan, indianischer Herrscher dieses Gebiets (und Pocahontas' Vater) dem Gefangenen Smith zugedacht. Ihr Körper als Schutzschild vor dem Körper des zu Tötenden stoppt die Hinrichtungsgeräte in der Luft, schwere Holzkeulen mit einem Stein in der Spitze. Des jungen Mädchens aufgelegte Hand verwandelt John Smith nicht nur zurück in einen Lebenden, sondern in einen *Helden der Geschichte:* den Gründerheros des zukünftigen ersten Staates der USA, Virginia. Die rettende Indianerin selbst verwandelt sich auch, aber in eine mehr »weibliche« Heldenform: sie wird zu einem der Fundamente, auf denen die »Neue Welt« *America* erbaut sein wird; sie stirbt an »den Folgen« ihrer Rettungstat.

Ein historisch-mythologischer Gründungsakt mit einem Opferkern: Geschehen aus wildem Wahn? Aus jugendlichem Übermut? Aus entflammter Liebe? Aus politischer Überlegung? Nach dem Willen der Götter? Die Antwort weiß nicht mal der allbekannt allwissende Wind, er weiß nicht mal, ob die Rettung selber je passiert ist, und ob sie *so* passiert ist, wie sie dann aufgeschrieben und um die Welt verbreitet wurde.

Schauplatz der Szene ist die indianische Stadt Werowocómoco, Sitz

Powhatans,* Herrscher über gut dreißig Algonkin-»Stämme«, die die Küstenregion an der *Chesapeake Bay* bewirtschaften und bewohnen: einen kleinen Teil jenes riesigen Gebiets, das die englische Krone unter dem Namen »Virginia« seit den 1580er Jahren für sich reklamiert – vom 30. Breitengrad bis hoch zum 45.°, vom nördlichen Florida bis fast zum heutigen Canada – ohne ein menschliches Bein am Boden zu haben dort.

Das wird anders im April 1607. Drei englische Schiffe landen in Powhatans Gebiet, 105 Mann an Bord, keine Frauen. Nach knapp drei Wochen Erkundung des breiten Flusses, der dort mündet, mit teils freundlichen, teils unfreundlichen Indianerkontakten, errichten sie eine Siedlung, Jamestown«,** »die erste dauerhafte englische auf amerikanischem Grund«.

★ So sein Name in den englischen Schriften. Tatsächlich heißt er Wahunseneka, bei manchen auch Wahunsonacock. Aus Gründen gebotener incorrectness bleibt es hier bei »Powhatan«.

★★ nach James I., König von England, gleichzeitig James VI. von Schottland, Sohn

Dank einer merkwürdigen Zurückhaltung von Powhatans Leuten gegenüber den Fremden von den großen Schiffen überstehen die Siedler das halbe Jahr bis zum ersten Winter ohne große *kriegerische* Verluste – die Hälfte von ihnen stirbt aber im Lauf des ersten Jahrs an Infektionskrankheiten. Die Zurückhaltung der Native Americans gegenüber den weißen Ankömmlingen ist beschrieben worden als Resultat einer Unentschiedenheit ihres Blicks auf die Schiffe der Europäer – »schwimmende Inseln mit weißen Wolken drauf«.

Ein heutiger amerikanischer Roman-Autor mit Spezialblick für fortdauernd Kolonialistisches, T.C. Boyle, hat die Gespaltenheit dieses Blicks re-imaginiert für seinen Roman *World's End.* Ein Titel, der sagt: eine Welt ging *zu Ende* mit Ankunft dieser Schiffe, die Geschichte des Vor-Amerika, dieses Kontinents ohne Namen, von manchen »Paradies« genannt und von den Engländern *Virginia* oder *New World*. Sie geht zu Ende im Blick auf *das Schiff*, das unaufhörlich landet – das im

von Maria Stewart, erster Schotte auf Englands Thron, gekrönt 1604: »Jakob I.« in der deutschen Geschichtsschreibung.

NEIN!

Jahr 1607 seit gut hundert Jahren schon landet an so vielen Stellen der indianischen Küsten nach Columbus' erstem Einfall.

Boyle verleiht diesen Blick in seinem Roman der alten Indianerin »Wahwahtaysee«:

Als sie sechs Jahre alt und geschmeidig wie ein Salamander gewesen war, hatte sie mit dem Rest ihres Stammes bis zur Hüfte im Fluß gestanden und zugesehen, wie die »Half Moon« gegen die Strömung ankämpfte. Das Schiff war ein Wunder gewesen, eine Vision, ein Zeichen der stummen Götter, die die Berge aufgefaltet hatten, um ihr Treiben vor den Augen der Sterblichen zu verbergen. Manche sagten, es sei ein Geschenk von Manitou, ein großer weißer Vogel, der gekommen war, ihr Leben zu heiligen; andere, weniger zuversichtliche Mitmenschen identifizierten es als Teufelsfisch, gekommen, um sie alle auszulöschen.*

Auch Powhatans Stammesangehörige oder *Mitmenschen* schienen nicht recht zu wissen, was tun mit den Leuten aus »London«, die erzählten, ein Sturm hätte sie verschlagen in diese Bucht ...*zu bleiben* hätten sie nicht vor. War ihnen zu glauben? Es hatte andere Weiße gegeben hier, vorher ...Siedler, ganz in der Nähe ...auch Spanier, jesuitische Patres ...nicht nur weiter im Süden, auch an der Chesapeake Bay waren sie herumgegeistert ...sie waren aber immer wieder »verschwunden« ...wenn auch nicht von ganz alleine ...es hatte Tote gegeben. Ihren ursprünglichen Charakter als »Unknown Swimming Objects«, USOS, hatten die Wolken-Schiffe schon verloren zu diesem Zeitpunkt.

Auch Wortlisten mit Algonkin-Wörtern waren schon nach London gelangt, Grundlage der beginnenden englisch-powhatanischen Wortgeplänkel.

...nun liegen die englischen Schiffe schon ein halbes Jahr auf dem Fluß ...die Englishmen von Jamestown durchstreifen die Gegend ...erkunden Flüsse ...das Verhalten der Roten ist »wechselhaft« ...mal schießen sie Pfeile, mal sprechen sie Einladungen aus und geben zu es-

★ So die Greisin Wahwahtaysee zur Ankunft ihres ersten Siedlerschiffs weiter im Norden, der *Half Moon*, Henry Hudsons Schiff, dem sie als sechsjähriges Kind, im Fluß stehend, zusah, wie es gegen die Strömung kämpfte. T.C. Boyle, *World's End*, 1987, 41.

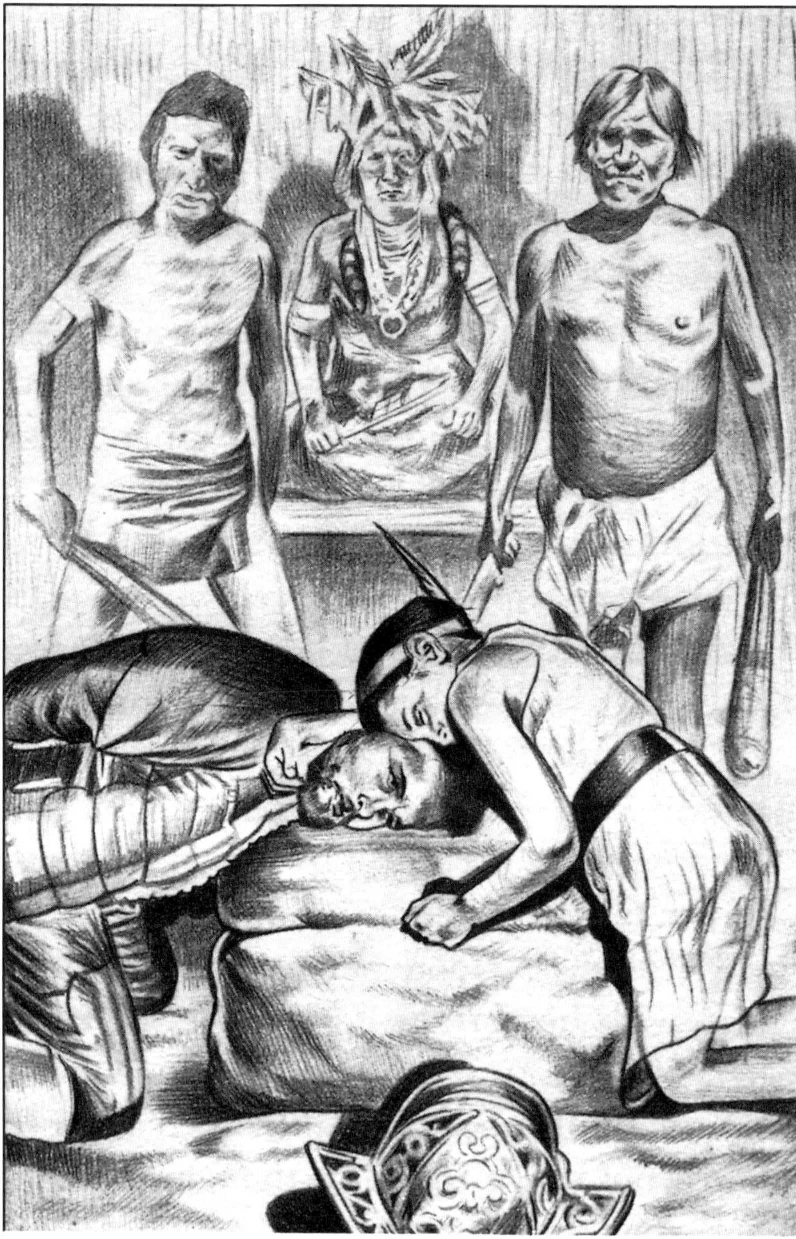

sen ...»inconstant«, mit einem Wort von John Smith ...dies wird sein Hauptwort zur Charakterisierung der »Wilden« ...nicht *belle sauvage*, sondern *inconstant savage*...

Es wird Dezember...

Da wird auf einer Erkundungsfahrt flußaufwärts der Captain John Smith, einer der Leader der weißen Gäste, von Indianern vom Stamm der *Pamunkey*, sie neigen offenbar der Sichtweise *Teufelsfisch* zu, angegriffen und gefangen genommen. Drei der Indianer werden dabei von Smith getötet. Die siegreichen Krieger zeigen den wehrhaften Captain mit dem roten Bart und seine acht gefangenen Begleiter einige Wochen in ihren Dörfern herum,* dann landen alle in Werowocómoco vor Powhatan zur Entscheidung über ihr Schicksal.** Powhatan, ein nach

* Wie es zwei Jahre zuvor fünf an der Küste von »Maine« gekidnapten Indianern ergangen war, die in London herumgezeigt wurden, 1605.

** Die Powhatans sind keine »Konföderation«, wie oft geschrieben worden ist. Jeder Stamm hat einen Häuptling, Powhatan ist der »paramount chief«, eine Art Oberhäuptling. Er hält diese Position teils durch Erbschaft, teils durch kriegerische Unterwerfung anderer Stämme. Die Einzelhäuptlinge sind ihm tribut- und gehorsamspflichtig. (cf. Helen C. Rountree, *Pocahontas's People*, Norman u. London 1990, 8ff.). Die Algonkin leben dort seit etwa 700 v.u.Z., zugewandert aus dem Norden, umgeben von verstreuten Sioux im Bergland, die 200 Jahre nach ihnen dorthin kamen.

Amerikanisches Kinderbuch 1985

Smith, wie er selbst seine Gefangennahme darstellen ließ für seine *Generall Historie...*, 2. Buch, 1624, vom Kupferstecher Robert Vaughan

Smiths Schätzung 60jähriger Mann von großer Würde – die Engländer nennen ihn »King« oder »Emperor« in ihren Schriften –, verfügt den Tod des weißen Mannes mit dem stählernen Helm. Die Hinrichtungszeremonie fällt nach heutigem europäischem Kalender auf die Tage Silvester/Neujahr 1607/08; – (das englische Verwaltungsjahr beginnt am 25. März in der Zählung des 17. Jahrhunderts). Captain John Smith, erfahrener Krieger auf europäischen Schlachtfeldern, in Ungarn gegen die Türken, in Rußland gegen die Tartaren, *and now captured by American Indians*, wird es so oder so nicht erleben…

Über seine Hinrichtung gibt es einen Bericht – von Smith selber; Bericht, warum es nicht ganz geklappt hat mit der Exekution…

Bei seinem Erscheinen vor Powhatan stießen alle Versammelten einen lauten Schrei aus. Zuerst wurde er nach bestem Wissen der Barbaren bewirtet, dann wurde der Königin der Appamatuck bedeutet, ihm Wasser zu bringen, damit er seine Hände wasche. Es folgte ein Strauß weißer Federn anstelle eines Handtuchs zum Abtrocknen. Anschließend wurde eine lange Konsultation abgehalten mit dem Ergebnis, daß zwei große Steine vor Powhatan abgelegt wurden. So viele Indianer, wie Hände auf seinem Körper Platz fanden, ergriffen Smith und zerrten ihn zu diesen Steinen. Auf den einen wurde sein Kopf gelegt. Dann machten die Indianer sich bereit, ihm mit ihren Holzkeulen das Hirn rauszuschlagen. Da legte Pocahontas, des Königs liebste Tochter, nachdem ihr Flehen um sein Leben nichts half, ihre Arme um seinen Kopf, dann ihren Kopf auf den seinen, und errettete ihn so vorm Tode. Der Herrscher akzeptierte dies. Smith solle leben, sagte er, um ihm Metalläxte anzufertigen und Glocken, Perlen und Töpfe aus Kupfer für seine Tochter. Denn sie hielten ihn für einen ebenso geübten Handwerker, wie sie es waren. Auch ihr König näht sich seine Robe selber, fertigt seine Schuhe, Pfeile, Töpfe selbst, er pflanzt und jagt, wie jeder seiner Untertanen auch.★

…der Tod blieb aus …Geschichte einer Errettung, wie sie »im Buche« steht …in Büchern, in denen Götter ihre Hand im Spiel haben …Odyssee, Aeneis, Edda, Bibel …hier das 3. Buch von John Smiths

★ Smith spricht von sich in der dritten Person, – »wie Cäsar«, hat Leslie Fiedler spitz angemerkt… wie Cortés in seinen Briefen… P. L. Barbour, (ed.), *The Complete Works of Captain John Smith*, 3 Bde., Chapel Hill/London 1986, II, 151

Die erste bildliche Darstellung der Rescue, Robert Vaughan in Smiths *Generall Historie* …, 1624

»Allgemeine Geschichte von Virginia, Neu-England und den Bermudas« … erschienen in London im Jahr des Herrn 1624.

Die buchkundige Geste der indianischen Analphabetin wendet das Schicksal der bedrohten Siedlung »zum Guten«, für diesen Winter: Chief Powhatan schickt verstärkt Lebensmittel nach Jamestown. Die Siedler wären verhungert im ersten Winter in Amerika ohne den Fisch,

Disney, 1995

das Wild, das Geflügel, das Maisbrot der Indianer. Dies ist von allen Chronisten unbestritten, wenn auch einige unter ihnen mehr ein »Werk des Herrn« in der Hilfe der Indianer sehen wollten, des großen weißen Londoner Gottes irgendwo über den Wäldern oben, als der neugierigen Roten aus ihnen.

Als Begleiterin der Träger, die die Lebensmittel bringen, erscheint jeweils Pocahontas, die Retterin, als offizielle »Delegierte« Powhatans, ein Nahrungsengel, immer gut gelaunt, weiblich.

> ...ein Mädchen von zehn Jahren, das an Schönheit, Gestalt und Proportionen alle anderen ihres Volkes übertrifft, und auch an Witz und Geist die Unvergleichliche (Nonpariel) ihres Landes genannt zu werden verdient.*

* – J. Smith, *A True Relation...*, Barbour, *Smith*, I, 92. – Laut Kathleen E. Kier, *A Melville Encyclopedia...The Novels, Pt. 2*, Troy, NY 1990, 812, bedeutet der Name Pocahontas soviel wie »sportive« (=verspielt, mutwillig, scherzhaft, spaßhaft), ihr gegeben, um sie »vor dem *evil eye* der Engländer zu schützen«.

Amerikanisches Kinderbuch, Cover, 1987

So John Smith in jenem historischen Dokument, das die Häuptlingstochter zum ersten Mal erwähnt, 1608 nach London an einen Freund. Die Jamestown Männer müssen so nicht das Schicksal jener früheren englischen Siedler teilen, die zwanzig Jahre zuvor ihre Häuser auf der Insel Roanoke – heutiges North-Carolina – errichtet hatten, aber bald darauf »spurlos« verschwunden waren.

John White / De Bry, Indianisches Frauenfest, 1590

Verhungert? Ertrunken? Erschlagen? An Krankheiten gestorben? Englische Chronisten schreiben ihren Tod gern auf Powhatans Konto. Aber sichere Kunde von ihrem Schicksal gibt es nicht. Sir Walter Raleigh hatte unter dem Kommando von Captain Philip Amadas und Arthur Barlowe eine interessante Gruppe losgeschickt, nicht primär auf Gold & Conquista aus, wie die Zusammensetzung der Roanoke-Gruppe vom Juli 1587, der sog. 3. colony, beweist: 89 Männer, 17 Frauen, davon 2 schwanger deuten auf ein Siedlungsunternehmen. Thomas Hariot – der »englische Galilei« –, Mathematiker, Astronom und Magier, der 1585/86 da war, deutet auf Wissensbeschaffung. Hariot wird den ersten Bericht von der Denk- und Lebensweise der Algonkins nach London liefern, mit vielen Details insbesondere zu Fragen ihrer Religion. In eine ähnliche Richtung deutet der Gouverneur des Unternehmens, John White, nicht nur ein fähiger Verwaltungsmann, sondern

»Sie hat mich nur erregt, um ihn mir besser abschneiden zu können!« Phileas Fogg bei den Indianern, 70er Jahre

auch hervorragender Aquarellist. Seine Zeichnungen und Skizzen, die er im ersten Roanoke-Jahr von Erkundungen auch auf dem Festland anfertigt, werden zum ersten Bilderalbum der nackten Wilden Virginias in England, und dann verbreitet in ganz Europa durch die Kupferstiche von Theodor de Bry. Sie zieren bis heute fast jedes Buch von der kolonialen Frühzeit Nordamerikas.

Hariot und White sind *nicht* unter den Roanoke-Verschwundenen. Sie waren 1586/87 von Roanoke nach London zurückgefahren, um Nachschub zu besorgen und die ersten Früchte der Arbeit in London abzuliefern: ein Manuskript und eine Mappe Bilder. England befindet sich im Krieg mit Spanien, der auf den Moment der Armada *zusteuert.* Wegen der Bedrohung durch die spanischen Schiffe, die sich England nähern, verhängt Elisabeth I. ein Auslaufverbot für alle englischen Schiffe, auch die nach nach Übersee. Jeder Kahn soll einsatzbereit sein gegen die Armada. Als John White, nach der Katastrophe der spani-

Der Tod der Jane McCrea, Gemälde, 1804

schen Armada, mit einem Jahr Verzögerung wieder nach Roanoke kommt, findet er niemanden mehr vor ...in einen Baum eingeritzt, unentzifferbar, eine Nachricht...unter den 17 verschwundenen Roanoke-Frauen war auch die Tochter von John White, Mutter des ersten englischen Kindes in der Neuen Welt:

Eleonora, die Tochter des Gouverneurs und Frau des Ananias Dare,

Poca rettet Smith, französisches Kinderbuch, 1973

wurde am 18. August von einer Tochter entbunden auf Roanoke; das Kind wurde am drauffolgenden Sonntag getauft, und da es das erste in Virginia geborene Christenkind war, erhielt es den Namen Virginia.*

Virginia Dare: »Jungfrau, wag es – in Virginia!«.

Es war schiefgegangen ...aufgesaugt vom Bauch des Waldes ...verschwunden im Herzen der Finsternis. Mögliche Reste oder Spuren von ihnen zu finden war ein Nebenauftrag der Jamestown Siedler ...die

★ »John White's narrative of the fourth Virginia voyage«, in: *The Roanoke Voyages, 1584-1590*, David B. Quinn (ed.), *New American World*, Vol. III, London and Basingstoke, 1995, 265-332, 319; und K. O. Kupperman, *Settling with Indians*, London 1980, 14f.

P. rettet S., Amerikanisches Kinderbuch, 1985

»Verschwundenen von Roanoke« liefern somit den Schlüssel zu ihrer Struktur: keine Frauen, keine Wissenschaftler und/oder Maler, sondern Seeleute, Abenteurer, Aristokraten, ein Priester und ein paar Handwerker. Im Hinterkopf (der bei manchen ganz vorn sitzt): die Suche nach (virginischem) Gold.

★★★

Die drei Schiffe 1607 sind unterwegs im Auftrag der *Virginia Company,* gegründet 1606 in London und Plymouth als Handelsgesell-

...Amerikanischer Kupferstich, 19. Jh.

schaft fürs westliche Übersee-Geschäft. Die Männer sollen, wenn sie Gold schon nicht finden könnten, wenigstens zurückkommen mit der endlichen Entdeckung der Passage nach Ostindien, deretwegen der ganze Aufwand mit dem *Westen* von Europa aus betrieben wird seit Columbus, Cortés, Pizarro & Co. Den meisten Londoner Auftraggebern, Kaufleuten, adligen Grundbesitzern, Anwälten, Schiffseignern

Amerikanisches Geschichtsbuch, Frontispice. Vier amerik. Präsidenten aus Virginia bis zum Jahr 1852. Im Sockel: P. rettet S.

und dem König selber, der die Lizenz erteilt, ist die Jamestown-Siedlung zunächst ein Mittel zu diesen Zwecken, eine Raumstation auf dem Weg zum Gold (...im Mond) oder in die blaue Südsee.

Die Klügeren der Siedler, unter ihnen Smith, sehen schnell, daß nichts derartiges zu holen ist in *Virginia.* Sie setzen auf Landnahme, auf Besiedlung des Neuen Planeten. Das schmale Handtuch aus mutmaßlichen Inseln, das »Nordamerika« noch war auf den Karten von Martin Waldseemüller und anderen Kartographen um 1500, hat sich erweitert. Auch der europäische Mensch beginnt zu wissen, daß dies Ding sich erstreckt bis hin zum spanischen Mexiko, sich zu Land erstreckt. Ebensowenig wie an virginisches Gold glaubt Smith an die »Passage nach Indien« auf dem Wasserweg.

Die *Virginia Company* ist schon die zweite Gesellschaft dieses Namens. Die erste, vom März 1584, war eine Gründung für Sir Walter Raleigh.* Queen Elizabeth I. hatte Raleigh, einem ihrer Favourites am Hof,** das Recht zur Erforschung und Ausbeutung der amerikanischen Küste nördlich des spanischen Florida übertragen. Raleighs Patent lautete auf alle »heidnischen und barbarischen Länder (...) soweit sie in keines christlichen Fürsten Besitz sind oder von christlichen Menschen bewohnt«,*** ausgestellt zunächst auf sechs Jahre. *Roanoke* war sein Projekt.

* – oder »Ralegh«, wie manche Zeitgenossen ihn schrieben und wie er auch im Wappen geschrieben ist, mit dem Queen Elizabeth seine Virginia-Charter besiegelte, wie also auch neuere akademische Texte (Greenblatt u.a.) ihn schreiben. Aber da es insgesamt 19 überlieferte Schreibweisen des Namens gibt, und solange die amerikanischen Orte, die nach ihm heißen, weiter auf Raleigh lauten (und er auch in Lennon/McCartneys Song *I'm So Tired* nicht zu Ralegh zurückbenannt wird), bleiben wir bei der geläufigen (»falschen«) Schreibung.

** ...»favourite« seit der berühmten Szene beim Greenwich Schloß: Raleigh breitet seinen Mantel über die Pfütze, damit die Königin trockenen Fußes aus ihrer Kutsche zu den Stufen des Portals gelangen kann. Nachgespielt von Ringo Starr in *A Hard Day's Night.* Sir Walter ist ein sehr beliebter Engländer bis heute, eine Popgröße, eine der ersten.

*** »...to discover search fynde out and viewe such remote heathen and barbarous landes Contries and territories not actually possessed of any Christian Prynce and inhabited by Christian people.« *The Roanoke Voyages*, ed. by David Beers Quinn, London 1995, 82f.

J. G. Chapman, Poca saving the live of Captain John Smith, 1836-40

Wären die Jamestown-Männer von 1607 ebenso verschwunden und abhanden gekommen wie ihre Vorgänger – was wäre geworden mit »America?«. Die Besiedlung des Kontinents durch Europäer wäre zwar nicht aufzuhalten gewesen, aber es hätten nicht unbedingt Engländer sein müssen, an dieser Stelle nicht und nicht anderswo. Es gab auch die Spanier, Franzosen, Holländer und später Russen, die sich von Süden, Norden, Osten und Westen her auf verschiedenen Wegen in den Neuen Kontinent hineinfraßen. Der hieß zwar Amerika auf europäischen Karten, aber die *United States of...* hätten nicht entstehen *müssen*, nicht unter allen Umständen: der indianische Mädchenkopf auf Smiths Soldatenschädel auf dem Stein ist also zu sehen als ihr Gründungs*moment* ...»unabweisbar« ...für Mythologen, Literaten und Menschen, die »die Geschichte« vorzugsweise in Form von Geschich-

Kupferstich, USA, 1841

ten zu sich nehmen, *sowieso:* das mythologische Ei, aus dem das nicht-columbianische Amerika geschlüpft ist, die USA...

Eine Schiffsladung männlicher Singles gründet Jamestown, und doch dreht sich Virginias Gründungsmythos um eine Frau.★

Schwer von der Hand zu weisen ist dieser Umstand aber auch von den Vertretern strengerer – anti-mythologischer – Institute und selbst dann, wenn man die Rettungsszene für *erfunden* hält – was viele tun –, Ausgeburt der Phantasie des Schriftstellers Smith beim Aufschreiben der Taten des Kolonisten Smith. Smith ist der einzige schriftliche Bezeuger der Szene, und *aufgeschrieben* hat er sie erst 17 Jahre *nach* »dem Ereignis«.

★ Ann Uhry Abrams, *The Pilgrims and Pocahontas. Rival Myths of American Origin*, Boulder u. NY 1999, xv.

Amerikanisches Geschichtsbuch, 1866

»Skepsis« ist in der Tat angebracht. Smith hatte vor seiner großen »Generalgeschichte von Virginia« schon andere Berichte geschrieben, den ersten über das erste Jahr von Jamestown im Jahr 1608. Darin wird die Rettung der Siedler durch die Lebensmittel der Powhatan-Stämme ausführlich gewürdigt, von Smiths eigener dramatischer Errettung durch die Häuptlingstochter Pocahontas steht aber nichts darin. Auch seine folgenden Schriften (1612, 1616 und 1622) erwähnen Pocahontas, Rettungstat nicht. Und auch andere Berichte aus Virginia, die des ersten Sekretärs der Kolonie, William Strachey, 1612, und die des zweiten Sekretärs Ralphe Hamor, 1615, wissen nichts von Smiths wunderbarer Rettung durch dies Mädchen, obwohl Pocahontas selber in ihren Schriften an prominenter Stelle erscheint.

Er habe die Geschichte mit der Rettung zunächst lieber für sich behalten, erklärt Smith. »Warum« könnte das so gewesen sein? Was hat es auf sich mit seiner Story? Warum hat er gerade ihr *Herzstück*, zu dem es in der späteren Legendenbildung wurde, zunächst verschwiegen?

Zwei Gründe liegen auf der Hand: Smith hat erwogen, was es brächte, seinen vielen Rivalen im Rat der Siedler★ und einer so neugierigen wie mißtrauischen Londoner Öffentlichkeit die 12jährige Wilde als tatkräftige »Retterin des weißen Häuptlings« und seiner Christenmänner aufzutischen, im Jahr 1608 ...das rote, ausgelassene Mädchen, das sich radschlagend durch die Siedlung der Weißen bewegte, »nackt unterm Schurz«, wie Strachey sie bald darauf beschrieben hat ...und erst recht den strengen Chefs von der *Virginia Company*, die Gewinne sehen wollten und nicht Folklore mit Wilden in den romantischen Wäldern Amerikas. Schließlich wollte Smith wieder nach Virginia zurück nach seinem unfreiwilligen Aufenthalt in London 1609, ihm aufgezwungen zum Auskurieren einer Oberschenkelverwundung. Diese Erzählung wäre *kein* besonders gutes Ticket gewesen...

Zudem hätte es sich für Londoner Ohren bei der rettenden Indianerin vor allem um die Tochter eines »Königs« gehandelt. Damit war

★ – das sind Christopher Newport, Bartholomew Gosnold, John Ratcliffe, John Martin, Edward Maria Wingfield, George Kendall und Gabriel Archer.

nicht zu spaßen. Mit einer potentiellen »Thronerbin«, die Pocahontas fürs Londoner höfische Denken potentiell gewesen wäre, in Beziehung gebracht zu werden, enthielt die Drohung einer »Liaison«: ein Engländer als Gatte einer »Indianerkönigin« wäre in den Augen eines eifersüchtigen englischen Potentaten zuerst ein Mann, der eines Tages Anspruch darauf erheben könnte, rechtmäßiger »König von Virginia«zu sein. Mit dem entsprechenden Mißtrauen der spanischen Könige hatten mehrere der Conquistadores von Mexico und der südamerikanischen Länder im Jahrhundert davor sich rumschlagen müssen. Die indianische Königstochter als *Retterin* der Kolonisten groß aufzutischen, und sich selbst als einen *Adoptierten* ihres Volks, führte womöglich direkt in eins der beliebten Tower-Appartments (wo momentan ein früherer englischer Kolonist, Sir Walter Raleigh, wegen angeblicher Verschwörung gegen die Krone ja auch einsaß).

1624 dann, 16 Jahre später, sah die Lage anders aus. Smith arbeitete nicht mehr für die Virginia Company. Die Existenz dieser »Pocahontas« war inzwischen sowohl beglaubigt und besiegelt wie auch entschärft: sie war 1616 als neugierig erwartete »Indian Princess« in London gewesen, erster offizieller Hofbesuch aus der Neuen Welt, westlich angezogen, getauft auf den christlichen Namen *Rebecca*, verheiratet mit einem Engländer, *ohne* daß dieser Anspruch erhob auf einen virginischen Thron ... man hatte sie bestaunt, bei Hof und in der Öffentlichkeit ...sie war im Theater gesehen worden mit King James und Queen Anne ...»die Gesellschaft bezaubert« mit indianisch-christlichem Naturcharme.* *Gründe*, die Rettungs-Geschichte, sollte sie passiert sein, zunächst für sich behalten, und sie später – *literarisiert* – dann doch verwertet zu haben, gab es also genug.

Hinzu kommt, als nicht weniger entscheidender Grund, daß zwischen den Jahren 1608 und 1624 das englische Schreiben von »Amerika« sich insgesamt verändert. In einer grundlegenden »Verschiebung des Blicks« bekamen insbesondere *die Frauenfiguren* der ersten Mo-

★ So wie in diesen Jahren Karotten und grüner Salat, Herkunft »Neue Welt«, nach einer Veredelungsphase in italienischen Gärten (»sekundäre Christianisierung«), ihren Siegeszug über Europa bis nach England antreten, zusammen mit der italienischen Gabel, die ebenfalls dort eintrifft genau im Jahr 1607.

Munoz, Paris, 1983

mente der Kolonisierungsgeschichte(n) eine andere Rolle zugewiesen im sich festschreibenden Kolonialdiskurs, als sie sie in den ersten, den Erlebnis- oder »Ursprungsberichten«, gehabt hatten.*

Noch entscheidender aber vielleicht war die Verschiebung im Verhältnis der Kolonie zu den Indianern insgesamt. 1622 gab es den ersten großen Indianeraufstand gegen die Briten, der »Mord« an beinah 400 englischen Siedlern war blutig von englischen Truppen gerächt worden; im Moment von Smiths *Generall Historie* von 1624 war offener Krieg zwischen den Powhatan und den Kolonisten; d.h., die Indianer waren schon besiegt, auf dem Rückzug, in die Wälder verstreut; wer sich offen sehen ließ, wurde erschlagen, es sei denn, er diente als unterwürfiger Diener bei einem weißen Herrn. *Mögliche* oder *phantastische* Koalitionsformen via Heirat mit Indianerköniginnen gab es nicht mehr im Jahr 1624; vielmehr bestand jetzt die Möglichkeit, auf dem Hintergrund eines sich durchsetzenden Diskurses vom Barbarismus der amerikanischen Wilden eine »edle Ausnahme« vorzuführen, eben in Gestalt des guten, hilfreichen Mädchens aus der Wildnis, der wunder-

★ Ausgeführt von Sabine Schülting, *Wilde Frauen, Fremde Welten. Kolonisierungsgeschichten aus Amerika*, Reinbek 1997

Kupferstich, 2. Hälfte 19. Jh.

baren Retterin des »guten weißen Mannes«, der edlen »Pocahontas«, inzwischen bekehrt, getauft und begraben im Schoß der alleinselig-machenden, der anglikanisch-protestantischen Kirche.*

Womit über »Tatsächlichkeiten« zwar einiges gesagt ist, mehr aber über Textsorten, und damit etwas über die Existenz von Wahrheits-*Sorten*. Das relativiert entscheidend die Rede derer, die am liebsten nur mit Gewißheiten hantieren und mit »Nichts-als-Gewißheiten«: die Chiefs vom Stamm *Kritischer Hirsch,* die Profi-Historians, die nichts so schlucken, wie es ihnen serviert wird, sondern es abklopfen auf seinen Quellen-Status hin:

»Wahrscheinlich nie *passiert*, diese Rettung«, lautet ihr Entscheid. ...die Holocaust-Forschung, Abteilung *Native Americans in the*

* Rountree (S. 38) hält vor allem die Todesdrohung nicht für gegeben im Winter 1607/08. Im Jahr 1624 dagegen habe Smith die seit 1616 in London bekannte Pocahontas aufbauen wollen als Heroine und als *Ausnahme* vom allgemeinen »Barbarismus« der Wilden.

POCAHONTAS.

WEARIED arm and broken sword
  Wage in vain the desperate fight:
Round him press a countless horde,
  He is but a single knight.

Southeast, muß hier ernsthafte Bedenken erheben...

Sie erhob diese ab ca. 1850. Zu dieser Zeit – der Bürgerkrieg zwischen Nord und Süd in den USA begann sich abzuzeichnen – ging Charles Deane, renommierter Neu-England Historiker aus Massachusetts, daran, die »populären Lügenlegenden« des Südens von den schwachen Beinen zu holen, an erster Stelle die Story von Smith & Pocahontas:

Die Geschichte ist interessant und romantisch. Aber der kritische Leser von Smiths Berichten über seine Abenteuer in Virginia stockt angesichts der Tatsache, daß nicht die geringste Andeutung dieses Vorfalls zu finden ist in Smiths minutiöser und sehr persönlicher Aufzeichnug, die er im Moment des Geschehens selbst verfaßte.

Es kann kein Zweifel bestehen, daß die frühere Erzählung die wahrere Darstellung enthält... ⋆

Deanes Befund, bei Smiths Stein-auf-Kopf-Bericht sei seine »starke Liebe zum Wunderbaren« am Werk, mit dem er auch sonst seine Abenteuer gern ausschmücke, verhüllt kaum die Diagnose von Smith als »Lügner« ...typischer Südstaaten-Gentleman, schon damals der führende Konkurrent der berüchtigten Seemannsgarne...⋆⋆

Der reale Wahrheits- oder Unwahrheitsanteil einer Story hat aber noch keine Story daran gehindert, ihre Wirkungen zu entfalten und noch keinen Storyteller, sie und gerade *sie* zu *erzählen*: niemand fühlte sich gehindert, gerade die Geschichte der *Rettung* von Smith durch Pocahontas immer nochmal aufzuschreiben, abzuwandeln, noch einmal zu malen, in Gips zu schneiden, in Songs zu bringen, auf Bühnen, auf Platten, in Filme: »God saved the Queen« ...»but Captain Smith was saved by Pocahontas«...

...jeweils versehen mit Ausschmückungen und Varianten aus den

⋆ zitiert nach Robert Tilton, *Pocahontas. The Evolution of an American Narrative*, Cambridge University Press 1994, 164f.

⋆⋆ Ebenso urteilt der Historiker Henry Adams nach dem Bürgerkrieg in der *North American Review*, Jan. 1867, in der Besprechung einer Neuauflage von John Smiths *True Relation*...

linke Seite: William M. Thackeray, *Ballads*, 1879

Welten von Sex & Crime, Religion & Politics, Adventure & Discovery, verflochten mit dem aktuellen Stand der Geschlechter- und Rassenkämpfe, konstruiert nach den Geboten der jeweils herrschenden Diskursanstalten wie Zeitungen, Verlagshäuser, Akademien, Universitäten, Theater und anderer Häuser des Entertainment, abgestimmt auf die kannibalischen Gefühlslagen jeweils maßgeblicher Öffentlichkeiten und unter Einarbeitung der Drehungen jeweils laufender amerikanischer Alltags- wie Groß-Geschichte.

So erfährt ein Kind nicht unbedingt, was seine Eltern und Großeltern taten, aber bestimmt, was seine Urahnen umtrieb, wer von ihnen was zuerst tat, in »mythischer Zeit«; und es erfährt dies im jeweils *neuesten Medium*...

2. AMPHITRYON 99

Als Jean Giraudoux 1937 einen Titel für sein Stück um das Liebesdreieck Amphitryon/Alkmene/Jupiter suchte und sich die Titel der existierenden Versionen von Plautus über Molière bis Kleist ansah, fand er nicht viel Inspirierendes: grad »Amphitryon«, sonst ziemlich nichts. Er zählte die Stücke und kam auf siebenunddreißig. Das war die Jahreszahl, die der Kalender gerade schrieb. Da sein Stück, das achtunddreißigste, im Jahr 1938 herauskommen würde, nannte er es *Amphitryon 38*, und war damit unter den Titelmachern der originellste.

Wir hätten uns gern seines Einfalls bedient, *Pocahontas 97* schwebte uns vor, *Poca 99* wäre dann draus geworden, aber es ist zwecklos: die Zählmaschine hört nicht auf bei einer so kleinen Zahl. Wie man es auch dreht, man kommt auf mehrere hundert Versionen Pocahontas, in den verschiedensten Genres ...John Smith & Rettung immer dabei ...nicht immer dabei John Rolfe, der Tabakpflanzer, den Pocahontas geheiratet hat im Jahr 1614.

Wir zappen uns kurz durch ein paar historische Stationen der *Pocahontas Mythe* und durch einige der involvierten Genres, für einen

Bandbreiten-Check der Spannweite von *Pocahontas in Wonderland*. 4 x Rettung.

Ob auch so etwas wie ein *Pocahontas Komplex* in einem psychoanalytischen Sinn sich herausschält, werden wir sehen, später.

★★★

1805: knapp 200 Jahre nach Jamestown feiert die junge amerikanische Republik, seit 22 Jahren unabhängig von der engl. Krone, mit Thomas Jefferson, einem Nachfahren der ersten Tabakpflanzer Virginias, ihren dritten Präsidenten sowie im selben Jahr das Erscheinen eines der ersten Indianerromane der Geschichte: *The Settlers of Virginia.** »Die Siedler von Virginia« ist der erste Roman, der ganz um Pocahontas herum gebaut ist.

»Indianer« im amerikanischen Roman (nicht nur der Frühzeit) fallen, wo sie nicht von der Dramaturgie als böse Schlächter benötigt werden, oft in eine Kategorie, die man die des *Romantic Indian* genannt hat: von den Lesestuben der Ostküstenhaushalte aus, wo die Romane zuerst florieren, scheint die Indianergrenze (der *wilde* Westen) im Jahr 1805 ungefähr so weit entfernt wie der Mond von den Prairien, die er bescheint – einerseits weit, aber in seiner Schönheit zum Greifen nah. In John Davis' *Settlers of Virginia* scheint er ergriffen auf Pocahontas beim Begehen ihrer edlen Tat:

... Smiths Kopf wurde auf den Block gelegt und die Männer machten sich bereit, mit ihren Keulen sein Hirn herauszuschlagen. Der Chor der Frauen wurde nun bitterer in seinem Wehklagen über das Opfer; aber der wilde Monarch blieb unerbittlich und die Exekuteure hoben ihre Arme, um ihres todbringenden Amts zu walten, als Pocahontas in erregter Trauer zum Stein hinlief, und, das Haupt des Opfers in ihre Arme schließend, das eigene Haupt auf das seine legte, um an seiner Statt den Todesstreich zu empfangen. – O guter Geist! Du Engel bei der Arbeit am Thron der Gnade! Wenn Seelen, die selig nicht mehr auf der Erde weilen, aus dem Bu-

20 Sein Autor John Davis wird als Miterfinder der Literatur vom *Romantic Indian* in den Büchern der Philologen erscheinen, die es, als Berufsstand, noch nicht gibt.

Ölgemälde, Ausschnitt, 1870

sen des ewigen Lichts Zeuge dessen sein könnten, was sich hier vollzieht, so nimm auch du, süßer Seraphim, dies Dankopfer für die Menschlichkeit gnädig entgegen.*

Pocahontas 1805 ist eine Priesterin US-amerikanischer Humanität in einer der ersten literarischen Kathedralen Amerikas. Sie rührt, am Ende der Szene von Tränen geschüttelt, selbst das Gemüt ihres harten, wilden Indianervaters. Der wäre so gern dem weißen Captain, den sie liebt, ans Leben gegangen, aber »Humanity« siegt – das frisch geprägte

* »Fair spirit! thou ministering angel at the throne of grace! If souls disengaged from their earthly bondage can witness from the bosom of eternal light what is passing here below, accept, sweet Seraph, this tribute to thy humanity.« John Davis, *The Settlers of Virginia. An Historical Novel,* 1805, 297f. Fast wörtlich steht das schon so in Davis' zwei Jahre älterem Amerika-Reisebuch; vgl. Davis 1803, 297f.). Davis' Buch legt nach Robert Tilton auch den Grundstock zur Literatur eines aufkommenden amerikanischen Nationalismus, der einsetzt u.a. in Form »romantischer Frauenliteratur in der Ära vom *Romantic Indian*«, Robert S. Tilton, *Pocahontas,* a.a.O., 33 u. 46

Victor Nehlig, Pocahontas and John Smith, Öl, 1870

Zauberwort der einzigen real existierenden Republik des Erdballs,* und Pocahontas siegt, roter Engel von Delacroix'schem Zuschnitt, mit

* Davis selbst: »I'm no republican! No federalist. (...) And I think no system of government so perfect as that of King, Lords and Commons.« (J. Davis, Vorwort zu *Travels...*) Davis gibt es nicht in deutscher Übersetzung, wie die meisten andern in diesem Band benutzten Texte. Die Übersetzung geht jeweils auf Kappe des Autors.

der Liberty-Fackel bei ihrer Arbeit der Seelenerleuchtung.

Die »unschuldige Sanftheit der Vierzehnjährigen« (wie der Engländer Davis ihre Handlungsweise beschreibt) kathartisiert die Herzen in Boston, New York, Philadelphia, *Frauenherzen* in erster Linie. Wie in Europa ist die Geburt und Durchsetzung des Romans auch in den USA identisch mit der Geburt und Durchsetzung bürgerlicher Frauenlesekultur. Wo aber in Mitteleuropa extra gebleichte Lottes und Carolines ihre Wangen in leichter Röte schwellen lassen, wenn Humanität und dann bald Liebe die Macht über sie ergreifen, schwebt in Amerika eine gebleichte Rote, Pocahontas als halb-weiße Lady Liberty aus dem Schnürboden der Schreibgeschichte in die (»heimlich vom Indianer träumenden«) Liebesszenerien. Es ist genau *wegen* der in der Kulisse wartenden *Love Stories*, daß John Davis seine Pocahontas ein wenig älter macht, vierzehn statt zwölf; »zwölf« ist, selbst für einen Engel und eine Indianerin, zu dicht am (offiziellen) protestantischen Kindersex-Verdikt.

Pocahontas in dieser amerikanischen Szene des frühen 19. Jhs. kommt aber noch anders aus »Europa«, als man denkt; sie kommt aus Frankreich. Ihre Neu-Geburt 1805ff erfolgt direkt aus Napoleon, aus dessen Versorgungsproblemen in seinen europäischen Kriegen. Die Engländer blockieren, soweit sie können, die französischen Häfen.* Die Länder, mit denen Frankreich im Krieg liegt, fallen als Nahrungs- und Warenlieferanten ebenfalls aus. Es sind in diesen Kriegsjahren amerikanische Schiffsladungen, die die französischen Nachschub-Löcher stopfen. Die amerikanische Flotte hält sich nicht an das englische Verdikt, das allen Schiffen neutraler Länder das Anlaufen französischer Häfen verbietet. Alte Feindschaft zur Britischen Krone und Sympathien für das revolutionäre Frankreich (dies ist vielleicht die erste wirkliche »Tradition« der jungen USA**) machen es selbstverständlich für die amerikanische Republik, auch dem postrevolutionä-

★ Dies ist die englische Reaktion gegen die von Napoleon 1806 verhängte *Kontinentalsperre* für englische Handelsschiffe. Die französische Flotte, der englischen ohnehin in allen Belangen unterlegen, muß ab 1806 auch noch die Kontinentalsperre durchsetzen helfen; relativ erfolglos, sie ist total überfordert damit.

★★ Thomas Jefferson war von 1785-90 Botschafter in Paris; manche Söhne der amerikanischen Aristokratie nach der amerikanischen Revolution studierten in Frankreich.

P. rettet S., Sandsteinrelief, Rotunde des Capitol, Washington, 1825

Die von Jefferson gegründete University of Virginia und die dazugehörige Stadt heißen frz. Charlottesville. Noch heute glaubt man, man betritt einen Platz im republikanischen alten Rom, versetzt mit französischen und italienischen Renaissance-Elementen, wenn man dort auf dem Platz vor der Bibliothek herumkreuzt. Die gesamte repräsentative Architektur der frühen USA baut sich auf im Palladio-Style, scheinbar nicht nach englischen Vorbildern, faktisch aber doch, da Palladio auch die englische Architektur des 18. Jhs. weitgehend dominiert.

Titelblatt von John Davis, *Captain Smith and Pocahontas*, Philadelphia, 1817

ren Napoleon, wenn auch nur aus Profitgründen, die Lieferungen nicht zu verweigern. Diese Konstellation (u.a.) führt zum amerikanisch-britischen Krieg von 1812.

Napoleons Frankreich hat Amerikas Unterstützung nie bezahlen können. Den Neuen Kontinent als Gegenleistung besetzen und annektieren (was ihm sonst vielleicht nahegelegen hätte), konnte Napoleon nicht. Aber ihm *gehörte* ein Teil dieses Kontinents: der riesige Streifen Land, der sich von New Orleans den Mississippi hoch über den Missouri und die Seen bis nach Kanada zieht und im Westen bis an die Rocky Mountains, Ländereien größer als Europa. Sie trennten unter dem Namen *Louisiane*, französisch seit 1682,* die Amerikaner von *ihrem* Westen. Dem Kaiser in Frankreich hat dieses Land westlich des Mississippi außer den Pelzen der sowieso immer seltener werdenden Biber und Füchse nicht viel eingebracht; aber die USA haben nach 1800 in ihrer eigenen Ausdehnung die Grenzen des französischen *Louisiane* fast überall erreicht. So hat Napoleon im sog. *Louisiana Purchase* dies Land 1803 den USA verkauft, für 16 Mill. Dollar; eine nominell hohe Summe, aber Geld sah Frankreich nie: das Land wurde, nach 10-jährigen Verhandlungen, den USA als Gegenwert für ihre Lieferungen überschrieben.**

Mit dem *Louisiana Purchase* war »der Weg nach Westen« neu eröffnet, eine neue Phase der amerikanischen Landnahme, eine neue Phase der Indianerkriege beginnt, und eine neue Phase der *Kooperation* mit dazu bereiten IndianerInnen: Präsident Thomas Jefferson beauftragt Meriwether Lewis und William Clark, den Westen bis zu den Rocky Mountains und drüber hinaus zu erforschen und zu kartographieren. Sie sind unterwegs von 1804-1806, aufgebrochen direkt nach dem

★ der westlich vom Mississippi gelegene Teil war spanisch von 1762-1800, dann wieder französisch. Der östlich gelegene Teil war schon 1783 zu den USA gekommen, nach dem Unabhängigkeitskrieg.

★★ Auch Pierre de Beaumarchais – John Davis hat ein Motto von ihm vor seinen *Travels* – sah nie Geld von den Amerikanern für die Waffen im Wert von ca. 2 Millionen Francs, die er ihnen um 1780 im Geheimauftrag der franz. und span. Regierungen übersandte. Statt Geld und des geforderten »Tabaks bester Qualität« bekam er nur ein Dankschreiben vom Kongress (1783), erst 50 Jahre später erhielten seine Erben nach ewigen Prozessen eine kleine Abschlagzahlung. Beaumarchais wurde – statt Tabakhändler – zum Autor, und berühmt mit *Figaros Hochzeit*, uraufgeführt 1784.

*Louisiana Purchase.** John Davis' Pocahontas/Smith-Bücher und -Gedichte sind eine der Aufbruchsmusiken zu diesem Unternehmen.

Die Lewis & Clark Expedition wäre, wie die früheren Gebietserkundungen auch, nicht gegangen ohne indianische Hilfe. Genau 200 Jahre nach Jamestown bekommt damit nicht nur Pocahontas ihre erste Konjunktur in der amerikanischen Schreib- und Malzunft; sie bekommt auch eine funktionelle Schwester: die Shoshone-Indianerin Sacajawea dient Lewis & Clark als Dolmetscherin und Unterhändlerin in den Indianergebieten; sie »rettet« die beiden vor den Angriffen eines bösen Bruders ...so the story goes (*nur* die Story). Der ab 1803 neu eröffnete Westen erzeugt neuen Bedarf an indianischen Mädchen mit dem Essenskorb, Botinnen, Schlichterinnen, an roten Jungfrauen mit dem Füllhorn der Segnungen des Landes für die Scouts in der Wildnis, und besonders als Draht zum (immer noch überwiegend friedlichen) roten Mann; so erzeugt er (geboren aus Napoleon), auch »Pocahontas« neu als Heldin des neuen Mediums Roman.**

»An allem« schuld ist Napoleon zwar auch hier nicht, aber Auslöser der amerikanischen Literatur als einer spezifisch *amerikanischen* ist der »große Korse«, auf dem Umweg über Louisiana und die Indianer, so doch geworden. Amerikas frankreichfreundliche Liberty-Schiffe stiften so um 1800 in einer *Ostwärts*-Bewegung die *new frontier* im amerikanischen Westen; mit ihr den amerikanischen Roman und in ihm die fortdauernde Notwendigkeit von Frauen in der Pocahontas Position (...see you later, Sacajawea).

* Unterhändler im *Louisiana Purchase* auf amerikanischer Seite war Thomas Jefferson. Eine Präsidentenbiographie beziffert den von ihm ausgehandelten Preis auf ca. 6 Cent pro Hektar. Billiger hat noch nie jemand die Fläche seines Landes mehr als verdoppelt; und »ohne Blutvergießen«, fügt der Biograph hinzu. Aber *natürlich* war es durch einen Krieg, Napoleons europäischen. Cornel Lengyel, *Presidents of the USA*, NY 1961, 36

** Zwar produzierte auch das 18. Jh. Texte über Jamestown, seine Einwohner und die Indianer; aber dies waren Reiseberichte, Tagebücher, Zeitungsartikel, nicht Romane, Dramen, Gedichte. Davis ist der erste, der Smith/Pocahontas ganz als Roman einer Love Story schreibt. Deren Wendungen – insbesondere für das 19. Jh. in den USA – sind ausführlich beschrieben in Robert S. Tiltons *Pocahontas*-Buch, 1994; die politischen Wendungen bei Ann Uhry Abrams, *The Pilgrims and Pocahontas. Rival Myths of American Origin*, Boulder, Colorado 1999.

Das Denkmal mit Napoleon & Jefferson, Pocahontas & Sacajawea drauf hätte gebaut werden können zum 200. Jahrestag von Jamestown, 1807, – im Jahr, in dem nach Lewis & Clark der nächste Scout durch den Westen aufbricht, Zebulon Pike auf der südlichen Route mit angepeiltem Endpunkt Santa Fe.

★★★

Ihr großes Offizialdenkmal bekommt Pocahontas erst 1922, eine Bronzestatue von William Ordway Partridge, auf dem (Museums)Gelände des alten Jamestown; in Auftrag gegeben 1907, zum 300. Jahrestag der Siedlung.

1957, zum 350. Jahrestag, wandert eine Kopie dieser Bronze nach Gravesend, England, Pocahontas' Sterbeort: ihr erstes Denkmal in Europa. Die Differenz der beiden Statuen liegt in der Blickrichtung: Osten, von Amerika aus; Westen an der *Themsemündung*, Gravesend, Blickrichtung »Heimat«.

Dort entdeckt sie sich ein paar Jahre später über das immer kleiner gewordene Große Wasser, sexualisiert gemäß den Gesetzen der 1960er, als Vertreterin einer »freien Ursexualität« der Wilden des amerikanischen Walds. Im Jahr 1960 läßt der Literaturprofessor und Romancier John Barth in seinem Roman *Der Tabakhändler* eine Pocahontas vom Stapel, die ihr bisheriges Bild – die 60er sind auch das Jahrzehnt des *debunking* aller Western-Mythen – mit den sog. »Füßen tritt«.*

Barths *Tabakhändler,* der die Frühgeschichte Virginias mit dem Ausbau des Staates Maryland zu einem Tabakstaat übereinanderlegt, treibt speziell mit der »Virginität« der ersten bekannt gewordenen Virginierin seine Späße. Seine Indianer sind impotente Degenerierte, mit Schwierigkeiten besonders bei Deflorationsvorgängen. Auf solche ist bei Barth der Captain Smith spezialisiert.

Barth zeigt uns Powhatan und Pocahontas vereint kichernd am Guckloch eines Spielzeugs, das ihr weißer Besucher John Smith extra für sie mitgebracht hat: einen Kompaß, in dessen Innerem Fickszenen

★ und heute wohl unters amerikanisch-akademische Pornographie-Verdikt fiele.

zu sehen sind und ein ebensolches »Daumenkino«, das Pocahontas immer wieder hingegeben durchblättert. Powhatan, Typ »alter Lüstling«, so etwas wie der Zuhälter seiner aufgegeilten, noch jungfräulichen Tochter, ist ganz zugespitzt auf *den Moment*, wo jemand das Mädchen ihrer lästigen Virginität entledigt. An der Durchführung dieser Aufgabe ist der ganze Roman aufgehängt.

Den Kompaß hat Barth, historisch gut beschlagen, nicht einfach erfunden, sondern Smiths Berichten entnommen und etwas umfunktioniert. Der historische Smith hat, nach eigenen Angaben, im Jahr 1608 mehrmals mit dem Hokuspokus der von unsichtbarer Hand bewegten Kompaßnadel die indianischen Bockshorn-Gemüter verblüfft. Barth promoviert diesen Kompaß 1960 zur ersten camera obscura in Amerika und zum vielleicht ersten Porno-Kino der Geschichte. Es stand in Werowocómoco.*

Trotz der anregenden Bilder aus der Kompaß-Peepshow kommt es zur »Verurteilung« von Smith – ohne die es ja keine »Rettungsszene« geben kann. »Sir Henry Burlingame« hat sie im *Geheimtagebuch* für uns aufgezeichnet – (er hält darin Pocahontas zunächst für die »Königin« der Wilden, für Powhatans *Frau* also) –; Barth bringt sie uns zur Kenntnis in dieser Gestalt:

> Die Wilden legten seinen Kopf auf ein paar große Steine, die zu diesem Zweck dort lagen, hoben ihre scheußlichen Kriegskeulen und hätten meinem Käpt. das bißchen Hirn, auf das er Anspruch machen konnte, herausgeschlagen, hätte sich nicht in diesem kritischen Augenblick zu meinem Erstaunen die Königin selbst ins Mittel gelegt. Sie lief zum Altar, warf sich über meinen Kapt. und erklärte ihrem königlichen Gemahl, sie wolle lieber den eigenen Kopf verlieren als zulassen, daß der seine zerschmettert würde. Ich an des Kaisers Stelle hätte sie alle beide umgebracht, muß ich gestehen, denn ein so eindeutiges Bündnis mußte binnen kurzem zum Ehebruch führen.

Burlingame muß sich dann über seinen Irrtum aufklären lassen: das

* Als »historische Quelle« seiner Szenen erfindet Barth dafür, umberto-eco-mäßig, ein nachgelassenes »Geheimtagebuch« eines »Sir Henry Burlingame«, in Barths Roman ein Kumpan von John Smith aus der Frühzeit von Jamestown, so etwas wie sein Sancho Pansa.

Disney, 1995

verrückte Frauenzimmer ist nicht die »königliche Gemahlin«, sondern die jungfräuliche Tochter; und sie hat einen Grund für ihre Rettungstat:

Pocahontas bedeutet in ihrer Sprache die Kleine, oder die mit dem Kleinen und Undurchdringlichen, was sich offenbar weder auf die Statur des Mädchens, die allerdings nicht groß war, noch auf ihren Geist bezog, der sich ohne allzu große Mühe durchdringen ließ. Es war vielmehr eine ziemlich derbe Anspielung auf einen merkwürdigen körperlichen Mangel des Kindes, nämlich ihre sehr zierliche Scham und ihr außerordentlich festes, geradezu unverletzliches Jungfernhäutchen.

– dieses zu durchstoßen haben die indianischen Freier trotz aller Mühen nicht geschafft. Es besser zu machen, wird jetzt zur Bedingung der Rettung Smiths und seiner Leute. Wie Smith diese Aufgabe bewältigt, damit spannt Barth uns »auf die Folter« bis S. 781 seines Buchs, oft zähen, langgezogenen Seiten vom *fucking life* in Maryland.

Smith durchstößt das renitente Dings schließlich mit Hilfe einer Aubergine, in deren ausgehöhlter Form er seinen eigenen, gut in Mehlteig eingewickelten und mit allerhand Gewürzen behandelten Schwanz so hart im Feuer bäckt, daß er bei Pocahontas durchkommt damit. Burlingame, bei seiner teilnahmsvollen Buch-führerei so etwas wie ein vormozartscher Leporello des Juan Smith, protokolliert den Moment, in dem »sein Kapitän« vor der Menge steht, mit Hosen down:

… die Wilden, die ihn von vorn sahen, wurden plötzlich still und ihr Geschrei verstummte. (…) Darüber zu berichten, zwingt mich, alle Grenzen von Geschmack und Anstand zu überschreiten, doch sie verschweigen, hieße die Wahrheit verleugnen und über die folgenden Ereignisse den Schleier des Geheimnisses breiten. Um es also hinter mich zu bringen, die Großrah meines Kapitäns stand aufgerichtet da, und was gestern noch eher Mitleid als Staunen erregt hatte, war jetzt fürwahr ein furchterregendes Instrument; so gewaltig hatte sein teuflisches Gebräu gewirkt, daß seine stoßbereite Lanze nicht weniger als elf Zoll hervorragte und nahezu drei im Durchmesser maß – wahrhaftig eine Götterwaffe! Dazu kommt, daß dieses Ding über und über im feurigen Rot erstrahlte, einen Duft von Nelken und Vanille ausströmte und so hart zu sein schien wie der Stein, auf dem sein Opfer lag. Ein gewaltiger Schrei stieg aus der Menge auf; die Unterhäuptlinge, zweifellos die früheren Bewerber der Prinzessin, fielen anbetend auf die Knie; der Kaiser fuhr, erschrocken über das Geschick, das seiner Tochter drohte, von seinem Hochsitz empor, und was selbige Pocahontas betrifft, so fiel sie in eine tiefe Ohnmacht.

Mein Kapitän ging stracks ans Werk, worüber ich nicht mehr zu sagen vermag als dies: Dank, Dank, der barmherzigen Vorsehung, die das Mädchen in gnädiger Ohnmacht verharren ließ, während mein Kapitän tat, was keiner vor ihm getan hatte! Und so unmäßig tat er es, daß der Kaiser ihn bald bat, der Prüfung eine Ende zu machen, auf daß seine Tochter nicht aus dem Leben schiede. Er erklärte meinen Kapitän zum Sieger, hob das über uns erteilte Todesurteil auf, entließ die Versammlung und ließ Pocahontas in sein Haus tragen, wo sie noch drei Tage lang zwischen Leben und Tod schwebte…

– nicht Smith, sondern Pocahontas liegt »auf dem Stein«; die Keule liegt in *seiner* Hand, nicht in der der Roten. Verkehrungsversionen sind das A & O der Literaturen (so wie sich im Psychologischen Verklärung und Pornographie gegenseitig bedingen). In der 1960er Version präsentiert Smith den versammelten Indians der Neuen Welt erstmals den *Großen Weißen Gott*, den Ober-Djin aus der Aubergin – und die Neue

YOU GON' DIE A BEAUTIFUL BUT EXCRUTIATIN' DEATH..!
SPLERP!
OL' CAP'N GUTS HE GETTIN' IT NOW!
URK!
THUD!
ARG! NKG! SQUISH!
SPLP! OOF!
UHN! SLOSH!
-HOPE AH DIE LIKE THAT WHEN MAH TIME COMES!
RUMBLE!
SHAKE!

Welt beginnt zu schweben ob dieses Tarnkappenbombers (wenn auch bloß zwischen Leben und Tod)...

...ein Schwebezustand, der bei roten Prinzessinnen* allerdings klare Suchterscheinungen hinterläßt, wie Burlingames Bericht für die Wochen danach vermerkt:

Was die Prinzessin anbelangt, so lungert sie noch immer, ganz Sehnsucht, am Tor der Siedlung herum und schickt John Smith durch ihre Dienerschaft geflochtene Körbe mit großen, getrockneten Eierpflanzen.

– »eggplants«, amerik. für Auberginen; womit John Barth auch das historische Rätsel um die unerwarteten Lebensmittelsendungen der indianischen Frauen im ersten Jamestown Winter zufriedenstellend aufgeklärt haben dürfte.**

Wenn Andy Warhol bewundernd attestiert wurde, sein methodisches Ausstellen alles sonst an der Sexualität Verborgenen, habe Amerika entscheidend geholfen, *to get rid of its Puritanism*, dann wird man Barths wilden Anlauf auf eine Sexualisierung des Pocahontas-Girl als seinen Beitrag zur Bewältigung dieser Großaufgabe sehen können, als sein *Andy Warhol Prelude* sozusagen: Poca an der *Sexfront* ...Pardon wird nicht gegeben ...rote 12jährige »verführen« nicht, wie Nabokovs Lolita, die die Privilegien einer anderen Zivilisations-Stufe genießt ...sie wechseln mit zwölf nur den Status; vom Kind zum Sexualobjekt ...zum *Universal (Female) Soldier*...im Lächeln der Tasten einer weißen Schreibmaschinenhand, male.

***

* »Princess« ist laut Leslie Fiedler bis heute der Name für indianische Prostituierte.

** John Barth, *The Sot-Weed Factor*, NY 1960. – J.B. schreibt 5 Romane in den Jahren 1956-68; 1966 bekommt er den angesehenen *National Book Award*. Er lehrt Literatur an der State University of New York in Buffalo (Klappentext der deutschen Ausgabe, Rowohlt 1970). Vielen gefiel der Roman als eine Art virginischer Professorenphantasie à la Rabelais. Das war im *Golden Age* des Prä-Feminismus; wer sich für dessen Humor-Struktur interessiert, wird fündig werden im *Sot-Weed Factor.*

Rechts: Milo Manara, *Der Sonnenvogel*, 1992

MANARA

1990. Enter irony:

Schenkt man der »Geschichte« Glauben, war Pocahontas eine Lieblingstochter von Powhatan (...) in dem Gebiet, das jetzt Virginia heißt. 1607 oder 1608 sah sie ihren ersten weißen Mann, John Smith, als ein Schiff aus England in den Hafen segelte. Sie war sofort äußerst angetan von seiner Hautfarbe und verliebte sich prompt in ihn. Powhatan, der Wilde, der er war, haßte John Smith und gab ohne ersichtlichen Grund Befehl, ihn hinzurichten. Grad als sie ihn tomahawken wollten, warf Pocahontas sich über Smith, ihrem Vater bedeutend, daß er sie ebenfalls töten müsse. Da Pocahontas bereit war, für diesen weißen Mann zu sterben, mußte etwas besonderes um alle weißen Männer sein, so verschonte Powhatan nicht nur John Smiths Leben, sondern das seiner gesamten Mannschaft.

Smith kehrte schließlich nach England heim und ließ Pocahontas schmachtend zurück – bis sie John Rolfe traf. Für Pocahontas müssen alle weißen Männer gleich ausgesehen haben, denn sie verliebte sich sofort in Rolfe und wurde eine gute Christin. Sie wurde auch ein guter Kapitalist, denn sie verhalf ihrem Ehemann zu Reichtum im Tabakgeschäft, trug die Kleidung weißer Frauen, hatte einen Sohn, ging nach England, wo sie eine Berühmtheit war und starb dort endlich glücklich – ihre Seele gerettet in Ewigkeit.

Die Autorin des Texts ist Indianerin, Beth Brant, *Bay of Quinte Mohawk*, Autorin von Essays & Lyrik sowie Herausgeberin indianischer Frauenliteratur. *ReVisioning History* heißt das Themenheft der Zeitschrift *woman of power*, aus der ihr Text stammt. Das ist ernst; die Ironie ist nur für die Eingangssequenz; mit Witz fängt man Mäuse ...oder Fliegen?? ...oder Geister ... *Spirits...*

Dies ist ein politisch-spiritueller Text – etwas das es nicht gibt z.B. in Deutschland, weil es hier die lebenden Nachkommen ausgerotteter Ureinwohner nicht gibt, die die dazu nötigen Kontakte herzustellen in der Lage wären: *to talk to the spirits ...and listen to them.*

Pocahontas bei Beth Brant ist eine vorausschauende pazifistische Politikerin; ihr Ziel war es, das Überleben der eigenen Leute durch friedliche Verbindungen mit den Weißen zu sichern. *Friedlich by nature.* Brant:

Anonym, 19. Jh. Amerikanisches Geschichtsbuch für Kinder, 1988

Wenn die Indianer wirklich so wild und kriegerisch gewesen wären, wie die weißen Schulbücher gern behaupten, wäre schon niemand mehr von uns vorhanden gewesen, als der weiße Mann erstmals seinen Fuß auf diesen Kontinent setzte.

– wunderbarer Satz. BB schilt den historischen John Smith, da er es nicht fertigbrachte, selber mit Pocahontas ein Kind zu haben; Pocahontas' Kind mit John Rolfe ist für sie der bewußte Versuch der Gründung einer gemischten, neuen Rasse am Anfang Amerikas. Pocahontas' letzter Gedanke im Leben galt ihrem Kind Thomas, sagt Beth Brant: ihrer Hoffnung auf eine *New Nation* rot/weißer Mischwesen.

Brants Text hat eine zweite Heldin, die Cherokee-Frau Nanye'hi, auch bekannt als Nancy Ward – ihr Name als Ehefrau des weißen Traders Bryant Ward.* Nanye'hi/Nancy, Mutter von indianischen Kindern und einer gemischten Tochter, hat 200 Jahre nach Pocahontas die gleiche Politik des Ausgleichs zwischen den Rassen betrieben – im Bewußtsein der doch kommenden endlichen Schlächterei – und dafür den Vorwurf der Kollaboration geerntet:

Weil sie über die Jahre die Balance hielt mit den Weißen, wurde Nanye'hi von vielen ihrer Nachkommen als Verräterin angesehen und als Lakai der Briten. Das gleiche wurde von Pocahontas gesagt (...)

Was war denn ihr Verrat? Sie lieferten ihr Volk nicht aus, sie gaben auch kein Land an die Weißen. Es hätte gar nicht im Bereich des ihnen Denkbaren als Indianerinnen gelegen: Land gehört nur dem Schöpfer. Sie waren schlicht nur menschlich; wer wären sie denn gewesen, Land an jemanden zu verteilen? Diese Frauen, Verräterinnen genannt – haben sie mit dem Feind fraternisiert? Was heißt denn Fraternisierung? Mit dem Feind schlafen und dabei Geheimnisse verraten? Nichts dergleichen taten sie. Sie heirateten weiße Männer, aber ich muß euch noch mal dran erinnern: sie lebten mit den *spirits*. Sie kannten ihre Vision. Manche werden sagen, die Dinge entwickelten sich nicht so wie sie wollten. Oder taten sie es doch?

Mit der letzten Wendung spielt Beth Brant auf ihr eigenes Leben an. Sie ist ein Mischkörper aus der Pocahontas/Nancy Ward-Tradition, sie ist außerdem Lesbe und lebt mit einer weißen Freundin, Denise, in

★ Beth Brant, »Großmütter einer neuen Welt. Pocahontas und Nancy Ward – Zwei Frauen, deren Visionen unsere Geschichte machten«. In *women of power. A magazine of feminism, spirituality, and politics* 16 (1990), 40-47. (Heft erstanden 1990 im Harvard Bookstore.)

Rechts: Pocahontas, John Rolfe, Sohn Thomas vor Tabakfeld, Kinderbuch, 1987

Uni-Demo, 500 Jahre Amerika

Detroit, aber auch in der Cherokee Community; sie hatte aber auch mal einen Mann und ist Großmutter, 48 Jahre alt:

> Als ich meinen grad geborenen Enkel zum ersten Mal im Arm hielt, war ich so ergriffen, daß ich fast aufhörte zu atmen. Denn ich realisierte, daß dies wirklich das neue Kind einer neuen Welt war, oder, wie Linda Hogan zu mir sagte: »Neue Atome, ihr Anfang in der Form des Menschen.« Dies Kind, Nathaniel Brant, ist das Kind vieler Nationen, er ist Mohawk, ist polnisch, französisch, Cree und irisch. Und er wird aufwachsen in Kenntnis all derer und all dessen.

– ein aufgeklärter Ethno-Diskurs, halb universitär, halb poetisch, hochromantisch, »kitschig« und »spirituell«, amerikanisch geschichtsbewußt.

Mary Dearborns Titel *Pocahontas's Daughters* faßt 1986 diese ethno-feministische Strömung der USA bündig zusammen.*

Our Sister Pocahontas.

★

In amerikanischen Buchhandlungen heute wird man, fragt man nach Pocahontas, meist in die Abteilung verwiesen, wo die *Indian Princess* heute ihr größtes Reservat unterhält: die Kinderbuchabtei-

★ Mary V. Dearborn, *Pocahontas's Daughters. Gender and Ethnicity in American Culture*, New York/Oxford 1986

›The Little playful One‹, Amerikanisches Kinderbuch, 1988

lung. Dort, in den Büchern von sexualitätsfernen WissenschaftlerInnen, wie auch in Kinderfilmen und Grundschulfibeln, führt sie ein so anständiges wie quicklebendiges Mytholeben; ein Dienstmädchen an den Werten der ethno-geläuterten *Nation*; die (heute) alle *nationalities* gleichberechtigt umfaßt. Nurse, Mama oder Lehrerin lesen vor und zeigen Bilder aus dem Bilderbuch:*

In Powhatans Longhouse sah John Smith dem Häuptling tapfer entgegen. Mit Worten und mit Zeichen beantwortete er bereitwillig alle Fragen des Chiefs. Powhatan schien erfreut über das, was er hörte. »Mein Vater wird ihn am Leben lassen«, dachte Pocahontas. Aber die Medizinmänner heulten wild, als sie tanzten, Schreie ausstießen und ihren Zauber beschworen. Schließlich sprachen sie zu Powhatan, nach Ansicht der Geister sei der Zauber des Weißen Mannes ein böser, der Gefangene müsse sterben. Aber als die Medizinmänner sich bereit machten, John Smith zu töten, stürzte Pocahontas plötzlich auf die Szene …

…und dann das Weitere.

So mitleidsvoll tatkräftig kleine rote Mädchen für die Erziehungsbereiche *Kindergarten* oder *Fundamental School* heute sein dürfen (oder müssen), – »böse Medizinmänner« gibt es nach wie vor, unberührt von der allgemeinen Offizial-Correctness. Dies ist ein (besonders schönes) Bilderbuch in der Sparte *Picture Book/Biography* bei Bantam Doubleday Dell, 1989; handelnd von verliebten Töchtern, toleranten Vätern und unbelehrbaren Schamanen mit Punkfrisur im Drogenwigwam…

Die Autoren, das Ehepaar Ingri & Edgar Parin d'Aulaire, haben im selben Verlag weitere Eisen im Feuer: die *Picture Book/Biography* zu Abraham Lincoln, Benjamin Franklin, Christopher Columbus, George Washington. Weiter gibt es von ihnen *d'Aulaires Buch Griechischer Mythen* und *d'Aulaires Nordische Götter und Riesen* …die ganze hohe Gesellschaft der Mytho-Historiographie. Das mutige Indianermädchen *rettet* als Endpunkt einer Reihe, die, bei den d'Aulaires, mit der *Nausikaa* der Odyssee beginnt.** Alles Paperback, alles $ 7.95.

* Ingri & Edgar Parin d'Aulaire, *Pocahontas*, 1. Aufl. 1946; New York/London/Toronto/Sydney/Auckland 1989; erstanden 1990 im *Dartmouth Bookstore*, Hanover, New Hampshire, bestens sortiert auch in der Kinderbuchabteilung.

★★ Dieser Reihe gehen wir nach in POCA Bd. 2: *Buch der Königstöchter. Die Medea-Pocahontas-Connection*.

In Powhatan's longhouse John Smith faced the chief bravely. With words and with signs he answered all questions outright. Powhatan looked pleased with what he heard. "My father will let him live," thought Pocahontas. But the medicine men were scowling as they danced and shouted and worked their magic.

At last they spoke to Powhatan, and said that the spirits had told them the white man's magic was evil, the prisoner must die. But as the medicine men made ready to kill John Smith, Pocahontas suddenly rushed forward. She took his head in her arms and laid her head upon his to save him from death.

Werbeaufdruck auf dem Back Cover:

Dies Buch wird empfohlen von: The American Library Association/ The National Council of Teachers of English/ The Association for Childhood Education International. (...)

The d'Aulaires bring to life the fascinating story of Pocahontas, the Native American princess who played such a crucial role in the early days of the Jamestown settlement.

»Crucial role«, das Lieblingswort aller amerikanischen akademischen Texte: »Alle, die mit uns *Pocahontas* lesen, werden mal auf dem College sein«...

...und dort den Kritischen Historikerhirsch treffen, der erzählt, daß es *in Wirklichkeit* nicht so war...

Aber daß der Captain Smith so viel Algonkin gelernt hatte im ersten halben Jahr seines virginischen Aufenthalts, daß er Powhatan »Rede und Antwort stehen konnte«, wird ihnen als richtig bestätigt werden. Das hatte ihm ja die Führungsrolle unter den Siedlern eingebracht, ein geschickter Redner, ebenso geschickt wie als Händler und im Kampf mit den Indianern ...sie *respektierten* den Mann im roten Bart vor allen anderen Siedlern*:* »geachtet aus Verdienst« – dies *ist* der erste wirkliche Amerikaner der Geschichte ...kein Adliger ...ein Mann von unten ...nie unterwegs ohne Durchblick und Plan, gewinnendes Lächeln am Feuerstock.

Als genau diesen zeigen ihn, in professioneller *Hyper-Correctness,* Walt Disney Productions, Hollywood, 1995 ...auf dem Laufenden wie immer ...als blonden Siegfried *ohne* Drachentötungsakt. Oder tötet er *doch* den Drachen, einfach, indem er Pocahontas *küßt,* der Weiße die Rote, und es dann hinbekommt, daß ihre Comic-Liebe folgenlos bleibt – in puncto *intermarriage* zumindest, wie das heute in den Büchern heißt, die man auch den großen Kindern zeigen darf, überall auf der Welt, beinah sogar schon in der Türkei.

Intermarriage – was vor nicht langer Zeit, auf deutsch, »Rassenschande« hieß ...und heute in gewissen Teilen Europas, die auf Grund dessen humanitäre Nachhilfe erhalten, wieder unter (Todes)Strafe gestellt ist...

...wir *warten* auf den ersten, durch eine Kosovo-Gypsy geretteten deutschen Kriegsmann, Oberleutnant der Gebirgsjäger Hans Schmidt ...oder Schmitt, Hans, von den Brückenpionieren; Spezialist für Abgrund-Überquerungen ...blutjung die schwarzbraune Haselnuß. Das Foto haben wir schon ...n+1 und mehr...

★★★

Varianten, Variationen, »wie Sand am Meer«, wie »Tropfen in den Ozeanen«, »wie Blätter an den Bäumen«. Um so merkwürdiger also, oder vielmehr nicht merkwürdig, daß nur wenige der Versionen, die wir gesehen haben, auf die entscheidende Verkehrung verweisen, die am Grund auch dieser *Geschichte* ihr Wesen treibt:

– ein Mann wird gefangen und soll sterben, er wird von seiner Hinrichtung errettet,★ aber eine Frau, die *nicht* sterben soll, und die das

★ – dies passiert dem Captain John Smith seinen Schriften zufolge nicht weniger als viermal in seinem Leben, und immer sind es »hohe Frauen«.

Alles »gar nichts angeht«, eigentlich, mischt sich ein, sie rettet den Typ, sie katapultiert sich ins *Besondere* der Aufmerksamkeit der Zeitgenossen (wie *der* Geschichte), sie gerät in den Dunstkreis der Aufmerksamkeit von Herrschenden wie ihrer Aufschreiber.

»Unvermeidlich« führt ihr Weg an den Hof nach London; sie wird herumgereicht, geehrt, aber *das Klima* der dreckigen Nebelstadt ist nichts für sie, sie erkrankt an den Atemwegen, sie bemerkt zu spät, dies ist eine Hades-Tournee, sie stirbt, auf dem eingeleiteten Rückweg in ihr Geburtsland, noch bevor das Schiff England verläßt, in einem Gasthaus an der Themsemündung. Der Ort heißt witzigerweise oder besser vorschriftsmäßig *Gravesend*, was ethymologisch zwar nicht von *grave* = *das Grab* herkommt, sondern von grove, das Wäldchen, aber »Ende des Hains« ist ebenso vorschriftsmäßig für die Frau aus den Wäldern Virginias, die es ans Ende der Themse trug und kaum einmal ans Ende der Nacht.*

…*dort* steht heute ihr Denkmal…

…während der Mann, der in seinem Heldenleben viermal durch »wütende Väterhand« sterben sollte, nicht stirbt, er wird hundert, oder wenigstens zweiundfünfzig, schreibt mehrere Bücher, auch eins, wo die Frau, die ihn rettet, hingerafft liegt im »Glanz ihrer Jugend«, sie ist tot mit zweiundzwanzig. Genau zehn Jahre gab ihr »der Weiße Mann« für ihren Auftritt vor der Geschichte…

…aber sie hinterläßt *einen Sohn* …gezeugt von dem Weißen …der Sohn wird Stammvater der kommenden Echt-Amerikaner…

…na gut, die Diskursgesetze, könnte man sagen, und die bekannte Betriebs-Blindheit der Mythos-Autoren für diese: Helden sterben jung (Rote zumal) …dafür lebt ewig ihr Ruhm (sogar bei Frauen); das ist bücheralte Wahrheit, das schreibt sich von selbst …wozu also arbeiten?

Pocahontas' Ende ist ein gutes, eins wie es sein muß; exemplarisch gut sogar am Schluß des Bilderbuchs von den d'Aulaires:

* »aet the grafes end«, altengl. = at the end of the grove; grove = brushwood thicket«, dichtes Unterholz, sagt Eilert Ekwall, *The Concise Dictionary of English Place-names*, 4th edition, Oxford 1960

Gaetano Liberatore, *Les femmes de Liberatore*, Paris, 1995

Sie trug ihren Kopf hoch als wäre sie geboren in einem schneeweißen Palast. Sie war stolz darauf, ihres Vaters Tochter zu sein und geboren zu sein in einer Rindenhütte inmitten der tiefsten, dunkelsten Wälder Virginias. Pocahontas selbst kehrte nie in ihre Heimat zurück, über das große Wasser. Aber Powhatans tapfere Gesandte kamen zurück und erzählten so große Geschichten über die Wunder Englands, daß niemand ihnen glauben wollte. Aber als Pocahontas' Sohn ein erwachsener Mann war, segelte er hinüber ins Land seiner Mutter. Dort wurde er der Vater einer großen, starken Familie, die dort weiterlebt bis zum heutigen Tag.

Pocahontas »stirbt« nicht einmal in diesem Text von der Grundlegung der *Family of Americans* durch ihren überlebenden Sohn, sie »kehrt nur nicht zurück« nach da, woher sie kam ...das wollte sie auch gar nicht mehr, nachdem sie England gesehen hatte (und sterben)...

Sie konnte lesen mit zwanzig Jahren ...als erste ihres »Volks« ...die Bibel ...sie hat Theaterstücke gesehen in London ...Ben Jonson *Masques* ...auch Shakespeare-Stücke, im *Globe Theater*, sagt das Kinderbuch...

Geschriebenes von ihr gibt es nicht. »Quellen« für ihre *Worte* sind allein die geschriebenen Worte von John Smith und John Rolfe.

Amerika hätte keine »Geschichte«, hören wir immer reden. Und auch kein »Geschichtsbewußtsein«, sagen die Leute. Alles bloß Kino und Kaufen. Womit sie dann wären wie wir: bloß daß wir unsere Löcher im Hirn gern als bewußt gelassene sehen.

... *wir* leben, und wir wissen es. Das ist praktisch und genug. Und womöglich das Endziel aller Diskurs-Strategien, so elaboriert und sauber (=kollabo) sie immer sich geben.

Kaum eins der Bücher zum Pocahontas-Komplex (und inzwischen gibt es exzellente) spricht so klar aus, wie es das Kinderbuch ganz umstandslos weiß: dies ist *der* Gründungsmythos vom »Paar am Anfang Amerikas«, seine weltliche Eva&Adam-Version, sein Sündenfall, in dem erzählt wird, wie aus Pocahontas und John Smith (der sie verläßt), wie aus Pocahontas und John Rolfe (dem Tabakpflanzer, der sie heiratet) und deren gemeinsamem Sohn Thomas Rolfe (der eine Weiße heiraten und als britischer Offizier *gegen* die Indianer kämpfen wird),

Tex Avery, *Johnny Smith and Poker-Huntas*, Animationsfilm, 1938

AMERICA geboren wurde als »the great big family which lives on to this very day«.*

Entsprechend – familienmäßig – der Umgang mit der *Rettungsszene* in den Kinderbüchern. Da die Kleinen mit einer *ethnical* Sexstory nicht behelligt werden sollen, ist es klar, worum es in der Geschichte geht: Pocahontas macht Smith durch ihren Rettungsakt zu ihrem *Bruder*; dies ist eine Geschwisterstory, eine Adoption läuft ab nach »alten

* Außer Leslie Fiedler in seinem immer noch fun-tastischen Buch von der Rückkehr des *Vanishing American* (1968) ist vor allem Robert Tilton (1994) einer Darstellung der weiten Verzweigungen dieser Grundlegungsgeschichte nahe gekommen. Gilles Deleuze in den Dialogen mit Claire Parnet nennt am Anfang des Kapitels über die amerikanische Literatur Fiedlers *Vanishing American* als unverzichtbares Buch für den Einstieg in diese; die Empfehlung gilt auch 1999 noch; vgl. in der erweiterten Neuausgabe von *Dialogues* das Kapitel »De la supériorité de la littérature anglaise-américaine«, Paris 1996, 48

Powhatan, Disney, 1995

Stammesgesetzen«, jedes Kinderbuch bringt dies vor, als wisse dies jedes Kind.

Smith selber hat diese Version in seiner »Historie« auch nahegelegt, nicht die Crime & Sex-Story:

Zwei Tage nach Smiths Rettung verkleidete Powhatan sich so schrecklich, wie er wohl konnte, und ließ Captain Smith zu einem großen Haus im Wald bringen. Dort wurde er auf der Matte am Feuer allein gelassen. Nicht viel später wurde hinter einer hängenden Matte, die den Raum in der Mitte teilte, der fürchterlichste Lärm veranstaltet, den er je gehört hatte; dann kam Powhatan, eher einem Teufel als einem Menschen ähnelnd, mit etwa zweihundert anderen Indianern, alle so schwarz bemalt wie er selber, dahinter hervor und eröffnete Smith, sie seien jetzt Freunde. Er solle zurück nach Jamestown gehen und ihm zwei große Kanonen und einen Mahlstein nach Werowócomo schicken. Dafür würde Powhatan ihm das große Landstück mit dem Namen Capahowosick schenken, und ihn für immer hochschätzen als seinen Sohn Nantaquoud.

Poca rennt ..., Disney 1995

Mit 12 Mann Begleitung schickte Powhatan ihn so nach Jamestown zurück.*

Einige der Wissenschaftler der letzten Jahre sind den Kinderbüchern grade so weit voraus, daß sie mutmaßen, die Hinrichtung selbst sei gar nicht »ernst gemeint« gewesen, sondern ein Fake, nämlich *Teil* des Adoptionsritus, die *symbolische* Tötung von John Smith, damit er hinterher, nach *zeremoniellem* Tod, neugeboren auferstehen könne als Stammesmitglied ...vorausgesetzt, die Geschichte sei nicht ebenso *erfunden* wie möglicherweise die von der Rettung insgesamt...**

* J. Smith, *Generall Historie of Virginia...* Barbour, *Smith*, Bd. II, 151

** eine der besten Kennerinnen der Powhatan-Geschichte, Helen C. Rountree, wendet dagegen kühl ein, es gebe in der nordamerikanischen Indianerforschung keine stichhaltigen Hinweise auf ein derartiges Adoptionsverfahren (Rountree, 39). Bleibt wieder die Differenz der Diskurswahrheiten: »wahr« für den Kindergarten ...»wahr« für den Roman ... »erfunden« fürs Forscherkabinett.

»Powhatan macht Nantaquoud zu Pocahontas' weißem Bruder« ...Smiths Phantasie von 1624 ...oder des Häuptlings vage Vermischungsphantasie von »rot und weiß« in den ersten Monaten der Jamestown Kolonie?*

Als Abkömmling der »Indianerkönigin der Kupferstecher des 16. Jhs., die ihrerseits für eine noch ältere Ceres oder Aphrodite des Waldes steht«, hat Leslie Fiedler Pocahontas in den 60ern erkannt –: Ceres, Mutter der Proserpina, der Eurydike-Figur verbunden. Eine Eurydike des Waldes ...des *amerikanischen* ...Orpheus werden wir ohnehin in den Weg geschoben bekommen ...Typ mit Schreibfeder, Staatsamt und Gewehr...

Nicht nur am Grund der Kunstwerke liegt eine »verwandelte«, zu Kunst und Schönheit umgebaute Untergrund-Frau, die es dabei »er-

★ Mit-Grundleger eines Lexikons der Algonkin Sprache; um 161 Wörter immerhin hat Smith die Liste erweitert für die Wißbegier der Herren von der Virginia Company.

wischt« hat. Auch im Basement neuer Kontinente und ihrer neuen Industrien (Tabak) lagert »tote Frau«, diskurstechnisch allemal, so viel ist schnell zu sehn, wie auch die weiteren Rassismen der interkontinentalen Diskursgeschichte: es sind *farbige* tote Frauen, in Nordamerika wie in Südamerika.

Die neueren feministischen Versuche in den USA, den Komplex »Pocahontas« sich einzugemeinden unter Stichworten wie »Pocahontas's daughters«, die rote Retterin als erste und oberste »Schwester« der feministischen Gemeinden, stellt das vor nicht unerhebliche Probleme. Denn vom Tod der »roten Frau« im Basement profitierte in Amerika auch die weiße Frau, – *nur* in Amerika? –, und bis zu einem gewissen Grade auch die schwarze Frau.

Dies die Felder, in die wir uns begeben ... Zivilisationsgeschichte unserer Grenzen & Begrenzungen ...*Ich sah die Hochzeit eines Fallenstellers im Freien im fernen Westen, die Braut war eine Indianerin* ...immerhin heißt es nicht »im freien Westen« in Walt Whitmans Vers, sondern im fernen ...der Trapper und sein rotes Wild in der Ferne ...in der *Neuen Liebeswelt...*

...von wo aus *wir* re-zivilisiert werden mußten nach dem Inferno von WK II, wie wir wissen ...von Pocahontas' späten Nachkommen ...mit Zigarette, Schokolade, Gewehr ...

...inzwischen von geläuterten Reedukatoren, ohne Zigarette, aber mit fliegenden Zigarren und Lippenstiften ...ein Belehrungsprozeß, erst kürzlich neu aufgelegt vom jüdischen Indianersohn Daniel Jonah Goldhagen und der NATO auf dem Kriegspfad ...auf den Schirmen, die die Welt bedeuten.★

»Captain Smith and Pocahontas had a very mad affair« – geniale

★ »Die Siedler erschlugen die Indianer *freiwillig* ...sie hätten es nicht tun *müssen* ...sie hatten *Spaß* dabei.« Genau richtig, Daniel Dear: die weiße *ist* eine Rasse von Kosmopoliten, und hier *wurde* sie es. Ich wüßte bloß gern, wer die Amerikaner re-educated hat, nachdem ihre »frontier« nach Westen offiziell geschlossen worden war, 1893, so daß sie es schaffen konnten, sich bis zu WK I zu ausschwärmenden Demokraten zu entwickeln. Sergeant York? Kaum. (...das kann doch nicht erst Spielbergs E.T. gewesen sein?)...

Bild aus Kevin Kostners TV-Serie zur Geschichte der Indianer: *500 Nations*, unidentifiziert

Zeile aus der Feder einer weißen Frau, Jazz- und Pop-Sängerin mit dem Nachnamen eines Südstaatengenerals, Lee.

Die amerikanische Geschichtsschreibung krankt an nichts als ihrer generellen Reichhaltigkeit. Da sie immer schon aus Dokument und Song, aus Bordbuch und Erfindung, aus Aufzeichnung und Mythe, aus Fakt und Fake besteht, braucht man, als ihre SchreiberIn, immer bloß ein Teil davon wegzulassen, wenn es irgend ans »Unangenehme« gehen sollte, mal die Facts, mal die Legenden, dann ist sich alles gegenseitig gnädig.

Ein Bild hat sich herausgeschält bis hier. John Smith wird nicht von den Mänaden zerrissen. Da ist ein Frauenkörper vor...

1607.★
O LEÃO HAVE SETE CABEÇAS★★

O, where are you going, »Good Speed« and »Discovery«?
With meek »Susan Constant« to make up the three,
We're going to settle the wilds of Virginia
For gold and adventure we're crossing the sea.

And what will you find there? Starvation and fever... ★★★

1. DIE BALLONFAHRER, FOLGE XI BIS XXVII

Mitte Februar 1607 nimmt bei den Kanarischen Inseln die Flotte der *Jamestown*-Schiffe, die *Good Speed*, die *Discovery* und die *Susan Constant*, aufgebrochen in London im Dezember 1606, letzten Proviant an Bord. Obwohl sie nach Nordamerika wollen, nehmen sie die südliche, die Columbusroute. Sie ist länger als der direkte Weg, aber für die Verpflegung und von den Winden her günstiger, sie geht von Gran Canaria zu den Inseln der Karibik, bevor sie dann abbiegt nach Norden. Für englische Schiffe ist diese Route möglich geworden durch den Frieden, den King James 1604 mit der spanischen Krone geschlossen hat. Englische und spanische Schiffe befehden sich 1607 nicht (mehr) grundsätzlich auf ihren Überfahrten über das atlantische Meer.

Die Flotte sticht in See am selben Tag, an dem in Mantua im Palast

★ that's when it all began.

★★ »Sieben Köpfe hat der Löwe«, Film von Glauber Rocha, 1970, zur Schwierigkeit, den Kolonialismus zu erkennen / zu bekämpfen. Auch zu lesen als: »Rom wurde nicht an 1 Tag erbaut« & »auf sieben Säulen ruht die Welt« ...(als sie noch ruhte).

★★★ Rosemary and Stephen Vincent Benét, »Southern Ships and Settlers, 1606-1732«, *A Book of Americans*, 1933; in: S.V. Benét, *Selected Works*, Bd.1: *Poetry*, NY 1942, 395 der Fürsten Gonzaga Monteverdis »Orfeo« zum ersten Mal unter die Zuhörer fährt, am Sonntag, 22.2.1607. Das größte der Schiffe, die *Susan Constant*, fährt unter Kapitän Christopher Newport. Mit an Bord ist George Percy, aus dem Clan der Northumberlands, der einzige höhere Nobleman des Unternehmens.

> ...ein ehemals reicher Playboy, der sein Erbe verschleudert hatte und womöglich aus Geldgründen das Unternehmen mitmachte und weil seine Anwesenheit in England ein ständiges Ärgernis für seine Familie war, eins der ältesten Adelsgeschlechter Englands... *

Newport, Percy und die beiden anderen Kapitäne, die Herren Gosnold und Ratcliffe, sind von der Geschichte »im Großen«, vor allem aber von den Geschichtsmythologien vergessen worden. Das liegt an dem vierten Captain, den sie an Bord haben, und am Charakter der Reise: eine Fahrt von Kaufleuten, Soldaten und ein paar Handwerkern zur Gründung von Geschäftsniederlassungen an der seit gut zwanzig Jahren regelmäßig von Engländern und Holländern erkundeten Ostküste Nordamerikas.

Der vierte Captain an Bord ist ihr später berühmtester Passagier, John Smith, Landsoldat, nicht Kapitän zur See. Smith ist nicht nur Angestellter der Virginia Company, sondern zugleich einer ihrer kleineren Gesellschafter; das Geld, das er sich erworben hat in seinem 27jährigen soldatischen Leben, steckt in dieser Unternehmung. Im Wesentlichen ist die Virginia Company ein Instrument des Londoner Großhandels und Hochadels,** die ein lukratives Gegenstück zur schon länger florierenden *East India Company*, gegründet 1600, suchen. Die Geldgeber der beiden Companies sind überwiegend dieselben.

Im Moment der Abreise von Gran Canaria sieht es allerdings schlecht aus für den Captain John Smith. Er liegt in Ketten, bezichtigt der Anstiftung zur »Meuterei«. Auf welchen Tatbestand sich diese An-

★ Leon Phillips, *The First Ladies of America, a Romanticized Biography of Pocahontas*, Richmond, Va., 1973, 63

★★ anders als in Frankreich, wo dies verboten war, durften englische Angehörige des Hochadels Handelsgeschäfte betreiben.

schuldigung genau stützt, ist nicht bekannt. Auf eine »ausgebrochene« Meuterei auf einem der drei Schiffe nicht, die stünde in den Bordbüchern.

Die Überfahrt dauert einen Monat. Am 23. März erreichen die Schiffe Martinique. Von dort geht es weiter an Guadeloupe vorbei nach Nevis; wo am 27. März ein Galgen bereitgestellt wird, gedacht als letzter Ankerplatz für den Captain John Smith.* Warum die Hinrichtung ausblieb ist unbekannt. Die Sache verlief sich irgendwie im Sand oder in den blaugrünen Wellen (bei wirklicher Meuterei *hätte* er gehangen). Vermutlich war die Klappe des Land-Captains von der *Company* den Kapitänen zur See zu weit aufgegangen irgendwann, und er bekam sie, vorübergehend, gestopft.

Anfang April ankern die Schiffe vor St. Thomas, Virgin Islands.** Puerto Rico wird passiert, dann geht es weiter nach Mona, auf Moneta, zur Aufnahme von Wasser, Eiern und Geflügel, – Kurzvisite im Paradies, bevor es in den höllischeren Norden geht.

Am 14. April überqueren die Schiffe den *Tropic of Cancer,* Wendekreis des Krebses. Ein schwerer Sturm eine Woche später zwingt zu Ankerpausen. Endlich, nach Passieren des spanischen Florida, erscheint am Sonntag, den 26. April 1607, nach zwei Monaten und vier Tagen Fahrt, die Küste Virginias vor den Ausgucks.

George Percys Bordbuch verzeichnet ein »erstes Geplänkel mit Indianern« schon für den Abend des Landungstages. Die angreifenden Indianer zeigen wenig Angst vor den englischen Feuerwaffen, so als wären deren Beschränkungen in Reichweite und die zeitweise Unbrauchbarkeit durchs Nachladen ihnen vertraut (sehr merkwürdig).

Am nächsten Tag unternimmt Percy mit einer Schaluppe einen Acht-Meilen-Vorstoß ins Innere. Sie treffen auf niemanden. Kein Indianer läßt sich sehen.

★ Obwohl George Percys *Discourse*, die einzige Quelle für diesen Teil der Fahrt, den Vorfall nicht berichtet. Smith selbst hat ihn erzählt, später; vgl. Bradford Smith, *Captain John Smith. His life and legend,* Philadelphia/NY 1953, 93.

★★ Der Name ist eine Übersetzung von *Islandas de las Virginas.* Die Inseln heißen so nach den 11.000 toten (vergewaltigten) Jungfrauen der Ursula Legende (Reliquien in Köln); der Name kommt »zu den Inseln«, weil sie so zahlreich sind wie diese Jungfrauen; das erste geographische Frauenopfer-Dokument der karibischen Namensgeschichte

Der Union Jack, gekreuzt aus englischer und schottischer Fahne (2 Sorten Kreuze) wehte erstmals ›über Jamestown‹, Virginia. In der Hand von Captain Ratcliffe, Disney 1995

Zum Zeichen, daß sie da sind, daß sie mit Gott sind, und daß dies Land ihr Land ist, stellen die Siedler ein Kreuz auf die Europa zugewandteste Landspitze der Bucht. Sie taufen die Landspitze auf den Namen »Cape Henry«* … nach Prince Henry, dem ältesten Sohn von King James I. und Queen Anne. Henry ist seit über 50 Jahren der erste männliche Thronfolger in England, ein Versprechen auf künftige Kontinuität des Herrscherhauses und auch sonst eine umschwärmte Figur. In einem im Jahr 1600 gedruckten Preisungstext auf James (damals noch James VI. von Schottland) hat einer von Henrys Erziehern, Mr. Walter Quin aus Dublin, dem damals sechsjährigen Henry den Vers gewidmet:

★ »George Percy's Discourse«, in The Hakluyt Society, *The James town Voyages under the First Charter, 1606-1609*, London 1969, rpt. Nendeln / Liechtenstein 1976, Vol. I, 129-146, 135

Du wirst einmal das Zepter von King Artus führen und auf seinem Thron sitzen.*

Man nannte Henry den *Patron of the Virginia Plantation,* Schutzherrn der englischen Kolonie jenseits des Ozeans, und nicht nur pro forma. Henry interessiert sich für die Neue Welt, er ist ein Bewunderer Sir Walter Raleighs und befreundet sich mit ihm, er verfolgt die Gründung der *Virginia Company*, er gibt Geld für die kolonialen Unternehmungen und schickt Robert Tindall, seinen »gunner«, Spezialist für Waffendinge, mit den John Smith-Schiffen nach Virginia, damit er ihm berichte.

Den Artus-Mythos im Zusammenhang mit Prince Henry baut Ben Jonson weiter aus im Jahr 1610 anläßlich der Festspiele zur Investitur des Thronfolgers zum Prince of Wales; allerdings mit dem Dreh, King Artus (entgegen des Prinzen Waffenvernarrtheit) zu entmilitarisieren: Artus bekommt in Jonsons *Masque* einen Schild verliehen (statt des Excalibur-Schwerts): als Aufforderung, die Wollindustrie, seit Heinrich VII. das »goldene Vließ« Englands, zu schützen, ein Handwerk, durch das »Millionen sich ernährten«.**

Wem »gehört« das Gebiet von und um Cape Henry? In einem europäisch-juristischen Sinn niemandem. Es ist das Hoheitsgebiet der von Powhatan beherrschten Stämme; aber es *gehört* auch im indianischen Verständnis nicht ihm; die Grenzen darin, etwa für die Jagdbewegungen, sind fließend. Die verschiedenen Stämme bewohnen und nutzen es, sie sind Ackerbauern und Jäger, keine Nomaden. Zwar ist *dies* ein Paspahegh-Dorf und *jenes* eins der Appomantuck, aber jeder Indianer in Powhatans Herrschaftsgebiet kann jeden Fluß befahren und jeden Ort betreten, und die Frauen, denen die Landwirtschaft untersteht, können ihrer Felder verlegen, wenn die alten unfruchtbar werden. Zweifelsfrei ist nur, daß das Land den Engländern *nicht* gehört.

Die Algonkin, die hier in dem 100 x 100 Meilen-Gebiet leben, das

* »Ille tibi ARTHVRI sceptrum, cum sede, parabit.« *Sertvm poeticum, in honorem Iacobi sexti,* Edinburgh 1600, zit. b. J.W. Williamson, *The Myth of the Conqueror. Prince Henry Stuart: a study of 17th century personation*, NY 1978, 11

** Ben Jonson, *Works*, ed. Herford & Simpson, Oxford 1941, Bd.7, 325-341 später *Virginia Tidewater* heißt, insgesamt mindestens 14.000 Menschen in gut 200 »Dörfern« – ein Gebiet etwa so groß wie Wales – verhalten sich zunächst nicht so, als gäbe es verbindliche Anweisungen für den Umgang mit den Engländern seitens ihres »Paramount Chief« Powhatan. Eine der ersten Siedlergruppen, die am 30. April 1607 in einer Schaluppe unter Captain Newport den Fluß erkundet, in dessen Mündung ihre Schiffe ankern, wird von Indianern in die Siedlung *Kecoughtan* eingeladen. Die Männer übernachten dort und werden vom folgenden Tag an, es ist der 1. Mai, drei Tage lang von den Indianern – wie Percys Bericht vermerkt – mit Essen, Pfeiferauchen und Tanz aufs beste »entertained«.

Die ersten Algonkin, die sich, wenige Wochen später, deutlich feindselig verhalten, sind die vom Stamm der Paspahegh. Das liegt vermutlich daran, daß die Fremden von den Schiffen sich ein Gebietsstück der Paspahegh zur Errichtung ihrer Siedlung ausgesucht haben, ohne jene um Erlaubnis zu fragen: eine kleine Insel, *strategisch* günstig, und das ist, was die Weißen wollen. Daß die Indianer dies Stück Land deshalb nicht bewohnen, weil es relativ sumpfig, also fieberträchtig ist, wissen sie nicht. Die Paspahegh werden die ersten, die ahnen, daß diese Leute vorhaben, zu bleiben. Am 26. Mai, einen Monat nach Ankunft der drei Riesen-Kanus, gibt es den ersten größeren Angriff der Paspahegh mit 200 Mann auf die Jamestown-Siedlung. Noch keine Toten. Pfeile gegen Palisaden, einige leicht Verletzte.

Für den Namen der riesigen Meeresbucht (beinahe die Nordsee), in der die drei Schiffe liegen, haben die Engländer auf den ersten Landkarten das Algonkinwort »chesupioc« benutzt, »am großen Fluß«, woraus auf Englisch »Chesapeake Bay« wird.* Der Große Fluß selber erhält aber gleich einen englischen Namen, James River, getauft mit den Wassern des andern großen JR, des Jordan River aus der Holy Bible.

Es vergeht knapp ein Monat, bis unter Mitwirkung eines Predigers ein Kreuz ins Land gestellt ist, das die gesamte Region als Hoheitsgebiet des englischen Königs ausweist. »He sett up a Crosse with this in-

* sie ist ca 100 km lang, durch eine Landzunge vom Meer getrennt; fünf Flüsse münden in sie, nicht unähnlich den Fingern einer Hand.

Jamestown, Modell, nachgebaut fürs Jamestown Museum

scryption Jacobus Rex. 1607. and his own name below«, notiert Percy am 24. Mai. Der Mann, der aufstellt und »seinen eigenen Namen darunter setzt«, ist der Kapitän *Christopher Newport:* ausgewiesener Columbus der nordwestlichen Welt und ihrer neu zu bauenden Häfen. Laut Percy erfaßt zuerst Tanx Powhatan, ein Unterhäuptling Powhatans, die Bedeutung dieses Kreuzes, und ist »verärgert«.

Am 8. Juni ist ein erster der englischen Eindringlinge tot, ein Gentleman namens Clovell, nicht »getötet«, etwas »rafft ihn dahin«. Zwei Indianer, die sich am selben Tag unbewaffnet und nichtsahnend mit den Rufen »friends« der Siedlung nähern, werden von Wachen aus Feuerstöcken beschossen. Aber das im Prinzip abwartende und im einzelnen unterschiedliche Verhalten der Algonkin bleibt.

Wenn am einen Tag Indianer, im hohen Gras verborgen, Pfeile auf die Siedlung abschießen, raten anderntags andere Indianer den Siedlern, das hohe Gras zu *mähen,* die Siedlung sei besser zu verteidigen dann. Was war der Grund für dies Schwanken? Rountree und Kupperman weisen auf die prinzipielle Uneinigkeit der indianischen Gruppen untereinander.*

Zwei Monate nach Ankunft, am 22. Juni 1607, nimmt das erste der Schiffe Kurs zurück nach England. Kapitän Newport fährt zurück zur Berichterstattung in London und zur Organisation von Nachschub an Waren und Menschen.

Die Geste Powhatans, angesichts der zahlenmäßig geschwächten Englishmen drei Tage darauf einen Abgesandten zu schicken mit der Botschaft »Frieden«, setzt ein deutliches Zeichen. Man kann es, zwei Monate nach Erscheinen der Weißen in Virginia, von Powhatan aus als so etwas wie die persönliche Besetzung des Pols »friend« zwischen den Modellen »friend« and »foe« sehen, die in diesem Zeitraum als *beide* möglich etabliert worden waren. Der große Hirsch für die Siedlermägen, der Anfang Juli folgt als Geschenk Powhatans, unterstreicht die Option »Freund«, die sich im Sommer 1607 durchzusetzen scheint.

Bevor Captain John Smith und Chief Powhatan sich erstmals gegenüberstehen (unter den beobachtenden Augen einiger Stammeshäuptlinge und von Pocahontas), vergeht aber noch ein halbes Jahr.

Smith gehört zu diesem Zeitpunkt zum Entscheidungsgremium der Siedler, dem siebenköpfigen Rat, eingesetzt von der *Virginia Company* in London. Zwischenzeitlich hatte er seine Stimme im »Counsil« verloren, sei es wegen der angeblichen »Meuterei-Geschichte«, sei es wegen anderer Meinungsverschiedenheiten, die er vor allem mit den Kapitänen John Ratcliffe, Edward Maria Wingfield und Gabriel Archer des öfteren hat. Erst im Juni 1607 wird Smith nach einem Streit über Besiedlungs- und Indianerfragen wieder hineingenommen. Der Grund ist seine praktische Überlegenheit in Alltagsfragen, in der Organisation der Arbeit, im Umgang mit den Indianern und seine besseren Sprachkenntnisse. Smith *lernt*, während andere kommandieren. Und er hat ein anderes Verhältnis zur Arbeit, Handwerk und Ackerbau. Nicht rechtzeitig und ausreichend selbst für Nahrung zu sorgen, war ein Merkmal nicht nur der engl. Kolonisten. Über ihre französischen Kollegen schrieb John Sparke:

★ K. O. Kupperman, *Settling with Indians, The Meeting of English and Indian Cultures in America, 1580-1640*, London 1980, 7f; Rountree, *Pocahontas' People*, 12f.

Kartenzeichner Smith und Besserwisser Ratcliffe...

Trotz des großen Mangels, den die Franzosen litten, hätte der Boden doch genügend Lebensmittel geliefert, wenn sie sich nur die Mühe gemacht hätten, sie einzubringen; aber Soldaten, die sie waren, wollten sie nur vom Schweiße anderer Menschen leben.*

Stephen Greenblatt hat diesen Punkt kommentiert:

Diese Notiz verdient genauere Betrachtung: Sie verweist nicht auf Faulheit oder Nachlässigkeit, sondern auf eine beinahe ständische Identität, ein Berufsethos, demzufolge man sich grundsätzlich nur von der Arbeit anderer, schwächerer, wehrloser Leute ernährte. Dieses Selbstbild war, so müssen wir hinzufügen, nicht auf das Militär beschränkt: Es war im 16. Jh. schlechterdings das Markenzeichen für Macht und Wohlstand, sich von anderen bedienen zu lassen. »Vom Schweiß anderer Menschen zu leben« war das beneidenswerte Los des Gentleman, ja, in England war ein Gentleman geradezu dadurch definiert.* Die Neue Welt nun

★ R. Hakluyt, *The Principal Navigations, Voyages, Traffiques, and Discoveries of the English Nation*, 12 Bde. Glasgow 193-03, Bd. 10, 56 schien bis auf den ärmsten Schiffsjungen einem jeden Neuankömmling einen solchen Status zu versprechen.*

Über 80 % der Siedler wird diese Haltung im 3. virginischen Winter, dem »Hungerwinter«, mit dem Leben bezahlen.

Offizieller Sprecher des Rats wird John Smith im September 1608; dies ist die »Leader-Position«, aus der er als erster Anführer der Kolonisten (und nur er allein) in die Mytho-Geschichtsbücher eingehen wird. Er bleibt in dieser Position bis zu seiner Rückkehr nach London im September 1609. Ein Jahr als »Leader« hat ihm gereicht zum ewigen Weiterleben als Denkmal des »ersten englischen Landnehmers« in der Neuen Welt.

2. BURNING LOVE.
AUF DEM SCHULHOF, GROSSE PAUSE

Never know how much I love you
Never know how much I care
When you put your arms around me
I get a fever that's so hard to bear
You give me fever...

1958: Peggy Lee landet ihren Superhit in den amerikanischen und britischen Charts mit einer inspirierten Aufnahme des Soul Songs FEVER, Words & Music von John Davenport** und Eddie Cooley. Peggy Lee begnügt sich mit Baß, Schlagzeug, Stimme und Handclapping für diese Aufnahme, sonst nichts, nur dieser federnde walking bass und die sehr geheimnisvoll rollenden Drums.

Von Peggy Lee hatte ich sie – Pocahontas – im Ohr, 1958 in Glückstadt an der Elbe, nichts wissend von »Jamestown« und »John Smith«,

* Greenblatt, *Verhandlungen mit Shakespeare. Innenansichten der englischen Renaissance*, Berlin 1990, 44

** d.i. Otis Blackwell, Autor vieler Rocksongs, etwa von *Don't Be Cruel,* einem der ersten Elvis Hits.

auch von »Shakespeare« nichts, wohl aber einige Indianerinnen vor Augen, die auf dem Schulhof die Schüler zum Wahnsinn trieben, mit Hula Hoop-Reifen über schlanken Jeans und Mocassins an den leichten Füßen. Peggy Lee hatte einen Namen für diese Mädchen:

Captain Smith and Pocahontas
Had a very mad affair.
When her daddy tried to kill him
She said »Daddy-oh!, do-on't you dare!«
He gives me fever!
Fever with his kisses,
Fever when he holds me tight.
Fever! I'm his Missus,
Oh Daddy won't you treat him right.

...had a very mad affair! Und »Daddys«, die einen killen wollten, gab es jede Menge, wie Sand am Meer. Wer würde einen retten –? Eine von denen. Die da –?

– das wäre es gewesen. »Ich« wäre geschmolzen, mit Haut und Herz, im Feuer verschwunden und wieder hervorgekommen braungebacken zur Zuckersäule wie Benjamins Berliner Kindheits-Totem...

...dahin kam es nicht.

350 Jahre Jamestown, da eröffneten sie jetzt ein *Museum*.... nicht wissend, es würde ein Denkmal draus werden für eine der imaginären Hauptstädte des Rock. ...eins der Capitols.

Stand alles nicht in dem Schulbuch »Learning English« von Klett, in dem »Pocahontas« schon mal aufgetaucht war, als Buchstabenfolge. Die Geschichte von diesem Indianermädchen, das in Liebe zu einem Weißen fiel und damit die Pilgrim Fathers vor dem Massaker rettete.

Pilgrim Fathers? Was hatten die damit zu tun, mit den Galgenvögeln der Smith-Schiffe, den Soldaten, Seeleuten, Goldsuchern, Abgehauenen und Abenteurern. Was ebenfalls nicht im Schulbuch stand, war, daß die wahre Geschichte von der Gründung Amerikas *hier* beginnt, die Geschichte von der Gründung Amerikas aus dem Rauschmittel, das in den folgenden Jahren, Jahrzehnten und Jahrhunderten Europa eroberte. Nicht »die Liebe«, nein. Es geht um den Tabak, auf dessen braunen Blättern die Kolonie, die sich hier zu gründen beginnt, schon ein Jahrzehnt darauf ihren ersten Höhenflug erlebt.

Das singt allerdings auch Peggy Lee nicht. Sie singt nur von den *flaming creatures.* Ihr *Fever* ist weit mehr als einer der *Petting Songs* für Teens, wie sie grade üblich werden, ein offen erotisches Stück, in der Musik wie im Text ...»You give me fever ...fever in the morning ...fever when you hold me tight ...Fever, with your kisses ...fever all through the night.«

Erotisches für Schulhof-creatures. Das Mädchen »Pocahontas« muß »ich« angestarrt haben in den Pausen »wie von einem anderen Stern«. Sie blieb indianisch cool und sah woanders hin. Niemand band einen los vom Pfahl, außer eben Peggy Lee mit ihrer Stimme, ihrem Bassisten und ihrem Drummer, bouncing bass und rolling thunder. Sie sind bis heute Teile des federnden Rückgrats des Gerüsts im Körper, das nicht das Knochengerüst ist (auch nicht das des »Astralleibs«), sondern das des sexuellen Körpers.

Drei Jahre schon am Marterpfahl...

Now you listen to my story
Here's the point that I have made
Chicks are born to give you fever
Be it Fahrenheit or Centigrade...

...planvoll eingebaut in den Song die Temperaturmesser beider Kontinente, des alten wie des neuen. »Fahrenheit *und* Celsius!« Es war klar für *uns* gedacht, für unsere Thermen, für uns europäische Schulhofs-Kreaturen. Warum kümmerte das bloß keinen?*

...»Pocahontas« mit dem Reifen auf der Hüfte: sie soll verheiratet sein mit einem Diplomaten in Übersee, Südamerika! ...mit einem Kneipier aus Barmbek-Uhlenhorst...

»Quasimodo« sagte Freund Volker P. zu mir, wenn er witzig sein wollte, Zahnarztsohn, doppelt so groß wie ich, mit dem Lächeln von Tab Hunter am Gebiß, Fahrschüler. Wir hatten denselben Weg nach

★ Eine Legende will, daß die erste Platte, die die Beatles als Beatles, d.h. mit Ringo Starr, aufnahmen, Peggy Lees *Fever* gewesen sei, am Hamburger Hauptbahnhof im Laden *Record Your Own Voice.* Kam aber nie auf Wachs und also auch nicht in den Handel. *Besser* passen könnte keine.

Originalbildunterschrift der Peggy Lee Autobiographie: ›A dear friend, Paul McCartney. At home in the Tower Grove Drive residence.‹

der Schule. Er zum Bahnhof, ich am Bahnhof vorbei, »home«, was ein Plattenspieler war. Auf dem gelb-roten Ziegelpflaster des Gehwegs vorm Schaufenster des Plattenladens schwuren wir uns, niemals damit aufzuhören, *Love Me Tender* zu lieben, *That'll Be The Day* und *Fever*, und die Stimmen, die das sangen ...im Angesicht der Platten, die im Fenster lagen... im Rauch geteilter Zigarette...

...gegen die Voraussagen der Alten ...geschworen dem Großen Blonden Bruder, der in den Zug stieg zu seinem Heimatwigwam, grinsend, Lied pfeifend ...*Red Sails In The Sunset...*

3. ETHNO-MYTHOLOGY

Macht es einen Unterschied, ob Pocahontas und Smith im Lauf des Jahres 1608 *tatsächlich* unter einer Decke gelegen haben oder nicht ... in einem Zelt beim Feuer ... unter freiem Himmel im Indian Summer ... und wenn ja, welchen? Seit spätestens Peggy Lee ist ihre Verbindung ein Fakt, *The Jamestown Connection*. Nein, schon seit 1609, als die Herren des Jamestown Council, die John Smith feindlich gesonnen waren – seine »Erzfeinde« Ratcliffe und Wingfield – den Papieren, die Smith nach London mitnahm bei seiner Rückkehr 1609, eine Notiz beifügten, der Captain habe vorgehabt, sich durch Heirat mit der Königstochter Pocahontas zum König von Virginien zu machen.* Selbst wenn man diese Intrige als rein politisch motiviert nimmt, als Aufdekkung einer geplanten »Koalitionsheirat zur Erschleichung einer Herrschaftsposition«, ist das Sexuelle, zumal im Fall einer solchen *Intermarriage*, wie heutige Bücher das nennen, nicht wegzuphantasieren.

Es *gibt* die Geschichte(n) von »weißem Mann« und »roter Frau«, vor 1607 wie danach, in jedem Fall. Es gibt sie im ersten Moment des Betretens des neuen Kontinents, es gibt sie in allen Variationen, in mehr phantastischen oder mehr tatsächlichen, unter Stichworten wie »Liebe«, »Raub«, »Verrat«, »Dienst«, »Völkerverbindung«, »Kollaboration«. Es gibt sie in der Tat schon als geschriebene, sie stehen in den Schriften der Spanier von der Eroberung Mexikos; Pocahontas dort heißt »Malinche«, heißt »Doña Isabel«. Es *gibt* all diese Versionen auch, weil, das ist ihr Hintergrund und Wirklichkeits*beweis*, es die »alltägliche(n)« Geschichte(n) von *weißem* Mann und *weißer* Frau in England, Holland, Spanien gibt, deren gesellschaftliche Ungleichheit

★ – eine Anschuldigung, die die Ahnungslosigkeit der englischen Lords betreffs der Erbschaftsverfahren der Powhatans zeigt: Powhatan war durch *matrilineare* Vererbung zu seiner Chief-Position gekommen; sein Nachfolger würde also nicht unter *seinen* (zahlreichen) Kindern sein, sondern das nächstälteste Kind seiner Mutter würde ihn beerben, das war sein Bruder Opechancanough, der auch tatsächlich zum *Paramount Chief* wurde nach Powhatans Tod. Eine Ehe mit Pocahontas, gleich von wem, berechtigte auf *dieser Ebene* zu nichts. Die Engländer setzten, wie in solchen Fällen immer, einfach ihre eigenen Regeln und Gesetze in die indianischen Umstände ein.

einen ebensolchen »rassistischen« Hintergrund bildet wie die Geschichten von rotem Mann und roter Frau, und weißem Mann und roter Frau, und weil es (das ist wiederum *deren* Hintergrund) die Geschichte(n) gibt von rotem Mann und rotem Mann, von weißem Mann und weißem Mann, und dann von weißem Mann und rotem Mann – der »roter Bruder« heißen wird bald danach in wechselnd ähnlichen Zusammenhängen.

...nur die von »rotem Mann« und »weißer Frau« gibt es nicht, die bleibt verboten, die gibt es nur als blutige; und auch *daher* lautet der Song von der »mad affair« auf Captain Smith & Pocahontas.

Alles aber immer eingedenk der Zeile: *It ain't necessarily so* ...wer sagt denn, obs wirklich *so* war: obstinate Frage von *Sporting Life* (= Sammy Davis Jr. in der Filmfassung von Gershwins *Porgy and Bess*): *Love Story* von schwarzem Krüppel und schwarzer Frau, Words & Music von weißem Brüderpaar. *It ain't necessarily so*: der Kram, den sie dir erzählen aus den Bibeln ...mit Pharao's daughter ...das war doch *ihr* Kind ...von einem Sklaven ...einem jüdischen ...einem *»weißen Mann«*...das sie da aus dem Fluß gefischt hat, angeblich...

Freud war dem Fall auf der Spur, im *Mann Moses*, 25 Jahre lang.

Und fünf Jahre später geschah ja »tatsächlich«, was bei Pocahontas & Smith nicht hätte unterstellt werden sollen im London von 1609. Ein Engländer wird Pocahontas' Ehemann. Heißt: wenn Rolfe & Pocahontas möglich war, wäre auch Smith & Pocahontas möglich gewesen, *unter* einer Decke, im Prinzip.

Smith selber hat eine Sex-Szene mit Indianerinnen geliefert. Während eines Aufenthalts in Werowocómoco geraten er und seine vier Begleiter in ein getanztes indianisches Ritual, das in seiner Darstellung bei Smith heutige Leser an »dionysische« Fruchtbarkeitsriten erinnert, wie sie sie etwa von den alten Griechen (»Thrakern«), her kennen. John Smith, der Ethnologe »wider Willen«, schrieb auf:

Dann kamen dreißig junge Frauen nackt aus dem Wald, hinten und vorne nur mit ein paar grünen Blättern bedeckt, ihre Körper alle bemalt, einige mit der einen Farbe, andere mit einer anderen, alle aber unterschiedlich. Ihre Führerin hatte ein schönes Hirschgeweih auf ihrem Kopf

Amerikanisches Kinderbuch, 1989

und ein Otterfell am Gürtel sowie ein zweites auf ihren Armen, einen Pfeilköcher auf dem Rücken, einen Bogen in ihrer Hand. Die nächste trug in ihrer Hand eine Klinge, eine andere eine Keule, eine andere einen Stock zum Topfrühren, alle ebenso gehörnt (...) Die Ungeheuer stürzten mit höllischen Rufen und Schreien zwischen den Bäumen hervor, warfen sich in einen Ring um das Feuer und sangen und tanzten. (...) Mal in höllischen Leidenschaften, dann wieder sangen sie feierlich zu ruhigen Bewegungen. Nach fast einer Stunde in dieser Maskerade verschwanden sie in der gleichen Weise, wie sie gekommen waren.

...der Gott schickt seine Frauenhorde vor, bevor er selbst »erscheint« *...und der Gehörnte trat aus den Bergen* ...zu befruchten und zu ernten ...zu seiner großen Überraschung ist es Smith selber, der den Dionysos abgeben soll in diesem virginischen Satyrspiel ...aufgefordert von den thrakischen Schönen, sich seines Fells und Geweihs zu entledigen:*

Nachdem sie sich beruhigt hatten, luden sie ihn feierlich ins Innere des Hauses, wo alle diese Nymphen ihm mehr als jemals zusetzten: sie drängten, drückten und hingen an ihm** und riefen in endloser Wiederholung: »Love you not me? Love you not me?«

...das waren also, nach John Smith, die ersten Worte, die die (rasenden) Indianerfrauen von den Weißen aufgeschnappt hatten. Der Wortstellung (»Ausländerdeutsch«) ist zu entnehmen, daß Smith diese Wörter als *englische Zitate* aus dem Mund der Indianerfrauen verstanden haben will.

Klingt also, mytho-historisch, wie eine Folge der Schäferspiele, die das *Globe Theatre Jamestown* den roten »Nymphen« regelmäßig vorgespielt hat zum Zweck ihrer Unterrichtung in englisch-griechischer Kultur.

Der Mythos der Verführung existiert – unabhängig davon, ob der historische Smith überhaupt mit Frauen sexuell etwas im Sinn gehabt

★ Barbour, *Smith* 3, 317
★★ »Smith spricht von sich in der dritten Person«: hier, angemessen, aus der Position des Gottes

hätte (– und einiges spricht dagegen).

Als John Rolfe sechs Jahre später Pocahontas heiratet, ist diese christianisiert; der Darstellungskontext komplett verändert, »normalisiert«, legalisiert. Das ist einer der Gründe, aus denen Autoren späterer Jahrhunderte, soweit sie *Love Stories* im Schild führten, meist nicht ihn, den Ehemann, als Lover in ihren Versionen auftreten lassen, sondern John Smith, bei dem die Sache noch in der Übertretung siedelte, und in Mischwelten, ebenso in der Sphäre kolonialer Tatsachen wie in Vergils *Aeneis* sich abspielte, und irgendwie unentschieden geblieben war, also besseren *Stoff* hergab für die Wendungen jeweils gewünschter Diskurse.

Eine Maßeinheit »spezifisches Wahrheitsgewicht« all dieser Schriften wäre zu entwickeln innerhalb einer Wissenschaft namens Mytho-Physik, Unterabteilung Ethno-Physik; in Relation zu setzen mit Mythen von besonders langer Laufzeit, in Deutschland den *Nibelungen* etwa. Grundregel: die »erfundene« Story muß »gut genug« sein, muß besser geschrieben sein, wahrer als die »passierten«, schöner, furchtbarer, vor allem aber *nützlicher* für die Erfordernisse des Schreibmoments. »Tatsachen« ...»Buchstaben« ...»Songs«:

They give you fever, when you kiss them
Fever if you live and learn.
Fever – till you sizzle
What a lovely way to burn.

...bei der Liebe ...beim Lesen ...beim Feuer machen (unterm Hirn) und unterm Hintern der *Geschichte:*

Sing a song...

Nur so *erkennt* man überhaupt den Song ...im Unterschied zu dem, was die Tatsachen singen (oder brüllen) ...und dem, was *noch* die Schwalbe singt...

4. JOHN SMITH MEDIENMANN
EIN EUROPÄISCHER BILDERBOGEN

Neun Bilder, als großes Faltblatt eingeheftet vorne in Smiths Lebensroman *True Travels* von 1630, zeigen John Smiths diverse vor-amerikanische Abenteuer. Das Mittelpanel oben nennt als Zeichner John Payn (manchmal auch als »Paine«), die Signatur in der Mitte unten sagt: angefertigt von Martin Droeshout; Droeshout also der Kupferstecher. Von Droeshout (1601 – ca.1652) stammt auch das uns allen bekannte Shakespeare-Bild (– angefertigt 7 Jahre nach Shakespeares Tod): das einzige Shakespeare-Porträt von womöglicher Authentizität, abgebildet in den vier Folioausgaben von 1623, 1632, 1663/4 und 1685, und bis heute auf fast jeder Shakespeare Edition.

Droeshout darf man wohl wegen seiner Bilderstreifen aus John

Smiths Abenteuerleben einen der Erfinder des Comic Strip Mediums nennen (Vorschlag an die Lexikalisten). Die einzelnen Bilder (wir zeigen sie vergrößert und isoliert):

Panel 1: »Captain Smith wird ins Meer geworfen. Er erreicht die Küste sicher und wird gerettet. s. Chap. 2«.

Der Vorgang: Smith war kurz vor 1600 im Mittelmeer unterwegs nach Rom, als einziger Protestant auf einem Pilgerschiff. Das Wetter war beständig schlecht, es gab Stürme, und Smith wurde verantwortlich gemacht für Gottes Zorn. Schließlich warf man ihn vor Marseille über Bord. Rechts auf dem Panel sieht man an der französischen Küste Nice eingetragen. Links die *Barbary Coast*, die berüchtigte Berber-Küste Afrikas mit Tunis und Algier. Mit Gottes Hilfe kommt Smith ans französische Ufer. Dies ist die erste Stufe seiner Auserwähltheitsabenteuer; von der Art »Jonas und der Wal« oder des Paulus Schiffbruch und Errettung auf der Seefahrt nach Rom.. »Captain« ist er hier, streng genommen, noch nicht. Aber der Rang haftet ihm schließlich auch nach rückwärts an.

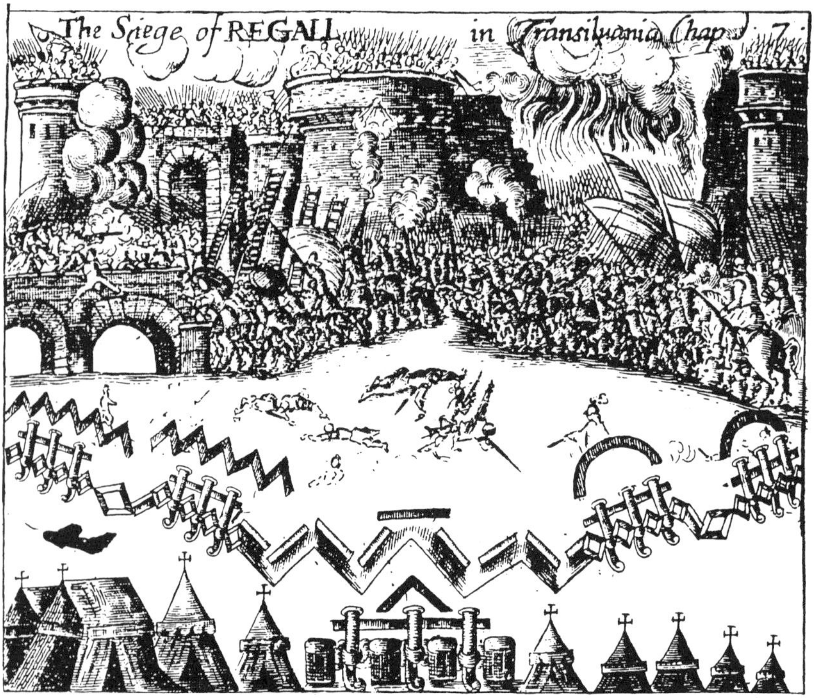

Panel 2: »How he relieved Olumpagh by a stratagem of lights« …»wie John Smith die Stadt Unterlimbach (heute: Lendawa) durch Anwendung einer Lichtstrategie befreite«. Man sieht John Smith hier als Erfinder eines neuen Mediums: der drahtlosen Funkentelegrafie, allerdings unelektrisch. Mittels Fackelzeichen werden, in einer Art Morsecode, buchstäblich entzifferbare militärische Nachrichten in die belagerte Stadt Unterlimbach gesendet. Smiths Nachrichten führten zu einem Sieg über die türkischen Belagerungstruppen; u.a. empfahl Smith, 2000 Lunten auf einmal zu zünden, um die Türken über die Stärke des Gegners zu täuschen.*

Panel 3: »Belagerung von Regall in Transsylvanien. Chap. 7« John Smith in Dracula's Own Country. Hier halten die Türken eine belager-

★ John Smith also als Held von Tannenberg, als Hindenburg, der denselben Effekt durch ständige Bewegung seiner Truppen zu erreichen sucht. Den Deutschen reichten solche Mittel dann nicht *ganz* zur final victory von WW I.

te Stadt. Aber sie langweilen sich genauso wie die englischen, italienischen, sächsischen, ungarischen, französischen, deutschen, rumänischen usw. Belagerer. Besonders langweilen sich die türkischen Damen *in der Stadt*. Sie bitten ihre Oberen um etwas höfische Unterhaltung. Die türkische Generalität schlägt vor, die Tore zu öffnen und einen ritterlichen Kampf abzuhalten, »to delight the Ladies, who did long to see some court-like pastime«. Unter den Christen muß das Los entscheiden, auf wen die Ehre dieses Kampfes fällt. Das Los trifft Smith. Er besiegt nacheinander drei der türkischen Ritter mit je verschiedenen Waffen: Lanze, Pistole, Kurzschwert (Panel 4-6), und schlägt ihnen die Köpfe ab. Die Körper dürfen zurück in die Festung zur Bestattung.

Wieder ist ein neues Medium im Spiel: John Smith als Star der ersten trojanischen Kinospiele auf Breitwand für die türkischen Damen auf den Zinnen und als modernisierter königlicher Frontunterhalter in der Tradition der Artus-Ritter für das eigene Heer. Smith im Bild unterm Kreuz, die Türken unterm Sichelmond.

His Combat with GRVALGO. Capt of threehundred horſmen.
Chap. 7.

How he ſlew BONNY:MVLGRO. Chap. 7.

Smith besiegt Türken, *Compton's pictured Encyclopedia*, Chicago, 1949, Bd. XIII

Panel 8: zwei Vorgänge in einem Bild; unterer Streifen: Smith präsentiert die drei abgeschlagenen Köpfe, aufgespießt auf Lanzen, und die drei erbeuteten Pferde dem transsylvanischen General P. Moyses, das ist Mózes Székely – im Text nennt Smith ihn salopp Zachel Moses.

Oberer Streifen: Fürst (oder Prinz) Zsigmond Báthory von Transsylvanien adelt Smith durch Verleihung eines Banners mit den drei Köpfen der erlegten Türken; die drei Köpfe werden zu Smiths Wappen, seinem Markenzeichen ab da. Aus Sigismunds Mund – er ist verheiratet mit Maria Christina von Österreich, einer Cousine des Habsburger Kaisers – ergeht die Sprechblase: »pro Christo et patria«. In drei Blökken dahinter die angetretenen Ehrenbataillone. Man schreibt das Jahr 1601.

Panel 7 und 9: »Captain Smith wird in die Gefangenschaft des Timor Bashaw von Nalbrits im Tartarenland überführt (Kap. 17).« Smith, in türkische Kriegsgefangenschaft geraten, wurde auf einem bulgarischen Sklavenmarkt an der Donau an einen Bashaw Bogall verkauft.

Sein Besitzer schenkt den frisch erworbenen Sklaven weiter an seine Geliebte in Istanbul, eine Lady Charatza Trabigzanda. Der Name deutet vielleicht auf ihre Herkunft aus Trebizond/Trapezunt, das ist eine frühgriechische Kolonialsiedlung am Schwarzen Meer, errichtet ab etwa dem 7. Jhd. v.u.Z.; etwas später also als Jasons Fahrt nach Kolchis. Trapezunt liegt an der Ostküste des Schwarzen Meers, Kolchis gegenüber. Smiths Lady Trabigzanda kommt also aus der Stadt, die einmal das *griechische Jamestown* war; erster Stützpunkt der europäischen Ost-Kolonialisierung und vorübergehend Hauptstadt der »ostgriechischen« Gebiete. Seit 1462 ist die Stadt aber türkisch.

Trabigzanda, griechischer Herkunft und noch nicht volljährig, wirft ein Auge auf Smith. Mit Hilfe verschiedener Dolmetscher bringt sie seine Geschichte aus ihm heraus – und entwickelt die Idee einer späteren Heirat. Da sie keine direkte Verwendung für ihn angeben kann, und da sie fürchtet, ihre Mutter, die etwas ›ahnt‹, könne ihn weiterver-

...Truffaut würde hier eine Kreisblende um Kopf und Knüppel machen...

kaufen, übergibt sie ihn ihrem Bruder Timor, dem besagten Bashaw in Tartaria. Er soll Smith nicht nur in türkischer Lebensart unterrichten, ihm die Sprache beibringen etc., sondern ihn ausbilden zu einem türkischen ›Beamten‹, einem Funktionsträger des ottomanischen Staats. Diese Ausbildung war so etwas wie eine Tortur, vergleichbar dem Drill der Offiziersausbildung in gewissen europäischen Heeren, einschließlich regelmäßiger Kasteiung und Fastenzeiten. Barbour, der letzte Herausgeber von John Smiths Schriften, bezweifelt, daß Smith den Sinn dieser Aktionen recht verstanden habe. Smith selber schreibt, nur der Gedanke an Trabigzanda habe ihn die Tortur ertragen lassen; er nimmt das Ganze als böswillige Folter und rebelliert. Er erschlägt den Bashaw – bei erster Gelegenheit, sagt Barbour – mit einer asiatischen Dreschkeule und entflieht auf dessen Pferd und in dessen Kleidung Richtung Westen. Der Fluchtweg geht über Astrachan, Rußland, Transsylvanien,

Ungarn, Böhmen nach Deutschland. In Prag trifft Smith auf den Fürsten Sigismund, der ihm zwei Jahre zuvor das Adelsbanner mit den drei Türkenköpfen beschert hat. Als Entschädigung für seine Dienste und Leiden erhält Smith, so erzählt er es in den *True Travels*, 1.500 Golddukaten von *Prince Szigmond...*

Einer kam durch – das war der Titel der ersten erfolgreichen TV-Serie im bundesdeutschen Fernsehen in den 1960er Jahren: die Serie von der Flucht des Richard Kimble aus sowjetischer Kriegsgefangenschaft in den Westen. Verbunden mit dem VW-Slogan »...und läuft ...und läuft!« wurde dieser Dauerflüchtling zum Prototyp der Überlegenheit des Westens über den etwas blöden kommunistischen Osten und zum zivilen Boten vom späteren Sieg im Kalten Krieg ...der Hermes, der aus der Kälte kam: – natürlich lieben alle Frauen mit den Halb-Schlitz-Augen den Flüchtenden auf seinem West-Weg...

Aus der Schule wissen wir: der schwedische König Karl XII. flieht diesen selben Weg zu Pferd von der Krim nach Deutschland, in seinem heroischen 16-Tage-Ritt um das Jahr 1710...

...aber – und das erzählte uns niemand – *erfunden* hat diesen Fluchtweg der Captain John Smith. 110 Jahre vor dem Schwedenkönig ...350 Jahre vor der antikommunistischen ARD. Es gibt so gut wie Nichts im Feld der Erfindungen der frühen Neuzeit, womit dieser John Smith nicht verbunden gewesen wäre; als Antreiber, Agent, Durchführer des NEUEN, bzw. Chef-Verwandler des ALTEN: von den Errettungsstories, durch *Native Women & Gottes Hand* bis zur Erfindung der Telegraphie, dem Anlegen exakter Landkarten, dem siegreichen Bestehen von post-trojanischen Leinwandkämpfen bis zur (paranoisch siegreichen) endlosen Flucht des *Nie-Gefaßten* ...wer ist schon Thomas Crown oder *Fantomas* gegen John Smith? Alles aufzeichnend und weiterfunkend dabei in Briefen, Landkarten, Diaries, Fictionalities ...in der währenddessen nie endenden praktischen Hoffnung auf ein immer neues Schiff ...eine neue Expedition ...und wenn die *Virginia Company* nicht mehr zahlt, soll Sir Francis Bacon zahlen ...

Smiths Fluchtweg vom Ostrand der Welt nach Zentraleuropa war in Deutschland nicht etwa beendet. Nachdem er, dank der Dukaten Sigismunds, sich eine Reihe der kontinentalen Städte angesehen hat – er

Die drei abgeschlagenen Türkenköpfe im offiziellen Wappen von John Smith, Hufeisenglücksmensch nennt Dresden, Magdaburgh, Brunswick, Kassel, Wittenberg, München (Minikin), Augsburg, Frankfurt, Worms, Speyer, geht es weiter nach Straßburg, durch Frankreich über Nancy, Paris, Orleans, die Loire hinunter nach Angiers und weiter nach Spanien, Bilbao, Valadolid, Madrid, die Residenz des katholischen Philip III., über Cordoba nach Sevilla, Jerez, Cádiz und schließlich Gibraltar ...& von da nicht etwa nach London, sondern nach Tanger, weiter ins Berberland, von Marokko nach Ägypten – der ganze bekannte Erdkreis wird abgeschritten von John Smith, zu Fuß, zu Schiff, zu Pferde, bevor er wieder in London landet bei der *Virginia Company*, um aufzubrechen von dort zu dem Kontinent, den er noch nicht kennt.

Unterwegs immer die Augen offen für die Wahrnehmung von Herrschaftsformen, Religionen, Entwicklungsstand des Handwerks und der weiteren Produktion. Über den König Mully Hamet von der Barbary Coast (Marokko) schreibt Smith:

> König Mully Hamet war nicht schwarz, wie viele vermuten, sondern mulattig, oder braungelb, wie die meisten seiner Untertanen; jeder von ihnen edel, sanft und freundlich, sehr reich und pompös der Staat und seine Majestät, obwohl der König nicht auf einem Thron sitzt oder einem anderen Staatsstuhl, sondern mit gekreuzten Beinen auf einem reichen Teppich, wie es die Türken tun, deren Religion des Mohammed sie mit einer unglaublichen Skrupulösität ausüben. Seine stehende Leibwache umfaßt mindestens 5000 Reiter, aber wenn er sich in Bewegung setzt, sind es nicht weniger als 20.000 Horsemen, die ihn begleiten, seine Equipage ist reich wie die nur irgendeines Christenfürsten, und dennoch ist er den Türken tributpflichtig. In seinem ganzen Königreich gab es so wenig gute Kunsthandwerker, daß er eine ganze Reihe aus England importierte, Goldschmiede, Bleigießer, Graveure, Steinpolierer, Uhrmacher. Er war so begeistert von der Reformation des Handwerks, die sie mit sich brachten, daß er jedem von ihnen 10 Shilling tägliches Handgeld bewilligte, dazu Leinen, Wolle und Seide, soviel sie wollten und für völlig zollfreien Export, dazu jeden Import, den immer sie wünschten. (Smith, *True Travels...*, Barbour, *Smith*, Bd. III, 205)

Mully Hamets »great love to English-men« vermerkt Smiths Text im kleingedruckten Kommentar am Rand, seiner durchlaufenden Orientierungshilfe für Leser seines Buchs.

Reverend Samuel Purchas, der nach dem Tod des jüngeren Richard Hakluyt, des ersten großen Pioniers der Verbreitung der englischen kolonialen Texte – der *Voyages* – dessen Arbeit fortsetzt und in den 1620er Jahren alte und neue Reiseberichte publiziert, hat sich den Texten und des Formats von Smith auf wunderbare Weise gewachsen gezeigt, als er zu Smiths *Generall Historie...* (und deren ganzen Ungeheuerlichkeiten) in einem Text über »the diversity of Letters used by the divers Nations in the World« die sagenhaft medienbewußte Präambel verfaßte:

> ... in der Menge und Verschiedenheit der Formen hat die Kunst einen Über-Überfluß entwickelt: sowohl in ihren Stoffen wie in ihren Verfahren, einige schreiben mit Stiften, wie die Japaner und Chinesen, andere mit Federn, andere mit Schaften aus Eisen ... oder anderen Metallen, auf Buch-Tafeln ... Papier, Textilien, Pergament, und unzählige andere Materialien: verschieden in Form und Aufzeichnungsweise, mit Knoten aus Stein und Schnüren, wie in Peru ... mit Pictogrammen ... wie die Chinesen, Japaner, und die Arithmetiker und Astronomen in den Figurationen ihrer Kunst sie benutzen; wieder andere schreiben mit brennenden Fackeln, wie Sie es hier lesen können in Captain Smiths folgender Darstellung... (Barbour, *Smith*, Bd. III, 327)

– so schlau wie dieser Kommentar war für 3 Jahrhunderte danach kein einziger Text eines Historikers. Diese Passage eines anglikanischen Geistlichen von 1625 reflektiert die Materialien und Bedingungen von *Schrift*, sie denkt darüber nach, wie und womit Geschichte geschrieben – und das heißt hier: erfunden – wird, und wie und womit *Geschichten*. Die bürgerlichen Historiker des 18., 19. und auch 20. Jhs. sind keine Sekunde in die Gefahr (oder zu der Möglichkeit) gekommen, darüber nachzudenken, daß die Buchstaben, die sie beim Aufschreiben der Geschichte/n aneinander oder auseinander fügten, ein technisches Medium sind, aus dem man Welten baut (oder zerstört). John Smith und Samuel Purchas im Jahr 1625 sind sich dessen bewußt.

Für Smith ist *God, der ihn rettet*, immer auch eine mediale Größe oder Kraft; die schriftstellerisch einzusetzen ist im rechten Moment ...wie »rettende Frau«, ob rot, ob braun, ob weiß, im rechten Moment zu erscheinen hat als Text oder Bild. Keine Sekunde beim Lesen seiner

Texte hält man Smith für religiös oder verliebt. Aber jeweils an der richtigen Stelle schreibt er: dies war die Hand Gottes, die mir half. Sie griff in die See und zog mich heraus ...Trabigzanda ergriff eine Initiative ...Pocahontas griff in die Keulen ...Gott zog mich aus den Wellen ...rein mediale Größen ...Karten, auszuspielen im richtigen oder nötigen Moment ...kein Mensch konnte durchkommen etwa *ohne* die religiöse Karte ...ohne die *Liebeskarte* ...dies Bewußtsein zeichnet John Smith aus ...every single second of his life... ein Leben in Sequenzen, nicht unter den sinnstiftenden Schwingen eines Herrn...

Die Historiker nach ihnen, nach Smith oder Purchas, haben das Bewußtsein der Medialität ihrer Äußerungen – und das heißt: ihrer Fiktionalität – rabiat ersetzt durch das Postulat von Wahrheit und Wahrhaftigkeit, und auch noch die Behauptung der Religion als einer geschichtliche Zusammenhänge stiftenden *Glaubenskraft* draufgesetzt...manche mehr als Trottel ...manche mehr als Schurken.

Die Bilderreihe ist zu erweitern mit amerikanischen Smith-Ereignissen. Diesen etwa: am Anfang seiner Gefangenschaft sehen wir Smith auf einer Art Gastreise durch den Zentralbereich von Powhatans Herrschaftsgebiet, er besucht Opechancanoughs ständigen Hauptort, Menapacunt am Pamunkey River, dann einen weiteren Powhatanbruder, Kekataugh. Bei dieser Gelegenheit ein interessanter Zwischenfall. Smith wird beim Wettschießen aufgefordert, ein Ziel zu treffen, das außerhalb der Reichweite seiner Pistole liegt. Um das Geheimnis der Schwäche seines Feuergeräts nicht aufzudecken, demoliert Smith den Hahn der Pistole und demonstriert sie den enttäuschten Indians als »kaputt«. So ein Detail zeigt präzise, wie distanziert und im Innersten kühl, wenn nicht feindlich, Smith den Einwohnern Virginiens gegenüberstand.

– wie etwas später die Sache mit den Kanonen, nach der »Rettung« durch Pocahontas:

Zurück im Fort, wo Smith die Wilden mit aller Freundlichkeit behandelte, zeigte er ihnen zwei Halbpfünder und einen Mahlstein. Die waren allerdings etwas schwer zu tragen. Als Smith zur Demonstration ihrer Wirkung die Kanonen mit Steinen lud und in die Spitzen der umstehenden Bäume abfeuerte, so daß deren schwer mit Eiszapfen behangene Kronen

Smith besteigt das Schiff nach Virginia, in Disney, 1995

krachend herunterkamen* da rannten die Wilden schreiend davon, halb tot vor Angst. Schließlich kriegten wir sie wieder zu einer kleinen Versammlung zusammen, wo wir ihnen Spielzeuge und ausreichend andere Geschenke für Powhatan, seine Frauen und Kinder mitgaben, mit denen sie dann auch voll zufrieden waren (Barbour, *Smith,* II, 152).

Keine Kanone kam zu Powhatan. Diese nicht und auch keine anderen. Smith, wie Tim und Struppi bei den Anden-Indianern, wie Columbus in der Karibik, wie 1001 anderer Comic-Held vor und nach ihnen, brillieren mit ihrem überlegenen technischen Wissen, das sie magisch einsetzen oder in technischen *Tricks*; sie verbreiten Furcht und Schrecken durch vorhergewußte Sonnenfinsternisse, herabdonnernde Baumkronen, Fernrohre, Kompasse und andere Zaubereien. Smith ist ein großer Erfinder-Spieler – obwohl *nicht* aus der Serie der Familien-

★ »tumbling downe«, schreibt Smith, wie die Mauern von Jericho väter, zu deren Repertoire *den Kindern* gegenüber solche Schaustellertricks seit Jahrmillionen zählen, »Affentheater«.

Oder doch Väterserie: Vater eines Neuen Landes, eines ganzen Kontinents. Smith zeigt sich dessen gestellten Aufgaben jeweils voll gewachsen, in jedem späteren Comic-Sinn. Er kann so mit Fug und Recht als Mit-Erfinder dieses amerikanischsten aller Genres gelten; die »Kanonen-auf-Eiszapfen«-Szene mit den in Panik davonspringenden Roten erfüllt, abgesehen vom Makel der Bloß-Schriftlichkeit, alle Bedingungen: Jamestown stand da, sah zu, und lachte. Und mit ihm, 1624ff, das ganze lesende England.

Smith zieht sich im September 1609 bei einer Detonation seines Pulversacks eine große Wunde am Oberschenkel zu. Der Arzt der Siedler empfiehlt dringende Rückführung in ein Londoner Hospital, Smith muß die Kolonie unfreiwillig verlassen. Daß einige ihn gern loswurden, traf sich gut. Die Einschiffung geht Hals über Kopf. Es hat *tatsächlich* irgendeine Art der »Verabschiedung« Smiths von Powhatan oder Pocahontas nicht gegeben. Ihr wird, als sie wenig später nach dem Verbleib ihres »Bruders« fragt, bedeutet, er sei nach schwerem Unfall auf der Überfahrt nach England gestorben. Dies – die erste ausmachbare klare »Lüge« in der Smith/Pocahontas-Geschichte – wird Anlaß vieler späterer Konstruktionen zu dem Moment, in dem Pocahontas Smith, den Totgeglaubten, in London 1617 plötzlich *wiedersieht.* Pocahontas hatte diesen Tod *geglaubt* und dem im Meer Verschwundenen, was immer er ihr war, irgendetwas nachgeweint.

5. FRANCIS BACON. ORPHEUS IN LONDON

London, unternehmerischer Ausgangspunkt der Jamestown Mission, wird 1607, 19 Jahre nach dem Sieg der englischen Flotte über die spanische Armada – in erster Linie Folge eines großen *Sturms* – neben Amsterdam zum Machtzentrum der kolonisierenden europäischen Welt; auch Holland hatte seine Seesiege über die Spanier, zu Beginn des 17. Jhs. Trotzdem beherrschen spanische Schiffe auch weiter die Meere besonders im Süden.

Während in Mantua Monteverdis »neuer Orpheus«, ein *Musiker am Hofe,* seine Triumphe feiert in weiteren Aufführungen der Orfeo-Oper nun auch für die *Bürger* der Stadt Mantua, und die Jamestown-Schiffe zügig auf die Karibik zuhalten, steht in London ein philosophierender Schriftsteller am Schreibpult und arbeitet die Grundlagen aus, nach denen solche Unternehmen wie die Kolonisierung der »Neuen Welt« (Jamestown) wie auch die fortschreitende Zivilisierung der Alten (Schottland, Irland) durchzuführen und zu beurteilen sind,★ und welchen Platz Dinge wie eine Orfeo-Oper und Londoner Theaterstükke darin haben.

Francis Bacon, der Philosoph, Rechtsanwalt und angehende königliche Berater im Ministerrang, formuliert diese Grundlagen mit Hilfe derselben Figur, mit der auch das übrige Europa, und in diesem besonders Italien, seine artistischen, wissenschaftlichen und politischen Grundlagen neu denkt: unter Verwendung des Orpheus, im Spiel um die Orpheus-Konfiguration zwischen den Positionen von Orpheus als Modellartist, Orpheus als Philosoph, als Sänger, Musiker, Komponist, Orpheus als Bezähmer der Affekte, als Liebender, als großer Zivilisator, als Wissenschaftler oder als Priester des okkulten Wissens. Alle Mythologen der Renaissance entwerfen ihre Version der Figur zu ganz bestimmten Zwecken. Das jeweilige Staatsbild ist in sie eingeschrieben, mit den speziellen Zügen der jeweiligen politisch-artistischen Wunsch-

★ Zu den wilden Gegenden, die des »cyvylizing« bedurften, gehören für Bacon Schottland und Irland ebenso. B.H.G. Wormald, *Francis Bacon. History, politics, and science, 1561-1626,* Cambridge (UK) / NY 1993, 4 welt des Entwerfers.

Zu sagen, Bacon entwerfe *sein* Bild der wünschenswerten Züge des englischen Staats »unter Verwendung« der Orpheus-Figur, ist allerdings untertrieben, Bacon *macht sich* vielmehr zu Orpheus in der Abfassung seines kleinen mythologisierenden Ratgebers *Von der Weisheit der Alten*, publiziert 1609.* Unter dessen Allegorien ist die von Orpheus als »technisch-weltbürgerlichem Zivilisator«** nicht nur die zentrale, der kolonisierende Orpheus erscheint vielmehr als insgeheimer Autor der ganzen Schrift.

Für diese Operation bedient sich Bacon des Kopfs des »zerrissenen Orpheus«. Dieser ist, seit Ovids lärmende Mänaden seinen Gesang zuerst unhörbar gemacht, ihn dann abgerissen und ins Wasser geworfen haben, weiter singend, den Hebrus, den Fluß der Musen, hinuntergetrieben; die ganze Zeit währenddessen

> klang es leis von der Leyer, lispelt die tote
> Zunge klagend, hallen die Ufer klagend es wider.

Der Kopf erreicht – bei Ovid – »den Strand von Lesbos«, um von hier – offenbar ist da ein Hadeseingang – in die Unterwelt hinabzutauchen. Er trifft dort, endlich, Eurydike, nun ohne Auflagen. Sie gehen zusammen, vor-, hinter und nebeneinander, wie es ihnen beliebt

> und es blickt nun ohne Gefahr zurück nach seiner Eurydike Orpheus.

Hier interveniert Bacon, wie alle Renaissancedenker vor ihm. Orpheus, den sie sich mühsam aufgebaut haben als insgeheime (und manchmal offene) Gegenfigur zum kirchenvergifteten Jesus Christ, kann diese Idylle mit der Geliebten bei den Schatten nicht gegönnt werden; sie haben anderes mit ihm vor. Bacon läßt nicht nur Orpheus' Kopf an dieser Stelle hinabtauchen, sondern den ganzen Musenfluß, aus Trauer über den toten Weltbeleber, unterirdisch werden. Unterirdische Flüsse aber verschwinden nicht, sie fließen weiter, graben sich Röhren, finden neue Strömungen und tauchen eines Tages, an den unerwartetsten Stellen, wieder auf ...den Orpheuskopf auf einer Schaumkrone immer vor sich her:

* Geschrieben auf Lateinisch, *De sapientia veterum*, London 1609
** Klaus Heinrich, *Parmenides und Jona*, Ffm 1982, 44

...die aktuelle Auftauchstation, die Bacon dem treibenden Singmund bestimmt hat, ist London. Bacon schreibt Orpheus' »Zerrissenwerden« und »Untertauchen« um in eine Allegorie für Aufstieg und Fall der Weltkulturen: auf eine Blüte folgen jeweils Krieg und Niedergang, Länder, einst stark, liegen da »wie die zerborstenen Teile eines gestrandeten Schiffs«, der Fluß (ihrer großen Geschichte) versickert ...aber der versickerte Fluß, den Bacon vom Musenfluß zum Fluß *der Geschichte* mutiert, kommt woanders wieder hoch, bei der nächsten aufsteigenden Kultur: »vielleicht nicht einmal im selben Klima«, setzt Bacon fein hinzu; denn dies ist so ein historischer Wendemoment. England war noch nicht *dran* bisher mit dieser Geschichte.

Die Themse also. Orpheus' Kopf, eins der ersten *Multiples* der Geschichte,* landet 1607, aus dem Ebro gezogen, nicht nur in Mantua, bei Monteverdi und auf den Schultern des Sängers Francesco Rasi, er landet auch, aus der Themse gezogen, in London, beim Mann der Rechte, Francis Bacon.

Dieses Auftauchen war »nur für ihn bestimmt«; den führenden Philosophen der Denk-Hauptstadt. Wenn London und das *United Kingdom* das Zentrum des momentanen Zivilisationsprozesses geworden waren, wie nicht nur Bacon mit Gewißheit annahm, dann war *er* folgerichtig »Orpheus«; Orpheus aus Aristoteles, wie man für Bacon hinzufügen muß.**

Als real existierender Orpheus im Kleid des politischen Philosophen promoviert Bacon die Philosophie weg von der Disziplin des bloßen harmonischen Anschauens der Welt, die sie seit der Antike war, zu einer Wissenschaft des praktischen Weltbaus. Francis Bacon wird dabei selber zum Erfinder der Politik als einer *Wissenschaft.* Das Leierspiel des Orpheus, »das Tiere, Bäume und Steine versammelt«, bekommt bei ihm einen neuen, einen weltstädtischen Sinn. Bacons Orpheus läßt nicht nur »wilde Tiere«, er läßt auch

★ »keine Frage für ihn, daß er den Platz eines 2. Aristoteles ausfüllte«, Wormald, *Francis Bacon*, a.a.O., 6

★★ Konkurrenzserie zum »Kreuz«

... große Menschenmengen zur Gesellschaftsbildung zusammentreten, er läßt sie, friedlich, die Gesetze annehmen, sich Regierungen unterordnen, die Wildheit der Affekte vergessen, den Regeln der Erziehung lauschen, und sich der Disziplin unterwerfen, worauf der Bau von Häusern, das Errichten von Städten, auf dem Fuße folgt, Felder und Gärten mit Bäumen bepflanzt werden, so daß es nicht falsch wäre zu sagen, daß auch auf diese Art Steine und Wälder zusammengerufen und in eine Ordnung gebracht werden.

Bacons Orpheus ist Architekt, Städtegründer, Landschaftsplaner, im realen Raum, hier und jetzt. Auch *seine* Leier soll die Gemüter bewegen, aber nicht zur Erbauung. Sie soll die Menschen bewegen, »sich Ewigkeit zu verschaffen durch den Ruhm und die Ehre ihrer Verdienste«. *Fame and glory,* sagt Bacon, *by their merits.*

Der »überraschend neue Sinn«, den Klaus Heinrich zu Recht in Bacons Orpheus-Konstruktion entdeckt,[★] *erschließt* sich allerdings erst voll mit Verweis auf die überseeischen Tatsachen. Da *sind* Städtegründungen, da ist der Versuch der Bezähmung »wilder Affekte«, Orpheus wird sich herausstellen als Kolonisator, Christ und Missionar, und Bacon steht da als einer derer, die ihn auf diesen Weg geschickt haben werden: Bacons Mitgliedschaft in der *Virginia Company* datiert aus demselben Jahr, in dem sein Orpheus-Text erscheint, 1609. Das Jahr 1610 sieht ihn als Mitgründer der *Neufundland Company*, 1612 hilft er der *North West Passage Company* ins Leben. Bacons Zivilisator ist ein real existierender, er fährt mit Auftrag übers Meer; er ist ein Orpheus vorzugsweise englischer Zunge – (auch wenn er es nicht lassen kann, in spanischer und niederländischer Gestalt oder auf französisch fremdzugehen). Orpheus' Kopf, in der Themse kurz gesichtet und herausgefischt, wird neu programmiert und gleich weitergeschickt nach Amerika; erstes Unterwasser-Kabel zum Anschluß der Neuen Welt an die alte.

Der erste Bericht von der Besiedlung Jamestowns, Captain John

★ der einiges von dem Unrecht gutzumachen sucht, das Adorno/Horkheimer in ihrer *Dialektik der Aufklärung* an Bacon verübt haben, als sie ihn zu einem flachköpfigen Rationalisten hinstilisierten. Klaus Heinrich, *Parmenides und Jona*, 43-49

Smiths *A True Relation...** liegt gedruckt vor in London seit 1608. Bacon hat Smiths Bericht gelesen vor Publikation seiner eigenen praktischen Mythologie. Aber nicht nur Smiths Bericht. Seit 1588 gibt es in London den Report von Sir Thomas Hariot über die Roanoke-Expedition, den *Brief and True Report of the New Found Land of Virginia*, der die meisten theoretischen Grundfragen der Kolonisierung schärfer stellt als der Text von John Smith. Zwar noch nicht »*Georgia...*«, wohl aber »*Virginia On My Mind*« ist ein Hit in den Londoner Weltumspannungsköpfen um 1607; Bacons späterer Essay über das Kolonisieren mit dem Titel »Of Plantation«, 1620, verarbeitet logischerweise an erster Stelle Erfahrungen aus der Virginia-Kolonie.

Aber Smith und Bacon berühren sich auch persönlich, spätestens 1618. Smith, der unfreiwillig dauerhaft nach London zurückgekehrte Kolonisator, schreibt Bacon einen Brief. Smith ist zu diesem Zeitpunkt neun Jahre aus dem Kolonialgeschäft raus. In London ist er eher der *Historiker* des Kolonienwesens, sein dritter Text, 1616, liegt vor. Aber er ist damit nicht zufrieden gewesen. Smith hat 1618 versucht, die öffentliche Machtposition Bacons zu dem Versuch zu nutzen, noch einmal in Virginia in größerem Stil einzusteigen. Bacon hat 1618 den Gipfel seiner politischen Karriere erreicht. Nach der Position des *Lordsiegelbewahrers*, seit 1617, hat James ihn im März 1618 zum *Lord Chancellor* ernannt, das ist die Position des höchsten Berufungsrichters im Land, eine Stellung, die Bacon in seinem Dankesbrief an James als die »höchste nach der des Königs selber« bezeichnet. Gleichzeitig wurde Bacon in den Adelsstand erhoben, er ist Lord Verulam ab da.

Smiths über sieben Druckseiten langer »Brief« an Bacon ist eine Art Abhandlung über die Ökonomie Virginias. Kern dieses Schreibens ist Smiths Bitte, Bacon möge ihm helfen, eine Schiffsflotte für eine neue Virginia-Expedition auszurüsten.

Die Liste der Dinge, die Smith wirtschaftlich von der Erweiterung der Kolonie in Virginia und den Bermudas erwartete, ist interessant besonders in zwei Punkten. Punkt eins ist das Gold. Gold, wie es die

* *A TRUE RELATION of such occurences and accidents of note, as hath hapned in Virginia, since the first planting of that Collony, which is now resident in the South part therof, till the last returne;* hier abgekürzt als *True Relation...*

Spanier aus Mittelamerika nach Europa gescheffelt hatten, ist auch weiter nicht zu erwarten von Virginia:

»And though I can promise noe mynes of gold«,★ schreibt Smith:

– obwohl ich Goldminen nicht versprechen kann, sind die Kolonien doch lohnend, zum einen durch den prosperierenden Fischfang, wie das Beispiel der Holländer zeigt, zum zweiten aber durch die menschlichen Tugenden, die beim Kolonisieren wilder Gebiete beim Kolonisator wachsen,

– ein Argument, wie übernommen aus Bacons eigenen Schriften; das Übersee-Gold komme aus Arbeit und Forschung:

Wahrheit ist mehr als Reichtum, und fleißige Untertanen (Subjects) einem König nutzbringender als Gold. Und diese beiden, soviel ist ganz si-

★ Für die Höfe von Frankreich, England, Holland war es immer eine zentrale Frage gewesen, ob der Aufwand der Überseeunternehmen sich lohne, finanziell, wenn dort nicht möglichst schnell Gold und Silber zu holen war.

cher, werden wir von dort zu so einem kleinen Preis bekommen,wie noch nie ein Staat ihn entrichten mußte, um eine Mehrfaches dafür zurück zu erhalten. Ich denke, ich kann dies beweisen, mit Beispielen, Verstand und Erfahrung (by examples, reason and experience). Wie ich gelebt habe, wie ich meine Zeit verbracht habe und wie und von wem ich beschäftigt war, will ich gerne ohne Scham von jeder Instanz prüfen lassen...

Warum Bacon nicht auf John Smiths vehement vorgetragene Bitte eingegangen ist, wissen wir nicht. Philip L. Barbour nimmt an, Bacon sei durch anders gegebene Zusagen (mit Bestechungshintergrund) gebunden gewesen. Eigene Interessen oder der Gedanke an »Bestechung« liegen nahe bei Bacon. Wie bekannt, verlor er 1621 wegen der häufigen Annahme von »Geschenken im Amt« (=passive Bestechung) seine Position als Lord Chancellor und auch alle anderen politischen Ämter.*

Barbours Vermutung müßte aber präzisiert werden können. Es ist erstaunlich, daß in John Smiths Aufstellung der interessanten Kolonialgüter der Tabak gänzlich fehlt, den Jamestown 1618 schon in größerem Umfang exportiert. Die schnelle Entwicklung Virginias zur Tabak-Monokultur ab 1614, an der die Virginia Company massiv beteiligt war – und damit auch Bacon –, war offenbar an Smith vorbeigegangen. Nichtraucher Smith gehört im Tabakkrieg, der in London offen und hinter den Kulissen seine Spur zieht, zur falschen, zur unterliegenden Fraktion, wie der König selbst. King James I. Anti-Tabak-Pamphlet »A Counterblaste to tobacco«, 1604 anonym publiziert, in späteren Auflagen aber unter der Autorschaft des Königs erschienen, blieb praktisch folgenlos, was den expandierenden Tabakanbau in Übersee betraf. Dieser explodierte, schreibt Michael Kiernan:

John Rolfe fuhr seine erste Ernte spanischen Tabaks 1612 ein, eine kleine Ladung erreichte London 1613. Der Tabak erwies sich als leicht anbaubar bei hoher Profitrate, ein fertiger Markt in England lag vor. Das Resultat war ein Tabak-Fieber: 2500 Pounds wurden von Virginia und den

★ James erließ ihm den Tower, zu dem der Untersuchungsausschuß ihn verurteilt hatte. So konnte Bacon die ihm verbleibenden 5 Jahre zum Schreiben nutzen. Seine »Nova Atlantis« blieb trotzdem unvollendet; publ. 1627.

Bermudas 1616 nach England verschifft, bald zehnmal so viel im folgenden Jahr und nochmal doppelt soviel im Jahr 1618, nämlich 49.418 Pounds. 1616 fand Gouverneur Thomas Dale die Besessenheit der Kolonisten mit Tabak so groß, daß er es für nötig hielt, jeden Farmer zum Anbau von 2 Acres Mais zu verpflichten, damit keine Hungersnot entstünde, eine Anweisung, die wenig erfolgreich war, denn 1619 klagte Sir Edwyn Sandys, der neue Schatzmeister der Kolonie, erneut, daß außer Tabak und Sassafras alles vernachlässigt würde: durch diese Mißwirtschaft nahmen die Leute in Kauf, im Extremfall verhungern zu müssen, was auch geschehen wäre, hätten nicht Restbestände an Korn und Vieh vom Jahr zuvor sie über den Winter gebracht.*

...Jamestown im »tobacco fever«. E. S. Morgan attestiert den Jamestown Pflanzern für das Jahr 1620 »Boom-town-Mentalität«.**
The Jamestown Rats in ihren ersten großen Konzerten

Francis Bacon spricht in seinem Essay »Of Plantation«*** (gedruckt 1625), bereits die Gefahren von Monokulturen an, wie sie vorliegen mit dem »Tabak in Virginia«. Der Raubbau an Boden, der durch die Tabakpflanzer in Virginia betrieben wird, hat schwerwiegendste Folgen. Nach vier, fünf Jahren sind die Böden ausgelaugt. Ausgelaugte Böden werden zum Hauptmotor der einsetzenden Dauervertreibung der Indianer weiter nach Westen; Rodungen und neue Felder müssen den Anbau des »braunen Goldes« in Gang halten, in den 1620er Jahren schon. Dies ist der Grund, daß Powhatans Algonkin innerhalb von ein paar Jahrzehnten aus ihrem Gebiet verschwunden sein werden.

Auf dieser, der am höchsten kochenden Ebene der ganzen Angelegenheit, äußert Smiths Brief an Bacon sich nicht; und war vielleicht deshalb für jenen nicht interessant.

Ein weiterer Grund, warum Sir Francis Bacon 1618 seine Finger nicht in einem Schiffsausrüstungsprojekt stecken haben wollte, war das

★ Michael Kiernan (Hg.), Sir Francis Bacon, *The Essayes and Counsels, Civill and Morall*, 1625, Oxford 1985, 242f.

★★ E.S. Morgan, »The First American Boom: Virginia 1618 to 1630«, *William & Mary Quarterly, 3rd ser.* 28 (1971), 169-98

★★★ Lateinischer Titel: De Plantationibus Populorum, et Coloniis, übersetzt etwa: Von Menschenpflanzungen und anderen Plantagen

Schicksal Sir Walter Raleighs. Raleigh war die Jahre von 1604 bis 1617 im Tower eingesperrt gewesen, schreibend, schachspielend, »pfeiferauchend«,* »mit täglich Pasta und Gesellschaft«, »zu Mafiabedingungen«. Nach 13 Jahren Knasts dieses Lebens dennoch müde, unternimmt Raleigh einen Vorstoß beim König in Sachen Kolonien und Gold. Aus »Virginia« konnte zwar auch er keins versprechen, aber in Südamerika, in Guayana, das Raleigh von seiner früheren Reise her kannte, wäre das anders ...und Raleigh bekam seine Flotte.** Allein ein Wort wie »Gold« war imstande, Geld für Schiffe aus den leeren Hofkassen zu leiern. Als Gegenwert gab Raleigh die Garantie, die Schiffe vergoldet zurückzubringen. Auflage des Hofs: keine Seegefechte oder sonstwelche Kämpfe mit den Spaniern. James I. wollte eine Gefährdung des Seefriedens mit dem katholischen Spanien vermeiden. Raleigh war dies bekannt. Trotzdem kam die Flotte 1618 zurück ohne Gold, dafür mit einer Reihe von Seesiegen über spanische Schiffe, auf die der alte Spanienfeind und Raufbold Raleigh nicht hatte verzichten wollen. Zu dem sechsköpfigen Richtergremium, das ihn hierauf zum Tode verurteilte, gehörte Francis Bacon. Er selbst soll ihm das Urteil überbracht haben; es wurde schon einen Tag später vollstreckt.

Daß das »Gold aus Virginia« in der kolonialen Arbeit selbst läge, plädierte demgegenüber John Smith, ganz in Bacons Sinne. Bacon zog aber – letztlich europäisch entschieden – sein philosophisches Orpheus-Sein dem praktisch-amerikanischen des John Smith vor. *Zerrissen* wird Raleigh, der *Jäger des falschen Goldes*. John Smith bringt

★ wie jeder Text über Raleigh so sehr vermerkt, daß man es bald nicht mehr glauben möchte

★★ – das Patent für eine Guayana Charter ging noch auf den toten Prince Henry zurück; es war zunächst im Besitz des Captain Robert Harcourt (1609), hatte dann geruht und war von Raleigh wiederbelebt worden zum Zweck seiner Wiederauferstehung als goldsuchender Seemann. (John Smith, *True Travels...*, Kap. 24, eine Bearbeitung von Purchase, *Pilgrimes*, Bd. 4, Barbour III, 225) Bei dieser Gelegenheit betrat Raleigh ein zweites (und letztes) Mal Südamerika; in Virginia ist er nie gewesen (was heute noch der Brockhaus behauptet, sowie viele weitere Geschichtsbücher, TV-Filme etc.), und selbst Gerd Raeithels verbreitete *Geschichte der nordamerikanischen Kultur* (Ffm 1995, Bd. I, 8) präsentiert uns noch Raleigh, wie er »die Küsten des von ihm so genannten Virginia erforschte«.

EINEN KAFFEE UND ZWEI "PEPSI", BITTE !
KÖNNT IHR ÜBERHAUPT ZAHLEN ?
SANKA
TEA
ICED TEA
HOT
45
45
45
45
DER VERKAUF DER HÄUTE HAT ZEHNTAUSENDE VON BISONS DAS LEBEN GEKOSTET, ABER DAS WAR LEIDER NUR DER ANFANG EINES MASSAKERS, DAS NOCH WESENTLICH DRAMATISCHERE AUSMASSE ANNAHM...

seinen bedrohten Kopf von unter den Dreschflegeln hervor. Die *Rescue*-Bilder sind das genuine amerikanische Gegenstück zur Bildkonstruktion von *Orpheus' Tod.* 50 mal Rescue zeigt: 50 mal wird Orpheus nicht der Schädel eingeschlagen, – weil er ein *anderer* ist in Amerika. Die Möglichkeit Amerika als Nicht-Neuauflage mythologisch-antiker Staaten startet somit im Bild des Kopfs der Indianerin, der sich den Keulenschlägen darbietet, damit sie unterbleiben.

Als die Geschichte Virginias und Amerikas sich 200 Jahre später nach und nach zur Geschichte der USA wandelt, wird dies Bild erhöht und vielfach variiert – aber auch um eine bedeutende Variante erweitert oder ergänzt. Gleich bleibt sich der Indianer mit der erhobenen Waffe in seinem Zentrum, nur hat er statt der Holzkeule einen scharfen Tomahawk erhoben, ein Beil aus Stahl mit Doppelklinge. Zu seinen Füßen nicht John Smith, sondern eine weiße Frau mit Baby im Arm. In den Arm fällt dem wilden Roten, der nackt ist, bis auf einen Lendenschurz, nicht Pocahontas, sondern ein Mann: eine renaissancehaft gewandete Gestalt. Laut Horatio Greenough, Amerikas erstem Staatsbildhauer, handelt es sich um den »Zähmer der Wildnis«; anders gesagt: der allegorisierte Geschichtsprozeß selbst fällt der Rothaut in den Arm, um weißer Mutter & Kind (und dem machtlos kläffenden Hund) eine amerikanische Zukunft zu eröffnen.

Die Statue mit dem Namen *Rescue*, an der Greenough von 1837-1853 gehämmert und geschliffen hat, stand auf der rechten Begrenzung der Haupttreppe zum Capitol. Links gegenüber befand sich seit 1844 eine ebenso große Columbus-Statue mit halbnackter Indianerin – gleicher Lendenschurz wie der des Indianers mit dem Beil; also die traditionelle Darstellung des Kontinents als heidnische Frau, die es zu zivilisieren gilt.

Zwischen diesen Statuen, auf der Freitreppe des Capitols, fanden zwischen 1829 und 1857 die Amtseinführungen der neuen Präsidenten statt:* sieben Präsidenten wurden auf der Treppe inauguriert. Es war

★ Ein erster scharfer Angriff gegen die Skulptur erfolgte 1939 durch den Abgeordneten Clark Burdick, der eine Resolution einbrachte mit der Aufforderung, die Statue zu zermahlen und »in alle vier Winde zu zerstreuen, daß keine Erinnerung mehr bestehen möge an unsere barbarische Vergangenheit« im Verhalten den indianischen Mitbürgern gegenüber.

Abraham Lincoln, der mit diesem Ort Schluß gemacht hat. Aber die Marmormonster blieben dort stehen, bis 1958, bis zu Peggy Lees *Fever*. Da wurden sie nach diversen Protesten in die Reservatenkammer gestellt.

Der am Capitol in Stein gehauene Körper »der Geschichte« selbst war aber schon vorher von seinem Sockel der vielen Reden gestiegen und hatte die Gestalt eines wirklichen Menschen angenommen. Auf einem populären Druck aus den 1870er Jahren ist es der Trapper Daniel

Boone, der als »Zähmer der Wildnis« den indianischen Tod von seiner Familie abhält – eine der amerikanischen Schulbuchgeschichten, in der die Gründungsmythe Virginias in die Gründungsmythe Kentuckys eingeht; auch dies Bild existiert in Dutzenden Versionen.

»Amerika« entsteht aus der angehaltenen Bewegung fallender Knüppel und fallenden Beils. Daniel Boone und der Geschichte starker Arm beerben und komplettieren Pocahontas' Rettungsarme.*

Gerettet werden: einmal John Smith, der Kolonisator (ledig, arbeitsam, abenteuernd, wissenschaftlich) und eine Mutter mit ihrem Kind – die heilige amerikanische Familie, mit abgetrenntem Vater allerdings. Dieser tritt einmal als zu Rettender auf (zu retten durch Frau, potentielle Geliebte) und einmal als Retter (der eigenen Lieben; bei denen er

★ John Mack Faragher, *Daniel Boone. The life and legend of an American pioneer*, NY 1992 aber nicht weilt in der Stunde der Gefahr). Vater *mit* Familie ist keine amerikanische mythische Konfiguration.

Nicht ohne Grund dümpelt die Figur, die bei uns als *Heiland* die Köpfe unsicher macht, in Amerika als *Our Saviour* über die Straßen und Prairien, der Retter. *Rescues* sind ein Hauptkopf des siebenköpfigen Löwen.

6. SCHIFFBRUCH ALS RETTUNG

Zurück ins frühe Virginia: durch zwei Nachschubflottillen aus England ist bis Mitte 1609 die Zahl der Kolonisten in Jamestown auf ca. 200 angestiegen, unter ihnen die ersten zwei Frauen, eine davon, eine Dienstmagd, unverheiratet. – Ein besonderes Schicksal trifft die dritte Flotte:

Im Mai 1609 gehen neun Schiffe von London in See unter dem Kommando der Sirs George Somers und Thomas Gates. Gates soll, in Ablösung des Councils, der erste Gouverneur von Virginia werden. 500 Kolonisten sind an Bord, darunter (immer noch) Spezialisten für die Goldwäscherei.* Am 25. Juli wird das Flaggschiff, die *Sea Venture*, auf der sich Somers und Gates befinden, durch Sturm von den andern getrennt. Gegen die Küsten der Bermudas getrieben, sieht sich der Kapitän gezwungen, das Schiff auf Land zu setzen. Er klemmt es ein zwischen zwei engen Felsen, wie in einem Dock. Von dort gelangen alle an Land.

Der Rest der Flotte erreicht sicher Jamestown, bis auf ein Schiff, das dem Hurrikan zum Opfer fällt. Den Ankömmlingen ergeht es

★ Die Mineralien, die sie nach England zurückverschiffen, erweisen sich als wertlos. Unter den Indianern war das Erstaunen groß über die Weißen, die ganze Ladungen von »glänzendem Dreck« in ihre Schiffe stopften, um sie ihrem großen König in »England« zu präsentieren. »Falsches Lächeln« kostet das Leben: eigene Erzgewinnung wäre auf Dauer die einzige Überlebenschance der Algonkin und der Indianer überhaupt gewesen. Dazu später in POCA Bd. 3.

schlecht. Powhatans Politik ändert sich gegen Ende des Jahres 1609. Mit der Evidenz der immer zahlreicheren Weißen, die offensichtlich bleiben wollen, schwenken die Algonkinstämme von der Linie einer möglichen Integration der Engländer um auf eine Linie des nichtachtenden Widerstands. Sie versorgen die Engländer im Winter 1609/10 nicht mit Nahrung, wie in den Wintern zuvor, sie verkaufen ihnen auch nur wenig. Die Siedler, unversehens auf fast 600 Mann angewachsen und mit Vorräten nur für 200 Mann, können sich selber nicht ernähren. Fast 500 von ihnen sterben im Winter an Hunger und Krankheit. Kannibalismus soll ausgebrochen sein unter den Weißen von Jamestown im Frühjahr 1610.

Wer dagegen überlebt, sind die Vermißten des Schiffbruchs. Sicher an Land, und, wie Robinson, mit allen wichtigen Geräten aus ihrem Schiffswrack versehen, erleben sie ein Wunder. Die Bermudas, bis dahin allen Seefahrern »bekannt« als des »Teufels Inseln«, von denen niemand wiederkehrt, erweisen sich als ähnlich paradiesisch wie die der spanischen Karibik. Die Mannschaft erholt sich, überwintert, die Geretteten genießen das Klima, das Süßwasser, die Früchte. Im Frühjahr werden Boote gerichtet und seetüchtig gemacht, im Mai 1610 erreichen die Totgeglaubten Jamestown, Virginia.

Wie Gespenster aus dem Totenreich erscheinen beide Gruppen sich gegenseitig; die Bermudatruppe, weil sie von den Toten *kommt*, die Siedler, weil sie, Haut und Knochen, vor dem Eingang ins Totenreich stehen. Thomas Gates, der Gouverneur mit einjähriger Verspätung, beschließt, das ganze Unternehmen zu beenden. Alle Mann auf die Schiffe ...und Jamestowns Häuser zurück an die Indianer, an die Wildnis des versehrenden Sumpfs...

Ungünstiger Wind steht dem entgegen. Die Schiffe, abfahrbereit, müssen einen Tag warten. Der nächste Tag bringt die nächsten Gespenster. In der Bay erscheinen Segel, eine neue Flotte aus England, an Bord alles Nötige, einschließlich Getreidesamen und ein neuer Gouverneur, Thomas West, Lord de La Warr, anstelle des tot geglaubten Gates. Die Siedler bleiben. »Fügung«: die Wende der Kolonie zum endgültigen Überleben »aus eigener Kraft«.

Im Kolonialdiskurs bürgert sich eine Formel ein für den offensichtlichen Zickzack-Kurs Gottes mit seinen weißen Kindern: »God's

Providence«, »Gottes Vorhersehung«, oder »Gottes eigener Wille wollte, daß...«. Alles Unglück schlägt aus zum Guten; das *kann* nur Gottes weiser Wille sein.

Auf dem Bermuda-Schiff, der *Sea Venture*, befindet sich auch John Rolfe, der Mann, der Pocahontas heiraten und in Jamestown den Tabakanbau durchsetzen wird. Und William Strachey ist an Bord, der Mann, der nach Smith den zweiten längeren Bericht über Virginia schreibt, 1612: den Text mit der radschlagenden nackten Pocahontas, den zu zitieren kein Buch über diese Geschichte seitdem »ausgelassen hat«...

In London war das Verschwinden der *Sea Venture* vor den Bermudas die Sensation des Herbstes 1609. Ein herber Rückschlag, dem die Nachricht vom Hungertod so vieler Siedler folgte. Um so erregender die Wendung im Spätsommer 1610: »...sie leben!« ...»Erlösung!« ...»und die Bermudas sind die Inseln der Seligen«*...

Furchtbare Schiffbrüche, die sich in gute verwandeln, sind durchaus *vorgesehen*, nicht nur von Gott, sondern auch von der literarischen Tradition. Die Wendung eines Schicksalsschlags ins letztendlich Gute zählt zu ihren liebsten Konstruktionen, angefangen bei Adams »Fall« im Paradies, der als »unfortunate but fortunate« in englischen Büchern lebt, oder, im Fall von Schiffbrüchen, besonders der des aus Troja flüchtenden Aeneas. Dessen Ankunft am karthagischen Gestade begrüßt Christopher Marlowes *Dido* Drama mit den Worten: »Gesegnete Stürme, die ihn hier angetrieben!« ...*Oh blessed tempests that did drive him in!***

Die diversen Literarisierungen der »Shipwreck Comedy« von den Bermudas, die ab Herbst 1610 in London erscheinen, sind heute vergessen, wäre da nicht gewesen: Shakespeares »Sturm«. *The Tempest*, die tragische Komödie oder komische Tragödie, wurde mit »angeregt« durch die »Barmuda Events« von 1609. Der Sturm von *The Tempest*

★ wie E. Malone, *An account of the incidents from which the title and part of Shakespeare's »Tempest« were derived...*, 1808, zuerst feststellte. Umfassend dokumentiert zum ersten Mal von M. Luce in der Arden-Ausgabe 1926 u. öfters.

★★ vgl. das Kapitel über *Happy Storms* bei Leslie Fiedler, *The Stranger in Shakespeare*, NY 1972 soll der glückbringendste aller *happy storms* werden.

An der Konstruktion von *The Tempest* wirken aber auch Shakespeares andere Londoner Verbindungen mit:

> Er verkehrte freundschaftlich mit Teilhabern der *Virginia Company,* mit Leuten, die sich von Geschäfts wegen mit der amerikanischen Kolonie abgaben und ihre Lage nach praktischen wie ethischen Gesichtspunkten bedachten. Unter diesen waren Southampton und Pembroke, beide finanziell in den Kolonien engagiert. Gemeinsame Freundschaften verbanden ihn auch mit anderen der Essex-Gruppe, deren Interessen ähnlich gelagert waren – Sir Robert Sidney, Sir Henry Nevile, and Lord De La Warr,dem ersten Gouverneur der Kolonie. Auch Freunde von Thomas Gates waren unter seinen Freunden...

Die Reihung der Leute, die Shakespeare mit Virginia verbanden, geht noch eine Weile so weiter in Frank Kermodes Vorwort zur Arden-Ausgabe des *Tempest*, bis hin zu dem Punkt, daß Shakespeare William Strachey, der den Bericht vom *shipwreck* schrieb, persönlich kannte aus der Zusammenarbeit mit Ben Jonson. Shakespeare arbeitete als Schauspieler für Ben Jonson, Strachey schrieb für ihn.

Die Namen, die Kermode nennt, besagen, daß Shakespeare jener Fraktion Londoner Adliger und Kaufleute freundschaftlich verbunden war, die ins Kolonialgeschäft investierte, wobei deren Interessen und die des Hofes sich oft nicht deckten. Zwischen James' Kolonialpolitik und der der Company gibt es ständige Geplänkel. In ihnen bezieht Shakespeare nicht offen Position.

Daß Shakespeare auch noch andere Reiseberichte benutzte, daß er z.B. den Namen von Calibans Gott »Setebos« aus Richard Edens Buch über Magellans Patagonienreise nahm, *History of Travaile* (1577), verschiebt die Frage nur weiter in die richtige Richtung. Die Frage ist, ob Shakespeare mit *Der Sturm* ein Amerika-Stück geschrieben hat. Shakespeares letztes fertiggestelltes Drama (das an erster Stelle steht im berühmten »First Folio« von 1623) wäre dann nicht nur ein Stück über die Pole von »Natur und Kunst«, von »Goldenem Zeitalter und Zivilisation«, über das Gegeneinander von »Barbarei und (Buch)Kultur«, als das es meistens gelesen wird, es wäre auch eins von der Alternative »Edler Wilder« versus »Beast«, von Kolonisierung zwischen belebender Orpheus-Arbeit und *Unterwerfung* »des Wilden«, von »Caliban und Miranda« nicht nur als »dem Wilden und der Schönen«, sondern als »*rotem* Mann und weißer Frau«, »John Smith & Pocahontas« in Umkehrung.

Das für Jamestown und die spanischen Kolonien ab 1500 *reale* Kolonialverhältnis von *weißem* Mann und *roter Frau*, von John Smith/John Rolfe & Pocahontas, von Cortés/Malinche und den vielen spanisch-mexikanischen Vorläuferpaaren, hätte Shakespeare in seinem Paar »einfach« umgedreht, hieße das; aus dem Weißen Mann, der die rote Frau »nimmt« (unter welchen Umständen immer), den roten Mann gemacht, der die weiße Frau (unrechtmäßig) begehrt; eine Verkehrung, die der Name Caliban selbst enthält: ein Anagramm von Canibal, Kannibale.

Ihren Bestandteilen gilt Teil II dieses Buchs: *The Tempest. Shakespeare on Tour.*

7. SCHIFFAHRT, WELT- UND FRAUENKÖRPER

Stürme & Fieberwellen: – Schiffe, Neue Welten, neue »Menschen« und Pflanzen, Gold, Tabak, Frauen, Sprachen, neue und alte Seuchen, die Welt in einem Wirbel; mit Unterschieden in der Reaktion: während im relativ flottenlosen Frankreich die Hofdichter der Schäferspiele ihren Sprachkörper mühsam aus den Grenzen des traditionellen höfischen Wortschatzes zu führen versuchen, kolonisiert in London das Prinzip »William Shakespeare« in den zwanzig Jahren nach 1590 den Raum seiner Stücke mit einem Wortkörper anwachsend auf 100.000 Stück zwischen den Eckpunkten Indien/Ägypten im Südosten und »Amerika« im Westen. Beide Eckregionen lassen sich bezeichnen in Frauengestalten, Cleopatra im Südosten (offen), Pocahontas (etwas verborgener) im Westen. Die Spannweite der Schauplätze von Shakespeares *Roman Play: Antony and Cleopatra*, 1607 und *The Tempest*, 1611, vom »Orient« bis zu Smiths Virginia, ist dabei identisch mit dem Space, den

die englische Seeflotte abfährt, wenn auch nicht kontrolliert, trotz des Siegs 1588 über die Armada. Die Sprachexplosion passiert in dem Moment, in dem Englisch sich, per Schiff, zur »Weltsprache« mausert, und sie passiert im selben Raum. (Englisch, erweitert durchs Amerikanische, hat heute mehr als doppelt so viel Wörter wie jede andere europäische Sprache.)

Italien erfindet 1607 »die Oper«, nachdem es alle andern Künste, in 200-jähriger Avantgardefunktion für Europa, mehr oder weniger »durch« hat; kolonialpolitisch eher von geringer Bedeutung (wenn man den Vatikan/Habsburg unter spanisch verbucht). In London 1607: ebenfalls Musik, praktische Philosophie und Wortwelt Theater als neue Avantgarde; die Bühne als Teil einer politischen Maschinerie. In Amerika 1607: nicht Kunst, sondern Kontinentgründung. Orpheus, Aeneas, Odysseus im Wettstreit gründen America auf Tobacco fever und Pocahontas-Körper. Was in Europa auf Bühnen ist, geht in America über auf Bühnen des Realen. Hier ist sofort »Praxis«, Business &

Raub, Tausch & Verführung, Love & Death ganz ohne Oper, Theater und Hofkapelle.

Deswegen heißt Orpheus hier nicht Orpheus, er *ist* der Eroberer, der über den Styx gefahren kommt, aus dem Paradies (so es eines war) einen Hades zu machen ...den Himmel Manitous, in dem die Toten rauchten und jagten, auf die Erde zu ziehen ...Gräber im Diesseits ...endlos.

...& auf den Gräbern die schönen Gesänge...

Die Frage war aufgetaucht, ob John Smith, *der Mann*, sich für Frauen überhaupt interessierte, für weiße, für rote, egal. Verheiratet war er nicht. Wenn er, was unterstellt werden kann, in den Fußstapfen der Orpheus-Figur, wie Bacon sie entwirft, nach Amerika ging, war das Absicht. Bacon sagt von seinem Orpheus klipp und klar:

> Es ist weise angelegt in der Fabel, daß Orpheus der Liebe zu Frauen und der Heirat abgeneigt war, weil die Freuden der Ehe und die Liebe zu Kindern einen Mann zum größten Teil daran hindern, sich großen und edlen Unternehmen für das Wohl der Gesamtheit hinzugeben...

– das »weise angelegt in der Fabel« kann man nur sehr eingeschränkt als auf Ovid bezogen gelten lassen. Im Kern entführt Bacon seinen Orpheus dem Ovid, besonders indem er diesen seiner jenseitigen, endlich gewonnenen Eurydike ausspannt. Orpheus als Liebender paßt nicht zum interkontinentalen Gründungs-Fieber 1607; Orpheus in Amerika ist aus Bacon, ist reines Handeln aus einer Idee.

Finger weg von Frau und Kind, wer zu Ruhm und Ehre will im Sinne der die Neue Welt zivilisierenden Orpheus-Figur, sagt Bacon. »Dem Eh'mann flicht die Nachwelt keine Kränze« – dies sein abschließender Satz (in freier Übersetzung). So wie dem praktischen Philosophen (Orpheus-Bacon) *erst* die Nachwelt Kränze flicht. Er erwartet es nicht von den Lebenden. Leben in der Nähe von Königen ist *sowieso* immer ziemlich dicht an Absturz oder Beil.*

Von den spezifisch englischen Abgründen um 1610 werden wir erfahren ...

★ Bacon *selber* hat geheiratet, aber erst als älterer Mann auf dem Gipfel der Karriere; Mann der *alles erreicht* hat, da aber *genau* nach dem Gesetz: eine 14jährige, adlig, ein englisches Pocahontasgirl in Weiß.

DIE EUROPÄISCHEN WERTE, DIE IHR VERBREITET, GRÜNDEN SICH AUF LÜGEN UND BETRUG. ICH WERDE DIR JETZT DIE WAHRE GESCHICHTE ERZÄHLEN...

POCAHONTAS' GEISELNAHME, TAUFE UND HEIRAT

1. ›STOCKHOLM-SYNDROM‹ UND ›LEARNING COMMUNITY‹

Im Lexikon der großen Entführten des Weltgeschehens von Helena von Troja bis J. P. Reemtsma findet man Pocahontas, die 1613 von Engländern entführte und ein Jahr in Jamestown und Henrico gefangen gehaltene Tochter Powhatans nicht. Das liegt vielleicht daran, daß ihre Entführung am Ende einen »Frieden« stiftete – keine Polizeiaktion und keinen Krieg, der eine »Funktion Homer« als Chronisten erfordert hätte –, zweitens ein Bericht von ihrer Hand über ihre Gefangenschaft, sollte es ihn gegeben haben, nicht erhalten ist; und drittens ihre Entführung in eine Ehe mündet: Ehe nicht mit dem Entführer selber, doch mit einem Mann aus dessen Gruppe, einem *Freund* ihres Entführers. Sie »lief zu ihm über«, zu seiner Gesellschaft und Religion.

Was als »Stockholm-Syndrom« durch die neuere Entführungsliteratur geistert,* halb als Tatsache, halb als (fauler) Witz, *is one of the oldest indeed*, um nicht Homer, sondern die *Katzenjammer Kids* zu zitieren. Nicht nur »Retterinnen« verlieben sich, sondern auch Gekidnappte in einer Häufigkeit, die nach eigenem Begriff verlangte; dieser rückt aber bemerkenswert spät, um 1980 erst, als der arabisch-libysche Stachel seine Wirkung im Westfleisch voll zu entfalten beginnt, in den Rang eines Theoriebruchstücks zur Beschreibung wiederkehrender Verhältnisse unter Menschen.

»Stockholm« also.

Stockholm in Nordirland in Neil Jordans Film *The Crying Game*, in virtuosen Drehungen: IRA-Leute (=»irische Indianer«) entführen einen britischen Besatzungssoldaten (=Kolonisten), um gefangene Ge-

★ »Nach einer Geiselname in Stockholm, in deren Verlauf es zu beinahe freundschaftlichen Beziehungen zwischen Geiseln und Geiselnehmern gekommen war.« J.P. Reemtsma, *Im Keller,* HH 1997, 172 nossen freizupressen. Das scheitert, die englische Regierung ist »unerpreßbar«. Der junge IRA-Mann, der daraufhin eingeteilt wird zur fälligen Exekution der Geisel, führt die Erschießung aber nicht durch; er hat sich während der Nachtwachen zu sehr mit dem Entführten eingelassen und befreundet: einem britischen Soldaten von *schwarzer* Hautfarbe, der für Thatchers oder Majors Great Britain nicht im geringsten einzustehen Lust hat. Außerdem stellt er sich als ziemlich kluger Typ heraus, eine Art Privatguru fürs Alltägliche; jemand, den auch der Kinozuschauer gern zum Freund hätte. Statt ihn zu erschießen, gibt sein Bewacher ihm Gelegenheit zur Flucht...

Als der Soldat dennoch dabei umkommt – durch die Leute seiner eigenen Armee, die das aufgespürte Terroristennest stürmen –, führt der überlebende Ire den letzten Auftrag des Freundes aus: der Freundin des Toten in England dessen Sachen zu bringen und sie vom Tod des Geliebten zu unterrichten. Der Ire (jetzt selbst auf der Flucht vor seiner IRA und wegen Desertion von dieser gesucht) findet die Freundin, eine attraktive Farbige, in einem Friseursalon, geht mit ihr aus und verliebt sich in sie. Er erzählt von seiner Verbindung zu ihrem toten Freund (zunächst) nichts. Sie verliebt sich auch. »Stockholm«, ohne es zu wissen; verliebt in den Beinahe-Exekutor ihres toten Freunds ...um sich später aber (:war der Ire denn blind!??) als Mann in Frauenkleidern herauszustellen... als Londoner karibische Großstadtindianer/In ...Transvestit zwischen den Rassen + Geschlechtern + politischen Lagern...

...Stockholm auch in Costa Rica 1995 ...ein hinterhältiges Foto hält Küsse fest zwischen einer deutschen Entführten und ihrem costaricanischen Entführer. Stockholm, oder ein schlimmeres Verbrechen: ein Staatsanwaltschaft tritt auf und ermittelt wegen gemeinsamer Lösegelderschleichung...

Auch der Keller, in dem die Millionenerbin Patti Hearst gefangen war, bis sie sich in einen der Entführer, einen amerikanischen Weatherman, verliebte und ab da frei, nun selber mit der Maschinenpistole in der Hand, durch ihr Gefängnis ging, war »Stockholm« demnach.

Kaum geboren, gelangte der Begriff gleich zu höchsten Popular-Ehren: »Stockholm« schlug zu gegen James Bond. Sean Connerys

Krücke am Anfang von *Never Say Never* erklärt sich als Folge des Messerstichs einer entführten Frau. Bond befreit sie, riskiert dreifach sein unsterbliches Leben, zum Dank sticht sie ihn, im Moment der Befreiung, in die Seite. »Hätten Sie wissen müssen, daß da was passiert, wenn eine Millionärstochter acht Wochen bei ihren Entführern lebt«, bemerkt kühl »M«, der Chef. Erstens mag er Bond nicht, zweitens weiß – im Jahr 1983 – *jeder* in seiner Behörde, daß entführte Frauen »sich verlieben«.

Stockholm also, vom Gemach der griechischen Helena im kleinasiatischen Troja, 1000 Jahre v.u.Z., über das Indianerzelt der von Muskogee Indianern entführten weißen Frau Hannah Hale um 1800 – sie heiratet einen ihrer Kidnapper, hat fünf Kinder mit ihm und weigert

sich, von den Eltern aufgespürt, zurückzugehen* –, bis in die Spielzeug-Postmoderne des rekonvaleszierenden Bond.

So sehr hätte sich JP Reemtsma demnach nicht grämen müssen über sich selbst beim heimlichen Wunsch, die Hand seines Entführers auf seiner Schulter zu spüren. Auch die Tränen, die er vergießt, als er Bücher bekommt zum Lesen, sind nicht so sehr »Verrat an seiner Familie«, als den er die Tränen empfand, sondern ein Tribut, den Gefangene mit Erleichterung entrichten, wenn sie menschlich behandelt werden, und sei es bloß für einen Moment, und sei es vom Teufel selber.

Auch das Indianermädchen Pocahontas wollte »berührt« werden von dem, der ihr »die Bücher« bringt – die Bibel in ihrem Fall – die sie noch nicht lesen kann, zunächst, aber im Lesen-Lernen und seiner erfolgreichen Anwendung kommt die Zuneigung, kommt, wie bei Dan-

* Joel W. Martin, *Sacred Revolt. The Muscogee Struggle for a New World*, Beacon Press, Boston 1991, 70; vgl. auch die *Aufzeichnungen der Mary Jemison*, Basel/Ffm 1980.

te, die Liebe: das Stockholm-Syndrom in Nordamerika erscheint zuerst bei einer Frau, die von ihren Entführern das Lesen lernt. Der Vorgang hätte also, wären die historischen Begriffs-Installateure etwas aufmerksamer, uns längst geläufig sein können unter dem Namen »Jamestown Syndrom«. Für all jene Entführungsfälle zumindest zwischen den Angehörigen verschiedener Ethnien oder verschiedener Religionen – was manchmal noch gravierender ist –, die auf »Liebe« hinausliefen.

Die Geiselnahme von Pocahontas durch den Schiffskapitän Sam Argall im März 1613 ist ein Gelegenheits-Kidnapping. Powhatans Tochter läuft dem englischen Captain an ungewohnter Stelle über den Weg, ungeschützt von ihren Eigenen, und löst eine Idee aus in dessen Schädel...

Argall ist einer jener Jamestown-Aktivisten in den Fußstapfen von John Smith, die nach Smiths England-Rückkehr im Sept. 1609 die Arbeit der Erkundung, Pflege indianischer Kontakte und vor allem Nahrungsmittelbeschaffung übernehmen und fortsetzen. Argall ist es gelungen, gegen Ende 1612, im Verlauf des ersten englisch-powhatanischen Kriegs, eine Art Sonderfrieden mit den Patawomecks zu schließen, einem Stamm am Potomac River, ziemlich am nördlichen Rand von Powhatans Herrschaftsgebiet. Mit einem der Unterhäuptlinge dieses Stamms, Iopassus, verbindet ihn eine Freundschaft, oder »Bruderschaft«. Argall kauft von Iopassus im Dezember 1612 eine größere Menge Mais – ein diplomatisches Kunststück in diesen Jahren des ersten englisch-powhatanischen Kriegs. Argall bringt das Korn nach Jamestown und kehrt im Frühjahr 1613 zu den Patawomecks zurück. Er möchte weiter den Potomac River flußaufwärts ins Unerkundete vordringen und hat im Gebiet der befreundeten Patawomecks eine einigermaßen sichere Basis dafür.

Während Argall den Fluß hinauffährt, die Stellen streifend, wo heute Washington D.C. und die Regierungsgebäude tief in Erde und Himmel reichen, kommt Pocahontas, 17 Jahre alt, zu einem Frühjahrsbesuch in das Häuptlingsdorf der Patawomecks. Sie hat verschiedene Gegenstände aus der winterlichen Handwerksproduktion bei sich für

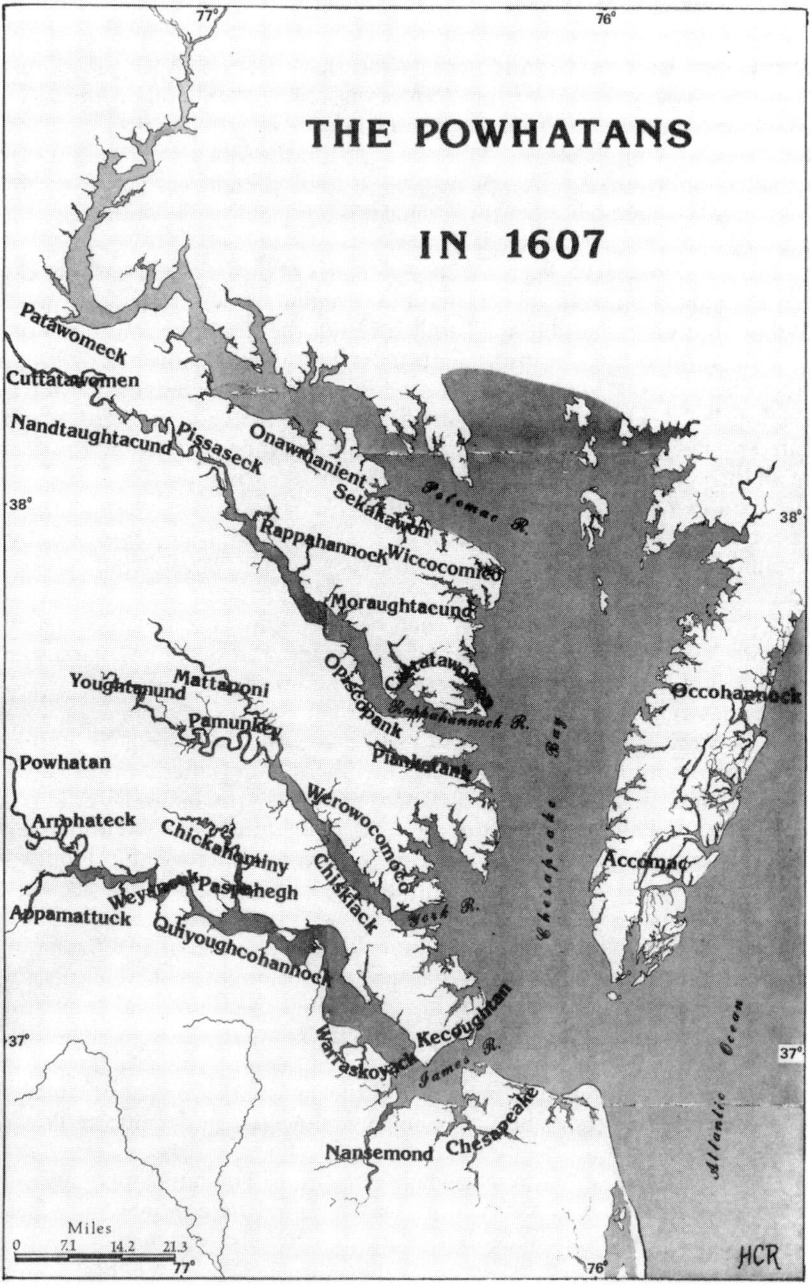
THE POWHATANS
IN 1607
77°
76°
Patawomeck
Cuttatawomen
Nandtaughtacund
Pissaseck
Onawmanient
Sekakawon
Potomac R.
38°
Rappahannock
Wiccocomico
Moraughtacund
Youghtanund
Mattaponi
Opiscopank
Cuttatawomen
Rappahannock R.
Occohannock
Pamunkey
Powhatan
Piankatank
Werowocomoco
Arrohateck
Chickahominy
Chiskiack
Accomac
Chesapeake Bay
Weyanock
Paspahegh
Appamattuck
York R.
Quiyoughcohannock
Kecoughtan
37°
Warraskoyack
James R.
Atlantic Ocean
Chesapeake
Nansemond
Miles
0
7.1
14.2
21.3
HCR

de Bry, Iopassus und Frau mit Pocahontas vor dem Betreten von Argalls Schiff

den bekannten Frühjahrs-Tauschmarkt der Patawomecks, und sie will Freunde besuchen.* Geplante Dauer ihres Aufenthalts: drei Monate.

Pocahontas ist unter den ersten Besuchern, als Sam Argalls Schiff im April den Fluß wieder herunterkommt: »voll Sehnsucht, ihre Vertrautheit mit den Engländern zu erneuern«, wie Ralphe Hamor, der Sekretär der Kolonie, es ausdrückt.** Argalls Hirn, von der erneuten Nicht-Entdeckung der Passage in die Südsee(n) frustriert, schaltet um: Chief Powhatan, der Feind des laufenden Kriegs, hält mehrere Englän-

★ Die Beschreibung der folgenden Vorgänge – Pocahontas' Entführung und spätere Verheiratung mit John Rolfe – orientiert sich an den Berichten von Sam Argall, ihrem Entführer; *»Bericht an Master Nicholas Hawes« 1613*, in S. M. Kingsbury, (ed.), *Records of the Virginia Company*, Bd. 3, 642ff; am Bericht von Ralphe Hamor, dem Sekretär und Schreiber der Kolonie, einem der engsten Augen- und Ohrenzeugen der Ereignisse. *A True Discourse of the Present State of Virginia*, London 1615, rpt. Richmond, Va. 1957 und an der kritischen Durchforstung aller vorliegenden Quellen durch Helen C. Rountree, *Pocahontas's People*, Norman u. London 1990, sowie Francis Mossiker, *Pocahontas*, NY 1976, der beiden verläßlichsten Bücher zu den Pocahontas facts.

★★ Hamor 1615/1971, 4

Jean Leon Gerome Ferris, Pocahontas' Entführung, 1910

der aus zurückliegenden Gefechten gefangen. Warum nicht einen Austausch vorschlagen, vorausgesetzt, man hätte das richtige Tausch-Objekt?

Die Häuptlingstochter Pocahontas ohne die Zustimmung der Patawomecks zu kidnappen, wäre allerdings ein Affront und auch schwer möglich ohne Gefechtsverwicklungen. Darauf ist Argall nicht aus. Er spricht mit Iopassus, »von Bruder zu Bruder«. Er garantiert »beste Behandlung« für Pocahontas... nichts werde ihr geschehen ...ihr Vater braucht nur ein paar Gefangene freizulassen ...schon wäre sie wieder unter den Ihren...

Iopassus* zögert vor dem »Verrat«. Ein Gast genießt Schutz. Aber Argall, auf ihre Brüderschaft pochend, droht mit Beendigung des Friedenszustands bei verweigerter Mithilfe. Als Gegenleistung verspricht er bewaffneten englischen Beistand gegen Feinde der Patawomecks,

* so die in der Literatur gebräuchliche Schreibung seines Namens. Bei Ralphe Hamor selbst heißt er »Iapazeus«.

speziell gegen mögliche Vergeltungsmaßnahmen Powhatans. Das ist nicht wenig, Iopassus willigt ein.

Die »auf-Weiße-neugierige« Pocahontas auf Argalls Schiff zu bringen, ist kein großes Kunststück. »Weiße Haut übte eine fatale Faszination auf sie aus, vom ersten Tag an«, faßt Mossiker Pocahontas' Neigung zu den fremden Eindringlingen zusammen.* Iopassus/Iapazeus und eine seiner Frauen nehmen sie mit zu einer »spontanen Besichtigung« ...sie essen dort zu Abend ...sie schwätzen ...es wird spät ...»The party spent the night aboard, with Pocahontas in seperate and privileged quarters in the gun room** ... am Morgen dann aber die De-Privilegierung. Pocahontas darf nicht von Bord. Iopassus und Frau protestieren pro forma, ihre Mithilfe an der Entführung wird nicht ersichtlich für die Gefangene.

Ins Wasser zu springen und an Land zu schwimmen, wäre möglich gewesen, hätte aber – glaubt Helen C. Rountree – zu viel »Gesichtsverlust« bedeutet nach den Verhaltensregeln der Powhatan. Pocahontas wird auf dem Schiff nach Jamestown gebracht.

Und die Patawomecks? Iopassus, der allein die Zustimmung zu dem weitreichenden Akt nicht hätte geben können, war Politiker genug, den obersten Häuptling in Argalls Plan einzuweihen. Dieser, einer der vielen Brüder Powhatans in Häuptlingsposition, beruft den Rat des Dorfes ein. Der Rat erklärt sich nach längerer Verhandlung einverstanden mit dem Deal. Powhatan ist weit weg, der von Argall garantierte Frieden mit den Engländern und der versprochene Schutz ihrer Gewehre zählen mehr als das Gastrecht für die Powhatan Tochter Pocahontas im April des Kriegsjahrs 1613 – Krieg mit den Englishmen, aus dem die Patawomecks sich heraushalten wollten.

Ralphe Hamors Bericht trifft hier eine merkwürdige Entscheidung. Obwohl aus dem Ablauf der Ereignisse klar wird, daß ohne die Zustimmung des Patawomeck Häuptlings nichts aus der Entführung

* Mossiker, 175

** Rountree, 58. David Garnett in seinem Pocahontas-Roman von 1933 läßt Pocahontas in diesem Gunroom Captain John Smiths altes Bett vorfinden. Es löst »bekannte Gefühle« in ihr aus.

Pocahontas, Entführer Captain Argall, Kinderbuch, 1987

geworden wäre, legt er das Schwergewicht auf den *Verrat* von Iopassus und seiner beteiligten Frau. Und obwohl Pocahontas' Gefangennahme doch ganz im Sinne der englischen Kriegsziele gelegen hat, wird besonders Iopassus' Frau als »hinterhältige Verräterin« bezeichnet: sie zieht eine ordentliche Schau ab bei Hamor im Anblick von Argalls Schiff: »so gerne hätte sie es schon mal betreten, es hat aber nie geklappt, und jetzt sei endlich die Gelegenheit«, bis Argall u. Iopassus schließlich widerstrebend ›einwilligen‹. Pocahontas: ahnungslos, daß dies Getue ihr gilt. Hamor flicht hier den Satz ein von den Frauen als »dem Geschlecht, das schon immer besonders talentiert in bestrickenden Verführungen war«, übergehend, daß auch Pocahontas, die Verführte hier, »eine Frau« ist. Auf dem Schiff dann lauter aufgesetzte Fröhlichkeit beim Verräterpaar. Iopassus und Frau werden schließlich von Argall mit einem *Kupferkessel* entlohnt für ihre Hilfe beim Hereinlegen der gekidnapten Pocahontas. Endgültig an dieser Stelle, mit dem Satz, »für so einen Kupferkessel hätte Iopassus selbst seinen Vater verraten«, schiebt Hamor die beiden in die biblische Judas-Position.★

Ein Bote überbringt Powhatan die Lösegeldbedingungen: Freilassung aller gefangenen Engländer, außerdem Rückgabe von gestohlenen Werkzeugen und Waffen. Powhatan stimmt ohne Zögern zu.★★ Sieben freigelassene Gefangene treffen in Jamestown ein, dazu eine Axt, eine lange Säge, drei Gewehre und ein mit Mais gefülltes Kanu; als Bonus ein zusätzliches Angebot Powhatans: 500 Scheffel Mais bei sofortiger Freigabe seiner Tochter.

Inzwischen hat es gearbeitet im Gehirn des englischen Geiselnehmers, bzw. dem seines vorgesetzten Kommandeurs, Sir Thomas Gates. Powhatan erhält nicht Pocahontas, sondern eine weitergehende Forde-

★ Hamor, 5. – Hamors Pro-Pocahontas-Haltung erklärt sich aus dem Schreibzeitpunkt: er schreibt dies ein Jahr später, nach der geschehenen Heirat von Pocahontas mit John Rolfe, im Wissen ihres Getauftseins. Hamors Publikation 1615 in London enthielt neben seinem eigenen Text auch Dokumente, darunter den Brief, den John Rolfe 1614 geschrieben hat zur Begründung seiner »Liebeswahl Pocahontas«, s. weiter unten.

★★ laut Argall, 1904-1906 (1613), 93. – Hamor schreibt dagegen, Powhatan hätte sich drei Monate nicht gerührt, 1971 (1615), 6. John Smith übernimmt diese (unwahrscheinliche) Version später von Hamor.

Pocahontas im Fort, Kinderbuch, 1985

rung der Engländer: *alle* erbeuteten englischen Waffen, die sich im Besitz der Powhatans befinden, sollen in gesetzter Frist in Jamestown abgeliefert werden; ob Powhatan den Krieg währenddessen fortsetze oder aussetze, liege »in seiner eigenen Verantwortung«.★

Die Indianer antworten hierauf nicht. Die gefangene Powhatan-Tochter gegen ihre wenigen mühsam erbeuteten Feuerstöcke, Messer, Beile oder Schwerter auszutauschen, schien ihnen kein Deal. Die Verhandlungen werden eingestellt. Pocahontas wird für den Moment aufgegeben, der Krieg geht weiter, es gibt neue Überfälle auf Siedlungen der Weißen. Pocahontas verbringt ein Jahr in englischer Geiselhaft, zuerst in Jamestown, später »verlegt« in die zweite englische Siedlung am James River, die schöner gebaute Siedlung Henrico; so genannt nach Henry, Prince of Wales, dem englischen Thronfolger, Sohn von James I & Queen Anne, seiner dänischen Frau.★★ Pocahontas' 18. Geburtstag fällt in diese Zeit.

So bekommt Powhatan seine Tochter nicht zurück – er wird sie *nie* zurückbekommen.

Die Indianer aller erbeuteten Waffen zu berauben, war nicht von Anfang an der Zweck der Entführung von Pocahontas durch Sam Argall, aber auf dieses Ziel läuft sie schließlich in Gouverneur Gates' Kopf hinaus.★★★ Dem später sog. »Pocahontas-Frieden« sollte also eine Ent-

★ Knapp 400 Jahre später hat sich für solche Anlässe in den USA die Formel gebildet: »The American people are sick and tired of being kicked around« – Satz, mit dem der Arkansas-Abgeordnete Tommy Robinson President Reagan Beine machte anläßlich der Entführung des italienischen Luxuskreuzers *Achille Lauro* durch Palästinenser. Sie wollten mit den amerikanischen Passagieren des Schiffs in Israel gefangene Palästinenser freipressen. Vergeblich, natürlich. – Brigitte L. Nacos, *Terrorism and the Media. From the Iran hostage crisis to the World Trade Center bombing*, NY 1994, 35

★★ Henrico, gegründet 1611 unter Thomas Dale auf *Farrars Island* im James River, da wo die Insel, in einem scharfen Knick des Flusses gelegen, beinah das Land berührt. Henrico liegt ca. 50 Meilen von Jamestown entfernt – 20 Meilen südlich des heutigen Richmond – und hat, anders als Jamestown, ein »gesundes und fruchtbares Gelände«, geeignet für Tabakanbau und ohne das Sumpffieber-Problem. – cf. H. C. Porter, *The Inconstant Savage. England and the North American Indian*, London 1979, 394f und Virginius Dabney, *Virginia. The New Dominion*, NY 1971, 22. – Prince Henry, auf den große Stücke gesetzt waren, wurde nie König. Er starb schon 1612, kaum ein Jahr nach der Gründung »seiner Stadt« in Virginia (s. w. u. im Kapitel *Der Sturm. Ein Märchen*).

★★★ Man könnte einwenden, daß diese Waffen keine große Rolle mehr spielten, waffnung der Indianer vorausgehen, was Waffen englischer Herkunft betraf, jedenfalls.[*] Soweit alles nach den Uralt-Regeln des *Crying Game*.

Thomas Gates, Gouverneur in Jamestown (von 1611-1614), und Thomas Dale, Kommandeur in Henrico, sehen den Aktionen der Indians, die weder Waffen bringen noch sich im Wald verstecken, ein knappes Jahr lang zu; dann unternimmt Dale, der im Frühjahr 1614 Gates als Gouverneur ablöst, einen Vorstoß zu Powhatans neuer Hauptstadt – seit 1610 Matchot am Pamunkey River –, sein Schiff beladen mit Soldaten, die Geisel Pocahontas mit an Bord. Als das Schiff angegriffen wird, läßt Dale das indianische Dorf, von dem der Angriff ausgeht, niederbrennen – nicht das erste, das er auslöscht. Derart klargestellt, daß sie nicht zum Spaß unterwegs sind, erreichen die Engländer Matchot. Dale setzt die Soldaten an Land, wartet aber mit einem Angriff. Ihm gegenüber, am Fuß des Hügels, auf dem seine Soldaten sich aufgestellt haben, ca. 400 indianische Bogenschützen und ein paar Mann mit Gewehren.

Powhatan schickt zwei seiner Söhne als Unterhändler. Sie verlangen ihre Schwester – exakt: Halbschwester; sie haben verschiedene Mütter – zu sehen. Sie finden Pocahontas wider Erwarten bei guter Gesundheit und auch sonst gut beieinander.

Auch Dale schickt zwei Unterhändler zu Powhatan, einer von ihnen ist John Rolfe. Rolfe, der Pflanzer, gehört zu jenen Leuten, die 1609 auf den Bermudas gestrandet waren – ist also Teil jener Bermuda-Gruppe oder auch Clique, die zur Herrschaftsgruppe in Jamestown & Henrico avancierte, ein alter Siedler-Hase. Dale weiß, wie sehr sich Rolfe im zurückliegenden Jahr um Pocahontas gekümmert und sich schließlich in die indianische Gefangene »verliebt« hat – beim gemein-

wenn die erbeuteten Kugeln und das Pulver verschossen waren. Es gab aber immer wieder weiße Überläufer, und damit auch Pulver und Blei, die mit überliefen; so blieben die Gewehre in Indianerhänden eine prinzipielle Bedrohung. Der Zeitpunkt, zu dem jede Weitergabe von Pulver, Munition oder Waffen an die Indianer mit Tod durch Erhängen bestraft wird, »ohne jede Ausnahme«, liegt noch 5 Jahre in der Zukunft: Erlaß der Generalversammlung der Kolonie – *Virginia General Assembly* – vom Juni 1619. H.C. Porter, *The Inconstant Savage,* a.a.O., 413

Prinz Eisenherz bei den Indianern

Pocahontas mit Tabakpflanzen, US-Comic, 1995

samen Bibellesen, bei den Rundgängen innerhalb von Henricos Palisaden und während sie ihm unter die Arme griff mit indianischen Ratschlägen beim Tabakbau. Daß Rolfe, während die Gefangene bei ihm Englisch lernte, seine Algonkin-Kenntnisse verbessert hat, macht ihn ebenfalls geeignet. »Gouverneur Dales Wahl von John Rolfe als einem der Unterhändler mit Powhatan erschien Rolfes Freund Captain Hamor als absolut optimal – Rolfe galt zu diesem Zeitpunkt offen als Verlobter von Powhatans Tochter«, resümiert Francis Mossiker.*

Diese »Liebe« ist – anders als im Fall Smith/Pocahontas – unbestritten, unmythologisch und wechselseitig; für Dale wie für die Nachwelt.

Ein kleines Rätsel löst sich hier. Das Verhältnis der beiden macht den langen Zeitraum verständlich, über den Pocahontas, »die Aufgeweckte«, Agile, die Gefangenschaft erträgt. Die sich halbwegs frei in

* Mossiker, 183f

Tabakfeldern Bewegende wäre nicht so zu bewachen gewesen, daß sie nicht eines Tages oder Nachts ins Nichts oder Dunkel hätte entschwinden können. Sie ist, nach einer Weile, freiwillig in der Nähe Rolfes geblieben – in Henrico, wo Rolfe lebt und pflanzt. Man nennt Pocahontas' erstes Jahr in Jamestown/Henrico also vielleicht besser ihr Stockholm-Jahr oder Praktikantenjahr unter den Weißen.

Den nun folgenden Akt haben Rolfe & Pocahontas gut vorbereitet. John Rolfes Freund Ralph(e) Hamor, offizieller Sekretär der Siedlung – ebenfalls ein Companion der 1609 gestrandeten Bermuda-Party – trägt, während die Unterhändler zu Powhatan aufbrechen, einen Brief von Rolfe in der Tasche; adressiert an Sir Thomas Dale. Hamor übergibt nun den Brief. Rolfe erklärt darin offiziell seinem Kommandanten, was jener »privat« schon weiß: daß er Pocahontas liebe und sie zu heiraten wünsche. Dale gibt »auf der Stelle« sein herrscherliches Placet zu dieser Verbindung.

Entsprechend setzt Pocahontas ihre beiden Halbbrüder über ihre Liebe zu John Rolfe ins Bild. Es gehe ihr nicht nur gut, sie wolle auch bei den Engländern bleiben und einen von ihnen heiraten. Die beiden sollen Powhatan entsprechend unterrichten und, wenn nötig, zur Zustimmung überreden. Powhatan, erleichtert, das drohende Gemetzel von seiner Hauptstadt abwenden zu können, stimmt der Verheiratung seiner Tochter mit dem Engländer ebenfalls »auf der Stelle« zu.

Gouverneur Dale kann abziehen, mehr als zufrieden. Es ist März ...Zeit für die Frühjahrs-Aussaat ...kein Termin für lästige Kriege. Die Lektion haben die Engländer nach dem Hungerwinter 1609/10 gelernt; zuerst unter Thomas Gates, dann unter Thomas Dale – den Gouverneuren von Jamestown zwischen 1611 und 1616.

Powhatan sieht bei diesem Heiratshandel – dem wenig später ein ausgehandelter Frieden folgt, – kurz seinen weißen Schwiegersohn als Unterhändler. Seine Tochter selbst gesehen, gesprochen und gefragt hat er nicht; er kam nicht zum Fluß, wo die Engländer lagerten; und sie ging nicht mehr in seine Stadt.

Das englische Schiff kehrt zwar ohne die geforderten Waffen nach Jamestown zurück, dafür mit einem *Paar* an Bord, mit Pocahontas nicht mehr als Geisel, sondern als Braut.

John C. McRae, *The Marriage of Pocahontas*, 1855, Kupferstich

Zur Hochzeit am 14. April 1614 schickt Powhatan einen seiner alten Onkel, Opachisco, und wieder zwei seiner Söhne. Er selbst kommt nicht. Er hat keine weiße Siedlung mehr betreten bis an sein Lebensende im Jahr 1619.

Kurz vor der Trauung, und erst *jetzt*, findet der große Akt statt, der heute gemalt in Washingtons Capitol – der Kernhalle offizieller amerikanischer Geschichts-Repräsentation – hängt: Pocahontas' Taufe – *Baptism of Pocahontas*,* die Voraussetzung des Eintritts in die erste englisch-indianische christliche Ehe, und damit englisch-amerikanische. Pocahontas erhält den biblischen Namen *Rebecca* aus dem Mund des Predigers von Henrico, des Reverends Alexander Whitaker, – ein Mann, den sie aus den Bibelstunden ihrer Lehr-Gefangenschaft schon gut kennt. Die Trauung folgt wenige Tage später. Sie findet in Jamestown statt, der Bedeutung des Ereignisses angemessen, durchgeführt –

★ John Chapman, *Baptism of Pocahontas at Jamestown, 1613*, s. w. u.

»conducted« – von Whitakers Kollegen Richard Buck – auch dieser ein Mann aus der Crew des Bermuda-Schiffbruchs.

Buck ist damit einer derer, die auch Rolfes erste Frau gekannt haben. Mrs. Rolfe ist eine der ersten Ehefrauen von Siedlern in der Kolonie gewesen, aber gleich nach dem Bermuda-Winter, im Mai 1610, in Jamestown gestorben. Auch ihr Baby überlebte nur wenige Tage in Jamestown; der Reverend Richard Buck tauft das Mädchen, bevor es stirbt, schnell noch auf den christlichen Namen »Bermuda«,★ – dort war sie geboren worden während der unfreiwilligen Überwinterung nach dem Schiffbruch.★★

Mrs. Rolfe I. und ihre Tochter Bermuda, die sozusagen den Platz frei machen für Pocahontas, haben kein Bild in irgendeinem amerikanischen Pantheon.

John Rolfe …*a Ladies' Man* demnach …was in der konkreten Ge-

★ H.C. Porter, 400.

★★ Richard Bucks eigener Ehe später in Jamestown »entspringen« eine Tochter und drei Söhne; das ist für lange Zeit Jamestown Rekord.

George Spohne, *The Wedding of Pocahontas with John Rolfe*, Lithographie, 1867

schichte meistens heißt: ein Mann der Reihen und Serien ...die rote Pocahontas ersetzt, als Ehefrau, eine gestorbene andere, eine Weiße. Und Rolfe & Pocahontas als Paar starten den Anbau der Pflanze, aus der die Verkörperung des Seriellen selber, die Zigarette, hervorgehen wird ...außerdem pflanzen sie den Sohn, der die Serie der Pocahontas-Nachkommen begründen wird, Amerikas erste genuine Serie eigener Aristoc(r)ats.

Vier Männer und zwei Frauen planen so in Henrico die rot-weiße Mischgesellschaft. Die zweite Frau ist Mrs. Whitaker, Ehefrau des Reverend Alexander Whitaker, eingebunden in das Projekt durch die Unterweisung der Indianerin in christlicher Lehre und englischer Haushaltsführung. Man kann diese Gruppe die erste *learning community* Virginias nennen, die andere Absichten und Ziele hat als die bis dahin dominierende reine Männergesellschaft soldatischer oder kaufmännischer abenteuernder Kolonisten, die vor allem die Nord-West-Passage finden wollen oder (immer noch) das virginisch-aztekische Gold.

Poca am Tisch der Whitakers, Henrico 1614, US-Comic 1995

Der Output von Virginias erster *gendered community*: der Reverend Whitaker avanciert durch Pocahontas zum erfolgreichen Missionar, er erhält eine »bekehrte Wilde«. Der Gouverneur Dale wird zum Stifter eines Friedens, der auf dem Körper der Bekehrten ruht. Der Pflanzer Rolfe erhält eine Ehefrau und Fachkraft im Tabakbau. Der Schreiber Hamor bekommt *a new world girl to write about;* eine *belle sauvage* als Grundstein der amerikanischen (Liebes)Literatur. Aus der indianischen Prinzessin selbst, »Naturkind«, wird eine »zivilisierte Christin«, Pflanzersfrau und potentielle Herrin eines Südstaaten-Dominion; aus der Pfarrersfrau wird die Freundin und Vertraute der Ex-Wilden, zwei arbeitende Frauen, weiß-rot, an der Basis der späteren amerikanischen Frauenkultur.

John Rolfe & Pocahontas wissen noch nicht – als ihre ersten Tabakexporte 1614 nach London gehen –, daß ihr Produkt bald den Namen »das braune Gold« tragen wird, aber der Tag ist nicht fern. Ihr Goldanbau ist die einzige erfolgreiche Goldsuche in Virginia, englisch-powha-

tanisch, und wird es bleiben für mehr als 150 Jahre. Die Geschichte Amerikas in dieser Zeit verläuft auf einer *Tobacco Road.*

Wie das heutige Geschichtsbewußtsein der USA besonders *diesen* Umstand gern löschen möchte, ist exemplarisch zu sehen am Pocahontas-Film der Walt-Disney Productions 1995: kein Tabakblatt gilbt im frühen Jamestown, auf allen indianischen Feldern wächst nichts als Mais; im Corn Field oder vor Sonnenblumen finden sich dafür zum Liebespaar: John Smith und Pocahontas. Bei Disney wird die Überreichung des Maiskolbens durch Pocahontas an John Smith zur Gründungsgeste der virginischen Ökonomie.

★★★

2. GOUVERNEUR DALE WILL EINE POCAHONTAS-SCHWESTER UND WIRD ABGEWIESEN

Mit dem Bann über dem Tabakblatt – indianisches *Gift* – ist aus dem heutigen Bewußtsein mitgelöscht, daß die Rolfe/Pocahontas-Ehe vom 14. April 1614 nicht auf die Exklusivität hin angelegt war, die sie am Ende bekam.

Sie war *nicht* geschlossen als Einzelstück zur Befestigung eines zeitweiligen, opportunen Friedens. Das geht aus mehrerem hervor, zuerst aus einem zweiten weiß-roten Eheversuch, den die Engländer kurz darauf starten, und zwar durch niemand geringeren als ihren Kommandanten Thomas Dale selbst.

Dale schickt im Mai 1614, kurz nach der Hochzeit Rolfe/Pocahontas, erneut einen Unterhändler zu Powhatan, diesmal den Siedlungssekretär Ralphe Hamor selber. Hamor reist mit dem Auftrag, offiziell im Namen von Thomas Dale um »die Hand« einer weiteren Powhatantochter anzuhalten, einer schönen, lebendigen 11-Jährigen, deren Ruhm bis zu den Engländern und damit auch zu Thomas Dale gedrungen ist: eine vom virginischen Weltgeist aufgebotene potentielle Pocahontas II.

Hamor macht sich auf den Weg, begleitet von zwei indianischen Führern, indianischen Vertrauten Dales, und von Thomas Salvage, einem jungen Mann, der ein paar Jahre bei Powhatan verbracht hat als »Friedenspfand« und fließend Algonkin spricht. Aus Hamors Beschreibung dieses Unternehmens geht hervor, daß sich eine Art Vertrauensverhältnis zwischen Powhatan und Dale entwickelt haben muß durch die Friedensverhandlungen und nach Pocahontas' Übersiedlung in die Stadt der Weißen. Zumindest will Hamor diesen Eindruck erwecken: Dale erscheint bei ihm immer als »Bruder« in Powhatans Mund.

Thomas Salvage, der Junge, der von 1608 an drei Jahre lang »an Sohnes statt« bei Powhatan gelebt hat, war damals von Captain Christopher Newport als Austauschgeschenk übergeben worden für Namontack, den Indianerjungen, der übers Meer nach London fahren sollte, um Powhatan Bericht zu bringen von dort. Powhatan hat Namontack aber nicht wiedergesehen seither, ebensowenig wie Thomas Salvage, seit dieser 1611 zu einem Besuch, wie es hieß, nach Jamestown aufgebrochen, aber nie wiedergekommen war. All dies erfährt Hamor in seinen ersten Minuten bei Powhatan, der selbst ans Flußufer gekommen ist, seine ungemeldeten Gäste abzuholen. Als erster wird Thomas Salvage begrüßt, der verlorene weiße Zieh-Sohn.

Powhatan gibt die Tabakspfeife herum – »which they call *Pissimore*« –, erkundigt sich nach dem Befinden »seines Bruders« Sir Thomas Dale, dann erst nach dem seiner Tochter Pocahontas, dann seines Schwiegersohnes Rolfe, den er kaum kennt. Er will wissen – in Hamors Worten – »how they liked, lived and loved together«. Pocahontas ist glücklich, sagt Hamor, sie will gewiß nicht mehr zurück, worauf Powhatan »herzlich gelacht« und sich »very glad« gezeigt haben soll.*

Schließlich kommt Hamor zu seinem Auftrag. Er bittet Powhatan, wegen der »Privatheit« seines Anliegens, um vertrauliche Audienz. Powhatan schickt alle Anwesenden aus dem Haus, mit Ausnahme zweier junger Frauen um die zwanzig, die links und rechts zur Seite seines Lagers plaziert sind, seine momentanen Hauptfrauen. Hamor überbringt Dales offizielle »greetings of love and peace«, die Versicherung, daß für die Engländer der Friede unverletzlich sei, um dann vorschriftsmäßig den Geschenke-Sack zu öffnen ...Kupferteile, Perlen, hölzerne Kämme, Angelhaken, Stahlmesser, und ein versprochener Mühlstein für Powhatan, sobald er fünf Männer schicke, die stark genug seien, ihn zu transportieren. Powhatan ist erfreut, die Geschenke werden angenommen.

»Die *Botschaft*«. Folgendermaßen will Hamor gesprochen haben:

Der Ruf der außergewöhnlichen Vollkommenheit deiner jüngsten Tochter, der überall verbreitet ist in deinem Herrschaftsgebiet, hat auch die Ohren deines Bruders Sir Thomas Dale erreicht, der mich damit beauftragt hat, dich zu bitten, auf Grund der Freundschaft, die ihr beide teilt, deiner

* Hamor 1615/1971, 40; – daß Powhatan eine ständige Leibwache von 100 Bogenschützen hat, erfährt man auch bei dieser Gelegenheit; Hamor, ebd., 39

Tochter zu erlauben, mit mir zu Sir Thomas zurückzukehren, einmal wegen des Begehrens, das in ihm selber brennt, zweitens auch wegen des Wunsches ihrer Schwester Pocahontas, sie zu sehen, all dies, damit dein Bruder Sir Thomas dann, wenn der Ruf ihres Ruhms nicht getrogen hat, und dies hat er sicher nicht, mit deiner gnädigen Erlaubnis aus ihr seine engste Kameradin, sein Weib und seine Bettgenossin machen kann* – (bevor ich soweit kommen konnte, hatte er mich schon mehrmals unterbrochen; ich mußte ihn bitten, mich zu Ende zu hören und dann erst mit seiner Antwort zu folgen) – der Grund für all dies ist, da wir nun fest und freundschaftlich verbündet sind, und zu einem einzigen Volk verbunden (wie Sir Thomas annimmt und fest glaubt), daß er mit dem Band der Liebe eine natürliche Vereinigung zwischen uns hinzufügen möchte, denn er hat im Prinzip beschlossen, solange in deinem Land zu bleiben, wie er selber lebt, und dafür würde er gern die festeste Versicherung deiner Freundschaft haben, die es gibt, und sich selbst hiermit ebenso zu einer solchen verpflichten.**

Dieser einzigartige und sehr weitgehende Heiratsantrag – da von einem amtierenden Gouverneur vorgetragen – wird in der Literatur zur Frühkolonialisierung Amerikas eher nachlässig registriert; in seiner Bedeutung für mögliche Entwicklungen der Kolonie und des englisch-powhatanischen Verhältnisses stark unterschätzt; vermutlich, weil er abgelehnt wurde, historisch nicht zum Tragen kam. Hamors gewichtige Rede, im gedruckten Text tatsächlich ein einziger, langer Satz, erntet, wie Powhatans Unterbrechungsversuche schon ahnen lassen, ein knappes »Nein« – ein Nein, das in Powhatans Kopf irgendwie vorgefertigt gewesen zu sein scheint.

Dies ist um so erstaunlicher, als Hamors Antrag die weitestgehende Formulierung enthält, die von seiten der Engländer in puncto *mixed* population in der Geschichte Amerikas jemals gekommen ist. Daß durch die Heirat Pocahontas/Rolfe die Jamestown Settlers und die Powhatans zu *einem Volk vereint* worden seien (»firmly united together, and made one people«), ist nicht nur als Formulierung sensationell, sie scheint, und das ist mehr, nicht einmal auf Betrug angelegt gewesen zu sein. Denn erstens wurde sie nicht nur irgendwo im

* »nearest companion, wife and bedfellow«, schreibt Hamor
** ebd., 40f

amerikanischen Wald – angeblich – ausgesprochen, sie wurde 1615 so in London gedruckt. Einschließlich des Satzes, der zu Powhatan von »your country« spricht, *deinem* Land, das für das offizielle England doch längst der Virginia Company, bzw. ihrem Lizenzgeber King James gehörte. Und Autor ist nicht irgendwer, sondern der offizielle Sekretär der Kolonie, Thomas Dales rechte Hand in der Verwaltung, Ralphe Hamor, selber in London zugegen bei der Publikation.

Dales Position ist das entscheidende bei diesem Antrag. Mit Pocahontas/Rolfe gibt es zwar schon eine wirkliche weiß-rot-christliche Ehe, aber unter dem Gesichtspunkt von Koalitionsheiraten betrachtet, ist sie etwas ungleichgewichtig. Nach englischen Standesregeln ist Rolfe der Position von Pocahontas nicht ebenbürtig, hier will Dale offenbar nachhelfen. Wenn eine weitere Powhatan-Tochter den *Kommandanten* von Jamestown heiratet, spielen die Ehen nicht mehr im Bereich vielleicht zufällig beteiligter menschlicher Gefühle, dann wären sie juristisch genäht, staatlich abgesegnet; und hätten, da die öffentlichen Handlungen der Herrschenden Normcharakter haben in der Renaissance, Auswirkungen auf Heiratsformen der »normalen« (= normierten) Untergebenen.

Powhatans Sorge war das nicht, wie seine schnelle Ablehnung zeigt. Er ist offenbar nicht mehr der Mann, der noch sieben Jahre vorher dem gefangenen John Smith anbot, mit seinen Leuten in Werowocómoco, der damaligen Hauptstadt Powhatans' zu leben, statt eine eigene Stadt zu bauen. Entweder war das eine Finte – oder Powhatan ist von seiner Englishmen-Freundschaft genesen. Die Tochter, die Dale möchte – antwortet er –, ist schon einem anderen Mann versprochen, sie ist auch schon bezahlt worden mit der notwendigen Menge dafür vorgesehener Muschelschnüre …sie ist auch schon abgeholt worden von ihrem zukünftigen Mann …und außerdem ist sie die ihm *liebste Tochter* unter denen, die er noch hat …diese will er nicht auch noch verlieren an die Siedlung der Weißen…

Hamor gibt sich nicht zufrieden mit dieser Antwort, er bohrt weiter …sie wüßten, daß dies Mädchen – ihr Name wird bei Hamor nicht genannt – schon einem andern versprochen und übergeben worden sei. Die Engländer hatten nachgeforscht, bzw. ihr kolonialer Spitzeldienst funktionierte ausgezeichnet. Sie wußten auch, daß Powhatan dies alles mit einer Bewegung seiner Hand rückgängig hätte machen können. Die Schnüre könnten zurückgegeben werden und außerdem sei die Ehe noch nicht vollzogen. Das Mädchen sei noch nicht zwölf, das Ganze also erst ein *Versprechen* auf die Heirat und noch kein Fakt. All diese Details zeigen, wie ernst Dale und Hamor ihr Angebot war. Aber Powhatan blieb unnachgiebig …»mit dem Gedanken einer weiteren Lieblingstochter bei den Weißen könne er nicht leben …ihre Siedlungen besuche er nicht …und was den Erhalt des Friedens anginge, sei der von ihm aus mit der Ehe Pocahontas/Rolfe ausreichend besiegelt.« Powhatan schlägt aus.

Und er schloß so: genug Männer auf beiden Seiten seien getötet worden; *sein Bedarf* an Tötungen sei gedeckt. Wenn die Engländer ihm wegen seiner Weigerung, eine weitere Tochter herzugeben, Schwierigkeiten machten oder gar mit Angriffen drohten, stünde er als Gegner nicht zur Verfügung, denn:

> … ich bin alt, ich würde gern meine Tage in Frieden beschließen, und wenn die Engländer mir mit Übergriffen drohen, werde ich mich weiter von euch zurückziehen, hier wegziehen, mein Land ist groß genug.

Das war definitiv.

Im Verlauf des nächsten Tags entdeckt der enttäuschte Hamor einen früher gefangen genommenen und als »tot« gemeldeten Engländer unter den Powhatans. Diesen bekommt er nach einiger Verhandlungsmühe »frei« und mit ihm im Schlepptau, nicht mit der ruhmreichen 11-jährigen Schönen, erreicht er wenige Tage später Jamestown und Dale.

No Wedding Today heißt diesmal der Song, den die Kirche spielt …*diese* Hochzeit nicht, und dann auch andere nicht mehr …die Wolke weint, und zieht vorüber.⋆

Ein Angebot wie das von Dale wurde von den Engländern nie erneuert; aber *ergangen* sein kann es nur mit Billigung starker Kräfte in London – entweder aus der *Virginia Company* oder durch den Hof, durch James I. selber, zur Abwechslung oder aus Opportunität einmal

⋆ …es ist der mytho-historische Geburtstag von Johnnie Ray, der 1955 vor *No Wedding Today* mit *The Cloud That Cried* die weitere Titelmarke setzte, die geeignet ist, einen der Eckpunkte abzugeben für die Vollzüge des *Crying Game*.

Powhatan, Pocahontas, amerikanisches Kinderbuch, 1989

dem spanisch-mexikanischen Vorbild folgend.* Ohne irgendwelche Absegnungen von oben ist der Heiratsantrag eines Gouverneurs der Kolonie an eine *Indian Princess* jedenfalls nicht denkbar. »London« hat also, sagen wir für *Momente* im Jahr 1614, die Genehmigung von weiß-roten (christlichen) Mischehen nicht nur für den Einzelfall erwogen, sondern als mögliches überseeisches Heiratsprinzip; wir werden sehen, daß es eine starke Fraktion innerhalb der anglikanischen Kirche gab, die solche Verbindungen im Jahr 1614 propagierte – denn weiße Frauen gab es immer noch erst eine Handvoll in Virginia.

Die fast reine Männergesellschaft Jamestowns und Henricos war dabei keinesfalls die englische Wunschkonstruktion. Gern hätte man Siedlerfamilien losgeschickt, aber die verschwundenen Frauen des Roanoke-Siedlungsversuchs, grad 25 Jahre her, lagen noch zu wach im Bewußtsein der englischen Öffentlichkeit. Wer wollte Frauen zum Abschlachten oder als Beutemütter späterer »blonder Indianer«, wie sie durch europäische Erzählungen spukten, nach Amerika schicken?

★ Die Bevölkerungspolitik, aus der das heutige Mexico hervorgegangen ist, startete in dem Geschenk, das aztekische Kaziken (=Häuptlinge) dem Hernan Cortés nach dessen erster siegreicher Schlacht bei der Stadt Tabasco machten: 20 junge Frauen, die Cortés sogleich an seine Hauptleute verheiratete; unter ihnen die »mexikanische Pocahontas«, La Malinche, spanischer Name Dona Marina. Die katholische Frechheit, Größe oder Nonchalance, jedes Erden-Kind bei Bedarf im Handstreich durch Taufe für katholisch zu erklären, besaßen die englischen Protestanten nicht, gleich welchen Lagers. In Virginia sollte die *Bekehrung* der Taufe und Ehe vorausgehen. Eine Prozedur, die Powhatan seinem verbliebenen 11jährigen Liebling nicht zumuten wollte.

3. EIN ENGLISCHER PREDIGERSTREIT UM DIE KÖRPER »DER ROTEN«

Ein zweites unschätzbares Dokument zur Beurteilung des Charakters der Heiratsangebote von Rolfe und Dale ist glücklicherweise erhalten: der Brief von John Rolfe an Thomas Dale, in dem Rolfe seinen Wunsch, Pocahontas zu heiraten, für die Öffentlichkeit erläutert und begründet. Zitiert wird daraus oft die eine Stelle, in der Rolfe beteuert, daß es nicht sexuelles Verlangen sei, das ihn zu seinem Schritt bewege – um dann sanft belächelt zu werden im Tenor: »warum denn nicht, du guter Mann«.

Der »Brief« ist aber, wie es sich gehört in einer so heiklen und unpräzedierten Angelegenheit zwischen Gott, Alter Welt, Neuer Welt, christlichem Mann und unchristlicher »wilder« Frau, ein Traktat, ein Lehrstück von der Länge eines Bacon Essays. Manches darin ist das Wortgeklingel vorgeschriebener Sätze, die schlicht verlangt waren in einem Brief »an die Behörde« im Jahr des Herrn 1614, gleich ob in Amerika oder in Europa – aber daneben gibt es überraschende Wendungen und Töne in der eingehenden Diskussion des – bis dahin beispiellosen – Ehewunsches eines Siedler/Pflanzers wie John Rolfe mit einer Indianerin wie Pocahontas/Matoaka Powhatan-Tochter. Rolfe schreibt:

Natürlich vergaß ich nicht das schwere Mißvergnügen Gottes an den Söhnen Levis und Israels wegen ihrer Heirat fremdartiger Weiber, und auch nicht die üblen Folgen, die solch eine Handlung haben könnte, und ich prüfte mich auch und suchte mit Umsicht herauszufinden, welche Umstände es sein könnten, die mich dazu verführten, in jemanden verliebt zu sein, deren Erziehung roh war, deren Verhaltensweisen barbarisch, deren Herkunft fluchbeladen, und deren ganzes Aufwachsen von der Muttermilch an so verschieden war von meinem eigenen, daß ich des öfteren unter Furcht und Zittern zu dem Schluß kam: dies kann nur eine böse Versuchung sein, ausgeheckt von ihm, der die Menschen zu zerstören sucht und sich daran erfreut; und so suchte ich mit glühenden Gebeten mich von solch teuflischer Versuchung zu befreien (als die ich das Ganze dann verstand), bis ich wieder zur Ruhe kam.

Rolfe hat schwer zu kämpfen mit dem Alten Testament bei seiner Entscheidung für die ungläubige Angehörige eines Stammes, der nicht »das Volk Israel« ist. Das *Buch Ezra*, mit dem Rolfe hier ringt, verbietet ausdrücklich Ehen mit den *strange wives* ungläubiger Völker, wie er eine plant. Nach Ezra entfremden die fremden Frauen den rechtgläubigen Mann unweigerlich seinem angestammten Gott. So *befiehlt* Ezra in seinem Text den Transgressoren im Namen des *einzigen Gottes* eine Trennung von diesen Frauen.*

Dies ist Rolfe bekannt – und da bei einer Mehrheit der Kirchenleute von 1610ff die biblischen Texte als »Letters from God« verstanden werden, als Briefe an die Menschen, die zu befolgen sind, ist dies ein schwerer Brocken.

Andererseits gilt seit spätestens Augustinus, daß Gottes Briefe nicht einfach wörtlich zu nehmen sind. Sie bedürfen korrekter Auslegung. Eine »bloß buchstäbliche Befolgung« kann auch ganz unsinnig sein. Es gibt ja immer jene Stellen der Gottesbriefe, die etwas anderes sagen oder zu sagen scheinen als diese oder eine weitere Stelle. »Unwidersprüchlich in sich« ist Gottes Wahrheit keineswegs, und so hat Rolfe, wie vor allem H.C. Porters grundlegende Studie *The Inconstant Savage* belegt, bei seinem Plädoyer für diese Ehe nicht nur jene Stelle des Neuen Testaments, vorliegend in Gestalt der *New English Bible*, im Rücken, die sagt, daß ein ungläubiger Ehemann durch Heirat einer gläubigen Frau »sanktifiziert« werde, und umgekehrt die ungläubige Frau durch Heirat eines gläubigen Ehemanns – Corinthians 7,14 –, sondern eine ganze Fraktion von Kirchenmännern, die in einer Auseinandersetzung, die man als den englischen »Predigerstreit« der 1610er/20er Jahre bezeichnet, die unorthodoxe Position vertritt, daß bestimmte Stellen der Bibel(n) auch und besonders im Hinblick auf das neu im

* ähnlich äußern sich Genesis 9, 25 und Korinther 6, 14-15. cf. H.C. Porter, *The Inconstant Savage*, a.a.O., 110ff; die Bezeichnung des »unkonstanten Wilden« hat Porter, nicht unironisch, von John Smith übernommen. In den Augen des Kolonialarbeiters Smith teilten die »Wilden« die Eigenschaft der Inkonstanz mit den Herrschaftstypen der englischen Zivilisation, den arbeitsscheuen Adligen.

Tabakfeld in Piemont, Virginia, Sorte Burley, dünne Blätter, goldfarben, am Fuß der Blue Ridge Mountains, südlich des James River – (das im 20. Jh. bedeutendste Tabakbaugebiet).

Whitakers Wunschtraum

englischen Denkhorizont erschienene Virginia anders zu lesen seien als vorher.

Den Modellfall gibt dabei das »Land Kanaan« des Alten Testaments ab, vor allem die Frage, ob Gottes Anweisung an das Volk Israel, Kanaan zu besetzen und die Heiden zu töten, ein Ratschlag gewesen sei (a ›counsel‹) oder ein Gebot (›precept‹ oder ›commandment‹). Der Prediger William Crashaw, Vertreter einer »milden Londoner Linie« gegenüber den virginischen Heiden, stellt 1610 fest, daß das Volk Israel wohl eine klare Anweisung Gottes hatte, Kanaan zu besitzen und die Heiden zu töten; aber, schreibt er,

> … wir haben keine solche Anweisung, die Virginier betreffend. (… we have no such commandment touching the Virginians.)*

Daraus folge zwingend, daß die Engländer zwar das Recht hätten, in Virginia zu wohnen und dort zu kolonisieren, nicht aber das Recht,

* William Crashaw, *New-yeeres Gift to Virginia,* F.3. r-v., Porter, a.a.O., 114

die Virginier umzubringen. Zur Crashaw-Fraktion, die vor allem das Neue Testament (»das offene Buch der Liebe«) ins Feld führt gegen das Alte Testament (das Buch »sealed and closed«, das Buch der sieben Siegel), gehört nicht nur der Sekretär der Kolonie in Virginia, Ralphe Hamor, der 1615 in seinem virginischen Bericht schreibt, das Land müsse besessen werden durch »Sanftmut, Liebe, Freundlichkeit und Religion«, sondern auch der lehrende Londoner Theologe William Whitaker. Dieser ist kein anderer als der Vater des Predigers Alexander Whitaker, der in Henrico, Virginia, die zur Ehe freigegebene Pocahontas getauft hat. Alexander Whitaker praktiziert damit an vorgeschobenster Front in Amerika die Ideen der Londoner theologischen Unorthodoxen.

John Rolfe, der prinzipiellen theologischen Unterstützung Whitakers im Punkt selbst der Heirat einer *Ungläubigen* gewiß, hat trotzdem in seinen Brief noch ein Sicherheitsschloß eingebaut. Es klickt ein in der bohrenden Frage, die sein Hirn besetzt:

Warum bemühst du dich nicht, eine Christin aus ihr zu machen? (...why dost not thou endeavour to make her a Christian?)

In diesem Gedanken, beteuert Rolfe, fand er sich von Gott bestätigt. Er entnimmt dies dem Umstand, daß er die geliebte Wilde auch dann nicht vergessen kann, wenn sie getrennt sind, wenn er sie eine längere Weile nicht sieht. Daß sie dann in seinem *Schlaf* erscheine, das kann nur von Gott selber – der die Träume schickt – gewollt sein; eine Lesart, in der die Traumauslegung des biblischen Joseph und die des unfrommen Freud sich aufs Schönste die Hand reichen. Solche persönliche Anteilnahme of the Lord an seinem (Traum)Leben bringt Rolfe auf die Grundfrage(n) überhaupt:

Denn ich sage Ihnen, der Heilige Geist Gottes hat mich oft gedrängt, mich zu fragen: wozu bist du geschaffen worden? Wenn nicht für vergängliche Vergnügen und weltliche Nichtigkeiten, dann doch für die Arbeit im Weinberg des Herrn, um dort zu säen und zu pflanzen, das Wachstum der Pflanzen zu unterstützen, in täglicher Arbeit mit der guten Gattin und im Gottesdienst, mit dem mir gegebenen Talent, alles zu dem Zweck, daß die Früchte auch reifen und geerntet werden können, zur Erquickung des so Arbeitenden in diesem Leben und zu seiner Erlösung in der Welt, die danach kommt (...)

Das Säen und Pflanzen im Weinberg des Herrn, in dem er sich nach Kräften abmüht, *fordert* geradezu – für jeden, der das Neue Testament nach modernen Notwendigkeiten liest – seine Ehe mit der außergewöhnlichen Wilden, folgert Rolfe,* auch im Namen von Jesus Christus, der all jene verachte, die die ihnen verliehenen Gaben nicht nützten und die Angebote mißachteten, die die Schöpfung ihnen mache:

Hinzu kommt noch Pocahontas' offenkundig große Liebe zu mir, ihr Wunsch, belehrt und unterrichtet zu werden im Wissen von Gott, ihre großen geistigen Kapazitäten, ihre Offenheit und Bereitschaft, weltliche und spirituelle Eindrücke aufzunehmen, neben dem Antrieb, über den sie selbst verfügt und der auch mich stimuliert.

Besonders bemerkenswert an diesem Brief ist, daß Rolfe, einmal ins Schreiben gekommen, über die Begründung nur *seines* Ehewunsches mit der gefangenen Pocahontas weit hinausgeht und ein allgemeines Programm für die Christianisierung der Gottlosen durch Heirat (nach seinem zu genehmigenden Modell) entwirft. Die englische Christianisierer-Fraktion dieses Moments hält sich dabei nur zu einem geringen Teil bei der Hautfarbe der Virginier auf; wenn sie als Leute »des Teufels« bezeichnet werden, dann vor allem, weil sie Ungläubige sind; ihr »Heidentum« macht sie zu potentiellen Einwohnern christlicher Höllen; und dem müßte abzuhelfen sein. So fährt Rolfe fort:

Was also soll ich tun? Soll ich so abweisend sein und mich weigern, den Blinden den rechten Weg zu weisen? Soll ich so unnatürlich sein, den Hungrigen kein Brot zu geben? Oder so herzlos, die Unbekleideten nicht zu kleiden? Soll ich es von mir weisen, solche frommen Pflichten eines Christenmenschen auf mich zu nehmen? Soll diese Grundfurcht der Menschen, der allgemeinen Welt vielleicht zu mißfallen, mich überwältigen und davon abhalten, den Menschen die spirituellen Werke des Herrn nahezubringen, durch die ich, in meinen täglichen Gebeten und Meditationen, in Verbindung mit ihm stehe? Gott bewahre! Ich vertraue ganz sicher auf ihn, der mit mir so verfahren ist zu meinem ewigen Glück, und zu sei-

★ Vom schweren Job der Anti-Alkoholiker im *Vineyard of the Lord* zeugen bis heute die Schrifttafeln an so gut wie jeder Sektenkirche im Bible Belt. Der Weinberg des Herrn, ein Tränenberg wohl.

nem ewigen Ruhm, und ich hoffe, weiterhin geführt zu werden von seiner himmlischen Gnade, so daß am Ende meiner vertrauenden Schmerzen und meiner Arbeit als Christ ich in den Genuß jenes gesegneten Versprechens kommen werde, das der Prophet Daniel jenen Guten gemacht hat, die Gott viele neue Gläubige zuführen. Nämlich daß sie scheinen sollen wie die Sterne für immer und immer.

Das ist ein klares Christianisierungsprogramm für *alle* Powhatans, nicht nur für Powhatans Lieblingstochter; ein schriftlicher Antrag an Dale für weit mehr als eine *ausnahmsweise* englisch-powhatanische Einzelehe. In diesem Bewußtsein gelangt der Brief am Ende zu der Formel, daß die geplante Heirat und die »Bekehrung dieser Ungläubigen« zu »Gottes Ruhm, zu Ihrer (=Dales) Ehre, zum Guten unseres Landes und zum Wohl unserer Kolonie« angelegt sei.

Das *undertaking of so mightie a matter,* wie Rolfe selber sein Unternehmen einer Intermarriage mit *an unbelieving creature, namely Pokahuntas,* nennt, kann in der Tat nur gehen, wenn *almighty God* –

auch in diesem Brief fällt das Wort von seiner »providence« – schon lange seine Hand schützend über dessen Anbahnung hält.

Der allmächtige Gott, der niemals die enttäuscht, die ehrlich seinen Heiligen Namen anrufen, öffnete selbst die Pforte und nahm mich bei der Hand, so daß der Pfad klar vor mir lag, welchen ich ohne Unsicherheit beschreiten sollte.

Der Wunsch, die Indianerin zu heiraten, bewege ihn nicht weniger als die Frage nach der *Rettung seines Seelenheils am jüngsten Tag.* Das ist die höchste Frage für einen Christenmenschen um 1600: »Paradies ja oder nein«. Sie ist in Rolfes Brief gleichgesetzt mit »Pocahontas ja oder nein«.

Zum Beleg seiner absoluten Reinheit im Punkt des Verdachts der Fleischeslust als Triebkraft für diese Ehe führt Rolfe zweimal die protestantische Zentralkategorie Gewissen ins Feld: sein *unspotted conscience*, bzw. *the clearness of my conscience, clean from the filth of impurity* ...unbefleckt ...frei von jeder Unsauberkeit, mit korrekter Berufung auf einige Stellen Calvins. Außerdem sei er nicht so heruntergekommen, daß er für die Fleischeslust mit einer Roten – wenn es nur darum ginge – seine Lebensaussichten aufs Spiel setzen würde und seine Freundschaften dazu, fügt er, ganz Ehren-, wenn nicht Saubermann, an. Zwar gäbe es jene Menschen, die nichts andres denken könnten als Schmutz, er aber sei allzeit geleitet *by the spirit of God.*

Daß Rolfe sich traut, so zu schreiben, setzt voraus, daß er sich der Zustimmung der weltlichen wie kirchlichen Obrigkeit Jamestowns und Henricos absolut sicher gewesen sein muß. Dies konnte er gewiß bei Dale, der nicht nur Kommandant für ihn war, sondern Freund, ebenso aber bei den virginischen Pastoren Alexander Whitaker und Richard Buck.

H. C. Porter widmet zwei längere Kapitel den englischen Predigerpositionen in dieser Sache. Die Fraktion Whitaker/Crashaw, die das rot-weiße Mischkonzept für Virginia propagiert, ist dabei nicht nur theoretisch-theologisch an der richtigen Lektüre des Neuen Testaments, Virginia betreffend, interessiert. Sie agiert auch politisch. William Crashaw, einer der höchsten Kirchenmänner Englands, selber ein Anteilhalter der *Virginia Company*, Erzbischof von York seit 1606, seit

1605 Leiter des *Temple*, des bedeutendsten britischen Priesterseminars – Porter schätzt es in seiner Bedeutung höher ein als das Oxford und Cambridge von 1610 –, hat höchstpersönlich einen der Abschiedsgottesdienste der *Virginia Company* für die 1609 nach Virginia aufbrechende 9-Schiffe-Flotte von Thomas Gates gehalten. Die Predigt wurde sogleich gedruckt unter dem Titel *A new-yeeres Gift to Virginia*, 94 Druckseiten lang, und konnte entsprechend nachgelesen werden; nicht eine »Predigt« bloß, sondern ein komplettes kirchliches Verhaltensprogramm für die Männer der Kolonie, gebaut um die Diskussion aller einschlägigen Bibelstellen.

Crashaw polemisiert darin gegen all jene, die bloß schnellen Profit suchen würden drüben, in der Neuen Welt, die nur ein freies, gefälliges und zufriedenes Leben leben wollten und die – wie immer – natürlich in der Mehrheit seien:

> Versprich ihnen zwanzig Prozent, egal von was, und seht, wie sie darauf einsteigen werden, oh wie sie das in Fahrt bringt! Aber sagt ihnen, sie sollen eine Kirche bauen (›*plant a church*‹!) und tausend Seelen zu Gott bekehren, dann findet ihr sie taub wie Steine…(*senseless as stones*)…

Selbstverständlich geht es nicht nur um Gott und dessen Ansprüche in Crashaws Verhaltenskatalog. Erstes Gesetz für einen Mann immer und überall ist es, sich selbst zu erhalten und seine Familie, er hat an seine Pflichten gegenüber dem König zu denken und an die Erwartungen des Unternehmers, für den er unterwegs ist; dann aber bleibt noch Raum genug für die weiteren Aufgaben. Gates und seine Männer, schon in Seestiefeln, kriegen mit als Klartext auf die Reise dies:

> Die Israeliten (...) hatten Befehl, die Heiden zu töten; uns ist es verboten, sie zu töten, aber uns ist befohlen, sie zu bekehren. Die Kannaaniter waren mächtige Leute von Rang; die, mit denen wir es zu tun haben, sind gewöhnlich und nieder; jene waren schwer bewaffnet, unsere sind nackt. Jene hatten mit Mauern befestigte Städte, unsere haben kaum Hütten gegen die Witterung.

Nicht die Spur einer Rede von »indianischer Bedrohung«; aber eine von erhöhtem englischen Sendungsbewußtsein in einer Zeit, die England, so Crashaw, die Funktion eines Brückenkopfs gegeben habe in einem Europa, das teils an die Türken gefallen ist oder zu fallen drohe, oder in dem die Papisten triumphieren.

Einer der Ausbilder Crashaws zum Pfarrer ist William Whitaker gewesen, Master of St. John's und Urheber dieser Bekehrungstheologie. Sein Sohn Alexander Whitaker geht im März 1611 in die Kolonie und wird Pfarrer der frisch gegründeten Siedlung Henrico, den Kopf voll mit den neuartigen Ideen. 1612 schickt er einen größeren Text nach London zurück, zu William Crashaw. Er ist abgefaßt als Bericht zu dessen persönlicher Information, aber Crashaw beschließt, ihn zu publizieren. Da der alte Whitaker inzwischen gestorben ist, benutzt Crashaw die Gelegenheit, seine Verbundenheit mit dem Toten und den Whitakers überhaupt in einem Vorwort auszudrücken. Alexander Whitakers Text, von Crashaw gemodelt zu einer »Predigt«, erscheint 1613 unter dem Titel *Good Newes from Virginia* – deutlich auf Crashaws vorangegangenes eigenes *New-yeeres-Gift for Virginea* bezogen. O-Ton Alexander Whitaker aus Henrico, Virginia, für das öffentliche London:

> Bedenkt das heidnische Leben der Virginier, was, denkt ihr, soll aus

...Aus dem Japanischen, 1996

ihnen werden nach ihrem Tod, als daß sie Genossen des Teufels werden und seiner Engel in der Hölle für alle Zeit. Weswegen ihr, meine Brüder, die Krüge der Leidenschaft ergreifen und den beklagenswerten Zustand dieser zu bedauernden Menschen in euer Bewußtsein lassen sollt. Derselbe Gott hat uns alle geschaffen; sie haben empfängliche Seelen und geistige Kapazitäten wie wir auch; wir alle haben Adam zum gemeinsamen Vater. Ja, von Natur ist unsere Beschaffenheit ganz gleich: wir sind Diener der Sünde und Sklaven des Teufels. Oh erinnert euch, ich rufe euch an, was war denn der Zustand Englands, bevor der wahre Glaube gepredigt wurde in unserem Land.*

* A. Whitaker, *Good Newes...*, 24; Porter, 399

Das kann man beziehen auf die Zeit vor der Christianisierung Englands, aber – etwas frecher – auch auf den erst vor ein paar Jahrzehnten vom Thron gestürzten »Papismus«; und würde dann heißen: »Halb-Wilde waren wir eben selber noch«; warum also nicht eine theologische Akzeptanz der amerikanischen Wilden unter der Gemeinsamkeit von »Adams Dach«.

Grundlage dieser Gemeinsamkeit in Whitakers Text ist das Wirken eines »Naturgesetzes« (Law of Nature) in den Wilden, das sie dazu veranlaßt, ihren Königen, Herrschern, Eltern gehorsam zu sein (wie die Engländer auch). Sie achten den Besitz der andern sowie dessen Leben. Mord, schreibt Whitaker, ist höchst selten anzutreffen in ihrer Gemeinschaft und gilt als Kapitalverbrechen.*

»So wurde das Echo von Crashaws Stimme via Whitaker am James gehört«, vermerkt Porter; und postwendend kam es zurück an die Themsebrücken. Das Echo gibt nicht nur etwas wieder, es hallt auch voraus in die Geschichte: auf der Formel »wir *alle* haben Adam zum Vater« wird niemand anders als Cromwell aus den Kulissen reiten, und ein abgeschlagener Königskopf, der auf seinen *besonderen* Vaterschaften bestand, in ihnen verschwinden. Whitakers Töne eines englisch-indianisch-puritanischen »Natur-Rechts« sprechen – verkleidet als Plädoyer für die Christianisierung roter Frauen (und dann auch: Kinder) – unüberhörbar von der kommenden *englischen* Revolution.

John Rolfe und Pocahontas sind auf diese Weise, via Thomas Dale und Alexander Whitaker, in Rolfes Brief direkt angeschlossen ans Herz einer zu diesem Zeitpunkt einflußreichen Londoner Gruppe hoher Kirchenmänner. Sie vertreten eine Strategie der »Kolonialisierung durch Christianisierung« – und zwar auch an prominenter Position in der *Virginia Company* – gegen die Fronde der eher unreligiösen Profit-Puristen.

Thomas Dales Versuch, eine weitere Powhatan-Tochter zu heiraten, erscheint so in einem erheblich schärferen Licht. Dale *teilte* offenbar das von John Rolfe in seinem Brief entwickelte Programm der Christianisierung-durch-Heirat, – das allerdings gar nicht Rolfes eigenes war, so wenig wie Dales, sondern ein autorisierter London Import;

* Whitaker, 26; Porter, 398

und ebenso teilt dieses Programm Ralphe Hamor: Hamor veröffentlicht Rolfes Brief am Ende seines eigenen Virginia-Berichts von 1615 in London. Das kann nur heißen, Dale/Rolfe haben ihm eine Abschrift des Briefs zu diesem Zweck *überlassen*, als Hamor zurück nach London ging. Dale hatte Rolfes Brief 1614 aber auch gleich an den Bischof von London geschickt. In jedem Fall war der Text bestimmt für Londons *Öffentlichkeit,* für die Mitglieder und Teilhaber der *Virginia Company,* für die Presse, für den Hof: als Material für den Streit, wie mit den »Geschöpfen des Teufels« in Virginia umzugehen sei – der nicht beschränkt ist auf die Klerikalen.

John Rolfes Brief, oft gehandelt als *Kuriosum*, in dem der Mann den Verdacht von sich habe wälzen wollen, er sei bloß geil gewesen auf den Körper der jungen schönen Indianerin, ist nicht weniger als der bedacht ausformulierte Teil eines Besiedlungsplans für Virginia 1614, der zur Grundlage die Idee weiß-roter Ehen als virginischen *Normalfall* hat: Heirat getaufter (bzw. zu taufender) roter Frauen durch englische Siedler, die sich, mit den Roten gemeinsam, fühlen als »Adams gemeinsame Kinder«.

Man bekommt sogar die Idee beim Lesen der Texte des Priesterstreits, daß dieser den Hintergrund abgibt zwar nicht für die Entführung von Pocahontas selber – Captain Sam Argall dachte nicht in diesen Kategorien –, wohl aber für Gates' und Dales Strategie, die prominente Indianerin durch unerfüllbare Forderungen an Powhatan länger in Jamestown zu halten, als notwendig gewesen wäre. Dale, Whitaker und Rolfe *wollten* sie dabehalten, weil das Auge des Christianisierungsplans auf sie gefallen war. Wer konnte sich besser eignen *als Modellfall* für die Londoner Öffentlichkeit als eine bekehrte Häuptlingstochter. Und wer besser zu ihrem Mann als der Kolonie erster Tabakpflanzer, ihr größter Haciendero und vorbildlicher Christ. Daß hier Planung im Spiel war, wird belegt von der Tatsache, daß Thomas Dale – schon bevor die Beziehung Rolfe/Pocahontas sich anbahnt – gegen alle sonstigen Gepflogenheiten sofort mit Pocahontas' religöser Unterweisung begann, und zwar in seinem eigenen Haus.*

Dies war also ein bewußt eingeleitetes Stockholm – das Mädchen Pocahontas die Probe aufs Exempel. Erprobt werden sollte, ob die von

★ – so Ralphe Hamor in seinem Londoner Bericht. Thomas Dale hatte die Geisel Pocahontas ›korrekt‹ in Pastor Whitakers »ansehnlichem Fachwerkhaus« (Hamor) untergebracht, das sich in der Nähe von Rolfes Plantage befand. Pocahontas, in englischen Frauenkleidern, nimmt an den Sonntags- wie den zwei obligatorischen täglichen Gottesdiensten für alle Siedler teil, ebenso an den außergewöhnlichen Exerzitien. Thomas Dale schreibt an den Bischof von London, 1614: »Ich veranlaßte, daß Powhatans Tochter sorgfältig in der christlichen Religion instruiert wurde. Nachdem sie gute Fortschritte gemacht hatte, schwor sie öffentlich dem Götzendienst ihres Volkes ab, bekannte sich offen zum christlichen Glauben und wurde, wie sie es wünschte, getauft.« – Der Brief von Dale in Hamor, *True Discourse*..., 53-55.

Heirat Pocahontas / John Rolfe, Buchillustration 1950

Whitaker in seiner (zu diesem Zeitpunkt schon gedruckten) Predigt gepriesenen *empfänglichen Seelen und geistigen Kapazitäten* der amerikanischen Wilden von jener Art seien, die ihre Intelligenz durch das Erlernen von Lesen, Schreiben, Sprechen einer europäischen Fremdsprache und Aufnahme von Inhalten einer fremden Religion beweisen. Mit dem Endeffekt »Liebe«...

Alex Whit and Pocahontas had a rather sad affair...

...ein Versuchskaninchen, ein rotes, im weißen Kirchenstall. Es hätte auch mit dem *Teufel* zugehen müssen (mit dem indianischen Okeus persönlich), hätten nicht englische Priester, Kirchenmänner von vornherein ihre Finger im Spiel gehabt bei diesem Generalversuch. Ausgang des Experiments: sehr befriedigend, *sensationell* geradezu. Pocahontas *lernt* – in Rekordzeit – Dales, Whitakers und Rolfes englisches Christentum. »Die erste Europäisierung durch die Engländer war perfekt. Vor allem Amors Pfeil hatte gewirkt, nicht vorgehaltene Pistole« bemerkt, angemessen naiv, der Kieler Theologe Peter Lampe – wo doch hier Amors Pfeil und vorgehaltene Pistole perfekt *zusammengewirkt* haben, und außerdem so, als lägen beide Waffen in der Hand ein- und derselben Person, des in Virginias Wäldern herumstreifenden englischen Gotts bzw. seiner Stellvertreter, Kirchenmänner mit viel »Providence«.*

Außerdem soll ein Hauptfeind im Hintergrund mit der Konvertitin Pocahontas empfindlich getroffen werden: der – im dt. sog. – Medizinmann. In Whitakers *Good Newes* aus Virginia erscheint dieser »Indian Priest« als einziger Bösewicht; aus keinem andern Holz geschnitzt als die englischen Hexen, des Satans eigene Ausgeburt. In der für das Jahr 1611 bezeichnenden Weise vergleicht Whitaker ihn dem *katholischen Priester*, dem europäischen Hauptfeind der anglikanischen Staatskirche:

Die indianischen Priester leben sehr ähnlich den papistischen Hirten unserer Zeit. Nämlich allein (=zölibatär) in den Wäldern, in Häusern, abgetrennt von den Wohnstätten der anderen. Niemand darf ihre Häuser

* P. Lampe, *Pocahontas. Die Indianer-Prinzessin am englischen Hof*, München 1995, 123

betreten oder mit ihnen sprechen, außer sie wurden dazu aufgefordert. Der Indian Priest sorgt nicht selber für seinen Lebensunterhalt, alles was er braucht, das Brot, das Wasser, wird ihm gebracht. (...) Niemand im Stamm tut etwas Wichtiges, ohne vorher seinen Rat einzuholen.

– das Bild der kompletten katholischen Drohne.* Die protestantisierte Pocahontas, Königin und Bienen-Arbeiterin zugleich, ist derart auch angelegt als schwerer Schlag gegen das Indianerpriester-Ungeheuer, das allerdings schwerer zu besiegen scheint als Powhatans dürftig bewaffnete Männer: im nächsten großen Projekt, das Dale und Whitaker planen, obsiegen diese Finsterlinge sogar. Der Entwurf für ein Indianer-College, für eine Bekehrungsschule junger Indianer, die in Henrico leben sollen, Lesen lernen sollen und anschließend getauft werden, verwirklichte sich nicht. Zwar sind die nötigen Gelder für eine solche Schule durch Sammlungen und Tombolas der *Virginia Company* in London zusammengetrommelt worden, aber die Powhatans weigern sich standhaft, die nötigen Kinder bzw. Jugendlichen für das College »abzustellen«. Nicht nur rückte Powhatan keine zweite Tochter heraus, er und seine Schamanen gaben auch keine Schulkinder her zum Christianisieren. So verlief sich die zweite groß gedachte Bekehrungsschiene von Dale, Whitaker und Rolfe in den folgenden Jahren und endgültig nach dem 1622er Massaker unerfüllt im virginischen Wald.

★ – wo Whitaker seine *Good Newes from Virginia* demonstrativ damit beschließt, seine eigenen Künste als Angler ins Bild zu rücken und seine Erfolge im Maisanbau zu betonen; wofür er aber dringend Helfer herbeisehne, sein Körper sei für solche Arbeiten nicht gemacht. – Whitaker 42f; Porter, 399.

4. POCAHONTAS IN WASHINGTON

Als 1840, in einem neuen Land namens USA, der amerikanische Geschichtsmaler John Gadsby Chapman Pocahontas' Taufe für Washingtons Regierungsgebäude, das *Capitol*, malt – some 220 years nach dem Ereignis – ist es ein Bild einer Vergangenheit, die so gut wie keine Gegenwart mehr hat. Es wurde nichts aus solchen 1615 betriebenen rotweißen Verbindungen; Amerika 1840 hat sich endgültig eingerichtet mit der Vertreibung der Indianer nach Westen; anders gesagt: mit prinzipiell untaufbaren Indianern.

Chapmans Gemälde ist interessant in vieler Hinsicht, besonders in den verschiedenen Zeitenmischungen, die es vornimmt bzw. enthält. Chapman hat z.B. – oder auch gar nicht zum Beispiel, sondern aus historisch-hollywoodscher Notwendigkeit – in sein 1840er-Bild von der 1614er-Situation ein Stückchen des neu erbauten amerikanischen Regierungsgebäudes selbst hineingesetzt: drei mächtige capitolinische Säulen, die aus dem Bild heraus nach oben direkt bis in die Jamestown & Henrico Himmel ragen* ...die wilden Himmel über diesen rein aus Holz gebauten, ziemlich einstöckigen, hinter Palisaden versteckten Städtchen. So bekommt der Mytho-Bau Amerikas mit *Baptism of Pocahontas* nach all den *Rettungsfotos* Pocahontas/Smith sein zweites Gründungsbild. Auf diesen beiden Gründungspfeilern, »Rettung« und »Taufe«, erhebt sich Virginia als Keimzelle der werdenden USA.**

Im Bild eine respektable amerikanische Früh-Renaissance-Gesell-

★ nur zwei sind auf der Reproduktion gut zu erkennen; die dritte verschwimmt im Hintergrundschwarz. *The Baptism of Pocahontas*, entstanden 1836-40, Oil on Canvas, 144 x 216 in.). Die Jahreszahl 1613 stimmt nicht ganz, die Taufe war erst 1614. Das kann mit den Kalenderverrückungen zu tun haben, die die protestantischen Länder der Erde viel später als die katholischen vornahmen. Auch nahm man es mit solchen Datierungen nicht allzu genau. So ist schräg gegenüber auf Antonio Capellanos Sandsteinrelief »Preservation of Captain Smith by Pocahontas« (1825) über der westlichen Eingangstür zur Rotunde des Capitols als Jahr des Ereignisses »1606«, statt richtig 1607, links unten eingemeißelt.

★★ Zur Rettungsphantasie die Dauer-Tauf-Orgie, Serien beide, vermutlich die Grund-Serien des Kontinents, auf denen alle späteren, bis hin zu Warhols rettungslosen Campbell-Dosen, sich »erheben«.

John Gadsby Chapman, *Baptism of Pocahontas*, Öl, 1840, Rotunde des Capitols

schaft ... sieben von ihnen Frauen und Mädchen ...man wähnt sich, auf den ersten Blick, eher in einem italienischen Hof- und Kirchenambiente als im Virginia der ersten Siedler ...Krieger in europäischen Rüstungen ...ein paar Merchants ...dann aber, rechts im Bild, das *Amerikanische:* eine Gruppe von Indianern ...Pocahontas' Verwandte:

Da ist, sitzend, mit finsterer Miene, Powhatans Bruder Opechancanough ...sein Gesichtsausdruck später vom Maler selbst charakterisiert als »sullen, cunning, yet daring« ...hinterhältig, aber wagemutig ...Opechancanough plant schon in Richtung des kommenden 1622er-Massakers, das er in Gang setzen wird ...es ist sein Plan schon 1614, in dieser 1840er Darstellung der Szene fürs Washingtoner *Capitol.*

Stehend ein weiterer Onkel von Pocahontas, von Chapman benannt als »Nantequaus«, Gesicht abgewandt, der Zeremonie ebenfalls feindlich gesinnt.* Der dritte Onkel, Opachisco, mit Blick auf die Tauf-

* Die vom Maler Chapman zu seinem Bild selbstverfaßte Broschüre ist zitiert in Vivien Green Fryd, *Art & Empire. The Politics of Ethnicity in the United States Capitol, 1815-1860*, New Haven & London, 1992, 223, Anm. 36, und 47ff.

szene, ist beteiligt & einverstanden.

Am Boden sitzend, mit Kind, Pocahontas' Schwester Quimca.* Ihr Kind im Schoß ist wie eine Vorausdeutung auf den kleinen Thomas Rolfe, der im Schoß von Pocahontas' naher Zukunft dümpelt.

Die Siedler auf dem Bild tragen Waffen, Lanze, Degen & Gewehr, wie es das virginische Gesetz für Gottes Sicherheit in Siedlerkirchen ab 1619 zwingend vorschreibt ...die Indianer dagegen waffenlos. Indianer mußten (getauft oder ungetauft) ihre Waffen – nach demselben Gesetz – beim Betreten der weißen Siedlungen ablegen.**

In das Kanzeltuch auf Chapmans Bild eingestickt ist das Wappen von Virginia und die Initialen des herrschenden Königs im fernen London: J.R.I. – auf der Buch-Reproduktion nicht zu erkennen. Zu erkennen aber John Rolfe, J.R. II., stehend hinter der knienden Pocahontas, mit leicht zu ihr hingestreckter Hand.

Auf den Stufen kniend & »den Samen empfangend« die todesmutige Rote ...gekleidet in die Tauffarbe der protestantischen Christenheit ... Sie ist auf den Taufstufen dieser Capitol-Einstellung nicht so sehr John Rolfes Braut als die des (bis 1840 mächtig gewachsenen) amerikanischen *Jeeziz*, im Bild vertreten durch Prediger Alexander Whitaker.

Statt ihren eigenen Familienmitgliedern zu ähneln, die die rechte Seite der Komposition bevölkern, ruft Pocahontas eher das Bild der Jungfrau Maria wach. Ihr gebeugter Kopf, ihre gefalteten Händen und ihr würdevoller Gesichtsausdruck suggerieren Reinheit, Unterwürfigkeit und Spiritualität.***

*... dem Teufel entrissen...*****

★ Sie erscheint mit diesem Namen bei Susan Donnell, *Pocahontas*, Roman, Heyne TB, München 1995, 285 (NY 1991). Donnells rot-weißem Vögelroman darf man nichts glauben – nur die Namen der Personen, da ist sie phantastisch.

★★ Im Juni 1619 fügt die Generalversammlung von Virginia den schon bestehenden Anordnungen für die Gottesdienste in allen 4 Gemeinden (Jamestown, Kecoughtan, Henrico und Charles City) den Satz hinzu, verpflichtend für alle: »all jene, die Waffen haben, sollen sie mitbringen, ob Schwert oder Feuerwaffe«. – Porter, 413

★★★ – schreibt Vivien Green Fryd, a.a.O., 47

★★★★ Chapman hat auch eine Rettung John Smiths durch Pocahontas gemalt, aber kleiner, 21 x 25 ¼ inches (etwa gleichzeitig; hängt jetzt bei der New-York Historical

Chapman, *Baptism of Pocahontas*, 1840; für den Druck bearbeitete Version

Eine Regierungsbroschüre aus der Zeit der Entstehung des Gemäldes erläutert, das Bild Chapmans zeige Pocahontas, »das Kind des Waldes«, gerettet aus den Fängen barbarischen Heidentums, die Indian Princess, »die ihre Götzen aufgab und Gott annahm«. So hätten die Jamestown-Siedler mehr getan, »als nur die alten Besitzer des Bodens auszulöschen und ihr Land zu usurpieren«. Ihr wahres Werk: »den Aufstieg und die Weiterentwicklung des Christentums mit den politischen Schicksalen der Vereinigten Staaten«.*

Society in NY City). Die dritte Darstellung von Pocahontas in der Capitol-Rotunde ist von Constantino Brumidi, das sog. Rotunda-Fries mit Szenen aus der Eroberung der beiden Amerikas (entworfen 1859, beendet 1877; auf diesem Fresko rettet ein weiteres Mal Pocahontas John Smith).

★ Green Fryd, 50

Dies »Weiß-Werden durch Taufe« war keine amerikanische Neu-Erfindung. Sie ist ein über 1000 Jahre alter europäischer Kolonial-Hit von der christlichen Befriedung Afrikas seit Abfassung der Bücher des Neuen Testaments:

»Hier wäscht der Hl. Philippus *den Äthiopier* und beseitigt, wie prophezeit, zwar nicht die Schwärze seiner Haut, aber die seiner Seele«.

– steht (auf lateinisch) unter einem Kupferstich von Claes Jansz Vissher, – angefertigt 1631 nach einem verlorenen Gemälde Rembrandts. Rembrandt & Kollegen bezogen ihre Bildidee aus Apostelbrief 8, 38: dort leert der Hl. Philippus sein Taufgefäß über einem Schwarzen aus, dem Kämmerer der Königin von Äthiopien, einem Eunuchen, der darob auf der Stelle erbleicht.

Das Hl. Sakrament der Taufe als Weißwaschvorgang für »von Natur aus schwarzen Seelen« in den Bildumlauf zu bringen, war im Lauf des 16. Jhs. – aus den neu gegebenen Anlässen in Übersee – wieder in Gebrauch gekommen, vor allem in den nördlichen Niederlanden, von wo die Engländer ihren Puritanismus importierten.

Es gab bald Bilder, auf denen die Hautfarbe selbst sich der Prozedur beugt und aus den Körpern der bis eben noch Schwarzen, jetzt aber Getauften, weicht.

Für Chapman allerdings ist Pocahontas »jene Person, die die erste dauernde christliche Siedlung auf dem Boden der *Konföderation* repräsentiert«; Chapman selbst war Virginier, wie sein Mäzen und Auftraggeber Henry A. Wise. Sein Bild im *Capitol* war bewußt angelegt auch gegen den Anspruch New Englands, »allein den Samen für die kommende amerikanische Republik gelegt zu haben«.*

* Green Fryd, 51. – Dies alles sind auch Materialien zu Melvilles nicht geschriebenem Kapitel »Die Weiße des Capitols« – *Mad-Tearials* zum (einzig) fehlenden Kapitel im *Moby-Dick* ... das ein Kapitel wäre zu Amerikas berühmtestem Land-Wal...

5. »ZWEI NATIONEN SIND IN DEINEM SCHOSSE«

1615 hat Rebecca Rolfe einen Sohn geboren, Thomas Rolfe. – Rebecca – der Name, den die virginischen Versuchsleiter für die Taufe ihrer Konvertitin ausgewählt haben, erweist sich als mit allen biblischen Auslege-Wassern gewaschen. Die Rebecca des Alten Testaments, die Ehefrau Isaaks, ist eine leicht »farbige« Frau, die Isaaks Vater Abraham, angesichts seines nahenden Endes, und Isaak hat keine Nachkommen, *aus der Fremde* holen läßt: aus Harran, röm. Carrae, am Euphrat, genau da, wo das ursprüngliche Paradies verortet ist, und von wo er fortgezogen war ins Land der Kanaaniter. Abraham hatte auf die Bedenken des losgeschickten Brautwerbers, ob er dort auch eine Frau finden würde, geantwortet: Ganz sicher, Gott und seine Engel würden es richten. Nach dem langen Wüstenritt von Hebron nach Mesopotamien bittet der Werber darauf Gott sogleich um »das Wunder«, und bekommt es: er und seine zehn Kamele werden überraschend getränkt von der ersten auftauchenden Schönen; Modell: »Pocahontas bringt die Krüge mit Indianerwein«; ein bildschönes Mädchen, eine Jungfrau, noch kein Mann hatte sie berührt ...sie stieg hinab, füllte ihren Krug und stieg wieder hinauf, und leerte ihn in die Rinne der Tränke«.*

Als die so gefundene Rebekka des Alten Testaments nach 20jähriger Ehe mit Isaac aber immer noch unfruchtbar ist, bittet Isaac Jahwe selbst um eine Schwangerschaft seiner Frau. Sie *wird* auch schwanger – mit Zwillingen. Als diese es in Rebeccas Bauch zu wild miteinander treiben und sie sich über den Schmerz beklagt, antwortet Jahwe auf ihre Klagen in Form eines Orakels: »Zwei Nationen sind in deinem Schoße«; in der Formulierung der Bibel, die die Jamestowner benutzen:

★ »Schönheit«, sagt Claus Westermann, wird im Alten Testament immer im Zusammenhang mit Alltagsverrichtungen wahrgenommen und erwähnt. – C. Westermann, *Genesis. 2. Teilband: Genesis 12-36* (»Bibl. Kommentar/Altes Testament«; I/2), Neukirchen-Vluyn 1981, 473

Rebecca tränkt Elieser, den Boten Abrahams, Rembrandtschule, 1651

Two nations are in your womb,
Two seperate peoples shall issue from your body;
But one people shall surpass the other,
And the older shall serve the younger.*

Daß sich im Schoß von Pocahontas/Rebecca Rolfe, sobald sie schwanger wird, *natürlich* zwei Nationen treffen, und womöglich »bekriegen« werden, macht sie zur idealen Verlängerung der Bibel-Rebek-

★ Genesis, 25, 23; diese engl. Verse zit. Nach E.A. Speiser, ed., *The Anchor Bible. Genesis*, Introd., Transl., and Notes by E. A. Speiser, NY 1964,
Die Rebekka-Story ist die längste Erzählung der sog. »Väter-Geschichte«; die vielen Kamele – Zeichen für Abrahams bedeutenden Reichtum – waren zwar noch nicht domestiziert zum Zeitpunkt des Geschehens; das stört den/die Autor(en) der Genesis aber so wenig wie die niederländischen Maler des 16. Jhs. die zeitgenössischen Mehrmaster, auf denen sie Jesus die Wellen des See Genezareth befahren lassen.
Rebeccas Abschied von den Eltern und Aufbruch aus Harran am mittleren Euphrat (= Pocahontas' Aufbruch nach London) wurde besonders gern gemalt in Rembrandts Amsterdamer Atelier. (S. die Zeichnung von Rembrandt bzw. einem seiner Schüler in Jeroen Giltaij, *The Drawings by Rembrandt and his school*, Rotterdam 1988, 155; darin auch: Isaak erteilt Jakob seinen Segen, S. 191 u. 161). Weitere Bilder: Pariser Ausstell. Kat. 1977/8, Nr. 69 u. 89

ka in die Jamestownsche Jetztzeit hinein. Die Bibel-Rebekka gebiert dann die zwei angesagten Söhne, einen mehr »rötlichen«, »wilden«, das ist Esau, und einen weißen, Jakob. (Genesis, 25, 25). Esau ist, wie die amerikanischen Roten, ein Mann der Jagd, jemand, der in Felle gekleidet ist, jemand, der seine Bedürfnisse unmittelbar befriedigt. Jakob, weiß, listig, ist seßhaft und Landwirt. Als Esau eines Tages erschöpft nach Hause kommt und nichts will als essen – und Jakob hat so ein einladendes Mal gekocht, etwas ›Rotes‹ – tritt Esau, um ans Essen zu kommen, seinem Bruder, als jener dies verlangt, ohne Zögern sein Erstgeburtsrecht ab.

Der Vater Isaak, alt, erblindet und sterbend, will schließlich Esau, dem Jäger, seinem Lieblingssohn, den väterlichen Segen erteilen. Doch Rebekka verständigt statt seiner Jakob, *ihren* Lieblingssohn, den Mann, »der bei den Zelten blieb«; sie zieht ihm Esaus Kleider an und hilft Jakob dabei, den Segen Isaaks zu erschleichen. Jakob hatte sich schon bei der Geburt, kurz nach Esau erscheinend, an dessen Hacke festgehalten. Er ist ihm auf den Fersen von Anfang an, und hat daher auch seinen Namen: das hebräische Wort für »Ferse« steckt klanglich in »Jakob«.

In a 1610-Reading: Esau, der Rote – »der Indianer« – war zuerst da, erstgeboren in Amerika. Er gehört einer Jägerkultur an, ißt Rotes-Rohes, hat etwas vom Canibal. Er ist nicht so schlau, so verschlagen und langfristig planend wie die seßhaften Weißen, die sich durch List zu rechtmäßigen Besitzern des Landes machen; die Indianer müssen ihnen, wie Esau seinem Bruder Jakob in der Bibel, jetzt dienen; so die Genesis, 27, 40, über das amerikanische Virginia.

Rebekka/Rebecca ist die Frau, die diese Veränderung der Erbfolge ermöglicht; ob man sie als »Verräterin« an ihrem Erstgeborenen betrachten will oder als die Frau, die dem »kulturell überlegenen«, dem »zivilisierten« Jakob zur Herrschaft verhilft, ob sie zu verwerfen oder zu feiern sei also, kommt auf die Perspektive an. Für das Trio Whitaker/Dale/Rolfe, die seßhaften, listigen, langfristig planenden Weißen, ist Isaaks Rebekka eine Heroine. Pocahontas' neuer Name also ein »Kompliment zur richtigen Entscheidung«.

Als Lady Rebecca Rolfe, Indian Princess (rot) und Pflanzersgattin (weiß) nach England kommt, 1616, hat sie zwar nicht Zwillinge geboren; die »zwei Nationen« muß der *eine* in ihr austragen, aber diesen trägt sie zu den Weißen. Kinder ihres Volkes hat sie keine. Die Kinder Virginiens, deren ideelle Mutter sie als *Indian Princess* war, läßt sie zurück in Powhatan-Land. Nur Young Thomas Rolfe ist mit, going for England: – wo er, ein dunkles Murmeln Jahwes erfüllend, für lange Zeit bleiben wird.

Die Versuchung liegt nahe, King James I – deutsch: Jakob I. – hier mit dem Jakob der Bibel zu verbandeln; aber James I & VI von England & Scotland heißt nur in deutscher Übersetzung so; mit dem Jakob des Alten Testaments hat James namentlich nichts zu tun und kann in dieser Hinsicht außen vor bleiben. Nicht aber als der Abraham-Vater, als der er, in seiner Funktion als König des Landes, einen seiner Söhne, John Rolfe, mit »einer Frau aus der Fremde« und von anderer Hautfarbe zurückbekommt. James/Abraham wird durch Pocahontas' Akt der Ver-Englischung bzw. durch ihre Biblisierung *modellhaft* nun auch zu einem hieb- und stichfesten Besitzer (=Erben) der virginischen Ländereien. Wenn der Weg der Christianisierung (= Erlösung) als der den Gebräuchen der Indianer überlegene, *rechtmäßige* anerkannt ist, ist jeder Virginier selbstverständlich des englisch-christlichen Königs Untertan und Diener, zumal wenn eine Königstochter dieses Landes, die Prinzessin selbst, einen englischen Untertanen heiratet.

Die (scheinbar ›groteske‹) Krönung Powhatans mit einer Messingkrone aus der Hand von James I., durchgeführt Jahre vorher von Captain Christopher Newport, durch die Powhatan zum Vasallen des James-Reichs gemacht werden sollte – was von Powhatan aus ein lächerlicher Akt gewesen war –, bekommt hier ihre christliche Komplettierung, bzw. Befestigung: Pocahontas' Rebecca-Werden vollzieht auch die symbolische Krönung James I. zum Herrscher über alle Virginier noch einmal.

Das sind der Wasser aber nicht alle. Gewaschen wird auch aus den Leitungen des Neuen Testaments – dem »Buch der Auslegungen«. Paulus beklagt im Römerbrief die Lage der Juden, die, durch die Ankunft, Kreuzigung und Auferstehung des Gottessohns, sich nun unverschuldet in einer falschen Religion befinden. »Welche von ihnen

Krönung des widerstrebenden Powhatan durch Captain Newport, amerikanisches Kinderbuch, 1989

können errettet werden«? – ist seine Frage. »Die, die sich bekennen«, ist seine Antwort. Die Religionszugehörigkeit ist nicht *durch Geburt* entschieden (...Hautfarbe, Rasse), sondern, in dieser Paulus-Stelle, durch das Bekenntnis. Rebecca Rolfe aus der Fremde, die »die Kamele der Fremdlinge tränkte«, die »sich bekennt«, und dem Isaak Rolfe folgt ins Land der Rechtgläubigen, geht so nur einen Weg nach, den Paulus gewiesen bzw. vorausgesagt hat.

Denkt man hier an spanische Theorien des 16. Jahrhunderts, die auch in England verbreitet waren, nach denen die Indianer Amerikas nichts anderes waren als Nachkommen des dreizehnten, verlorenen Stammes Israel, der im Alten Testament abhanden kam,* so erfüllt Pocahontas/Rebecca einen weiteren Zug der Abraham-Geschichte: die Bewohner des Landes Kanaan, aus dem Isaaks Frau geholt wird, sind ehemalige, sind abgefallene Juden. Rebecca Rolfes Schiffahrt nach London 1616 wird also auch eine Fahrt *zurück* ins Gelobte Land, das in diesem Falle, einmal mehr, London heißt.**

Rebecca Rolfe Indianerprinzessin kommt im Vollzug eines *masterplan* nach London – ins neue Jerusalem –, dessen Autoren vom Stammvater Abraham zu Paulus zu Crashaw, um 1610 Erzbischof von York, reichen.

Das ist einer der Gründe, aus denen John Rolfe bei Rebeccas Londonbesuch nicht gern mit ihr zusammen gedacht und auch nicht zur Audienz beim Hof mit eingeladen wird. Die »Position Isaak« konnte niemand brauchen bei der symbolischen Inszenierung der Übergabe Virginias an den englischen Thron durch die konvertierte, ins biblische Land des rechten Glaubens zurückgekehrte Rote ...in höfischen englischen Kleidern nun ...Modell sitzend einem renommierten Maler des Hofs, Simon von de Passe.

Als »eine Art St. Philips-Wunder, Fall eines ›erfolgreichen‹ äthiopischen Bades«, hat Jean Michel Massing den Vorgang definiert.*

★ vgl. Todorov, *Die Eroberung Amerikas. Das Problem des Anderen*, Paris 1982, Ffm 1985, 249.

★★ ...daß die Rebekah des Alten Testaments nicht nur eine Fremde, sondern gleichzeitig eine nahe Verwandte Abrahams aus dessen Bruderlinie ist, fügt sich gut in die Version vom 13. jüdischen Stamm, des lost tribes, der abhanden kam und sich verwandelte ins amerikanische Indianerwesen.

Was für Europa um 1840 die *Cover Version* »n+1« eines fast schon vergessenen Stücks ist, ist für das seine Geschichte entfaltende America noch frisch wie das unerfundene Deodorant. In Chapmans Taufbild *Baptism of Pocahontas* wird das biblische »äthiopische Bad« durch- und zu Ende geführt im historischen Vorgang »Eine Indianerin weißwaschen« …der Fall eines erfolgreichen virginischen Bades, *das* amerikanische Wunder 1614.

6. DAS BLATT AM HIMMEL DES CAPITOLS

> Daß die wichtigsten Dinge durch Röhren
> gethan werden. Beweise:
> erstlich die Zeugungsglieder,
> die Schreibfeder und unser Schießgewehr.

– fehlt das Rauchrohr; später: Zigarette. So wie »John Rolfe und Pocahontas im Tabakfeld« fehlt, das dritte Bild, das mit »Rettung« und »Taufe« die amerikanischen Gründungsbilder zum Dreigestirn komplettieren würde.

Das Bild vom Tabakbau der beiden prangt nicht, wo es sollte, weder im Capitol noch einer anderen amerikanischen Geschichtszentrale, – es gibt dies Bild nicht einmal – aber das Capitol (ver)birgt es doch, an seinem Innenhimmel, den nicht geborgter korinthischer Lorbeer schmückt, auch nicht dorische Säulenkargheit, sondern tatsächlich *eigenes Blatt*:

> Die Sandsteinsäulen in der kleinen Rotunde (1818) und der Hall of Columns (1855) sind an den Kapitellen mit eingemeißelten Tabakblättern verziert. In der Säulenhalle stehen die Statuen der Großen und der Helden der Nation, sozusagen unter einem Dach aus dem Teufelskraut.★

★ Michael Schwelien, »Kraut gegen den Hunger. Amerikas Süden verdankt dem Tabak seine erste Blüte«, in: *Die ZEIT*, 28. März 1997

Tabakkapitelle im Capitol, Washington

Es *ist* genau des Teufels wegen, daß dies Bild fehlt in Amerikas Geschichtsmythe; exemplarisch ausgesprochen in der Einleitung zu *The Smithsonian Guide to America*, Bd. 1., NY 1989, von Roger J. Kennedy:

Die Macht der Chesapeake Region war auf der Kultivierung einer Droge aufgebaut. Tabak ist, wie wir Jetzigen wissen und die Gründungsväter nicht wußten, gefährlich. Und Tabak war der wichtigste Faktor im Leben dieser Region in den ersten zweihundert Jahren der europäischen Besatzung.*

Das Mißbehagen an der Gründungsdroge allein kann aber kaum der Grund sein für die so konsequent durchgeführte Beseitigung nicht nur des Gründerpaars selber (hinein in die Konstruktion einiger sog. *Founding Fathers***), sondern die zeitweilige Beseitigung des gesamten

★ The power of the Chesapeake Region was built upon the cultivation of a drug. Tobacco, as we now know, though the Founding Fathers did not, is dangerous. It was also the most important factor in the life of this region in the first two centuries of European occupation. (a.a.O., 10)

★★ ...die ritterliche Südaristokratie etwa, die man auf Chapmans Bild um den Taufakt von Pocahontas herumstehen sieht; in den heute gültigen Gründungsversionen Amerikas ersetzt durch die *Pilgrim Fathers* der *Mayflower* von 1621.

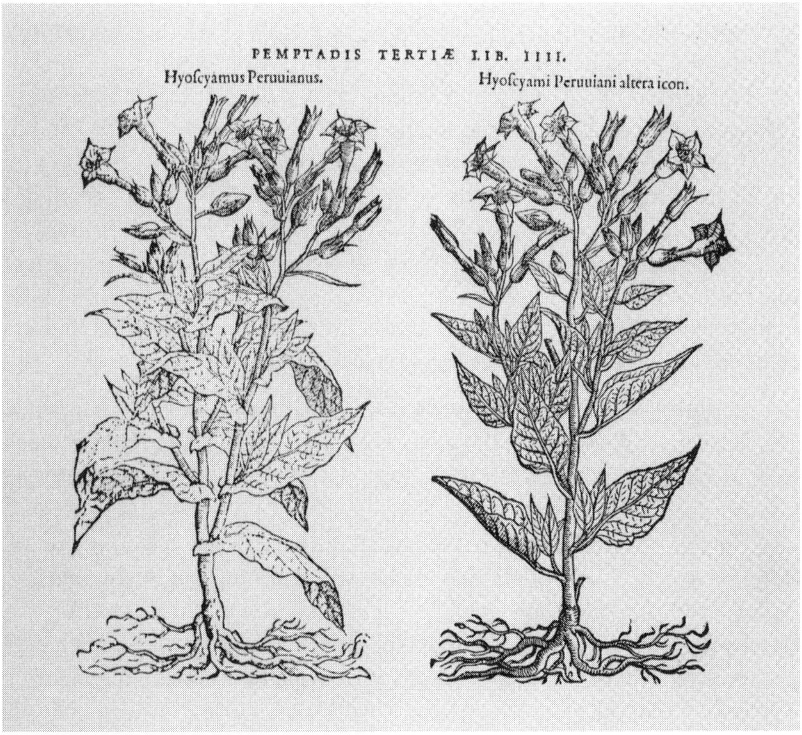

Rembert Dodoens, frühe Darstellung von Tabakpflanzen, Antwerpen, 1583

ökonomischen Komplexes »Tabak« aus der amerikanischen Gründungsmythe.

Das kann an der nicht mythentauglichen womöglichen Anrüchigkeit des Ökonomischen selber nicht liegen. »Cotton« wird später seinen Platz in der Mythe ohne weiteres (und eher übertrieben) eingeräumt bekommen. Es liegt wohl eher daran, daß der erste Wohlstand Virginias und damit Amerikas in einer *indianischen* Ökonomie gründete, – wo doch die ökonomische Unfähigkeit »des Indianers« gern als ein Hauptgrund für seine Vertreibung nach Westen angegeben wurde; zweitens daran, daß der Tabak ein wesentlicher Bestandteil der indianischen *Religiosität* war, ein Teil von Manitous Atem, der durch das Auftauchen der Weißen so rapide seine Existenzberechtigung verlor. Bis heute wird mit jedem Zug jeder Zigarette ein Stück »verschwindender Indianer« eingesogen. Die weiße amerikanische Kultur hat das satt.

Mark Twain hat bei einem Dinner des *Author's Club* in New York 1886 seinen berüchtigten Festreden-Humor um diesen Punkt kreisen lassen. In einer Ansprache mit dem Titel *Our Children* geht es um »drei große Entdecker« – aber nicht um Columbus & Co. Zuerst erscheint Mr. Newton in Mark Twains Rede, mit einigen zugehörigen Kugelwitzen, dann ein zweiter und dritter, deren Namen Twain vorgibt, vergessen zu haben. Nicht so schlimm, sie sollen ihm auch nur als *Beispiele* dienen für etwas ganz anderes, nämlich dafür, »wie aus ganz kleinen Dingen oft ganz große entstehen können« ...etwa so:

...dann gab es einst einen großen Entdecker – sein Name ist mir entfallen, und ich weiß auch nicht mehr, was er entdeckt hat, nur daß es etwas sehr Wichtiges war, und ich hoffe auf jeden Fall, Sie alle werden Ihren Kindern davon berichten, wenn Sie nach Hause kommen. (*Gelächter!*) Well, als dieser große Entdecker eines Tages durch die Gegend streifte, *down in Virginia*, und seine Zeit damit verplemperte, mit Pocahontas zu flirten – oh, Captain John Smith, so hieß der Mann! – während er und Poca also in Mr. Powhatans Garten saßen und er wie zufällig seinen Arm um sie legte, geriet ihm etwas zwischen die Finger, – ein einfaches Kraut, wie sich herausstellen sollte: Tabak. Den finden wir nun in jeder christlichen Familie, und er entfaltet seine zivilisierende Wirkung quer durch die ganze religiöse Gemeinschaft.*

...der dritte vergessene Erfinder stellt sich als ein gewisser Mr. Galileo heraus; auf sehr merkwürdigen Umwegen des Twainschen Witzes avanciert er zum »Erfinder der Cotton Gin«, der revolutionären Cotton-Entkernmaschine, – die schließlich den Ausschlag für jene Entwicklung gab, nach der nicht mehr Amerika um Europa kreiste, sondern genau umgekehrt; aber »sie alle waren einmal kleine Babies, zwei Tage alt, und genau sie zeigen, was kleine Dinge manchmal Großes bewirkt haben« – so Twains Clou ...kleines Tabakblatt ...große Kolonie ...großmächtiges Amerika...

Die »religiösen Gemeinschaften« Amerikas, zivilisiert durch Tabak

* Paul Fatout (ed.), *Mark Twain Speaking*, Iowa City 1976, 210f.

TAKING A REST.

Edward Windsor Kemble, Illustration für die Erstausgabe der *Adventures of Huckleberry Finn (Tom Sawyer's Comrade)*, 1884/85

& Arm-um-Schultern-legen: Twains spitze Antwort auf die ersten großen Anti-Tabak-Kampagnen im 1. amerikanischen Tabakstreit. Er geht los ab Mitte des 19. Jhs. – religiös sein Hintergrund. Inhaltlich eine Neuauflage oder amerikanische Auferstehung des »Tabakteufels« des Barock, Europas erster großer Gegenwehr gegen das Rauchkraut im 17. Jh. Die Erfindung des Tabaks wurde dem Teufel zugeschrieben, als absichtsvolle Rache an den Menschen für seine Ausgrenzung – ein Topos u.a. der Dr. Faustus Puppenspiele.

Im Hintergrund von Twains harmlos tuender Tabakblatt-Geschichte tobt die alte Kontroverse um die Gegensätzlichkeit oder Zusammengehörigkeit von »God« und «Nature«, die Amerika das ganze 19. Jh. beschäftigt. Während Ralph Waldo Emerson 1836 in seinem berühmten *Nature* die Behauptung aufstellt: »Natur *ist* die Erscheinung

Gottes« (=amerikanisch-goetheanische Naturphilosophie),* muß für die Kirchenreligionen das Böse der Natur (u.a.: Tabak, Alkohol, andere Drogen) wie auch die menschlichen Unarten (=Lustseuchen) durch die richtige Haltung zu Gott erst geläutert werden, um »göttliche Natur« sein zu können. Die unschuldige Inthronisierung des Tabakblatts als *Zivilisierungsmittel* für die *Church Communities* in Twains »Kinderansprache« ist also nicht halb so harmlos, wie sie tut. Es geht um die richtige *Droge*, einmal mehr. Huck Finn *ist* Raucher – und weigert sich, wie Powhatans Indianerkinder, kirchlich-schulisch zivilisiert zu werden. Und Schuhe tragen will er auch keine** …

Virginia – »einst« Land des blauen Rauchs und des Tabakblatts; im 19. Jh. aufgestiegen zum Ornament auf die Säulen des Capitol. Land einer angefangenen, historisch dann aber nicht »eingelösten«, sondern irgendwie »weg-christianisierten«, abgebogenen Berauschung.

* R.W. Emerson, *Nature and Other Writings,* ed. by Peter Turner, Boston/London, 1994, S. 40; im selben Text findet sich eine Definition des »wahrheitssuchenden Menschen« jeder Epoche als König *Ödipus*: »Das ist das ständige Problem, an dem die Wißbegier und der Fleiß jedes Genies sich übt, seit die Welt besteht; von der Ära der alten Ägypter und Brahmanen zu der von Pythagoras, von Plato, von Bacon, von Leibniz, von Swedenborg. Da sitzt die Sphinx am Straßenrand, und von Epoche zu Epoche kommt jeder Prophet an ihr vorbei und versucht sein Glück mit der Entzifferung ihres Rätsels.« (*Nature,* 23) – So sieht man, im amerikanischen Wald 1836, Pythagoras, Platon, Francis Bacon und Swedenborg dem Dr. Freud vorauseilen zu ihrem Meeting mit der Sphinx, jeder ein Wiedergänger des glücklosen griechischen Motherfuckers und jeder mit einem Rauchstiel zwischen den Zähnen; nicht alles, was in der *Traumdeutung* steht, und den Denkern im Gesicht, entstand auf *dieser* Seite des Großen Wassers.

** 21 Jahre später, bei der 300-Jahrfeier von Jamestown 1907, nahm Twain unvermeidbarerweise nochmal Pocahontas/Smith in die Arme …die Rettungsszene, im Zusammenhang mit Telefon, Telegraph und Robert Fultons Erfindung des Steam Boat. *Twain Speaking…*, a.a.O., 587ff.

7. POCAHONTAS-FRIEDEN UND LONDON PROMOTION

Thomas Dale nahm Powhatans Ablehnung hin; mit welchen Gefühlen, weiß man nicht. Powhatans Zusicherung, die Verbindung Pocahontas/Rolfe würde als Garant des Friedens ausreichen, galt. Die folgenden Jahre stehen in der Tat als *Pocahontas-Frieden* in den virginischen Annalen. In John Rolfes Bericht für seine Englandreise mit Pocahontas/Rebecca 1616 z.B. so:

...der Friede steht so fest, daß unsre Leute Jahr für Jahr pflanzen und ernten und in den Wäldern arbeiten und jagen können, so frei und sicher und ohne Gefahr und Hinterhalt, wie irgend in England. Die großen Segnungen Gottes sind diesem Frieden gefolgt, und in ihm und durch IHN ist unser Überfluß gediehen. Jeder Mann sitzt unter seinem Feigenbaum in Sicherheit.*

...»das haben mit ihrer Liebe Mr. Rolfe & Rebecca getan«.

Eigenwerbung aus Rolfes Feder? Nein. Diese Jahre sind im Tenor aller Historiker des frühen Jamestown glücklichste Zeit:

Die Jahre nach Pocahontas' Heirat waren das Goldene Zeitalter der powhatanisch-englischen Beziehungen, jedenfalls in den Augen der Engländer. Sie heuerten Indianer an zur Jagd, sie lehrten sie sogar den Umgang mit Feuerwaffen. Die Schießübungen dafür fanden nicht nur in Jamestown statt oder im überwiegend von Weißen bewohnten Kecoughtan, sondern auch in vielen Dörfern den Pamunkey River hinauf. Einer der so ausgebildeten Indianer war der Kriegshäuptling Nemattanew,

* John Rolfe, »A True Relation of the State of Virginia«, geschrieben 1616; 1617 paraphrasiert wiedergegeben in Samuel Purchase's 3. Auflage seiner *Pilgrimage*, aber in voller Länge erstmals 1951 gedruckt vom Besitzer des Dokuments, Henry C. Taylor, New Haven, mit Aufsätzen von F.L. Berkeley u. J.M. Jennings. Rolfe hatte sein Manuskript Sir William Herbert gewidmet, dem Earl of Pembroke. Herbert war Mitglied des Londoner Council der Virginia Company seit 1609, befreundet u.a. mit Ben Jonson und John Donne. Die im Jahr 1623 erscheinende erste Shakespeare Folio-Ausgabe ist ihm und seinem jüngeren Bruder Philip gewidmet: »dem alleredelsten und unvergleichlichsten Brüderpaar«; von William Herbert wurde angenommen, er sei der Mr. »W.H.« der Shakespeare Sonette. Rolfes Bericht ist hier zitiert nach H.C. Porter, a.a.O., 408f.

P-Frieden in Sharm-el-Sheikh, 1996, von Shimon Peres bis Yassir Arafat

oder Jack the Feather. Er, wie auch einige andere, wurden zu Meisterschützen während dieser Zeit. (...) Engländer innerhalb ihrer Siedlungen wurden nicht belästigt oder überfallen in diesen Jahren. Ironischerweise geschah es genau in dieser Phase, daß die Engländer in den Tabakanbau stolperten, ihre erste gewinnbringende Kolonialunternehmung, als nämlich John Rolfe den Orinoco Tabak in der Kolonie durchsetzte.*

Diese Beschreibung klammert alles Sexuelle allerdings aus. Daß der Friede, so er einer war, nur darin bestanden haben sollte, die bisherigen Feinde in friedlichen Zielübungen auszubilden und nebenbei in die erfolgreiche Tabakökonomie zu »stolpern«, ist wenig wahrscheinlich. Weitere englisch-powhatanische Ehen sind aber nicht verzeichnet; auch keine in den englischen Siedlungen aufgewachsenen gemischten Kinder. Daß »der Wald« in dieser Hinsicht 4 Jahre lang ruhig geblieben sein sollte, nach gemeinsamen Festen, Jagden, Schießübungen und was

★ Rountree, 61; George Percy schreibt am Anfang seines Berichts aus Jamestown von 1607, auf der Hinfahrt nach Virginia hätte sein Schiff am 24. März von den *Savage Indians* auf Dominica (›Dominico‹) Ananas, Kartoffeln und andere Früchte sowie spanischen Tabak zum Geschenk erhalten; die Indios hatten ihn aus gestrandeten spanischen Schiffen: tobacco from »stranded Spanish ships (...) that was very good«. Aus Wracks ist vermutlich auch der Samen des »Orinoco«-Tabaks, exakt *Nicotiana tabacum* (statt N. rusticum), nach Jamestown gelangt. Ein paar Pflanzen können zunächst wild gewachsen sein, bis Rolfe darauf kam, gerade *sie* zu kultivieren, die Samen zu horten und dann groß anzubauen.

immer, ist allerdings ausgeschlossen. *Unter Strafe* stand die Berührung roter Körper durch weiße Hände in den Jahren dieses Friedens nicht. Die Kinder werden in den Dörfern der Indianer geboren und aufgewachsen sein; davon zeugen keine Kirchen- oder Verwaltungsakten.

Pocahontas-Frieden ist nicht nur ein Name. Vorher, in den Jahren von 1610-1614, *war* Krieg gewesen: als Dale 1611 Henrico gründete, hatte es heftige Kämpfe gegeben um den Platz. Am Nansemond River griffen Indianer die Siedlertruppe an, Dale brannte ihr Dorf Appomatock nieder und ließ ihre Maisernte auf dem Feld niedermähen. Auch John Smith war schon so vorgegangen, wenn Dörfer Maisabgaben verweigerten.* Die 350 Mann Besatzung von Henrico waren in ständige

★ »Danach begann De La Warr, was der Neuzeithistoriker J. Frederick Fausz, der als einer von wenigen die wahren Hintergründe dieser Ereignisse erkannt hat, als ›vier Jahre dauernden brutalen und grausamen Rachefeldzug, der an die Schlachten in Irland erinnerte,‹ (...) bezeichnet hat«, schreibt Kirkpatrick Sale (334). Sale betont besonders, daß auch John Smith kein Engel war in dieser Hinsicht. K. Sale, *Das verlorene Paradies. Christoph Columbus und die Folgen*, Reinbek 1993 (NY 1990). Eine Auflistung der englischen Greuel in Virginia bei Sale, 321-334.

Kämpfe verwickelt, besonders mit Nemattanew, »Jack the Feather«, der jetzt, nach Pocahontas' Heirat, auf eine Pfeife und zu Wettkämpfen ins Fort kam. Der Pocahontas-Frieden ist Frieden »im Zeichen des blauen Rauchs«.

★★★

Im Juni 1616 kommt ein Schiff aus Virginia nach Plymouth und London, an Bord Pocahontas/Rebecca Rolfe, 21 Jahre alt, John Rolfe, 31 Jahre, und Sohn Thomas Rolfe, 1 Jahr. Mit im Troß sind ein Dutzend weitere Algonkins, unter ihnen Uttamatamakkin, Powhatans Hauptschamane und Schwager von Pocahontas★ – eingeladen allesamt von der *Virginia Company*; mit dabei ist Gouverneur Thomas Dale; niemand anders soll den Londonern die überseeische Attraktion präsentieren.

★ In der Londoner Schreibweise wird »Tomocomo« daraus. Alexander Whitakers Angabe über die zölibatäre Lebensweise der *Indian Priests* war wohl mehr eine antikatholische Zweckbehauptung.

Die Gruppe wird einquartiert im Gasthaus *Bell Savage* nahe der Fleet Street; tatsächlich ist der Name dieses Gasthauses nicht von Montaignes Wortprägung des *Belle Sauvage* für die (südamerikanischen) Indianer abgeleitet (obwohl seine Essays seit 12 Jahren in London gedruckt vorliegen, als die Virginia Party dort ankommt). Der Name des Gasthauses geht auf einen Wirt mit dem Nachnamen Savage zurück; trotzdem wird sich jemand in der *Virginia Company* einen vergnügten Tag gemacht haben bei der Buchung grad dieser Herberge für die amerikanischen Wilden.

Schauplatz der letzten 9 Monate des Lebens von Pocahontas wird damit England, 7 Monate London, dann 2 Monate auf dem Land in der Nähe Londons, in Brentford.*

Dies sind nicht die ersten Indianer im elisabethanisch-jacobäischen London; aber die ersten, die nicht als gefangene Wilde kommen. Sie kommen als »freie Reisende«, in einem Gemisch aus eigenen Interessen – »London sehen«, »Europa«, die Hauptstadt des fremden Großreichs – und Londoner Interessen: denen der Virginia Company, denen des Hofs, denen der Kirchenleute der Crashaw-Fraktion vom St. John's College Cambridge; kommen als Zeugen einer virginischen Ökonomie, als Zeugen für den virginischen Zivilisationsprozess, Beweis für die Bekehrbarkeit und Heiratbarkeit von indianischen Frauen, als Teil der herrschenden virginischen Nobilität (Tochter des *Emperor* von Wild-Virginien), kommen zur Befriedigung von Londoner Sensationsbedürfnissen, – und ein *Indian Priest* ist auch dabei.

Im Interessenkonflikt mehrerer Londoner Gesellschaften, der *Virginia Company*, der Kirchenleute vom St. John's College und des Hofs, die zwar nicht *gegensätzliche* Absichten mit Poca/Rebecca Rolfe in London verfolgen, aber doch verschiedene, »siegt« klar die *Virginia Company*, wie der Verlauf von Pocahontas' Londonbesuch zeigt. Zwar wird sie vom Bischof von London, John King, angemessen aufwendig empfangen, aber ihre »weltlichen« Auftritte in der Londoner Öffentlichkeit und am Londoner Hof stellen die geistlichen deutlich in den Schatten. »Es kann ihr nicht entgangen sein, daß sie als Propaganda-In-

* Daten zu »Pocahontas in London« bei Rountree, 62f, Porter, 405f, Barbour, *Pocahontas and Her World*, London/Boston 1969, Mossiker, 223-30, 237-81

strument für die Virginia Company benutzt wurde«, schreibt Helen C. Rountree* – was heißt: weniger als Demonstrationsobjekt für Bekehrung und indianisch-englische Ehen, wie Dale, Whitaker und die Crashaw-Fraktion in Cambridge lieber gesehen hätten.

Unterstrichen wird das einmal durch die Finanzierung der Reise; die Rolfes *selber* hätten aus den ersten Tabakeinnahmen den langen London-Aufenthalt nicht finanzieren können; die Virginia Company gewährt ihnen 4 Pfund die Woche; das ist reichlich. Noch besser belegt erscheint diese Einschätzung aber durch die Rolle, die Pocahontas' Ehemann, John Rolfe, von den maßgebenden Kräften Londons bei diesem Besuch eingeräumt bekommt. In Londoner Augen war ungeklärt, welche Sorte Erbansprüche auf einen »virginischen Thron« sich für den Sohn aus der Ehe Rolfe/Pocahontas, den kleinen Mischling Thomas Rolfe, ergeben würden. Schon John Smith hatte mit Intrigen zu kämpfen gehabt, die ihm in London nachsagten, er spekuliere auf den powhatanischen Thron und den Posten eines Königs von Virginia.

* Rountree, 63

Dies Problem wurde dadurch »gelöst«, daß man es nicht akut, also offen werden ließ. Praktisch hieß das: John Rolfe wurde weitgehend ignoriert; die öffentliche Akzentuierung des Ereignisses lag auf der indianischen Prinzessin, die einen Staatsbesuch in London absolvierte. Ihre Christianisierung spielte dabei weniger eine Rolle im Hinblick auf die Ehe mit einem Engländer als vielmehr für den Nachweis der Zivilisierbarkeit von nordamerikanischen Wilden; das war vor allem für die Virginia Company, die notorische Rekrutierungsprobleme für wirklich arbeitswillige Neusiedler hatte, Gold wert. Diese Frau war eine *Pflanzersfrau*; die Aussicht auf florierende Tabakplantagen, für die die Indianerin noch mehr einstand als ihr englischer Siedler-Mann, war nicht mehr bloß eine Werbebehauptung der *Company*. Kurz: alle Berichte vom Besuch der Rolfes in London sagen zu John Rolfe merkwürdig wenig. Sollten die beiden speziell als indianisch-englisches Ehepaar aufgetreten sein, dann haben die Zeitgenossen dies zumindest nicht besonders vermerkt. Der *record* in puncto Mischehe ist auffällig dünn.

Das einzige existierende Portrait von Pocahontas, dem sie tatsächlich Modell gesessen hat, unterstreicht diese Wendung eindrucksvoll: kein amerikanisches Paar ist zu sehen auf dem Londoner Bild von Simon van de Passe 1616; sie ist allein; King James und Queen Anne auf gleichzeitigen Stichen gibt es sowohl allein als auch zusammen; in ganzer Körpergröße. Es liegt eine Entscheidung des Porträtisten in dieser Wahl – der Maler selbst ist aus höchstmöglicher Position: Simon van de Passe hat in den Jahren vor und nach diesem Portait fast das gesamte Londoner Hofpersonal in Kupfer gestochen.

Auch für den Empfang von Lady Rebecca am Londoner Hof im Januar 1617, zu dem eine *Masque* von Ben Jonson gegeben wird – und Pocahontas eine Art Ehrenloge bekommt – ist nicht vermerkt, daß John Rolfe zugegen war; aber Uttamatamakin, ihr Priester-Schwager war dabei.

Daß die farbige Frau aus Virginia eher als Werbereisende in Sachen *Virginia Company* wahrgenommen wird und weniger als Modell einer Neu-Christin, geht deutlich auch auf das Konto dieses Begleiters. Uttamatamakkin stellt sich in London eher als Gegenbeispiel zur Bekehrbarkeit der Virginier heraus. »Man möchte hoffen, Pocahontas habe Richard Hakluyt getroffen« – malt Porter sich aus. Hakluyt – legendärer Herausgeber aller englischen Reiseberichte aus allen Weltteilen – starb im November 1616 (es ist auch das Todesjahr Shakespeares); Pocahontas hat Hakluyt – hat beide – wohl nicht gesehen, aber bei Hakluyts Nachfolger, Rev. Samuel Purchas, gibt es eine Audienz. Die geladenen englischen Theologen sind besonders an Uttamatamakkins Religion interessiert; es gibt eine lange, hitzige Debatte, in der Powhatans Medizinmann (übersetzt von Thomas Dales Dolmetscher), auf der Überlegenheit des Großen Geists der Algonkin über den Gott der Engländer besteht.

Uttamatamakkin ist auf Weisung Powhatans mit nach London gefahren. Er soll ihm berichten: über die Zahl der Weißen, die Art ihrer Städte, Transportmittel, Waffen, Lebensweise – alles eben, was wissenswert sein kann für den Paramount Chief der Virginier. D.h

Rechts: Simon van de Passe, *Porträt von Pocahontas*, Zeichnung, 1616; als Kupferstich ausgeführt von Compton Holland. Einziges Porträt von Pocahontas zu Lebzeiten.

Matoaks als Rebecka daughter to the mighty Prince
Powhatan Emperour of Attanoughkomouck als virginia
converted and baptized in the Christian faith, and
wife to the wor.ll Mr. Joh Rolff.

Pub.d Aug.t 10. 1793. by W. Richardson Castle St. Leicester Square.

Renold Elstrack, *James I. und Anne of Denmark*. Kupferstich, 26x20 cm. Vermutlich zur Thronbesteigung von James 1604.

Uttamatamakkin gehört nicht zum Werbetroß der *Virginia Company*; er entspricht in diesen Diskussionen vielmehr ziemlich genau dem Bild, das die englischen Theologen von den indianischen »Priestern« verbreitet haben; er ist wild, er ist unnachgiebig, er ist anti-christlich, er führt die indianischen Ehegebräuche (=keine Zwangsmonogamität) auf die Einflüsse des (sog.) indianischen »Teufels« – namens »Okeus« – zurück; er erläutert das Rauchen als zentrales sakrales Ritual, und er läßt sich, vom Interesse der Londoner Schwarzröcke angestachelt, dazu hinreißen, ihnen einige Tanzschritte aus sakralen Zeremonien zu demonstrieren; die Versammlung ist von der Wildheit seines Tanzes beeindruckt und erschreckt; auf englisch sind das Körperzuckungen… (für Gott!) …die Standpunkte bleiben unversöhnlich. Der Magier Uttamatamakkin macht der Londoner Bekehrungsfraktion nicht gerade Hoffnungen auf dauernde Erfolge.★

Und Pocahontas Rolfe, die Indianerin, die sich – allem Vernehmen nach gern – in modische englische Damenkleider stecken läßt und am Londoner öffentlichen Leben teilnimmt, ist auch nicht das, was sich Londoner Puritaner unter einer züchtigen Konvertitin, einer »weißgewaschenen roten Seele« vorstellen; zu Auftritten als Kirchenschwester eher ungeeignet.

So ergibt sich: die Londoner Öffentlichkeit und der Hof favorisieren die rote *Prinzessin*, die für Frieden in der Kolonie steht, die durch ihren Londonbesuch die englischen Ansprüche auf Virginia und die Überlegenheit der weißen Invasoren irgendwie »anerkennt«; an zweiter Stelle scheint die Pflanzersfrau durch, die Gattin des *tobacco planters* Mr. Rolfe, die für einen regulären kolonialen Arbeitsprozeß steht; und erst dahinter figuriert die Modell-Christin einer englischen Bekehrungsstrategie. Keine besonders gute Position für die Intermarriage im Kampf der Linien bei den Prozessen öffentlicher Mythenbildung.★

★ – die natürlich den aufschreibenden Engländern obliegt. Auch die mythische Formulierung über die Anzahl der Engländer, die Uttamatamakkin in den Mund gelegt wird, hat keine nachweisbare Algonkin-Wurzel. Uttamatamakkin soll den Abbruch seiner Zählversuche mittels Einschnitten an seinem indianischen Kerbstock begründet haben mit den Worten: »Sie sind mehr als es Blätter an unseren Bäumen gibt«. Schärfer als in dieser Formulierung konnte die Ahnung vom bevorstehenden Verschwinden seiner Völker allerdings nicht gefaßt werden.

Die Einladung des englischen Hofs an Pocahontas/Lady Rebecca in ihrer Eigenschaft als *getaufte Indian Princess* besiegelte die Verhinderung *des Paars* Pocahontas/Rolfe als »Mother« oder »Father« einer *mixed* population in Virginia. Der andere mögliche Weg der Einladung wäre gewesen, Pocahontas als Mrs. Rebecca Rolfe, Frau eines englischen Tabakpflanzers, erste getaufte Indianerin, Ex-Matoaka, am Hof einzuführen und vorzustellen. Nicht eine Königstochter wäre dann ausgestellt worden – eine »Frau aus dem exotischen Variété« –, sondern ein amerikanischer Zivilisationsweg: »Seht, das ist die koloniale Zukunft« ...»und dieser Kleine hier, Thomas Rolfe, ist ihr (un)gefleckter Sohn«.

Der Balladensänger hätte singen können: »Doesn't the boy look fine, Pa, when he's comin' after her?«

So kommt es eben nicht.

Im Frühjahr 1617 wird Pocahontas aus London entfernt und aufs Land nach Brentford gebracht. Ob ein neues Stockholm im Spiel war,

Verführungen durch bestimmte Züge oder auch Menschen des Londoner Lebens, die ihr eine Rückkehr in *ihr Haus*, auf die Plantage bei Henrico, nicht mehr wünschenswert erscheinen ließen, wissen wir nicht.* Sie wird zunehmend von Müdigkeiten befallen; Fieber, Schwäche- oder Schwindelanfälle. »Man« – wer immer das war – macht den Londoner fog oder smog dafür verantwortlich. Aber das sind Zuschreibungen. Zuschreibung ist auch, daß sie, als im März 1617 der Aufruf zur Rückreise erfolgt, lieber gern in England geblieben wäre.**

Daß sie während dieser letzten zwei Monate in Brentford von John Smith aufgesucht wurde, ihrem alten Virginia Captain, ist dagegen verbürgt. Smith war in London auf Uttamatamakkin getroffen; von ihm erfuhr Pocahontas/Rebecca, daß Smith, anders als ihr berichtet worden war, am Leben sei. Ihr Zorn, von ihm belogen worden zu sein, brach

★ Porter kommentiert kühl, am Ende hätte das »Buch Ezra« doch wohl gesiegt. Heißt: Rolfe könnte ein Bewußtsein davon gehabt haben, wie »London« ihm seine Frau stiehlt.

★★ Andeutungsweise geistert dies durch Londons Gerüchteküche (Lord Chamberlain), aber ohne wirklichen Beleg.

aus, als Smith sie besuchte. Aber soll man das – wie Rountree tut – »fury« nennen? In Smiths Beschreibung des Moments – publiziert sieben Jahre danach – war sie von seinem Anblick derart erregt, daß es ihr die Sprache verschlug; sie konnte nicht mehr sprechen, verließ den Raum und mußte »zwei bis drei Stunden allein gelassen werden«.* Danach war sie nicht beruhigt; es folgten Vorwürfe an Smith wegen der ihr 1609 mitgeteilten Version seines Todes und seiner Duldung dieser Version. Smith zitiert sie mit einem Satz: »Du und deine Landsleute, ihr lügt viel.« Smiths Bericht bricht damit ab; sie hat ihn wohl hinausgeworfen, folgert Rountree; ebenso denkbar ist, daß er das Haus genervt verließ; *seine* Love Story – so es je eine war – war das nicht. Wer allerdings an Love Stories glaubt, an die einseitigen vor allem, wird hier sagen, es brach ihr das »Herz«.

Aber so ist das mit den Rettungen; man muß vorsichtig sein, als RetterIn. Die Geretteten halten diesen Zustand nicht lange aus und schlagen zurück (im Realen).

Später schreiben sie Dankgedichte – an die, dann toten, Rettungsfiguren. Das ist eine andere Art »Lüge« der (nicht nur) Englishmen; sie nennen sie gerne Kunst.

8. LAST EXIT GRAVESEND. THOMAS ROLFE BLEIBT IN ENGLAND

Kapitän des Schiffes, auf dem John Rolfe, Pocahontas und die ganze *Indian Party* zurück nach Amerika starteten, ist Sam Argall again, Pocahontas' Entführer – sein Schiff, diesmal die *George*, entführte sie so auch auf ihre letzte Fahrt. Ihr Zustand auf dem Schiff verschlechtert sich so sehr, daß am Themseausgang, bei Gravesend, angehalten und nach einem Doktor geschickt werden muß. Pocahontas stirbt am 21. März auf dem Bett des Gasthauses am Ufer, in das sie gebracht worden ist; angeblich im Wissen ihres bevorstehenden Todes und mit gefaßten christlichen Worten, wie Ehemann Rolfe notiert. Der Eintrag ihres Todes ins Kirchenbuch ist da, nichts aber zur Todesursache. Die gängige

* Barbour (ed.), *John Smith Works*, Bd. 3

Simon van de Passe, Porträt von John Smith, etwa gleichzeitig mit dem Pocahontas-Porträt, Frühjahr 1616. Das einzige Bild von Smith mit erkennbaren Gesichtszügen

Vermutung von einer Infektion, manche Bücher schreiben: small pox – Blattern –, ist zwar nicht unwahrscheinlich; Tatsache aber ist, daß es keine zeitgenössiche Angabe zur Art ihrer Krankheit und ihres Todes gibt.

Gleich nach Pocahontas' Beerdigung am 21. März 1617 erfolgt der Aufbruch von Gravesend; viel Zeit ist verloren, Rolfe ist unruhig, die Saaten müssen in den Boden. Es dauert aber noch ...zuerst nach Plymouth ...die Themse runter, um England rum, durch den Kanal auf die andere Seite. Argall fährt als neuer Kommandant und »Admiral von Virginia« nach Jamestown, er hat den Auftrag, Sir George Yeardley als Gouverneur abzulösen. Auch Rolfe fährt in neuer Funktion. Sir Edwyn Sandys, neuer starker Mann der Virginia Company in London, hat ihn zum Secretary und »Recorder-General« ernannt. Sandys ist ein Freund und Gönner von Argall wie auch von Rolfe. Im Hafen von Plymouth wartet ein weiteres Schiff, die *Treasurer*, die schon vorausgefahren war, auf Argall. Die *Treasurer* ist Argalls altes Schiff – der Kahn, auf dem Pocahontas entführt worden war. Sie fährt jetzt unter Ralphe Hamor, der ebenfalls nach Jamestown zurückkehrt, auch er mit einer Beförderung: *Vice Admiral of Virginia*, und damit rechte Hand von Argall.*

Der kleine Thomas Rolfe, zwei Jahre alt, ist auf dem Schiff ohne weibliche Betreuung. Die Mutter ist tot, und Pocahontas' Schwester Matachanna, die oft als Nurse für den Kleinen gesorgt hat, ist krank, »Fieber«. Sie ist so schwach, daß sie sich nicht um ihren kleinen Neffen kümmern kann. John Rolfe war deshalb schon während der Fahrt von Gravesend nach Plymouth nahegelegt worden, den Kleinen in England zu lassen; Rolfe hatte das abgelehnt; erst in Plymouth, als die Zweifel übergroß werden, ob Thomas, der ebenfalls kränkelt, die Überfahrt überstehen kann, gibt er nach. Edwyn Sandys erhält Report von dieser Entscheidung durch Rolfe nach dessen Rückkunft in Jamestown:

Ich weiß nicht, wie ich dafür beurteilt werde, mein Kind zurückgelassen zu haben, auch nicht, wie weit ich damit Ihre noble Liebe zu mir aufs Spiel setze und die meiner besten Freunde. Als wir in Gravesend ablegten, hatte ich noch keine solche Absicht. Aber während der kurzen Passage nach Plymouth in ruhigem Wasser ergriff mich solche Furcht um Thomas' Gesundheit (er hatte sich noch nicht von seiner Krankheit erholt) und die Erkenntnis des Mangels an Fürsorge (denn die, die nach ihm hätten schauen sollen, brauchten selber Krankenhilfe, und das wurde in der Tat

* Mossiker, 171

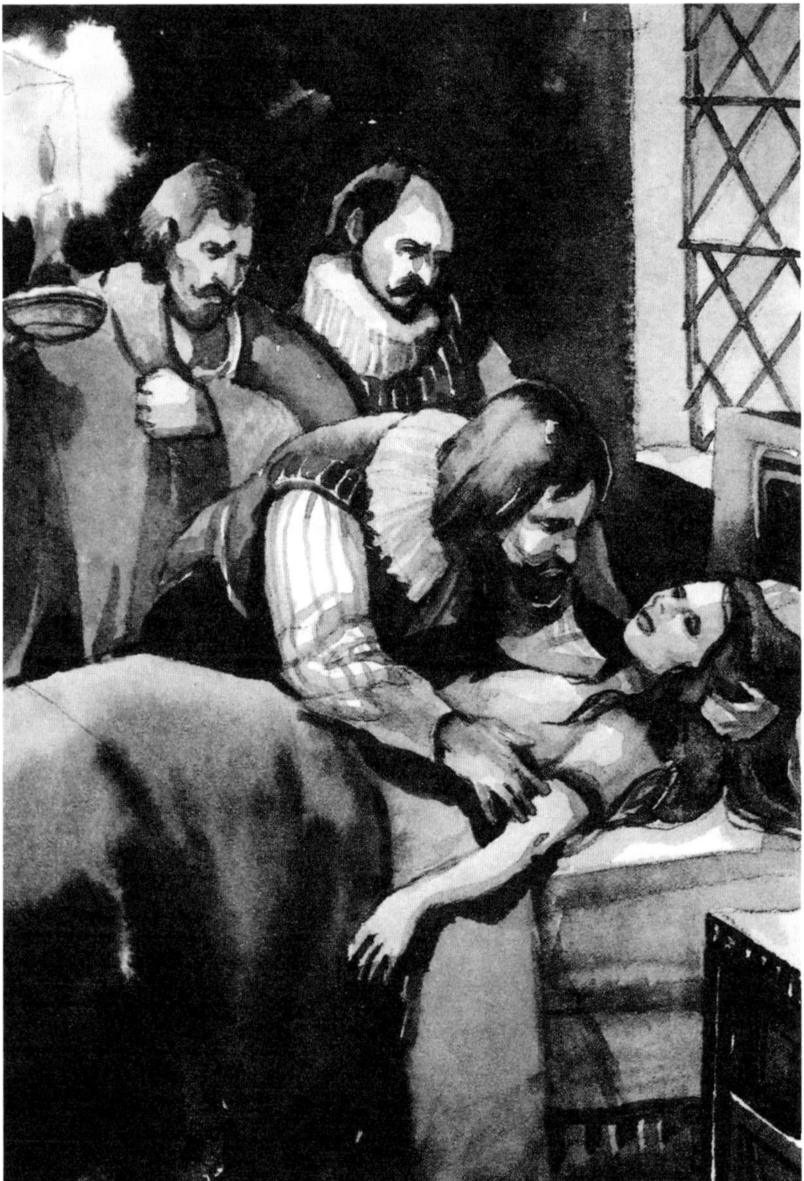

während der Überfahrt nicht besser), daß der Rat von Captain Argall und anderer, die die kommenden Schwierigkeiten voraussahen, mich davon überzeugten, zu tun, was ich tat. In Plymouth fand ich Sir Lewis Stukely mir so edel gesinnt, daß ich seinem ernsten Ersuchen, ihm das Kind zur Pflege zu lassen, nachgab – bis mein Bruder kommen und sich um es kümmern würde.

Lewis Stukeley war Vize-Admiral von Devonshire. Er hatte im Jahr zuvor Thomas Dale, Argall und die ganze Virginia Party begrüßt, als sie in Plymouth aus Jamestown ankamen und dabei auch John Rolfe und Pocahontas empfangen. Er bot seine Dienste an, bis Henry Rolfe, John Rolfes Kaufmanns-Bruder, aus London kommen würde, um den kleinen Thomas zu sich nehmen.*

★ Frances Mossiker: das war wahrscheinlich die einzige gute Tat in Stukeleys Leben, jedenfalls das einzig Freundliche, was von ihm in den Akten steht. Ein Jahr später ist er ein Hauptbeteiligter an Denunziationen gegen Sir Walter Raleigh, die jenen aufs Schafott und Stukeley den Namen eines »Judas« bringen, kurz darauf wird er selber an-

Die Überfahrt läuft in Rekordzeit, 6 Wochen. Hätte es nicht zeitweilig Nebel gegeben und diesiges Wetter, es hätte auch in vier Wochen klappen können, schreibt Rolfe an Sandys: a »speedy and prosperous passage«.*

Rolfe schildert den Zustand der Kolonie in überschwenglichen Tönen; nachdem Sam Argall die notwendigen Reparaturen an Häusern und Befestigungen hat vornehmen lassen, sieht alles glänzend aus; die Ernte ist bestellt, Weizen, Gerste, Mais und Tabak stehen gut, – »Tobacco greate plenty« –, dazu Flachs und Hanf, das Vieh gedeiht, groß die Zahl der Ochsen. Dann:

The Indyans very loving, and willing to parte with their children..

...der Pocahontas-Friede existiert zunächst weiter, trotz ihres Todes. Die »loving Indyans« schicken sogar ein paar Kinder in die Schule nach Henrico. Der Medizinmann Uttamatamakin, aus England zurückgekehrt als großer England-Feind, kann sich zunächst – auch bei Opechancanough, Powhatans Bruder – mit seiner Abneigung nicht durchsetzen. Rolfe:

Der Tod meiner Frau wird hier sehr beklagt, die Ankunft meines Kindes sehr ersehnt, sobald es stark genug ist, die Überfahrt zu überstehen: sein Leben tröstet mich über ihren Tod fast hinweg, sie, die sagte, daß alle einmal sterben müßten, da sei es genug, daß ihr Kind lebe. ...«

Ob John Rolfe hier mit seinem Sohn irgendwie plant (in bezug auf Erbschaftsansprüche), geht aus dem Brief nicht hervor, aber er betont Sandys gegenüber, daß er unter der Abwesenheit des Kindes mehr leide als unter Pocahontas Tod – Pocahontas, »deren Seele (ich zweifle nicht) in ewiger Glückseligkeit ruht«. Um so schmerzlicher die Abwesenheit des Kindes, die Rolfe aber als eine Art Fingerzeig des umsichtigen Gottes auf zukünftiges Glück zu sehen sich entschließt:

geklagt wegen Münzfälschung, entkommt nur durch königliche Fürsprache und Zahlung einer hohen Reparation dem Schafott, wird seiner Ämter enthoben, geht ins Exil auf die Insel Lundy, stirbt dort 1620 im Wahnsinn. (Mossiker, 289) – 1617 aber ist er noch ein strahlender Mann im Glanz seiner Macht.

* Brief vom 8. Juni 1617

...denn sicher vertraue ich darauf, daß Er, der mein Kind gerettet hat, sogar als die Flammen des Feuers schon nach ihm leckten, auch weitere Segnungen für mich bereit hält, und daß er mir Mut und Stärke geben wird, all die religiösen und caritativen Anstrengungen auf mich zu nehmen, die Sie und die Company von mir verlangen, und die ich verpflichtet bin, zu erfüllen.

Ein paar Zeilen weiter nennt er den jungen Thomas »die lebende Asche seiner verschiedenen Mutter« (»the lyving ashes of his deceased mother«); Sandys möge ihm auch weiter alle Gunst und Unterstützung erweisen. Um dann endlich, nach weiteren Ergebenheitsadressen, im *Postscript* des dreiseitigen Briefes doch noch auf etwas Substantielles zu kommen:

PtScript: Würden Sie bitte, verehrter Sir, bei Gelegenheit an mich denken, wenn es um die Vergabe von Leitungspositionen geht und an ein Stück Land, das auf mich und mein Kind überschrieben werden kann – Dinge, zu denen ich Sie früher geneigt und bereit fand, und für die ich Ihnen ewig verbunden sein werde.

Die »blessings«, die God »in store« hat für ihn, sollen tatsächlich ausgeführt werden von Edwyn Sandys und der Virginia Company, hat Mossiker dazu spitz angemerkt: »Gottes Wille ist, daß ich etwas Land von euch bekomme« ...(wie es schon »Gottes Wille« war, im Brief an Dale, daß er Pocahontas heiraten solle). Frances Mossiker gefällt dieser Zug an Rolfe nicht. Sie nennt ihn »scheinheilig«. Darauf kommen wir zurück. Hier geht es erstmal um Thomas, das Kind. Diesem Postscript nach liebäugelt Rolfe *nicht* mit irgendwelchen Landansprüchen, die ihm aus der Tatsache, daß sein Sohn der Enkel Powhatans ist, erwachsen könnten.

Die Idee, den kleinen Thomas Rolfe genealogisch irgendwie zu nutzen, scheint also von den Indianern selbst zu stammen oder aus den Köpfen neidischer Jamestownsiedler, die fürchteten, Rolfe könne einen Vorteil schlagen aus seinem Schwiegersohnstatus zum Herrscher der Powhatans. 1618 jedenfalls kursiert ein Gerücht in der Kolonie, daß die Besitztümer Powhatans auf den jungen Thomas Rolfe übergehen würden, sobald dieser volljährig geworden sei. Gouverneur Sam Argall fand es nötig, der Virginia Company in London Bericht darüber zu erstatten:

Opechankano und die Eingeborenen haben ihr Land Mr. Rolfes Kind vermacht. Sie wollen es ihm reservieren vor allen anderen, bis er, erwachsen, zurückgekehrt ist...

Die Virginia Company reagiert sauer. Hat Argall vergessen, daß Virginia dem englischen König gehört? *Niemand* hat hier irgendetwas zu vergeben. Argall wird gerüffelt:

Wir können uns keinen Grund vorstellen, warum Sie uns eine Warnung zukommen lassen müssen darüber, daß Opachankano und die Eingeborenen ihr Land an Mr. Rolfes Kind übergeben haben und es für ihn reservieren werden vor allen anderen, bis er das nötige Alter erreicht hat, außer den, daß Sie selber – wie wir vermuten und wie einige hier berichten – auf diese Idee gekommen sind und aus irgendeinem Grund das für sich selbst betreiben; aber lassen Sie sichs gesagt sein, ob von denen oder von Ihnen ausgehend: wir haben nicht das geringste Verständnis für irgendeine solche Transaktion.

Argall bekommt nachhaltigen Ärger. Als ein halbes Jahr darauf Powhatan stirbt und die Brüder Itopatin und Opechancanough seine Nachfolge antreten – Argall berichtet gleich von der fortbestehenden Friedfertigkeit der Indians nach London –, nimmt London dies zum Anlaß, auch die Hierarchie in der Kolonie umzugestalten. Argall wird vorgeworfen, er nutze seine Stellung als Gouverneur aus, sich große Ländereien Virginias als Privatbesitz zuzuschanzen, den Handel mit den Indianern zu monopolisieren, sich zu bereichern und ein tyrannisches Regiment gegen die Jamestowner zu führen. Trotz Fürsprache von Freunden wie John Rolfe wird Argall abgesetzt und nach London beordert; eine längere Untersuchung und Verhandlung gegen ihn bringt allerdings nichts Verwendbares zu Tage. Die Sache wird eingestellt, Argall zum Kommandanten eines der Hauptschiffe der englischen Flotte ernannt, beauftragt mit der Aufgabe, das Mittelmeer und den Atlantik vom Piratenunwesen zu befreien.*

* Mossiker, 294f.

Straßenschild zum Gedächtnis von Pocahontas' Landaufenthalt 1616 in Heacham bei King's Lynn, Norfolk, England, aufgestellt 1960

Zum neuen Gouverneur wird ein ehemaliger ernannt: Lord de la Warr, der 1610 aus Krankheitsgründen Virginia verließ – und damit die Ära Gates/Dale einleitete, die Pocahontas/Rolfe ermöglicht hatte. Aber de la Warr, der Kränkliche, zwar gerade geadelt und mit großem Gefolge eingeschifft, segelt wieder unter (s)einem Unglücksstern. Ungünstige Winde bescheren dem Schiff eine 16-Wochen-Überfahrt. Deren Ende erlebt de la Warr nicht, dafür sein eigenes. Er stirbt auf Atlantikwellen.

Thomas Rolfe in Virginia ...ein weiß-roter Mischling an der Spitze der Powhatanstämme ...das gibt zu denken: sollte Rolfe, der das Verhältnis der Indianer zu Pocahontas und seinem Sohn am besten kannte, an die damit verbundenen Schwierigkeiten für ihn und das Kind gedacht haben, als er den kleinen Thomas – der so krank vielleicht gar nicht war – in England zurückließ?

Kaum jemand in London hätte 1617ff von dem möglichen Angebot der Powhatans – Thomas Rolfe als designierter Paramount Chief – Gebrauch machen wollen. Es hätte bedeutet, auf einem »Vermischungsweg« voranzuschreiten, der für die Londoner Kräfte, die bestimmten, wo's lang ging, 1618 aufgehört hatte, eine ernsthafte Option zu sein.

Die »Koexistenz«, die für Momente möglich schien, ist faktisch mit Pocahontas' Tod beendet. Das einzige real existierende Modell für »Zusammenleben« war ausgelöscht, ehe es richtig angefangen hatte, als Modell zu funktionieren. Für das paranoische Detektivs-Hirn, das immer auch Fälle sieht, wo Tode sind, bringt das den Gedanken ins Spiel, »interessierte Kreise« könnten etwas gedreht haben am Sterben der Indianerin: ...warum so plötzlich? Warum ereilt sie das Fieber ausgerechnet auf dem Schiff, während sie schon absegelt? Warum nicht im Jahr vorher? Da war doch Gelegenheit genug für Londons freischwingende Bakterien und Viren, einen Eingang zu finden in den unresistenten amerikanischen Naturleib ...hat da wer? ...im letzten Moment ...ganz unvirenhaft ...mit einem der »Fieber erregenden ›Gifte‹«? ...sowas gabs in einiger Variationsbreite ... (im Gegensatz zur Bakterienkunde). So wäre sie ein weiteres, und nun letztes Mal, »entführt« worden auf Argalls Schiff: politische Erwägungen in London, denen ein Virginia ohne dies Modell-Real-Paar lieber war, springen ins Auge. Als »aufgeklärt« kann er nicht gelten, der »Tod von Gravesend«.

9. »TO SHOE OR NOT TO SHOE«... DER GANG DER GESCHICHTE

Für Jamestown und Virginia stellte sich, wenn auch nur für die paar wenigen Jahre nach 1614, die Frage nach der Politik einer *mixed population* in einem ganz realen Sinn. Erst nach Pocahontas' Tod 1617 und endgültig ab 1622, nach dem großen Angriff der Powhatans auf die weißen Siedler, ist sie für Virginia erledigt, sind die Indianer zu »mordenden Wilden« erklärt, zurückbefohlen in die »Barbarei«, aus der man sich vergeblich »gemüht hatte«, sie zu holen.

Die Folgen einer Zustimmung von Powhatan zu Thomas Dales Heiratsantrag wären tatsächlich *unabsehbar* gewesen. Man hat mit Hamors Besuch bei Powhatan im Mai 1614 so etwas wie einen dieser unwiederbringlichen Momente vor sich, wie sie »in der Geschichte« ab und zu passieren und sich tatsächlich *nicht* wiederholen ...deren Möglichkeiten für ein paar Wochen aufscheinen, Monate ...dann sind sie vergangen, versunken, weggefallen an den »Gang« der Geschichte, der dann eben anders ging, aber die Sohle, die den Boden berührte mit einer *ganz anderen Version des Geschehens,* war da, ein Fuß war da, der sich entsprechend bewegte und der ebenso zum *Gang der Geschichte* hätte werden können. Thomas Dale war nicht niemand, und der Antrag war, das sieht man klar, alles andere als eine Laune.

Um so – soll man sagen: tragischer? – daß die Ablehnung von indianischer Seite kam, vom alt gewordenen Paramount Chief Powhatan ...müde geworden, auf dem Rückzug schon ins Ewige ...keine »politischen Gedanken« mehr ...und bitte haltet mir diese Weißen vom Leib, mögen wir uns auch tausendmal *Brüder* nennen ...und hört auf, mir meine Töchter zu nehmen, das einzige Vergnügen, das ich noch habe als *alter Mann* auf Erden ...was habe ich von meinen Töchtern in eurem Kirchenschiff! ...von meine Söhnen in euren Schulbänken...

»Tragisch« vielleicht auch deshalb, weil das, was Dale im Mai 1614 vorschlug, nur das nachholte, was Powhatan im Frühjahr 1608 John Smith gegenüber phantasiert hatte, eine Vermischung der beiden Populationen ...nur war Powhatans Vision gewesen, die Weißen wären *zu ihm* gezogen ...nach Werowocómoco ...und nicht die roten Frauen, in

Scharen, zu Whitakers Taufaltar.

Das Kern-Paar der Geschichte, das Pflanzerpaar Pocahontas/Rolfe, fehlt also vor allem deshalb in der Geschichts-Mythe, *weil* es haargenau diesen Wendepunkt in der Geschichte darstellt, den die Geschichte nicht mitmachen wollte, und diesmal überhaupt nicht mitmachen wollte, – der Akt ihrer Ehe hatte keine Nachfolgeakte. Für das gesamte 17. Jh. sind nur *drei* weitere englisch-powhatanische Ehen registriert. Die Intermarriage Pocahontas-Rolfe, im Moment ihres Vollzugs ein potentiell *weltbewegender Akt*, wird nicht zum Modell für das Entstehen einer *mixed population*, wie die Verheiratung der Malinche mit einem Cortés-Offizier und ihre weiteren spanischen Verbindungen für Mexico.

10. HOLY SMOKE & THOSE FREEDOM BOYS. UND EINE SPÄTE POLITISCHE KARRIERE

Der Tabakanbau war es dann, der bald darauf die Hoffnungen auf eine wirkliche Koexistenz der beiden Völker endgültig vernichtete.*

Das liegt zunächst daran, daß in immer kürzeren Rhythmen des Raubbaus immer mehr Land, das noch den Indianern gehört, von den Pflanzern beansprucht wird.

Die erste Schiffsladung Tabak wurde 1613 oder 1614 von Virginia nach London geschickt; armselige vier Faß Tabak, die aber einen so guten Preis erzielten – vermutlich etwa 40 Schilling das Pfund –, daß die Kolonisten ihre Felder vergrößerten. (...) 1620 waren es bereits 60 000 Pfund; (...) Angesichts dieses großen Angebotes fielen die Preise natürlich bald ins Bodenlose; hatte ein Pfund Tabak im Jahre 1614 noch vierzig Schilling gekostet, so kostete dieselbe Menge 1619 nur noch dreieinhalb Schilling und 1625 ein bis drei Schilling; mit zunehmender Produktion gingen die Preise ständig weiter zurück, und nach 1640 war ein Pfund nur noch zwei bis drei Pence wert.

Die Pflanzer hatten keine andere Wahl: bei fallenden Preisen konnten sie ihre Einkünfte nur dann auf gleichbleibendem Niveau halten, wenn sie sich immer mehr im Land der Powhatans ausbreiteten und immer größere Pflanzungen anlegten, Bäume fällten und Land urbar machten, wo immer sie konnten.Tabak braucht immer sehr viel Platz, in Virginia aber noch mehr als anderswo, da der dünne Mutterboden der Wattenküste binnen weniger Jahre ausgelaugt war. Die Pflanzungen wurden dann aufgegeben und fielen der Erosion anheim. »Die Begierde nach großen Mengen Tabak«, so klagten mehrere prominente Einwohner Virginias, »verleite sie dazu, nach fünf oder sechs Jahren weiterzuziehen, daher bauen sie keine guten Häuser, zäunen ihren Grund nicht ein, pflanzen keine Obstbäume usw.**

★ Rountree, 61

★★ Kirkpatrick Sale, a.a.O., 339. Und: »Moderne Ökologen stimmen in die Klage

Werbelogo Tru-Type Fruit Company, 1935

Eine andere Saat ging auf, eine unsichtbarere –

The seed of freedom took root in the rich earth, between the rows of tobacco, under the warm Virginia sky.

ein, zum Beispiel der Ökohistoriker Albert Cowdrey: ›Die Art der Landwirtschaft gewährleistete, daß ein Minimum an Menschen maximalen Einfluß auf Boden und Wald ausübte‹, und in keinem Fall war der Einfluß günstig. Die verheerenden Auswirkungen der Tabakpflanzungen sind heute noch im Wattengebiet zu sehen.«

So sagt es Stephen Vincent Benéts Gedicht *America*, 1944; Zeilen, die die ganze amerikanische Geschichte von Pocahontas an mit einem gnädigen Mantel aus Rauch bedecken; geschrieben, als die Alliierten in der Normandie landen; jeder der Gelandeten, nach vollbrachter Tat, mit der *freedom cigarette* im Befreier-Gesicht. Amerika kam auch und besonders als »Virginia«, um vom Nazi-Terror zu erlösen.

Nachfolger des 1618 auf See gestorbenen Lord La Warr in Jamestown wird ein weiterer Ex-Gouverneur, Argalls Vorgänger, Sir George Yeardley. Er wird auf den Weg geschickt mit einer Neuerung im Gepäck, dem Dokument der *Great Charter:* dem Auftrag, einen Rat der Virginier einzuberufen, der die Belange der Kolonie mitentscheiden soll; Ende der Militärherrschaft also. Die Einwohner Virginias werden mit allen Rechten betraut, wie sie Normalbürgern Englands zustehen. Ihr »Birthright« – außer Kraft gesetzt durch die Militärregierungen der Kolonie, die besonders John Smith so oft als hinderlich für deren Entwicklungen dargestellt hat –, wird restituiert. Mitglied des ersten, von London ernannten Councils, der die Liberalisierung einleiten soll, ist Master John Rolfe. Seine Fürsprache für Argall hat ihm in London so wenig geschadet, wie die Gerüchte von der Überschreibung der indianischen Gebiete auf seinen Sohn Thomas. Das darf man als Beweis nehmen, daß er selbst in dieser Richtung nichts betrieb, was in London Anstoß erregt haben könnte; im Gegenteil: er sonnte sich in den Meriten der sprunghaft steigenden Tabakexporte ins englische *Home Country.*

Zu den 22 Mitgliedern (*Burgesses*) der Generalversammlung (*General Assembly*), die von diesem Rat eingerichtet wird, gehört John Rolfe: *Member of Americas First Parliament*, – eines feudalen Parlaments natürlich: jede der inzwischen 11 Siedlungen Virginias stellt zwei Abgeordnete, aber nur Landbesitzer können gewählt werden. Auf Erlaß der Virginia Company, London, erhält in diesem Jahr jeder der älteren Siedler einen Bonus von einhundert Acres (später gekommene Siedler fünfzig Acres; *indentured servants* – die Lohnsklaven – nichts). Bis dahin wirtschaftete Jamestown sozusagen auf Kolchosenbasis, königlicher Staatssozialismus der Virginia Company.

Die General Assembly hat ein Mitspracherecht in der Gesetzgebung, tagt vier mal im Jahr, tritt zusammen in der Church of Jamestown.*

Powhatan stirbt kurz darauf, 1619. Nachfolger als *Chief* wird sein Bruder Opechancanough – auch nicht mehr jung, aber immer schon wütender auf die Weißen als der eher schwankende Powhatan. Er sucht die rapide Tabakfeldausweitung der Engländer kriegerisch aufzuhalten, mit wechselndem Erfolg. Der Krieg wird zum Dauerzustand der folgenden Jahre; Anfang 1622 beschließen die kampfwilligen Algonkin, in einer großen gemeinsamen Aktion mit der weißen Plage ein und für alle Mal Schluß zu machen. Sie simulieren eine Weile Frieden und Unterwerfung unter die Siedler, bieten Mitarbeit an, knüpfen neue Tauschkontakte, um im März 1622, genau fünf Jahre nach Pocahontas' Tod, überraschend zuzuschlagen. Knapp 400 der damals 1200 zählenden Siedler werden getötet, beinah ein Drittel. Alle Quellen sagen, Opechancanoughs Leute hätten weitermachen können mit dem Töten; sie stellen es ein, als sie den Eindruck haben, die Siedler von Virginia hätten nun genug, und würden – das Land verlassen. Eine Täuschung – London schickt, zum ersten Mal, in größerer Anzahl Soldaten übers Meer. Während weiter im Norden, in Massachusetts, die gelandeten *Pilgrim Fathers* mit dem Häuptling Massasoit den ersten engl.-indianischen Vertrag über reguläre Landabtretungen aushandeln, wird in Virginia die Herrschaft der Algonkins über die Region an der Chesapeake Bay endgültig militärisch beendet.

* Ihre erste Sitzung am 30. Juli 1619 kam nicht in Gang: nachdem Reverend Richard Buck den Gottesdienst abgehalten und das Gebet abgenommen hatte, fiel ein Abgeordneter in dem kleinen Holzraum in eine Hitze-Ohnmacht; die andern 21 vertagten sich auf den 4. August.

Zur Fraktion, die in London schon länger eine härtere Gangart gegenüber den amerikanischen Indianern verlangte, gehört der Prediger (und Poet) John Donne. Es dauert aber eine Weile, bis er zum Zug kommt, nämlich genau bis zu diesem Massaker von 1622. Im November 1622 ist *er* derjenige, der die Predigt im großen Jahresgottesdienst der Virginia Company hält. Donne begründet mit Bibelzitaten, Gott wolle, daß seine christlichen Kinder das Land bebauen; jenen heidnischen Kindern aber, die dieser Aufgabe nicht im verlangten Maße nachkämen, müsse das Land weggenommen werden.

Donne war selbst am Posten eines Sekretärs in Jamestown interessiert gewesen, Anfang der 1610er Jahre; sein Schwiegervater hielt Anteile an der Virginia Company. Aber seine Hoffnungen zerschlugen sich. 1615 bekommt er eine Pfarre. 1622 ist er Dean von St Paul's und Ehrenmitglied des Virginia Council.* Für seine Predigt beim Jahrestreffen der Company spricht Donne über die Legitimität der englischen Anwesenheit in Virginia. Das internationale Völkerrecht, sagt Donne, erklärt Land, das unbewohnt, verlassen oder sonstwie herrenlos ist, jeder Inbesitznahme, die etwas daraus machen will, für offen. Das gleiche gilt für Gebiete, die unterbevölkert sind, denn die Erde ist für alle Menschen gedacht. Ähnlich hatte vor ihm der Jurist Robert Gray plädiert: da es keinen persönlichen Besitz bei den virginischen Indianern gäbe, wäre auch niemand in einem persönlichen Sinn geschädigt, wenn weiße Siedler dies Land bebauten.

Der entscheidende Satz bei Donne: »Ein Mann in einem Fischerboot besitzt nicht den Ozean; ebensowenig besitzen die Indianer Amerika. Jene, die die Erde bewohnen, müssen darauf sehen, daß sie entwickelt wird, zum bestmöglichen Vorteil der Menschheit im allgemeinen. Wenn Einwohner bestimmter Landstriche diesem Gebot nicht folgen, rechtfertigt das Völkerrecht – (Law of Nations, sagt Donne) – auch den Einsatz von Gewalt.« Die Virginia Company habe England, diesen »Suburb der Alten Welt«, zu einem Brückenkopf gemacht und

* Porter, *The Inconstant Savage*, a.a.O., 118, 358.

zu einer Aussichtsgalerie auf die Neue Welt, um diese jenem Königreich anzugliedern, das niemals altern werde: dem Reich Gottes.*

Hiermit setzt sich, 15 Jahre nach der Gründung von Jamestown, jene Linie in London durch, politisch wie religiös, die die Ur-Virginier faktisch für enteignet erklärt, da sie das von ihnen bewohnte Land ökonomisch nicht genügend nutzten, es nicht genügend ausbeuteten.**

Die Powhatans sind, geschlagen durch ihr eigenes 1622er Massaker, für das aufgebrachte London jetzt nicht mehr nur ungläubige Teufelskinder und auf der faulen Haut liegende Taugenichtse, sondern blutige Schlächter, metzelnde Barbaren. Ihr Angriff auf die Weißen – dessen Ziel es war, die Weißen zu vertreiben – hätte nur dann »einen Sinn« gehabt, betont Helen C. Rountree, wenn deren Vernichtung vollkommen gewesen wäre. Da die Powhatans aber, von sich aus, aufhörten mit dem Töten, als sie meinten, die Engländer hätten nun »genug« und seien ein für alle Male »belehrt«, schlugen sie sich selbst; schafften sie sich selbst ab als ehemalige Beherrscher ihrer Gebiete. Entsprechend ändern die Kolonisten ihren Ton:

> Wir, die wir bislang nicht mehr Boden besaßen, als sie uns ließen oder wir durch Kauf erwarben (...) können jetzt gemäß dem Recht des Krieges und dem Recht der Völker in das Land eindringen und sie vernichten, die uns vernichten wollten: Auf diesem Weg werden wir uns ihrer bebauten Gebiete erfreuen (...) und die Früchte ihrer Arbeit ernten. Fortan werden wir das Land, wo ihre Dörfer sind, die fruchtbarsten Gegenden des Landes, bewohnen. (Virginia Council, April 1622)***

Es ist also nicht ganz richtig zu sagen, die Auslaugung der Böden und die Notwendigkeit der Erschließung neuer Felder durch die Tabakpflanzer hätte die Indianer immer weiter nach Westen getrieben;

★ J. Donne, *Sermons*, ed. Potter u. Simpson, 1970, a.a.O., 436f., Porter, a.a.O., 358f.

★★ In Claude Lanzmanns Film über die israelische Armee, *Tsahal*, gedreht 1991-94, kann man israelische Siedler aus Hebron mit genau der gleichen Argumentation gegenüber den Palästinensern hören, die sie von dort vertrieben haben: sie, gläubige Gottesleute, würden einen Garten aus der Wüste machen, die Palästinenser aber hätten nichts gepflanzt und nichts gebaut. »Das Land gehört uns; uns gegeben von Gott. Wir werden hier nicht weggehen«.

★★★ K. Sale, a.a.O., 351ff.

der Prozeß war erheblich unfriedlicher. Der Überfall der Powhatans 1622 auf die Kolonie dient als Vorwand, den Indianern ganz *regellos* das Land wegzunehmen. An erster Stelle steht ab hier die *kriegerische* Vertreibung der Powhatans.

Der Sieg über die Powhatans 1622 bedeutete aber auch das Ende der *Virginia Company*. Die Nachricht vom Massaker platzte in London direkt in hitzige Diskussion über Veruntreuungen in der Kolonie; schlechte Vorsorge der Company für die Siedler, schlechte Ausrüstungen, etc.; die Company hatte viele Gelder nicht zurückgezahlt, war verschuldet, sie war sogar pleite. Damit wurde jetzt ein Ende gemacht. »Die Krone« übernahm Amerika. 1624 wird Virginia britische Kronkolonie.

Beim nächsten Aufstandsversuch der Indianer, 22 Jahre später, 1644, ist Opechancanough immer noch ihr Paramount Chief. Wieder werden sie geschlagen, und nun, als freier Stamm, offiziell aus ihrem Gebiet verbannt.

Bei einer Volkszählung der Kolonie wurden 1669 nur noch 528 Männer gezählt (insgesamt vermutlich etwa 2000 Personen). Da ihre Stammesstrukturen zerstört waren, lebten sie meist im Umfeld der weißen Siedlungen. Bereits 1685 bezeichneten die Engländer die Powhatans als ausgestorben. (Sale, 352)

– was sie nach Helen C. Rountree allerdings nicht waren und nicht sind. Ihre Bücher sind Folgen ihrer Arbeit mit heute lebenden Powhatans, den Nachkommen der damals übrig gebliebenen.

12. ORPHEUS' TOD. AMERIKANISCH

Ende August 1619 läuft ein holländisches Schiff die Chesapeake Bay und den James River an. Seine Mannschaft befindet sich in akuten Ernährungsschwierigkeiten. Geld für Lebensmittel ist keins da. Es hat an Bord aber zwanzig afrikanische Schwarze, zum Verkauf gedacht. Der Bericht vom anschließenden Tauschhandel, durch den die ersten zwanzig schwarzen Sklaven nach Virginia kommen, stammt von der Hand John Rolfes:

> About the last of August came in a Dutch man of warre that sold us 20 and odd Negars.*

Twenty Negars von einem holländischen Krieger für die virginischen Tabakplantagen. Sie erscheinen wie ein vorausdeutendes Zeichen dort im Moment der beendeten rot-weißen Kooperationen am Ende des Pocahontas-Friedens.

Im selben Jahr nimmt Pocahontas' Witwer, der Burgess John Rolfe, Jane Pierce, die Tochter von William Pierce aus Jamestown, zu seiner dritten Frau. Pierce ist ein »ancient settler« wie Rolfe, ein großer Landbesitzer und Pflanzer, der, wie Rolfe, auf der *Sea Venture* gefahren war, »Member« des *Bermuda Shipwreck* also. Sie hat John Rolfe und dessen Frau Pocahontas von Kindesbeinen an gekannt; Jane Pierce, eine der ganz wenigen heiratsfähigen Töchter der Virginia Colony, wird also (von ihrem Vater) für den viel älteren Pflanzerkollegen und Honoratioren der Kolonie Master John Rolfe, zur Heirat *reserviert.* 1620 oder 1621 wird sie die Mutter einer Tochter, Elizabeth Rolfe.

Ihr Name hat keine Genealogie begründet. Die Linie Rolfe/Pierce endet mit ihr.

Als die kleine Elizabeth zwei Jahre alt ist, gibt es Ärger im Hause Rolfe. Lady de la Warr, die Witwe des auf der Überfahrt verstorbenen designierten Gouverneurs Lord de la Warr, eine Gönnerin von Rolfe und Lady Rebecca besonders in ihren Londontagen, kündigt die Freundschaft und stellt Landansprüche an John Rolfe. Rolfe habe nach

★ Myra Kingsbury, Bd. 3, a.a.O., 243

der ersten Demission von la Warr im Jahr 1611 Ländereien, die la Warr unterstanden, in seine Bewirtschaftung übernommen und später nie zurückgegeben, lautet der Vorwurf. Rolfe, inzwischen reich gesegnet mit Land, hätte gut etwas abgeben können, weist die Ansprüche aber zurück. Es kommt zum Prozeß in London; Lady de la Warr gelingt es nicht, ihren Anspruch gegenüber der Virginia Company glaubhaft zu machen; sie unterliegt.

Rolfe schadet der Londoner Prozeß nicht, im Gegenteil; der nächste eingesetzte Gouverneur, Nachfolger von Yeardley, Sir Francis Wyatt, nimmt ihn, als er sich einen Council für die Regierungsgeschäfte zulegt, in diesen auf; Rolfe kommt ins erste »Kabinett« Virginias als Minister, für ökonomische und andere affairs.

George Sandys, der Bruder des Schatzmeisters der Company, Edwyn Sandys, sitzt in der Jury, die den Spruch für John Rolfe gegen Lady de la Warr fällt – sagen wir: in den Pausen seiner Ovid-Übersetzung. Wenn George Sandys für seine englische Ausgabe der *Metamorphosen* zustimmend Francis Bacons Orpheus-Kommentare zitiert (s. o. im Kapitel ›Sept Cabeças‹), hat er also den Prototyp des Orpheus-Kolonisten, wie Bacon ihn entwarf, lebend vor Augen: John Rolfe Tabakpflanzer, Pionier in virginischen Ehedingen, Besänftiger des Wilden, Friedensstifter, Städteplaner, Abgeordneter, Kolonisator-Zivilisator, wie ihn Bacon sich leibhaftig nicht besser hätte ausmalen können. Aus Sandys *Metamorphoses Englished* steigt *Orpheus Americanized*.

Genau an dieser Stelle, auf dem »Zenit seines Erfolges«, verschwindet John Rolfe aus den Akten: wie Frances Mossiker feststellt – die Autorin, die als einzige in der Legion der Pocahontas-(Be)Schreiber ihr Ohr nicht nur John Smith, sondern auch Mr. Rolfe ausreichend geliehen hat.

Rolfe stirbt im Jahr 1622, unbekannt woran. Aus seinem Testament geht hervor, daß er krank war und wußte, daß er stirbt. In vielen Büchern ist er als Opfer von Opechancanoughs Märzmassaker verbucht, der passenden Jahreszahl wegen.

Tatsache aber ist, daß Rolfes Frau und Kind den Überfall vom 22. März überlebten; das läßt vermuten, daß es Rolfe gelang, seinen Haushalt erfolgreich gegen den Angriff der Rothäute zu verteidigen – wie übri-

VEB Zigarrenfabrik Treffurt

gens auch seinem Freund Ralphe Hamor. Oder aber, daß Rolfes Haus von den Angriffen verschont blieb, auf Weisung des Obersten Häuptlings Opechancanough. (Mossiker, S. 301)

Rolfes Witwe, Jane Pierce Rolfe, zum Zeitpunkt seines Todes kaum 20 Jahre alt, heiratet kurz darauf erneut; und wieder einen Veteranen der Jamestown Siedlung, einen Captain Smith. Er ist wie Rolfe Mitglied von Gouverneur Wyatts Berater-»Kabinett«, Roger ist sein Vorname. Eine Mrs. Captain Smith ist die dritte Mrs. Rolfe also geworden durch ihre zweite Heirat, so viel Witz schickte das amerikanische Virginia der toten Pocahontas Mrs. Not-Smith ins Grab rüber nach Gravesend, Europe. Smiths gibts ja wie Sand am Meer ...wie Staub auf den Bibeln ...aber wenigstens Reverend Richard Buck, der all diese Trauungen vornahm (und auch Rolfes Beerdigung) wird einen Moment gelächelt haben *über der Soutane...* seinem anglikanisch-indianischen Kolonisatoren-Rock.

13. FRAUENSCHIFFE

Wen heiraten die andern Siedler, wo es keine weißen Frauen gibt und die roten verboten sind:

Das nächste Schiff brachte eine neue Fracht – tatsächlich Frauen. Neunzig Frauen kamen an, einige aus Armut, andere früh verwitwet durch Englands Kriege, aber alle sorgfältig ausgesucht für das harte Leben in der Wildnis. Sie mußten gesund und jung sein, und, wie die Company betonte, auch ordentlich aussehen. Das Geld für ihre Überfahrt mußten die Ehemänner in spe bezahlen, meist in Form von Tabak; die nette Summe von 120 Pounds.

Es folgte Hochzeit auf Hochzeit, und bald begannen die Häuser der einsamen Pflanzer zu leuchten.*

Das ist aus Mary Lawsons *Pocahontas & John Smith*-Geschichte, einer Art Tatsachen-Roman. Die Story ist ein großer Hit auch in allen Serienheften und Kolonialcomics; die Ankunft der Schiffe mit den »hundert Frauen«.

In der Tat keine Erfindung. Nach den Protokollen der Virginia Company wurde die Angelegenheit diskutiert vom *Court* der Company am 3. Nov. 1619. Protokoll:

Edwyn Sandys wünschte sehr, daß ein gutes hundert Frauen nach Virginia geschickt werden sollte, jung und unverdorben, als Ehefrauen für die Siedler, damit die Männer dort seßhafter würden und weniger ihre Wohnorte wechseln. Denn viele bleiben dort nur, so wird berichtet, um sich etwas Kapital zusammenzukratzen und dann nach England zurückzukehren. Das wird die Kolonie auf Dauer nicht verkraften. Diejenigen, die gleich heiraten, fahren auf Kosten der Company; für die Frauen, die als Arbeitskräfte in einen Haushalt gehen, zahlt der Mann, der sie anstellt, die Überfahrt. Die Zeit dafür war nie günstiger als jetzt. Der Mais ist reichlich und billig, die zu erwartenden Ernten hervorragend.**

★ Mary Lawson, *Pocahontas and Captain John Smith. The Story of the Virginia Colony.* Illustrated by William Sharp, NY 1950, 154f.
★★ Myra Kingsbury, *Records of the VC,* a.a.O., Bd. 1, 256f.

Der Neu-Herausgeber und Bearbeiter von Edmund Randolphs *History of Virginia,* Arthur H. Shaffer, hat dazu sarkastisch angemerkt:

Es scheint, daß die Verschiffung junger Frauen nach Virginia eins der wenigen profitablen Unternehmen ist, das die Virginia Company je hingekriegt hat. Das erste Schiff mit 90 Frauen fuhr 1619. Dies Jahr 1619 geht geradezu schwanger mit bedeutenden Ereignissen für das frühe Amerika; nicht bloß das Schiff mit den Frauen kommt an, sondern auch das erste mit schwarzen Sklaven; gleichzeitig formiert sich 1619 die erste gesetzgebende Versammlung der Kolonie.*

Der Preis pro Mädchen wird in 100 bis 150 Pounds angegeben, zu entrichten in Tabak. Reichere Farmer konnten sich das leisten; für alle reichten die Frauen ohnehin nicht.✈ Am 21. Nov. 1621 wird die Frage erneut diskutiert; das Protokoll spricht von Mädchen,

jung, gut aussehend und ehrenhaft erzogen, von denen 60 bereits nach Virginia gesandt worden seien (...) alle empfohlen von vertrauenswürdigen Eltern und guten, würdigen Freunden der Company (...) zur Heirat empfohlen für die ehrenhaftesten und fleißigsten der Planters (...) im vorzeitigen Todesfall bekomme der Pflanzer einen Teil des Geldes zurück, das er für die Überfahrt ausgeben habe.

Demnach wären 1619 tatsächlich nur 60 Frauen gefahren, weitere Schiffe dann 1621 und später. Nach Virginus Dabney gingen 1619 acht Schiffe mit 1261 Personen nach Virginia, darunter auch ca. 100 Waisenkinder oder arme Straßenkinder, aufgegriffene Mädchen und Jungen aus London. Er fügt hinzu:

Weniger willkommen waren Sträflinge, auf deren Verschiffung nach Virginia King James bestanden hatte. Es waren aber nicht sehr viele, und einige von ihnen waren offensichtlich bloß als Alternative zum Schuldturm auf die Schiffe verfrachtet worden.**

★ Edmund Randolph, *History of Virginia,* ed. with an intr. by Arthur A. Shaffer, Charlottesville Va. 1970, 41. Geschrieben ist die *History* zwischen 1809/13. Randolph (1758-1813) ist der erste berühmte Politiker und Historiker aus der Reihe der Pocahontas-Nachkommen; Außenminister unter George Washington als Nachfolger von Thomas Jefferson, bevor er sich der Geschichtsschreibung zuwandte.

★★ Virginus Dabney, *Virginia: The New Dominion,* Garden City/NY 1972, 33

Die Ankunft der Bräute in Jamestown, Buchillustration, 1882

Ein peinlicher Punkt. Der beliebte Nordstaatler-Vorwurf, die *First Families of Virginia* stammten in ihrer Mehrzahl von Nutten und Kriminellen ab, leitet sich aus ihm her. Nur wenige der Virginia-Romane – es sei denn, sie stammen von Virginiern selber – verzichten auf die Szene, in der unschuldige junge Frauen in London nachts von Schergen der Company oder regulärer Polizei auf der Straße eingefangen werden – (»beim Zigarettenholen«) – und sich auf einem Virginia-Schiff wiederfinden: Was den Eindruck erweckt, daß tatsächliche Prostituierte u.U. mit solcher Verschleppung (sonst: Knastandrohung) zu rechnen hatten. Die wohlerzogenen »maidens, young and uncorrupt«, auf denen Sandys und die Company herumpochen, sind dazu wohl der Werbefilm.

Georges Pichards *Marie-Gabrielle* wird zusammen mit 40 anderen, aus »Irrenhäusern« zusammengekauften Frauen, nach Afrika verschifft. Für den Sado-Sex-Bedarf höherer Moslems an Christinnen.

Für Frankreich, das keine Korrumpierung seiner Genealogien zu befürchten hat, wie diesbezüglich die Virginier, ist derselbe Vorgang besser belegt und weniger vertuscht: in vielen Schulbüchern gibt es den Stich, auf dem Pariser Prostituierte nach Louisiana abtransportiert werden – und die französischen Männer weinen. Berühmt in heutigen Roman-, Opern-, und TV-Serien ist die *Manon Lescaut* des Abbé Prevost (1731, nach Louisiana). Sie ist ihrer englischen Vorgängerin, Daniel Defoes *Moll Flanders* (1722, nach Virginia), ein paar Schiffsladungen später in die Neue Welt hinterhergefahren worden. Prevosts Romanheld Desgrieux folgt der geliebten Manon nach Louisiana.*

★ Die Deportation der wirklichen Geliebten des jungen Prevost gilt als autobiogra-

Die Frage nach dem »Kriminalitätsgrad« der frühen Siedler von Virginia ist nie verstummt in der Literatur; aber nie zu beantworten gewesen. Wer dort geboren wurde oder zuwanderte, hat sich ihr irgendwie »stellen« müssen. So z.B. der Deutsche Herrmann Schuricht, ausgewandert 1859 nach Virginia, bald Herausgeber einer Zeitung, Bürgerkriegsfreiwilliger für die Südstaaten, Herausgeber von Schulbüchern und Privathistoriker. Seine Studien ergaben:

Die späteren Schiffe brachten einen neuen Typ des Landarbeiters – die *indentured men*. Einige von ihnen waren schlicht zu arm, die Überfahrt zu bezahlen. Für die Erstattung der Kosten würden sie ihrem Master einige Jahre dienen. Die Pflanzer nahmen diese Leute gern; aber sie reichten bei weitem nicht aus.

Es folgte die Praxis, Bettler herüberzuschicken, die man in den Städten eingesammelt hatte, und dann auch Gefängnisinsassen.

Einige dieser Gefangenen waren nur unglücklich in Zahlungsschwierigkeiten geratene Menschen, die aus diesem Grund, oder wegen abweichender religiöser und politischer Meinungen im Gefängnis saßen. Unglücklicherweise gab es aber unter ihnen auch wirkliche Kriminelle, Diebe, Mörder.*

Die führenden Männer der Kolonie, auf dem Weg zu Großgrundbesitzern, müssen, da der Weg mit den roten Frauen verbaut ist und sie nicht selber in England zu werben die Zeit haben, Frauen kaufen, die die Company ihnen schickt.

Damit sind die primären Planter Families geboren. Sie brauchen Feldarbeiter: die *indentured servants* werden eingeführt, Arbeitssklaven; sie müssen, wenn das Geld für ihre Überfahrt abgearbeitet ist, sich

phisch; er selbst folgte ihr allerdings nicht, wie sein Ich-Erzähler Desgrieux, nach Amerika. Er vergrub sich in ein Benediktinerkloster – daher sein Schriftstellername: Abbé Prevost d'Exiles. Die nach Amerika verkaufte Manon Lescaut stirbt, kurz bevor sie mit ihrem Geliebten bei Indianern ein neues Leben in der Wildnis anfangen kann. Sie haben auf der Flucht einen hohen Weißen getötet, oder so. Die »Lust am Genuß der unglücklichen Liebe« erfunden zu haben, wird Prevosts Roman zugeschrieben.

★ Herrmann Schuricht (1831-1899), *History of the German Element in Virginia*, 1900, 155. Der »Landung der ersten Jungfrauen zu Jamestown, Virginia, Anno 1619« hat Schuricht ein großes Gedicht gewidmet ...und er vergißt auch nicht das Schiff mit den Schwarzen...

meist weiter verdingen, um ein kleines Stück eigenes Land im Voraus abzubezahlen; ihr Leibeigenenvertrag läuft manchmal Jahrzehnte.* Mit Indianern als Landarbeiterkräften ist nicht zu rechnen; freiwillig kommen kaum welche; um sie mit Gewalt aus den Wäldern zu holen, sind die Siedler nicht stark genug. Der umgekehrte Weg wird eingeschlagen: die Indianer werden weggeschickt, weiter nach Westen, – und die schwarzen Sklaven »klopfen an die Tür«.

Damit ist das Ensemble der virginischen Architektur vorgegeben. Das große Herrenhaus für die Planters Family, die kleinen *cabins* für die Feldarbeiter (und später die schwarzen Sklaven), dazwischen die großen Scheunen für die Vorräte, fürs Heu und fürs Vieh, und die vielen kleinen Gebäude wie Räucherhaus, Geflügelhaus, Schmiede, andere Werkstätten.

Dies alles ist fix und fertig angelegt, bevor die Mayflower Pilgrims am Plymouth Rock landen. Eine komplette amerikanische Geschichte, eine »neue« Gesellschaft, aufgebaut in 14 Jahren komplett vorgezeichnet, der Weg, den der amerikanische Süden nehmen wird. Auch was den *Vanishing American* angeht: nicht der Indianer wird Teil der Weißen Gesellschaft, aber die Schwarzen werden es werden.

1624, mit dem Zugriff der Krone auf die Kolonie (samt Auflösung der Londoner Virginia Company), wird auch das *House of Burgesses* aufgelöst. London setzt wieder Gouverneure ein, Francis Wyatt, Sir George Yeardley, Francis West. James I. stirbt im selben Jahr, Nachfolger ist Charles I. Seine ersten drei Gouverneure akzeptiert die Kolonie; dann gibt es trouble mit Doctor John Pott, der bald von Charles I. zurückgezogen wird.

Charles läßt das House of Burgesses wieder zu, aber neue Tabak-Vorschriften schaffen Unruhe – England will nur abnehmen, was es auch verbrauchen kann bzw. mit Gewinn verkaufen; will selbst die Preise bestimmen und die Zölle sowie den Anteil der Krone am Gewinn. Auch die Kolonie(n) in Übersee steuern zu auf die Revolution; in ihr wird America (überwiegend) cromwellianisch.

Die vielen gemischten sexuellen Beziehungen, die es in Amerika vor allem in seinen noch-nicht-staatlichen Teilen in großer Zahl gibt,

* Die Lage dieser Pachtbauern ist steinerweichend beschrieben in T.C. Boyle, *World's End*, für die amerikanisch-holländischen Gebiete etwas weiter nördlich.

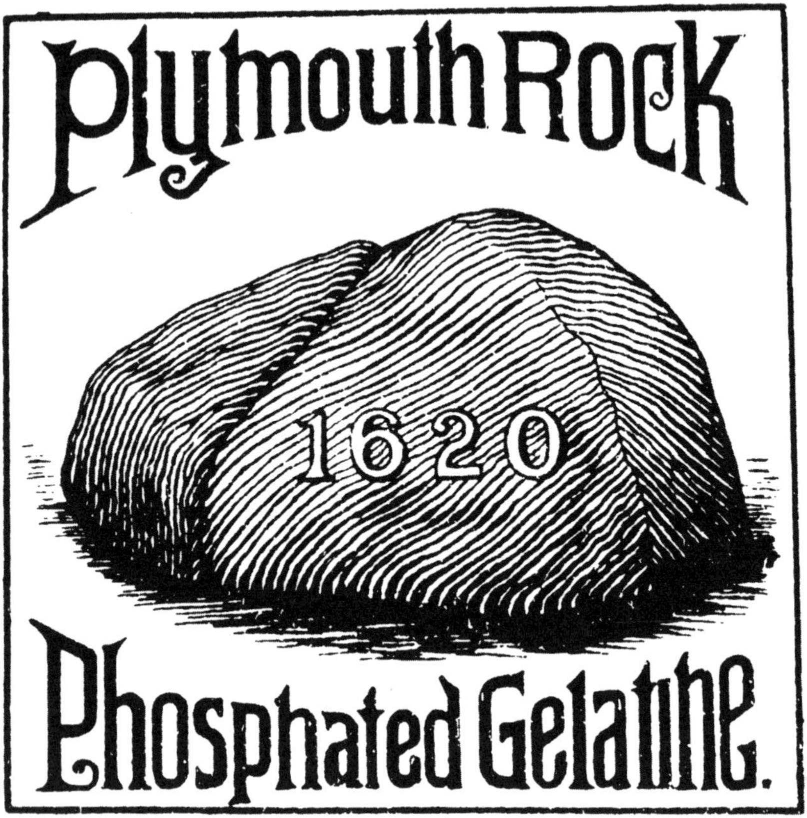

Werbung für Öko-Gelatine hart wie Plymouth Rock, 1905

bleiben durchweg illegitim; ihre Kinder im Mestizen- bzw. »Bastard«-Stand.*

Die *Pilgrim Fathers* von der *Mayflower,* die ab 1621 mit ihren Siedlungen weiter nördlich loslegen, bringen relativ schnell ausreichend eigene Frauen mit herüber; bei ihnen stellt sich die Frage der *mixed population* nur noch als gelöste: sie lehnen sie ab. Die weitere Besiedlung erfolgt zuerst auf Vertragsbasis mit den Indianern, später, nach *King Philip's War*, nach Maßgabe von John Donnes Vollzug. Das ist aber

* mit Ausnahme eines Zeitabschnitts um 1800 herum, auf den wir kommen werden.

schon eine Geschichte von Nordamerikas *zweiter* bzw. dritter Besiedlung – sie wurde für die Schulbücher zum Modell; während die erste Besiedlung, 1607 bis 1614, 1614 bis 1622, die getaufte Rote und ihr Mann im Tabakfeld, aus ihnen getilgt wurde, bzw. sie ist nie hineingelangt. Sie gelangte woanders hin, in ihren Parallelstrom: in die Literatur, die Songs, die Mythen.

Den Anfang macht John Smith. Jetzt nämlich, 1624, ist der Moment, in dem der Captain in London mit seinem dritten Virginia-Buch aus der Kulisse tritt, und zum ersten Mal die *Pocahontas-Saved-John-Smith*-Story der Öffentlichkeit präsentiert. Pocahontas ist tot, Powhatan ist tot, John Rolfe ist tot, gestorben 1622, James I. Frau, Queen Anne – die John Smith beim Pocahontas-Besuch 1616 brieflich von ihrer Rettungstat in Kenntnis gesetzt haben will – ist tot; Captain Ratcliffe, Hauptfeind von Smith aus dem ersten Siedlerrat der Kolonie, ist tot; Gates lebt nicht mehr und selbst Pastor Alexander Whitaker kann nichts mehr sagen zu John Smiths Rettungsstory, er ertrinkt kurz nach dem Tod von Pocahontas bei einem Bootsunglück in den Wellen des James River; nur Opechancanough lebt, einzig möglicher Zeuge des Vorfalls, aber – seit dem 1622er-Massaker ein Feind des Empire; & natürlich kein *möglicher* Zeuge mehr für oder gegen John Smith.

»You're a liar!« »Lügner« sollen andere Smith nennen (wie es geschehen ist). Es gibt keine »wahren« Versionen der Geschichte; nur wirksame oder unwirksame; vergessene, liegengelassene, wiederbelebte, phantasierte und doch zur *Staatsversion* gewordene; verworfene und trotzdem weiterwirkende; es gibt die »mit Affekt besetzten Fiktionen« Freuds, die nicht weniger (be)wirken als das *erlebteste* Drama, es gibt siegreiche und unterliegende Versionen, und oft unterliegen die besser »dokumentierten«, – wie wohl in diesem Fall:

Eine romantische Liebesaffäre *ohne Heirat* ersetzt die *Intermarriage* des Pflanzerpaars. »Kopf auf Stein« und »erhobene Keule« ersetzen die Situationen der »Bekehrung«. Die ökonomische Community wird ersetzt durch eine literarisch-mythische. Aus 2 agierenden Personen der kolonialen Geschichte wird das Modell von *Belle Sauvage* und *White Hero*. Die romantische Liebesstory mit dem üblichen toten Mädchen geht ein ins *Basement* des New Atlantis America. Smiths und Pocahontas' »mad affair« »wird die Geschichte der 1610er Jahre Amerikas ersetzt haben« – wie die Baader/Meinhof/Ensslin-Konstruktion die »reale Geschichte« der 70er Jahre verschluckt haben wird, – z.B. die der einsetzenden Frauenbewegung.

Die Funktion historischer Legendenbildung ist nicht primär, »Unwahrheiten« zu verbreiten – die Legenden haben ja ihre eigene, kondensierte, verschobene »Wahrheit« –, sie dienen vielmehr dazu, das von ihnen abweichende historische Geschehen unsichtbar zu machen. Nicht daß Poca/Smith womöglich »falsch« ist, ist entscheidend, sondern daß sie Poca/Rolfe tendenziell auslöschen. Gerade dadurch, daß sie vorgeben, nicht nur Geschichte zu enthalten, sondern *die Geschichte*, töten sie (die andere/n) Geschichte/n, – ein Prozess über Jahrhunderte.

Die Pocahontas im *Liebes*paar mit Smith wurde, wie Philip Young es sah, dann zur

> Ursprungsfigur aller jener *Dark Ladies* unserer Kultur – all jener erotischen und lebenslustigen Versucherinnen, jener sinnlichen, braungetönten Heroinen, die unsere Zivilisation (insbesondere unsere Literatur: Hawthor-

Hugo Pratt: Venezuelanischer Sonnenuntergang, Corto Maltese mit seinem Jivaro-Führer auf dem Weg zu befreiender Aktion

ne, Cooper, Melville, und viele andere) nur aufgebaut haben, um sie dann zu verwerfen. John Smith ist der erste Mann auf diesem Kontinent, von dem diese Verwerfung bekannt geworden ist. Seine Weigerung, *the wild spirit,* verkörpert in dem Mädchen, zu umarmen, wurde zum Kern seines Epos und zum Präzedenzfall für Jahrhunderte dieser Verleugnung.*

Im Verlauf von Jahrhunderten schwanken und wechseln die Paare, bekämpfen, überdecken sich. John Davis schreibt das *Liebes*paar Smith & Pocahontas als Gründerpaar in die Fahne der jungen USA. Zwanzig Jahre nach ihm, in den Romanen von J.F. Cooper – späte Gründungsliteratur und erste Abgesänge auf den »amerikanischen Traum« zugleich – treten die heterosexuellen Paare in *Indian Stories* hinter Männerpaaren zurück, hinter Paar aus weißem Mann der Grenze und seinem »roten Bruder«, Paar vom Schlage Wildtöter/Chingachgook. Im Kampf um das Heavy Weight Championship großer Literatur im 19. Jh. schlagen *male couples* – allen voran Ishmael/Queequeg in Melvilles *Moby-Dick* – Paare von der Sorte Pocahontas/Smith aus dem Feld.

★ P. Young, »The Mother of us all: Pocahontas reconsidered«, *Kenyon Review* XXIV, 1962

15. EINE MÄNNLICHE POCAHONTAS UNTERM BALDACHIN AUS RAUCH

Über die Mann/Mann-Verheiratung des indianischen Harpunisten Queequeg und des landflüchtigen weißen Amerikaners Ishmael am Anfang des *Moby-Dick* hat Melville dann, witzigerweise, ein eher Pocahontas-Rolfesches Flair gelegt. Er läßt Queequegs Rede, er und Ishmael seien jetzt »married«, und er werde jederzeit für ihn sterben, wenn das nötig sei, aus einer Pfeife Tabak, die die beiden teilen, hervorgehen. »Soon I proposed a social smoke« – sagt Ishmael, mit Queequegs *tomahawk pipe* längst vertraut. Der Akt, in dem Queequeg seine Stirn an die Stirne Ishmaels drückt zum Zeichen ihrer Hochzeit, findet statt unter einem »blauen Baldachin aus Rauch«.*

Queequeg, Melvilles Wale harpunierender edler Wilder, hat Häuptlingsqualitäten im *Moby-Dick*, ist ein *Indian Prince*; er hat, US-amerikanisch gewendet, Präsidentenformat: einen »George Washington in kannibalistischer Ausführung« nennt ihn Melville. »George Washington cannibalistically developed«:

Es mag lächerlich klingen, aber sein Kopf erinnerte mich an den George Washingtons, wie man ihn von seinen Büsten her kennt.

– es folgen bei Melville drei schädelkundliche Merkmale, die Ähnlichkeit der beiden zu untermauern.

Über diese Parallelisierung Washingtons mit dem edlen Wilden Queequeg hat sich Nathaniel Hawthorne, Melvilles verehrtester Freund – der *Moby-Dick* ist ihm gewidmet – geärgert; ebenso geärgert wie über die berühmte Statue von Horatio Greenough am Capitol, die George Washington mit nacktem Oberkörper und Faltenwurf-Stoff auf den Schenkeln vorstellt; Washington als eine Art amerikanischen

★ ...blauer Pilz, auf welchen man keine Wörter drucken kann, etwa »Rauch gefährdet ihre Gesundheit. Die Süd-Pazifik-Gesundheitsministerkonferenz«. *Moby-Dick*, Kapitel 10 & 11

Horatio Greenough, George Washington, 1832-1841, Marmorstatue, komponiert nach der Zeus-Statue von Phidias (5. Jhd. v.u.Z.).

Zeus.* Für Hawthorne war George Washington aber einer jener regelgerechten Anglo-Americans, die schon zu ihrer Geburt voll angekleidet antreten, aus dem Mutterleib hervorbrechen mit korrekt sitzender Perücke:

> Hat irgend jemand George Washington je nackt gesehen? Das ist unvorstellbar. Ihm fehlt jede Nacktheit, ich nehme an, er ist sogar in Kleidern geboren worden, mit gepudertem Haar, und formgerechter Verbeugung bei seinem ersten Auftritt in der Welt.**

– in allem also das Gegenteil zu President Queequegs Würde des ersten Harpuniers des Walfängers *Pequod.* Für Hawthorne wurden Ishmael/Queequeg durch den Washington-Vergleich zum »falschen Paar«. Melville möchte seinen indianischen Naturprofi aber mit Washingtons »phrenologischen Merkmalen« ausstatten, etwa der »edlen Stirn«, um dessen Häuptlings-Wert vor der Ewigkeit ins rechte Licht zu rücken; wobei Hawthornes Real-Blick auf Washingtons Puderkopf nur stören könnte. Hawthorne – ein Botschafter des amerikanischen Sarkasmus, der eine seiner Herkünfte offenlegt: das entschiedene Mißbehagen angesichts der Erscheinungsweise neo-europäischer Südstaatenaristokratie.

Bei Queequegs und Ishmaels »Heirat«, die als erster Leslie Fiedler in ihrer grundlegenden Bedeutung für das *male bonding* in der amerikanischen Literatur erkannt hat,*** verbinden sich derart ein amerikanisch-südsee-indianischer Königssohn/Harpunier und ein in einen walfangenden Seefahrer verwandelter Ishmael/John Smith, der auf-

★ Das nach einer Phidias-Vorlage angefertigte Marmorstandbild wurde 1841 im Zentrum der Rotunde des Capitol aufgestellt, aber schon 1843 auf einen Standplatz außerhalb versetzt. Hier stand George Washington/Zeus, die Ostfassade des Capitol fest im Blick, bis 1908; die Statue ging dann in die Bestände der Smithsonian Institution über und 1962 ins *Museum of American History*. (Green Fryd, *Art & Empire,* a.a.O., 89)

★★ »Did anyone ever see Washington naked? It is inconceivable. He has no nakedness, but I imagine was born with his clothes on and his hair powdered, and made a stately bow on his first appearance in the world«. Garry Wills, *Cincinnatus: George Washington and the Enlightenment,* Garden City, NY 1984, 68

★★★ – und Kino; sehen Sie nach, zuerst, bei Howard Hawks, Melvilles genuinstem Nachfahren in welchem Genre immer.

gehört hat, Amerika zu »entdecken« und zu kolonisieren; er ist vielmehr dabei, es wieder zu *verlassen*, nachdem er die Nase voll hat vom Land-Amerika, aus dem – Mitte des 19. Jahrhunderts – nichts Brauchbares mehr werden wird in Melvilles Augen; die *Neue Welt* liegt, wenn, dann »wo auf See«, Richtung eher: Süd.

Ishmael wird dabei zum Chronisten, zum »Gedächtnis der Welt«, während »sie«, seine male Pocahontas Queequeg, mit Harpune, Mann und Maus, Tomahawk-Pipe und allen erlegten & zerlegten Walen, untergeht, dem Captain Ahab hinterher (– der auf der Liste der Jamestown Captains allerdings fehlte!). *Hinunter* in den Bauch der Ewigen Neuen Welt ...die es auch hier, wie überall, nur gibt als unter-seeisches, als tiefstes Grab. Der Baldachin aus Rauch, der Pocahontas Schirm, faltet sich für lange Zeit vornehmlich über dieser Sorte Paar – bis er, stimuliert vom Kino, sich wieder hetero-sexualisiert in den Übertretungsbetten des 20. Jahrhunderts... Krieg, Hinrichtungen und Liebe: nicht ohne Zigarette.

16. IOPASSUS, DER GROSSE HASE & EIN VERSUCHSKANINCHEN

Die Rolle des »Verräters Iopassus« bei der Entführung von Pocahontas muß von hier aus auch noch einmal anders angesehen werden. Sein Kupferkessel-Auftritt in der Schrift von Ralphe Hamor (1615) ist nämlich nicht sein erster in den Büchern der Engländer. Auch in William Stracheys *True Report* (1612) erscheint Iopassus an prominenter Stelle. Strachey ist bei seinen Landeserkundungen in Virginia 1611 mehrmals auf Captain Sam Argalls Schiff mitgefahren und hat dabei den Iopassus – offenbar da schon Argalls »Bruder«★ – auf Argalls Schiff kennengelernt: Argall und Iopassus, verstrickt in eine »religiöse Diskussion«.

★ Iopassus war auch schon ein alter Freund von John Smith, merkt Smith an bei seiner Darstellung der Pocahontas-Entführung, und ein Freund »to all our Nation« – Iopassus, der England-Verbundene, Freund ihrer *leading men*. (Barbour, *Smith*, Bd. 3, 243)

Disney, 1995

Iopassus, mit Argall bei eisiger Kälte an einer geschützten Stelle auf Deck vor einem Feuer sitzend, hat damals eine indianische Version der Schöpfungsgeschichte erzählt; ausgelöst durch die Stimmung, die einer aus der Mannschaft erzeugt hatte, indem er laut aus der Bibel vorlas. Iopassus interessiert sich für das Buch, und Argall zeigt es ihm: das heißt, die Bilder darin, auf denen man Gott sieht beim Welt-Erschaffen. So einen Gott gibt es bei den Indianern auch, sagt Iopassus, und er erzählt. Strachey und Argall können alles genau verstehen, weil Iopassus Henry Spelman dabei hat, den jungen Mann, der schon ein Jahr bei den Patawomecks lebt, und der beide Sprachen kann. Spelman übersetzt:

...da sind fünf Götter. Der Chief Gott unter ihnen erscheint uns oft in der Gestalt eines sehr großen Hasen. Die andern vier haben keine sichtbare Gestalt, in der Tat handelt es sich um die 4 Winde an den vier Ecken der Welt. Der Chief Gott macht sich Gedanken, wie er die Welt bevölkern kann. Er stellt Frauen und Männer her – *nach seinem Bilde* –, die er aber zunächst in einem Beutel versteckt hält. Es gibt dann noch

eine Klasse mächtiger Geister, groß wie Riesen, die zum Wohnplatz des Gottes mit der Hasengestalt kommen. Sie sehen die Menschen, die der Gott gemacht hat, und bekommen Appetit, aber der göttliche Hase verweigert sich ihrem kannibalistischen Verlangen und schickt sie weg.

Iopassus erzählt dann, wie der göttliche Hase (»the godlike hare«), das Wasser macht und die Fische darin, und dann das Land und auf dem Land einen großen Hirsch. Daraufhin versammeln sich die Riesengeister, neidisch geworden, erneut. Sie töten das Wild, würzen und essen den Hirsch und verziehen sich wieder. Nun nimmt der Große Hase alle übriggebliebenen Haare vom Fell des Hirschs und verstreut sie überall auf der Erde. Dazu spricht er allerlei Sprüche und Beschwörungen, und so wird aus jedem Haar ein neues Wild. Dann öffnet er die Tasche mit den Menschen darin, und setzt immer zwei von ihnen aus, Frau & Mann, in jedem Land der Erde. Und so nahm die Welt ihren Anfang.*

* »Unter den für die spirituelle Welt der Algonkin wichtigen Figuren waren die vier

Argall, beeindruckt, will wissen, was nach Iopassus' Religion mit den Menschen geschieht, wenn sie gestorben sind. Sie erklettern dann die Spitze eines hohen Baums, sagt Iopassus (und Spelman übersetzt), von da können sie einen ebenen, breiten Fußweg sehen, mit schönen Früchten zu beiden Seiten, Beeren und Obst. Auf diesem Weg wandern sie gegen Sonnenaufgang, dort ist des göttlichen Hasen Haus. Unterwegs kommen sie am Haus einer Göttin vorbei, dort sind die Türen immer gastlich geöffnet, und es gibt eine Stärkung, *Uskatahomen* und *Pokahichary.* In zweitem steckt das spätere Wort *hickory*, der Walnußbaum; – ein Gericht aus zerstoßenen Walnüssen mit Milch.* Dann geht es weiter zum Haus des Hasen, dort finden sie auf einem freien, göttlichen Gelände ihre Vorfahren vor, die nichts weiter tun als Tanzen und Singen und Früchte essen, zusammen mit dem Hasen, der ihr Gott ist. Und wenn sie in diesem Leben wiederum alt geworden sind, dann können sie entscheiden, daß sie sterben wollen: sie tun es – und kommen dann wieder zurück auf die Erde.**

Iopassus & Argall an Deck von Argalls Pinasse bei Mattchipongo – sitzend unter einem Baldachin aus Rauch, die Pfeife kreist und sie werden »Brüder: sind das nicht *Queequeg und Ishmael*, präfiguriert auf den Flüssen des kolonialen Virginia; geeint im Unsterblichkeitsversprechen der *einen* Religion – zwei weitere Männer um sie herum, Strachey und Spelman, das Übersetzer- und Aufzeichnerpaar – (»Hawthorne & Melville«) – und der Wilde, inspiriert von einem Blick auf die Bibel, auf die *geschriebene* Geschichte des Gottes der Weißen, steuert die mündliche Geschichte seines Gottes bei, des Großen Göttlichen Hasen, der ebensolch ein Weltenschöpfer ist wie der Gott der Bibel und ebenso ein ewiges Leben kennt; die beiden träumen von den

Winde, vorgestellt als Brüder, der GROSSE HASE ›Nanabozho‹ und die Gehörnte Schlange. Der Große Hase ist Manitou, der diese Gestalt gern annimt.« Keith J. Crowe, *A History of the Original Peoples of Northern Carolina,* Montreal u. London 1974, 43. – Die *Gehörnte Schlange* wird uns begegnen beim großen Aufstand der Muskogee in den 1810er Jahren, unter Tecumseh.

* Daß die ersten sechs Buchstaben der Götterspeise Pocahominy auch den Anfang von Pocahontas bilden, müßte Namensforschern aufgefallen sein; eine Version der Bedeutung ihres Namens, die dies berücksichtigt, haben wir aber nicht gefunden.

** vgl. Strachey, a.a.O., 101ff.

Kinderkoffer, 50er Jahre, The lone Ranger und indianischer Freund Tonto

selben Paradiesen …das rote und weiße erscheinen als miteinander kompatibel oder sogar austauschbar…*

…wer will da Iopassus einfach einen »Verräter« nennen, als er Argall hilft, Pocahontas zu entführen …etwas näher heran ans Weiße Paradies, von dessen Lockungen er offenbar *infiziert* worden ist bei den Blicken in Argalls Schiffsbibel …und von dessen blauen Augen, die die Farbe des Himmels tragen unter dem blauen Baldachin aus Rauch, unter dem sie beide sitzen, und das erste *male bonding* zwischen Weiß und Rot aufglühen lassen in Amerika…

★ Oskar Williams (ed.) beginnt seine Sammlung: *A little treasury of American poetry.*

Strachey als Autor des ersten *male bonding*, von dem 200 Jahre später die Bücher (nicht nur) James Fenimore Coopers handeln, zu einer Zeit, als die »rote Frau« aus der Position der möglichen Geliebten des weißen Pathfinders längst verschwunden ist.

Captain Argall and Iopassus
Had a rather gay affair
Spinning yarns of God's Own Garden
Lit their fire: »Would you dare?
You give me fever!«...

Pocahontas, »kleiner roter Hase«, Götterspeise & Versuchskaninchen *mehrerer* male couples demnach.

...John Rolfes und Pocahontas' *eigene* Freiheit wuchs, wenn überhaupt wo, dann zwischen ihren Tabakstauden, auf *ihrem* Tabakfeld...

17. SCHATZMEISTER UND MILITARY MAN

Pocahontas' Sohn Thomas Rolfe kommt erstmals, in »seine Geschichte« mit Sicherheit nur rudimentär eingeweiht, im Jahr 1635 nach Virginia, 20 Jahre alt, ein richtiger Engländer, von etwas dunklerer Haut. Er tritt dort das Erbe der Ländereien seines Vaters an, 780 ha oder 1700 Fußballfelder groß; 1641 wird er zum verantwortlichen Inspekteur für das Fort Smith, dicht bei Henrico: Captain Thomas Rolfe, knapp 27 Jahre alt; wie John Smith, als er nach Virginia kam.

Warum kam er so spät? 1635 waren anglo-indianische »Herrschaftsplätze« nicht mehr in der Diskussion; das ist das eine. Nach 1622, nach John Rolfes Tod, hätte es von London aus auch keinen Sinn gemacht, aber 1621: John Rolfe im »Zenit« seiner Karriere! War der Kleine mit *sechs* Jahren immer noch zu schwach für die Überfahrt? Kaum anzunehmen.

The chief poets from colonial time to the present day, NY 1952, mit einem ähnlichen Weltschöpfungsmythos der Lenni Lenape-Indianer; abgedruckt in Bilderschrift und einer Prosaübersetzung von C.S. Rafinesque, S.3-9.

Hier liegt ein unenthülltes Dokument in einem der Geschichts-Safes; vielleicht auch nur per Mündlichkeit besiegelt: Thomas Rolfe Pocahontas-Sohn *sollte* 1621ff nicht auftauchen in Virginia; dazu waren die Argall-Gerüchte von der ominösen »Vererbung indianischen Landes« oder indianischer Macht an das Pocahontas-Kind doch zu bedrohlich.* Rolfe wird dem zugestimmt haben, erzwungen oder nicht: vielleicht ist das der Hintergrund seiner nie getrübten Favoritenstellung bei Company-Treasurer Edwyn Sandys, Mann der Schatztruhen und ihrer Geheimnisse. *Treasurer* das Schiff, auf dem Argall Pocahontas entführte...

...niemand kann sagen, an welchem *Fever* The Indian Woman einging in der Taverne am Ufer des Thames River ...vielleicht wußte es der Schatzmeister, der die *Treasurers* auf den Weg schickt ...der die Abrechnungen macht ...während der Bruder die Wörter abzählt und die Silben bei der Ver-Englischung von Ovids *Metamorphosen.*

John Rolfes Bruder, Henry Rolfe, war nämlich *nicht so scharf*, scheint es, auf die anhaltende Dauerverpflegung des kleinen Thomas. Nach John Rolfes Tod stellte er – so die Akten der Virginia Company – einen Antrag auf »reimbursement«, auf Erstattung der Kosten für die Pflege von Thomas Rolfe, zu bestreiten aus der Hinterlassenschaft von John Rolfe. John hatte Bruder Henry nicht bedacht im Testament: nur seine Frau Jane Pierce und seine beiden Kinder, Elizabeth und Thomas – diese etwa zu gleichen Teilen. Und da das Stück Land, das Thomas geerbt hatte, nicht ankam in Form von Geld in London, kam auch nichts zu Henry.

Die Virginia Company stellte sich stur: erst müßten alle ihrer Forderungen an den Verstorbenen beglichen sein ...und natürlich *gab* es welche!! ...ehe irgendwelche Brüder re-imbursed werden könnten ...

»Besagter Mr. Rolfe «, the »said Mr. Rolfe« heißt der tote J.R. in diesem Aktenstück seiner Mutter-Company.

...so geht die Rede, wenns ums Geld geht und der im Grab die Tritte nicht mehr spürt.

* Obwohl legalistisch eine solche Bedrohung nicht vorlag. Der geltenden Matrilinearität nach würden Powhatans *Brüder* ihm als Herrscher folgen, nicht seine Söhne oder Töchter. Wie es dann auch, mit Opechancanough, geschah.

Thomas Rolfes Karriere in Virginia war gleichbedeutend mit einer Verleugnung seiner indianischen Herkunft, schreibt Phillip Barbour, das militärische Siegel auf sein Weiß-Sein. Eine Neugier auf die Leute seiner Mutter lebte aber in ihm. Im Jahr seiner Beförderung zum Captain, 1641, hat er Pocahontas' altem Onkel Opechancanough einen Besuch abgestattet, und dabei, wie er notiert, seine Tante *Cleopatra* getroffen, eine der vielen Halbschwestern seiner Mutter Pocahontas. Niemand weiß, wie sie zu diesem Comic-Namen kam; eine Wanderschauspielertruppe im virginischen Wald muß bei Henrico ein Shakespeare-Potpourri gegeben haben, oder den ganzen *Julius Cäsar,* wobei die ägyptische Indianerin an der Seite des römisch-englischen Imperators gewaltig Eindruck hinterlassen haben wird.

Das hielt Opechancanough nicht ab, 3 Jahre später den nächsten Massakerversuch am Volk seines Großneffen anzuordnen; weniger erfolgreich als der erste und Einleitung seines eigenen Endes. Er wird gefangengenommen und ohne Urteil von einem Soldaten im Fort erschossen. Thomas Rolfe muß 1644 teilnehmen an diesen Aktionen. Ihn

sowohl als Pflanzer wie als Soldat gegen die Population zu stellen, aus der seine Mutter kam, gibt dem Durchstreichen der *mixed population* sein historisches Siegel: Thomas Rolfe wird zu einem Weiße-Rasse-Ableger, er heiratet eine weiße Frau aus Virginias werdender Pflanzer-Aristokratie, Jane Poythress von der »Nachbarfarm«.*

Aus diesem Paar dann: die Pocahontas-Descendants.

17 Wyndham Robertson, *Pocahontas, alias Matoaka, and her descendants, through her marriage at Jamestown, Virginia, in April, 1614, with John Rolfe, Gentleman*; 8. Aufl., Baltimore 1986 (zuerst 1887), 29f.

Venice, Los Angeles, 1996

II Shakespeare on Tour

1. DER STURM. EIN MÄRCHEN

London, 17. September 1610, an der Themse in Southwark, Nähe London Bridge, »allerlei Volk«, ein warmer Spätfrühlingsnachmittag mit Märchenerzähler: Inder oder Indisch aufgemacht, wer weiß das in einer Stadt, die gut 15 Theater sowie echte Inder und Mohren hat, Ägypter sowieso, neben den venezianisch angemalten Taschendieben. Auch »Eskimos« und aus Amerika herübergeraubte »Indianer« ruderten hier schon die Themse rauf & runter, grad fünf, sechs Jahre her, und machtens nicht lang, der Londoner Bakteriennebel, gebraut aus City-Smog, Verschwörerblut und Golfstromdampf, bekam ihnen nicht, manchen Londoner Eingeborenen auch nicht, aber für die war das wenigstens ein *natürlicher* Tod. Der Inder, um ihn herum im Halbkreis gut zwanzig Zuhörer, hob seine Stimme, bewegte sein Seidenkleid, blickte gen Himmel, und –:

»Es war einmal – und ist noch keine 100 Jahre her! – ein Herzog, der mehr als das Regieren seine Bücher liebte – – – –.

Libero war sein Name, und er vergaß sein Volk, die Leute von Milanien, über seinen Büchern. Das Regieren erledigte sein Bruder, der praktische Arturio. Wozu brauchen wir Libero, dachte Arturio, der praktische Mann. Er stieß Libero vom Thron und machte sich selbst zum Herzog von Milanien. Sein Freund Alfonso, der König von Napolis, half ihm dabei; auch der ein Mensch, der lieber jagen ging, als in den tiefen Buchstabenwald.

Arturio hätte Libero gern getötet, – und Mirabella, Liberos kleine Tochter, dazu. Aber zu beliebt war Libero im Land, und zu klein und unschuldig war Mirabella. So ließ Arturio verkünden, Libero habe sich von der Regierung zurückgezogen, um sich der schwarzen Magie, die ihn schon lange angezogen, ganz und gar zu widmen. Die schöne Insel Bermudaz sei Liberos selbstgewähltes Exil.

In Wahrheit ließ er den Herzog und die kleine Thronerbin aussetzen in einem morschen Kahn auf dem Meer. Die See sollte sie verschlingen.

Aber ein günstiger Wind trieb die beiden zu einer sanften Küste. Als erstes, bevor ihr morsches Boot sank, rettete Libero die Bücher, die Gustavo, sein alter Ratsherr, ihm heimlich mitgegeben hatte. Die Insel, auf der sie gelandet waren, lag schön im Blauen, ein unentdecktes Paradies, gesegnet mit Quellen, Früchten, Fisch und Wild. Herzog Libero dankte der göttlichen Vorsehung für ihre Rettung und entdeckte, daß sie nicht allein waren. Ein einziger Indianer lebte auf der Insel. Der Indianer war froh über die menschliche Gesellschaft, die das Meer ihm zugetrieben hatte. Er zeigte ihnen sein Gebiet, die Quellen, den Wald, die Fischbestände. Libero zauberte: er zeichnete das Modell eines Hauses auf ein Papier. Sie sammelten Holz und Steine, und der Indianer half ihm beim Bau.

Libero war froh, keinen der Menschenfresser getroffen zu haben, von denen es nur so wimmelte in den Berichten der Seefahrer, die er gelesen hatte. Erleichtert gab er dem Indianer – den er auch Sonntag hätte nennen können nach dem Wochentag ihrer Landung – den Namen »Herr Kannibale«. Herr Kannibale, der nicht wußte, was das hieß, nahm seinen Namen gerne an. Kannibale, das klang gut. Oft sah er Libero zu, wie er in seinen Büchern blätterte. »Lesen« –: ein mächtiger Zauber. Der Indianer mochte Zauberer. Seine Mutter war eine Zauberin gewesen, die »Hexe Sicoranah«, eine *böse* Zauberin, so hatte sie selbst gesagt. Mächtigere Zauberer ihres Stammes hatten sie hier ausgesetzt, als sie mit ihm schwanger war. Herr Kannibale lernte schnell die Sprache von Libero und Mirabella und bald auch etwas von Liberos Zauber: nämlich, zusammen mit Mirabella, das Lesen.«

– der Erzähler unterbrach sich und nahm einen Schluck Tee aus gereichter hauchdünner Tasse.

»Unterwegs im Wald hört Libero bald darauf ein Jammern in der

Luft. Er sieht sich um, sieht aber niemand. Eine gespaltene Zeder scheint die Quelle des Tons. Er tritt näher und hört es nun deutlich. Ein Fall für seine magischen Künste. Mit Hilfe seines Zauberbuchs macht er die Stimme sichtbar. Vor seinen Augen zappelt ein geflügelter Geist im Spalt. Laßt mich frei, Fürst Libero, fordert der Geist. Woher kennt Ihr meinen Namen? sagt Libero. Aus der Luft, sagt der Geist. Mir erzählt der Wind sowas nicht, sagt Libero. Nennt mir Euren Namen. Ich heiße Zabriel, sagt der Geist. Die Mutter Eures Indianers, die Hexe Sicoranah, hat mich hier eingesperrt. Ich war ihr Diener. Wenn Ihr mich freilaßt, will ich Euch dienen. Bloß kratzen müssen will ich Euch nicht. Ich vertrage nicht die Nähe von Menschenfleisch. Wovon hast du gelebt all die Jahre, fragt Libero. Von der Luft, vom Gesang der Vögel, vom Blütenstaub, von Tautropfen., sagt das geflügelte Wesen. Libero mag ihn, aber er ist vorsichtig. Woran ist Sicoranah gestorben? An einem plötzlichen Fieber, sagt der Geist. Ich gönnte es ihr. Aber das war dumm. Jetzt sitze ich hier in der Falle. Bitte, helft mir heraus!

Libero dachte nach. Er dachte an 1001 Nacht, an den Geist in der Flasche, an den Dieb von Bagdad und ähnliche Geschichten. Dieser »Djin« hier sollte ihm zu Diensten sein, aber nicht nur für drei schnelle Wünsche. Zwölf volle Jahre sollst du mir dienen, sagte Libero, und nichts mit »Bratwurst an der Nase«.

Der Luftgeist verspricht es, und Libero befreit ihn aus seiner Lage. Eine vorteilhafte Tat. Zabriel hat viele Talente. Er kann sich unsichtbar machen, er kann andere Gestalt annehmen, er kann in Sekundenschnelle den Ort wechseln, er kann Dinge bewegen, ohne daß jemand sieht, warum sie sich bewegten, er kann Krankheiten heilen, er kann Krankheiten bringen und er vergißt nie ein Wort von allem, was er hört.

Zabriel ist Libero, seinem Retter und Herrn, treu ergeben, er hilft ihm bei allen Arbeiten und lehrt Libero viele seiner Zauberkunststücke. Der Indianer fürchtet Zabriel sehr, der Luftgeist erschreckt ihn oft mit seinen Streichen. Zabriels Zauberkräfte, der sogar die Winde gehorchen, verwirren ihn. Ein bißchen läßt Zabriel den Indianer dafür büßen, daß er der Sohn der Zauberin Sicoranah ist.

So leben die Vier zehn glückliche Jahre auf der Insel. Mirabella ist eine schöne Prinzessin geworden. Herr Kannibale liebt sie noch mehr als immer schon und er begehrt Mirabella zur Frau. Mirabella weiß nicht recht. Sie kennt nur Herrn Kannibale und ihren Vater. Andere Männer gibt es nur in Liberos Büchern. Ob es die wirklich *gab*? Sie hätte ganz gern den Indianer zum Mann genommen, aber ihr Vater will nichts davon wissen. Du bist eine Herzogstochter, sagt ihr Vater, und Herr Kannibale ein unchristlicher Barbar. Du kannst ihn nicht heiraten. Der Indianer ist sehr traurig – ist er wirklich ein »Wilder«, wie Libero sagt? Aber er fügt sich Liberos Wort, der sonst gut zu ihm ist und immer weiß, was richtig ist und was falsch.

Aber in der Sommerhitze überfällt den Indianer das Verlangen nach Mirabella. Wenn sie ein Kind von ihm hätte – würde ihr Vater ihn nicht annehmen als Mann? Mirabella weiß nicht, was sie tun soll. Sie liebt den Indianer, wie einen Bruder. Aber sie will dem Vater nicht ungehorsam sein in einer so bedeutenden Angelegenheit. Sie wehrt sich gegen den Freund und ruft um Hilfe. Wie der Blitz schießt Zabriel aus den Wolken und wirft den Indianer mit einem Windstoß zu Boden. So bekommt Mirabella kein Kind von Herrn Kannibale.

Der Indianer und das Mädchen lesen jetzt nicht mehr zusammen. Du bist böse wie deine Mutter, die Hexe, sagt Libero. Der Indianer muß jetzt Diener sein, er ißt nicht mehr am Tisch mit ihnen, er muß Brennholz hacken, den Acker umgraben, in einer Hundehütte schlafen und sie nennen ihn nun *Kannibal*, das klingt wie ein Gebell. Mirabellas und Liberos schöne Sprache klingt nun gar nicht mehr schön, Befehle haben keine Musik. Er haßt ihre Sprache, er flucht in ihr, in wildem Milanisch verwünscht er den weißen Herrn, der auf seine Insel gekommen ist, sie ihm zu nehmen.

Wäre da nur nicht Zabriel gewesen! Den alten Libero, nur stark in seinen Büchern, hätte Kannibal leicht töten können. Aber wenn er nur einmal aufmuckt, wird er von Zabriel verprügelt und bestraft mit Ohrensausen. Die Geister der Luft und des Himmels sind nicht auf seiner Seite. Er, dem die Insel gehörte, ist nichts mehr hier als Sklave und Knecht.

Da kommt ein stattliches Schiff an der Insel vorüber, an Bord die Gäste einer großen Königshochzeit. Das Schiff hat im Sturm seinen Kurs verloren. Zwei große Herrscher sind an Bord. Der eine, König

Alfonso von Napolis, hat seine Tochter Clarinda dem König von Sallammbia in Afrika vermählt. Dadurch soll Frieden herrschen zwischen den Höfen von Napolis und Sallammbia. Der andere ist der Herzog Arturio von Milanien, Liberos Bruder – der finstere Mann. Arturio war gegen diese Hochzeit gewesen – so belauscht es Zabriel. Unsichtbar sitzt er in den Segeln und hört ihre Gespräche. Arturio bedauert die schöne Clarinda im Hochzeitsbett des Afrikaners, des barbarischen Schwarzen. Dies sagt er aber nur, wenn ihr Vater, König Alfonso, nicht in der Nähe ist und ihn hören kann. Er spricht so zu Sebastian, König Alfonsos Bruder.

Ein dritter Edler, Fernando, König Alfonsos Sohn, interessiert sich nicht für ihre Gespräche. Er sitzt an der Reling, denkt nach und sieht aufs Wasser. Er ist sehr schön, berichtete Zabriel Libero. Und spricht nur mit Gustavo, Alfonsos Ratgeber. – Worüber? – Über Bücher sprechen sie, sagte Zabriel.

Herzog Libero schlug das Herz. Dies Schiff trug seinen eigenen Bruder auf die Insel zu, Arturio, der ihm seinen Thron gestohlen, der ihn und Mirabella ausgesetzt hatte. Auch sein Helfer, der König Alfonso von Napolis, war an Bord. Dies ist göttliche Vorsehung, sagte Libero, ein Zeichen, daß unsere Gefangenschaft auf dieser Insel bald zu Ende ist. Und Libero macht einen Plan...

Gott hilf uns, ein neuer Sturm!, schrien der König und seine Leute auf dem Schiff, als bald darauf Zabriel seine Zauberwinde durch ihre Masten jagt. In hohen Wogen kommt das Wasser über das Deck des königlichen Schiffs: Wir ertrinken! Wir ertrinken! – Alles deine Schuld, verdammter Alfonso, denkt der grimmige Arturio. Warum hast du die schöne Clarinda einem Mohrenkönig zur Frau gegeben!

Mach einen schönen Schiffbruch, – das ist Liberos Auftrag an Zabriel. Dann spül sie an Land. Sie sollen glauben, ihr Schiff sei untergegangen.

Aber natürlich soll das Schiff heil bleiben, denn mit ihm will Libero zurück nach Milanien. Ich kann sie alle ins Wasser spülen und ertrinken lassen. Dann haben wir das Schiff!, schlägt Zabriel vor. Nicht doch! sagt Libero. Ich will mein Herzogtum von Arturio zurück. Er muß es mir selber geben. Bring sie mir lebend an Land.

Zabriel treibt das Schiff in die Nähe des Ufers. Er bläst die Wogen hoch, daß alle in Todesangst beben, dann spült er die ins Wasser, die Herzog Libero an Land befohlen hat. Das Schiff läßt er in ruhiges Wasser treiben, dann hilft er jedem ans Ufer. Er trennt sie dabei voneinander. Fernando setzt er ganz allein an den Strand. Die andern sollen glauben, der Königssohn sei ertrunken. Und Fernando soll glauben, daß er allein gerettet sei. So hat Libero es befohlen und so führt der Luftgeist es aus.

Zabriel glüht vor Eifer. Libero will ihm die Freiheit wiedergeben, sobald sie die Insel mit dem königlichen Schiff verlassen. Das Schiff liegt in einer Bucht vor Anker, die Mannschaft hat Zabriel in einen tiefen Schlaf versetzt. Die braucht Libero nicht beim Spiel mit Arturio, seinem bösen Bruder, und Alfonso, dessen schmählichem Freund.

Glücklich dem Tod entronnen und an Land gekommen, zeigt sich unter den Geretteten, von welcher Art jeder Einzelne ist. Herzog Arturio, voll Wut über seinen Freund, den König Alfonso, sagt nun offen:

der Schiffbruch ist eine Strafe. Es ist Gott nicht gefällig, daß der Afrikaner mit Clarinda gescheckte Kinder zeugen wird. Gott straft uns mit seinem Zorn.

Alfonso, in tiefer Trauer über den Tod seines Sohns Fernando, den er ertrunken glaubt, ist viel zu erschöpft und müde, um zu antworten. Er dankt Gott für ihre wundersame Rettung aus der See, betet für seinen Sohn, legt seine Kleider zum Trocknen aus und schläft ermattet ein. Neben ihn legt sich sein Ratsherr Gustavo, der immerzu an Herzog Libero und seine Tochter denken muß, die er damals, wider Willen, ausgesetzt hat auf dem Meer. Denen war es sicher schlimmer ergangen als ihnen. Wenn schon Strafe, dann *dafür*, denkt er. Er seufzt tief und schläft ebenfalls ein.

Kuck, sie schlafen!, sagt Sebastian. Du hast recht, Arturio. Dies ist die Strafe Gottes für Alfonsos Frevel. Hätte er Clarinda doch dir gegeben, oder sonst einem Mann aus europäischem Geschlecht.

Und nur du kannst etwas daran ändern, sagt Arturio.

Wie meinst du das? sagt Sebastian. Er ist, wie Arturio, kein bißchen müde, das Bösesein hält sie wach.

Nur du kannst Gottes Zorn besänftigen, flüstert Arturio. Gott hat Alfonso in den Schlaf geschickt, damit du ihn bestrafen kannst. So wie damals ich meinen Bruder Libero. Er hat das Land nicht regiert. Ich habe ihn, mit Hilfe Alfonsos, vom Thron gestürzt. Dann wollte es Gottes Ratschluß, daß er im Meer ertrank. Mir selbst ist nichts Schlechtes widerfahren seitdem. Gott war meine Tat wohlgefällig. Nun ist die Tat an dir. Du selber mußt jetzt König sein. Hier, nimm das Schwert. Er schläft, um nie mehr zu erwachen.

Wenn er tot ist, erbt Clarinda den Thron, sagt Sebastian, noch zögernd.

Die ist weiter weg als die Neue Welt, lacht Arturio. Nur der Wind ist Zeuge. Und der bringt keine Post.

Das überzeugt Sebastian. Er richtet das Schwert auf Alfonso und will gerade zustoßen, da schlagen die Schlafenden die Augen auf und starren erschreckt in die Runde. Das ist Zabriels Werk. Er steht dicht dabei, hat alles gehört und weckt die beiden schnell mit einem Knacken im Ohr.

Was gibt es? Was ist los? Was stehst du da mit dem Schwert in der Hand? fragt Alfonso seinen Bruder.

Habt ihr es nicht gehört? antwortet Arturio für den Ertappten. Da war ein lautes Gebrüll im Wald, wie von zehn Löwen, und fürchterliches Bärengebrumm. – Davon müßt ihr wach geworden sein, meldet Sebastian sich zurück.

Ich hörte etwas knacken, sagt Alfonso, vielleicht sind hier wirklich wilde Tiere. Wir müssen jetzt alle wach und auf der Hut sein. Oder sind es etwa Indianer? Sollte es hier Kannibalen geben?

So sitzen sie da, die Hand am Schwert, und lauschen in die Stille. Aber nichts rührt sich. Das ist unheimlich, sagt Alfonso. Gustavo, du kennst so viele Geschichten. Erzähl uns eine. Dann ist es nicht so still. Und lassen wir unsere Waffen offen liegen. Das schreckt die Angreifer, falls welche in den Büschen lauern.

Gustavo, selbst voller Angst und froh über diesen Auftrag, fängt gleich mit dem Erzählen an. Er wählt seine Lieblingsgeschichte. Eigentlich ist es keine richtige Geschichte, mehr eine Phantasie, wie Leute sie haben, die selber nicht regieren, sich aber Gedanken machen, wie es zugehen soll im Staat und mit den Menschen. »Zu Hause« hätte er sich nie getraut, sie vor Herzögen oder Königen vorzutragen, aber dies ist vielleicht der richtige Moment. Auch seine *Herrschaften* sitzen angstschlotternd und machtlos da wie er selber; und so erzählt er seinen Traum von einer Insel des Friedens, der fertig in seinem Kopf liegt, und er erzählt ihn so, als spräche er von dieser Insel hier, auf der sie vor wenigen Stunden gestrandet sind.

Stellt euch vor, sagt er, diese Insel ist bewohnt, aber sie ist bewohnt von den friedlichsten Menschen der Erde…

…wär ja schön. Wo sind sie, ich habe Hunger, seufzt Alfonso.

…und ich wäre ihr König, und alle verhielten sich nach meinen Gesetzen, setzt Gustavo fort.

Was maßt er sich an, knurrt Arturio, ärgerlich, die beiden alten Trottel noch am Leben zu sehn. Ach, laß ihn, sagt Alfonso, dessen Anspannung sich langsam löst, es sind nur Worte, und du weißt keine besseren zu machen.

Zabriel, die ganze Zeit unsichtbar dabei, lächelt in sich hinein. Hier werde ich nicht mehr gebraucht, sagt er zu sich mit unhörbarer Stim-

›Spanier, darunter Mönche werden von den Indianern getötet‹, Kupferstich, T. de Bry, um 1600

me, spannt seine Flügel aus und schwirrt davon. Er hat noch mehr zu tun.

Ihr alle kennt die Geschichten vom *Goldenen Zeitalter*, hebt Gustavo an, dem schönsten irdischen Zustand, den wir uns vorstellen können, übertroffen nur von Gottes Paradies im Himmel selbst« – – –

– – – der Märchenerzähler hielt kurz inne. Diese himmlische Stelle war ein guter Moment, zu kassieren. Mit einer leichten Handbewegung rief er den Zuhörern den Seidenteppich zu seinen Füßen in Erinnerung; einige Münzen fliegen auf ihn nieder, aber die meisten warten noch mit der Bezahlung. Einer der Zuhörer, ein Herr in Schwarz, mit schwarzen Augen und klugen Gesichtszügen, hat ein Buch hervorgezogen und zu blättern begonnen. Da ist die Stelle. Lächelnd liest er mit, während der Inder fortfährt – – – »Das *Golden Age*«, läßt er Gustavo sagen,

»das *Golden Age* ist gar nichts gegenüber dem, wovon ich euch jetzt erzähle. Wenn Plato und der große Ovid noch lebten, was ich sehr wünschte, dann würde ich, als König *dieser* Insel zu ihnen sagen: »Hier lebt ein Volk, das keinen Handel führt und auch gar keine Kriege. Es gibt keine komplizierten Gesetze, die nur die Juristen verstehen, es gibt überhaupt keine Schrift, kein Rechnen, es gibt auch keine Vorgesetzten in Stadt und Staat. Niemand ist hier Diener, alle sind gleich und frei. Es gibt auch keine Reichen und keine Armen, der Boden und seine Früchte gehören allen, es gibt keinen Besitz und keinen Beruf, der einen zur Arbeit zwingt. Auch keine Rangordnung in der Familie und in der Kleidung, es gibt überhaupt keine prunkvolle Kleidung«...

Da wäre jeder wie ein König, schöne Scheiße, denkt Arturio, der wider Willen doch zugehört hat...

»...es gäbe auch keinen Ackerbau«, schwärmt Gustavo, von der eigenen Rede entflammt, »keine Getreidekultur, nur eßbare Früchte an den Bäumen überall, kein Wein und Bier, um sich zu betrinken! Und dann erst die Menschen! Begriffe wie Lüge, Verrat, Heuchelei, Geiz, Neid, Verleumdung, Verzeihung bedeuten ihnen rein gar nichts. Man kennt diese Wörter nicht einmal. Verzeihen muß niemand etwas, weil es die böse Tat hier nicht gibt.«

Er macht eine Pause.

»Müßte Ovid nicht zugeben«, ruft er dann laut, »daß sein Paradies bei weitem nicht so vollkommen ist wie die Naturgesellschaft der Indianer, die wir hier vorfinden! Hier sind die Menschen noch so, wie sie hervorgegangen sind aus Gottes Hand. Nichts von unserer Unnatur hat sie erreicht und verdorben.« – Dies rief er auch in den schweigenden Wald hinein, aus dem kein Ton hinausdrang: in der Hoffnung, die Wilden könnten ihn hören (und verstehn).

Ach, kalter Kaffee, murrt Arturio. Er denkt an das wundersame heiße Getränk, das sie in Tunis bekommen hatten: den ersten Kaffee seines Lebens, eine wunderbare Berauschung. Afrikanischer Mokka in Sallammbia, das ist sein goldener Wunsch im Moment. *Utopisch.* Sonst kann »der dunkle Kontinent« ihm gestohlen bleiben.«

Marc. Gerar. inuen. AMERICA *Phls Galle excud.*

– – – der Herr in Schwarz unter den Zuhörern klappte sein Buch an dieser Stelle zu: die Essays des Franzosen Michel Montaigne, die er seit einiger Zeit mit sich herumtrug; ins Englische übersetzt von seinem Freund John Florio. Sieh mal an, dachte er, ein belesener Mann, dieser »Inder«. Gustavos Rede vom *Golden Age* stand Wort für Wort in Montaignes Essay »Über die Kannibalen«. So bezieht man seine Stoffe – – –

Der Inder ist inzwischen fortgefahren, mit Sebastians Einwänden gegen Gustavos Geschichte:

»Du weißt ja selbst nicht, was du erzählst. Willst König dieser Insel sein, und sagst dann, hier gibt es gar keinen König. Und auch sonst keine Herrschaft. Der Arsch deiner Geschichte kennt ihren Kopf wohl nicht.

Gut gesprochen, lacht Arturio – der natürlich weniger Angst hat als Alfonso und Gustavo; denn das Löwen- oder Indianergebrüll, das mit dieser Erzählung gebannt werden soll, ist schließlich nichts als seine Erfindung. Was versteht schon ein Gustavo vom Staat und vom Herrschen? – schließt er dieses Kapitel. Kaum seid ihr in einer Wildnis gestrandet, da phantasiert ihr schon vom Paradies, mit lauter Paradiesmenschen drin. Und – zu sich selbst: blödes, kindisches Pack! – Damit schläft nun *er* ein.

Zabriel ist nicht faul unterdessen. In der Gestalt einer Wassernymphe in den Wellen tanzend, lenkt er die Schritte Fernandos, der gebannt der Nymphe folgt, in die Richtung von Liberos und Mirabellas Hütte. Sein Auftrag: dem Prinzen Fernando die Prinzessin Mirabella zu zeigen; und zwar Mirabella allein. Fernando soll von Liebe ergriffen werden beim Anblick ihres schönen Bilds, und ebenso soll sie entflammen beim Anblick des seinen: des schönen strahlenden Königssohns. Dann würde König Alfonso nicht länger ihr Feind sein. Und Arturio, nun isoliert, wird Libero sein Herzogtum zurückgeben müssen.

Da taumelt Fernando auch schon auf die Lichtung vor dies unerwartete Haus. Er ist erst der dritte Mann, den Mirabella sieht in ihrem Leben. Er ist noch nicht ganz sichtbar, da ist sie schon verliebt. Sie ist *nicht* das dritte Mädchen, das er sieht in seinem Leben, eher das tausendunderste, aber das allerschönste, das er je gesehen hat. Seine Wim-

pern schlagen zweimal ungläubig, und dann ist er verliebt.

Gibt es hier Gespenster? Ist dies eine Erscheinung?...

...ein wirklicher Mann?

...ein wirkliches Mädchen?

...wenn dies ein wirkliches Mädchen ist und sie ist noch frei, so mach ich sie zur Königin von Napolis, ruft Fernando. Auf dem Regenbogen seines ersten Blicks rollen die Worte zu ihr herüber, rollen in sie hinein und ihre Zustimmung rollt zurück auf dem Bogen ihres Blicks, dessen Pfeil sich tief senkt in sein gestrandetes Herz.

Dies geht Libero nun viel zu schnell. Er hat keine Tochter zu verschenken, er hat eine Tochter zu vergeben, als Preis. Und dieser Preis muß erst errungen sein. So donnert seine Stimme hinein in die Versunkenheit der Verliebten: Was willst du sein? Der König von Napolis? Ich *kenne* Alfonso, den König deiner Stadt. Der bist du nicht. – Ach, ich bin sein Sohn Fernando, und ich sah ihn sinken in den Wellen. Mit diesen eigenen Augen, die seither überflutet sind und nicht so schnell die Ebbe finden werden. Ich bin jetzt Napolis.

Dies mußt du mir erst beweisen, weist Libero ihn ab. Sonst ist es eine Anmaßung. Gibt es denn nur Meuterer auf dieser Erde?

Ach, Vater, wirft Mirabella sich dazwischen, was sprichst du so harsch mit diesem Engel. Sie wäre bereit, ihr Leben zu geben, den schönen Mann, der mit dem Sturm vom Himmel geregnet ist, vor ihrem grimmigen Vater zu schützen.

Aber vergeblich. Ihr Vater legt Fernando in Ketten. Dieser, sein Schwert gezogen, läßt die Gefangennahme reglos über sich ergehn – das hat wieder Zabriel getan; er muß verhindern, daß der verliebte Heißsporn den Schwiegervater womöglich töte.

Herr Kannibale ist nicht zugegen. Libero hat ihn verdonnert zum Holzmachen im tiefen Wald. Keinesfalls darf er die Szene stören, wo Fernando und Mirabella getroffen werden vom Liebesblitz. Um Kannibal im Wald zu halten, hat Zabriel ihm Gesellschaft geschickt: den Hofnarren und einen Diener Alfonsos, zwei Herrn mit den Namen Zinker und Trinker. Die beiden stolpern, von Zabriel geleitet, jeder für sich allein im Wald auf Kannibal zu. Nun entfesselt Zabriel einen Regenguß, der Indianer, froh über die Arbeitspause, sucht Schutz unter einer gegerbten Tierhaut. Um ebenfalls nicht naß zu werden, kriecht Hofnarr Trinker, der den Regen fürchtet wie sonst nur eine trockene Kehle, mit unter. Gleich danach stößt Zinker hinzu und studiert dies merkwürdige Tier, aus dem vier Beine herausragen. Das Tier stinkt. Und Zinker denkt:

Ein Stinktier, ein verfaulter Fisch? ...den Füßen nach ein toter Indianer ...zwei tote Indianer...

Dies denkt Zinker laut. Er zieht an einem Fuß, und es kommt zweierlei hervor: etwas, das er noch nie gesehen hat und etwas, das er sehr gut kennt: ein *lebender* Indianer und daran hängend sein bester Freund Trinker. Der lebende Indianer – das ist ein Wunder! – spricht fließend ihre Sprache. Gefragt, woher, erzählt Kannibal den neuen Freunden von Libero und Mirabella. Trinker zieht die Flasche hervor, frisch gefüllt aus dem vollen Weinfaß, das Zabriel mit Bedacht in seiner Nähe an den Strand gespült hat. Sie geben dem Indianer zu trinken, und Kannibal ist, wie es sich gehört, sogleich betrunken. Vom Wein berauscht, erzählt er, wie sehr er seinen Herrn und Meister haßt, und wie die schöne Mirabella ihn, den häßlichen Wilden, verachtet.

So sind wir fünf auf dieser Insel, zählt der Hofnarr an den Fingern seiner linken Hand. Aus fünf Leuten kann man einen Staat machen.

Drei von den fünf sind wir, sagt Zinker, und klappt zwei Finger ein. Sind das nicht einer mehr als zwei?

Richtig. Die Drei werden über die Zwei herrschen, sagt der Hofnarr. Sie geben sich die Hand und beschließen, die Herrschaft über die Insel zu übernehmen.

Vom Luftgeist Zabriel, der auch noch da ist, hat Kannibal den beiden nichts erzählt. Er will ihnen ja nicht Angst machen. Trunken vom Wein und von der kommenden Revolution bricht er in einen Gesang aus: »Ka-Ka-Kanni-bal hat einen neuen Herrn«. Zinker gefällt das Lied. Er, der Diener Alfonsos, wird hier König sein. Zusammen mit dem *Wilden Mann* werden sie das schaffen!

Am Nachmittag schläft Libero, sagt Kannibal. Das ist die beste Zeit ihn zu töten. Schlagt ihm den Schädel ein. Mit einem Holzscheit. Aber zuvor verbrennt seine Bücher. Denn ohne Bücher ist er nichts. – Dann bekommt auch die schöne Mirabella endlich einen Mann, freut sich Zinker, und denkt an sich: Wir töten diesen Libero. Ich werde König, seine Tochter wird Königin sein. Und du, Trinker, und du, stinkender Indianer, ihr beide werdet meine Vizekönige!

So bekam Kannibal einen neuen Herrn.

Und Libero hat einen neuen Diener: Fernando, der Königssohn, muß arbeiten in Liberos Haus, Scheite schleppen, Holz aufschichten, welch Jammer für die zarten Hände.

Mirabella dauert dies. Sie will ihm helfen, aber Fernando lehnt ab. Zwar ist er ein Königssohn mit zarten Händen, aber er ist gesund und er *kann* arbeiten, wenn er muß. Glänzend besteht Fernando die erste der Prüfungen, die Libero für ihn ersonnen hat.

Nichts von diesem Prinz & Prinzessin-Idyll ahnend, ziehen an diesem Frühsommernachmittag des Jahres 1601 – es ist das erste Jahr des Neuen Jahrhunderts der *Neuen Welten* und *Neuen Menschen* – zwei böse Gruppen über die schöne Insel Bermudaz. Sie wissen nichts voneinander, aber beide tragen Mord im Herzen. Herzog Libero soll sterben von Zinkers Hand. König Alfonso und sein treuer Ratsherr Gustavo von Sebastians und Arturios Hand. Die beiden haben ihr Vor-

›Dagobert und das Goldene Vlies‹,

haben nicht aufgegeben. Sobald es dunkel ist und der König und sein Ratsherr schlafen, soll der Mordanschlag gelingen.

Aber noch kommandiert König Alfonso ihren Weg. Alfonso hat befohlen, nach Überlebenden des Schiffbruchs zu suchen. Ganz hat er die Hoffnung, Fernando doch noch unter den Lebenden zu finden, nicht aufgegeben. Aber sie wird geringer und geringer. Der Abend naht und es gibt keine Spur.

Aber eine Musik ist plötzlich in der Luft, merkwürdige leichte, schöne Klänge, gespielt von unsichtbarer Musikerhand. Vorsichtig folgen sie ihrem Klang.

Und mehr als Musik ist da. Sind da nicht Gestalten, die am Rand einer Lichtung umherhuschen? Ist da nicht ein Tisch mit Speisen und Getränken aufgebaut?

Fast wie lebendige Puppen, ruft Sebastian, funny animals. Ein arabischer Phönix ist auch dabei.

Ein Wunder! – bringt Arturio es auf den Begriff. Daß es Einhörner gibt, glaub ich jetzt wohl!

Ja, und die Riesen Patagoniens!

Ich hab es euch oft gesagt, triumphiert Gustavo, und ihr habt es nicht glauben wollen. Aber ich sage Euch: nie log ein Weitgereister, auch wenn daheim die Dummen ihn verdammen! Was aufgeschrieben steht – das alles gibt es unter Gottes Himmeln! – Gustavo kennt sich

aus mit Hakluyts Berichten der Weitgereisten, mit allem, was in Napolis gedruckt worden ist seit Entdeckung der *Neuen Welt* durch Christophoro Colon. Hautmenschen in Südamerika! Mit Hautlappen an den Füßen, so groß, daß sie den ganzen Fuß, wie in einen Schuh, darein einwickeln können!

Tiermenschen! ...Geisterwesen!... Und ein gedeckter Tisch! ... Mit Musik aus den Wolken!...

Arturio und Sebastian haben einen riesigen Hunger und machen sich gegenseitig Mut. Sie – zwei gestandene Realpolitiker – glauben nicht an Gespenster, irgendwer wird diesen Tisch da gedeckt haben ...Aber schließlich tragen sie ja ein Schwert...

Schritt für Schritt nähern sie sich der gedeckten Tafel, die da am Waldrand wie durch Spuk vor ihren Augen aufgebaut ist. Sie wollen sich gerade setzen, da erscheint ihnen eine Harpyie: ein Wesen, halb Mensch und halb Huhn mit Riesenflügeln ...aus Homers Odyssee der Welt auch als Sirene bekannt.

Die Harpyie stößt einen schrillen Schrei aus und schlägt mit ihrer Kralle auf die Tafel. Die Tafel verschwindet sofort und der König von Napolis und der Herzog von Milanien stehen starr vor Schreck. Sie erwarten, daß nun ihr Schicksal auf sie herabfährt, sie ihren Taten gemäß zu bestrafen, denn dies ist eine Zauberinsel, soviel ist nun gewiß. Die Luft ist voll mit fürchterlichen Geräuschen wie Wogengebrüll und tiefen Orgelpfeifen, – Zabriels Werk.

Mir ist, als hörte ich den Namen Liberos darin rufen, flüstert Alfonso. Darum liegt mein Sohn jetzt auf dem Meeresgrund. Hört, Arturio und Sebastian, man kennt hier unser Verbrechen, das so lange zurückliegt. Hört ihr es nicht im Windgebrüll?

Und alle drei stehen bleich und starr.

Die drei verzweifeln, sagt Gustavo zu sich selbst. Ihre große Schuld, wie Gift, das erst nach langer Zeit wirkt, beginnt, ihren Verstand zu fressen. Ich muß ein Auge auf sie haben, daß sie sich nicht gegenseitig etwas antun.

Auch Trinker, Zinker und Kannibal hören die merkwürdigen Geräusche in der Luft. Sie folgen ihnen nach, obwohl der Indianer einen kürzeren Weg zu Liberos Haus weiß. Die lockenden Klänge führen sie durch ein brackiges Gewässer, bevor sie Liberos und Mirabellas Hütte erreichen. Zinker und Trinker verfluchen laut den Indianer. Er ist Schuld an ihren nassen, stinkenden Kleidern.

Zabriel ist vorausgeeilt und hat frische Kleider vor der Hütte aufgehängt: einen alten Königsmantel von Libero ...ein Königshemd ...Rüschen ...Kleider, wie Schauspieler sie tragen, wenn sie einen König spielen ...er hat auch Zepter und eine Messingkrone dazugelegt.

Zinker und Trinker sind hingerissen. Schnell schlüpfen sie aus ihren stinkenden Klamotten in die Königskleider hinein, der wütende Kannibal kann bitten und flehn: so betrunken und glücklich sind sie in ihrem Outfit, daß sie ihren Mordplan vergessen: Ich bin jetzt König, und ihr meine beiden Vizekönige, lallt Zinker. Aber – zu Kannibal – wie siehst du denn aus? Hier, zieh dies an! Sieht aus, wie der Schlafrock von Northumberland...

Macht erst den Mord! Dies ist nur Trödel!, ruft Kannibal. In Affen wird er euch verwandeln, wenn ihr euch nicht eilt! – Was Affen! Denk lieber an unsre Weinflasche, die wir verloren haben im Sumpf. Die holst du uns da heraus, Untier, so König Zinker, und Trinker folgt ihm nach. In ihren wehenden Königskleidern treiben sie den armen Kannibal vor sich her auf den Sumpf zu. Zabriel schickt den Dreien noch das Geräusch hetzender Hunde hinterher. Fluchend und stolpernd verschwinden sie im Wald.

Recht so, lacht Libero. Er betritt die Szene in Erwartung des großen Moments, des größten: jetzt wird Zabriel ihm Arturio zuführen, seinen verräterischen Bruder, und Alfonso, seinen Helfer ...beide

Jamestown-Personal, Disney, Poca, 1995

schon heftigst von Furien geplagt...

– hier unterbrach sich der indische Märchenerzähler und blickte hinauf in den Londoner Spätnachmittagshimmel. Eine schwere Dosis *English rain* stand kurz vorm Niedergehn; nichts für den eleganten Erzähler im kunstvoll gewickelten Turban. Genug für heute, sagt er, und macht eine Verbeugung in Richtung des Teppichs. Schnell nimmt er die Pennies an sich, die seine Zuhörer auf das Tuch werfen, und tritt zurück in den Torbogen. The English rain erreicht English ground. Mit schnellen Schritten verschwindet der dunkle Mann in den Windungen des Londoner Red Light Districts, im Volksmund auch »die Bermudas« genannt.*

★ Aus Ben Jonsons Komödie *The Bartholomew Fair,* uraufgeführt am 31. Okt. 1614, erfahren wir Näheres: das große Londoner Vergnügungsviertel am westlichen Ende des *Strand* wurde »nach der Insel der Teufel, Hexen und Piraten« schon früh ›Bermudas‹ genannt – wegen der in dem Gewirr enger Gassen lauernden Gefahren aller Art (II,1,

Seine Zuhörer, Tagediebe, Zuhälter, Prostituierte, Kneipenbedienungen, Schauspieler auf dem Weg zu ihren abendlichen Vorstellungen, verschwinden in den umliegenden Gaststätten oder an ihren Arbeitsplätzen, jeder damit beschäftigt, sich selbst einen Schluß für die Geschichte des Inders auszudenken, ...»Liberos Rache« ...»Wie hat er die Bösewichter bestraft?« ...»Wie sind sie zurückgekommen nach Milanien?« ...»Und was wird aus Herrn Kannibale?« Interessante Geschichte...

Der Zuschauer in Schwarz mit weltberühmter Halbglatze, glatten hängenden Haaren und Spitzbart darunter, versucht, den Inder im Blick zu behalten. Aber im Gastraum des *Queen Elizabeth Inn*, hinter deren Tür er geglaubt hatte, ihn wegtauchen zu sehen, ist keine Spur von indischem Gewand und Tüchern. ...er hat sich in Luft aufgelöst ...freigelassen wie der Luftgeist Zabriel.

Wahrscheinlich ist er gar kein Inder, sondern ein verkleideter Schauspieler, der sich als Orient-Onkel das nötige Geld für die Nacht verdient, denkt Shakespeare und ordert ein Glas spanischen Wein. »Zabriel« ...klingt reichlich nach Gabriel mit etwas Zeder drin ...*Ariel* könnte ich ihn nennen ...gibts irgendwo bei Jesaja ...der Löwe des Herrn ...Jerusalems Verdammung und Erhöhung ...und im Buch Ezra ist es der Engel, der die gefangenen Juden aus babylonischer Gefangenschaft heimführt ...paßt gar nicht schlecht ...in Richtung*: Wir bauen das Neue Jerusalem.*

»Ariel, Luftgeist« – Shakespeare beginnt zu schreiben. Aus Libero macht er Prospero, »rechtmäßiger Herzog von Mailand«, Arturio mutiert zu Antonio, »his brother, the usurping Duke of Milan«, und aus Alfonso wird Alonso, King of Naples, als Mr. Shakespeare - den einige Unbelehrbare immer noch für »in Wahrheit Mr. Francis Bacon« halten – in den nächsten Wochen daran ging, die Erzählung des Inders in Ver-

II,6 und III,3). In einem anderen Jonson-Stück heißen die Bermudas »Isle of the Devils«. Ein Richter bei Ben Jonson, als er über die Londoner *Bermudas* meckert, charakterisiert sie so: »Wo man die Zeit sündig verbringt, mit bottle-ale and tobacco« (II,6). Ein ›Inselreich‹ also vor der eigenen Haustür, in dem der gestrandete Landmann die »Teufel, Hexen und Piraten« als Zuhälter, Huren und Gastwirte antreffen konnte. Erst 1829, als der Trafalgar Square angelegt wurde, wurde das Londoner *Bermuda-Dreieck* trockengelegt.

Thomas H. Benton, *Arts of the West*, 1932, Mural

se zu setzen. Zum Stück, das das letzte wurde, das er noch fertigbekam: *The Tempest – Der Sturm.*

Die Königstöchter Mirabella und Clarinda tauschen ihre Silben und werden Miranda und Claribel … letztere zu verheiraten einem afrikanischen König, dem »King of Tunis«. Aus Gustavo wird Gonzalo, Fernando wird Ferdinand, aus Trinker wird Trinculo, für Zinker fiel Shakespeare nichts ein, er vergaß ihn zunächst, aus der Hexe Sicoranah wird die Hexe Sycorax,* und nun ist noch Herr Kannibale übrig, wie der Inder den Indianer genannt hat, bzw. Kannibal, das hatte Shakespeare am besten gefallen. Er lächelt, und sieht gleich gedruckt vor Augen, was die Anagramm-Maschine in seinem Kopf auswirft: Caliban für Cannibal, das wars.

Die Figur des Indianers war es überhaupt gewesen, die Shakespeare unter den Zuhörern gehalten hatte an jenem Tag. Amerika, genauer gesagt, die Kolonie *Virginia,* von der ganz London sprach, ging seit Monaten in seinem Kopf herum. Alle waren ganz durchgedreht mit *Neuer Welt,* neuen Reichtümern und »neuen Menschen«. Einige verrückt gewordene Priester vom St. John's College in Cambridge wollten

★ schriebe man sie »Psychorax«, spräche sie sich genauso.

›Patagonischer Riese‹, mit Fellmantel bekleidet; so schon bei Maghellan

die Indianer, »edle Wilde, nur etwas zurückgeblieben«, »im Kindersta-dium«, kultivieren und taufen.

Very funny …*hier* müßte erst mal kultiviert werden, denkt Shakespeare. Die Londoner Barbaren ...auf Taufe könnte man verzichten dabei ...nicht aber auf die Kunst *meiner Truppe,* auf das Theater, die Worte, das Gedicht ...die Magien der *Alten* Welt.

Auf *Cannibals* waren die Leute dabei ganz wild, wie er eben wieder festgestellt hatte am *Globe.* Shakespeares Truppe, *The King's Men,* hatte grad wieder den *Mucedorus* ins Repertoire genommen, ein älteres Stück mit einer Abart des berühmten »Wilden Manns« ...das Publikum war begeistert ...*Autor unbekannt*! ...seit 1590 going strong ...und so was lief!*

»Cannibals!«

2. GO WEST! STAY AT HOME!

Zu Cannibals hatte man heute doch ganz andere Möglichkeiten als so einen Rübezahl aufzutischen: America – nicht böhmischer Wald! Obwohl auch zu Amerika eine Menge Märchen im Umlauf waren. Ein besonders tolles hatte Shakespeare in Michel Montaignes Essays gefunden; die Phantastereien von der »indianischen Urgesellschaft«, Brasilien, Südamerika, die der Inder so geschickt in *sein* Märchen eingebaut hatte. Montaigne selber stützte sich auf die Schriften einiger französischer Missionare und auf ein paar mündliche Indianer, die ausgestellt gewesen waren in der halb-bretonischen Stadt Rouen. Montaigne mit Dolmetscher! Zum Lachen...

Shakespeare war unter den ersten Lesern, als Montaignes *Essais* 1603 in London erschienen. John Florio selbst hatte ihm ein Exemplar überreicht. Die Passage des »Inders« aus Montaignes Essay *Of Canni-*

* Queen Elizabeth selber hatte sich an der Mode der Aristokratie beteiligt, die eigenen Wohnräume in den 1590ern mit Übersee-Objekten zu exotisieren. Als der Basler Medizinstudent Thomas Platter im Sept. 1599 London besuchte und dabei Whitehall besichtigte, zeigte man ihm in diesem Schloß »ein Indianisch Bett, mit einem Indischen Umhang, auch einen Indianischen Tisch«, Dinge, die die Queen in Benutzung hatte – wobei unter »Indianischem Bett« wahrscheinlich *Hängematte* zu verstehen ist und unter »Indischem Umhang« so etwas wie *Mosquitonetz.* (Vgl. Robert Harcourt, *A relation*

bals★ hatte er sich angestrichen. Fast wörtlich findet sie sich 1611 in *The Tempest* wieder. Als des Ratsherrn Gonzalos Utopie-Rede vom »natürlichen Indianerstaat ohne Herrschaft«:

Gonzalo:
Ich wollt im Lande alles anders machen:
Keine Art Handel würd ich erlauben,
Auch nicht Beamte. Bildung gibt es keine,
Nicht Arm und Reich, und auch nicht Dienstbarkeit.
Auch nicht Vertrag und Erbschaft, Landumzäunung,
Nicht Ackerbau, nicht Weinbau, nichts davon;
Weder Metall, noch Öl noch Korn würde man brauchen
Und auch kein Handwerk. Alle Männer müßig;
Die Frauen auch, doch rein, in aller Unschuld;
Kein Landesherr...

(Sebastian und Antonio werfen Zwischenworte ein
... Gonzalo unbeirrt):

Allen gemeinsam würde die Natur
Ganz ohne Schweiß und Mühe alles schenken. –
Verrat, Verbrechen, Schwert, Speer, Messer und
Geschütz, oder auch andre Kriegsmaschinen
Wollt' ich nicht haben. Nur aus freien Stücken
Würde Natur mein unschuldiges Volk
In Fülle nähren.

Sebastian:
Und die Untertanen,
Dürften die heiraten?

of a voyage to Guiana 1613, zit. bei Georg Friederici, *Amerikanisches Wörterbuch*, HH 1947, 190ff, im Artikel *hamaca*: das ist das Aruakwort für die Hängematte; und zum Insektenabwehrnetz ebd., 292. Im Deutschen wird das ersetzende Wort »Hängematte« erst um 1840 gebräuchlich.)

★ John Florio gehörte, wie Shakespeare oder auch Thomas Nash, zu jener Gruppe Londoner Artisten, die von Henry Wriothesley, dem dritten Earl of Southampton, protegiert wurden. Shakespeare widmete dem Earl in den 1590er Jahren seine beiden Gedichte über *Venus* und *Lucretia*.

CANTO XV.

Antonio:
Nein, Mensch, Nichtstuer alle: Huren, Tagediebe!
Gonzalo:
So vollkommen wollt' ich regieren, Herr, daß
Das goldne Zeitalter nichts dagegen wär'

Buchträumereien vom *Edlen Wilden...* legiert mit Platos *Staat*, Passage: *Golden Age*, und Goldenes Zeitalter legiert mit Ovid. Ein Bühnenclou des *Tempest*: die Abschaffung der Schrift und aller Arbeit durch den »freien Naturmenschen« zu feiern.* Dieser – das zeichnete sich ab in Shakespeares Kopf: – würde in *seinem* Stück zu sehen sein als unzivilisierbarer Grobian *Caliban* ...das Publikum sollte wissend lächeln bei Gonzalos Rede. »Das sind doch *fairy tales*, die Sie da erzählen, Sir! ...schöne Urgesellschaft der Wilden« ...daß ich nicht lache!«...

In der Tat hat William Shakespeare die Übernahme dieser Passage aus dem in London sofort populären Montaigne in den *Sturm* so demonstrativ angelegt, daß man von einer *Ausstellung* der literarischen Herkunft von Gonzalos Rede sprechen muß. *Wenn Plato noch lebte, würde ich ihm sagen,* ist sowohl Gonzalos wie Montaignes Einleitungsfloskel für die Utopie vom herrschaftsfreien Staat, nur hatte Shakespeare etwas anderes damit im Sinn als der – etwas naive? – Montaigne.

Aber es fehlte ihm noch etwas in seiner Konstruktion ...ein *englisches* Stück Übersee ...etwas aus der neuen *englischen* Kolonie, an dem er seine Vorstellung von »perfekter Herrschaft«, die er in seinem Büchermann Prospero vorzuführen dachte, darstellbar machen konnte. Als Ableger des *Goldenen Zeitalters* war auch das neue Virginia schon in englischen Berichten erschienen; Walter Raleighs Kapitän Arthur Barlowe schwärmt in einem Bericht für seinen Auftraggeber von seiner Roanoke-Expedition 1584:

Wir fanden die Menschen sehr sanft, liebevoll und zutraulich, ohne jede Hinterlist und Verrat, sie lebten wie nach den Sitten des Goldenen Zeitalters. Die Erde dort bringt alles im Überfluß hervor, ganz wie im ursprünglichen Paradies, ohne jede Schufterei und Mühe.

* Metamorphosen 1. Buch, 89-112.

Milo Manara, *Columbus*, 1991

Fußnote des Herausgebers:

Hakluyt ließ diesen Satz in der 2. Auflage seines Berichtebuchs 1600 weg, da er offensichtlich nichts zur Sachlage beitrug.★

Den Satz, daß es »nirgendwo auf der Welt so freundliche und entgegenkommende Menschen geben würde«, ließ er aber stehen, auch daß das Angebot von »30 Frauen zu ihrer Unterhaltung« als sexuelles gedacht war – was sie allerdings dankend ablehnten. Solches konnte man lesen in Londoner Büchern seit 1589.

Und jetzt war da auch was Aktuelles: der Schiffbruch des Admirals George Somers und des Gouverneurs Thomas Gates von der *Virginia Company* mit ihrem schönen Flaggschiff *Sea Venture* im Jahr zuvor. Das Schiff galt lange als verschollen, die Mannschaft als untergegangen

★ »We found the people most gentle, loving and faithful, void of all guile, and treason, and such as lived after the manner of the golden age. The earth brings forth all things in abundance, as in the first creation, without toil or labor.« David Beers Quinn (ed.), *The Roanoke Voyages, 1584-1590, Documents to illustrate the English voyages to North America under the Patent granted to Walter Raleigh in 1584*, London 1955, 108 im Sturm. In Wirklichkeit waren sie, wie gerade bekannt wurde, gestrandet auf den Bermudas, und nach neun Monaten (wie neugeboren) wundersam unter die Lebenden zurückgekehrt. Noch mehr Wunder: entgegen ihrem Ruf als unwegsame Teufelsinseln hatten die Bermudas sich herausgestellt als freundliche, milde Gebiete mit annähernd karibischem Klima. Dieses Ereignis bewegte das Herz der Londoner wie kein anderes im Herbst 1610: ein neuer Beweis der *Providence Divine.* Wir *sollen* dort siedeln ...es ist Gottes Wille und Vorsehung.

Als Miterfüller dieser Vorsehung war auch Shakespeares Protektor und Mäzen Henry Earl of Southampton tätig. Earl Henry gab Geld nicht nur fürs Theater, er gehörte auch zu den Investoren der *Virginia Company;* eingetreten 1606, gleich nach Gründung der Gesellschaft. Später, nach Shakespeares Tod, wurde Sir Henry sogar *Lord Treasurer* der Virginia Company, das ist ihre bedeutendste Londoner Position.*

Shakespeare war oft in den Londoner *Bermudas* gewesen seit Gründung der *Company*; nicht so sehr der »teuflischen Sünden« wegen; der Name hatte sowieso einen neuen Sinn bekommen jetzt ...*die Bermudas als das Paradies...* Shakespeare hatte hier herumgehorcht unter den Seeleuten. Er hoffte auf Gossip aus Übersee, Informationen aus erster Hand von den neubesiedelten Welten, aber es war nicht viel rausgekommen dabei. Es gab kaum Leute aus Amerika mit tatsächlicher Erfahrung, nur Hörensagen, Stories aus dritter Hand, das Blaue vom Himmel, Ale-Gespinste, Schaumkronen in grünweiß.

Dann war er auf diesen Märchenerzähler gestoßen, der Mann war *belesen,* das merkte man ...und behauptete nicht, »Wahrheiten« zu verbreiten ...»gesehen mit eigenen Augen« und ähnliches Zeug ...aber er

★ Der Earl of Southampton sollte der letzte Schatzmeister der *Virginia Company* gewesen sein, bevor sie 1624 aufgelöst und in Besitz und Verwaltung der Krone überführt wurde. Im Sommer 1620, als Southampton mit großer Mehrheit zum Treasurer bestimmt wurde, war die Erwartung an ihn, daß er sich als wirtschaftlicher »Retter« der Company erweise. Es gab (ab 1613) mehrmals Lotterien in London zur Unterstützung der schlingernden Company, sehr ertragreich: Protokollführer Edwyn Sandys hält 1619 fest, daß 800 Siedler, finanziert durch Lotteriegewinne, nach Virginia gebracht werden konnten. 1620 sind es 600 Siedler auf sechs Schiffen, 1621 1300 Siedler auf 21 Schiffen, darunter auch Franzosen und Wallonen. James I. verbietet dann die Lotterien. Sein Einsparungsvorschlag: Strafgefangene nach Virginia zu senden, zur Abarbeitung ihrer Sünden (wie dann im 18. Jh. weiter an der Kolonie Australien praktiziert).

kannte sich aus mit dem europäischen Theater ...alle möglichen Versionen vom Wilden Mann und der schönen Lilofee spukten durch sein Märchen ...*mehr wert* für einen Stückeschreiber am Globe als das Seemannsgarn ...

Aus der *Virginia Company* selber war nichts herauszuholen an Information, besonders nicht nach dem Hiobs-Winter 1609/10 und nach dem Schiffbruch der *Sea Venture*. Mehr als zwei Drittel der Jamestown-Siedler waren verhungert; das schöne Flaggschiff war verschollen, und es kam nicht nur kein Gold, sondern auch sonst keine Profite. Die Herren von der Gesellschaft schrieben Verluste. Und sie hatten Schwierigkeiten, neue gute Siedler zu rekrutieren; es kamen immer nur Typen, die aus England weg wollten wegen Spielschulden, anderer Schulden, wegen drohender Gefängnisstrafen oder einfach aus Abenteuerlust: während der Siedler-Captain John Smith, der inzwischen wieder in London eingetroffen war, die *Company* bedrängte, *Handwerker* zu schicken, Leute, die Häuser bauen und arbeiten konnten; *Bauern,* die fähig waren, einen Acker zu bestellen. Aber die waren schwer zu bekommen, solange das Leben in der Kolonie sich als Himmelfahrtskommando darstellte; und erst *Frauen!* Wer wollte da denn hin, unter Gauner und Glücksritter und ein paar kommandierende Aristokraten, und mit den *Powhatan* Indianern war auch nicht zu spaßen.

Die *Company* ließ also nichts raus außer geschönten Nachrichten und Anwerbe-Sprüchen ...»Überfahrt frei« (Rückzahlung später) ...»Anspruch auf eigenes Land« ...aber tatsächlich herrschte in Virginia Kriegsrecht und eine Fast-Leibeigenschaft: Gouverneur Thomas Gates, mit 9 Monaten Verspätung von den Bermudas in Jamestown eingetroffen, bekam den verzweifelten Rest der Siedler nur unter Kontrolle durch Verschärfung aller Gesetze, durch dreimal öffentliches Zwangsgebet am Tag und Androhung von Erschießungen bei jeder kleinsten Übertretung...

3. »I OWE MY SOUL TO THE COMPANY STORE«

Shakespeare hatte Glück, ein Bündel Papiere fiel ihm in die Hand, das etwas mehr und anderes erzählte als der offizielle Bericht vom *Bermuda shipwreck*, den die *Virginia Company* im November herausgegeben hatte. Eine Einladung bei einer der theaterversessenen Ladies aus dem Aktionärskreis der *Company* bescherte ihm, wonach er gesucht hatte. Die Lady hatte viele Freunde und Verehrer aus der Londoner Theaterwelt, darunter auch William Strachey, den verrückten abgebrochenen Theologiestudenten vom Emmanuel College, Cambridge. Der hatte auch mal am Theater dilettiert, später dann Jurist, Shakespeare kannte ihn ganz gut von früher. Strachey war, da seine Theaterträume sich verflüchtigt hatten, aufgestiegen (oder abgestiegen) zum Sekretär der *Virginia Colony* in Jamestown. Er war an Bord der *Sea Venture* gewesen, hatte den Schiffbruch mitgemacht, den anschließenden (sommerlichen) Bermuda Winter, und alles aufgeschrieben. Sein handschriftlicher Bericht über das *shipwreck* lag bei dieser Lady – er kursierte unter der Hand in London; die *Company* hatte seine Veröffentlichung verboten! Shakespeare charmierte ein bißchen ...er bekam das Papier, bestieg seinen Gaul nach Stratford, und las:

...»märchenhaft!« ...alle seine Themen kamen darin vor ...die Abdankung der Aristokratie durch »Naturgewalten« ...welch ein Schiffbruch! Welch phantastische Beschreibung Stracheys! Kaum schlechter als der am Anfang von Vergils *Aeneis*. Eine Welle wischt Admiral Somers von seinem Kommandostand: Die Mannschaft, der Bootsmann, muß übernehmen. (Im *Tempest* heißt die Stelle, exakt nach Strachey: »Vor dem Sturm ist auch der König nur ein Nichts« – Und, vom Kapitän an den Admiral und den Gouverneur ein Satz, der normalerweise das Leben gekostet hätte: »Packt mit an, oder schert Euch unter Deck. Ihr stört hier bloß!« Und die Aristokraten *hätten* angepackt, schreibt Strachey...

...dann aber das wirklich Ungeheure: das Aufbegehren der Mannschaft an Land *...das Autoritätsproblem...* befeuert dadurch, daß die sog. »Inseln des Teufels« sich als veritables Paradies herausstellten. Es ist Sommer im Winter, Früchte sind da, Wasser, große Vögel in solcher

Anzahl und Zutraulichkeit, daß man sie mit der Hand aus der Luft fangen kann, und dort hat es Rebellion gegeben. *Aufstand im Paradies* könnte der Bericht auch überschrieben sein …*daher* also das Publikationsverbot …die *Company* will nicht, daß bekannt wird, wie mehrere Männer dem Gouverneur Thomas Gates den Gehorsam verweigert haben. Sie wollten nicht mit Hand anlegen auf Bermuda beim Bau neuer seetüchtiger Boote für die Weiterfahrt der Gestrandeten nach Virginia. In Jamestown herrscht Mangel, kein Fisch, kein Fleisch, kein Geflügel, haben sie gehört; warum also weg von hier? Der Zimmermann Nicholas Bennit bestreikt den Bootsbau; mit ihm die Seeleute John Want, Christopher Carter, Francis Pearepoint, William Brian, William Martin, Richard Knowles. Gates isoliert sie auf einer kleinen Insel, sie geben nach, kehren reumütig zurück und Gates läßt »Gnade vor Recht« ergehen …beim ersten Mal.

★

Die grundlegende Bedeutung des Strachey-Berichts für das Shakespeare-Stück hat aus den Reihen der Shakespeare-Philologie in jüngster Zeit vor allem Stephen Greenblatt neu herausgearbeitet. Er schreibt:

> Mich interessieren dabei weniger die sprachlichen Parallelen, die aufs gewissenhafteste erforscht worden sind, seit Malone im Jahre 1808 darauf aufmerksam machte; mich interessiert die Bedeutung der Beziehung zwischen diesen beiden Texten, oder vielmehr: zwischen den beiden Institutionen, denen die Texte dienen.(…) Mein Vorschlag geht dahin, die Beziehung zwischen dem Theaterstück *The Tempest* und seiner vermeintlichen Quelle als eine Beziehung zwischen Aktiengesellschaften zu verstehen.★

★ S. auch Paul A. Jorgenson: »Shakespeare's Brave New World«, in Fredi Chiapelli: *First Images of America*, Berkeley, LA, London 1976, 83-87: »Cawleys Artikel ›Shakespeare's Use of the Voyagers in The Tempest‹ weist in überzeugendem Detail die Parallelen zwischen den Bermuda Pamphlets und dem *Sturm* nach«.

Die konkurrierenden Aktiengesellschaften sind Shakespeares eigene Truppe *The King's Men* und Stracheys Gesellschaft, die *Virginia Company*, beide mit Lizenzen vom Hof, aber ökonomisch auf Selbsterhalt angewiesen. Worum geht deren Auseinandersetzung? Um zwei verschiedene Kolonisierungskonzepte, und das heißt: Herrschaftskonzepte; Konzepte, die nicht nur für »die Kolonien« von Bedeutung sind, sondern für die Struktur der Herrschaft in London selbst. Greenblatt:

> Stracheys Bericht erzählt, wie es durch den »erbarmungslosen Sturm« auf Sir Thomas Gates' Schiff zu einer Autoritätskrise kam.* Der Sturm, der die *Sea Venture* beinahe hätte kentern lassen, provozierte eine zeitweilige Nivellierung des Unterschieds zwischen Arbeitenden und Herrschenden – eines Unterschieds, der (...) das ökonomische und ideologische Kernstück der elisabethanischen und jacobeischen Gesellschaft ausmachte: »Da konnte man Männer, ich darf wohl sagen, um ihr Leben mühen sehen, und die besseren Ränge, selbst unser Gouverneur und unser Admiral, verweigerten nicht ihren Dienst. ... Und es ist höchst wahr, daß solche, die Zeit ihres Lebens niemals eine Stunde Arbeit verrichtet hatten, nun (ihr Geist sprang ihrem Körper zur Seite) dazu fähig waren, sich zweimal achtundvierzig Stunden mit den Besten abzurackern.« (Purchas 19:9-11)

»Mit den Besten«, das meint die *Seeleute* –, die sonst die Unteren sind. Mit der Landung auf den Bermudas, schließt Greenblatt, sei die übliche Angst der Untertanen/Kolonisten vor der Autorität fast vollständig verflogen. (191)

Strachey deutet das u.a. dadurch an, daß er das Fällen von Zwergpalmen (ihrer eßbaren Köpfe wegen) überdeutlich beschreibt als das Abhauen von Aristokratenköpfen in einer Revolution. Zusammen mit dem paradiesischen Angebot, das die Insel selbst für die Gestrandeten zu machen schien, ergab sich daraus ein wachsender Widerstand bei den Mannschaften, wieder von hier abzureisen.

> Die Stimmen gegen eine Abreise aus Bermuda wurden nicht nur unter der »faulen, widerspenstigen und elenden Mehrheit« laut, sondern auch

★ – es sind dieser Thomas Gates (und Nachfolger Thomas Dale), unter denen der Taufplan für Pocahontas entwickelt werden wird.

unter den wenigen Gebildeten. Einer von ihnen, Stephen Hopkins, »brachte gewichtige Argumente vor, sowohl staatsbürgerliche wie religiöse (die Schrift falsch zitierend), weshalb es kein Vergehen gegen Sitte, Gewissen oder Religion sei, vom Gehorsam gegenüber dem Gouverneur zurückzutreten oder sich zu weigern, unter seinem Befehl weiterzufahren (außer es gefiele ihnen so), da seine Autorität erloschen sei, als der Schiffbruch passierte, und sie damit alle aus jeglicher Herrschaft entlassen seien.«*

Hopkins ist redegewandt und kann lesen. Sonntags liest er, als Gehilfe des Pfarrers Richard Buck, die Psalmen und Bibelkapitel in den Gottesdiensten vor. Greenblatt:

Wir wissen natürlich nicht, ob Hopkins tatsächlich so radikale Thesen vertrat, aber so jedenfalls klangen seine »gewichtigen Argumente, sowohl staatsbürgerliche wie religiöse«, in den Ohren der Befehlshaber. Der Schiffbruch hatte, zumindest laut Stracheys Bericht, zu einer grundsätzlichen Infragestellung von Autorität geführt und nahm damit Forderungen vorweg, wie sie Mitte des 17. Jhs. während der englischen Revolution von Radikalen wie Winstanley eingeklagt wurden. Wo liegen die Grenzen der Autorität? Auf welcher Gundlage ist man ihr zum Gehorsam verpflichtet? Wieviel Loyalität schuldet der einzelne einer Handelsgesellschaft? (195)

Gates verurteilt den Aufrührer Hopkins per Kriegsgericht zum Tode, Januar 1610, begnadigt ihn aber, als jener eine »tränenreiche Reue« zeigt und auf »Frau und Kinder verweist«, die von ihm abhingen. Strachey schreibt, er selber und Captain Newport wären Gates »nicht von der Seite gewichen, eh er nicht die Begnadigung ausgesprochen hätte«. (Str. 32)

Bald darauf, im März, die dritte Meuterei; das Proviantlager soll angegriffen werden, die Aktion wird verraten, aber der Gentleman Henry Paine läßt sich nicht bremsen, greift die Wachen an, und versucht sich in Waffenbesitz zu bringen. Auf sein mögliches Schicksal hingewiesen, antwortet er – so gibt es Strachey wieder in seinem Bericht:

... mit fester und bitterer Vehemenz und mit so respektlosen Worten,

* Strachey, a.a.O, 29ff.; Greenblatt, a.a.O., 194

Hugo Pratt, *Corto Maltese, die Südseeballade*, 1967

daß ich das sittsame Ohr* zu sehr beleidigen würde, es in seinen eigenen Ausdrücken wiederzugeben; aber der Inhalt war, daß der Gouverneur nicht über eine Autorität von der Art verfüge, daß sie ein Todesurteil irgendwem gegenüber rechtfertige (wie niederträchtig sich derjenige in der Kolonie auch aufführe) und der Gouverneur (sagte er) könne ihn daher am ... lecken etc. ... Als diese Worte mit den ausgelassenen Zusätzen am nächsten Tag von jedermann öffentlich beredet und am Ende dem Gouverneur zugetragen wurden, der den Fall abwog (und die Übertretung um so schwerwiegender und verabscheuungswürdiger fand, als sie in dieser bedrohlichen Lage passiert war, in der es auf das Zusammenwirken aller ankäme, hing doch der Erfolg unserer Unternehmung davon ab, daß alle willig folgten: und er sich zweifelnd fragte, was sich aus einer so frechen und unverfrorenen Auflehnung ergeben würde), da ließ er den genannten Paine vor sich kommen und versammelte die ganze Gesellschaft. Bald war er von der Aussage des Kommandanten und vieler weiterer Zeugen, die mit ihm auf Nachtwache waren, überführt; unser Gouverneur, auf dem nun die Blicke der ganzen Kolonie ruhten, verurteilte ihn daraufhin, sofort aufgehängt zu werden; und als die Leiter schon aufgerichtet war, und er viele Beichten abgelegt hatte, wünschte er inständig, da er ein

★ = der Lady, der Strachey sein Manuskript überreicht hat

Gentleman sei, erschossen zu werden, und gegen Abend erhielt er seinen Willen, so daß die Sonne und sein Leben zusammen untergingen.*

Im Grunde wird Paine hingerichtet für ein »rein sprachliches Vergehen«, kommentiert Greenblatt, d.h. »für den Mangel an Angst in Gegenwart der Macht«. (196) Gates setzt dann durch, daß *Alle* auf den neu gebauten Booten *The Deliverance* and *Patience* mitmüssen nach Jamestown: bis auf zwei, Christopher Carter und Robert Waters, ein Arbeitsverweigerer und ein Mörder; sie werden auf einer der 500 Ber-

★ »...hee earnestly desired, being a Gentleman, that hee might be shot to death, and towards the evening he had his desire, the Sunne and his life setting together.« Strachey, *A true repertory...*, a.a.O., 34

…Südseeballade

mudainseln zurückgelassen. Gates' offizielle Begründung: alle schuldeten der *Company* in London mindestens zwanzig Pfund für Überfahrt und Verpflegung.

I owe my soul to the company store, heißt das im 19. Jh. im Bergarbeitersong …ab 1956 im AFN/BFN jeden Tag in der Hit-Version von Tennessee Ernie Ford* …

Some people say man is made out of mud
A poor man's made out of muscle and blood

…darum geht es …ob man aus »mud« gemacht ist (und damit ewig und immer Untertan des Machers und seiner irdischen Stellvertreter) oder aus *muscle and blood,* und damit zur Freiheit bestimmt.

Nichts da, entscheidet Gouverneur Gates. In Jamestown angekommen, verhängt er das Kriegsrecht; die Kolonie wird faktisch von Notstandsgesetzen regiert …and no rebellion anymore…

So sah also das narrative Material aus, das von Strachey zu Shakespeare hinüberwechselte und von der Virginia Company zu den *King's Men*: ein gewaltiger Sturm; ein glücklich überstandener Schiffbruch auf einer seltsamen Insel; eine ebenso durch Gefährdung wie durch Überfluß ausgelöste Autoritätskrise; die Furcht der Machthaber vor Unruhen in der Unterschicht und vor dem Ehrgeiz der Oberschicht; eine triumphale Bestätigung absoluter Gewalt, die mit der Manipulation von Angst und dem Verlassen der Insel verknüpft ist. Das Material ist ganz offensichtlich in »Der Sturm« gegenwärtig…

★ – und kurz darauf aus deutschen Röhren von Freddy Quinn als *Die Mary Ann aber ließ ihn nicht los. – Sixteen Tons,* oft direkt vor oder nach Peggy Lees *Fever.*

Wir sehen keinen Grund, Greenblatt nicht zuzustimmen; und werden einiges hinzufügen, später.

Laut Greenblatt beruht der Transfer kultureller Praktiken, um den es hier geht, »auf einem Netzwerk von Ähnlichkeiten«. Eine solche ist z.B., daß Stracheys unveröffentlichter Report und Shakespeares (ebenso unveröffentlicht bleibendes) Stück zum beinah selben Zeitpunkt auf den Plan treten. Dies weist auf »die institutionelle Zirkulation kulturell signifikanter Erzählungen hin«. Das zentrale Anliegen solcher Transfers besteht zur Zeit Shakespeares »in der öffentlichen Manipulation von Angst«.★ In der öffentlichen Behandlung, Umwandlung, Abfuhr, Nutzbarmachung von Angst sieht Greenblatt den Kern der meisten Stücke Shakespeares, soweit es in ihnen um die »Zirkulation sozialer Energie« geht.★★

Hier kommt nun einiges zusammen: indem wir ein *ausgestelltes* Montaigne-Zitat zu América haben im *Tempest*, haben wir auch eine ausgestellte Rede Shakespeares zur Neuen Welt; unterstützt und verstärkt durch den Bermuda-Schiffbruch der *Sea Venture*, der in allen Köpfen präsent war.

Für diejenigen, die den Zusammenhang »Amerika« nicht von sich aus herstellten, ließ Shakespeare im Stück wenigstens an einer Stelle das

★ Greenblatt, a.a.O., 190

★★ anders gesagt: ein Magier des suspense

Nachgebauter Pranger, Jamestown, Freilichtmuseum ab 1930

Wort *the storm-tossed Bermoothes* fallen; obwohl das Stück ja »im Mittelmeer« spielt. Die Zuschauer im Theater sollten dies alles offenkundig hören als Diskussion des Themas »Staat und Neue Welten«, zumal die englische Besiedlung der Bermudas im Jahr 1612, als *The Tempest* zum zweiten Mal bei Hof aufgeführt wurde, offiziell begonnen hatte;* sie sollten dies hören in genau dieser Spannweite: zwischen englischem Virginia, Bermuda Shipwreck, Platos/Ovids Entwürfen vom *Golden Age,* Montaignes Südamerika-Schwärmereien, alle bezogen auf die aktuelle Diskussion von Herrschaft in London, konkret: auf die Diskussion der Herrschafts*legitimation*, denn diese war, späte-

★ Wesley Frank Craven, »An introduction to the history of Bermuda«, *William & Mary Quarterly,* 2nd sec. ser., 17 (1937), 176ff., 317ff., 437ff. u. 18 (1938), 13ff.

stens seit der englischen Entmachtung des Papstes durch Heinrich VIII. in England sozusagen zur Disposition gestellt: katholische Anwärter wollten *zurück* auf den englischen Thron, mit Maria Stuart war eine mögliche katholische Thronfolgerin hingerichtet worden; ihr protestantisch erzogener Sohn war der jetzige König. Es gab Konspirationen ohne Ende, sog. »Plots«, deren Aufdeckung die Öffentlichkeit in Atem hielt, aber es war die englische Krone selbst, die die Dinge in der Richtung in Bewegung gesetzt hatte, die 40 Jahre später zur englischen Revolution, zu Cromwell und zur Enthauptung von Charles I. führen sollten; und Shakespeare, so scheint es, bastelt hier an einer Lösung dieser Fragen, d.h. an *seiner* Staatsutopie.

4. HAKLUYT'S WORLD

Sehen wir uns den Text von *The Tempest*, uraufgeführt 1611, an, stellen wir fest, daß der Stoff des Inders,* Montaignes und anderer, durchsetzt mit Stracheys Bermuda-Bericht und weiteren Kolonial-Texten, Shakespeare für genau dreieinhalb Akte reichte. Diese 3 ½ Akte hat er gespickt mit allem Amerika-Material, auf das er gestoßen war die Jahre zuvor. Greenblatt spricht von einer *Entkettung* einzelner Elemente verschiedenster Diskurse, die Shakespeare dafür vornimmt. Das sind ebenso Elemente der kolonialistischen Diskurse wie der laufenden Londoner theologischen, oder Elemente aus Francis Bacons mythologischem Neudiskurs von der Besiedlung Amerikas, vermischt mit den in der Straßenluft des Theaterviertels herumschweifenden Märchen- und Legendenteilen. Nach ihrer Entkettung werden sie, frei geworden,

> in einen dramatischen Text integriert, der auf eine breite Palette von Diskursen zurückgreift, insbesondere auf pastorale und epische Dichtung, auf Sagen über Magie und Hexerei, literarische Prosa und eine bemerkenswerte Anzahl eigener früher Stücke Shakespeares.

★ – zu dessen Figur wir die verschiedenen Märchenerzähler der Zeit und ihre kursierenden Stoffe synthetisiert haben

Damit macht Shakespeare einerseits, was alle Monteure machen: die Stoffe hernehmen, wo man sie herkriegt, und es teils offenlegen und teils nicht. Ähnlich verfährt Montaigne, wenn er nur Plato namentlich nennt, ebenso deutlich aber Bezug auf Ovids Modell des *Urstaats* nimmt. Liest man in den *Metamorphosen* nach, ist man erstaunt, wieviele Züge Montaignes »Indianerstaat« mit Ovids Urparadies gemein hat: kein Ackerbau, keine geschriebenen Gesetze, kein Krieg, keine Jahreszeiten, es ist »ewiger Frühling«, in dem die Früchte sommerlich reifen, Milch und Nektar verströmen die Flüsse - genauso fließt das urgeschichtliche Friedens-Zeitalter schon bei Ovid; dafür hätte es der brasilianischen »Berichte« nun wirklich nicht bedurft; aber Ovids Text ist im Jahr 1580, allein durch die Tatsache neu aufgetauchter brasilianischer Indianer in europäischen Köpfen, ein grundlegend anderer, als er vorher war.

Die »Übernahme« von Elementen hat ihre Grenzen bzw. Gefahren: es gibt z.B. *das Eisen* noch nicht – das der Schwerter und Gewehre –, und auch noch keine Schiffahrt im goldenen Ur-Staat Ovids:

> Noch nicht war die Pinie, gefällt, um fremde Welten zu schauen,
> von der Höh ihrer Berge hinab in die Fluten gestiegen.*

– so Ovids schöner Vers vom Baum als Noch-nicht-Schiff oben auf der Steilküste. Er bezeichnet ein *vorkolonialistisches* Zeitalter ... weit vor dem von Jason & Medea, unseren frühesten verschriftlichten Bezugsfiguren. Wenn Montaignes neue Texte aus der Aktualität kolonialer Schiffahrt streckenweise wirken, als nähmen sie mehr aus Ovid als aus den Berichten indianischer Informanten, ist das also ein zeitgemäßes Verfahren, macht Montaigne aber, in puncto Tatsachen, nicht gerade zu einem Gewährsmann für »Neues aus den Kolonien«.

Bei Shakespeare herrscht ein deutlicher Umfunktionierungs-Gedanke vor. Der Witz des Montaigne-Zitats im *Sturm* ist ja der, daß Shakespeare Montaignes Ansichten – unter Verwendung von lauter Montaigne-Wörtern – in ihr genaues Gegenteil verkehrt: die Zuschauer des Stücks haben längst Caliban, den Wilden, vorgeführt bekommen von Shakespeares Hand, wenn Gonzalo loslegt mit seiner Urstaat-Rede vom *Belle Sauvage.* Nichts vom Edlen Wilden haftet an Shake-

★ Ovid, *Metamorphosen,* I

speares Figur, vielmehr ein Vergewaltiger, eine Art King Kong mit dem Griff nach der *weißen Frau*, Sohn einer Hexe, verstockt, unzivilisierbar, böse.

Daß Shakespeare, in einem weiteren Dreh, die Verspottung von Gonzalos Utopie den »realpolitischen« Bösen seines Stücks, Antonio und Sebastian, in den Mund legt, bringt ihm zwei Fliegen mit derselben Klappe: zwar verspotten die beiden den von überseeischen Paradiesen schwärmenden Alten »zu Recht«, gleichzeitig aber registriert man, daß diese beiden *jede* Utopie verspotten würden, von Plato bis Prospero. So erscheint Gonzalo diesen beiden gegenüber doch immerhin als »Mann der Bücher«; einer, der sich zwar irrt, aber, anders als die Spötter, um Information bemüht ist, als Intellektueller »ehrenwert«; so ehrenwert, daß er von den Mordplänen, die die beiden im nächsten Moment entwickeln – als Gonzalo und Alfonso schlafen – nicht das Geringste ahnt.

Virginia Woolf, die während des ersten Weltkriegs, den sie verabscheute, sowohl in Shakespeare las wie in Richard Hakluyts *Voyages* – der Sammlung der Reiseberichte von den englischen frühkolonialen Unternehmungen –, ist eine der nicht wenigen Stimmen aus der Frühzeit unseres Jahrhunderts, denen die Zusammengehörigkeit dieser beiden Welten selbstverständlich war. Sie schreibt:

Wenn es auch Einige geben mag, die Shakespeare mit keinem anderen Gedanken lesen als mit dem an seine Poesie, so ist doch für die meisten von uns die Welt Shakespeares die Welt Hakluyts und die Welt Raleighs; auf ihrer Landkarte sind Guaiana und der Rio de la Plata nicht weit entfernt und nicht leicht zu unterscheiden vom Wald von Arden oder von Helsingör. Der Seefahrer und der Entdecker machen ihre Reise zwar mit dem Schiff statt mit den Sinnen, aber über Hakluyts Seiten brütet die genau gleiche Lust der Imagination.«★

★ »If there are some who read Shakespeare without any thought save for the poetry, to most of us, we believe, the world of Shakespeare is the world of Hakluyt and of Raleigh; on that map Guaiana and the River of the Plate are not very far distant or easily distinguishable from the Forest of Arden and Elsinore. The navigator and the explorer made their voyage by ship instead of by the mind, but over Hakluyt's pages broods the very same lustre of the imagination.« V. Woolf in *Times Literary Supplement,* 15. März

Das macht Mut, der Wahrnehmung zu trauen, daß über einigen Szenen des *Sturm* neben englisch-mittelmeerischer Luft auch die Luft von Jamestown, Virginia, brütet, bzw. dessen *Pesthauch*. Daß es im *Tempest* auch um die Prinzipien geht, nach welchen die Kolonie in Amerika funktionieren soll, wird im Stück via Anspielung historischer Tatsächlichkeiten aus mindestens drei Stellen deutlich.

II. Akt, 1. Szene:

Adrian: Die Luft haucht uns hier an mit süßem Atem.
Sebastian: Als hätt' sie Lungen, und verfaulte obendrein.
Antonio: Als wär' sie parfümiert von einem Sumpf.
Gonzalo: Alles ist hier, was dienlich ist zum Leben.
Antonio: Stimmt, nur nicht Lebensmittel...
Sebastian: Von denen gibts hier wenig oder gar nichts.

– darin sind zwei klare Jamestown-Bezüge: einmal das Sumpf-Parfum. In London 1611 ist allseits bekannt, daß mehr als die Hälfte der Virginia Settler im ersten Jahr am »Sumpffieber« gestorben sind; ebenso ist man in London informiert über den Virginischen Hungerwinter 1609/10. Gonzalos erneut idealisierendes Statement, losgelassen ohne jede Kenntnis des Orts, an dem sie sich befinden: »Alles ist hier, was dienlich ist zum Leben«, wird durch Antonios Gegenrede: »Stimmt. Nur nicht Lebensmittel« vollkommen lächerlich. »Sumpfhauch« und »keine Lebensmittel« sind also im Jahr 1611 für London *realistische* Virginia-Kommentare, und zwar negative. Montaignes Überzeugung, daß Plato oder Lykurg ihre Golden-Age Entwürfe noch viel freundlicher ausgerichtet hätten, hätten sie die *Neuen Welten* Amerikas gekannt, wird von Shakespeare auf mehreren Ebenen heftig demoliert.

1917, *Essays*, ed. by Andrew McNeillie, Vol. II, London 1987, 91f. – Virginia Woolf besaß zwei Hakluyt-Ausgaben, die 5-bändige, Edinburgh 1809-12, und die *Everyman*-Ausgabe, 8 Bde., 1907. Es gibt mehrere Aufsätze von ihr zu Hakluyts Sammlung der *Voyages*.

5. OVID UND VERGIL FAHREN VON KARTHAGO NACH VIRGINIA

Auch die dritte Stelle bezieht sich, und wieder ironisch, auf mythologische Weltengründungs- bzw. Städtebau-Programme. Sie ist ziemlich kompliziert eingeleitet, knüpft sich an Gonzalos Bemerkung von seinen wunderbar sauberen Kleidern, die – trotz Schiffbruch – noch so sauber sind wie bei dem Anlaß, für den er sie angelegt hat: die Hochzeit der schönen Claribel mit dem Bai von Tunis. Das gibt Antonio und Sebastian Anlaß für ein paar sarkastische Bemerkungen in Richtung »war ja eine schöne Hochzeit« ...ja, ja ...und »formidable Queen« ...»Niemals vorher war Tunis gesegnet mit solch einer Musterkönigin!« ...das bricht folgenden Wortwechsel los:

Gonzalo: Nicht seit den Zeiten der Witwe Dido.
Antonio: Witwe! Verdammte Pest! Wie kommt er auf die Witwe? Witwe Dido!
Sebastian: Wie wenn er auch gesagt hätte: »Witwer Aeneas«? Guter Gott, was bringt euch so auf?
Adrian: Witwe Dido, habt ihr gesagt? Das macht mich aber stutzig. Die war doch in Karthago, nicht in Tunis.
Gonzalo: Dies Tunis, Herr, *ist* Karthago.
Adrian: Karthago?
Gonzalo: Ich versicher Euch: Karthago.
Antonio: Sein Wort vollbringt mehr Wunder als die berühmte Wunderharfe.
Sebastian: Zieht Mauern hoch und ganze Häuser.
Antonio: Welche Unmöglichkeit will er als nächste vollbringen?
Sebastian: Ich denke, er wird diese Insel in die Tasche stecken, sie nach Hause tragen, und sie seinem Sohn als Apfel andrehn.
Antonio: Und die Kerne wird er im Meer aussäen, daß neue Inseln aus ihnen wachsen.
Gonzalo: Ganz recht.
Antonio: Warum nicht, zur richtigen Stunde...
Gonzalo: (zu Alonso, der mit seinen Gedanken abwesend war): Mein Herr, wir sprachen darüber, daß unsere Kleider wieder so frisch scheinen wie sie waren im Moment der Hochzeit Eurer Tochter, die

jetzt in Tunis Königin ist.
Antonio: Und die merkwürdigste, die je dort hinkam!
Sebastian: Außer, ich bitte doch sehr, die Witwe Dido!
Antonio: Oh, die Witwe Dido! Ja, Witwe Dido!

Frank Kermode hält diesen Wortwechsel in seinem Kommentar zur *New Arden*-Ausgabe des *Tempest* für eine der unklarsten Stellen in Shakespeares gesamter Dramatik;* eine der kryptischsten im *Sturm*. Uns ist sie nicht gar so rätselhaft wie etwa der Umstand, daß Herausgeber Kermode Gonzalos Gleichsetzung von Tunis und Karthago schlicht einen »Irrtum« nennt, bloßstellend für Gonzalo. Zwar sind Tunis und Karthago geographisch und historisch nicht *ganz* dasselbe, aber daß Tunis direkt neben den Trümmern von Karthago erbaut wurde, ist kein großes Geheimnis – für Neckermann Tunesienreisende jedenfalls nicht, zu denen Shakespeare und sein gebildeter Herr Gonzalo in diesem Fall gehören. Tunis=Karthago ist nichts als *die Wahrheit* in dem mythologischen Bezug, den Gonzalo im Sinn hat. Bloß sind Antonio und Sebastian zu unwissend, ihm zu folgen. Mit ihren bodenlosen Witzen unterstreichen sie, was Shakespeare in dieser Szene an ihnen demonstriert: sie lesen nicht. Sie lesen Nichts. Sie gehen auch nicht ins Theater, oder wenn, dann ins falsche. Sie kennen, wie es sich für ausgefuchste Realpolitiker ihres Schlags gehört, vielleicht gerade Christopher Marlowes *Dido*-Drama – große Szene in der »Liebesgrotte« –, auf das Shakespeare hier u.a. auch anspielt, basierend auf Vergils Dido-Denunziationen.

Sie kennen auch Ovid nicht und Francis Bacon nicht, und auch sonst niemanden der Autoren oder der Ereignisse, die Shakespeare in seinen Versen antippt. Leute, die Frank Kermode wiederum kennt: er

* Nach Kermodes Befund gibt es hier eine Reihe trivialer Anspielungen auf Dido und Aeneas, die so gut wie gar keinen Sinn ergeben. Er spricht von einer »offensichtlichen Irrelevanz der Zeilen 73-97«. Aber er schließt: »Vielleicht ist unser Referenzrahmen nur falsch eingerichtet oder unvollständig. Möglich, daß ein angemessenes Verständnis dieser Stelle unser Bild von dem Stück ganz und gar verändern würde.« Hier sah der Kommentator eine Gelegenheit, ironisch zu werden, im Gefühl, Shakespeare auf dem uninspirierten Fuß erwischt zu haben. Vielleicht liegt hier aber wirklich *ein Schlüssel* – zu einem der vielen Eingangsschlösser, die *The Tempest* offensichtlich hat; vgl. Kermode, a.a.O., 46, Anm. 74

gibt fast alle relevanten Bezugsstellen an in seinem Kommentar – allerdings fehlt die Referenz auf Bacon, und die bietet schon mal einen Teileinstieg in den »Dreh« dieses »sinnlosen« Wortgefechts. Denn *ein* Zugang liegt in der »Zauberharfe«, der *miraculous harp*, die mit ihrem Klang ganze Städte aufbaue – die »unmögliche Wundertat«, die Antonio hier dem Gonzalo nicht abnimmt: *Amphions* Wunderharfe, die in Ovids *Metamorphosen* die Mauern Thebens errichtet. Übersetzer Erich Fried, bemüht, den deutschen Leser gleich richtig ins Bild zu setzen, übersetzt die Zeile entsprechend:

Sein Wort ist mehr als jene Wunderharfe Amphions

– obwohl der Name Amphion bei Shakespeare nicht steht, sondern nur die *miraculous harp*. Diese aber hat, bei Ovid & anderswo, mehr als *einen* Spieler. Auch der andere bewegt, neben Bäumen und Tieren, Steine: und dies in besonders auffälliger Weise in Francis Bacons gerade eben – 1609 – in London erschienener Version vom orphischen Steinerücken und Mauern-Hochziehn als Formen überseeischer Kolonisierungsarbeit.

Antonio macht sich hier – wieder völlig bodenlos – nicht nur über Gonzalo und dessen »unmögliche Stories« lustig, sondern über das Baconsche Orpheus-Konzept der Neuweltbesiedlung. Bei Bacon fungiert die Orpheus-Leier 1609 nicht als Primär-Instrument der Kunst (also etwa des Theaterstückeschreibens), wie wir sahen, sondern als Wunderharfe zum Blockhausbau. Shakespeares Spott – wieder auf der Jagd nach mindestens »zwei Fliegen« und nicht so unwissend wie seine Figur Antonio – steht nicht nur Montaigne, sondern auch Kolonisierungskonzepten wie denen Bacons skeptisch gegenüber. Worauf es hinauslaufen wird: der Wunderharfenspieler des *Tempest*, Mr. Prospero, ist nicht so sehr städtebauender Kolonist, sondern als *Zauberer und Artist* ein Zivilisator *schon bestehender* Städte.* Shakespeares Spitzen gehen gegen *alle* als Utopien umlaufenden überseeischen Staatsentwürfe.

Die Annahme, Aeneas werde von Shakespeare hier ins Spiel gebracht als weitere Figur, in der sich Städtegründung *und* »Sexualität

* – und noch einiges mehr, wie wir sehen werden.

zwischen den Kulturen« schneiden, liegt dann mehr als nahe. Stephen Orgel, in seinem Kommentar zur *Oxford-Ausgabe* des *Tempest* besser beraten als Kermode, entscheidet sich bei der Streitfrage, ob Shakespeare Vergil im Sinn hatte beim Schreiben dieser Stelle und des *Tempest* überhaupt, klar für »ja«; so stößt Ferdinand beim ersten Anblick Mirandas die Worte aus: »Most sure, the goddess…«, eine direkte Wiederholung der Worte von Vergils Aeneas beim Anblick der Venus: »o dea certe« (Aeneis 1, 328). Es gibt eine Liste solcher Bezüge bei Orgel. Entscheidend für den Dido/Aeneas-Komplex ist dabei, daß es Vergil war, der die beiden überhaupt in eine Beziehung, und Dido in eine *sexuelle* Relation zu Aeneas gebracht hat. Die Stelle ist deshalb so verwirrend für viele Kommentatoren – »baffling«, sagt Orgel – weil sie ihr Interesse auf Vergil *beschränkt* haben. In anderen, älteren Versionen der Dido-Geschichte kommt Aeneas nämlich gar nicht vor:

Dido, deren eigentlicher Name als phönizische Prinzessin Elissa ist, flieht aus Tyros – das ist ungefähr, wo heute Beirut liegt – , als ihr Bruder Pygmalion ihren Gatten Sychaeus aus Neid ermordet. Sie nimmt ihr Gold mit sich und eine Gruppe unzufriedener Adliger. Auf Cypern sammeln sie 50 Jungfrauen ein – »rauben« sie – als Zuchtkühe für das zu gründende neue Reich: Karthago.★ Das Gebiet, auf dem Karthago entstehen wird, gelangt durch verschiedene Betrügereien in die Hände der Flüchtlinge. Als Königin glänzt Dido dann durch Keuschheit, durch Treue zu ihrem toten Gatten und einen schließlichen Selbstmord, als die erzwungene Heirat mit einem lokalen Berber-König nicht länger vermeidbar scheint.

Auf diese *heroische* Geschichte der »Widow Dido« – wie sie etwa Petrarca vorträgt im *Triumph der Keuschheit* – bezieht sich Gonzalo. Während Antonio und Alonso offenbar die Londoner Klatsch-Version im Sinn haben, die auf Vergil beruht, – der die Witwe Dido zu einer »gefallenen Frau« umschrieb. Orgels Ansicht, dies sei, via Dido, eine Rache, die der Römer Vergil an *Hannibals* Karthago nehme, dürfte den Punkt treffen. Boccaccio in seinem Buch der Heroinen, *De claris mu-*

★ Die gängigen imperialen Mythologien, merkt Orgel an, die immer Raub und Vergewaltigung in ihren Grundfesten haben, erlauben von hier einen besonderen Blick, den Shakespeare auf Calibans Griff nach Miranda werfen läßt.

lieribus, geht weiter. Er nennt Vergil einen Lügner in Sachen »Widow Dido«. Das sexuelle Begehren der halbweißen Phönizierin in Nordafrika nach dem Trojaner Aeneas, ist für Boccaccio ein Vergil-Dreh, den Heroismus des Romgründers herauszustreichen, der sich durch die Liebe Didos nicht von seinem Weg und Auftrag ablenken läßt. Durch Aeneas' Abwehr des Verlangens der schönen Queen macht er sie ein zweites Mal zur »Witwe«: deswegen tötet sie sich bei Vergil, in Karthagos erstem Untergang. Die Stelle bei Shakespeare spielt mit dem Städtegründer und Kolonisator, der sich *weigert*, sich von einer »Funktion Pocahontas«, der »Indian Queen Dido«, helfen zu lassen. Er wartet die richtige Königstochter ab, die latinische Prinzessin Lavinia, die ihn dann »nach Rom« führt.

Historisch wird Karthago dann unter Hannibal von Rom vernichtet, der Stadt, die Aeneas, nachdem er Dido verläßt, gegründet hat. Tunis steht geographisch *fast* an dessen Stelle, im Sinne einer mythologischen Nachfolgehauptstadt aber ganz exakt. Nicht nur ins nordafrikanische Tunis wurde Claribel demnach zur Verheiratung gebracht, sondern zu dieser mytho-geographischen Melange aus Tunis/Karthago. Shakespeare manövriert im *Tempest* ein mythologisches Schiff, das in Abwandlung von Vergils Dido/Aeneas-Version in Karthago/Tunis eine Ehe stiftet, die nicht am Witwen-Riff enden soll.

Das mythologische Schiff, das von Karthago/Tunis zurückkommt, bringt im jungen strahlenden *Ferdinand* dann auch den Mann heran, der, als Mirandas Ehemann in spe, einen *neuen Aeneas* abzugeben vorgesehen ist. Er soll, indem er Miranda heiratet, die Reiche Neapels und Mailands vereinigen, den Grundstein zu einem *Neuen Italien* legen, einem Italien, das nicht mehr von Rom (dem katholischen) dominiert wäre. Dies neue Italien, in der Nachfolge des untergegangenen alten des Aeneas, soll eines sein, das gegründet ist auf Kunst und Liebe und auf Ariels Luftkünste – d.h. auf englisch 1611: *nicht* auf die Prinzipien des *Roman Empire*, und auch nicht auf die des papistischen Rom, welches aus eben diesem Grund nicht direkt genannt wird als Stadt in *The Tempest.* Das »Neue Jerusalem« aus der Vereinigung von Naples und Milan, wäre – da gegen das *bestehende* Rom gerichtet – nichts anderes als ein artifiziertes London: Ort, wo die Streite europäischer (bzw. innerenglischer) Dynastien beizulegen wären im Sinne von Prosperos Buch-Kultur, im Sinne einer Regentschaft von »Kunst & Liebe & Zauberei«, also Wissenschaft, zu denen auch die Vermählung der *richtigen* Thronfolgerpaare gehört.

Das (glückliche) Paar Ferdinand/Miranda soll also als Gründerpaar das »glücklose« und außerdem von Vergil *erfundene* Paar Aeneas/Dido auslöschen bzw. übertreffen – insbesondere auch jenen Fehler der »Witwe Dido« korrigieren, der es, wie notorisch witwenüblich, vor allem auf die Sexualität ankam –, theaterwirksam in London vor Shakespeare ausgeführt von Christopher Marlowe mit Dido & Aeneas in der Liebesgrotte.

Dido und Aeneas sind ein äußerst beliebtes Bühnenpaar jenes Moments: es ventiliert interkulturellen Sex zwischen einer nicht verheirateten Königin, *The Widow Dido,* und einem herumtreibenden Städtegründer, Seefahrer auf der Flucht, auf der Suche nach seiner Neuen Welt. Die klarsten sexuellen Anspielungen in London gibt es dazu in Middletons Stück *The Roaring Girl* (1607/8). Aus »Aeneas« macht Middleton durch Betonungsverschiebung »any ass«: = »jeder Esel/jeder Arsch« (der der geilen Witwe recht ist) und »Dido« (sonst engl. so gesprochen wie deutsch, mit langem i:), bekommt via Reim-Stellung ein »ei« vorne, wird bei Middleton phonetisch so zu »Die do« = Stirb! »Sieh zu, daß du abkratzt«, was sie dann ja auch tut;* so gehen die Witwenwitze schon zweitausend Jahre und eins.**

Das Gestammel im *Tempest* um die Witwe Dido aus dem Mund der Wixer Antonio und Sebastian liefert somit auch die Folie, auf der die *andersartige* Sexualität zwischen Ferdinand/Aeneas und Miranda/Lavinia zum Tragen kommen soll; dies führt zu Prosperos Flehen in

* Kermode, 46

** Gordon Williams, *A dictionary of sexual language and imagery in Shakespearian and Stuart literature,* London 1994, Bd. 1 hat unter den Belegen für »Widow Dido« Dido als Slangwort für männliches und mehrfach für weibliches Geschlechtsorgan: »Witwe Votze«. Und einen Vers aus der populären Ballade *Queene Dido*, wo es u.a. heißt: The bravest sport that a man can devise:/To wappe with a widow, = »eine Witwe bürsten«. Walter Pabsts in mehrere Sprachen übersetzte *Venus und die mißverstandene Dido, Volksbuch 1607,* führt Dido anstelle von Venus als Chefin der christengefährdenden ›Lusthölle‹.

Akt vier an Ferdinand, er möge – das Heiratsversprechen gegeben – von Mirandas *Virginität* die Finger lassen, bis Gott Hymen selber, nach rechtens vollzogener Hochzeit, den Schleier vor dem Neuland lichten werde: eine feurige Rede Prosperos gegen das zu frühe Fieber der Liebesgluten – steht da wirklich: *fever* – denn noch lang wird die Fahrt auf dem Schiff dauern zurück nach Mailand/Neapel und *London* als neuem, der Welt vorstehendem *Rom*.*

Soviel ist aus dem Stück selbst zu entnehmen. Aber der Komplex ist erheblich breiter: die Koppelung der englischen Krone und des beginnenden Britisch Empire an die Trojanachfolge ist schon ein elisabethanischer Dreh, wie Roy Strong in seinem Buch *Gloriana: The Portraits of Queen Elizabeth I* nachweist.

1579 erscheint das erste einer Reihe von Portraits der Queen, die eine symbolische Überlagerung mit Abzeichen imperialer Prätentionen einführen, die aus dem Bewußtsein englischer Seemacht stammen sowie aus der doppelten Neufundierung des Reichs in der Bestätigung der Herkunft der Tudors vom trojanischen Brutus sowie aus den Eroberungen des King Arthur.

Der Londoner Mathematiker und Magier Dr. John Dee, eine Art »Prospero« des Londoner öffentlichen Lebens des ausgehenden 16. Jhs., spielt eine entscheidende Rolle bei dieser Konstruktion. Strong sieht in Dr. Dee »Elisabeths imperialen Theoretiker«, den Wissenschaftler, der England vor allen anderen auf den Kurs des *British Empire* gebracht habe.** Auf Dees Rat vor allem geht nach Strong der Aufbau einer starken englischen Flotte zurück.

★ Das von Shakespeares Theater Company – damals *Lord Chamberlaine's Men;* später *King's Men* – neu erbaute Globe Theatre wurde 1599 mit Shakespeares *Julius Caesar* eröffnet, das – nach J. Dover Wilson – eigens zu diesem Zweck geschrieben wurde; und der Name »Globe« ist auch nicht gerade aus der Luft gegriffen: auf dem Dach des Globe powert Herakles/Hercules auf einer Weltkugel: die anti-cortésianische Erobererfigur, der antike Abenteurer der *Westwärts-Reisen:* Hesperiden.

★★ Angefangen mit John Dees »General and Rare Memorials«, publiziert 1579. »Jüngste Forschungen haben John Dee (1527-1608) als eine der maßgebenden innovativen Kräfte des Elisabethanischen Zeitalters erkannt. Die Studien von Peter French und Frances Yates haben den Einfluß dieses großen Magus in einem weiten Wirkungsfeld nachgewiesen, angefangen von Seefahrtsunternehmen bis zu den angewandten Wissen-

King Arthur + -mehl, seit 1896

Dee war ein ganz besonderer Verfechter der trojanischen Herkunft der Tudors, und glühender Advokat ihrer Abstammung aus dem legendären King Arthur. Dessen Reich dehnte Dee weit über die üb-

schaften. Er war auch ein früher Anwalt für die Erkenntnis des Zusammenhangs von Malerei und mathematischen Wissenschaften in seinem äußerst einflußreichen Vorwort zu Henry Billingsleys englischer Übersetzung von Euklid (1570). Dem ist hinzuzufügen, daß er auch einer der entscheidenden Miterfinder des Kults der Queen gewesen ist, wie er in den Jahren um 1580 abrupt entstand.« (Strong, *Gloriana, The Portraits of Queen Elizabeth I*, London 1987, 91)

lichen Sagengrenzen hinaus aus und vertrat damit wo immer möglich britannische Ansprüche auf nicht-englische Gebiete. Die Königin suchte John Dee als Ratgeber in diesen Dingen mindestens zweimal, 1577 und 1580, auf; Dee ermutigte sie, Ansprüche auf America zu erheben, auch auf das spanische Florida, das nach Dee zuerst von Lord Madoc, Sohn eines Prinzen von Nordwales, kolonisiert worden sei. Auf die Grenzen des Reichs von King Arthur stützte er die britischen Ansprüche auf Island, Grönland und alle weiteren nördlichen Inseln bis hin nach Rußland. Ein spektakuläres Wiedererwachen des Interesses an der King Arthur Legende begleitet diese Entwicklung in den 70er und 80er Jahren. Bei Dee, schreibt Strong, sind wir an der Quelle der imperialen Bildlichkeit, die den Kult der Elisabeth dominieren wird, wie er nach 1580 entsteht und sich intensiviert.

Die ersten Portraits, die Elisabeth selber mit den Insignien des neuen imperialen Anspruchs zeigen, sind die sog. »Sieb-Portraits« von

George Gower (1579) und Cornelius Ketel (1580-83). Das »Sieb« in der Hand der Königin auf beiden Portaits führt uns in den Bereich »Heiratspolitiken«, die Säule auf dem Bild Ketels zusätzlich in eine elisabethische Version der Dido & Aeneas-Geschichte.

Das Sieb ist ein Keuschheitszeichen, seit die römische Vestalin Tuccia, der Unkeuschheit verdächtigt, ein Sieb am Tiber mit Wasser füllte und es zum Tempel trug, ohne daß ein Tropfen durch die Maschen trat: ihr Virginitätsbeweis. Eine ähnliche Funktion hat das Sieb in der Hand Elisabeths. Nicht daß ihre Jungfräulichkeit öffentlich angezweifelt worden wäre – von wem denn? –, aber ihrer »politischen Virginität« drohte Gefahr durch die um 1580 verhandelte Eheschließung Elisabeths mit François, Herzog von Anjou, dem jüngeren Bruder von Henri III. Es gab starken Widerstand gegen dieses Projekt in der Umgebung der Königin und in der englischen Öffentlichkeit. Die Sieb-Porträts sind Teil dieses Widerstands.

Den Anspruch auf britische Imperiumsgründung in Nachfolge des alten Rom erheben vor allem die Einzelbilder, die auf der Säule des Sieb-Portraits zu sehen sind. Es handelt sich um neun Szenen aus der Dido & Aeneas-Geschichte: (1) Aeneas flieht aus Troja; (2) die Schiffe der Trojaner erreichen Karthago; (3) Aeneas' erstes Treffen mit Dido im Tempel der Juno; (4) Dido und Aeneas ergehen sich am Meer; (5) das Bankett der Dido zu Ehren der Trojaner, bei dem Amor verkleidet erscheint und Dido verliebt macht; an der Leier der blinde Musiker Iopas; (6) Dido und Aeneas treffen sich zur Jagd; (7) Merkur ermahnt Aeneas, seine Reise fortzusetzen; (8) Dido wirft sich in ihr Begräbnis-Feuer; (9) die Trojaner besteigen die zur Abfahrt bereiten Schiffe.

Aeneas' Pflicht, Rom zu gründen, abgebildet auf dieser Säule des Elisabeth-Porträts. Die Krone des Roman Empire ganz unten auf der Säule in diesem Portrait unterstreicht, daß es um Imperiumsgründung geht. Um die Nachfolgegründung Roms:

> Elizabeth ist entworfen als der Aeneas des 16. Jahrhunderts. Auch sie ist von imperialer Herkunft, auch sie ist bestimmt, ein mächtiges (Britisches) Empire zu gründen, und auch sie hat, um dieser Aufgabe zu genügen, den Verführungen menschlicher Leidenschaft entsagt.*

* Roy Strong, *Gloriana: The Portraits of Queen Elizabeth I.*, London 1987, 91-107

RIPOSO
SATO
AFFA

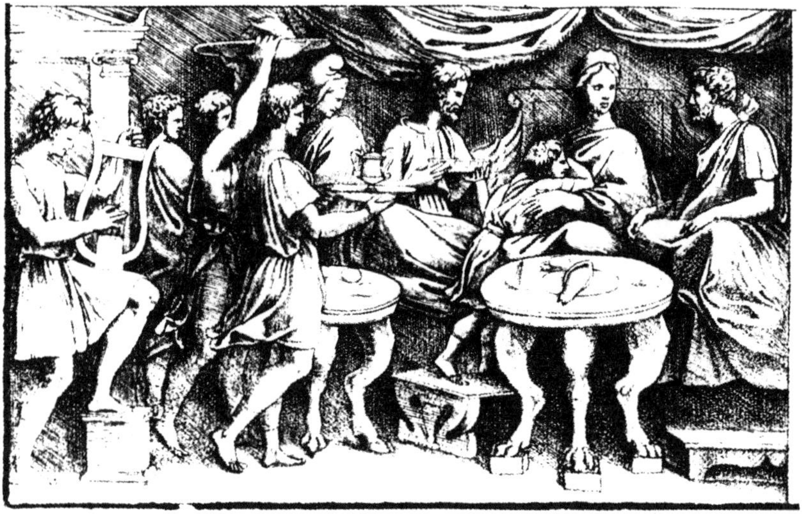

Bild von der Säule des Siebporträts (s. vorige Seite): Das Bankett der Dido für Aeneas, Amor auf ihrem Schoß

In den Sieb-Portraits sehen wir demnach, sagt Strong, wie John Dees Vision einer britisch-imperialen Seemacht Teil der Ikonographie der Monarchie wird.

Das Herumblödeln von Antonio und Sebastian im *Tempest* mit der *Widow Dido* macht also klar, daß diese beiden Herrscher-Herren nicht nur keine Ahnung haben von den Gründungsmythen des elisabethanischen Imperiums, sondern auch nicht sehen können (& wollen), daß sie mit Ferdinand – den sie ertrunken glauben – den zeitgemäßen Fortsetzer dieses Mythos an Bord hatten.

Wir nehmen vorweg, daß darin ein Bezug Shakespeares auf den Sohn von James I., den Thronfolger Prince Henry, liegt; ebenso aber auf King James I. selbst: faktisch-historisch gehört es zu King James' Lieblingsideen, König eines neuen *Reunified Britannia* zu sein, eines »wiedervereinigten Britannien«, das durch den Streit der drei Söhne des Brut – eines Gefährten von Aeneas – in die drei Teile England, Scotland, Wales zerfallen war. Brut, den es auf der Flucht von Troja über Italien und Mitteleuropa auf die britische Insel – die von ihm ihren

Namen hat – trug, gilt in englischen und normannisch-französischen Gründungssagen als mythischer Eroberer und Gründer Britanniens. Die Gründung Roms durch Aeneas und die Brutanniens durch Brut(us) sind also mythische Parallelvorgänge. Da um 1600 herum England angetreten ist, das alte römische Imperium auch in einem rein pragmatisch-politischen Sinn zu beerben, besitzt der Gedanke, auf London zu schließen, wenn in einem Theaterstück von Aeneas/Rom die Rede ist, geradezu Schlagzeilencharakter. Auch der Schweizer Thomas Platter beginnt seine Ausführungen über London in seinem Tagebuch 1599 mit einer kurzen Erinnerung an die legendäre Gründung Londons durch flüchtende Trojaner. Ein »internationaler Topos« um 1600.

Und so behandeln ihn auch die Virginia-Siedler. Es gibt Post aus der Neuen Welt, aus Jamestown, die die Aeneas-Linie als Bestandteil des Gründungsmythos des British Empire beweist. Die amerikanischen Kolonisten *selber* reklamieren die Aeneas-Figur *für sich*. Kein geringerer als William Strachey hat Aeneas in diesen Jahren in *Virginia* landen lassen. Die Auswahl des Siedlungsplatzes für Jamestown an den Ufern des James River begründet Strachey mit den Worten:

> Genauso ging Aeneas vor, als er in dem Gebiet Italiens ankam, das Latium heißt, am Ufer des Flusses Tiber, so sagt es Vergil.*

In keinem andern Text als dem vom Bermuda-Schiffbruch stehen diese Zeilen: Stracheys alter Freund Richard Martin spielt die Erhebung des James River zum Tiber brieflich angemessen weiter, wenn er sich ein halbes Jahr darauf bei Strachey nach der Lage der Kolonie erkundigt und dem Freund dabei den Ehrennamen »Achates« verleiht: das ist der engste Gefährte des Aeneas. Und Aeneas selber? Muß dann logischerweise der Chef von Jamestown sein. Und so ist es. Martin nennt Strachey »einen passenden Achates für solch einen Aeneas, wie es der edle und würdige Kommandant Lord de la Warr für Jamestown ist.« Lord de LaWarr, Jamestown-Gouverneur im Jahr 1611.

* W. Strachey, *A true repertory of the wracke, and redemption of Sir Thomas Gates Knight*, 15. Juli 1610, a.a.O., 55. – (zit. b. S.G. Culliford, *William Strachey, 1572-1621*, Charlottesville, Va. 1965, 124).

...von Marx bis Lenin... damals waren es sieben. Goethemaler Tischbein reiht Odysseus (Mitte), links: Diomed, Paris, Menelaos, rechts Agamemnon, Achill, Nestor.

»Fidus Achates«, der sprichwörtliche treue Gefährte und Helfer des Romgründers Aeneas, war also, für Strachey und seine Londoner Freunde, 1607 weiter westwärts gesegelt, von London. Klarer geht es nicht: der jeweilige Kommandant von Jamestown *ist* Aeneas für bestimmte Fraktionen der Neuwelt-Siedler, insbesondere für Angestellte und Freunde der *Virginia Company.* Genau von dieser Lesart aber setzt Shakespeare, Strachey lesend, sich ab; sein neues Troja ist ein verwandeltes London, nicht das Amerika der Kolonisten.

Und – wo Vergil hinschippert, ist Ovid nicht weit. Wer einmal Lesen & Schreiben gelernt hat, will auf diese Medientechniken nicht verzichten, auch nicht unterm virginischen Pinien-Kienspan in der Hütte, mit lauernden Indianeraugen drumrum. Sir George Sandys, der dritte Schatzmeister der Jamestown Kolonie, war schon lange unzufrieden damit, daß Ovid immer lateinisch gelesen werden mußte oder in der veralteten Nachdichtung von Golding. So hat sich George Sandys die langen amerikanischen Abende in Ermangelung von Algonkin-Büchern mit der Neuübersetzung von Ovids *Metamorphosen* ins Eng-

lische verkürzt. Die Übersetzung der Bücher 6-10 ist im Holzhaus in der Virginia Kolonie entstanden. Als Sandys' *Metamorphoses Englished* wenig später in Oxford gedruckt werden, sind sie – abgesehen von Reiseberichten – das erste in Nordamerika entstandene Buch überhaupt, das das europäische Licht erblickt.

Mehr noch als praktische Lehrbücher dieses Moments sind die *Metamorphosen* und die *Aeneis* so etwas wie *Zeitungs-Modelle;* indem man sie variiert, schafft man neue Nachrichtenlagen; mit den *Ovid News* kann man z.B. ein bißchen an der Bibel drehn und eintreten in Diskurse, die das Neue wagen, aber im Gewand der *Weisheit der Alten* daherkommen, das schützt. Im Bewußtsein der schreibenden Intelligenz 1611 sind Aeneas, Orpheus, Odysseus nicht weniger *wirkliche* Figuren als Christopher Columbus, Queen Elizabeth, Dr. John Dee oder Mr. John Smith.

Einen schönen Beleg dafür liefert das Vorwort der *Metamorphoses Englished*. In George Sandys' Danksagung an frühere Ovid-Kommentatoren, lebende wie tote, steht an erster Stelle ein »Lord Verulam«.

…übersetzt in Jamestown, gedruckt in Oxford, 1632

Verulam? Wir erinnern uns: das ist der Adelstitel, der Francis Bacon verliehen wurde bei seiner Ernennung zum Lord Chancellor, zum Obersten Richter von England im Jahr 1617, in Pocahontas' Todesjahr. Bacons Orpheus-Kommentar 1609 war nicht in den Wind geschrieben, sondern *mit* diesem gesegelt genau wo er hin sollte, rüber nach Amerika. Zehn Jahre nach ihrer Londoner Formulierung stehen Bacons Kolonial-Lehrsätze zu Orpheus in George Sandys' virginischer Ovid-Auslegung...

»Orpheus was here« sagt ein nichtgemaltes Jamestown Graffito, von Pocahontas' Hand auf Prosperos imaginäres amerikanisches Grab...

Daß Shakespeare die »Widow Dido«-Stelle im *Tempest* so scheinbar undeutlich gelassen hat und »baffling« für moderne Kommentatoren, liegt also einfach daran, daß das Material, auf das angespielt wurde, überreichlich vorlag im Kopf der Zuschauer, im Kopf der Leute bei Hof insbesondere, für die der *Tempest* zuerst aufgeführt wurde: der Virgo-Mythos und der *Mythos vom Neuen Troja* der regierenden englischen Königshäuser, ein Wespennest, das sogleich zu schwirren begann als Assoziationsknäuel im Hirn der Hörer.

Jede Wendung im Text des *Sturm* auf solche Weise bündig zu »entschüsseln« ist allerdings weder möglich noch nötig. Entscheidend ist, sich auf ihre Funktion zu einigen; die Funktion, von Vergil über Montaigne zu Jamestown, von Didos Karthago zu Queen Bess, nicht nur mehr oder weniger exakte Lacher zu erzeugen, sondern Stoffe, Weltstoff von Troja bis America, ins Drama hineinzubringen.

Daß das Problem »America« mitverhandelt wird in *The Tempest*, ist für uns keine Frage; die Frage ist nur: auf welche Weise es (mit)verhandelt wird. Shakespeare tippt an, stapelt, häuft, schießt Blitze, er wohnt in Stratford nicht weniger als in Atlantis und Übersee. Manche Blitze bekommt man mit, manche weniger, manche vielleicht gar nicht, an vielen Stellen hat nur das aktuelle Publikum was »sehen« können, andere Stellen leuchten erst von heute: das ist so bei angereicherten Stücken, sie erhöhen ihre Strahlkraft auf Grund der in sie eingegangenen Stoff-Verdichtung. Sie sind von daher – wie wir gerade wieder Peter von Matt im Fernsehen ausplaudern hören – realer als die

Realität. Vor aller geschehenden Wirklichkeit, verrät v. Matt, war sie in der Literatur immer schon *wirklicher*. Vielleicht ist es aber auch so, daß die sog. bloß *geschehenden* Wirklichkeiten in hohem Maße von ihrem (Ver)Dichter aufgenommen worden sein müssen, um im Text als *realere* erscheinen zu können.★

So lassen sich auch die *Tempest*-Verse mit den Apfelkernen, aus denen »neue Inseln« wachsen werden, entziffern, wenn man sie auf das reale Auftauchen »immer neuer Inseln« aus den Ozeanen bezieht, das das ganze 16. Jahrhundert hindurch nicht aufhört. Als hätten die Eroberer, die Kerne ihrer Mahlzeiten während der Conquista in die Meere spuckend, immer neue Inseln gesät, die eine nach der andern überraschend ihre Landschaften aus den Wassern streckten als immer neue Phantasieziele heranwachsender British Boys, denen »die Welt« in diesen Jahren geschenkt wurde wie ein Apfel, in den sie nur zu beißen brauchten, indem sie sich entschlossen, kolonisatorisch zur See zu gehn. Daß am Ende einer dieser Entwicklungen in Amerika *The Big Apple* an Land gewachsen sein würde, als einer der *Kerne* Amerikas, konnte Shakespeare nicht wissen, es gibt aber seinen Sprach-Kern-Spielen recht.

Wenn gesagt wurde, daß Shakespeare die wesentlichen Züge von *The Tempest* auch hätte *entwickeln* können, ohne daß Amerika entdeckt worden wäre, so mag das zwar sein; die *Existenz Amerikas* und seiner »Wilden« wie auch die damit verbundene Entwicklung des British Empire zur vorherrschenden Seemacht der Erde verschieben die Gewichte des Stücks jedoch vollkommen. Wie auch reale Kolonisatoren, die von London aus mit Schiffen übers Meer fahren in *Neue Welten* hinein, die Seefahrten in den Texten Vergils, Ovids oder Homers radikal verändern. Sie werden zu Handbüchern der Orientierung im Rahmen der undiskutierten Konzepte des Umgangs mit diesen Neuen Welten. Und Stracheys Bermuda-Bericht von 1610 wird nicht nur *wichtig* für den *Sturm*, sondern entscheidend.

Außerdem bezeichnet *The Tempest* einen Moment, in dem England am Beginn massivster innenpolitischer Umwälzungen steht, am

★ Auch mit Hilfe anderer Technologien als der des Lesens – wie wir sehen werden.

Rechts: Bernini, 1619, Aeneas, Anchises und Askanius auf der Flucht aus Troja

Beginn des Jahrhunderts des siegreichen Puritanismus, der 1610, auf dem Höhepunkt der jacobeischen Macht, sein dogmatisches Antlitz allerdings erst ansatzweise entfaltet hat. Große Teile der Aristokratie Englands – bis vor kurzem katholisch – sind mit der anglikanischen Kirche nicht einverstanden. Sie wünschen heimlich die Rückkehr eines katholischen Königs mit Hilfe Frankreichs bzw. Spaniens. Das ist der Hintergrund für die vielen wirklichen oder angeblichen *Plots* gegen das Königshaus, gegen Elizabeth I. und dann gegen James I., deren Aufdekkung und Bekämpfung das politische Klima Londons zwischen 1590 und 1620 weitgehend bestimmt.

Aber auch von puritanischer Seite her steht die anglikanische Kirche unter Druck; die kommende bürgerliche Revolution kündigt sich an; Herrschaftssicherung und Herrschaftslegitimation während des Ausbaus englischer Macht zum *British Empire*, basierend auf starker Navy, sind also *die untergründig zentralen* Themen des religiösen wie wissenschaftlichen wie politischen Lebens in London 1611, und damit selbstverständlich auch des artistischen. *The Tempest* steht mitten drin in diesem Sturm.

Entwurfszeichnung für George Washington-Statue, H. Greenough, 1832

Jede der bis hier erscheinenden Positionen wird von Shakespeare mit Skepsis behandelt bzw. lächerlich gemacht oder abgelehnt und verworfen, – Vorbehalte des *Mannes der Kunst* gegen bestimmte eingeschlagene Wege der Kolonisierung um 1610, von denen er sich nichts versprach. Wenn auch die Positionen Bacons wie die Montaignes mit dem Ehrenzeichen der Intellektualität bedacht werden. Die Position Antonios und Sebastians, der Realpolitiker, die die intellektuell-utopischen Konstruktionen bewitzeln, ohne sie *angemessen* kritisieren zu können, erscheinen als schlimmere, nämlich als verbrecherisch: den beiden hyperrealen Witzbolden fällt nichts weiter ein, als bei erster Gelegenheit die nächste Mordtat zu ersinnen. So sehen die *Neue Welt*-Programme der ewigen Machtpragmatiker aus bei Shakespeare: »Neue Welt ist, wenn *ich* regier.« ...das Revolutionsprogramm aller Putschisten ...»mir san mir«, Sebastian, Antonio.

6. DISTANZEN, HEIRATSPOLITIKEN

Es ist gefragt worden, ob das Tunis des Stücks mit dem geographischen »Tunis« in Nordafrika gleichzusetzen sei. Zeitgenössische Zuschauer hätte das normalerweise wenig interessiert; so irritierte es sie z. B. nicht, daß im »Wald von Arden« ein Löwe sein Unwesen treiben sollte, und daß »Böhmen« in *The Winter's Tale* eine Meeresküste hat. Die Entfernung Neapel-Tunis wird von Shakespeare angegeben als »zehn Meilen hinter lebenslanger Seefahrt«. Dorthin mit dem Schiff zu gelangen, dauere so lang, bis daß »das Kinn eines Neugeborenen rauh zum Rasieren ist«; – *keinesfalls* also die geographische Distanz zum nur wenige Tagesreisen von Neapel entfernten mittelmeerischen Real-Tunis; keine der Distanzen im Stück ist eine bloß geographische. *Tunis* ist ein Fremd-und Mythen-Name, eingesetzt für eine Region, viel entfernter noch als bloß »Übersee«, und auch woanders gelegen, ebenso in Büchern, im Gehirn, wie hinter einem befahrbaren Meer.

Soweit es aber am »Mittelmeer« liegt, spricht der Name mehrdeutig: einerseits vom Verhältnis England/Islam, wobei der »King of Tunis« nicht als prinzipieller Feind gesehen wird (= kein Caliban); andererseits von den aktuellen Schwierigkeiten der *Levante Company*, der Londoner Handelsgesellschaft fürs Mittelmeer, die ständig Schwierigkeiten hat, ihre Schiffe an der von Karthago/Tunis und Algier kontrollierten nordafrikanischen Küste – der sog. *Barbary Coast* – vorbei, nach Gibraltar und dann nach England zu bringen. In London wird ständig die Frage diskutiert, ob und wann Kriegsschiffe in diese Region zu entsenden seien.

So spielen auch die Heiratsverbindungen, um die herum *The Tempest* gebaut ist, in diversen dieser Realitäten. Es gibt aktualisierende Umstände aus der Tagespolitik des Londoner Hofs, die die von »Neapel nach Tunis« verheiratete Claribel in ein absolut unmythologisches Licht rücken und mit ihr den ganzen Komplex »taktische Fürstenhochzeiten«. James I. selber mit seinen beiden Kindern, Prince Henry, dem Thronfolger, und der 15jährigen Tochter Elizabeth, ist in ein ganzes europäisches Intrigenknäuel von erwogenen und wieder fallengelassenen Heiratsverhandlungen verstrickt. Der Londoner Hof führt Geheimverhandlungen sowohl mit dem spanischen Hof (Prince Henry und die Infantin Anna), mit dem Staat Toscana, Hauptstadt Florenz, und Savoyen, Hauptstadt Turin, alles drei katholische Höfe, aber auch mit Frederick V. von der Pfalz, protestantisch, der als möglicher Ehemann von Princess Elizabeth gehandelt wird (der er später auch werden soll). Alle diese Verbindungen haben immer zum Hintergrund einen möglichen Wechsel der Staatsreligion eines der beteiligten Länder oder zumindest den Übertritt eines der verheirateten Fürstenkinder zum Protestantismus oder Katholizismus.

Als in London 1611 bekannt wird, daß die gleichzeitigen Werbungen der Bourbonen in Paris um die Hand der spanischen Infantin Anna wohl erfolgreich sein werden, gibt dies Anlaß zu einem Richtungswechsel der englischen Verhandlungen. *The Spanish Match*, die Verbindung von Prince Henry mit Anna, der Spanierin, ist gescheitert.★ James I. und seine Berater kontern die Drohung einer neuen spanisch-französischen Allianz mit der Forcierung der Pläne zu englisch-italienischen Verbindungen, ohne mit Spanien und Frankreich zu brechen. Carlo Emanuele von Savoyen hegt Angriffspläne gegen den Freistaat Mailand und sucht nach Verbündeten. Savoyen/Milan erschien als gute Ausgangsbasis für kriegerische Aktionen gegen Rom und als Bollwerk gegen das drohende Bündnis Spanien/Frankreich.

★ Die Geschichtsbücher führen sie als »Anna v. Österreich«. Sie heiratet 1615, 14jährig, Ludwig XIII., wird Mutter Ludwigs XIV., regiert Frankreich nach dem Tod ihres Mannes 1643-51, vermutliche Geliebte ihres Staatsgeschäftsführers Richelieu.

Nach dem Urteil des Kunsthistorikers Roy Strong können die Jahre um 1610 (nach der Ermordung des französischen Königs Henri IV.) mit der Situation des »Kalten Kriegs« nach dem Ende von WK II verglichen werden. James I. vertritt darin eine eher ausgleichende Position, wie der Versuch einer Heiratsverbindung zwischen dem anglikanischen Hof in London und dem katholischen Zentrum Madrid deutlich zeigt. Als im März 1611 die Verhandlungen über eine Verbindung des Thronfolgers Prince Henry mit der beinah gleichaltrigen Maria von Savoyen durch die Entsendung des savoyischen Botschafters Graf Cartignana nach London offiziell und entsprechend bekannt werden, erhält die Angelegenheit eine andere Richtung.*

Gleichzeitig betreibt James weiter die Heirat der Princess Elizabeth mit Friedrich V., Kurfürst von der Pfalz, dem Protestanten. Die Auseinandersetzung zwischen Protestantismus und Katholizismus, die das ganze 16. und 17. Jahrhundert andauert, in England zu einer Vorentscheidung gebracht durch den Sturz der römisch-katholischen Kirche als Staatskirche, läuft auf dem Kontinent auf den 30jährigen Krieg zu – der ein Jahr nach Shakespeares Tod beginnen wird.

Shakespeares Spiel mit der Richtigkeit oder »Falschheit« bestimmter Heiratsverbindungen zwischen real existierenden Königshöfen im *Tempest* 1611 – uraufgeführt am 1. Nov. im *Banqueting House* von Whitehall, dem Regierungssitz, in Gegenwart des Königs – kommt also Hantierungen mit Explosivstoff gleich; zumal die endgültigen Entscheidungen über die *Matches*, in die der Hof verstrickt ist, noch nicht

★ Der in London lebende italienische Bankier Gabaleone führt anschließend die Verhandlungen weiter. Zweifellos wäre diese Heirat zustandegekommen, wäre Prince Henry, zukünftiger König Henry IX., nicht am 26. Okt. 1612, genau am Tag der Zustimmung des Kronrats zu diesem Heiratsplan, mit schwerem Fieber zu Bett gegangen und elf Tage später daran gestorben. Vgl. Roy Strong, *Henry, Prince of Wales and England's Lost Renaissance*, London 1986, 72, 82f u. ders. »England and Italy: The marriage of Henry, Prince of Wales«, in *FS für Veronica Wedgwood These*, ed. R. Ollard and P. Tudor-Craig, London 1986. – Manche Autoren nehmen eine Arsen-Vergiftung Prince Henrys, deren Symptome von der Großraster-Diagnose »Typhusfieber« nicht zu unterscheiden waren, als wahrscheinlicher an. Die mögliche Mitwirkung jesuitischer Geheimdienste an Henrys Tod bedarf weiterer Untersuchung, schreibt J.W. Williamson, *The Myth of the Conqueror*, 168f.

gefallen sind, und zumal auch die »Orte« des Stücks, Milan und Naples, realen Staatsnamen in den laufenden Heiratspolitiken entsprechen; »Naples«, das Königreich Neapel (=ganz Süditalien) ist katholisch, spanisch-habsburgisches Herrschaftsgebiet, englandfeindlich, ebenso wie das spanisch dominierte Mailand.

Seine zweite höfische Aufführung erlebt *The Tempest* im Vorlauf zu den Hochzeitsfeierlichkeiten von Elizabeth mit Friedrich V., Kurfürst von der Pfalz, am 14. Febr. 1613; vom Alter her ist das eine Kinderhochzeit wie die von Ferdinand/Miranda im *Tempest*. Shakespeare kann es in diesem Moment insoweit wagen, zu königlichen Hochzeiten ein Wort zu riskieren, weil die Weichen Ende 1611 zumindest in einer Hinsicht gestellt scheinen: das *Spanish Match* ist verworfen; alles spricht dafür, daß Prince Henry Maria von Savoyen heiraten wird, sowie Elizabeth ihren Friedrich, das ergibt für die beiden englischen Königskinder eine nominell katholische (den Quellen nach bildschöne und kirchlich uninteressierte) Braut und einen protestantischen Bräutigam; und ergibt Naples/Milan einerseits als Feinde (mit den Schurken des *Tempest* an der Spitze), denen allerdings, durchaus der Ausgleichspolitik James' entsprechend, die »Rückkehr« in den Kreis der Guten um Prospero angeboten wird. Ein bißchen spielt Shakespeare hier auch das gedämpfte Echo jener Teile der Londoner Öffentlichkeit, die das Scheitern der früher geplanten Heiraten von Prince Henry mit einer der spanischen Infantinnen bzw. Christine, der Tochter von Henri IV. und Maria de Medici begrüßt hatten – projektierte *katholische* Heiraten, die den Bestand der anglikanischen Kirche ins Wanken gebracht haben könnten.

Der Ausgleich mit Spanien wäre dann vor allem im Namen »Ferdinand« für den Helden des Stücks signalisiert; er darf ihn tragen, obwohl dieser Name durch »Ferdinand den Katholischen«, Ehemann der Isabella von Kastilien, *der* spanische Königsname par excellence ist, – untrennbar der Entdeckung Amerikas und dem spanischen überseeischen Weltreich verbunden. Bei Richard Eden, jenem pro-spanischen englischen Autor, aus dessen Buch Shakespeare den Namen von Calibans Gott »Setebos« entlieh, erscheint Ferdinand der Katholische sogar als »ein neuer Abraham, Gideon, Salomon, Noah und Moses«; (...) »er machte Eroberungen in Frankreich, Deutschland, Flandern,

Afrika und Indien, er vertrieb die Juden und Mohren aus Spanien, wodurch er einen ehernen Verteidigungswall für die gesamte Christenheit errichtet hat.«★

James I. nahm den Ehrentitel des Salomon (»des Nordens«) gern selbst für sich in Anspruch. Seine Weisheit im Moment: sichtbar in seiner Heiratspolitik.★★ In Prospero als dem Stifter politisch korrekter Ehen und damit Friedensstifter erscheint so ohne Frage auch die Politik von King James I. selber auf der Bühne, einschließlich seines Hangs zum politischen »Dreamer«, den ihm zumindest die Geschichtsschreiber einhellig attestieren.

Schiffbrüche. Zur Parallelisierung von Prospero/James trägt weiter bei, daß James in einen furchtbaren Nordseesturm geraten war, als er 1589/90 nach Dänemark übersetzte, um seine Braut, die dänische Anna, nach Schottland heimzuführen – wie jeder mit den höfischen Stories vertraute Brite wußte. Diesen *Tempest* hatte James – aus eigener Beschlagenheit im Zauberwesen – als Hexenwerk verdächtigt. Eine Handvoll ausgewählter Edinburgher »Hexen« mußte das in einem Prozeß 1590 büßen. Die »Hexen« gestanden vor Gericht, sie hätten sich an den Teufel gewandt mit der Frage, warum ihre Zauberkünste bei James versagten, der Teufel hatte frustriert zugegeben: »Il est un homme de Dieu«.

> Mit angehaltenem Atem folgte der König den Prozessen, stellte selber Fragen und erwarb seiner eigenen Meinung nach großes Geschick im Kreuzverhör.★★★

★ Richard Eden schrieb als pro-spanischer Autor zum Ruhm des damaligen »King of Naples and Jerusalem«, Philip, seit 1554 verheiratet mit der englischen Königin Mary Tudor, »Bloody Mary«, »die Katholische: »he was styled King of England (although he was never crowned).« – cf. H.C. Porter, *The Inconstant Savage*, a.a.O., 25. Nach Mary Tudors Tod 1558 nur noch Philip II., König von Spanien und Todfeind des (dann bald anglikanischen) Englands.

★★ James sah sich mit besonderem Stolz als *Peacemaker of Europe*, schreibt Samuel R. Gardiner in seiner *History of England from the accession of James I. to the outbreak of the Civil War, 1603-1642*, 10 Bde., London 1884ff., Bd. 3, 1885, 49f.

★★★ David Harris Willson, *King James VI and I*, London 1959 (1956), 104f.

So durchdringen sich der Sturm des *Tempest*, von Ariel verursacht, mit dem Sturm, der Aeneas an Karthagos Küste treibt – von der Göttin Juno verursacht –, mit dem Sturm, der King James fast ums Leben brachte, verursacht von Edinburgher »Hexen«, mit dem Schiffbruch der *Sea Venture*, den Gott selbst verursacht hat. Sturm und Schiffbruch im *Tempest* enthalten all diese Orte und Namen: Mischwesen aus mythologischen Inseln, realen Inseln, realem Amerika, europäischer Realpolitik, politisch-mythologischem Afrika, »Dänemark« und allen weiteren Orten, Mythen und Ideen, wie sie vorliegen und dümpeln in einer bestimmten Sorte europäischem Kopf.

Die *real existierenden* »Bermudas« und das *Shipwreck* der *Sea Venture* dort bringt Shakespeare dabei fast mit dem Holzhammer ins Spiel, wenn er auf Mirandas erstaunte Frage: »Wie sind wir überhaupt an Land gekommen?« Prospero antworten läßt: »By Providence divine«. Das ist ein zielsicher gesetzter Lacher im Publikum, denn unter dem Stichwort der göttlichen Vorsehung ist sowohl die Bermuda-Rettung in allen Londoner Köpfen wie auch das Überstehen aller Unbilden in der Virginia Kolonie und sonstwo auf den Meeren.★ *Providence divine* ist die Formel, unter der das offizielle London sich *insgesamt* anschickt, Gottes Unterstützung für die Errichtung des kommenden Empire sozusagen *schriftlich* zu haben. Das wird hier zitiert und ironisiert zugleich aus dem Mund von *Prospero divine*.

Es sind sowohl die verschiedenen Amerikas im Text- und Bühnenraum dieses Stücks vorhanden, wie die nordafrikanische (islamische) Welt, wie die schwarz-afrikanische, sie alle in Auseinandersetzung mit verschiedenen Formen »Europa«, Formen der »Kolonisierung« oder »Zivilisierung« von Wildnis oder Wildnissen, aber auch der bestehenden Stadtstaaten Europas.

★★★

★ Das Schiff, das im *Tempest* strandet, ist das ›Führungsschiff‹ seiner Flotte, mit allen (für das Drama) wichtigen Personen an Bord – also genau nach dem Beispiel der *Sea Venture*, des Flaggschiffs der 3. Jamestown Flotte mit Gates, Strachey, John Rolfe usw. an Bord, die auf den Bermudas stranden am 25.6.1609, und dann Jamestowns wichtigste Akteure werden ab 1610.

Mit Akt IV bringt Shakespeare die »Lösungen« des Konflikts ins Spiel, die er *unabhängig* von seinen verschiedenen Quellen entwickeln mußte und wollte. Grundsatz Nr. 1, für seinen *Neuen Staat* gesetzmäßig formuliert von Prospero, bezogen auf die Übeltäter des Stücks:

Laßt sie am Leben. Ich will nicht Mord mit Mord vergelten. Denn alle meine Feinde sind nun in meiner Hand!

Dies stellte den *Sturm* als Theaterstück vor Probleme. Aktionen, Hinterhälte, Täuschungen, Schiffbruch, Gaukeleien geben Stoff für Wortgefechte, Slapsticks, – Bühnenzauber. Wie aber macht man *Vergebung* interessant?

Angesichts der merkwürdigen Laschheit des letzten Akts des *Tempest* ist oft gemutmaßt worden, daß Shakespeare, alt und kränkelnd und des ganzen Theaters müde, am Ende die Inspiration ausgegangen sei. Da mag etwas dran sein, aber es ist auch das Darstellungsproblem mit »dem Guten« überhaupt, das Darstellungsproblem auch aller »utopischen Romane« vor und nach Shakespeare: das Böse läßt sich wunderbar darstellen, aber wo es an den Auftritt »des Guten« geht, kommt Kirche raus, kommt Traktat, kommt Belehrung, kommt, im besten Falle, Zauberflöte raus; die ist ein schwächliches Zirpen in Mozarts sonstigem Zikadenschwarm.

Auch Shakespeare blieb nicht viel anderes, als in einer großen Verzeihungs-, Vergebungs-, Restitutions- und Hochzeitsorgie die aus den Fugen geratene Welt ins Lot zu bringen, in jedes nur erdenkliche Lot – mit Ausnahme Calibans, der draußen vor bleibt vorm neu geschlossenen Kulturvertrag.

Mit der Darstellung der *Kunst selber* als Erlösungskraft ist es das gleiche: Göttinnen auf der Bühne, die tanzend die Prinzipien des Guten verkünden. Shakespeare, bevor es soweit ist mit der Verzeihung, läßt Prospero – Akt IV, 1. Szene – ein eingeschobenes Kulturprogramm mit Göttinnen inszenieren. Ceres und Juno werden auf die Szene beordert, der Renaissance-Fundus wird angespielt, herbeizitiert, Hymen wird beschworen: daß ja nicht zu früh und vor der Zeit Ferdinand seine Hand lege an Miranda; es ist Tanz und Affektkontrolle und ausgiebige Beschwörung aller nötigen Segen.

Ballettchoreographie, *Sauvage*, London 1660

Ehre, Reichtum, Hochzeitssegen,	Jede Stunde bring euch Freude!
Mehr und mehr und allerwegen,	Juno singt euch Segen heute.

Juno, die den Schiffbruch des Aeneas befohlen hatte, Feindin von Venus, seiner Mutter; nun mild gestimmt. Wie eine auf die Bühne gebrachte Bebilderung von Prosperos Büchern: die Götter (der Kunst) treten aus den Seiten, liefern ihre Reverenz, ihren Reigen ... Ceres gibt einen Abriß des agrikulturellen Jahrs von Aussaat im Frühling zu satter Ernte im Herbst, sonnenverbrannte Männer mit Sicheln bilden die Grundlage des *Kunststaats* dieser Masque; es ist sicher das größte Manko des *Sturm,* daß er, der so vehement und witzig verfährt im *Verwerfen* jener Utopien der *Neuen Welten,* die er für verfehlt hält, bei der Vorstellung der eigenen Kunst-Utopie (Beschwörung mag man gar nicht sagen) so blaß bleibt. Vielleicht diente die leichte Feder ihm wirklich nicht mehr so, wie er es gewohnt war.*

★ Zum inhaltlichen Ablauf dieser eingeschobenen *Masque* und ihrem Verhältnis zu den Masques von Ben Jonson, dem höfischen Meister dieser Form, vgl. den Kommentar von Stephen Orgel in *The Oxford Shakespeare: The Tempest,* a.a.O., 43-49.

7. A.R.I.E.L. IS MY MIDDLE NAME

Richtig heiß mit diesem Stück wird es immer dann, wenn man sich Ariel, Luftgeist, zuwendet. Prospero hört nicht auf in den fünf Akten, Ariels Ausführung seiner Anordnungen über den Klee zu loben. Das erste was man lernt: nicht ohne seine Bücher, sondern *ohne Ariel* wäre Prospero nichts. Der Schiffbruch selber – also der Akt, die Leute, mit denen Prospero abrechnen will, überhaupt ins Stück hineinzubringen – geht auf Ariel; den Wind- und Tarnkappenmann. Er steuert Ferdinand, er steuert die Wege von Antonio/Alonso/Gonzalo, sowie den Weg von Trinculo/Stephano zur »Zentrale« der Ereignisse hin, oder sagen wir: zum Regierungspalast. Oder sagen wir, etwas genauer, um eine Vorstellung zu bekommen von der *Art des Kunststaats,* dessen Herrschaft Prospero aufzuziehen gedenkt: Ariels Aufgaben sind genau die, die in modernen Staaten der staatliche Geheimnisdienst hat.

Geheimdienste haben zwei zentrale Aufgaben: die eine ist, abzuhören, aufzuzeichnen und der Herrschaftszentrale mitzuteilen, was immer alle Einzelnen und Gruppen, für die die Zentrale sich interessiert, im Schilde führen, reden, im Geheimen denken und planen. ARIEL ist in dieser Hinsicht immer an der Quelle, ist überall, und, wenn erforderlich, überall gleichzeitig: die perfekte Abhör- oder Lauschangriffsapparatur. Diese *Gleichzeitigkeit* des omnipräsenten Abhörens und seiner gleichzeitigen Übertragung in die Zentrale ist nicht weniger, als eine technische Vorwegnahme des Funks (nicht der bloßen Funkentelegraphie; die könnte noch lange nicht, was Ariel kann).

Technisch gesprochen baut Shakespeare Prosperos Kunststaat klar auf die Bedingungen einer hoch entwickelten Funktechnologie, deren Voraussetzung ihrer Überwachungsfunktion dabei ein *eingebautes Abhörmikrofon* nicht nur an den Wohnplätzen der einzelnen ist, sondern an ihrem Körper, genauer gesagt: direkt an ihrem Mund. *Jedes* auf der Insel gesprochene Wort kommt an bei Prospero. Da man auch heute noch nicht mittels Abhör- und anderer Übertragungs- bzw. Spionagetechniken die *Gedanken* jedes Einzelnen, für die eine Abhörzentrale sich u. U. interessiert, abhorchen und notieren kann, ohne diesen Einzelnen bestimmter Behandlungstechniken zu unterziehen, die seine körperliche Anwesenheit am Abhörort notwendig machen, kann man sagen, die Abhörtechnologie, die Shakespeare im *Sturm* entwirft, entspricht exakt heutigen technischen Standards. ARIEL ist ein Kürzel für die Abhörtechnologie von Abhör-Agenturen.

Ebensogut wie diese technische füllt ARIEL die politischen Funktionen von modernen Geheimdiensten aus. Ferdinand, der – über die Liaison mit Miranda – Prospero als einziger in einem legalen Sinn als Herrschaftskonkurrent gefährlich werden könnte, lähmt Ariel im entscheidenden Moment die Hand (die das Schwert hält). Eine Art »Schutzhaft« oder Schutz-Lähmung zur Sicherstellung der bestehenden Hierarchie: Ferdinand wird eingesetzt werden von *Prosperos Gnaden* sowohl in das »Recht seiner Liebe« wie die Rechte seiner Macht.

Alle anderen Beteiligten spielt Ariel entweder gegeneinander aus, bringt sie in falsche Koalitionen oder läßt sie falschen Erwartungen hinterherlaufen. Er täuscht jeden über die entscheidenden materiellen Grundlagen seines Handelns: nämlich über die »Basisinformation«, wer noch am Leben ist und wer nicht, und ob es das Schiff noch gibt oder nicht; und auch darüber, wo das Schiff liegt. So muß man – und dies ist nicht im geringsten zugespitzt formuliert – sagen: alle Bewegungen aller Beteiligten dieses Stücks, gehen, auf Prosperos Anweisung hin, vom Geheimdienst aus oder sind unter dessen Kontrolle.*

Vordergründig, für »das Publikum«, spielt ARIEL dabei genau die Rolle, die neue technische Medien in Gesellschaften des 20. Jhs. für das Publikum zu spielen pfleg(t)en: er gibt Gesänge von sich und täuscht Bilder vor, d.h. er sendet und projiziert, er spielt Radio und Kino für das gesamte Personal des Stücks, bis auf Prospero: jener erhält Informationen über das Medium ARIEL. Alle anderen werden von ihm *unterhalten*, während er sie gleichzeitig ausspioniert, anstiftet und belauscht.

Das entspricht dem Wunschbild, das heutige real existierende Staaten von ihren CIA' s, Bundesnachrichtendiensten, Stasis und ihren Sen-

★ Der Name Ariel ist biblisch, Jesaja, Kap. 29, Verfluchung, Erniedrigung und schließliche Erhöhung der Stadt Jerusalem. Ariel = der starke Löwe Gottes, ist ein Name für Jerusalem, die Stadt des Herrn, selbst. Anklang an einen Gründungsmythos: das Neue Jerusalem bauen.

deanstalten hegen, ganz gleich ob sie in politischer Bedrängnis sind oder nicht.★

Shakespeare ist deswegen kein Undercover-Bulle, aber ein medientechnologischer Schriftsteller. Als dieser sieht er sich 1610/11 vor dem Problem, Welten auf seiner Theaterbühne miteinander in Berührung zu bringen – zu »vernetzen« –, die den bisherigen Aktionsbereich dieses Theaters sprengen. Dieser Bereich war abgesteckt zwischen drei Hauptpolen: englischer Historie (Königsdramen) – antiken bzw. christlichen verbindlichen Textvorlagen zwischen Plato, Ovid und Bibel – und dem hochentwickelten Sprach-Konkurrenzspiel elisabethanischer und post-elisabethanischer Theater- und Gedichtautoren, Wortvirtuosen im Dutzend.

Im *Sturm* tritt ein neuer Pol hinzu: die Insel des Stücks liegt zwar *auch* in diesen Welten, wie Shakespeares verbale Slapsticks um »Karthago/Widow Dido« zeigen, aber sie liegt zusätzlich irgendwo zwischen London und Mexiko. Sie ist insofern eine prinzipiell andere Welt als die drei genannten, weil sie nicht unabhängig von einer Geographie zu denken ist; und das heißt, nicht unabhängig von Distanzen. Nicht umsonst sieht sich Shakespeare vor die Notwendigkeit gestellt, ARIEL als eine Art fliegenden Nachrichten-Engel zu erfinden; sonst ginge *nichts mehr* in diesem Stück.

Shakespeare *ist* mit nachrichtentechnischen Problemen befaßt im *Sturm*. Wenn von Claribel in »Tunis« gesagt wird, daß sie »eine lebenslange Schiffahrt plus 10 Meilen« weit weg von »Naples« sei, soll das heißen, daß sie keine Nachricht erhalten würde von Alonsos Tod, wenn Sebastian ihn töte, und *daher* auch nicht mit ihrem Erbanspruch auftreten würde, außer – und nun die umwerfende Zeile – wenn die Sonne selber ihr die Post bringen würde. Englisch:

> She that is Queen of Tunis; she that dwells
> Ten leagues beyond man's life; she that from Naples

★ Manchmal vergessen die Chefs dann, wem alles sie was befohlen haben, und stoßen bei der Aufdeckung von Verschwörungen gegen den Staat immer wieder auf sich selbst als *die Urheber* – s. etwa Bad Kleinen, von denen wir nie Näheres erfahren werden, weil es eine Gauck-Behörde für die Stasi West nicht gibt.

Can have no note, unless the sun were post, –

Keine Note von Neapel nach Tunis, von Hof zu Hof, außer wenn die Sonne selbst die Post austragen würde. Es ist Shakespeare, der hier die Nachrichtenübermittlung in Terms von Lichtgeschwindigkeiten zu denken beginnt, und zwar präzise, denn: »der Mann im Mond ist zu langsam dafür«, fügt Antonio an – *The man i' th' moon's too slow.*

Nicht zum ersten Mal ...in *A Midsummer Night's Dream*⋆ gibt es eine vergleichbare Stelle. Als Oberon seinem »dienstbaren Geist« Puck (einem Vorläufer oder Verwandten Ariels) aufträgt, die rot-weiße *Western Flower* namens *Love in Idleness* schnellstens herbeizuschaffen: »schneller als der Walfisch eine Meile zurücklegt«, antwortet Puck, mcluhanesque:

I'll put a girdle about the earth, in forty minutes (II, 1)

– das mit dem »Gürtel um die Erde« ist zwar eine um 1600 nicht selten verwendete Metapher für Weltumrundungen – es gibt sie auch für Sir Francis Drakes Schiff *The Golden Hind*, das als erstes englisches zwischen 1577/80 die Erde umrundete, aber die Geschwindigkeit von *Speedy Puck*, die Shakespeare, die Wal-Metapher überbietend, vorlegt, spannt ihren Gürtel um eine Version des Erdballs, die hier zum ersten Mal mit Recht als das Global Village bezeichnet werden kann. Einmal rum in 40 Minuten, das ist fast schon Sendetempo, Jamestown dabei nach ca. 5 min. überflogen.⋆⋆

Die Neue Welt, die mit einem zugleich realen wie fiktiven »America« zu den bisherigen Welten hinzutritt, stellt im Jahr 1610 alle Probleme der künstlichen Welt- und Menschenerzeugung durch Politik, durch Wissenschaft, durch Technologien, durch Krieg, durch Kolonisierung, neu: stellt sie so, wie sie sich bis heute stellen. 1610 ist die Verdoppelung oder Vexierung dieser Welten in eine Reihe nicht absehbarer *Simulacren* sowohl in *The Tempest* als dem historischen Stand der

⋆ – die Datierungen für dieses Stück werden von der Shakespeare-Forschung schwankend zwischen 1592-99 angegeben

⋆⋆ Die erste Erdumrundung des russischen Sputnik brauchte exakt diese Zeit, wie Jan Kott aufgefallen ist.

Drake's ›Golden Hind‹, erste englische Weltumseglung

Dinge nach passiert. Baudrillard entspringt spätestens in Shakespeares Versuchen, diese divergenten Welten noch einmal (und insofern ist Shakespeare tatsächlich modernes wie postmodernes Spättheater) auf einer Bühne in eine sprachliche Darstellbarkeit hineinzubekommen. In der Wahrnehmung der Unmöglichkeit, diese divergenten Welten mit den Mitteln des elisabethanischen Theaters zu bändigen, wird Shakespeare zum Erfinder einer Medientechnologie, die technisch erst 270–300 Jahre später realisiert werden wird. Heute wissen wir: die Gott-Funktionen der alten Literatur sind allesamt übergegangen in die Hand moderner technischer Medien.

Aber Shakespeare kann die Erfindungen, die er hier anspielt, auf der Bühne nicht zeigen als das, was sie sind, technologische Utopien, unrepresentable. Eine Figur wie die des »vorauseilenden technischen Erfinders« (=Daniel Düsentrieb) steht ihm nicht zur Verfügung; sie würde auch nur die Hälfte des Spektrums, das im Spiel ist, abdecken, nämlich die geheimdienstliche Seite nicht. So sieht sich Shakespeare gezwungen, die Überzeugungskraft der technisch wie politisch noch nicht gemachten Erfindungen sicherzustellen über die Figur des Prospero, den man definieren muß als einen humanen Diktator im nachrichtentechnischen Allwissenheitsstand: Diktator eines Staats, in dem der Kunststaat und der politische Staat in ein und denselben zusammenfallen.

Kunststaat und politischer Staat vereinigen sich 1611 in London in der propagierten Machtergreifung einer Diktatur der Kunst, die sich auf vollentwickelte Nachrichtendienste und Übertragungssysteme stützt. Prospero bei Shakespeare soll nicht nur seinen Kunststaat dirigieren, er ist der Künstler als Diktator auch an der Spitze des politischen Staats. Das war Shakespeares letztes Wort. Der Rest war Schweigen: weil dem nämlich nichts hinzuzufügen ist – außer von der politischen Herrschaft den Platz zugewiesen zu bekommen, der auf solche Konstruktionen, so sie ruchbar werden, steht: den Tower.

KEEP THE SECRET.
SAMSON

8. BRAVE NEW WORLD: DER ARME B.B. HEBT SEINE TASSE…

Also hat Shakespeare einen Epilog angehängt, in welchem Prospero all seine Zauberkräfte niederlegt, auf allen Herrschaftsanspruch verzichtet und sich vor dem Publikum verneigt mit dem Satz: all meine hier aufgespannten Segel werden sich nicht blähen, wenn ihr nicht kräftig hineinblast und das Kunst/Staats/Schiff antreibt. Da das eine Rede, gerichtet an den versammelten Hofstaat samt König war, konnte das nicht »mißverstanden« werden als etwa Aufruf zum Wagen von »mehr Demokratie«.

Prospero ist – wie nicht wenige seiner realen Nachfolger in der Literatur- und Machtgeschichte, ein höchst merkwürdiger Diktator: er verordnet das Gute. Er übt nicht Rache. Er verzeiht den Bösen, fast sieht es aus, als läuterten sie sich. Er bringt die richtigen Paare zusammen, die richtigen Herrscher auf Mailands und Neapels Thron. Aber alle sind nichtsdestoweniger Objekte seiner Fäden-Strategie, wir sehen ein wirkliches Marionettentheater des Guten, dessen Funktionieren die technologischen Qualitäten eines ARIEL zur Voraussetzung hat. Prospero weiß – mit diesem und durch ihn – »wie mans macht«.★ Alles, was geschieht in den letzten anderthalb Akten, kommt derart aus seiner Hand, ist Providence Divine ins Irdische versetzt mit Prospero als Santa Claus – »verteufelt human«, um mit einem knapp 200 Jahre später agierenden sächsischen Nachfolger Prosperos zu sprechen – ein Chef auf der Bühne erteilt allseits Segnungen. »O Wunder über Wunder«, bleibt Alonso auszurufen. Sein Ferdinand ist schließlich doch am Leben, und auch die personifizierten Bösen können sich den Segnungen nicht entziehen – sofern sie zur Master Race gehören; das ist die Voraussetzung; für »den Indianer«, für Caliban, ist kein Platz in Prosperos Vergebungsorgie. Er soll der Sklave bleiben, der er ist im Stück.

»America«, so sich die Besiedlung lohnen soll, soll Staat werden nach genau diesen Prinzipien: nicht die Ökonomien und Religionen sollen dominieren, sondern ein System absoluter Monarchen, die, wie

★ … das hat er gemein mit Brecht, Hamsun, Pound, Céline

Füssli, Illustration zum ›Sturm‹. A. Chalmers-Ausgabe, London, 1805

Prospero, der Magie der Kunst verschrieben sind (und der der Nachrichtendienste).

Zweiter Pfeiler dieses Staats ist das (bücherkundige) Paar als Liebespaar, Ferdinand und Miranda als »das zivilisatorische Produkt« aller Anstrengungen des Stücks. Es ist ein Herrscherpaar im Prinzip, weniger eins, das seine Vorrangstellung aufbaute auf Arbeit. Die Fähigkeit, mit Holzscheiten umzugehen (Ferdinand), wird zwar vorausgesetzt, aber nicht im Zusammenhang mit der Herstellung des gesellschaftlichen Reichtums. Sagen wir: die Axt muß beherrscht werden und die Säge zur Errichtung ordentlicher Häuser im Kolonialstil, der Rest der Arbeit ist für die Sklaven, die von den Kolonialisten zu diesem Zweck gehalten werden. In diesem Sinne hat Prosperos angeblich »dunkler« und daher dauer-kommentierter Satz zu Caliban:

This thing of darkness I acknowledge mine

wenig dunkles, wenn man ihn liest, wie er da steht: *Dies Ding der*

Finsternis nehm ich auf meine Kappe; heißt: *ich* hab ihn produziert; er war nicht so, als er lesen lernte mit Miranda, als ich ihn mit ihr spielen ließ. Er *ist* so, seit ich ihm die Liebe zu ihr verbot; seit ich ihn ausstieß aus unserem Kreis, aus unserer Welt; seine *darkness* jetzt ist meine, *ich* hab ihn so angemalt, und ich wollte das so.★

Miranda und Ferdinand sind die Utopie eines buchgebildeten Planter-Paares, das herrschen soll. »Plantation plus Buchkultur plus heterosexuelle Paare gleicher Kultur-Farbe plus Entfaltung von Herrschaftstechniken, deren offener Terror sich in Grenzen hält; wichtig dafür: das Erkundungs- und Überwachungswesen« – auf diesen Pfeilern ruht Prosperos Kunst/Macht-Staat. Exakter: Ariel bezeichnet im System Prospero genau das, wofür im System John Smith Pocahontas steht: die Rettungsfunktion. Insofern war und ist auch der (Um)Weg über die Kolonien nicht unnütz: Prospero, in seinem ersten Leben ein Nur-Künstler und Magier, hat Zeit gehabt zum Nachdenken, hat dazugelernt in der überseeischen Inselwelt: er weiß jetzt, was angesagt ist an Herrschaftsformen für das London/Rom an der Themse, und was nicht.

Der Weg John Rolfe/Pocahontas, der drei Jahre später in Virginia aktuell beschritten wird, ist in *The Tempest* im voraus verworfen. In diesem Punkt sind das koloniale Virginia und das kommende Amerika Shakespeare »gefolgt«. In anderen wichtigen Punkten sind die späteren USA von Shakespeares Voraus-Würfen aber komplett abgewichen: Waffen z.B. spielen im *Tempest* eine absolut untergeordnete, bzw. gar keine Rolle. Der kommende Gunfighter ist bei Shakespeare ebenso wenig vorgesehen, wie der schon vor der Tür stehende Sieg des Tabakhandels.

★ Dem Dunkel, das im Titel von Joseph Conrads Afrika-Roman *Heart of Darkness* so finster blinkt, dürfte dieselbe Lesart zu Grunde liegen: die *Finsternis,* die man im tiefsten Herzen Afrikas antrifft, und der nur noch mit dem ausgestoßenen letzten Wort: »Das Grauen! Das Grauen!« (nicht) beigekommen werden kann, bevor man für immer die Augen schließt. Sie ist nicht die *darkness* der Schwarzen, sondern die eigene, selbsterzeugte – zumindest wenn man Mr. Kurtz heißt – (da steckt ein deutscher Sinn drin, der etwa hinausläuft auf Non-Prospero): *This thing of darkness I acknowledge mine* wird 300 Jahre nach Shakespeare vom weißen Herrscher der Schwarzen gesprochen zu seiner eigenen Seele, der es nicht gelingen will, sich »zu afrikanisieren«, ihre weiße Schwärze loszuwerden.

Cigarettes and whiskey and a loaded gun –

– die waren nicht Shakespeares Weg in die amerikanische Utopie. Ebensowenig waren es die Bemühungen der »progressiven« Richtungen des englischen Puritanismus, die »indianischen Naturkinder« zu alphabetisieren und zu christianisieren. »Nix da«, sagt *The Tempest* kategorisch, und steuert seinen schönsten Witz an. Er ergeht im Zusammenhang mit der Formel *Brave New World* – die Aldous Huxley, wie ja bekannt, aus dem letzten Akt von Shakespeares *Sturm* entlehnt hat, als er 1949 *sein* Buch vom Prozeß des »Menschenmachens durch Staaten« schrieb, dt. *Schöne Neue Welt.* Miranda, die Bewunderungswürdige, spricht diese Worte bei Shakespeare angesichts des *Wunders,* das ihr zuteil wird auf der Insel. Sie sieht, als das gesamte Personal des Stücks am Ende in Prosperos Zelle versammelt ist, zum ersten Mal Menschen in größerer Zahl ...und ist hingerissen. All die *Schurken,* die wir kennengelernt haben, sind da versammelt ...Antonio, Sebastian, Alonso ...aber für sie sind es Schönheiten ...»Götter« ...Menschen aus der *Neuen Welt,* in die sie jetzt übersiedeln wird; Mirandas überschäumende Naivität macht es Shakespeare möglich, als die *Neue Welt* genau die *Alte Welt* erscheinen zu lassen, aber eine *Alte Welt,* die geläutert ist.

Miranda: O Wunder!
Wieviele herrliche Geschöpfe da sind!
Wie schön sind Menschen! Brave New World,
Die solche Leute hat!

»Wie schön sind Menschen!« ist der Ausruf, der ihr also im Angesicht der kaum bekehrten bzw. nur begnadigten weißen Bösewichter der *Alten Welt* entfährt. Die sind noch besser und erstrebenswerter als bekehrte Indianer, heißt das. Die *Brave New World* ist nicht America, sondern *unsere* hier, wenn sie nur Kunstmännern wie Prospero folgt, sagt Shakespeare in dieser wirklich hochgradig raffinierten Brechung »der Sentenz« durch die Ahnungslosigkeit von Mirandas Mund, die gerade deswegen »Wahrheit« spricht: »Tapfere, schöne Welt, die solche Leute hat« – worauf der Transfer ins Publikum lächelnd antwortet: »die wir ja aber erst *werden* sollen und müssen! (...und Master Shakespeare traut es uns zu!)«

Wer Zweifel daran hat, daß es im *Tempest* insgesamt um die »Neugeburt von Menschen durch Staaten« geht, sollte vielleicht eine Antwort auf die Frage versuchen, warum »Mütter« derart abwesend sind in diesem Stück, wie sie es sind. Miranda ist ein kleines Mädchen, als ihr Vater und sie im Boot ausgesetzt werden. Soll man Prospero mit Milchfläschchen inszenieren? Nein, Miranda wird durch Buchstaben satt, dafür braucht es Mütter nicht, jedenfalls nicht bei Staats-Frauen-Körpern. Ferdinand: keine Muttererwähnung. Nur Staatsmänner und ihre »Nachkommen« sind unterwegs in diesem Stück. Bis auf eine Ausnahme, die dann wieder *deutlich* spricht: die einzige Mutter, die genannt wird, ist die Hexe Sycorax, Calibans Mutter. Als Vater Calibans ist kein geringerer angegeben als *The Devil* persönlich.

Wilde und Barbaren haben (böse) Mütter und teuflische Väter; die Mutter des zivilisierten Menschen, das ist im *Tempest* so, ist zweifelsohne der Staat. Der ein besonders guter Hervorbringer *dann* ist, wenn ein Künstler ihm vorsteht, der als solcher die Politik dirigiert.*

★ ›Father(s)‹ kommt nach Marvin Spevacks Wortkonkordanz zur Folio-Ausgabe an fünfundzwanzig Stellen im *Tempest* vor, ›mother‹ dagegen nur viermal; das erste Mal ist die Rede von Mirandas (nicht auftretender) Mutter, I, 2, 56; die andern drei beziehen sich auf Calibans (tote) Mutter; also 1x *virtue* gegen 3x *witch* bei Null auf der Szene anwesenden Müttern. (Hildesheim 1968, Bd. 1)

9. THE POET-SPY. SECRET SERVICE

Daß Francis Walsingham – so etwas wie der Außenminister von Elisabeth I. – in den 1580ern zum Gründer des ersten offiziell staatlich betriebenen modernen Geheimdienstes wurde, ist eine Folge der Doppeldrohung katholischer Verschwörung im Innern und spanischer Invasion von außen. Walsingham gründete offiziell einen *Secret Service* mit der Aufgabe der Infiltration katholischer Verschwörergruppen in England und auf dem Kontinent. Dieser Geheimdienst wird zunächst von Walsingham aus eigener Tasche bezahlt, aber Elisabeth I. ist schnell überzeugt von seiner Wichtigkeit und übernimmt die Finanzierung. Die erste Zahlung der Queen an Walsingham ist für 1582 mit 750 £ belegt, – Geburtsjahr des Secret Service. Im Jahr 1585 erhält er schon das Dreifache, 2200 £.*

Der angehende Dramatiker Christopher Marlowe ist um diese Zeit in die unteren Ränge dieses Geheimdienstes eingetreten. Marlowes Tod bei einer Messerstecherei 10 Jahre später gehörte lange Zeit zu den großen Mysterien der Literatur-Kriminalgeschichte. Charles Nicholl weist in seinem Buch *The Reckoning*, das nicht nur »minutiös recherchiert«, sondern auch excellent geschrieben ist, nach, daß es sich bei Marlowes Tod um einen Mord im Geheimdienstmilieu handelte; Marlowe fiel der Auseinandersetzung rivalisierender Geheimdienstgruppen, deren Teil er selber war, zum Opfer. Nicholls jahrelange Forschungsarbeit in britischen und kontinentalen Archiven hat dabei weit mehr zustande gebracht als nur die Aufklärung des Marlowe-Falles: eine detaillierte Geschichte nicht nur der ersten Jahre des Secret Service unter Elizabeth und James, sondern ein Zustandsbild der englischen Gesellschaft der Shakespearezeit, wie es bisher keins gegeben hat; Nicholls Marlowe-Buch *The Reckoning* ist die bisher genaueste Kulturgeschichte der Zeit des Herrschaftswechsels von Elizabeth I. auf James I.; und zwar deshalb, weil dies Buch die *Under Cover*-Vorgänge dieses Zeitraums mit einer solchen Fülle von Dokumenten beleuchtet und belegt, daß man zu dem Schluß kommen muß, genau diese hätten den Zeitmoment entscheidend geprägt. Mit anderen Worten: das Prin-

* Charles Nicholl, *The Reckoning. The Murder of Christopher Marlowe*, London, 1992, 104

zip »Ariel« ist nicht die Ausgeburt eines einzelnen genialen (oder auch teuflischen) Dramatikerkopfs, sondern ein Name für ein neues historisches Phänomen jener Jahrhundertwende: der Spitzelei im Staatsauftrag und der Atmosphäre allgemeiner Spitzelei, die in der entstehenden Konkurrenz verschiedener Dienste nach Walsinghams Tod im Wettkampf um die Aufdeckung jeweils drohender Verschwörungen »gegen die Krone« die gesamte Gesellschaft speziell Londons infiziert. Nicholl hat dabei ein Wort gebildet, einen Begriff, der in unserem Zusammenhang nicht weniger als *elektrisierend* ist. Er nennt den Typus Marlowe, aber nicht Marlowe allein, sondern den vorherrschenden Dramatiker-Typ Londons dieses Moments, den *poet-spy*: Dichter-Spion. Nicholls Bild dieses Typs in den wichtigsten Zügen:

In Teilen der konspirativen katholisch-aristokratischen Häuser gibt es eine Art Ideal-Atmosphäre für konspirative *Spiele*. Da ist z. B. *The Wizard Earl*, Henry Percy, 9th Earl of Northumberland, ein junger Adliger, der einen ganzen Stall von Poeten um sich hält, darunter Christopher Marlowe, Watson, George Peel, George Chapman, alles Leute mit philosophischen Neigungen – ein Markenzeichen von Northumberlands Stall. Nicholl nennt sie eine Untergruppe der berühmten »University Wits«, zu denen Nash und Green gezählt werden und ab etwa 1590 auch Watson. Alle sind untereinander eng befreundet.

Die Geheimdienstakten, die Nicholl durchgearbeitet hat, ergeben, daß die meisten dieser jungen Poeten in einer Mehrfachrolle zu solchen Privathöfen gehörten; einmal als Mitspieler der angesagten Spiele, als bevorzugte Auserwählte einer intellektuellen Clique, zweitens als geförderte Stipendiaten, denn der jeweilige Earl betätigte sich auch als Mäzen, drittens aber als Agenten, die ihren Wohltäter systematisch ausspitzelten – was sie, vor sich selber, teils damit vertraten, daß sie ihm durch ihre *Reports* eher nützten als schadeten; es gab aber ebenso Feinde des jeweiligen Gruppenhaupts, besonders darauf aus, *ihren* Earl zu konspirativen Tätigkeiten zu überreden oder ihn in solche zu verstricken.

Viele dieser jungen, intelligenten, gebildeten Typen waren ihrer Herkunft nach katholisch, fielen also in den katholisch-aristokratischen Häusern nicht auf, im Gegenteil. In ihrem persönlichen Glauben waren sie aber eher flexibel, d.h. im Kern unreligiös; nach damaliger

Terminologie: atheistisch; was, wenn es ruchbar wurde, lebensgefährlich sein konnte, aber für ihre Art des Lebens im übrigen die ideale Voraussetzung darstellte, ihnen nämlich die nötige Beweglichkeit auf schwierigem Terrain verlieh. ...das Doppel- oder Dreifachspiel, das zu spielen sie in dieser Lage aufgefordert waren, war eine perfekte Schule für die Ausübung ihres Berufs. Dieser bestand, so weit sie Stückeschreiber waren, und das waren die meisten, im Ausdenken möglichst perfekter Theater-Plots, Hof-Intrigen zwischen hohen Personen, Verleumdungen, Fallen. Als Spione üben sie für ihre Theaterstücke und als Stückeschreiber üben sie für die Spitzeltätigkeit. Schärfe des Witzes, Schlagfertigkeit, kluges Fintieren waren geradezu die Voraussetzung, zugelassen zu sein als inspirierter, d.h. nicht langweiliger Mensch, im bohèmistischen Zirkel des anspruchsvollen Geistesadels, als den die öffentlich konkurrierenden Earls sich empfanden. Nicht nur die Konstruktionsart der Theaterstücke (=Plot, Intrige) begünstigt das Entstehen dieses intellektuellen Typs, sondern ebenso die »atheistische« Atmosphäre der Häuser und Gärten der Earls, angesiedelt zwischen Gesellschaftsspiel, Wissenschaft, schwarzer Magie, Liebesaffären, hetero- wie homosexuell, eingebettet in die Welt des Degen-Duells, spielerisch wie auch blutig. Nicholl:

> Für den Poet-Spy, könnte man sagen, war die Poesie selbst eine Art von Tarnung, ein Mittel zur Infiltration. Das ist nicht gesagt, um die Musen-Ergebenheit dieser Poeten in Frage zu stellen, sondern um der alltäglichen Tatsache Rechnung zu tragen, daß die Muse selbst keine Löhne zahlt. Bildung und Armut halten sich meist eng umschlungen, und dies war ein Weg für die nichtadligen Schreiber, sich aus dieser Umarmung zu befreien.(192)

Das Walsingham-Zubrot ergab, zusammen mit dem, was vom Bespitzelten selber abfiel, ein womöglich ausreichendes Einkommen für die Ansprüche eines halbwegs eleganten, ansehnlichen Lebens. Nicholl:

> Eng miteinander verbunden sind so die Figuren des Poet-Spy und des Household-Spy, verquickt mit dem Mäzenatentum ihrer Gönner auf beiden Ebenen: dem Mäzenatentum jener jungen Adligen, die nicht Militärs

oder Diplomaten werden wollen, die sich mehr zu den Künsten und Wissenschaften hingezogen fühlen.

Sie veranlassen z.B. gern Briefe – als deren Boten sie sich anbieten, die sie dann öffnen, kopieren und den Inhalt weitermelden, wie sie überhaupt alles, was »passiert« (auf ihr Zutun hin), immer fleißig melden, bis sie, wenn alles weit genug gediehen ist (=belegbar scheint), ihren Anteil an der Aufdeckung der jeweiligen Plots sich honorieren lassen.

In Nicholls Darstellung bleibt dabei absichtlich unentschieden, was Ei und was Henne ist; ob der Spitzeldienst mehr zum Poeten ausbilde oder die Poeterei zum Spitzeldienst. Über den Dichter Watson z.B. vermeldet ein zeitgenössisches Protokoll: »Sir, er, der 20 Fiktionen mit Schuftereien in einem Theaterstück aufziehen konnte, was sein täglich Werk und Brot war, konnte ebenso lügen und Hinterhälte in Privatbriefen entwerfen, wie in diesem Brief hier, der, dafür verbürg ich mein Leben, vor allem Watsons Handschrift trägt.« So William Cornwallis 1594 vor Gericht über Watson, der der Hauslehrer eines seiner Söhne war, und als solcher eine Tochter von Cornwallis zu einem betrügerischen Heiratshandel überredete (188ff). Die ganze englische Gesellschaft war so von Spitzel-Diensten durchsetzt.

Tatsächliche Verschwörungen – dies ist der »Witz« der Angelegenheit – gab es dabei so gut wie nicht. Einer der Gründe: die meisten »aufgedeckten« Plots existieren nur in den Hirnen der Geheimdienstler und Geheimdienstmitarbeiter, der Zulieferer, Informanten, Einzel-Spione und Regierungsleute selber. Dies wird, wie man aus späteren Zeiten genauer weiß, geheimdienstüblich.

Die Hauptaufgabe von Walsinghams Dienst besteht zunächst im Sammeln von Informationen im Krieg der Krone gegen das katholische Spanien, gleich wo in Europa. Eine der Maximen Walsinghams lautet: »knowledge is never too dear«, Wissen ist nie zu teuer. (Nicholl, 105) Das Wort »Intelligence« für gesammelte Informationen bekommt seine Bedeutung, die es bis heute in Begriffen wie der »CIA« hat, in genau diesen Jahren.

Geheimschriftformen kannte jeder britische Kaufmann, jeder Spion verfügte als mindestes über della Portas Handbook On Codes, *De*

Furtivis Literarum Notis. Einige Spezialisten, darunter Walsinghams rechte Hand, Thomas Phelippes, machten ihre Karriere mit der Entwicklung von Verschlüsselungs- und Entzifferungstechniken. Es war z.B. schon üblich, Nullstellen in Nachrichten einzustreuen, Zeichen, die nichts bedeuteten, die nach einem bestimmten Schlüssel herauszunehmen waren vor Entzifferung. Dazu Geheimtinten, auch unsichtbare Tinten, die sichtbar zu machen waren, viel benutzt: Orangensaft, Zwiebelsaft, Milch, Pisse. (105)

Vieles dieser Intelligence war einfach das, was heute in den Zeitungen steht – die es aber nicht gab damals. Das meiste an Information, was Walsingham auf diesen Wegen aus Europa erhielt, ist also schlicht die Arbeit von *Foreign Correspondents.* Solche gab es auch offen in mindestens 45 europäischen Städten, so etwas wie offizielle englische Konsuln, zu deren Aufgabe es gehörte, Nachrichten zu übermitteln.

Schwer zu sagen in diesem System, wo »normale« Nachrichtenübermittlung in »Spionage« überging. Etwas klarer war das in England selbst, wo Walsingham eine Art *häusliches* System von Spitzeln installierte. In diesem Zusammenhang entsteht der Name »intelligencer«, ein Begriff von höchst negativer Konnotation, »a hellish name«. »Dies ist die schäbige Seite der Errungenschaft: der große Architekt der elisabethanischen Außenpolitik, Walsingham, wurde auch der Chef des elisabethanischen Spitzeldienstes.« (106) Und es gibt auch Bücherverbrennungen unliebsamer Autoren.

Und *Counter Espionage*: ein Zentrum der katholischen Gegenspionage ist das katholische College bei Reims in Frankreich. Die dort zu Theologen ausgebildeten Zöglinge erhalten gleichzeitig eine Spionageausbildung zur Restituierung der römisch-katholischen Kirche in England. Sie werden zurückgeschickt ins *Mother Country* mit verstellter Religionszugehörigkeit; sollen sich als Protestanten ausgeben, auch so leben und under cover für römisch-katholische Konspirationen sorgen. Christopher Marlowe befindet sich eine Weile auf diesem College.

Kern aller Projekte: Attentate auf Elizabeth I., deren Beseitigung, und die Inthronisierung von Maria Stuart. Bei Aufdeckung von Komplotten sind Todesurteile zu erwarten, und sie werden auch verhängt.

10. DIE ZAUBERER: IN DER ZIRKUSKUPPEL, IM TOWER

Prospero, *der Magier*; dt. meist: Zauberer. Über die Bedeutung des Komplexes *magic* für die Renaissance ist viel geschrieben worden, auch über Prospero als Renaissance-*magician*. Stephen Orgel: »Prosperos Kunst ist Baconsche Wissenschaft und neoplatonische Philosophie ebenso sehr wie empirisches Naturstudium und der Versuch, all ihre Kräfte zu verstehen und zu kontrollieren«. Der Wissenschaftler und der Okkultist leben nebeneinander in der Figur des Magiers im Bewußtsein der Renaissance, gleich ob in Italien oder England. *Magician* ist der Oberbegriff für alle im Erkenntniswesen tätigen Leute, deren Arbeit nicht primär theologisch-religiös fundiert ist. Mathematik und Philosophie sind beide Wissenschaften aus dem Bereich *magicke*. Es ist ein Wissenschaftler wie Bacon, bei dem man z.B. die Fähigkeiten der Menschen, Stürme nach Bedarf zu erregen, die Jahreszeiten zu kontrollieren, Reifung und Ernten zu beschleunigen, als Resultate der *Neuen Philosophie* vorausgesagt findet – Ariels Fähigkeiten.*

In Auseinandersetzungen mit der institutionellen Kirche ist diese Figur leicht übersetzbar in die des »Ketzers«, eine (lebens)gefährliche Position; ebenso im »Volksmund«. Londons bekanntere Wissens-Zauberer Thomas Hariot, Walter Raleigh, Dr. John Dee, der Italiener Giordano Bruno, der von 1583 bis 1585 in London lebt und lehrt, stehen im Ruf, eine Schule der Atheisten zu bilden. Ebenso wie die *Poet-Spies* bilden die *Magicians* einen Teil des intellektuellen Hofstaats von Aristokraten wie Henry Percy, des *Wizard Earl*, der diesen Beinamen, »der Zauberer-Graf«, eben deshalb trägt.

Christopher Marlowe ist eine der Figuren, in denen sich die beiden Kreise überschneiden. Der berühmte Spitzelbericht von Richard Cholmley über Marlowe, der behauptet, Marlowe habe »die atheistische Lektion für Sir Walter Raleigh und die anderen gelesen«, gibt exakt das öffentlich fixierte Bild der Clique wieder.**

★ Orgel, a.a.O., 20

★★ – stammt aber wohl nur vom Hörensagen. Marlowe und Raleigh kannten sich persönlich nur flüchtig; widmeten sich jedoch gegenseitig Gedichte.

Die bedeutendste Figur am Ursprung der Aufstiegsgeschichte des englischen Magiers im 16. Jh. ist Dr. John Dee – den wir schon als Berater Elizabeths I. in Sachen »British Empire und Aufbau einer starken Flotte« am Werk sahen.* Sein Vorwort zur Euklid-Übersetzung von Henry Billingsley, 1570, gilt als Meilenstein englischer Wissenschaftsgeschichte. Roy Strong würdigt die exzeptionelle Bedeutung dieses Texts:

Dees Vorwort zu Euklid umreißt den Zustand aller Wissenschaften, soweit damals bekannt, angefangen mit einer Diskussion des pythagoreisch-platonischen Zahlenwesens und seiner mystischen Implikationen. Es folgt eine Liste der Wissenschaften, die mit Zahlen, Arithmetik, Algebra und Geometrie zu tun haben und geht weiter mit anderen Wissenschaften, die auf Zahlen basieren: die Kunst militärischer Taktik, die Rechtsprechung, die auf gerechter Verteilung aufbaut; dann das Meßwesen, das auf Geometrie beruht. Unter den geometrischen Künsten nennt Dee Geodesie und Landvermessung, Geography und Studium der Erde, Hydrographie und das Studium der Ozeane, ›stratarithmetrie‹ oder die Aufstellung von Armeen in geometrischen Figuren, zusätzlich zum Studium der Perspektive, der Astronomie, der Musik und Statik, die die Umstände der Leichtigkeit oder der Schwere der Dinge demonstriert.

Dann schreitet Dee fort zur Diskussion der Mathematik in bezug auf den Menschen, Zahlen, Gewichte, Maße, des Menschen als einem Mikrokosmos. Dies führt weiter zu den schönen Künsten, der ›Zographie‹ und der Malerei, Skulptur und Architektur, wie von Vitruvius und Alberti entwickelt, der Mensch als Kreis und Quadrat, wie bei Agrippa, wo dies Konzept in einem astrologischen und magischen Licht erscheint. Es folgten die Gesetze der Kreisbewegung, ihre Anwendung im Rad, in Mühlen und Bergwerken, dann die ›Helicosophie‹, wo es um Spiralen, Zylinder und konische Gegenstände geht; ›Pneumatithmie‹, das Studium von mechanischen Geräten, die mit Hilfe von Wasser oder Luft funktionieren, mit Bezug auf Hero von Alexandrien. ›Menadrie‹, die Wissenschaft der Bewegung von Gewichten durch Flaschenzüge und Kräne, auch die Bewegung von Kriegsgerät; ›Hypogesiodie‹, die es mit unterirdischen Vermessun-

* In den 1970er Jahren avanciert Dr. John Dee zum Namensgeber der Londoner Rockband *Dr. John*.

gen und ihrer Aufzeichnung zu tun hat; ›Hydragogie‹, die Lehre von der richtigen Art und Weise, Wasser aus Flüssen und Seen abzuleiten; und ›Horometrie‹, die Kunst der Zeitmessung durch Uhren und Skalen. Dann kehrt Dee zu einem umfassenden Artikel über Architektur zurück, mit Übersetzungen aus Vitruvius und Alberti, es folgt die Navigationslehre, die Konstruktion mechanischer Wunder und schließlich die ›Archmaistrie‹, in der alle Wunder der Mathematik zusammengefaßt sind. Was wir vor uns haben ist, einfach gesagt, ein Riesenprogramm zur Erforschung jeden Aspekts angewandter Mathematik, sei es für Baumeister, Landvermesser, Mechaniker, Navigatoren, Maler oder Hersteller von wissenschaftlichen Apparaturen. Insgesamt ein Manifest, das England in die vorderste Front der proto-wissenschaftlichen Entwicklungen in Europa katapultierte, in der Navigation, im Anlegen von Karten und im Schiffbau sowieso, aber auch in allen Formen der experimentellen Wissenschaft. Im Jahr 1604, als James I. den Thron bestieg, hatte eine ganze Generation von Forschern schon auf diese Probleme geantwortet, in praktischer wie in theoretischer Hinsicht. (214)

Nicht nur Forscher haben hierauf geantwortet; der Hof selber hat eine Stimme in diesem Chor. Der Thronfolger Prince Henry ist nicht nur als Förderer ein Protagonist dieser Entwicklung Englands; er ist selber ein Schüler ihrer Lehren, selbst ein Teil-Wissenschaftler im mathematisch-magischen Universum, dessen Aufstiegsstunde in diesen Jahrzehnten schlägt.

Anders als die aristotelische war die wissenschaftliche Hermeneutik der Renaissance eine praktische. Der Wunsch des Renaissance Magiers nach Herrschaft über die Natur führt notwendig zu einem Interesse an Technologien, an ihrer wissenschaftlichen und politischen Anwendung. Prince Henry ist von Kind an ein Spezialist in Marinedingen, Fachmensch für Navigation. Mit zehn Jahren verfügt er über ein eigenes Schiff, er fiebert auf die Entdeckung der zu findenden Northwest-Passage (für deren Erkundung die Jamestown-Expedition losgefahren ist), er fördert insgesamt die überseeischen Unternehmungen; zu seinen Freunden zählt der Kapitän William Barlowe – das ist der Mann, auf dessen Schiffen John White und Thomas Hariot auf die Roanoke Expedition mitfuhren, und mit dem sie auch zurückkamen

Sir Walter Raleigh, Miniatur von Nicholas Hilliard, der auch zwei solcher Medaillons von Elisabeth I. herstellte nach London. Als der dänische König Christian IV. dem jungen englischen Prinzen mit der dänischen Mutter eine Reverenz erweisen will, macht er ihm »das beste Schiff der dänischen Flotte zum Geschenk«. (Barbour, *Smith,* I, 373) Francis Bacon widmet Prince Henry seine Ausgabe der *Essays* von 1612.

So steht im Magier Prospero, in dem der praktische Gesamtwissenschaftler der Renaissance ebenso vorhanden ist wie der Wort-Artist, nicht nur ein Stück King James selber auf der Bühne (nämlich für die Angelegenheiten kluger Heiratspolitik), sondern auch ein Anteil von James' Sohn, Prince Henry; jener designierte Thronfolger, der am Hof und in London als Mann der mathematischen Magien *und* der Kolonialunternehmungen angesehen ist, – verbunden mit Leuten wie Dr. John Dee, Giordano Bruno, Thomas Hariot. Auch sein Faible für Walter Raleigh, der im Tower einsitzt, ist nicht geheim. Es sind zwei der großen Repräsentanten der *Atheistenschule*, die zum Zeitpunkt des *Tempest* im Tower interniert sind, Raleigh und auch der *Wizard Earl,* Northumberland; sie büßen dort ihre angeblichen Beteiligungen an Verschwörungen gegen die Krone.*

Die Bezüge des *Tempest* auf diese Konstellationen sind um so zwingender, als das Stück mitten in den laufenden Verhandlungen für die Verheiratung von Prince Henry mit der Infantin von Savoyen geschrieben wird und tatsächlich bei seiner Uraufführung Teil von Hochzeitsfeierlichkeiten ist: der von James' Tochter Elizabeth mit Frederick von der Pfalz.

Den Komplex *Secret Service* hat Nicholl in bewundernswerter Weise rekonstruiert (ohne ein Wort zu Amerika). Strong rekonstruiert ebenso bewundernswert den Komplex *Die Magier und der Imperialismus Elizabeths* (ohne ein Wort zum Geheimdienst) – und in beiden kommen überwiegend dieselben Leute vor: man muß sie *zusammenlesen*, Bacon und John Smith, Strachey, Greenblatt, H.C. Porter und

* Kurz nach dem *Gunpowderplot* von 1605 wurde Earl Henry, das Oberhaupt der hochadligen Percy Family, der selber entfernte Ansprüche als präsumptiver Thronfolger hatte, im Auftrage James' verhaftet und für rund 17 Jahre zusammen mit Raleigh im Tower gefangen gehalten. William Strachey ließ kurz nach 1612 sein Virginia-Manuskript kopieren, um es mit einer schriftlichen Widmung Henry, dem Wizard Earl, zu überreichen zur Erweiterung von dessen auch im Gefängnis riesiger Bibliothek.

Roy Strong dazu, um das komplette Bild zu erhalten, ein Bild dessen, was in Shakespeares Kopf im Schreibmoment des *Tempest* tatsächlich vorlag und im *Tempest* auch zur Sprache kommt.

Giordano Bruno: zur Würdigung seiner Background-Beteiligung an den Stoffkomplexen des *Tempest* ist nicht so sehr ausschlaggebend, daß John Florio, Shakespeares Freund und dann Montaigne-Übersetzer, unter seinen regelmäßigen Hörern war bei Brunos London-Vorlesungen 1583/5. Brunos »Einfluß« ist breiter gestreut. Er publiziert in dieser Zeit drei Bücher, darunter sein berühmtes »De Gli Eroici Furori« (*The Heroic Frenzies*), die von allen Londoner *Magicians* gelesen werden. Bruno schreibt und lehrt u.a., daß Nikolaus Kopernikus, der sage, die Erde drehe sich und die Sonne stehe still, im Recht sei. Im Bewußtsein der Londoner Allgemeinheit galt er als »mad«, schreibt Nicholl (206). Und als etwas lächerlich wegen seiner geringen Körpergröße; er wird bewitzelt als »der Mann, dessen Name, ausgeschrieben, seinen Körper an Länge übertreffe«. In einem Pamphlet des Theologen Green gegen Christopher Marlowes *Faustus* findet sich der Satz, Marlowe blasphemisiere im Verein »with the mad priest of the sun«. Das ist auf Bruno gemünzt, den Propagandisten von Kopernikus' Heliozentrismus.*

Nicht nur die neue Kolonie Virginia hält Einzug in diesen Jahren ins Londoner Bewußtsein, sondern die Ahnung vom Bau des Sonnensystems. Im Auge Greens und anderer Kirchenmänner sind Leute wie Marlowe, die solchen Ideen nahestehen, Ausgeburten des Zauberers Merlin und der Okkultisten Bruno/Kopernikus: die ihnen entsprechende Art des *Magician* für das Theater. Tatsächlich trägt die Verwerfung des englischen College-Wissens durch Marlowes *Faustus* starke Züge der Schriften Brunos.** Da alle »Colleges« (=Universitäten) zu jener Zeit theologisch dominiert sind, wird Marlowes *Faust* gehört als Angriff auf die Religion überhaupt: »Divinity, adieu!« ruft Faustus aus im Namen okkulter Bücher und ihrer »Linien, Kreise, Szenen, Buch-

* Bruno verläßt London 1585 im Gefolge des französischen Botschafters Mauvissières, in dem er auch gekommen war. Sein Einfluß bleibt auch nach seinem Weggang am klarsten nachweisbar im Zirkel des *Wizard Earl*, aber nicht nur in diesem. (Nicholl, 200)

** Nicholl, 206-8

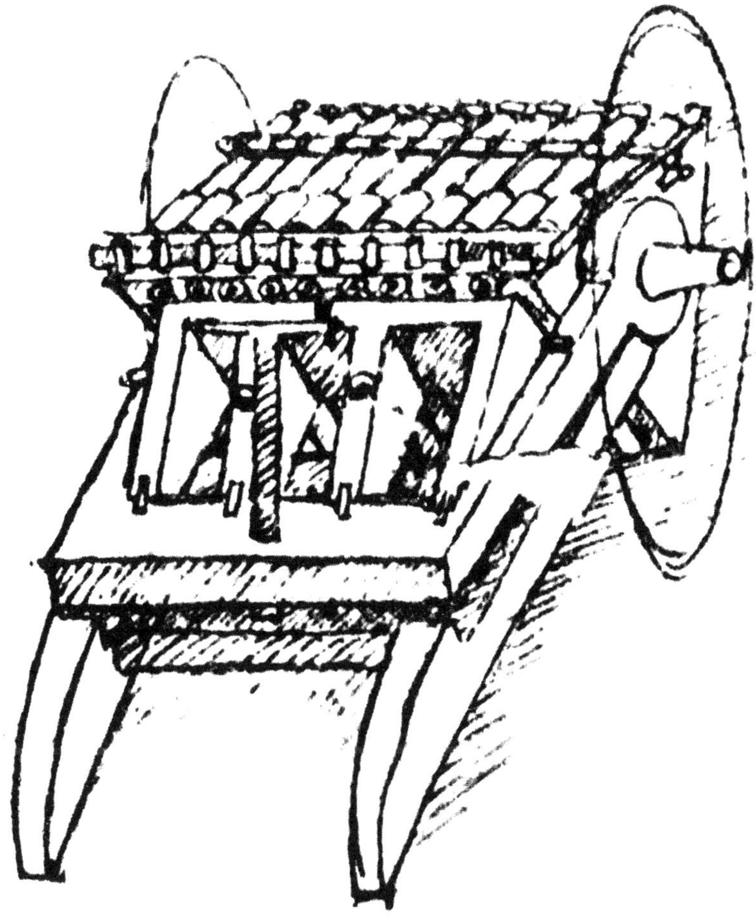

Leonardos Entwurf einer Schnellfeuerkanone, 1490

staben, Zeichen«. Dr. Faustus bei Marlowe erscheint wie ein früher Vorläufer des Zauberers Prospero in *The Tempest.* Dr. John Dee – G. Bruno – Marlowes *Faustus* – Northumberland – Hariot – aus einer solchen Linie läßt sich, und zwar ohne Gewalt, das Bedeutungsfeld der Figur Prospero entwickeln; ohne daß Prospero allerdings einer von ihnen – in Bühnenverkleidung – *wäre*.

In diesem Punkt – in der prinzipiellen Bedeutung des Renaissancemagiers für die Konstruktion der Prospero-Figur – sind sich die Spezialisten, angefangen bei Frances Yates, bis zum *Tempest*-Herausgeber Stephen Orgel einig. Ein bißchen ausgeblendet wird dabei aber die praktisch-koloniale Seite der Figur, wie auch in heutigen Darstellungen der Figur Giordano Bruno selber. Dessen kunstvolle Zeichnungen und graphische Harmonie-Ornamente vom inneren und äußeren Bau der Regelkreise der Welt sind überall bekannt, bewundert und abgebildet. Die wissenschaftliche Fundierung seiner Lehren in Kopernikus' Heliozentrismus rückt dabei in den Hintergrund; sein praktisch weltlicher Bezug auf das Planetensystem, d.h. auch: auf die Seefahrt, und damit auf koloniale Unternehmungen, ebenso. Die grundlegenden imperialen Züge des Denkens von Dr. John Dee und ihre praktische Bedeutung für das *Empire* Elizabeths I. arbeitet Roy Strong heraus. Ebenso groß ist die praktische Bedeutung Thomas Hariots für die Besiedlungsprojekte Amerikas. Hariot war fester Angestellter im Hofstaat des Earl of Northumberland, versehen mit 100 Pfund Rente im Jahr vom *Wizard Earl*, dazu ein Haus mit freiem Logis; weit mehr, als jeder der Dichter-Spione für sich zu erträumen wagte. Hariot baut nicht nur Teleskope und jongliert Logarithmen – als ›Galilei Londons‹ –; er ist nicht nur ein Spezialist des Okkulten, er wird eben auch zum Autor des ersten Buchs über die Religion der nordamerikanischen Indianer: Feldforscher und erster Ethno-Soziologe der Welt der Algonkin. Und sie alle stehen in Beziehung untereinander; die Treffen von Hariot mit Dee sind belegt über Dees Tagebuch.

Und dann ist da mit Prince Henry *ihr Mann beim Hof*, nicht weniger als der kommende König, ein praktischer Mann der *Colonial Ventures*; die Jamestownfahrer von 1607 versäumen nicht, das erste hervorspringende Stückchen Land auf amerikanischem Boden nach ihm zu benennen: *Cape Henry* ist bis heute sein Name.

Das Bewußtsein von diesem historischen Moment als einem des exzessiven Informationshandels erweitert die Spannweite des *Magiers* noch einmal. Spionage und Informationsübermittlung bilden so etwas wie das innere Netz Londons, auf das all die hektischen Aktivitäten sich ziehen und beziehen lassen. Wer sich in diesem Netz verfängt, in ihm gefangen wird oder hindurchfällt durch eins seiner Löcher, landet

Prince Henry in einer Rüstung, die Henri IV. ihm schenkte

(leicht) im Tower und/oder auf dem Schafott.

Shakespeare entwirft seinen Prospero nicht ohne Grund als Kunst- und Wissenschaftsdiktator im Besitz nicht nur des besten Wissens, sondern des besten Überwachungs- und Nachrichtenzirkulationssystems, plus bester Exekutive: des Systems Ariel. Das System Ariel *umfaßt* alle bekannten »Magien«.

Prospero bedient sich des Systems Ariel mit der Zielrichtung, als oberste aller Künste die *Magie des Theaters*, die Wortkunst, zu installieren. Ein Reich, in dem es »keine Rache« gibt; ein Reich, in dem die Gewaltsamkeit der Menschen gezähmt und verwandelt ist durch den »Blitz der Liebe«, zu dem sie – im Theater – befähigt werden durch die Schönheit der Bilder und den Klang der Worte. Insofern weicht Prospero *auch ab* von all den real im Umlauf befindlichen Magierfiguren Londons; ist nicht Marlowes Dr. Faustus, ist auch nicht ein Vorläufer von Goethes Faust; baut nicht auf Teufelspakt, sondern überlegene Medientechnik. Und ist auch nicht Hariot, da er das artistische Wort *über* der Mathematik und der Soziologie installiert. Aber er ist *bezogen* auf diese alle; so wie die Herrschaftsfiguren des *Tempest* in Verbindung stehen nicht nur mit James und den Königen anderer europäischer Höfe, sondern auch mit den Verfahrensweisen der Gouverneure Gates, de la Warr und Dale auf Bermuda und in der virginischen Kolonie.

Im Tagespolitischen ist die Konstruktion des *Sturm* gegen den immer mächtiger werdenden Puritanismus Londons und Englands überhaupt gerichtet. Die Puritaner in London sind schärfste Feinde der Künste, sie bekämpfen insbesondere das Theater. Ein Theaterbau nach dem anderen hat die Innenstadt verlassen und sich aufs andere Themse-Ufer zurückziehen müssen, ins unfreiwillig entstandene Theaterviertel. Die Puritaner haben schon das Verbot von Sonntagsaufführungen erfolgreich durchgesetzt. Die Anbahnung der bürgerlichen Revolution läuft in England nicht – wie mehr als 100 Jahre später in Frankreich – mit einer Entfaltung des bürgerlich-aufklärerischen Geisteslebens einher; nicht Leute wie Diderot, Voltaire, Rousseau sind ihre Theoretiker, sondern englische Landbarone und protestantische Theologen, denen die anglikanische Staatskirche nicht radikal genug, d.h. zu weltlich ist; zu vergnügungssüchtig, zu kunstverliebt und am »Kolonisieren« nur interessiert der zu erwartenden Einnahmen wegen.

Aus diesem Grund sind es *Pilgrim Fathers*, dogmatische Protestanten, die 1621 das Land mit der *Mayflower* verlassen; sie fliehen das sündige England und wollen Amerika konstruieren als Gottesstaat. *New England* ist ihnen der Staat religiöser Erneuerung, das ist das Entscheidende an dieser Namensgebung.

Nicht Parteigänger irgendeines Earls oder einer Clique, des Hofs oder einer religiösen Richtung zu sein, ist dabei Kern des Shakespeareschen Balanceakts; er gehört zwar zum Southampton Zirkel, hält sich aber auffallend im Hintergrund und aus den offenen politischen Konflikten heraus. In all den Akten, die Nicholl im *Marlowe Case* durchforstet hat, kommt Shakespeare auffällig wenig vor. Er ist sozusagen *eigene* Partei, Partei der Kunst – alle seine Schauspieler sind, neben dem, was sie sonst noch sind, Agenten (oder »Spione«) seines utopischen Kunststaats, den er in *The Tempest* entwirft.

All dies mit dem traurigen und bis heute aktuellen Ende, nicht auszukommen ohne die Utopie von der Herrschaft der Kunst als einer Diktatur. Der Artist-Tyrann, Prospero-Leader, den Shakespeare entwirft als eine Art absolutistischen Fürsten im enzyklopädischen Gewand, hat bis heute nicht aufgehört, zu spuken; alle »Großdichter«, so lächerlich sie, von nah besehen, persönlich aussehen, transportieren ihn weiter. Alle Rede von »klassischem Erbe« pflegt ihn weiter, siehe (nicht nur) DDR; und nicht mal als Mißverständnis.

Westliche Kultur: die ziemlich unauflösliche Verquickung des Schönen mit dem Auslöschenden. Die Welterschaffung durch Kunst konkurriert und geht Hand in Hand mit der Welterschaffung durch Kolonisieren. Kunst + Wissenschaft + Gewalt sind Prosperos Trinität.

Aus King Artus – als der im Jahr 1610 der Thronfolger Prince Henry von Ben Jonson im Festakt noch gefeiert wird – ist, ein Jahr später, und ebenfalls vor der höfischen Gesellschaft, bei Shakespeare ein King Art geworden. Die Kunst soll retten aus Intrigen-und Spitzelgesellschaft, der Gesellschaft der konspirativen »Plots« (diese werden schärfstens verworfen in Antonio und Alfonso), sie soll retten aus dem Kolonialstaat und kolonialen Utopiegespinsten (=Anti-Montaigne), sie soll retten aus dem Kirchenstaat (dem Dogmenstreit konkurrierender Systeme des Christianismus), und sie soll dies tun durch Vereinigung der überlegenen Wissenschaften mit Kunst und Literatur, denen aufgegeben ist, u.a., auch den besseren Nachrichtendienst zu entwickeln. Sehr einleuchtend aus all diesem, daß der Fiebertod des Prince Henry im Herbst 1612 von der Londoner Intelligenz als eine Katastrophe schwersten Ausmaßes für die Entwicklung Englands zu einem modernen aufgeklärten Staat begriffen wurde; die Trauer um dieses Königskind, mit dem sie zusammen nun nicht mehr kommen konnten, war echt.*

Rettungen: Shakespeare, gelesen habend, daß in Virginia eine junge Indianerin namens Pokahuntas »die Kolonisten vorm Verhungern gerettet habe«, gelesen und gehört habend, daß die Bermudas »ein Paradies« seien, in dem den Menschen die Lust auf die gesellschaftliche Ordnung von Arbeitsstaaten sofort vergehe, sagt zu all diesem, sofern es sich die Form wünschenswerter Utopien gibt, »nein« und stürzt sich in die Praxis der *Verkehrungen* der im Umlauf befindlichen Vorstellungen und Stories: eine weiße, buchgebildete Prinzessin »rettet« seinen Ferdinand; das ist ein Mensch, der selber liest, der auch (ein bißchen) arbeiten kann und der mit seiner Geliebten *Schach spielt* bis zur endlichen Legitimität der versprochenen Hochzeitsnacht. Ein – im Freudschen Sinn – Mann der Sekundärprozesse; jemand, der seine Affekte kontrolliert, ihre Befriedigung aufschiebt, aber nicht aufgibt. Jemand, der nicht nur Neue Welten kolonisieren, sondern Europa neu ordnen will; an seiner Seite die »naive« Miranda, die Wunderbare, die aus ihrer unverdorbenen Insel-Kindheit heraus dies alte Europa sowieso für die *Brave New World* hält, – wenn sie einen Blick auf dessen (gefallene) Edle wirft: –

– und nun letzte Sensationen, die Lösung des Geheimnisses William Shakespeares; den Schleier lüften die *Neue Züricher Zeitung* und die *Süddeutsche*, 6. und 14. August 99: »William Shakespeare – ein heimlicher Katholik«, »Das Geheimnis der verlorenen Jahre«, ...»unorthodoxe Thesen«; Autor beider Artikel ist Philip Blom, mit Berufung auf Professor Richard Wilson von der Universität Lancaster.

Richard Wilson, berichtet Blom, hat herausgefunden, wo Shakespeare während der Zeit seiner »ungeklärten Jahre« sich aufgehalten

* und ebenso einleuchtend, daß auch dieser Tod nicht als »aufgeklärt« gelten kann, wie der Tod von Gravesend

hat, in der für die Shakespeare-Biographik im Dunkeln liegenden Zeit der Jahre zwischen 1580 und 1590, der Zeit

seiner intellektuellen und künstlerischen Reifung, vom Verschwinden des 16jährigen Schuljungen Will Shakespeare aus Stratford im Jahre 1580 bis zum Auftreten des jungen Dramatikers in London zehn Jahre später. Biographen des Dichters propagieren verschiedene Versionen, um diese Lücke zu erklären: Er sei als Soldat in Flandern gewesen, Hauslehrer in herrschaftlichen Häusern, oder Schauspieler in einer wandernden Theatertruppe. All das erklärt aber weder, warum der junge Mann nirgendwo erwähnt wird, noch, wo er seine Bildung in klassischer Literatur, europäischen Sprachen und anderen Wissensgebieten herbekam.«*

Wo *bekam* er sie her? Wilson sagt, er bekam sie im katholisch-jesuitischen Untergrund Englands; nicht gerade beim *Wizard Earl*, aber in ähnlichen Zirkeln, ausgehend von den Schulungskreisen des katholischen Landbesitzers Sir Alexander Hoghton in Lancashire. Die Hoghtons, eine wichtige katholische Dynastie, verwendeten erhebliche Teile ihres Vermögens darauf, Priesterseminare auf dem Kontinent zu unterstützen, darunter auch »Douai in Nordfrankreich«, schreibt Blom. Dessen Präsident, Kardinal Allen, der General der Jesuiten, war ein Cousin Alexander Hoghtons. Sollte damit das College »bei Reims« gemeint sein, in dem Christopher Marlowe einen Teil seiner »Ausbildung« zum Poet-Spy erhielt? Nachschlagen bei Nicholl: es *ist* das College; gegründet von Dr. William Allen zunächst in Douai, Flandern, und später *umgezogen* nach Reims (Nicholl, 121).

Wie kommt Shakespeare zu Hoghton? In Hoghtons Testament – er starb 1581 an den Folgen der Folter, der er als katholischer Konspirateur unterzogen wurde – ergeht die Bitte an einen Nachbarn Hoghtons, »to be friendly unto William Shakeshafte and Foulke Gillam, now living with me, or, if he has not a mind to keep players, to help them to some other good master«. Shakeshafte ist ein Name, den auch Shakespeares Großvater benutzte – hinter diesem Schauspieler, für den der seinen Tod voraussehende Hoghton hier einen »new master« erbittet, stecke Shakespeare – das sei die neue Erkenntnis Wilsons; um drauf

* Philip Blom, »Shakespeare. Das Geheimnis der verlorenen Jahre«, *Süddeutsche Zeitung, SZ am Wochenende,* 14. August 1999, S. III

zu kommen, habe jener nichts getan, als die Maxime des Schriftstellers E.M. Forster zu befolgen, die laute: »Only connect«; man muß die Sachen *zusammen*lesen, verbinden...

Was Wilson verbindet: die zwei Stationen des Kurzbesuchs des radikalen Jesuiten Edmund Campion in England 1580 - Stratford on Avon und Hoghton Tower – mit zwei Personen: Sir Alexander Hoghton und Shakesperes Vater, John Shakespere; auch der ein glühender Katholik. John Shakespere hinterließ u.a. den handschriftlichen Schwur, niemals den katholischen Glauben zu verraten, auch nicht unter »schneidenden Messern« (der Folter). John Shakespere war in diesem Jahr 1580 »plötzlich verarmt «; wie die Biographen wissen. Die Archive aber weisen aus, daß er größere Geschäfte tätigte in London in diesem Jahr, ein unaufgelöster Widerspruch. Hier fügt Wilson zusammen: um der üblich gewordenen Enteignung katholischer Familien, denen »Konspiration« nachgewiesen wurde, zu entgehen, versteckte John Shakespere sein Vermögen und gab seinen Sohn dem Edmund Campion, der in England war, um »Rekruten« für die katholischen Colleges in Frankreich zu werben, mit auf den Weg zu Alexander Hoghton, damit der ihn ausbilde.

Der jesuitische Katholizismus, dem Shakeshafte hier begegnete, war sicherlich kein engstirniger Glaube, sondern ein intellektuell stimulierendes Umfeld, das stark nach Europa, nach Frankreich und Italien ausgerichtet war,

schreibt Blom.

Wilson nennt die Seminaristen von Hoghton Tower junge Hitzköpfe, »die einen Djihad gegen das protestantische Regime führten«. Der Regierung waren die »heiligen Krieger« von Hoghton Tower ein Dorn im Auge; königliche Polizei stürmte das Gebäude, nachdem Campion beim Lesen einer heimlichen Messe 1581 verhaftet wurde; unter Folter im Tower gab Campion die Namen von »Mitverschwörern« preis. Hoghton wußte, was kam, machte sein Testament und wurde Tags darauf abtransportiert. Einige der Zöglinge waren schlau genug, sofort nach Erhalt der Nachricht von der Verhaftung Campions abzutauchen – wie Hoghtons Testament vermuten läßt, auf seinen Rat hin; unter ihnen William Shakeshafte. Die folgenden Jahre bringt er bei verschiedenen »masters« zu, um die das Testament gebeten hatte; schließlich landet der als »player« = Schauspieler benannte junge Mann in der Theatertruppe des Earl of Derby; mit diesen, den *Earl of Derby's Men*, ist er zum ersten Mal 1590 in London, jetzt als William Shakespeare, nachgewiesen.

So weit, so gut. Aber der Leser stutzt: wo ist das Neue? Ist das nicht eine Wiederaufbereitung der Version von »Shakespeares youth«, die der Forscher E.K. Chambers zuerst 1923, und ausgebaut 1944 vorgetragen hat? In einem neueren Buch *Shakespeare, the lost years* von E. A. J. Honigmann, das Chambers' Theorie unterstützt, findet sich die Hoghton/Stratford/Campion-Connection beinah identisch so, wie P. Blom sie als »Wilsons Entdeckung« berichtet.* Was ist es, das Wilson neu entdeckt hat (– und hätte Autor Blom nicht wenigstens auf das Alter dieser Theorie »hinweisen« sollen?); es herrschen seltsame Sitten offenbar unter den Anhängern der verfeindeten Verfechter von Shakespeares verschiedenen Life Stories – um deren Fehden ich bis hier, nicht ohne Grund, einen Bogen gemacht habe.

Es führt aber kein Weg ganz an ihnen vorbei, und zwar aus Gründen der *Tempest* Lektüre. Wenn es nach den *Oxfordians* geht, kann nämlich *Shakespeare* nicht der Autor des *Tempest* sein oder das Stück ist viel früher geschrieben worden als 1610. *Oxfordians* heißt jene Gruppe von Wissenschaftlern, die behauptet, daß nicht der Händlerssohn aus Stratford on Avon, den die Geburtsregister als »William Shakespere« ausweisen, Shakespeares Stücke geschrieben habe, sondern vielmehr der Earl of Oxford, Edward de Vere; der Earl, Schwiegersohn von Lord Burghley, Elizabeths Berater, habe aber nicht öffentlich als *playwright* auftreten können, und sich deshalb im (an und für sich bedeutungslosen) William Shakespere aus Stratford einen Strohmann gesucht, unter dessen Namen die Stücke in den Theatern figurieren konnten; dafür sei Shakespere vom Earl entsprechend entlohnt worden.

Es gibt viele gute Gründe für diese These, auf dt. etwa vorgetragen von Walter Klier.** Die Argumentation entlang der Linie, daß Shake-

★ E. A. J. Honigmann, *Shakespeare, the lost years*, Manchester/NY 1998 (1985), S. 22ff

★★ Walter Klier, *Das Shakespeare-Komplott*, Göttingen 1994

speares Stücke nur von einem hochgeschulten Aristokraten mit besten Kenntnissen der Hofgepflogenheiten und -interna »geschrieben sein können«, hat viel für sich. Gegen diese These spricht – daneben, daß man sich solche Fähigkeiten und Kenntnisse theoretisch auch anderswo erwerben kann – das Todesdatum des Earl of Oxford. Edward de Vere ist, zweifelsfrei, 1604 gestorben. Ich glaube – aus Gründen, die im vorstehenden Kapitel dargestellt sind – nicht, daß *The Tempest* vor 1604 geschrieben und dann für die Hochzeitsfeierlichkeiten von *Princess Elizabeth* mit *Frederick von der Pfalz* noch einmal irgendwie hergerichtet worden sei.* Folgt: daß, wenn Edward de Vere *Shakespeare* war, *The Tempest* nicht von Shakespeare wäre. Die Möglichkeit ist offen zu halten.

Die zweite Gruppe, die *Stratfordians*, hält an der Identität des William Shakespere aus Stratford mit dem genialen Autor William Shakespeare fest, ist in sich selber aber gespalten in dem Punkt, den Richard Wilson (erneut) angesprochen hat. Für die »orthodoxen Stratfordians« ist Shakespeare ein irgendwann protestantisch gewordener hochbegabter Mensch des händlerischen Mittelstands, in dem – eine Laune der Natur und Folge der Berührungen mit dem Theater – irgendwann dies ungeheure Sprachpotential zum Ausbruch kam. Sie dominieren heute das Shakespeare-Merchandising des Stratford-als-Bayreuth-Vereins, ihr einziger Konkurrent sind wahrscheinlich die Fans von ManU, was Besucherzahlen, Umfang und Umsatz der Devotionalien betrifft.

Die Neu-Entdeckungen, von denen Blom schreibt, betreffen einen Streit innerhalb der *Stratfordians*; die Linie von Chambers bis Wilson besteht auf dem jungen William Shakespere als Eliteschüler der Jesuiten von Hoghton Tower; das würde einmal seinen Bildungsgrad erklären und auch die Zeit des »nicht-greifbaren Shakespeare« in den »ten lost years«, wo er als verfolgter *Catholic* im Untergrund hätte leben müssen. Wo die *Oxfordians* kühl lächelnd auf den Earl of Oxford weisen: wenn jener Shakespeare war, *kann* es einen anderen Shakespeare biographisch nachweisbar nicht geben; und deshalb seien die Belege in

* Keineswegs stützt sich die Datierung des *Tempest* auf 1610/11 bloß auf die »storm-tossed Bermoothes« und »diesen Schiffbruch 1609«, wie Klier unterstellt; seine Argumentation ist hier besonders schwach (und mit Greenblatt z.B. hat er sich dann auch nicht auseinandergesetzt.

der Zeit, die bei den *Stratfordians* die »verlorenen zehn Jahre« heißen, so außerordentlich gering; nämlich: nicht vorhanden.

In der Tat muß Wilson ein paar neue Belege für die Identität des William Shakespere aus Stratford mit dem William Shakeshafte aus Hoghtons Testament entdeckt haben; anders wäre nicht erklärlich, daß die Shakespeare-Forschung aufgeschreckt ist und Leute wie Stephen Greenblatt von bedeutenden Funden sprechen. Wahrscheinlich ist es die Verbindung von Edmund Campion mit William Shakesperes Vater John (die ist bei Honigmann noch nicht ausgeführt). Aber sei dies, wie es sei: nichts treibt uns, im Streit zwischen den Lagern des Shakespeare-Biographismus etwa mitentscheiden zu wollen. Es ist nicht nötig für hier.

Denn für die Lesart des *Tempest* als eines Stücks, das um die Komplexe von Herrschaftslegitimation, Verschwörung und Geheimdienst gebaut ist, und um die Frage, wie man »kolonisiert«, d.h. neue Menschen in neu zu erzeugenden oder neu gefundenen Welten baut, liefern sowohl die *Oxfordians* wie die Leute mit der Hoghton-Tower-Theorie die besten Stützungsmaterialien. Gefährlich war das Leben in beiden Bereichen. Hinrichtungen an der Tagesordnung in beiden. Honigmanns Satz: »There were informers everywhere«, Spitzel an jeder Ecke (22), gilt für alle Gesellschaftsbereiche und bestätigt nur, was Nicholl entwickelte. Der Earl of Oxford wäre nicht weniger eine hochgradige Underground-Figur wie der zwangsweise untergetauchte Jesuitenschüler mit dem Auftrag zum Sturz des anglikanischen Königtums. Entscheidend ist etwas anderes: die spezifischen Lösungsformen, die der Dramatiker Shakespeare, wer immer er auch »war«, dafür gefunden hatte:

Wir sahen oben, daß Shakespeare (anders als Marlowe) sich in auffälliger Weise aus Stellungnahmen in den religiösen wie politischen Debatten heraushielt; aus den Schußlinien der »Atheistenfraktion« heraushielt; aus direkten Stellungnahmen zu Virginia und den Stellungnahmen »pro & contra Tabak« auch; das Anspielungsnetz regiert seine Stücke, nicht die Festlegung. Dann taucht er auf im Gefolge des »moderaten« Earl of Southampton – was für die Oxfordians ein Tarnungs-Fake des Earl ist. Aber: er erschreibt sich einen Namen als *Artist*, als nichts sonst, da ist man sich einig.

Liegt es nicht *sehr sehr* nahe, anzunehmen, dieser sprachlich so ungeheuer aufgeladene junge Mann hatte vom aufgezwungenen Verbergungsleben, wo immer es stattfand, genug; genug vom Horror der politischen Verflechtungen und Dauer-Plots, daß er in der Position des *playwright*, des öffentlich-verborgenen Autor-Manns, die Chance sah, die Sphäre der aktiven Geheimdienste zu verlassen und »die Wirklichkeit« anders auszuspitzeln nur noch für Belange des eigenen Staats: er hatte seine Ausbildung als Poet-Spy gehabt, stand sozusagen, nach den ersten Erfolgen, *an der Spitze* der Poeten-Spione, ließ *Romeo & Juliet* vom Stapel, ein Stück zwischen verfeindeten Familien *Italiens* (kein Religionskriegs-Stück); und nutzte so das Spy-Dasein weder für einen Walsingham noch für die Politik eines der Earl-Höfe – und sei es des eigenen –, sondern fürs Theater und das eigene Schreiben; für die Kunst, wie es haargenau vorgeführt und ausgeführt wird von Prospero in *The Tempest;* mit allen Ariel-Wassern gewaschen, aber dagegen gefeit, sie auf die Mühlen irgendeiner Politik, irgendeiner Religion zu schütten. Shakespeares Stücke sind so selbstverständlich »atheistisch«, daß es schon nicht mehr auffällt. Die Positionen des Artisten als Person gehen in der schreiberischen *Allseitigkeit* unter, darin besteht – bis heute – die Kunst, jedenfalls die der Resistenz gegen das *parteinehmende* Politische.

...aber: Ariel als Verkörperung von Geheim(nis)dienst-Funktionen wurde hier Shakespeares *Stück* entnommen, seinen Geheimdienst-Gerüchen, seiner Kundigkeit dieser »Sphären«. Diese Reihenfolge belegt, wie das von Biographen und Archivdetektiven gefundene Material in den Stücken selbst vorhanden ist. Eben das rechtfertigt das Tun der Archiv-Gräber als Teil von *Literatur*wissenschaften; und es erleuchtet einen ihrer schönsten Verfahrenssätze: »Only connect«. – Vorher allerdings muß man was *gesehen* haben.

11. POCAHONTAS MEETS MASTER WILL SHAKESPEARE IM GLOBE

Wer trotzdem im *Tempest* nicht ein Stück *zwischen* den Welten sehen will, zwischen religiöser und wissenschaftlicher, zwischen Untergrund und Herrschaftssphäre, zwischen alten und neuen Welten, wer in *Caliban* nicht auch »den Indianer« und in Ferdinand nicht auch ein Stück des designierten Thronfolgers *Prince Henry*, des kommenden *Intellektuellen auf dem Thron*, den die Schreiber sich wünschten, – der mag auch dafür gute Gründe haben; uns erschiene das Stück dann allerdings beschnitten um seine aufgeladensten Komponenten.

So abwegig oder bloß aus der Luft gegriffen war der Einfall des Amerikaners John Esten Cooke, Shakespeare und John Smith und Pocahontas beim Anschauen des *Tempest* im Globe Theatre aufeinandertreffen zu lassen, dann letztlich nicht. Bei Cooke fährt Smith *im Auftrag* von Shakespeare nach Virginia, um verläßliche Kunde von der Neuen Welt zu bringen für Master Shakespeares geplantes Stück *The Tempest*. Smiths »Geheimbericht« aus Virginia schlägt sich in Shakespeares Stück – in den Worten von Cookes Erzähler Anas Todkill, der Shakespeares Rede im Theater belauscht – so nieder:

> Ist das da drüben nicht die Princess Pokahontas?, fragt Shakespeare. Sein Freund Captain Smith hat ihm erzählt, wie sie ihn damals gerettet hat; er, Shakespeare, habe sie in *Miranda* dargestellt, was heißt: »die, die man bewundern soll«. Wir sehen das, wenn Miranda schreit: »Beseach you, father! Sir, have pity; I'll be his surety!«, als Prospero Ferdinand niederstrecken will, so wie Powhatan Smith niederstrecken wollte. Dieser *Ferdinand* ist Smith, sagt Shakespeare lachend, obwohl der im Stück ein Königssohn ist. Und Caliban ist ein deformierter Indianer, einem gewissen *Rawhunt* nachgebildet, von dem Smith ihm erzählt hat; – jener *Caliban*, der in dem Stück sagt, der Herzog Prospero nenne die Tochter *Miranda* seine »nonpareil«, *die* »Unvergleichliche«, und das ist doch die Bezeichnung, die John Smith seiner Lady Pokahontas gegeben hat.*

Das müßte man nun alles erstunken und erlogen nennen, wäre da

* Cooke, a.a.O., 172f.

nicht das eine Wort: die »Unvergleichliche« ihres Volks hat Smith »Pokahuntas« wirklich genannt, und wirklich sagt Caliban im *Tempest*, Prospero nenne Miranda »a nonpareil« – es ist das gleiche Wort bei Smith wie bei Shakespeare für »das Mädchen«. (*Tempest* III, 2, 99).

Dieser merkwürdige Umstand ist eine wirkliche *Nuß* für all jene, die darauf bestehen, daß *kein Wort* des *Tempest* etwas mit Virginia zu tun habe; sie können das nicht erklären, und erwähnen es lieber nicht. Dem Autor Shakespeare aber – sollte er John Smiths Schreiben über die virginische Indianerin von 1608 wirklich *nicht* gekannt haben – muß dann jener Gott, der im Buchstabenwesen auch und *besonders* jene Zusammenhänge stiftet, von denen ihr Autor nichts weiß beim Schreiben, genau dies Wort untergeschoben haben, und zwar aus zweierlei Mund: dem Prosperos und dem Calibans; womit zumindest bewiesen wäre, daß *dieser* Gott existiert.

Pokahontas steht in Hörweite bei Cooke und hört, wie Shakespeare das Wort *Nonpareil* ausspricht, und realisiert, daß dies das Wort ist, das Smith für sie prägte; realisiert, daß sie »Miranda sei«; kurz vorher in der Szene hat sie Smith im Theater erkannt; hat erkannt, daß er nicht tot ist, wie ihr gesagt wurde, sie hatte die Farbe gewechselt vor Erregung, war »weiß geworden wie ein Faltenbesatz«; das ist sehr weiß; so wäscheweiß wird Pocahontas vor freudigem Schreck im Jahr 1885, als sie entdeckt, daß Smith lebt und daß sie »Miranda *ist«* im *Tempest*; Smith vermerkt dazu nicht unironisch, daß er ins Theater gekommen sei, »zwei Nonparellas« zu sehen; ein rot-weißes Zwillingspaar, ein Zwilling auf der Bühne, einer im Theaterraum.

...so sind Miranda und Pocahontas verbunden wenigstens an einer Stelle der Kunst-Kolonial-Welten, mitten in Shakespeares *Globe Theatre* – das schon abgebrannt war, als Pocahontas nach London kommt 1616 – wiederaufgebaut für diesen Moment im Roman eines verrückten Virginiers, des ehemaligen Anwaltsgehilfen John Esten Cooke.

Mit diesem »toten Briefkasten« virginisch-shakespearescher Geheimnisse kann die Post aber nicht am Ende sein, am Ziel der Sendungen. Da flüstert immer etwas »zehn Jahre«, *ten lost years* ...in Verstecken ...im Untergrund ...in Bühnenverkleidungen ...als einsamer Magier ...auf einer einsamen Insel...

Ob Richard Wilsons Buch über die »verlorenen Jahre« – es ist noch nicht im Handel – bemerkt haben wird, daß Shakespeares Jugend- und Ausbildungsleben im »jesuitischen Untergrund« – gesetzt, dies sei die richtige Spur – und Mirandas Kindheits- und Ausbildungsleben unterm Magier Prospero auf ihrer Insel ziemlich genau die gleiche Zeitspanne umfassen? Und die beiden Zeiten sich auch sonst in vielen Punkten gleichen?

Wie Miranda wäre Shakespeare zehn Jahre »ausgesetzt« gewesen, in einer Clandestinität, auf einer »Insel«, in der Obhut erziehender *Magicians* beide. Und er war Actor in dieser Zeit, d.h., er war oft Mann in Frauenkleidern. Die Zauberer, von denen er lernt, sind Wissenschaftler und Künstler der anti-puritanischen Insel-Welt; England *is an island, too*; die Insel, auf der *der verborgene Autor* ausgesetzt wurde. Ist nicht denkbar dies: er, der unvergleichlich Begabte, lernte und lernte und entwickelte in seiner (gefährdeten) Abgeschiedenheit ein ganz besonderes Spiel: er *wurde* unvergleichlich, the non-pareille of England. Der »Lauscher an der Welt«, der sich nicht »zeigen« darf, entpuppt sich als jener Mensch, dem die Klänge und Bedeutungen gehorchen wie sonst nur ein Ariel seinem Prospero. In *Miranda* steckte so ein Stück »Young Mr. Shakespeare«. Im *Tempest*, scheint es, plaudert der *alte* Shakespeare, perfekt verdeckt und verschlüsselt, Teile dieser Geheim-Identität aus.

Miranda, die Wunderbare, die nach den ersten vier Buchstaben ihres Namens noch abzweigen könnte zur Miracula, wird auf der Bühne des *Banqueting House*, vor King James und seinem Hofstaat im Nov. 1611, natürlich gespielt von einem Mann. Doppelt und doppeldeutig wie die Wörter sind bei Shakespeare auch die Geschlechter; nicht nur in *Twelfth Night, or, As You Like It*, wo sich die Formel des »Was ihr wollt« eben darauf bezieht, welches Geschlecht man gerne *hätte*. Welches Geschlecht bei welcher Sorte Heiraten: in seinem letzten vollendeten Stück – über Heiratsverbindungen von Königskindern, aufgeführt zur offiziellen Heiratsfeierlichkeit eines dieser Königskinder – erlaubt sich Shakespeare, eine ganz andere Heiratsverbindung einzuschmuggeln; die der »unvergleichlichen Under Cover-Leute« mit den Künsten & Magien.

Diese Heirat ist im *Tempest* so gut sichtbar wie gleichzeitig versteckt in einem Pfauenrad von Bezügen, die um den heimlichen Kern von Shakespeares Doppel-Statur kreisen: das Lächeln des Herrn in Schwarz beim Anhören des Märchens des Inders – in dessen Klamotten ebenso »Shakespeare selber« stecken könnte, »Mann im Frauenkleid« – geschieht in der Gewißheit, daß »the non-pareille« der fünf Reiche von King James – Scotland, England, Ireland, France, Virginia – niemand anderer ist als »er« selber; es war nicht ein Gott des Buchstabenwesens, der ihm dies Wort unterschob für Miranda, sondern das Selbstbewußtsein des Zauberers, der ausspricht, daß die moderne europäische Literatur startet als eine *conspiracy der Medialen*; eine Verschwörung, die in ihrer Auflösung fester Personen in Masken auch eine Verschwörung ist gegen das Festschreiben der Geschlechter in der Kultur. »Plot« ist das Wort, das England aus diesem Geschichtsmoment heraus exportieren wird in alle Welt als Wort, das »den Knoten« der Theaterstücke bezeichnet und auch die »Verschwörungen gegen die Krone«. Insofern hätte es der Archiv-Belege von Nicholl nicht unbedingt bedurft; die Doppelbedeutung von *plot* sagt schon (fast) alles.

Shakespeare /Prospero führt seine Arbeit vor als die des allseitig ausgebildeten Berufs-Agenten, Reality- and Psycho-Spy, der sein Wissen in Zauberei umsetzt und gleichzeitig vor uns erscheint in Gestalt der »zartesten Wunderbaren«, seiner märchenhaftesten Maske.*

Shakespeares Popularität durch die Jahrhunderte verdankt sich wahrscheinlich der fundamentalen Ambivalenz solchen Zaubers, seinem Entkommensein auch in die Bereiche einer nachhaltig postulierten Mehr-Geschlechtlichkeit. Es gibt mehr Leute »unter der Sonne«, die in dieser Grundspannung offenbar leben, als unser Alltagswissen sich zu träumen traut. Sie mühen sich in *ihrem* Leben um den Zauber der Unvergleichlichkeit und des Nicht-Fixiert-Seins; jede(r) ein *Magician* und *Secret Service Agent* seiner verdeckten Wunschgestalt; ein »Populismus« der verborgenen Art.

Vorschlag: »Shakespeare« *hat* gelächelt, als er das Wort von der »non-pareille of Virginia« sah in John Smiths erstem Bericht über *Pocahuntas.*

Es gibt also vielleicht Grund, das »set me free« – die letzten drei Worte des *Tempest*, gerichtet an die »Gnade des Hofs« – mit noch anderen Ohren zu hören, als sie gehört worden sind. Mit den Worten »be free, and fare thou well«, wurde schon, ein paar Zeilen vorher, im »ersten Schluß«, der Luftgeist Ariel verabschiedet –: ab über die Ozeane. Worauf Prospero sich bereit macht, seinen Gästen, in seiner engen Insel-Zelle sowieso vor einer schlaflosen Nacht, »the story of my life« zu erzählen: *The Tempest*, ein kunstvoller Kreisel, hört damit auf, erzählen zu wollen, was vor seinem Anfang liegt... a *fairy tale* aus facts & fictions, – weshalb wir dieses Kapitel mit der Erzählung *Der Sturm. Ein Märchen* anzufangen für nicht unpassend hielten.

Was sagen die beiden Freiheitswünsche Prosperos am Ende des *Sturm*? Womöglich, daß Shakespeare, am Ende seines Lebens der ganzen Geheimnis-Dienst-Arbeit müde, doch *gleichzeitig* auf der Höhe seiner Kunst – und hier damit beschäftigt, sie der Welt ein Stück weit zu

* So wie Young Mr. Hitchcock sich seine Wunschkörper montierte in einem Buch namens »Plotto«, Buch mit dreigeteilten Seiten, aus denen durch Blättern immer neue Figuren aus Mensch- und Tierkörpern herzustellen waren – seinem Lieblingsspiel, wie er sagte; – Schnitt-Bücher für junge Genies in ihren Miranda-Stadien...

entschleiern –, den Wunsch nach Entlassung aus dem *Secret Service* des männlichen Artistentums unter der Knute des Politischen und Theologischen äußert? ...den Wunsch nach der Auflösung dieser Sorte Geheimnis & Gewalt-Staaten?

Er würde den »sanften Atem« der im Zuschauerraum Versammelten benötigen, die Segel des Schiffs *seiner* Neuen Welt zu blähen, sagt der Schluß. Das wäre nicht weniger als die materielle Wahrheit: die Bitte nach der Suspendierung des Gifts der Rede unter den agierenden Lebenden:

Gentle breath of yours my sails
Must fill, or else my project fails

Man darf bezweifeln, daß James und sein Hofstaat, sicher ergriffen, das mitbekommen haben. –

Und groß war Prosperos Hoffnung nicht für sein wiedererworbenes *Neues Milan* – where every third thought shall be my grave. (V, 1, 311)

Das Wappen Virginias. 2 englische Ritter mit Schild, auf dem die 4 Teile Britanniens symbolisiert sind: England, Schottland, Irland und, dem Anspruch nach, auch Frankreich. Der Vers: Und nun ergibt Virginia ein fünftes. On top ›The Non-Pareille of Virginia‹...

12. NACHHALL:
DER ENGLISCHE GEHEIMDIENST EROBERT (FAST) AMERIKA

Im Nachwort zu seiner Übersetzung von James Fenimore Coopers Roman *Conanchet, Or the Wept of Wish-ton-wish* hat Arno Schmidt einige Aufmerksamkeit den englischen Königsmördern aus der Cromwellschen Revolution zukommen lassen; jenen Leuten, die am 30.1.1649 direkter daran beteiligt waren, den englischen König Charles I. durch Köpfen vom Thron und ein paar Welten weiter zu befördern. Diesen Königsmördern galt, nach erneuter Umkehrung der Verhältnisse und Restituierung der Stuart-Monarchie durch Charles II. im Jahr 1660, die besondere Verfolgungswut der Krone, und damit das besondere Augenmerk der Geheimdienste. Arno Schmidt schreibt über sie:

> 19 oder 20 entkamen ins Ausland; hinter jedwedem her sogleich sein halbes Dutzend Mann vom ›Geheimdienst‹. 3 entdeckte man, zu verschiedenen Zeiten, in Holland; entführte sie nach London, und tat ihnen, was sie ihrerzeit Charles verordnet hatten; 1 ermordete man in Lausanne; der letzte Überlebende von ihnen dürfte Edmund Ludlow gewesen sein, der 1692, in Vevey am Genfer See, starb.
>
> Und 3 waren eben auch nach Neu-England entkommen; wo die Nachfahren der Pilgrim Fathers (die Mehrheit ja alles heimliche Cromwellianer!) das lustig erneuerte Königtum mit recht kritischen Blicken betrachteten. Am glücklichsten war John Dixwell (man vergleiche Ezra Stiles, *History of the Three Judges of Charles I.*): unter fremdem Namen lebte, heiratete und starb er 1689, unerkannt, inmitten der Einwohner New Havens, im Alter von 81 Jahren.
>
> Das Schicksal der beiden anderen dagegen blieb dramatisch & wechselvoll, wie ihr ganzes Leben es gewesen war, ja wurde hochromantisch. Edward Walley and William Goffe, zwei der bewährtesten und engsten Anhänger Cromwells (und sogar entfernt mit ihm verwandt), landeten am 27. Juli 1660 in Boston, wo der Gouverneur Endicott sie voller Verbindlichkeit empfing. Nahezu 1 Jahr lang weilten sie unbehelligt in Massachusetts; hielten ›meetings‹ ab, ja predigten nach Puritanerweis' unter allge-

meinem Beifall. Als endlich aus dem Mutterlande die vorauszusehenden Steckbriefe und Haftbefehle gegen sie eintrafen, flohen sie tiefer ins Landesinnere, nach New Haven, wo es als Verbrechen gegen Gott galt, dem Wandrer kein Obdach zu gewähren, oder den Verfolgten auszuliefern. Aber der Geheimdienst war einmal auf ihrer Spur, und ließ ihnen keine Ruhe mehr; Prämien wurden auf ihre Köpfe gesetzt, und nicht nur weiße, sondern auch Indianer durch Geld & Versprechungen angeschürt, sie zu hetzen und einzubringen. Eine Zeitlang noch konnten sie bei Nacht & Nebel von Haus zu Haus fliehen. Einmal versteckten sie sich wochenlang in einer Mühle. Dann wieder in unzugänglichem Felsgeklipp am Meeresstrande. Monatelang sollen sie im Landesinnern, tief in den Wäldern, in Höhlen gehaust haben (obwohl Bancroft daran zu zweifeln scheint). Endlich entkamen sie irgendwie westwärts, in Richtung des Connecticut; und jede Nachricht von ihnen verstummt.

Zunächst:

Denn als 1675 der Krieg ›König Philipps‹ losbrach, und der Flecken Hadley mitten während eines Septembergottesdienstes überrascht wurde, erschien unter den schon Verzweifelnden urplötzlich ein Mann in schier verschollener Pracht, im Gürtel die Reiterpistolen, in der Hand den schweren Pallasch von Dunbar und Worcester: mit den lodernden Augen des erprobten Fanatikers, mit dem taktischen Scharfblick des nicht zum ersten Mal kommandierenden Soldaten, sprach er den Männern Mut zu; sammelte sie um sich; und schlug die sich eine leichte Beute erwartenden Roten zurück. Die Geretteten sanken aufs Knie; sprachen Dank in ihre dunklen, breitkrempigen Hüte; erhoben sich, wollten sich zu ihrem Retter wenden – und fanden sich allein. –

Soll also Walley oder Goffe gewesen sein; einer der beiden geisternden Flüchtigen, die sich in Legenden und Romanen so oft zu Helfern wandeln, die auftauchen immer dann, wenn die Not an Mann oder Frau am größten ist. Sie dürften gegen 1670 gestorben sein; vom Geheimdienst gefaßt wurden sie jedenfalls nicht; den Poet-Spy oder Trapper-Spitzel (für europäische Walsinghams) gab es noch nicht, 1670, in den Gebieten des *New Troy of America*.★

★ A. Schmidt, Nachwort *Conanchet*, 672ff.

13. LOVE LETTERS IN THE SAND

Michel Montaigne – *natürlich* ist er keineswegs der naive Naturbursche gewesen, als der er im Kontext von Shakespeares *Tempest*-Witzen leicht erscheint. Seine *Essais*, manche zwei, manche hundert Seiten lang, insgesamt über 100 Stück, einer so »glänzend« wie der andere – Tand und blauer Perlenkram für die Augen europäischer Buch-Eingeborener – waren eine schriftstellerische Sensation. Sie erschienen in zwei Gruppen, die erste 1580 in Bordeaux – 50 km östlich davon liegen Montaignes Güter –, die zweite 1588 in Paris, im Jahr, in dem Raleigh vergeblich mehrere Schiffe zum Unterhalt der Roanoke-Kolonie aussendet.

Montaigne war 55 Jahre alt. Die Art der Beziehung seines Buchs zur »Realität« ist ungewöhnlich. »Der hier porträtiert wird, bin ich selbst«, sagt das Vorwort, *je suis moy-mesmes la matière de mon livre*, ich selbst bin das Material meines Buchs. Damit ist die individuelle »Ich-Materie« eines Menschenleibs erstmals vorgestellt als ausreichender Grund für die Produktion eines Buchs; unabhängig von Gott, von Kaiser oder »dem Gesetz« (der Wissenschaften).

Nicht weniger revolutionär ist ein zweiter Zug des Vorspruchs: die Fundierung dieser *Selbstbewußtheit* in einem Kontinent, in dem Montaigne gar nicht lebt, – in einem ganz und gar fiktiven Amerika:

> Wenn mein Glück es gewollt hätte, unter jenen Nationen geboren zu werden, von denen es heißt, sie lebten unter der süßen Freiheit der ersten unverdorbenen Gesetze der Natur, ich versichere Ihnen, ich hätte nicht gezögert, mich selbst ganz und gar und ganz nackt zu portraitieren.

– nackt wie die süßen Wilden selber, deren Bedeutung für die Entwicklung des europäischen Schreibens Montaigne hier in einem vorausweisenden Geschichtsblitz erfaßt: ihre neu entdeckten Kontinente als Grundlage einer Literatur der Zukunft, der es gelingen wird, »die Materie Ich ganz und ganz nackt« in Buchform abzubilden; genau das, was Amerika in der Literatur und für die Literatur zwischen Henry Miller, Allen Ginsberg, Erica Jong und William S. Burroughs dann auch geschafft hat; gut 350 Jahre nach Michel Montaignes visionärem Programm.

Montaignes Entwurf vom »edlen Wilden«, der zu einem der wesentlichen »Blicke« geworden ist, mit dessen Hilfe europäische Gehirne sich die Neue Welt über die Jahrhunderte vors innere Auge projizierten bzw. vors Auge ihrer Träume, leugnet *den wirklichen Kannibalen* dabei übrigens nicht – was nach Maßgabe aller zeitgenössischen Zeugnisse auch sehr schwer gewesen wäre. Er gibt ihm aber einen überraschend menschlichen Dreh: die Wilden wären entsetzt, schreibt Montaigne, über Massaker, wie sie soeben in Frankreich mit der *Bartholomäusnacht*, dem Gemetzel an den Hugenotten, geschehen sind. So wie sie entsetzt sind über unsere sonstigen Grausamkeiten. Die Indianer rösten zwar ihren Feind, essen ihn dann aber *in einem gemeinsamen Ritual,* und schicken auch einige Scheibchen von ihm an entfernte Freunde – was gewiß eine extreme und unentschuldbare Form der Rache ist, die sie so an ihren Feinden nehmen; aber die Europäer, sagt Montaigne, sind viel grausamer, sie foltern und quälen ihre Feinde, hetzen Hunde auf sie, lassen sie Fleischstücke aus ihnen reißen, lassen Schweine an ihren Gefangenen fressen. Sie »rösteten« sie also *stückchenweise,* und das ist in einem symbolischen Sinn Kannibalismus am *lebendigen* Leib; die Indianer würden ihren Feind immerhin vorher kochen.

Womit Montaigne das Faktum festhalten will, daß die Menschheit aller Kontinente noch nicht jenseits (oder diesseits) des Kannibalismus lebt. Montaigne: »Ich glaube, es ist barbarischer, Menschen bei lebendigem Leib zu verzehren, roh, als Tote zu essen, die man vorher kocht.« Der Europäer erscheint ihm hierin wilder als all die Wilden Amerikas.

Montaigne kritisiert damit als erster Europäer die eigenen Verfahren mit einem *Blick*, der aus der anderen, der Neuen Welt, geblickt wird; und benennt exakt die Fehler des herrschenden europäischen Blicks: sie lägen darin, die Vergehen der Wilden jeweils groß herauszustellen, ohne auch nur ein einziges der eigenen Vergehen zu sehen; also was heute »ethnozentristisch« heißt.

Die Indianer in Südamerika aber *sehen* Portugiesen, die indianische Gefangene bis zur Hüfte eingraben, sie als Zielscheiben benützen für ihre Pfeilübungen und sie dann aufhängen – und die dies hinter »Frömmigkeit und Religion« verstecken. Das sind die *unnatürlichen* Regeln und Gesetze, denen Montaigne in seinem Vorspruch das amerikanische Naturgesetz der Wilden gegenüberstellt, wie auch der völlig unnatürlichen Juristerei (Montaigne war gelernter Jurist). Daß »die Wilden« ohne Magistrate und ohne geschriebene Gesetze seien und ohne persönlichen Grundbesitz, ist für Montaigne, der die europäischen Kämpfe, Betrügereien, Verrätereien und Grausamkeiten um Herrschaft und Besitz zur Genüge kennt, schon das halbe Paradies.

So ist Montaignes Parteinahme für den wilden Naturmenschen, die auf den ersten Blick naiv und »projektiv« erscheinen mochte, viel weiter gefaßt. Sie berührt die verschiedensten Lebensbereiche, darunter auch die Sexualität. Zur Nacktheit der Wilden wirft Montaigne die Frage auf, ob es nur die Witterung sei, die den Menschen in Europa Kleidung aufzwinge; und ob es, dem entsprechend, ebenso auf die Witterung zurückgehe, daß die Kariben nackt herumlaufen, oder ob deren Nacktheit ein Naturzustand des Menschen sei, in dem er sich eigentlich *immer* bewegen will, es aber aus aufgepfropften Kulturgründen nicht mehr kann. Montaigne denkt dies im Rahmen eines Konzept des Körpers als *Grundlage* des menschlichen Denkens; sehr »modern«. Seine Bemerkung,

> wir verbergen uns, wenn wir unsern Weibern beiwohnen wollen: die Indianer tun dies öffentlich

ist zwar noch nicht ganz Lennon/McCartneys *Why don't we do it in the road*, aber auch nicht nur so hingeworfen: als weitere Zeugen öffentlicher Sexualität zieht er die griechischen »Weltweisen« um Diogenes heran.★ Sie alle seien *näher an Gott* als die christliche Religion. Nacktheit und Paarungsverhalten der amerikanischen Indianer stellen so für Montaigne die »sexuelle Frage« völlig neu, utopisch-amerikanisch.

Shakespeare hat dies im Sinn, wenn er im *Tempest* Calibans Sexua-

★ Montaigne, *Essais II*, übers. v. J. D. Tietz, Leipzig 1753/54; Zürich 1992, 338-345; zum »Körper« ebd. S. 298-304 lität als die eines Rapers, als böse Sexualität erscheinen läßt, die – nach europäischem Soldatenvorbild – die Schwängerung einer Frau vor allem anstrebt, um einen Schaden anzurichten. Hier: die Tochter (des Herrn) zu beschädigen, sie für die Vater-Ökonomie zu entwerten.

Ein Blick auf die *Intermarriage* im Sturm ergibt dabei eine Differenz zu der von Shakespeare verworfenen weiß-roten Ehe:

> Sebastian (zu Alonso):
> Herr, schreibt Euch selbst den furchtbaren Verlust zu:
> Ihr wolltet nicht Europa segnen
> Mit Eurer Tochter, lieber sie verlieren
> An einen Afrikaner, wo sie nun wohnt,
> verbannt von Eurem Aug', das Grund hat, drum zu weinen.
>
> Alonso: Gebt Frieden, bitte.
>
> Sebastian: Wir baten kniend Euch, das nicht zu tun,
> Wir alle; und die schöne Seele selbst
> Schwankte und wog Gehorsam gegen Abscheu,
> Was schwerer wiegen sollte.

Sebastian will hiermit Alonso den mutmaßlichen Tod seines Sohns Ferdinand als selbstverschuldet aufbürden. »Schuld«, weil er seine schöne Tochter keinem Europäer, sondern einem Afrikaner gab. Dieser Schuldvorwurf fällt später in sich zusammen, als Ferdinand doch lebend erscheint. Kein Gott hatte *strafend* seine Hand im Spiel. Es sind »die Bösen« des Stücks, die freudig das Schlimmste annehmen und sofort mit Schuldzuweisungen da sind; Haltungen, die Shakespeare als verächtlich vorführt.

Claribel nach »Tunis« gebracht zu haben, erscheint am Ende vielmehr als *Glücksfall* der Geschichte; so wie die schrecklichen Schiffbrüche sich am Ende herauszustellen pflegen als Resultat von *Happy Storms.* »Keinen Afrikaner heiraten« ist, zumindest an dieser Stelle, nicht Shakespeares Rede. Der »Afrikaner von Tunis« (zivilisiert) und »Caliban« (barbarisch) sind sexuell klar unterschieden im *Sturm.* Afrikaner (islamisch) & weiße Frau (christlich) liegt im Bereich des Möglichen (ging zwar nicht gut, wie vorgeführt an Jago/Desdemona, war aber nicht ausgeschlossen). Roter Amerikaner & weiße Frau *ist*

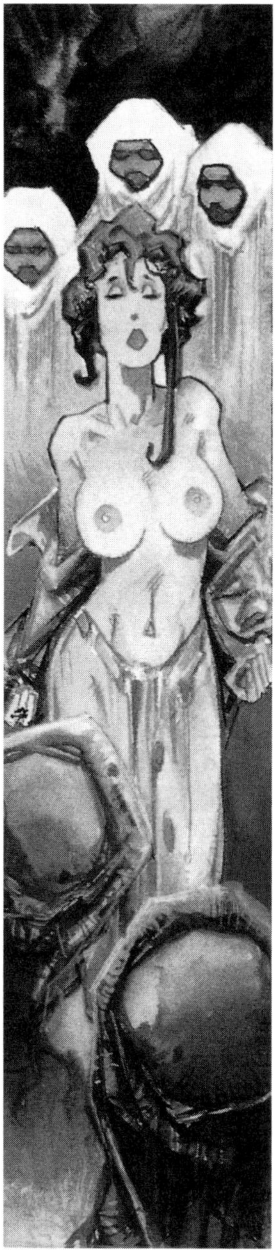

ausgeschlossen.

Frage: wie war es denn tatsächlich in Afrika, in Amerika, soweit sie existierten als Nicht-Bühnen-Kontinente? Zwischen »Tunis« und speziell Spanien gab es Verbindungen, europäisch-afrikanische sexuelle Konstellationen; auch wenn diese Entwicklung teils »rückgängig« gemacht worden ist: die *Moriscos*, die spanischen Mauren, sind aus Spanien bis zum Jahr 1500 weitgehend vertrieben worden. Afrikaner heißt hier jedenfalls Nordafrikaner, die Hautfarbe etwa marokko-braun.

Daß ein Afrikaner aus der Schwärze des Kontinents weiter südlich seine Hochzeits-Hand hätte legen können auf weiße Frauen »Neapels«? Nicht daß wir wüßten von einer einzigen um 1600ff.

Und rote Calibans auf weißen Frauen? Die waren höchstens möglich durch Raub oder Krieg. Die Mirandas saßen in Europa. Bedroht von »Türken«, allenfalls.

Das »reale Thema«, hätte Shakespeare sich für dieses interessiert, hätte heißen müssen: weißer Mann in Amerika nimmt sich *rote* Frau (zur Frau), weißer Mann in Afrika nimmt sich *schwarze* Frau (zur Dienerin), oder, in beiden Welten, zur Prostituierten.★ Auf dieser Linie hat Strachey die Sexualität der Indianerinnen Virginias beschrieben: als »übermäßig einer wollüstigen Venus hingegeben« – eine Linie, die Shakespeare nicht behandelt.

★ Die sexuellen Kombinationen in »Übersee« handelt Shakespeare im *Tempest* an einer Konstellation ab, die es *in Europa* marginal gibt, an der islamisch-christlichen.

Shakespeare geht dieser Seite der »Berichte aus den Kolonien« aus dem Weg, indem er die »Sexualität der Wilden« nicht in einer Frau, sondern in einem Mann lokalisiert und die zivilisierte europäische Sexualität im Körper Mirandas; d.i., im aktuellen Kontext, der Körper der jungen *Princess Elizabeth*, der Tochter von King James, um die auf dem europäischen Koalitionsmarkt gefeilscht wird. Ihr droht – prinzipiell und immer – *ein Caliban*; daß es im Stück ein überseeischer, ein Indianer ist, macht nur deutlich – nämlich in seiner Verwerfung als *Ehemann* – daß die Freier aus den europäischen Häusern *im Prinzip* nichts anderes wären; ungehobelte Klötze, an die der in idealtypischer Isolation aufgewachsene Edelstein Miranda verschenkt würde zum groben Gebrauch. Insofern enthält die Idealfigur *Ferdinand*, die Shakespeare für Miranda entwirft (und die Prospero *allein* akzeptiert), durchaus die Forderung an europäische, spanische, französische, savoyische Fürstensöhne, sich zu *ent-calibanisieren*. Prospero als *Kolonisator für Europäer* ist in jeder Hinsicht eine ernstgemeinte Gegenfigur zu Neu-Welt-Kolonisatoren nach dem Modell John Smith.

Wo in den Welthierarchien Shakespeare seinen Caliban (oder seinen *Calibanismus*) genau verortet, läßt sich an der mißglückten Mordszene sehen. Trinculo und Stephano, betrunken, berauschen sich an den ausgelegten Königsgewändern: das ist genau, was die Indianer sonst tun: Glasperlen und Firlefanz nehmen im Tausch für gute ganze Bootsladungen Mais. Prosperos Caliban, aufgeklärt, spielt dies Spiel nicht mit: »das ist Plunder« – *trash* – brüllt er, »laßt das liegen! Erst den

Rechts: Trinculo, Stephano und Caliban, zu III, 2: »Drink, servant-monster, when I bid thee...«, Kupferstich einer engl. Shakespeare-Ausgabe 1773, hg. von Bell

Mord!«, aber vergeblich, die beiden Weißen – ganz betrunkene Indianer – sind schon abgefahren auf den *Tand.* Ein desillusionierter Indianer also, der nicht ganz so bescheuert ist wie zwei weiße Hohlköpfe der untersten Art; ein *zielstrebiger* Indianer, wenn es darum geht, den weißen Herrn zu ermorden. Rachegedanken sind das Non plus Ultra von Calibans Planungskraft.

Prosperos Zukunftsgesellschaft, die der Zuschauer als überlegene anerkennen soll, verwirft so nicht nur die Lebensweise der *schönen* Wilden der Neuen Welt als Fiktion, sie schließt auch die Welt des gräßlichen europäischen Wilden – (die *keine* Fiktion ist) – aus. Den »Rachegedanken« auszuschließen aus »der Kultur«, dazu ist der ganze *Happy Storm* erdacht, gebaut und losgelassen. Im Moment der Existenz realer Kolonien trifft diese Vorschrift allerdings besonders den, dem Rache am ehesten »zustünde«: Rache wird in dem Moment historisch geächtet, in dem der »weiße Herr« sich alles genommen hat. Das Spiel, die »andere Backe« auch noch hinzuhalten, wird zu einem Act für bevorzugt *farbige* Gesichter.

14. GALERIE DER KOLONISATOREN. JOHN SMITHS PROSPERO-PROGRAMM

– Ähnlich jesusmäßig-korrekt beendet Jamestown-Commander John Smith selber diese Angelegenheit. Sein finaler *Ratschlag an unerfahrene Siedler*, geschrieben 1630, ist angelegt vor großem historischem Background. Smith als Kolonisator sieht sich am Ende einer Reihe, die in göttlichen Vorzeiten mit den »ersten Pflanzern, Adam und Eva« begann, sich über die Pflanzerfamilien Noahs und Abrahams fortsetzte, um in Palästina neuen Atem zu schöpfen zu Beginn unserer Zeitrechnung. Da transformierte Jesus Barbaren zu Christen. (Spanier hat Smith nicht aufgenommen in seine Kolonistengalerie.) Jesus Rex als unser Ur-Columbus also. Dessen aktueller Vertreter für England ist in Smiths Schreiben immer John Smith selber gewesen. Also solcher setzt er seine Arbeit im amerikanischen Wald in Beziehung zu der Missionsarbeit des Galiläers:

> ... nicht geringeren Gefahren setzte sich der Heiland Jesus Christus und seine Apostel selber aus, um den Glauben durchzusetzen, zu dem wir uns jetzt so sehr bekennen; denn wir selber waren nichts anderes als Wilde vorher (savages), so unglückselig wie irgend ein jetziger wilder Barbar im Stande der Unzivilisiertheit.

Jesus erhält die besten Noten für seine Vorläuferarbeit in der Behandlung von *savages;* und nun, nach Abstattung der biblischen *Credits*, Smiths Schritt unter die in Kolonisierungsfragen nennenswerten Völker der Weltgeschichte:

> Wenn ich die Hebräer, Lakedämonier, die Goten, Griechen, Römer und all die andern Reiche überblicke: haben sie nicht alles unternommen, um ihre Territorien zu vergrößern, ihre Untertanen zu bereichern und ihren Feinden zu widerstehen. Die Begründer der großen Monarchien und ihrer Werte waren nicht silbervergoldete eitle Pharisäer, sondern fleißige Männer des Öffentlichen mit ehrlichem Mut; sie hielten anderen Lohn und andere Güter für ihre Völker bereit als bloß Edelsteine und ein leichtes angenehmes Leben. Reichtum diente ihnen, er beherrschte sie nicht. Sie

From *Life* magazine, 1903.

Life Magazine, 1903

regierten als Väter, nicht als Tyrannen. Ihre Untertanen waren ihnen Kinder, keine Sklaven. Kein Unglück konnte sie aus der Bahn werfen. Und möge niemand denken, sie hätten nicht mit aller Art Widrigkeiten zu kämpfen gehabt: doch immer war es die Anstrengung der Größten Herrscher, neue Länder urbar zu machen, barbarische und unmenschliche Nationen zu zivilisieren und zur Menschlichkeit zu führen. Ihre unsterblichen Taten glänzen in unseren Geschichtsbüchern ehrenvoller, als die

Taten jener, die solche Länder verwüstet und versehrt haben durch Kriege.*

– ein heftiger Hieb zum Schluß in Richtung der spanischen Conquistadoren. Smith im Jahr 1630 glaubt fest, er sei mit seinen Siedlern in Virginia einen anderen Weg gegangen als Cortés et al. in Mexiko, der Karibik und Südamerika. Sein Plädoyer für den *englischen* Weg der Neuwelten-Gründung ist insofern »ehrlich« gemeint; und es kann so ergehen um 1630 besonders angesichts des Stands der Dinge in New England; dort halten die *Pilgrim Fathers* zu diesem Zeitpunkt einen Frieden mit den Wampanoags von King Massasoit; das Land, das sie besiedeln, ist ihnen per Vertrag von Massasoit zugestanden worden; zwei Söhne Massasoits verkehren bei den Engländern und haben von ihnen antike Edelnamen erhalten: Philip und Alexander, nach den mazedonischen Königen.

Wir können dies nehmen als Smiths »Prospero-Programm«. Der Kolonisator in der Funktion des »Vaters» anstelle des üblicheren Tyrannen – *ohne* die Wirkungen der Kunst und die Segnungen *Ariels* allerdings – aber so »ehrlich« gemeint, wie eine Rede sein kann, deren Autor es im Prinzip richtig findet, den Einwohnern eines fremden Kontinents ihr Land zu nehmen, wenn es sich bei diesen um »Wilde« handelt, die der Erlösung durch Kolonial-Väter und deren Gott bedürfen.

Smiths Weg, etwas »humaner« gedacht als der spanische, fiel in der Wirklichkeit der vertriebenen Indians dann nicht viel menschlicher aus, für Virginia sowieso nicht. Dort sind 15 Jahre später die Völker Powhatans weitgehend vertrieben; und nach nochmal 30 Jahren ist es auch in New England so weit. Der Frieden zwischen Pilgrims und Wampanoags bröckelt; zum offenen Krieg, bekannt als *King Philip's War*, kommt es im Juni 1674. Niemand – kein Engländer mehr – hätte ab da vom amerikanischen Kolonisten als gütigem Vater-Herrscher gesprochen, der alles daran setzte, »barbarische Nationen zu zivilisieren und zur Menschlichkeit zu führen«. Der *indianische Christ* ist keine Realutopie mehr im Jahr 1670.

★ John Smith, *Advertisements for the Unexperienced Planters of New England, or Any Where*, 1631, in Barbour, *Smith*, Bd. III, 276f.

Kolonial-Testamente wie dieses von John Smith verschwinden in Archiven und/oder Bibliotheken, wie die Werke von Zeit-Schreibern tun, wenn die Zeitläufte sich anderswo verlaufen. Shakespeares *Tempest* verschwand nicht (ganz), aber »verlor« seine kolonialen Bezüge. Die bald nach John Smiths Tod siegreichen Puritaner Cromwells scheren sich nicht um die Begebenheiten und erst recht nicht die Mythen der frühen englischen Kolonien und um *Caliban* auch nicht. Das gleiche gilt für den im Gegenschlag gegen Cromwell siegreichen Charles II., der 1661 auf den Stuart-Thron zurückkehrt. Von da an geht es um die Frage, ob die Kolonien in Amerika zur britischen Krone stehen oder nicht – mit dem bekannten Ende der Loslösung der »Vereinigten Staaten von Amerika« vom britischen Mutterland.

15. KING JAMES & TABAK

Die Haltung James I. zum Tabak ist widersprüchlich, oder modern – wenn modern ist, was heutige Staaten tun: ihre Hauptdrogen zu verteufeln und zu bekämpfen und massenhaft anzubieten und hoch zu besteuern.

Persönlich verabscheute James das Rauchen. Gleich im ersten Jahr seiner Regierung, 1604, schreibt er ein Pamphlet gegen das karibische Kraut, *A Counter-Blaste to tobacco*. Die Hauptargumente seines »Donnerschlags gegen den Tabak« sind religiös. Tabak rauchen verstoße gegen den göttlichen Schöpfungsplan, angefangen beim »stinkenden Atem«. A counterblast gegen die Gottesgabe des angenehmen menschlichen Atems. Tabakgenuß verführe zur Vernachlässigung des religiösen Dienstes. James positioniert sich damit (gezielt) gegen seine Vorgängerin auf dem Thron, Elizabeth I. Sie war dem Tabak gegenüber aufgeschlossen. Das Rauchen verbreitet sich in London während ihrer Regierungszeit.

Die erste Erwähnung des Tabaks in einem Stück Literatur »von Rang« hängt mit ihrer Person zusammen. Edmond Spenser belegt 1590

James zum Zeitpunkt seines schottischen Regierungsantritts

in zwei Versen seines Epos *The Fairie Queene* den *tobacco* mit den Adjektiven *divine* und *sovereign*: ein göttliches Herrscherkraut. Im Stück ist es die *Fairie Queen* – eine Personifikation Elizabeths –, die den schwerverletzten Ritter durch Auflegen von Tabakblättern von seinen Wunden heilt.
Die angebliche Heilkraft des Tabakblatts ist seit etwa 1560 in der medizinisch-botanischen Fachliteratur festgeschrieben. Sie soll sich auch beim Rauchen entfalten. Rauchen gilt als hilfreich gegen Erkältungen und andere Erkrankungen der Atemwege. Der Rauch soll zweitens das Gehirn entgiften.

In Ben Jonsons Komödie *The Alchemist* wird der weitverbreitete Glaube an die Zauberkräfte des Tabaks in die erhabenen Worte gekleidet, daß die Natur jetzt endlich aus einem jahrhundertelangen Schlaf erwache und das Lebenselixier freigäbe: »make/Nature asham'd of her long sleep«. (I,1) Das endliche Ende der langen Auszeit, die »die Natur« sich erlaubt hat in puncto Gottesgaben, äußert sich in ihrer (Frei)Gabe des Tabak-Elixiers für die europäische Menschheit. James I. bezieht Gegenposition. Für ihn führt der Tabakrauch in den Großen Nebel, aus dem es kein Erwachen gibt, oder nur ein böses. Die Veröffentlichung seiner Schrift erfolgt allerdings zunächst anonym – nicht als königliches Dekret.

Denn: die nach England importierte Menge Tabak steigt ständig und mit ihr die königlichen Steuereinnahmen. Zur Diskussion im Jahr 1604 steht ausschließlich *spanischer* Tabak; den englisch-virginischen gibt es noch nicht. Die ideologische Verwerfung des Tabaks sowie die Art seiner Besteuerung sind 1604 also keine Akte, die die Ökonomie einer englischen Kolonie berühren. Thomas Platter über Londons Tabak-Lage um 1600:

In den Bierhäusern hat man auch den Tabac oder heidnisch Wundtkraut das man auch für seinen Penny zu kaufen kriegt, man zündet sodann das Pulver im Röhrlein an, sauget den Rauch in den Mund und läßt dabei viel Fluß aus dem Mund laufen, danach trinkt man dann einen guten Trunk spanischen Wein darauf. Das brauchen die Engländer als eine sonderbare Arznei gegen ihre überzähligen Körpersäfte und auch zur Lust, das Rauchen ist so allgemein bei ihnen, daß sie das Instrument jederzeit mit sich tragen, und an allen Orten, in den Comedien, den Wirtshäusern oder sonstwo Feuer schlagen, den Tabak anzünden und den Rauch trinken, welches sie einander wie bei uns den Wein zubringen, was sie auch doll und lustig macht, daß sie drümmlig werden, als wären sie weinselig, es vergehet ihnen aber bald wieder und brauchen bald Nachschub wegen ihrer Lust daran – nicht wegen der Gesundheit – daß auch ihre Prediger darüber schreien wie sie sich verderben, und sagt man mir, man habe bei einem nach seinem Tod befunden, daß alle seine Adern wie ein Kamin inwendig mit Ruß überzogen gewesen seien.

Man bringet das Kraut aus Indien in großer Menge an und ist eins viel kräftiger als das andere, welches man gleich auf der Zunge merkt; sie treiben seltsame Gebärden indem sie es trinken. Und haben sie diese Arznei erstlich von den Indianern gelernet, wie mir ein Herr Cop, ein Bürger aus London, der lange in Indien gewesen, solches angezeigt hat. Ich habe sein Kabinett zusammen mit Matthias deLobel, der 1605 zum Hofbotaniker James I. aufstieg, besucht.*

Sieht man sich Platters Erzählung – eine der ersten, die nicht nur die Gesundheitswirkung des Tabaks feiert, sondern die pure *Lust* am Rauchen – mit der nötigen Empathie an, wird ohne weiteres ersichtlich, daß Montaigne/Florios indianische Utopie es nicht unbedingt leicht hatte gegen das *wirkliche* Londoner Vergnügungsleben. Aber:

★ Mr. Cop ist vermutlich Sir Walter Cope, Kanzler des Schatzamtes unter James I. Seine 1607 in Kensington erbaute Stadtvilla ist heute als das *Holland House* berühmt.

Die erste deutliche Darstellung eines Zigarrenrauchers in Wort und Bild gab Frère André Thevet nach Brasilienaufenthalt 1557

die Lüste waren – finanziell – spanisch kontrolliert, sowohl beim Tabak wie beim Süßwein, die beide in Apotheken abgegeben wurden. Es war höchste Zeit für den virginischen Tabak to come: John Rolfe handelte also, lust-historisch, im Auftrag der Londoner *Bermuda*- und Theaterszene, als er begann, sein karibisches Kraut (statt des scharfen virginischen Krauts) von der englischen Kolonie her ins sinnenfrohe London zu importieren – 1614 zumindest gegen den teilweisen Widerstand seines Königs, des Schotten.

Vom Privileg der Herrscher, durch ihre Maßnahmen das Gegenteil des Gewünschten zu erreichen, macht James dann vollen Gebrauch: mit der Erteilung der Lizenz für eine neue Amerika-Charter 1606 an die *Virginia Company* öffnet er dem Tabaks-Unglück die Tore, die er ihm hatte verschließen wollen.

James' religiös-ideologische Kampagne hatte zunächst das in London unter den jüngeren, feineren Leuten, den *Gallants* oder *Gulls*, verbreitete Rauchen im Visier – *so vile and stinking a custom* –, das sogartig aber alle Stände und Gesellschaftskreise ergriff.★ Oviedos altes Argument, wonach ein christliches Volk die Sitten und Gebräuche derer, die »als aliens vor Gottes heiligem Ratschluß stehen«, in keiner Weise zu imitieren habe, kommt noch einmal zu (Un)Ehren: »wir gehen ja auch nicht nackt wie die Indianer«, schreibt James; amerikanisch nackt und heidnisch schwelt der Tabak hin in seinem Pamphlet.★★

Das Wort »Customs« entfaltet seine schöne Doppelbedeutung: James begegnet *bad customs* mit *good customs*, schlechten Sitten mit guten Zöllen. Nach D.H. Willsons Berechnung hebt der König zu Beginn seiner Regierungszeit die Besteuerung des Einfuhrtabaks um 4000 % an. Die Krone begründet die Erhöhung u.a. damit, daß sie die Ärmeren ihrer Untertanen vor dem Tabak schützen müsse; James gibt vor, sie davon abhalten zu wollen, sich außer durch Armut auch durch des Teufels Rauch zu ruinieren.

James ignoriert bei der Erhöhung des Zolls von wenigen Pennies pro Pfund auf rund gerechnet einen »Noble« die Proteste vieler rauchender Parlamentsmitglieder. Nach englischer Rechtstradition hätte ihnen ein Mitspracherecht zugestanden. James nahm dagegen die königliche *Prärogative* in Anspruch, ein Vorrecht des Königs bei wichtigen politischen und Handelsentscheidungen.

Vor Gericht gewinnt James; er hebt 1608 die Zölle weiter an, ohne daß das Parlament eine rechtliche Interventionsmöglichkeit hatte.★★★ Der Tabakkonsum, von dem sowohl die Staatskasse (»Exchequer«) wie die königliche Privatschatulle profitieren, steigt ständig in England.

★ Sidney Lee beginnt seinen Artikel über Henry Percy, »the Wizard Earl« (1564-1632), mit dem Satz: »He was soon passionately addicted to tobacco-smoking.« (*DNB*, Bd. 44, London 1895, 411a).

★★ King James I. *A Counter-Blaste to tobacco*, ed. by Edmund Goldsmith, Edinburgh 1885, 13. – In den katholisch-jesuitischen Propagandaschriften des 16. Jh. wurde das Wort *Blast* für den Trompetenstoß des Verkündigungsengels gerne in Pamphlettiteln verwendet. Erst 1616 hat James sich offiziell zur Verfasserschaft seines Pamphlets bekannt, indem er es in den Quartband seiner *Collected Works* aufnahm.

★★★ H. Hancke, a.a.O., 86

Native girls bei Columbus' Ankunft 1492

Offenbar waren James, dessen Autorschaft am *Counter-Blaste* mindestens höfischen Kreisen bekannt war, die realen Einnahmen aus dem Tabakhandel wichtiger als die Durchsetzung seiner ideellen Gegnerschaft. Wirkliche Schritte, den Konsum einzuschränken, unterbleiben.

So kann D. H. Willson in seinem Buch über King James VI & I schreiben:

> Der königliche Abscheu verlieh dem Rauchen einen Anstrich amüsanter Aufsässigkeit (...) man sagt, daß das Rauchen mit James, als er starb, seinen besten Förderer verlor; nach seinem Tod ging das exzessive Rauchen deutlich zurück.«*

– und sowieso trat James' Abneigung gegen das »schweinemäßige Kraut« hinter politischen Erwägungen jederzeit zurück. Als der tabakverliebte Sir Roger Aston, einer der vertrautesten Getreuen von James und von ihm gern als Briefbote für wichtige Nachrichten benutzt, im Januar 1605 zu Robert Cecil, James' »Kanzler«, unterwegs war, lautete ein Teil der Botschaft: »...I pray you let him be saluted with a good pipe of tabacco«.** Einem wichtigen Freund oder Mitarbeiter wurde

★ D.H. Willson, *King James ...*, 303: »The frowns of royalty added an element of pleasurable naughtiness to smoking, its allurements. (...) Indeed, it has been said that at James' death the custom lost its best advertiser and that only then did excessive smoking begin to subside«.

★★ *Letters of King James VI & I*, ed. with an introduction by G.P.V. Akrigg, Berkeley

Spätraucher Lou Reed in Brooklyn ›Gesünder, als in Schweden an Ampeln stehen...‹

der Baldachin aus blauem Rauch, so er an ihm hing, von James nicht zugefaltet, im Gegenteil.*

So hatte James, der König, unter dem der Tabak ein bedeutender englischer Ökonomiepfeiler wurde, auch gegen Pocahontas' Werbetour für den virginischen Tabak im Jahr 1616 nichts unternommen.

Als auf 1620 zu die immer reicheren Tabakernten aus Virginia immer mehr Engländer zu Rauchern machten, wobei die Preise wegen des großen Angebots zu sinken begannen, kündigte James 1620 an, die Tabakimporte aus Virginia und von den Bermudas beschränken zu wollen. Die Tabakpflanzer reagierten mit einer Petition:

1984, 252. Ähnlich p. 256 »having enjoined the bearer to drink good pipes of tabacco to all your company«.

★ Bis um 1615 gibt es fast niemand mehr unter den Politikern und Schriftstellern, der sich nicht zum Tabakproblem in irgendeiner Weise geäußert hätte – fast niemand: es war gerade Shakespeare, der sich aus dem Tabak-Schreib-Geschäft, in dem von allen Seiten viel Dampf entfaltet wurde, heraushielt. Vermutlich auf der Linie des Meidens öffentlicher Streite.

Bedrucktes Einwickelpapier für Tabakrollen, wie oben eine im Bild zu sehen ist.

Da Eure Majestät (...) uns die Ausfuhr von Tabak untersagten, der einzigen Ware, durch die wir bisher die Mittel für unsere Kleidung und andere erforderliche Dinge erlangen konnten (...), sehen wir uns in so große Not gestürzt, daß wir keine Hilfe noch Hoffnung mehr haben. Wir müssen alle hier zugrunde gehen, weil es uns an Kleidung und anderen unerläßlichen Dingen fehlt. (...)

Mögen Eure Majestät daher aus königlichem Mitgefühl erwägen (...) jene Erklärung zu widerrufen oder uns unsere vormalige Freiheit zurückgeben, oder uns widrigenfalls alle nach Hause holen zu lassen; möget ihr nicht die Heiden über uns triumphieren lassen, die sagen, »Wo ist jetzt ihr Gott?«★

★ Gesuch der Kolonisten von Virginia an James I., Januar 1621, zit. n. K. Sale, *Das verlorene Paradies*, a.a.O., 338

Edwyn Sandys, Bruder des Ovid-Übersetzers, Schatzmeister der Virginia Company in London

Gleichzeitig wiesen die Planters aber darauf hin, daß auch andere europäische Häfen ihnen offen stünden; James würde den Tabak nicht stoppen können, aber die Einfuhrzölle verlieren. Ob es dieser Zaunpfahl war oder der Wink mit dem drohenden Triumph der virginischen Heiden über die Tabakbauer – James überlegte es sich anders, und erließ 1623, daß Tabak aus Virginia *nur* in englischen Häfen umgeschlagen werden durfte. Kein Faß Tabak aus englischen Kolonien sollte am königlichen Zoll vorbei; und niemand außer England sollte am Weiterverkauf des Tabaks in andere Länder – wobei neue Ausfuhrzölle fällig wurden – verdienen. Außerdem würde, wenn aller Tabak erst einmal in England landete, die englische Weiterverarbeitungsindustrie gestärkt.

Die Einhaltung dieser Vorschrift hätte bedeutet, daß das »Mutterland« England vom Tabakanbau mehr profitiert hätte als die Pflanzer in Virginia selbst. So suchten die Tabakpflanzer dies Gesetz zu umgehen und, vor allem über Holland, ihren Tabak auf dem Schwarzmarkt nach Europa zu verkaufen. Der englische Bürgerkrieg – zwanzig Jahre später – schafft auch den Rahmen der gewünschten »illegitimen Handelsfreiheit« für die Virginier. Amerika entgleitet in einem ersten Schritt der englischen Kontrolle. Selbst die jeweiligen britischen Gouverneure der tabakanbauenden Kolonien füllen ihre Taschen damit, den Tabak an England vorbei mit holländischen Schiffen nach Europa zu leiten. Um 1650 ist Europa mit Tabak überschwemmt – flooded, wie Wertenbaker schreibt.

Der Effekt war doppelt: einmal hielt jedes Tabakschiff, das von England weggeleitet wurde, die dortigen Preise stabil (=steuerte dem Preisverfall durch zu viel angebotenen Tabak entgegen); zweitens

Tabakindianer-Paar, Werbeschild eines Bremer Tabakhändlers um 1800

machten die Schiffe woanders besseren Profit.

Es gibt wenig Zweifel, daß die zahlreichen Verletzungen der Handelsbeschränkungen in dieser Periode allein sicherstellten, daß die Kolonie nicht in die Armut und Verzweiflung späterer Tage fiel. Sie allein ermöglichten die Prosperität, in der die Pflanzer sich sonnten.*

– die Erfindung des Weltmarkts moderner Prägung durch die virginischen Pflanzer wird zur Basis des Reichtums der in diesem Prozeß entstehenden Südstaatenaristokratie; Weltmarkt, gebaut auf Tabak.

Auch die Sklaverei, der zweite ökonomische Grundpfeiler, auf dem die Südstaaten-Gentry fußt, setzt sich – in den Jahren 1700-1725 – auf dem Boden des Tabakanbaus durch; sie wird in Virginia und Maryland, dem zweiten großen Tabakstaat, fest verankert.

Ein Jahrhundert nach der Jamestown-Gründung haben die großen Tabakplantagen sich mit dem Genußmittel aus Virginia einen Weltmarkt erobert, der Rußland, die Türkei und sogar Spanien einschließt. Spanien: obwohl ihr eigener, aus Mittelamerika stammender Tabak viel besser in der Qualität ist. Seltsamerweise betreibt Spanien keine Zollpolitik gegen den virginischen Tabak.

★ Wertenbaker, *The Planters of Colonial Virginia*, Princeton 1922, 70f.

I'M SENDING CHESTERFIELDS to all my friends.
That's the merriest Christmas any smoker can have—
Chesterfield mildness plus no unpleasant after-taste
Ronald Reagan
see RONALD REAGAN
starring in "HONG KONG" a Pine-
Thomas Paramount Production
Color by Technicolor
Chesterfield
CIGARETTES
CHESTERFIELD
Chesterfields for Christmas
CHESTERFIELD
Buy the beautiful "Christmas-card" carton

1951

Der Aufschwung der englischen Manufakturen setzt ebenfalls mit dem Tabak ein, nicht erst mit der Baumwollverarbeitung. Sie baut später auf diesen Manufakturen auf. Die Weiterverarbeitung des Tabaks, der nicht mehr nur in Pfeifen geraucht wird, läßt ganze neue Industrien entstehen, neue Techniken des Schneidens und Rollens der Blätter, das Würzen des Tabaks, die Feuchtigkeitszufuhren und andere Techniken der Aufbereitung des Produkts für den Konsum.*

All das waren keine durch das koloniale Virginia ausgelösten Zufälligkeiten. »Zu Beginn des 17. Jahrhunderts war koloniale Expansion eine unbedingte Notwendigkeit für England geworden«, befand Thomas J. Wertenbaker in seiner großen Studie 1922 über die Pflanzer von Virginia.** Als Hauptgrund nennt Wertenbaker überraschend die Ausdünnung der englischen Wälder durch den hohen Holzverbrauch im elisabethanischen England. Holz, der Zauberstoff, wurde zu allem und jedem benötigt, zum Hausbau, für Möbel, zur Papierherstellung; auch fast alle anderen Industrien, auf denen die englische Wirtschaft basierte, Schiffbau, Masten, und auch das Schmelzen von Eisenerz – Brennmittel für die Öfen war nicht Kohle, sondern Holz – waren abhängig von reichlichem und billigem Wald. Nachschub für das in England knapp werdende Holz erwartete allerdings niemand aus Virginia oder anderen Kolonien. Wohl aber *das Geld* (Gold), das nötig war, jenes Holz zu bezahlen, das England nach dem knapp werden des eigenen überwiegend aus dem europäischen Osthandel bezog.

Handelspartner waren an erster Stelle die Ostsee-Anrainer-Staaten, Schweden, Deutschland, Polen, Rußland. Führend im Osthandel, lange bevor es eine Virginia Company gibt, ist die Muscovy Company. Sie schafft durch das Kattegat einen Teil der benötigten Rohmaterialien aus Reval, Libau, Danzig heran und vieles weitere über den Flußlauf der Newa, Pech und Teer, Seifen, Flachs, Schnüre, Glas, die für die Stahlgewinnung benötigte Pottasche, die Fichtenstämme für hohe Ma-

* Als Wilhelm III. von Oranien – verheiratet seit 1677 mit Mary, Tochter von James II. – nach der sog. Glorious Revolution 1689 englischer König wird, William III., werden ihm, aus Dankbarkeit, lebenslang die Steuereinkünfte aus Tabak für seine Privatschatulle gutgeschrieben. Der Hofstaat des »guten Königs« lebt ganz vom amerikanischen Kraut.

** Thomas J. Wertenbaker, a.a. O., 7ff.

Als Tomahawk aufgemachte Pfeife

sten und anderes mehr. Daß Schweden, Polen und Moskau jährlich tausende von Pfund für diese Waren sowie für Eisen und Kupfer kassieren, beklagt in einer frühen Denkschrift niemand anders als der Captain John Smith: Plädoyer für Kolonien im Westen, damit dies oder jenes Rohmaterial vielleicht von dort günstiger herangeschafft werden könne.* Willkürliche Zollanhebungen der Polen, Dänen, Norweger oder Preußen verstärken diese englischen Wünsche nach Ablösung der Osthandelswege durch günstigere; besonders aber schreckt die Drohung kommender Kriege zwischen den beteiligten Ländern; sie könnten die Ostsee als Handelsgebiet weitgehend unbefahrbar machen. Dazu kam als Negativum die monatelange Vereisung von Flüssen wie der Newa und von Teilen der Ostsee. Die befürchtete »Strangulierung« des englischen Handels drohte dann auch einzutreten mit Beginn des 30jährigen Krieges, 1618. Vielleicht auch dies ein Hintergrund von John Smiths Petition an Francis Bacon für neue Schiffe nach Virginia.

Die Shareholder der *Muscovy Company*, gegr. 1555, hatten es in erster Linie auf die persischen Reichtümer abgesehen, Seidenstoffe und Gewürze, die auf dem Landweg, über das Zarenreich, an die Ostsee gelangen sollten; ähnlich bei der *Levante Company*, gegründet für den Handel mit der Türkei; in den 1570ern privat, ab 1581 von der Krone kontrolliert.**

Schon für den Reverend Richard Hakluyt ist die Erwartung billigerer Rohmaterialien aus Übersee zur Bewältigung englischer Wirtschaftskrisen ein Hauptmotiv seiner Arbeit, als er 1584 beginnt, die Voyage-Literatur zu sammeln. Entsprechend Raleighs Halbbruder Gilbert, der 1566 notiert, Indien wäre der beste potentielle Absatzmarkt für englische Wolltücher. Märkte und Rohstoffquellen bilden von Anfang an die Hintergrundgedanken für die Kolonisierungsunternehmen. (*Hakluyt Handbook*, I,15-22)

Virginia, der Hoffnungsträger für eine Umstrukturierung der Rohstoffwege, erwies sich als unfähig, auch nur eins der benötigten Mate-

* J. Smith, *A Map of Virginia*, 1612, in: Barbour, *Smith*, I, 159

** Raymond Schwab, *La renaissance orientale*. Übers. ins Engl. 1984, mit Vorwort von Said, 1984

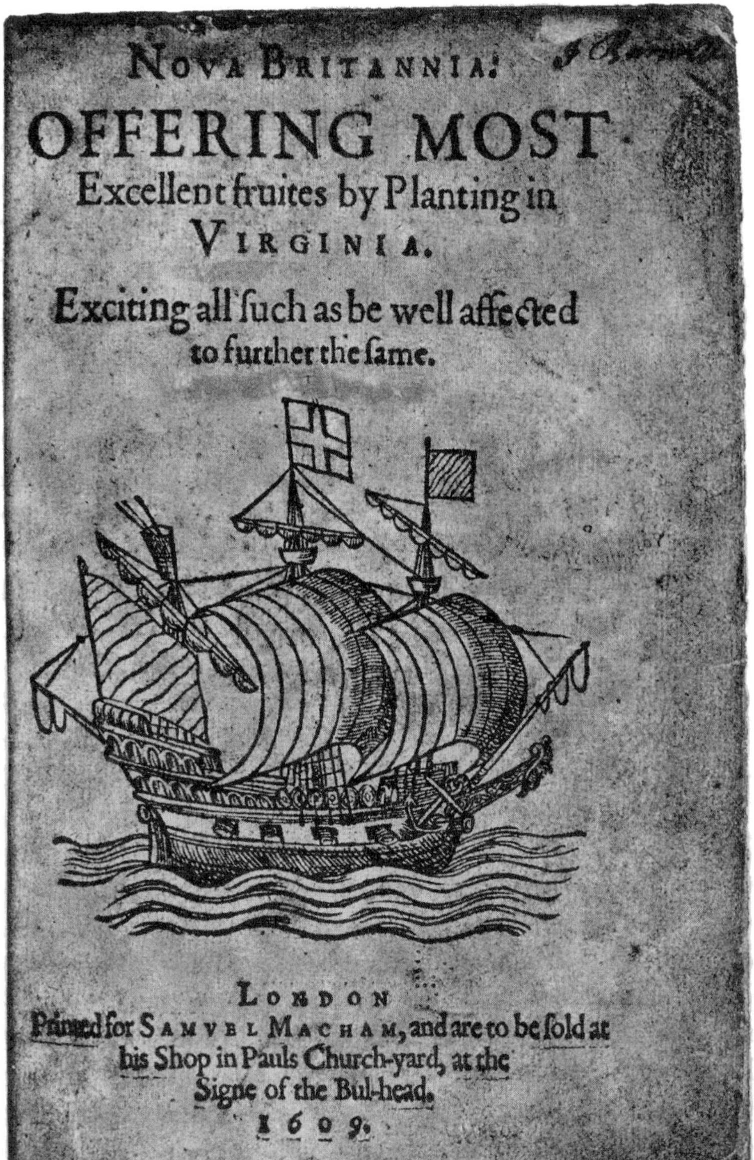
NOVA BRITANNIA:
OFFERING MOST
Excellent fruites by Planting in
VIRGINIA.
Exciting all such as be well affected
to further the same.

LONDON
Printed for SAMVEL MACHAM, and are to be sold at
his Shop in Pauls Church-yard, at the
Signe of the Bul-head.
1609.

Hoffnung auf virginische Früchte, 1609

rialien zu ersetzen. Es rettete dennoch den englischen Osthandel und die englischen Basisindustrien durch die englischen Erlöse aus Tabaksteuer und Tabakverarbeitung. Die Zahl der Tabakgroßhändler in London steigt von 1634-1640 um fast 100%, von 175 auf 330 Händler.

Eine Spezialrolle in diesem Geschäft spielen Rußlands rauhe Kehlen und das skandinavische Eis. Nach hier wird Virginia seine minderen Sorten los, den Verschnitt, die Strünke: »Die nördlichen Nationen kauften die billigeren Sorten, denn kein Tabak konnte stark genug sein für den rauhen Nordmann in Schweden oder Rußland«. (Wertenbaker 119) Das also die ersten Gauloise- und Roth Händle-Sucker. Für England war das insofern wichtig, als die Abhängigkeit von den Baltic Countries in Sachen Pottasche und Holz für die Erzschmelze und den Schiffbau weiterbestand; Tabak als Devisenausgleich. Und Virginia war über jeden Ballen froh, der nicht auf Halde einer drohenden Überproduktion landete. Stabilisierung des Preises durch weltumspannenden Markt ist eine Erfindung dieser Stunde.*

Rußland ist, verglichen mit Spanien und Frankreich, allerdings ein kleiner Abnehmer. Ca. 500 »hogsheads« Tabak gehen zur Newa um 1700, gegenüber 8-10.000, die nach Frankreich gehen. »Hogsheads«, das gebräuchliche Maß, bezeichnet Fässer, Fassungsvermögen zwischen 63 und 140 gallons.

Im Jahr 1708 erhöht sich die Abnahme Spaniens und Frankreichs auf rund 20.000 Fässer Tabak aus Virginia; der Spanische Erbfolgekrieg ist im Gang. Das Führen feudaler Kriege »ohne Zigarette« – die prädemokratische Vorbotin von Massen- und Volkskriegen – scheint schon damals nicht mehr möglich.**

* Grundlage des engl. Handelsimperiums zur Mitte des 17. Jh. ist allerdings noch (zur Hälfte) der Mittelmeerhandel; betrieben von England seit Mitte des 15. Jh. »Die ökonomische Domination des Mittelmeerraums würde sich als der erste Schritt zur englischen Vorherrschaft auf den Weltmärkten erweisen.« Richard Grassby, *The English Gentleman In Trade. The life and works of Sir Dudley North 1641-1691.* Oxford, 1994, 23

** Die Gründe, daß der Liebhaber von Prosper Merimées Carmen, des Mädchens aus der Zigarettenfabrik, ein Soldat ist, liegen hier ...wie die für das Bild der Zigeunerin, die in Rauch aufgeht auf der blauen Schachtel der Gitane. Aber beide haben ihre Rauchsäule aus der Tabakpflanzerbraut Pocahontas, der ersten dieser tanzenden, sich radschlagend in Rauch auflösenden, *vanishing young Ladies* aus der Neuen Welt...

Das erste Global Village der Geschichte ist eins aus Rauchern. Es wird, wie alle späteren, gebildet von Amerika her, vom Tabaksqualm bis hin zu Marshall McLuhans Mediendörfern. Tabak im 17. Jh. ist ein *Medium* der Weltenöffnung. Manitus »stinkender Atem« haucht der ersten Weltgesellschaft homologen Drogengebrauchs Leben ein; die Tabakspfeife ist der erste Vorläufer von Dingen wie Blue Jeans und Internet; ihre Information: die neuen Formen des Lebens vom neuen Kontinent her werden Formen der Berauschung sein; auf der Rückseite des Rausches entstehen »verschwindende Völker«, deren unaufhörliche Wiederkehr wir bis heute als die von »Aliens« mißverstehen: die Aliens sind wir selber, *unsere* Kultur, die den fremden Planeten Amerika überfiel, um sich dessen Wonnen einzuverleiben; der geometrisch-mathematische Körper Europas, der in seinem tiefsten Innern aufgehört hatte, an seinen Christengott zu glauben, nahm sich Amerika, um seine Selbst-Fremdheit zu mildern; alles, was Gott-Funktionen übernimmt seitdem, kommt von dort; das ist das Geheimnis aller Popkultur. Jedes Stück Pop reinszeniert *The Return of the Vanishing American*; einen kleinen Rausch anstelle eines großen toten Gottes, eine so vergebliche wie gelingende Wiederbelebung dessen, was man hatte, ohne es zu haben. Tabak ist das erste Wort für die Sehnsuchtsstruktur der Moderne, die Sehnsuchtsstruktur der areligiös Berauschten: Geben, was man nicht hat ...das Wunder der (n)immer-leeren Zigarettenschachteln ...Wiederhaben wollen, was nie da war ...Rauch ist die erste Sichtbarmachung des medialen Rauschens ...Amerikas Kampf gegen den Rauch heute ist ein Anzeiger des hohen technischen Standards der USA-Haushalte ...sie *brauchen* dies Zeichen nicht mehr; der Rausch rauscht besser im Silizium ...*keineswegs* haben sie sich (»fundamentalistisch«) verabschiedet vom fundamentalen Rausch-Gebrauch.

...daß sie »den Krebs« im Griff haben werden mit Verabschiedung der Zigarette aus ihrer High-Brow-Kultur: das glaubt allerhöchstens der Weißkittelmann aus der alltäglichen Vorabendserie...

Hätte der Kontinent *Amerika* um 1800 herum – aus welchen katastrophischen Gründen immer – aufgehört zu existieren, und wäre nur aus schriftlichen Dokumenten rekonstruierbar gewesen, hätte den Löwenanteil der Siegeszug des Tabaks okkupiert. Diese »um 1800 untergegangene Kultur« wäre als das El Dorado des Rauch(en)s bewahrt, und zwar vor allem in Handelsbüchern; daneben ein paar literarische Quellen, an erster Stelle die Bücher von John Smith, gefolgt von Strachey: denen man noch weniger Glauben geschenkt hätte, als man sowieso schon tut, darin – ein kleines Aufblitzen – die Princess Pocahontas / Lady Rebecca, die non-pareille von Virginia, erste Tabakpflanzers-Frau.

★★★

Auf den Tabak soll ein »legendäres Treffen« in London zwischen Pocahontas, Rolfe und Raleigh zurückgehen. Danach hätten Poca & Rolfe Raleigh im Tower auf dessen Wunsch aufgesucht, und auch den *Wizard Earl*, Northumberland...

Göttlicher Tabak, das goldene Kraut, die höchste Medizin vereinen diese drei herausragenden Figuren in der Geschichte des Tabaks. Deswegen wäre es gut denkbar, daß Rolfe einen Beutel seines home grown tobacco bei Raleigh vorbei gebracht hätte, daß auch Pocahontas dabei

Old Gold
CIGARETTES
See LAUREL and HARDY
in their latest riot of laughter
"BABES IN TOYLAND
A HAL ROACH PICTURE
AMERICA'S Smoothest CIGARETTE

1934

war und Raleigh ihr einen Ohrring mit weißen Muscheln, silbereingefaßt, geschenkt habe. Diese Reliquien sind heute noch im Museum in Jamestown zu besichtigen.*

Eine unbestätigte Legende.

* Mossiker, 257ff.

III POCAHONTAS IN WONDERLAND

INTERMARRIAGES & ERDBEBEN

Das 17./18. Jh. hindurch läuft der Faden einer schriftlichen Selbstmythisierung Amerikas äußerst dünn. Einmal gibt es »Amerika« im heutigen Sinn vor der *Declaration of Independence* nicht. Was sich in Übersee entwickelt, ausdehnt, ausbreitet, ist englische, holländische, französische, spanische, auch russische Kolonie (Alaska, Californien). Die kolonialen Gebiete sind umkämpft, wechseln teils die Besitzerstaaten, ihre kommende Selbständigkeit steht noch in den Sternen. »Amerikanische Geschichte« ist nicht schreibbar dabei.

In den 70 Jahren von John Smiths Tod im Jahr 1630 bis zur Jahrhundertwende gibt es ganze vier, fünf Autoren, die sich dem Leben und Wirken von John Smith zuwenden. Die Frage der überseeischen Heiratsformen behandelt ein einziger singulärer Text aus dem Jahr 1705. Der Historiker Robert Beverley beschreibt als erster Historiker überhaupt Smith/Pocahontas bzw. Rolfe/Pocahontas unterm Aspekt möglicher Mischehen. Ihm wären sie recht gewesen als Modell für eine unbegrenzte Anzahl weiß-roter Ehen; »das Land sähe dann heute anders aus«. Diese Formulierung scheint manchen Lesern nicht zugesagt zu haben; in der Neuauflage von 1722 hat Beverly den Absatz entfernt.★

★ Robert Beverley, *The History and present state of Virginia, In Four Parts*, London 1705 und 1722; rpt. Chapel Hill NC, 1947

1. FRENCH CONNECTION

Im April 1782 dann ein bedeutender Zwischenfall, der zu einem »Schub« in der Pocahontas-History wird. Der französische General de Chastellux besucht (in Kampfpausen) das östliche Virginia. In der virginischen Ortschaft Petersburg ist er zu Gast bei Madame Bolling, Witwe von Robert Bolling – Großgrundbesitzer, einer der direkten Nachfahren von Pocahontas aus der Thomas Rolfe-Linie. Chastellux lernt die Braut des Sohns kennen, Cousine Mary Burton Bolling – ebenfalls eine direkte Nachkommin von »Pocahunta«, wie Chastellux sie schreibt. Er ist entflammt, sieht in ihr, trotz ihres vollkommen europäischen Auftretens, eine Verkörperung des Charakters der Pocahontas: der großen Helferin der Engländer in der Frühzeit der Kolonie. So fügt er seinem Reisebericht, publiziert 1786 in Paris, auf drei Seiten die Geschichte von Pocahontas ein: die »Rettung von John Smith« bis »Pocahontas' Tod«, stark angelehnt an Robert Beverleys *History* von 1705. Chastellux macht damit nicht nur Pocahontas zu einer »französischen Figur«, er wirkt auch, ins Amerikanische übertragen, auf amerikanische Schulbücher zurück, z. B. auf Noah Webster, 1802; und, wenig später, im Verein mit Chateaubriand, auf John Davis: den ersten großen *anglo-amerikanischen* Propagandisten der Pocahontas-Figur.

Der Einfluß von Chateaubriands *Atala*★ »mit dem christlich-erbaulichen Tod seiner Hauptfigur auf spätere Darstellungen *des Indianers* auch in der amerikanischen Literatur, war enorm«, schreibt Robert Tilton.★★ Das gleiche läßt sich auch für die europäischen Indianer-Verarbeitungen sagen. Die »blondhaarige Mestizin« Atala – später gemalt von Delacroix – war gleich nach Erscheinen des Buchs so populär, daß man sie unter Madame Tussauds Wachsfiguren (damals

★ François-René de Chateaubriand, *Atala, oder die Liebe zweier Wilder in der Wildnis* (*Atala, ou les amours de deux sauvages dans le désert*), Paris 1801. Der Roman ist eingebettet in Chateaubriands vielbändiges Werk *Le Génie du Christianisme,* seine romantische Neubelebung des Christentums. »Die Aufklärer lachten ...aber die Jugend war sofort auf meiner Seite.«

★★ Tilton, *Pocahontas,* a.a.O., 60

Rechts: Chactas betrauert Atala, Bronze 1836

Delacroix, Atala und Chactas mit sterbendem Kind, Öl, 1823-1835

noch in Paris) neben der Giftmischerin Marquise de Brinvilliers ausgestellt sah.

Zwei französische Akte präludieren also den Auftritt von John Davis, mit dessen Pocahontas-Büchern das mytho-literarische Leben des Algonkinmädchens aus Werowocómoco für Amerika richtig beginnt, – im Jahr 1803.

2. JOHN DAVIS: EIN STOFF FINDET SEINEN AUTOR

Davis nimmt für sich in Anspruch, »Pocahontas die Tugendhafte« der Welt bekannt gemacht zu haben.

> Unabweisbar drängt sich mir der Gedanke auf, daß diese Geschichte für meine Feder bestimmt war. (...) Kein Reisender vor mir hat ihrem Gedächtnis ein Denkmal errichtet durch die ausführliche Schilderung ihrer Tugenden. (321)

Der »einen mageren Seite« von Chastellux erkennt Davis das Privileg, Pocahontas der Welt neu vorgestellt zu haben, nicht zu. Er feiert Pocahontas auf knapp 40 Seiten seines ersten Anlaufs, darunter in drei Gedichten, Ableger des europäischen Gefühlsamkeitskults. Aber nicht John Smith ist ein Liebender bei Davis; der ist auf die Kolonie bedacht; nur Pocahontas weint und liebt.* – Ein Rezensent der *Edinburgh Review* hält Davis' »romantische Legende« im Juli 1803 für »das dämlichste, was mir je unter die Augen gekommen ist«: *abominably stupid*.**

Er hat Gründe dafür, die nicht in Davis' Text allein liegen, sondern in den Geschehnissen an der Indianerfront in diesen ersten Jahren der sich konsolidierenden USA. Zwar wird, wie Davis zu Recht für sich reklamiert, Pocahontas erst durch ihn in den USA nach 1800 als Figur neu und richtig geboren,*** die Indianerproblematik selbst gibt es aber

★ Die Streitfrage des Konzils zu Valladolid von 1574, ob Indianer weinen=trauern können, bei Davis in den jungen USA also Pro-Indians entschieden.

★★ John Davis, *Travels of four years and a half in the United States of America; During 1798, 1799, 1800, 1801 and 1802. Dedicated by permission to Thomas Jefferson, Esq., President of the United States* (gedruckt in Bristol, vertrieben in London, Dublin, New York). Am Anfang des Buchs: Jeffersons Brief an Davis; der Präsident fühlt sich »geschmeichelt«.

★★★ 1805 publiziert John Davis 3 Bücher: *The first settlers of Virginia, an historical novel*, New York. – *Captain Smith and Princess Pocahontas, an Indian Tale*, Philadelphia, und drittens – *Pokahontas*, Philadelphia. Die *Settlers* sind der erste amerikanische Roman mit Pocahontas als Hauptfigur, eine reine Love Story. Bei John Davis wird Pocahontas zu einer Art *Serienfigur*. Sein letzter Streich in dieser Richtung: *Life and surprising adventures of the celebrated John Smith, first settler of Virginia (...)*, erscheint in Pittsburgh, 1813.

die ganze Zeit. President Thomas Jefferson, mit dem Davis über seine *Pocahontas*-Bücher korrespondiert, hat gleichzeitig, weiter im Süden, ganz andere Dinge laufen in Sachen *Indian affairs* und *intermarriages*. Mit privaten Briefen und Zeitungsannoncen versucht Davis, Subskribenten für *Captain Smith and Princess Pocahontas* zu werben; dies mit Erfolg auch beim Präsidenten; Thomas Jefferson subskribiert am 16.2. 1805.

Die Anzeigen, mit denen Davis warb, sahen aus wie diese aus dem *Philadelphia Advertiser*, 6. März 1805:

INDIAN TALE
To be put to press April 1
To the Ladies
PRINCESS POCAHONTAS

Weder die wilden Legenden der rauhen Urzeiten noch die sentimentalen Romane unserer kultivierten Epoche bieten eine Heldin, deren glänzendste Züge nicht in den Schatten gestellt würden durch die Prinzessin Pocahontas. (...) Wo fänden wir zärtlichere Gefühle, eine überwältigendere Schönheit oder eine anziehendere Grazie als in der Lady Pocahontas? Wenn überhaupt irgendwo hier, dann unter den *Young Ladies of Philadelphia*! Und sie werden es zweifellos sein, die sich voller Eifer des Buchs annehmen werden, in dem die Tugenden und die leuchtende Flamme der Pocahontas erstrahlen, der Lieblichen, der Empfindsamen, der Ungekünstelten –

Im Mai 1808 schreibt Davis nochmal einen Brief an Jefferson mit Bitte um Unterstützung für eine geplante Neuauflage.*

Der ab 1805 immer romantischer werdende John Davis läßt Pocahontas alle beide lieben, erst Smith, dann Rolfe. Smith gibt in Kenntnis der Liebe Pocahontas' zu ihm bei seiner Abfahrt den Auftrag, ihr mitzuteilen, er sei tot, um sie so einem anderen zu überlassen.

Rolfe, der sich bei Davis nach und nach in das trauernde Indianermädchen verliebt, kommt mit ihr in Berührung über den verschwunde-

* Auszüge aus Davis' erstem Buch, den *Travels of four years...* gab es auch in Deutschland, bei M. Buhle, *Reisen durch die vereinigten Staaten von Amerika*, Nürnberg 1808, und *Erholungen für die gebildete Jugend.* Dort konnte sich etwa Jean Paul bekannt machen mit »Pocahontas rettet John Smith«.

Poca, Smith, Powhatan; französisches Kinderbuch, 1973

nen Smith. Er trifft Pocahontas dabei an, wie sie Blumen streut auf des toten Geliebten imaginäres Grab. Pocahontas, ertappt, fällt in Ohnmacht, Rolfe fängt sie auf,

...er drückte das indianische Mädchen an sein klopfendes Herz und trank von ihren Lippen das Gift des Entzückens.

...John Rolfe am Grab von John Smith ...im Arm eine *Ohnmächtige* ...die erste *amerikanische* unter den gebogenen Frauenfiguren, die Charcot in den 1880ern beginnen wird, in der Salpetrière auszustellen ...gekrümmt zum Sprung in den Wigwam Freuds.*

Pocahontas' Auferstehung für die young Ladies of Philadelphia, gefördert und abonniert von President Jefferson.

* *The Settlers of Virginia. An Historical Novel,* NY 1805. Der Roman entsteht nach einigen Vorlauftexten von Davis: *The Farmer of New-Jersey,* 1800; *Travels Of Four*

3. MANITOUS BEDEUTENDES GROLLEN

Die indianische Erde konnte dem nicht ungerührt zusehen:

In den Jahren 1811+12 erschütterte eine Serie furchtbarer Erdbeben große Teile Nordamerikas und ganz Muskogee. Wellen schrecklicher Energie strömten durch das Land, rollten sichtbar die Erde auf und falteten ihre Oberfläche neu. An vielen Orten öffneten sich gähnende Spalten, sie spieen Wasserfluten, Sand- und Schwefelfontänen. Der Mississippi änderte kurzzeitig seinen Lauf, andere Flüsse und Gewässer fanden sich mit neuen Wasserfällen. Im Westen Tennessees entstand ein neuer See mit einem Durchmesser von ca. 15 Meilen.★

In Georgia war es der 16. Dezember 1811, morgens früh um drei, als die Hühner von den Stangen fielen. Eine zweite Erdstoßwelle folgte am 7. Februar 1812. Eine ganze Woche lang hörte die Erde nicht auf, zu rollen und zu grollen, verzichtete aber darauf, erneut ihr Innerstes nach außen zu kehren. Dem auf der Stelle (als die Gefahr vorüber schien) aufblühenden Gerede weißer Gottesmänner, daß der *Almighty God* die Erde hatte zürnen lassen, um seine getauften Schafe aus ihren Sündigkeiten zu rütteln, standen die *heidnischen* Muskogees von South Carolina – mit der Sprache der Erde und ihren wirklichen Absichten naturgemäß vertrauter, als die weißen Kollegen★★ – ihnen diesmal nicht nach: das war die Stimme *ihres*, des *roten* Gottes, der herrisch verlangte, Schluß zu machen mit der weißen Barbarei, die mit ihren *Zivilisationsplänen* über Muskogee Land gekommen war. Das Erdbeben lieferte die emotionale Schubkraft für den größten indianischen Auf-

Years And A Half In The United States, 1803, und *Captain John Smith and Pocahontas*, 1805. Vor Davis gibt es, laut Tilton, nur eine kurze Stelle in einem englischen Text von 1755, *A Short Account of the British Plantations in America,* von Edward Kimber, die »the love that this young girl had conceived for Capt. Smith« für den Rettungsakt verantwortlich macht. (*London Magazine*, 24, Juli 1755, 307-12)

★ Joel. W. Martin, *Sacred Revolt. The Muskogee's Struggle for a New World*, Boston 1991, 114

★★ »Die Indianer wissen auch ohne Buch, was so etwas bedeutet. Sie *träumen* viel von Gott, deshalb wissen sie es« – gibt J.W. Martin eine Muskogee-Stimme wieder. (115)

stand des 19. Jahrhunderts. Es lieferte die religiöse Rechtfertigung und wurde zum Auslöser für die *Sacred Revolt* der vereinigten Muskogee u. Shawnee-Indianer »unter« deren Chief Tecumseh im Jahr 1812.

Dieser berühmte Aufstand – in Romanen, Filmen, Legenden verherrlicht als Beweis für die strategisch-konföderativen Potenzen der sonst als lokal-anarchistisch verschrienen Einzelstämme der Roten – war nicht der Versuch der »Gründung« einer einheitlichen indianischen »Nation« gegen die Weißen.* Er war in erster Linie eine *religiös* fundierte Revolte, deren verschiedene Aspekte Joel W. Martin in seiner exzellenten Studie von der *Sacred Revolt* herausgearbeitet hat.

Für unseren Zusammenhang ist von Bedeutung, daß dieser Aufstand das Ende der am weitesten entwickelten Mischkultur einleitete, die es auf nordamerikanischem Boden je gegeben hat. Diese Mischkultur war im Lauf der zweiten Hälfte des 18. Jh. in den Gebieten der Muskogee Indianer entstanden, im heutigen South Carolina, Georgia und Alabama; später in der Literatur werden sie meist *Creeks* genannt, als die sie uns geläufiger sind. Dies sind historisch die einzigen Gebiete der USA, in denen das Pocahontas-Modell der *intermarriages* nicht nur geduldet wurde, sondern eine Zeitlang propagiert und gefördert als offizielle Politik der US-Regierung: die Namen von George Washington, Thomas Jefferson und der seines Beauftragten Benjamin Hawkins stehen für diese Politik; sie zählt zu den allerunbekanntesten Episoden der Besiedlung Nordamerikas.

Hawkins' Mission, die ihm vom Kongreß und vom Präsidenten mitgegebene Aufgabe, war, herauszufinden, ob Native Americans lernen könnten, zu leben, zu denken und zu arbeiten wie der ideale anglo-amerikanische Siedler; ob Muskogees den Blick adoptieren könnten, der die Natur in erster Linie ihrer ökonomischen Reichtümer wegen pries, wegen ihrer Eignung für Agrikultur und Tierzucht.

Hawkins setzte all seine Kraft in diese Aufgabe, verließ den U.S. Senat (er war einer der ersten beiden Senatoren von North Carolina) und ging nach Muskogee 1796. Er blieb dort bis zu seinem Tod 1816.**

★ Als dieser ist er besonders in Deutschland bekannt und populär durch die sieben *Tecumseh*-Romane des deutschen Autors Fritz Steuben (=Erhardt Witteck), 1930-39.

★★ Martin, 93

Der »Versuch« der Implantierung des Blicks weißer Siedler in das indianische *Blicken* – Martin nennt ihn *gaze of development* – entspringt nicht einer (Wahn)Idee des Kongresses; er ist vielmehr der Versuch, an einer realen Entwicklung dranzubleiben, die sich in *Muscogee Country* »naturwüchsig« durchgesetzt hatte.

4. MISCHKULTUR, NATURGEWACHSEN

Vor allem englische, schottische und einige französische Händler nahmen einen entscheidenden Einfluß auf das Muskogee-Leben:

> Die Bedeutung dieser Händler, fast ausnahmslos Männer, als kulturelle Zwischenträger ging über die der Waren, die sie den Muskogees brachten, weit hinaus, denn normalerweise wurden sie ein Teil von deren Dörfern, und zwar durch Heirat einer Muskogee Frau.

Schottischer Händler mit seiner indianischen Frau

Anglo-amerikanische Händler wurden von den Muskogees wie von den andern weißen Angloamerikanern als rauhe und prinzipienlose Gruppe von Männern angesehen. »Die Händler von Georgia«, schrieb ein Beobachter Mitte des 18. Jhds., waren »ein Haufen rauhbeiniger Schurken, nach deren großer Mehrheit die Galgen sich sehnten«. Edmond Atkin porträtiert sie als »die sittenlosesten Leute ... von den Indianern als die größten Lügner verachtet.« James Adair, selber ein englischer Händler, verfluchte seine Genossen als »gemeine hinterhältige Hausierer« und Caleb Swan verdammte sie als »die verlassensten Schurken, die man finden kann diesseits von Botany Bay«. (76)

Diese Erz-Schurken werden durch Heiraten nach und nach seßhaft. Nach und nach. Es gab im Muskogee-Bereich so etwas wie die Ehe auf Probe, oder eine Ehe-Gewöhnungszeit, ein verlängertes Werben mit Geschenken, kümmern um die Angelegenheiten der Frau, Mitarbeit auf dem Acker etc., bis es zur richtigen, endgültigen Ehe kam. Die war dann eine große Angelegenheit, nämlich die des ganzen Dorfes, und diese Ehen, sagt Joel Martin, hielten in der Regel auch lange; vor allem, wenn Kinder da waren. Für die Händler gab es beide Formen, zunächst mehr die der »Ehe auf Zeit«, für viele aber wurden die Beziehungen zu den roten Frauen verbindlich:

Diejenigen Händler, deren Ehen mit Muskogee Frauen loyal und langlebig waren, wurden von den Orten, in denen sie lebten, so gut wie vollständig assimiliert. Sie bauten dann dort ein Warenhaus, um ihre Güter zu lagern, die sie dann auch nicht gern für längere Zeit allein ließen. Sie gingen nicht wie die andern Muskogee Männer auf lange Jagdunternehmen im Herbst und Winter, sondern tendierten zum Bleiben, zum Unterhalt einer kleinen Farm mit ein paar Schweinen, Pferden und Rindern. (78)

Nicht ganz Pocahontas-Modell also: die roten Frauen werden nicht Mrs. Rebecca Rolfe, vielmehr wird Mr. Rolfe ein Muskogee. Im Unterschied zu den ziehenden Hausierern entwickeln diese Männer eine größere Konstanz für Ort und Menschen, man kann sie auch nicht mehr zutreffend als »Christen« bezeichnen, schreibt Adair, einige von ihnen bringen es zu Spezialisten etwa für indianische Rechtsauffassung oder für die indianische Religion. Sie haben die patrilineare Kultur der Weißen verlassen und gelernt, als Muskogees zu leben. (Martin, 78)

Rod Steiger mit ›Yellow Mocassin‹, Sam Fuller, *Run of the Arrow*, 1957

Aber sie werden Muskogees, die das Leben ihrer neuen Gesellschaft revolutionieren. Viele der Mischlingskinder werden selber Händler. JW Martin beschreibt die Tendenz ihres Verhaltens:

Schon in den 1780ern führten sie ein Leben, das von dem der andern Muskogees abwich. Die Kinder mit europäischen Vätern hatten meist mehr Besitz, auch Grundbesitz. Sie neigten zum Farmen statt zum Jagen. Sie waren diejenigen, die anfingen, afro-amerikanische Sklaven zu hal-

Blut von Paloma, amerik. Comic, 1990

ten. Sie kamen mit der Idee auf, ihren Besitz ihren Kindern zu vermachen. Als Resultat daraus ergab sich eine Schwächung der matrilinearen Clan-Zugehörigkeiten zugunsten einer Verbindung auf der Vater/Sohn = Erben-Linie. (79)

Die Auflösung der Clan-Struktur der Muskogees setzt sich fort durch einen zweiten Bevölkerungszustrom: nach 1750, als Georgia sich unter dem Druck von Sklavenhaltern für die Sklaverei öffnet, laufen schwarze Servants in größerer Anzahl zu den Muskogees über. »Zwischen 1732 und 1752 sind in der *South Carolina Gazette* »Anzeigen für die Rückführung von nicht weniger als 679 Negro Slaves« zu finden (72). Bei den Muskogees kommen sie zwar auch über den Sklavenstatus zunächst nicht hinaus; »negro boys« sind auch hier angesehen als brauchbare Mädchen für alles; aber ihre, mit wem auch immer geborenen Kinder, werden frei:

Hugo Pratt, *Corto Maltese*, 1979

Afro-Amerikaner waren hoch geschätzt als neue Einwohner jedes Muskogee Dorfes, denn sie kannten sich aus in genau jenen Techniken, die zu beherrschen viele Muskogees ersehnten: wie man Gewehre und Fallen repariert, Pferde beschlägt, neue landwirtschaftliche Techniken anwendet, wie man spinnt und webt, wie man Butter macht, Häuser, Scheunen und Wagen baut. (73)

Die entlaufenen Schwarzen sind besser in den Kulturtechniken der Weißen als die Indianer, auch sie heiraten ansässige Muskogees. Die Kinder dieser südöstlichen Pelzhändler- und Farmkultur nennt Martin »wahre Leute des Dazwischen«, »borderland people«, die sich in ihrer Herkunft auf Native Americans, African Americans und European Americans beziehen können. Mit dem französischen Wort: »métis people«, gemischte Leute; ein Begriff, der weniger peiorativ ist als das gebräuchliche amerikanische Wort: half-breeds.

Bei den Cherokees im Norden gibt es dagegen eine stärkere Mischung mit Weißen. Ethno-Witz 1795, inter-indianischer Dialog:

Ein Creek trifft einen Cherokee: »Ihr Cherokees seid so vermischt mit den Weißen, daß man euch nicht mehr von ihnen unterscheiden kann.« – Antwortet der Cherokee: »Wie bei euch mit den Schwarzen. Wer kann noch einen Creek und einen Negroe auseinanderhalten.« (73)

In der Formel *Intimate Strangers, Hostile Neighbors* ist die neue Konstellation schön ausgedrückt. Die »Nachbarn«, eingesessene Rote oder Weiße, sind eher Kontrolleure (religiöse Regelbefolger, Überwacher etc.); Befreiung daraus bieten *Strangers*, die vorbeikommen oder zu denen man gehen kann; das sind nach einer Weile fast immer Gemischte aus weiß-rot, aus schwarz-rot, aus rot-schwarz-weiß, *vertraute Fremde.*

Die Kinder der englischen Händler und Gefangenen und der entlaufenen Sklaven waren schließlich zu zahlreich, um ignoriert werden zu können. Viele der Kinder der englischen Händler waren in einer ökonomisch privilegierten Lage in ihrem Dorf; sie spielten eine zunehmend dominante Rolle im ökonomischen, sozialen und politischen Leben ihres Orts. (79)

Mit den Farmen steigt der Viehbestand. Die Farmer tendieren dazu, sich zu Ranchern zu mausern; sie werden Sklavenhalter und Herdenbesitzer, Herden von Rindern und Pferden gehören métis people.

Zwischen den Viehherden graste auch gern das Wild, Hirsche, Rehe. Da die Rinder nicht allgemeiner, sondern Privatbesitz sind, aber uneingezäunt herumlaufen, verursachen sie den üblichen Ärger (Abfressen der Saaten, Zertrampeln der Felder etc.). Hier bildet sich laut Martin erstmals der Ansatz zu einer Klassendifferenz heraus, »emergence of an incipient class division« unter den Muskogees. (80)

Die *Intermarriages* zwischen Anglo-Americans und Muskogees hatten um 1670 begonnen. Sie entwickeln sich in drei Phasen. Erste Phase: 1670-1715; die erste Generation der *Deerskin Trade* Leute heiratet Indianerinnen. Deren Nachkommen sind historisch noch unsignifikant.

Zweite Periode: 1715-1750; zahlenmäßige Zunahme der métis people, aber im wesentlichen noch dem Muskogee Leben untergeordnet. Händler zunehmend integriert.

Dritte Phase: 1750-83; die Phase der großen Veränderungen. Die métis people werden dominant zuerst im Pelzhandel, sie werden bekannt als »Indian factors« (factor heißt Händler). In diesem Zeitraum passiert der zunehmende Zustrom von entlaufenen Schwarzen. Um 1783 wird eine Schwelle überschritten. Die métis people werden bestimmend im Muskogee Leben und in der Muskogee Politik. Es sind inzwischen mehr Muskogees im Farmwesen beschäftigt als in der Jagd.

Im Maße, in dem immer mehr ehemals indianische Ländereien

Tiefe Trauer: Boris und Barbara Becker nehmen Abschied von Axel Meyer-Wölden. Foto: Astrid Schmidhuber

Teile neugebildeter US-Staaten werden – Kentucky, Tennessee, Ohio werden gegründet zwischen 1792 und 1803 – fällt der *Entwicklungsblick* auf diese Gebiete; und Benjamin Hawkins wird der Mann, den George Washington nach *Muscogee* schickt, um zu prüfen, was dort zu implantieren sei.

5. BENJAMIN HAWKINS' ›ZIVILISATIONSPLAN‹

Joel W. Martin nennt Hawkins einen »aufgeklärten Missionar agrarischer Zivilisation« und »Champion des *gaze of development*«. (93)

Die in achtzig Jahren gewachsenen Heiratsformen nimmt Hawkins – nimmt die US-Regierung – als gegeben hin. Versuche, die *Muscogee people* von neuen ökonomischen Wegen zu überzeugen, scheitern jedoch zunächst. Die Indianer mochten »weder Tierzüchter sein noch die Arbeit etwa eines Schmieds ausführen«. Hawkins:

> Sie sagten mir, sie würden den Plan nicht verstehen, sie könnten nicht arbeiten, sie würden keine Pflüge wollen, das würde nicht zur Lebens-

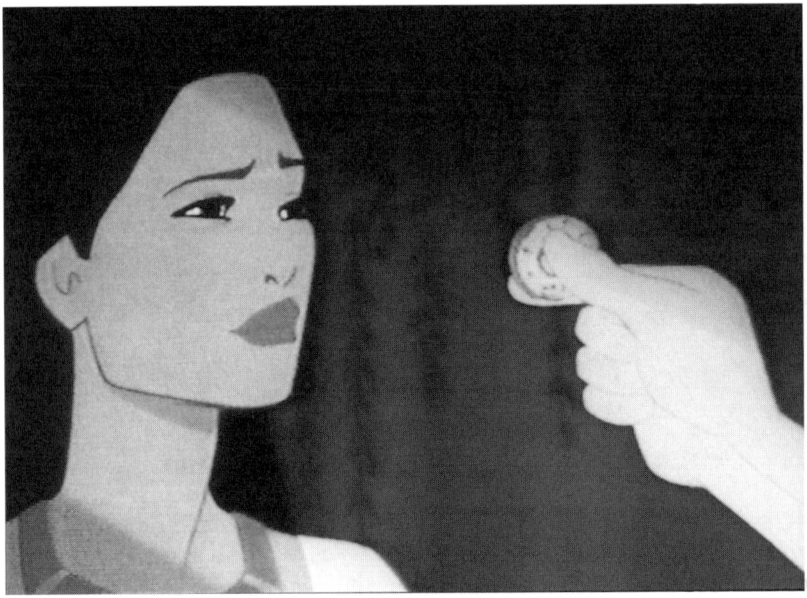

weise der roten Menschen passen. Ihre Aufgabe sei es, in den Fußstapfen ihrer Vorfahren weiterzumachen. Sie sahen keine Notwendigkeit für den Wunsch der Weißen, die Wege ihrer Vorfahren zu ändern.*

Nach drei Jahren äußert Hawkins große Zweifel, ob sein »Zivilisationsplan« irgendeine Aussicht auf Erfolg habe. Die indianische »Trägheit«, die es vorziehe, in den »towns« auf Plätzen herumzusitzen, macht ihm zu schaffen. Er verläßt seine erste Farm und baut eine Musterplantation: gedacht als »ein intensives Laboratorium zum Neubau der Muskogee Gesellschaft«. Zwei Schmiede reparieren dort Pflüge umsonst, aber für Gewehrreparaturen muß bezahlt werden.

Großer Schritt: Einbau der Frauen in die amerikanische Ökonomie. Hawkins bringt ihnen bei, in Geldwerten zu denken, mit Maßen, Gewichten, Zahlen umzugehen, und zwar über den Ankauf von Eiern,

★ Benjamin Hawkins, *Letters, Journals and Writings,* ed. C.L. Grant, Savannah, Ga. 1990, Vol. 1 + 2, ders. »A Sketch of the Creek Country in the years 1798 and 1799«, in *Collections of the Georgia Historical Society*, vol. 3, pt. 1, 1848; hier zit. nach Martin *Sacred Revolt...*, 95

Butter, Hickory Öl, Tabak, Geflügel, Mais, Pfirsichen, Nüssen etc.; dem Abbau des Tauschhandelsprinzips folgt das Einsetzen des abstrakten Geldwerts sowie des Werts der Arbeitszeit. In der Viehhaltung drängt er die Muskogees, nicht nur Pferde und Rinder, sondern auch Schweine, Ziegen und Schafe zu halten. Hawkins eröffnet einen Markt für Farmprodukte.

Immer mehr Männer vom Jagen abzuhalten, zielt noch auf einen anderen praktischen Zweck. Wenn die Muskogees dazu gebracht werden könnten, bestimmte Landstücke zu bewirtschaften, würden sie merken, daß viel zu viel Land da ist für Ackerbauzwecke. Agrikultur begrenzt: »meins« ist das, was ich bewirtschaften kann. Der Rest des Landes wäre dann frei für andere Bebauer. Im Ansässigwerden würde der Anspruch der Indianer auf das ganze große weite Land als »ihrs« sich auflösen; es könnte ge- und verkauft werden; an weiße, nachrükkende Siedler- und Farmerfamilien.

Den indianischen Clans »gehörte« (im Sinne eines *unpersönlichen* Besitzes) das ganze Land. Beim Jagen und Fischen »teilten« sie es. Der indianischen ackerbauenden Kleinfamilie würde dagegen, in einem *persönlichen* Sinn, ein kleineres Stück Land in Hawkins' Plan *ganz* gehören. Sie hätten es mit niemandem zu teilen; ebenso würden die anderen Stücke Land anderen Kleinfamilien, roten, weißen, gemischten, gehören. Das Leben als »Freibauern« würde unter der Hand die angloamerikanischen Prinzipien des Privatbesitzes, des Erbrechts usw. durchsetzen. Dies das »Endziel« von »Hawkins' dream«. Die Diebstähle würden verschwinden (deren Unrechtmäßigkeit die Clan-Indianer nie so recht einsahen), gut erzogene Männer mit häuslichen Manieren würden rauskommen und ordnunghaltende Frauen, planend und ökonomisch.*

Martin tut dies nicht ab als blöden Traum vom »falschen Leben«, das den »freien Roten« aufgezwungen werden sollte. Überall drumherum war die Sklaverei, der Import immer größerer Mengen schwarzafrikanischer Arbeitskräfte im Vormarsch. Die sich ständig ausdehnenden Plantagenbesitzer in Georgia und Carolina waren nicht daran interessiert, daß Native Americans irgendwo über fest verbrieften Grundbesitz verfügten. In den Augen von Hawkins war sein Zivilisierungsplan die einzige Alternative zum Schicksal, das sonst drohte. Für jene Muskogees, die nicht seßhafte Landanbauer würden, blieben nur drei Wege, alle negativer als Hawkins' Angebote: sie würden entweder a) weiter nach Westen, über den Mississippi, verschwinden müssen – b) selber Sklaven werden auf weißen Plantagen – c) im Kampf getötet werden. (98)

Hawkins' Angebot an die Roten und Gemischten, im Sinne des Gesetzes »weiß« zu werden, entspricht der Phantasie Thomas Jeffersons, der gehofft hatte, die verschiedenen Sorten »Blut«, die es in Amerika gab, würden sich auflösen hinein in die Größe »einer einzigen Nation«.

Allerdings lief auch dieser vergleichsweise freundlichste Plan der Weißen zur *Education* der (nicht mehr ganz) Wilden auf eine Auslöschung der Differenz zwischen Native Americans und Siedlern hinaus. Ein Denken, das auf *Entfaltung der Differenz* in gemeinsam bewohnten Gebieten abgezielt hätte, gab es bei niemandem.

* Martin vergleicht Hawkins u.a. mit dem Reformer Pestalozzi (*1746); dessen pädagogische Arbeit hat vor allem darin bestanden, Landleute, Bauernkinder, Bauern für die Industriearbeit umzuschulen, und zwar vor allem durch praktische Übungen in Disziplin, Sauberkeit, Verläßlichkeit; Entwicklung handwerklicher Fähigkeiten und häuslicher Fertigkeiten wie Spinnen, dazu Gartenbau. Hawkins benutze dieselben Methoden, um Muskogees zu »zivilisieren«.

Der *gaze of development* wollte aber nicht so leicht überspringen auf eine Mehrheit der Muskogee-Jäger, wie Hawkins sich das erträumt hatte. Anders mit den Mischlingsfamilien. Sie hatten schon eine gewisse Tradition des seßhaften Ackerbaus entwickelt, als Hawkins nach Muskogee kam. Hawkins schätzte auch den weiteren Zustrom schwarzer entlaufener Sklaven als günstig für seine Ziele ein. Überall, wo Afroamerikaner waren, fand er »mehr Fleiß und bessere Farmen«. (102)

Hawkins listet die verschiedenen Mischformen des neu entstehenden »ökonomischen Denkens« unter den Métis-People auf und kritisiert sie. Manche von ihnen behalten Teile der Muskogee-Culture auch als seßhafte Farmer bei, denken nicht streng ökonomisch, verkaufen das Vieh nicht, wenn es am meisten bringt. Sie denken überhaupt zu wenig an den Handel und leben relativ ärmlich, obwohl sie reich sind an Viehbestand, Landbesitz; sie nutzen ihre Sklaven nicht richtig aus, verschenken zu viel an Verwandte. Die Grundsätze der Gegenseitigkeit und der gerechten Verrteilung des Reichtums, die zu den Grundpfeilern des Muskogee-Lebens gehören, sind bei ihnen – zum oft geäußerten Ärger von Hawkins – nicht außer Kraft gesetzt.

Andere aber übernehmen voll das ökonomische Denken der Weißen und verachten die anders lebend Muskogees als rückständig. So entsteht eine Minderheit von reichen Halbblut-Farmern, durch die eine starke Klassentrennung innerhalb der Muskogees einsetzt.

Die Entstehung von Klassengegensätzen war ein Ereignis von großer Tragweite für die Religion der Muskogees. Während die Muskogee Reli-

gion, ihre Mythen und Rituale die Ethik der Gegenseitigkeit beförderten, eine Verteilung des Reichtums auf alle verlangten und eine Anpassung an das Leben »der Alten«, verletzte die Weigerung der neuen Klasse, diese Werte zu respektieren, deren Weigerung, ihren Reichtum umzuverteilen und sich an Lebensmodellen ihrer Ahnen zu orientieren, die tiefsten Übereinstimmungen in der Muskogee Kultur, was gut und richtig sei. Kurz gesagt: die Klassentrennung brachte einen Feind innerhalb der eigenen Kultur hervor, einen Feind, der bluts- und erbverwandt war, aber fremd durch Ökonomie, Erziehung, Wertvorstellung und auch in seinen ästhetischen Vorstellungen. (108)

Eine »tiefe religiöse Krise« in Muskogee ist die Folge. Denn die Weißen kommen nicht nur mit dem Pflug am Fuß, sondern mit der erhobenen Bibel in der Hand. Prediger des sog. »Second Awakening« haken in die entstandenen Lücken, die die nicht mehr praktizierte

Muskogee-Religion bei den reicheren Métis-Farmern hinterließ, und stopfen sie mit Christianity. Mehrere christliche Missionen entstehen neu; ab 1807 nehmen zwei deutschstämmige »Moravianer« festen Wohnsitz auf Hawkins' Plantage; offener Zweck: Christianisierung der Muskogees. Moravianer, Quaker, Shaker u.a. erweisen sich als gut geeignet für diese Aufgabe, weil sie einen sanften Weg der Christianisierung bevorzugen. Indianer-kompatibel sind sie besonders dadurch, daß sie selber in Opposition zu vielen Teilen des Normallebens der weißen Gesellschaft stehen. Sie sind egalitärer, weniger auf Power-Zuwachs durch Economy ausgerichtet, geißeln das zu weltliche Geldleben der Städter.

Sie sind auch am besten geeignet, der Abwehrhaltung vieler Muskogees: »Christen trinken! Christen schlagen Menschen! Christen lügen! Ich bin kein Christ!« ihr eigenes Beispiel des Nichtalkoholismus, der Friedfertigkeit und Wahrhaftigkeit entgegenzuhalten. Die meisten Muskogees unterliefen diese Friedfertigkeit jedoch durch ihre eigene, indem sie die Reden der Prediger mit einem »Ja, ja, so ist es«, quittierten, sich weiter aber nicht kümmerten ums christliche Ritual. (Erst nach 1820 gibt es größere Einbrüche des Christentums in die Muskogee Culture.)

Politisch bildeten die Muskogees keine Einheit. Fraktionsbildung verhinderte im Frieden die Herausbildung dominanter Könige. So hatten das 18. Jh. hindurch die einen mehr mit den Amerikanern aus Georgia, die andern mehr mit Spanisch-Florida gehandelt, wo nach der Gründung der USA auch die größte englische Handelscompany saß, nach der amerikanischen Revolution ohne eigenen kolonialen Boden.

Der Muskogee Leader, der hauptsächlich mit englisch-spanisch Florida handelt, ein Métis mit Namen Alexander McGillivray, hat studiert in Charleston. Zusammen mit Chief Miko Hopoithle, der die Fraktion der mit Georgia Handelnden vertritt, unterzeichnet er einen Friedensvertrag mit George Washington, 1790 in New York. Der Vertrag sichert eine Weile die Grenzen, aber die Muskogees geraten zunehmend unter Druck der Lebensweisen der US-Amerikaner, die ständig nach Muskogee nachrücken und sich »vakantes Land« nehmen für Besiedlung durch sie selber. McGillivray stirbt 3 Jahre nach Unterzeichnung des Vertrags. Niemand seiner Nachkommen hat eine vergleichbare Autorität über die Muskogees. (83f.)

Benjamin Hawkins gelingt es, mit seinem »Zivilisationsplan« das Machtvakuum nach McGillivray teilweise zu besetzen und dessen Titel als »großer weiser Berater« zu okkupieren. Mit seiner Modellplantage gelingt es ihm, immer mehr Muskogees zu Farmern und Viehhaltern zu machen. Sein Blick für umfunktionierende Verwendbarkeiten: Steine zu Mühlsteinen, Moos zu Tiernahrung, wo Wasser ist, sieht er Mühlen, welcher Boden gut ist für was, Weizen, Tabak, Baumwolle, scheint Fuß zu fassen in *Muscogee Country,* dem fruchtbaren Land am Alabama und Flint River, dem späteren South Carolina. (87f) Ein anderer der »Entwickler« des Lands, Caleb Swan, beschreibt es in den paradiesi-

Osaga-Mädchen, Lehrer, um 1900

schen Tönen der Frühbesiedlung: es ist alles da, was das Herz begehrt, alles ist anbaubar dort, jede Sorte Gewürze, Wein. God's own (red) country, Früchte, Seide, Ölgewinnung, Reis, Zuckerrohr ...bloß ein Teil unbelehrbarer jagender Muskogees stört noch.
Doch auch jene, die weiter vorwiegend jagten, wurden angepaßt an die »neue Zeit«. Der Pelzhandel, von dem sie leben mußten, war angeschlossen ans weiße Geldsystem und abhängig von diesem.

Und Hawkins schult: Vorträge, Kurse, praktische Übungen in Anbaumethoden, Handwerk usw. befähigen die Muskogees (mehr als es das bloße Beispiel der Métis-Farmen gekonnt hätte), die Prinzipien der Weißen zu durchdenken, sie zu studieren, zu Ansichten darüber zu kommen. Seßhaftigkeit, Ernte für den Verkauf, patriarchalische Kleinfamilie samt Sklaverei gestützt auf die Prinzipien von harter Arbeit, moralischem Verhalten, Ehrlichkeit, Privatbesitz, Protestantismus, und keine »Geschenke«, in Hawkins' Augen gibt das den Clan-Roten die Chance, auch als Nicht-Mischlinge den Weg zu gehen, den die Métis-People ihnen schon eine Weile vorleben.

6. NO MILK TODAY

Benjamin Hawkins selber war aus prinzipiellen (=besseren Beherrschungs)Gründen keine Verbindung mit einer Muskogee Frau eingegangen:

> Als Oberdirigent dieses Plans hatte Hawkins das Gefühl, jeder sexuellen Verbindung zu einer Muskogeefrau widerstehen zu müssen, und er demonstrierte Zurückhaltung.
>
> Anders als fast alle anderen Anglo-Amerikaner im Muskogee-Land lehnte er es ab, eine ihrer Frauen zum Weib zu nehmen. Wie man seinen Briefen entnehmen kann, seinen Tagebüchern und Schriften, weigerte er sich auch standhaft, in irgendwelche romantischen oder flüchtig sexuellen Affären mit Muskogees verwickelt zu werden. (99)

Hawkins Aufzeichnungen zeigen, wie planmäßig er auch dabei vorging. Von seinem Aufenthalt auf Timothy Barnards Farm am Flint River, einer *Métisfarm*, notiert er:

> Die Mutter von Mrs Barnard suchte mich auf und fragte mich, ob ich ihre Tochter, eine junge Witwe, während meiner Residenz hier akzeptieren würde, oder sie auch für länger behalten, wenn sie mir gefiele. Sie lobte ihre Reinlichkeit und ihr Faible für weiße Menschen, daß sie drei hübsche Kinder hatte und Creek und Uchee sprechen konnte.

Hawkins lehnt ab; aber er nutzt den Antrag für einen Angriff auf die matrilinearen Gepflogenheiten der Muskogees. Seine Antwort:

> Ich weiß noch nicht, ob ich eine meiner roten Frauen hier zur Bettgenossin nehme oder nicht. Aber wenn ich es tue, und sei es für eine einzige Nacht, und sie hat ein Kind davon, dann werde ich dieses als meines akzeptieren, ich werde es kleiden und so aufziehen, wie ich es will (...) Die Frau muß dann zustimmen, daß ich es kleiden, ernähren und erziehen werde, wie ich es will, und niemand aus ihrer Familie wird das Recht haben, in die Angelegenheit hineinzureden (...) Die roten Frauen sollen stolz sein auf ihre weißen Ehemänner, sie sollten an ihren Angelegenheiten Anteil nehmen, ihnen gehorsam sein, und dafür sorgen, daß die Kinder

ihnen gehorchen. (...) Dies müßte mir meine Frau versprechen und ebenso ihre ganze Familie. (100)

Hawkins' »plan of civilization«, die Muskogees in patrilineare Farmer zu verwandeln, erinnert nicht nur an die englischen Entwürfe für das frühe Virginia, er entspricht auch weitgehend den Vorstellungen von Francis Bacon für die Orpheus-Arbeit in Übersee (s. o.). Aber es ist schwierig, bedrängt von schnuppernden roten Mädchen, kontrollierender Single zu bleiben ...eine setzt sich auf sein Bett, die Versuchung ist groß...

Ich richtete mich sofort auf in meinem Bett, nahm sie in meine Arme, drückte sie an mich, meine Hände wanderten zu gewissen höchst attraktiven Teilen und sie wehrte sich nicht. Welche das waren? Die Milchtöpfe. Sie war ungefähr 23 Jahre alt... (101)

Hawkins schildert dies in einem Brief an einen Freund; das Gefühl der roten *milk pots* noch in den Fingern. Der praktische weiße Regierungsmann mit Zivilisationsplan ist kein Eisklotz, »wenn du mich *chaehe* (=husband) nennen willst, kannst du das tun«, hat er zu ihr gesagt, aber zu seiner Gattin machen will er sie nicht, John Rolfe am James River muß er nicht sein, da rot-weiße Heiraten um ihn herum die Regel sind. Er selbst heiratet schließlich eine weiße Frau, keine Lady, sondern eine, die seine Arbeitsprinzipien exakt verkörpert. Joel Martin kritisiert ihn:

Regierungsamtliche Planer wie Hawkins hatten die Absicht, matrilineare soziale Beziehungen durch patrilineare Familienbeziehungen zu ersetzen. Indem er matrilineare Beziehungen angriff, leugnete Hawkins die Gültigkeit essentieller sozialer und kultureller Strukturen, wie sie seit langer Zeit bei den Muskogees üblich waren. Das enthüllt den hegemonischen, auf Herrschaft zielenden Charakter des »Zivilisationsplanes«, seine Unfähigkeit, den Muskogees Selbstbestimmung zu gewähren. Der Zivilisationsplan duldete Mischehen, aber nur, wenn sie unter offiziellen anglo-amerikanischen Auspizien geschlossen wurden. Die Ehe hatte patriarchalisch zu sein, patrilinear, sollte eine Kernfamilie gründen und sich frei machen von Clan-Beziehungen.

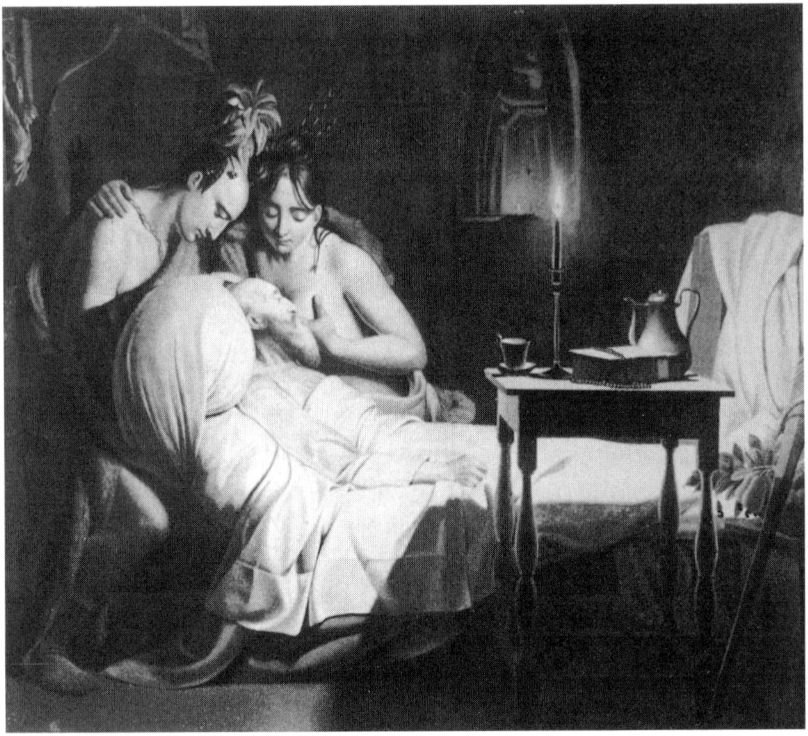

Der kranke Bartholomé de las Casas wird von einer Indianerin mit Muttermilch verpflegt, Öl, 1808

Die rot-weiße Vermischung, die für Muskogee ausdrücklich erlaubt und erwünscht ist, geschieht so zur Etablierung weißer Familienväter anstelle von indianischen Clans unter Muttereinfluß. Der sexuelle Pakt und dann der Heiratsvertrag ist im Zivilisationsplan Teil eines Unterwerfungsplans der Roten (Frauen) unter Gesetze des Weißen (Manns). Mit dem Resultat der Herausbildung einer neuen Herrschaftsstruktur: im ersten Schritt werden rote Frauen geheiratet und »christianisiert«, im zweiten werden die Frauen der Clans entmachtet, deren Einfluß in den neu entstehenden Familien verloren geht. Im dritten Schritt werden die Kinder dieser Beziehungen alphabetisiert und im vierten durch patrilineare Erbschaft ökonomisch bevorteilt. Beinah zwangsläufig werden sie zur neuen Herrschaftsschicht unter den Indianern, Halb-US-Bürger. So beherrschen nicht mehr »Fremde« diejenigen Muskogees, die unseßhaft und Jäger blieben, sondern Leute, die »unter uns« geboren sind, »von unseren Frauen«. Die indianischen Frauen, die Weiße heiraten, werden so zur Schicht, der es obliegt, die neue Herrscherschicht zu gebären; damit die alte Herrschaftsstruktur der matrilinearen Clans zu schwächen.

7. TECUMSEHS REVOLTE

Der Shawnee-Chief Tecumseh, Jäger, Krieger, Feind dieser Entwicklungen und schon längere Zeit dabei, eine Front aus Shawnees und Muskogees dagegen aufzustellen, nutzt das Erdbeben, um gegen diese Verschiebungen vorzugehen:

> ...die Muskogees bildeten ihre Antworten auf bedeutende Ereignisse durch Ausstreuen von Gerüchten, aufgeregte Gruppendiskussionen, durch Zirkulieren zahlloser kleiner Geschichten und Anekdoten und durch das Träumen visionärer Träume. Nach den Erdbeben »vermehrten sich diese fliegenden Geschichten täglich, sie wurden verbreitet in jedem Teil der Muskogee Nation, von jedem gehört und weitererzählt als Wahrheiten (...). Diese Erzählungen hatten keinen Urheber, keinen ›Vater‹, sie wurden erst hier erzählt, dann dort, aber niemand konnte sagen, auf wen genau sie zurückgingen ... « (...) In vielen dieser »vaterlosen Geschichten« spielte der große Shawnee Häuptling Tecumseh eine bedeutende Rolle. In einigen war es sogar Tecumseh selber, der mit dem Fuß auf die Erde gestampft und so die Erdbeben ausgelöst hatte. In anderen hatte er sie nicht ausgelöst, sondern nur prophezeit, daß die Unterwelt furchtbare Kräfte freimachen würde, um die bestehende Ordnung zu stürzen und Platz zu schaffen für die Errichtung einer neuen.*

Tecumseh in Verbindung mit den Kräften des Hades, der die Erde rollen läßt, tritt an gegen die Folgen von knapp 100 Jahren Vermi-

* Martin, 115

schungspraxis und Politik in Muskogee-Land. Mit dem Angriff auf die Stadt Tuckabatchee am 22. Juli 1813 ist die offene Revolte eröffnet. Da Teile der Muskogees und die meisten Mischlinge gegen die Aktion standen, nennt Martin sie, zu Recht, einen »Bürgerkrieg«. (132)

»Leute unserer eigenen Hautfarbe spielen uns böse Streiche«* – Leute »anderer Hautfarbe« sind auch kaum vorhanden. Erst im Verlauf der Revolte kommen US-Truppen. So ergibt es sich, wie selbstverständlich und auch gewollt, daß sich die ersten Aktionen der *Redstick Rebellion* – der Name kommt von den rot gefärbten Keulen (clubs), die die Aufständischen als Zeichen tragen – durchweg gegen rote »Verräter« wenden, weißenfreundliche Häuptlinge, und gegen Angehörige der Mischkultur, die dem weißen Lebens- und Ökonomiestil zuneigen.

... die Zeit war reif für eine antikoloniale Revolte. Prophetisch verkündeten die Schamanen, daß der Kosmos selbst die koloniale Invasion verabscheute, ebenso wie die fortschreitende Despiritualisierung der Muskogees. Wenn die Erde bebte, dann deshalb, wiel der große Maker of Breath die Übel nicht länger hinnehmen wollte, die die Anglo-Amerikaner dem Land, dem Kosmos, den Menschen aufzwangen. (128)

Führend unter den Schamanen, die die Revolte als Erneuerungsbewegung der indianischen Religion und der bedrohten indianischen Lebensweise betreiben, ist ein Bruder Tecumsehs, Tenskwatawa; ein großer Tänzer, er reist zwischen den Stämmen, wie Tecumseh; seine rituellen Tanzakte schüren die Aufstandsbereitschaft der Shawnees und Muskogees eher noch stärker als Tecumsehs Reden. Ein großer »getanzter« Aufstand; der Tanz stellt die Verbindung zu den Göttern, den Geistern der Ahnen und zum Körper der (bebenden) Erde her. Im Tanz lebt jenes Leben, das die Vermischler verlassen haben; im Tanz zeigt sich der Körper der Jäger als freier, während die seßhaft gewordenen Métis-Farmer und jene Häuptlinge, die mit den Weißen paktieren,

* Martin, 119. – Gemeint sind u.a. die Choctaws, die 1805 einen Vertrag mit den USA unterzeichneten, in dem sie 4 Millionen acres an die USA abtraten zur Begleichung von 50 000 $ Schulden bei Handelsgesellschaften, die ihnen dafür erlassen wurden. Dieser Vertrag (rechtsgültig) wird von den Tecumseh-Leuten als Verrat empfunden.

Rechts: Tenskwatawa, gen. *The Prophet*, Tecumsehs Zwillingsbruder, der Priester-Schamane

Ira Moskwitz, ›Ridicule of the Whites…‹

indem sie »Frieden« halten, nicht mehr wissen, was das überhaupt ist: ein indianischer Körper in Freiheit und Bewegung…

Der »böse Schamane« aus den englischen Texten der kolonialen Frühzeit meldet sich zurück …unterschätzt von den meisten Chiefs in power als »foolish people« …was sich rächt:

> Die Propheten hatten schnell Erfolg darin, die weißenfreundlichen Häuptlinge von Autossee und anderen Städten zu vertreiben, sie töteten vier Häuptlinge in Coosa und fünf in Okfuskee. Es ist bezeichnend, aber nicht allzu überraschend, daß die *Prophets* die Hinrichtung der *friendly chiefs*, die mit den Anglo-Amerikanern kollaborierten, als religiöse Reinigungsrituale anlegten, als rituelle Opferungen. In Coosa hatte man die *friendly chiefs*, die offenbar keine Ahnung hatten, in welcher Gefahr sie schwebten, aufgefordert, auf dem Boden Platz zu nehmen. Die Schamanen bildeten einen Kreis um sie und begannen zu tanzen. Plötzlich stieß ihr oberster einen Kriegsschrei aus, sie griffen an und töteten alle Häupt

›A Pueblo Pleasure Dance‹, Lithos, 1946

linge, die nicht entkommen konnten, mit Keulen, Pfeil und Bogen.(129)

Hinrichtungen, eingebaut in rituelle Tanzzeremonien. Die Macht der Schamanen-Propheten wächst schnell und ständig. In großen Aktionen gegen die bedeutendsten Métis-Familien werden deren Häuser in Brand gesteckt, die Bewohner getötet oder vertrieben, das Vieh geschlachtet. Feuer, Blut, Töten von Tieren und körperliche Ekstasen: religiöse Akte einer Neugeburt durch den gerechten Krieg. Purifikation und Geschenk eines neuen Körpers in der Schlacht, der seine neuen Freiheiten streut: die schwarzen Sklaven werden verschont und mitgenommen.

Die Nachkommen von Alexander McGillivray waren schon bis 1805 die größten Landbesitzer, Viehzüchter und auch Sklavenhalter im Muskogeegebiet geworden. Das war so entstanden *ohne* den Einfluß von Hawkins oder anderer Anglo-Amerikaner, war sozusagen der »ge-

Tecumseh mit General Harrison, 1813

nuine« Weg für die Nachkommen europäischer Väter im Indianergebiet. Sie hatten eine Schulausbildung (und manchmal mehr), konnten schreiben, lesen, in weißen Maßen und Wertvorstellungen denken, und bekommen nun, als Verräterschicht, aufs Haupt.

Das Gros der amerikanischen Siedler sah die Ausweitung dieses Krieges gern; für sie war es die Gelegenheit, die Muskogees, gemischt oder ungemischt immer, aus dem Weg zu bekommen; dazu bestand die Chance, je größer die Rebellion, desto schneller würden US-Truppen da sein. Provozierende Akte seitens der weißen Siedler und vieler Händler, die sich mehr Straßen und ungehinderten Gebrauch aller Flüsse versprechen, verfolgen diesen Zweck. Die Funken schlugen um in den Brand – der Brand wurde gelöscht mit Militär. Daß das US-Militär den *Redstick Rebellen* unterliegen könnte, im Zweifelsfall, hielt keiner der Weißen für möglich.* Die Hilfe durch britisches Militär, auf

* Der größte Sieg der Rebellen am 30. August 1813 bei Lake Tensaw – knapp 250 Tote auf Seiten der US-Milizen und der weißenfreundlichen Indianer, aber auch über 300

Red Eagle, geboren als William Wetherford, Häuptling der Creek, Dreiviertel-Weißer, ergibt sich General Andrew Jackson nach der Schlacht am Horseshoe Bend, 27.3.1814

das besonders Tecumseh gesetzt hatte, erwiesen sich als illusionär.

Im März 1814 die »entscheidende Schlacht« bei Tohopeka, über 800 Redsticks tot, ca. 400 Frauen und Kinder gefangen. Die Zahl der toten Krieger beläuft sich auf über 2000 bis dahin. Die übriggebliebenen sind durch Hunger und Krankheiten geschwächt, durchs Leben außerhalb der Siedlungen, viele sind verwundet aus den Kämpfen. Die Niederlage ist total. Die geschlagenen »bösen Muskogees« werden verbannt, weiter nach Westen, über den Mississippi ins Reservat; 300 von ihnen ertrinken beim Untergang eines der Schiffe, die sie über den Mississippi bringen sollen.

Die »guten Muskogees« (für die sich der Name *Creeks* bei den US-

Tote bei den Aufständischen – war möglich geworden durch schwarze Sklaven innerhalb der Befestigungen, die mit den Rebellen sympathisierten und Tore des Forts von innen öffneten. (156f.)

Amerikanern einbürgert) bekommen Versprechungen für ihre Loyalität zu den USA – die aber nicht eingehalten werden. Das Gedächtnis der Sieger war bemerkenswert kurz, bemerkt Martin. Sie werden nicht nur nicht belohnt, sondern, als *Indianer*, bestraft. Der siegreiche General Andrew Jackson – 14 Jahre später Präsident der USA – raubt ihnen mit einem Federstrich 16.000 Hektar Land. Die Proteste der Chiefs, unter die sich auch der Protest von Benjamin Hawkins mischt, sind vergeblich.* So verlieren infolge des Aufstands auch die weißenfreundlichen Indianer und die Métis people nach und nach ihre Rechte. Das Land ist offen jedem beliebigen weiß-amerikanischen Zugriff, und so wird es genutzt.

8. MISCHEN UND ENTMISCHEN: SARAJEWO 1995, ALABAMA 1818

Die Redstick-Rebellion machte also nicht nur Schluß mit der Kultur der *Native Americans* östlich des Mississippi, die eine exklusive rote Gesellschaft wollten, eine antikolonialistische; sie zerstörte auch die weiß-rote Mischkultur völlig, die sich dort gebildet und die öffentlichen Geschicke zu einem hohen Grade bestimmt hatte. (164ff)

Insgesamt nahmen die USA sich ca. 14 Millionen Acres von den Indianern als Folge dieses Krieges, die größte Menge Land, die ihnen je auf einen Schlag zugefallen war im Südwesten. Weiße Siedler strömen in Scharen herein und kümmern sich wenig um die Loyalität der Métis people im Redstick Aufstand. Sie werden geprügelt, vertrieben, diesmal wird ihr Vieh nicht geschlachtet, sondern enteignet. Hawkins' gesamte Reformvorstellungen, Hawkins' *plan of civilization,* der ein Mischlingsleben ja nicht nur legalisiert, sondern gefördert hatte, geht den historischen Bach hinunter. Der Mestize wird wieder ein »Nicht-Weißer«.

Dies geschieht zu einem großen Teil gegen die erklärten Absichten

* Martin 165ff.

General George Crooks Apache Scouts, die ihm halfen, Geronimo zu fangen. Ihr Lohn: Gefangenschaft in der Fremde der US-Regierung. Es gibt ein Schreiben des US-Kriegsministers an Hawkins, in dem er beklagt, daß überwiegend üble Weiße (»the worst«) jetzt als Kriegsgewinnler die Gelegenheit zu schneller Landnahme nach dem Krieg nutzten, ohne daß eine schon bestehende US-Verwaltung dies in Ruhe hätte regeln können. Es gehe der US-Regierung auch viel Geld dabei verloren, schreibt der *Secretary of War*. Anstatt daß Land zugeteilt und zu einem vernünftigen Preis verkauft wird, nähmen es die einströmenden Siedler einfach, da nun kein indianischer Widerstand dem mehr entgegenstehe, und zahlen nur eine 2-Dollar-Pauschale pro Acre. Wo es aber noch indianischen Widerstand gibt, machen die Neusiedler kurzen Prozeß, und dabei keinen Unterschied in der Behandlung der Métis people. All dies *darf nicht sein*, schreibt der Regierungsmann an Hawkins; so wie Hawkins zurückschreibt, daß dies nicht sein dürfe und die gute Arbeit von Jahrzehnten zerstört würde.

Aber es geschieht. 1819 gründet sich als Resultat dieser Invasion der neue US-Staat Alabama. Seine Bürger sind (dem zit. Schreiben der US-Regierung zufolge) die kriminellsten Elemente, die das amerikanische Grenzerleben auf- oder anzubieten hatte in den Jahren der Muskogee-Vertreibung nach 1814.

> Im Jahr 1820 hatten 58.000 Anglo-Amerikaner und 42.000 Afro-Amerikaner Muskogee zu ihrer neuen Heimat gemacht. (...) Die Feindlichkeit der Anglo-Amerikaner und die sich mit ihnen nun rapide ausbreitende Cotton-Kultur brachten die verbliebenen Muskogees in eine prekäre Situation.(...) Sie verteidigten zwar weiter ihr Land, so gut sie konnten, wurden aber immer weiter zurückgedrängt und mit Hilfe des Militärs aus ihren Siedlungen verjagt, bis in den Jahren 1835/36 die letzten von ihnen über den Mississippi getrieben waren hinein in die westlichen Reservate.[*]

Wie in Virginia nach dem Ende des Pocahontas-Friedens sind es aufständische Indianer im Verein mit den reaktionären Kräften der Siedler, die die Ausbildung einer gemischten Population verhindern, bzw., im Falle Muskogee, deren dauerhaften Bestand.

Eine Pocahontas-Mythe aus Muskogee gibt es nicht – da die Verbindung roter Frauen mit weißen Männern und ihre Weitervermi-

★ Martin, 167f.

WDR
TALL OAK
NARRAGANSETT
WDR
RAMONA PETERS
WAMPANOAG
WDR
ROBERT BUSHYHEAD
CHEROKEE
WDR
LEON GILMORE
CHEROKEE
WDR
DAKOTA M. BONE
CHEROKEE
WDR
CHARLES DAWES
OTTAWA
WDR
NANEPASHEMET
WAMPANOAG
WDR
DRIVER PHEASANT, JR.
CHEROKEE

›Die weiße Indianerin‹, italienischer Comic, 1983

›Mann aus Papier‹ war ihr weißer Freund für ›weißes Kaninchen‹, weil er ein Foto seiner weißen Geliebten in der Tasche trägt, Italien, 1982

schung mit entlaufenen schwarzen Sklaven dort Normalität geworden war. Eine Normalität, an die niemand sich gern erinnert fühlt, heute; deshalb ist die ganze Geschichte so gut wie unbekannt, sogar unter Experten des Amerikanisch-Kolonialen.

Ohne das Buch von Joel W. Martin über die *Heilige Revolte* hätte sich der deutsche Tecumseh-Nebel auch in meinem Hirn kaum gelichtet. Es ist aber so, daß die effektivste und endgültige Verhinderung von Pocahontas/Rolfe-Verbindungen in den südöstlichen USA die Politik der Tecumseh-Leute war; – während genau gleichzeitig John Davis in Boston, Philadelphia, New York und anderen Städten des Ostens das dritte, vierte, fünfte Buch zu *Pocahontas* erscheinen läßt, dem getauften Mädchen, das unter Tränen in amerikanischen Kathedralen ihren Geliebten John Smith vorm Tod durch *Redstick Club* errettet und ihrem zweiten weißen Geliebten John Rolfe ins Ehebett folgt. Mythisierende Literatur anstelle von Recherche im Wirklichen wird im Handumdrehn Komplizenschaft zum Mord.

Schärfer ist John Davis' literarische Neubelebung der Jamestown-Legende nicht zu beleuchten. Sie deckt zu und deckt, was im Süden der USA und in den Muskogee-Gebieten passiert. John Davis' indianerfreundliche Texte, in denen Pocahontas ein *Engel* wird, gehen in Druck und in die Haushalte, während im Süden das Abschlachten der métis people einsetzt und der Landraub für den neuen Staat Alabama vorbereitet wird.

Das Gebiet von Alabama, um 1805 das relativ freieste für weiß-rote Lebensmischformen in Nordamerika, wird – da von allen Mischformen schließlich *gesäubert* – zu einem der rassistischsten Staaten der USA, Staat weißer Sklavenhalter über Schwarze, bei verschwundener indianischer Bevölkerung; der Staat, dem Nina Simone ihr *Mississippi Goddam* an erster Stelle ins Gesicht sang/schrie; da war einmal der Boden einer (halben) Freiheit; zerstört – soll man sagen: wie immer? – von den Reingläubigen und Reinhäutigen beider Seiten; weißer wie roter Rassisten, wobei es *wem denn* nützt, – ?? – daß die roten Beseitiger der Mischformen *ursprünglich* »im Recht« sich befinden; aus Gegenwehr gegen Aggression und Landraub tätig werden. Zermalmt wird das »inter«, zur Freude der weißen Rassisten; und die Rein-Roten gehen heroisch unter oder über den Mississippi. Tecumseh – der Held?

Delmer Daves, *Broken Arrow*

Nicht nur die Deutschen führen ihn als solchen; heute in den USA lebende Indianer versäumen ebenfalls nicht, ihn ehrend zu erwähnen in der großen Reihe derer, die sich wehrten ...Tecumseh, Pontiac, Red Cloud, Sitting Bull, Geronimo...

Bosnien-Herzegowina 1995ff zeigt, daß »die Welt« nicht viel klüger geworden ist bis heute; bzw. daß immer noch Hardliner, Totalhumanisten und Ethno-Puritaner mit Waffe und Benzinkanister in der Hand die Linien bestimmen, wenns daran geht, Leute verschiedener »Rassen« und sog. »Religionen«, wo sie sich mal zusammengetan hatten, wieder auseinanderzukriegen ...das Mischen der Völker – was die Arbeit der Frauenkörper ist im »Kolonialkampf« – wird nicht anerkannt als »Politik«; Schamanen und große Häuptlinge mit Gewehr treten alles zu Brei ...»in Europa«, ums Jahr 2000 ...*Pocahontas was here ...and has left* ...steht an den Wänden von Mostar und Sarajewo ...eine Zigeunerin schreibt es an die Mauern von Pristina ...Hans

Schmidt aus Schwäbisch Hall steckt sich eine Davidoff ins Maul …er ist da aus friedlichen Gründen; er muß verhindern, daß »all diese Stämme sich gegenseitig schlachten…«*

* Lauter Ethno-Staaten (d.h. potentiell national-faschistische) auf dem »Balkan« gefördert und protegiert zu haben, ist das mindeste, was deutsche Außenpolitik zwischen 1990 und dem Jahr 2000 sich wird vorhalten lassen müssen, auch wo verantwortungsgesegnete Polit-Schlaumeisen von Günter Grass bis Slavoj Žižek ihren (ganz und ga überflüssigen und vollkommen dämlichen) Segen dazu geben.

POCAHONTAS' DESCENDANTS

1. NORD-SÜD-PASSAGE & WINDROSE

Daß die literarische Erhebung der Jamestown-Pocahontas zwischen den Jahren 1805 und 1815 in den USA *auch* erfolgt, um die gleichzeitig in Muskogee wirklich in Mischehen lebenden (und sterbenden) Indianerinnen unsichtbar zu machen, gehört zu den Strukturgesetzen der Pocahontas-Verwendung an Umschnittstellen der Geschichte der USA – selbst wenn das überhaupt nicht »in der Absicht« eines Autors wie John Davis gelegen hat. Die Mythe entfaltet einen eigenen Sog; bzw. sie läßt sich jeweils ansaugen, wenn *America* sich umgestaltet und Ausdrucksträger sucht für seine jeweils neue Metamorphose.

...wie die Schwarzen zum Blues greifen, immer wo es rappelt, gehen die Weißen zu Pocahontas, wenns um »Geschichte« geht; bloß wird ihnen das nicht zur »wahren Form«, wie den Schwarzen der Blues, sondern zu einer Nicht-Form, zum wechselnden Kokon der jeweils gewünschten Verstellung. Anders gesagt: wo »Pocahontas« drauf steht, ist immer »ein Betrug« mit drin.

Süd-Betrug; Nord-Betrug, im Mantel laufender Geschichte.

So hat Pocahontas ab 1865 in den USA z.B. den Krieg verloren; Krieg, für den sie nichts kann, den *Civil War* zwischen Nord und Süd.* Der Sieger, Nord, schreibt nicht nur *seine* Geschichte neu, sondern die Geschichte der *ganzen Union*. Gelegenheit dazu bieten die Feiern des 250. Jahrestages der Landung der Pilgrim Fathers in Plymouth im Jahr 1871 – das große Gegenfest des Nordens zu den Jamestown-Jahrestagen Süd. Die Nachkommen der Puritans von Plymouth 1871 feiern nicht nur die glückliche Landung, sie feiern New England als Herz des Siegs der Union über die »Tyrannei des Südens« im Sezessionskrieg. Der Zeremonienmeister der Plymouth-Feier nutzt die Chance zu einem wahrhaft grandiosen Toast; die Zeiten raffend und klammernd in genau fünf Satz-Kürzeln, wie nur je ein *haunted spirit* beim sicheren Griff in die angesagten Register:

★ – wie sie, 1917, WW I gewinnt, sehen wir im folgenden Kapitel.

Plymouth und Jamestown – die Pilgrims und die Cavaliers – Freiheit oder Sklaverei. Sie schlugen sich auf dem Feld von Gettysburg, und die Freiheit siegte.*

Der Major General Oliver Otis Howard – später Gründer der Howard University –, aufgefordert, zu antworten, zeigt sich dem Moment gewachsen und legt die Bemerkung drauf, der Sieg der Freiheit über die Sklaverei im Bürgerkrieg sei möglich geworden durch »diese kleine Anstrengung, die der Landung der Pilgrims vorausging.« Damit ist der Sieg der Lincoln-Truppen im *Civil War* schon in England beschlossen gewesen, 1621, *bevor* die Pilgrims in See stachen. Soll heißen: die moralische Überlegenheit der englischen religiösen Auswandererfraktion (jetzt: Nord) über die lasterhafte Fraktion der John Smith-Leute, die Virginia gründete (jetzt: Süd), ist der wirkliche Gründungsfaktor der gesamten USA, der *Union*, deren Fahne jetzt siegreich weht.

Der heutige amerikanische religiöse Moralismus ist hier entworfen als behaupteter Kern des Siegs der Union (=rein-weiß) über die konföderierten Mischvölker; getarnt als »Kampf gegen die Sklaverei«. Der heutige Kreuzzug gegen den Tabak ist die letzte Ausprägung dieser Bewegung.

Einige solche Momente der Pocahontas-Geschichte als der Geschichte des *All American Girl* sollen hier noch gestreift werden, ehe die Poca der neueren Zeit von WW I bis heute etwas genauer betrachtet wird – unterschnitten von Bildern des Indianischen in der amerikanischen Werbung, der Schule des modernen Designs.

★★★

George Washington Parke Custis, *Pocahontas; or, The Settlers of Virginia. A National Drama in Three Acts*, wird uraufgeführt 1830 im *Walnut Theater* in Philadelphia; ein großer Erfolg, 12 Aufführungen,

* Ann Uhry Abrams, *The Pilgrims and Pocahontas. Rival Myths of American Origin*, Boulder, Colorado 1999. Der Nord-Süd-Fight um Pocahontas ist gut dargestellt auch bei Tobias Koplin, *Die Persistenz des Pocahontas-Mythos*, Mag.-Arbeit, München 1995.

Dillon Company, Detroit, Michigan, um 1940 …die Mütze schon sehr europawärts…

›Red Deer Dance‹, Ira Moskowitz, 1945

30 Vorhänge. Custis' Stück eröffnet eine Mode von *Indian Plays* in den 1830er und 40er Jahren. Der Autor trägt seinen illustren Vornamen mit Grund; George Washington Parke Custis ist ein Stief-Enkel von George Washington.

George Washingtons Besitz an Land und Sklaven hatte sich vervielfacht durch die Ehe mit Martha Dandridge Custis; dennoch hatte er ab Mitte der 1760er Schwierigkeiten, seine Tabakernten auf der kärglichen Mount Vernon Erde profitabel anzubauen; er ging deshalb auf die Propagierung von Weizenanbau über. Sein Stief-Enkel George ist in Mount Vernon aufgewachsen.

Genau 1836, als die Reste der US-Indianer über den Mississippi vertrieben werden, wird sein Pocahontas-Stück wiederaufgeführt. Custis tritt bei dieser Gelegenheit vor den Vorhang und hält eine Rede im Tenor: »wie die weißen Ritter (des Südens) dies einst wilde Land zi-

John Ross, 1836

vilisierten« ...wie das Land, vor 1607 »a wild and savage desert«, von den *Cavaliers* erst bewohnbar gemacht worden sei«; dieser Ton ist in Virginia und im ganzen Süden vor dem Bürgerkrieg zur Gewohnheit gewordenen; Pocahontas darin jenes offene Mädchen, das dem Charme der *Cavaliers*, weltgeschichtlich korrekt, erliegt.

Zur fünften dieser Neu-Aufführungen erlaubte sich ein Journalist den Spaß, die Delegation von Cherokee Indianern, die in Washington Beschwerde eingelegt hatte gegen ihre Deportation, für Custis' Pocahontas-Stück mit Kriegstänzen anzukündigen, mit Musik und einer »Demonstration der amüsanten Kunst des Skalpierens«.

Der Leiter der Washingtoner Delegation der Cherokee, der Anwalt John Ross, Sohn eines schottischen Trappers und einer Cherokee Frau, Absolvent der West Point Militärakademie,* meldet sich am 15. Februar 1836 mit einem Protestschreiben im *Washington Eagle* zu Wort: die

★ – und dort Jahrgangsgenosse von Andrew Jackson, der grad als Präsident der USA alle Verträge mit den Cherokees bricht...

Cherokee hätten andere Sorgen, als weißen Theaterzuschauern Tänze vorzuführen, die sie auch sonst nur in sakralen Zusammenhängen tanzen würden.*

Man versteht, wenn man sowas liest, warum Walter Benjamins Formel von der »Ästhetisierung der Politik« besonders in amerikanischen Universitäten ihr heutiges Asyl hat: die USA kennen den Vorgang, daß der Theater-Indianer besonders dann als »zivilisierter« blüht oder als Rettungs-Weib, wenn es den Natives im Nicht-Theater rabiat an den Kragen geht, aus mehr als einer ihrer Kultur-Epochen. Umsiedlung, Deportation, Tod im Mississippi und die fünfzehn Beifallsvorhänge, die 1836 in Richmond für die Schauspieler und den Autor gezählt werden, bedingen sich. Besonders die Rettung von Smith durch Poca wird zelebriert in den Stücken, Romanen, Artikeln, Historiographien und Gedichtbüchern, die in diesen Jahren des sog. *Cherokee Removal* und der Vertreibung der *Five Civilized Tribes* aus Georgia, North Carolina und Tennessee entstehen. ›Indian-Ammergau‹

★★★

In Lydia Huntley Sigourneys Gedicht *Pocahontas*, 1841, bekommt Poca, nachdem sie Smith gerettet hat, den Titel »the saviour of the Saxon vine«, die Retterin des (angel)sächsischen Weins; im Theologischen ist »saviour« das Wort für »Heiland«. Zur amerikanischen Maria Magdalena erhoben (erfolgreicher als die biblische), wird Pocahontas von Sigourney in den Jahren der schärfsten Separation von Roten und Weißen, den die USA erlebt haben bis da.

Sigourney ist eine religiöse Autorin; ihre Pocahontas gehört in den Umkreis von Chapmans gleichzeitigem Taufe-Bild im Capitol (s.o. Kap. *Pocahontas Geiselnahme)*. Ihre Pocahontas, immer mit sicherem

* Rosemarie Bank, *Theatre Culture in America, 1825-1860 (»Cambridge Studies in American Theatre and Drama«)*, Cambridge U.K./NY 1997. Vgl. auch Grant Foreman, *Indian removal: The Emigration of the Five Civilized Tribes of Indians*, Norman Oklahoma, 1932, und Angie Debo, *And still the waters run, NY 1952*

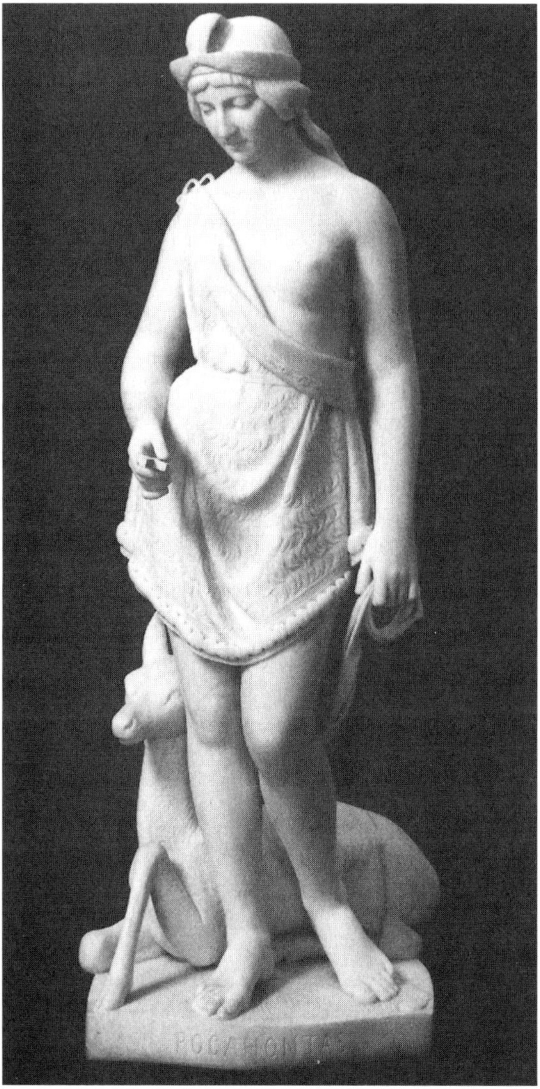

Pocahontasstatue von Joseph Mozier, 1859. In der Hand ein Kreuz, am Bandel ein Reh-
lein

Schritt *auf dem schmalen Pfad*, den die weltlich Orientierten aus gutem Grund meiden, ist ein Gegenstück zu der Pocahontas-Figur, der Leslie Fiedler sich am ausführlichsten gewidmet hat: der Sirene oder Nymphe des Waldes, *forest siren*, als die die *romantische* Pocahontas figuriert (*slightly sexual*) in vielen Texten des 19. Jh., Frau der »Wildnis«, der ersehnten, Gegenpol zu den Grenzen, die die amerikanische weiße Hausfrau setzt.

Sigourney ist Ex-Lehrerin und Hausfrau in Hartford. Sie liefert, mit Pocahontas' Hilfe, außerdem eine Sammlung der typischen New England-Vorurteile gegen die Virginians: die Jamestown-Leute als goldgierige, herzlose Schurken, die rücksichtslos das Volk der Roten zurückwiesen und dezimierten. Das Ausnahmepaar: Pocahontas und John Smith. Die Rettung von John Smith durch Pocahontas setzt Sigourney mit der Rettung von Moses durch Pharaos Tochter gleich.

John Smith muß sich allerdings Kritik gefallen lassen. Sie wirft ihm das Versäumnis vor, die andern Powhatans nicht überzeugt zu haben, Pocahontas' Beispiel der Taufe zu folgen. (John Smith war allerdings schon fünf Jahre weg aus Jamestown, als Poca sich taufen ließ). Sigourneys Kernpunkt ist eine missionarische Idee: »Durch Übertritt zum Christentum wären nicht nur die Seelen einzelner Indianer gerettet worden, sondern die ganze Rasse vor ihrer Auslöschung bewahrt.«★ Daran waren die *Virginians* nicht interessiert; das war ihr historischer Fehler.

Sigourneys Text ist ein früher Versuch des Umgangs mit der stark gespürten Schuld an der Vertreibung und Vernichtung der amerikanischen Roten, ins tröstend Religiöse gewendet, mit Erhöhung von Pocahontas in die *Saviour*-Position.

★★★

Kurz vor Sigourney hat »Robert Dale Owen, Sohn des englischen Reformers Robert Owen, die Jamestown Legende umgeschrieben, um aktuelle politische und soziale Probleme anzugehen« (Abrams):

★ zit. n. Abrams, 134

Pocahontas' Booton Hall-Portrait nach dem Original-Portrait von Simon van de Passe, 1616

Richd. N. Brooke

Nach dem Van de Passe / Booton Hall-Portrait weitergemalte Versionen auf Ganzkörpergröße von Richard N. Brooke, Öl 1905, und Deborah L. Chabrian, Kinderbuch, 1985

Pocahontas: A Historical Drama, 1837/38. Owen war Mitgründer einer experimentellen Lebenskooperative namens *New Harmony*, 1825; Kapitalismuskritiker, Frauenrechtler. Er verwirft die frühen Kolonisten als Gangster, außer Smith und Rolfe.

John Smith bei Owen ist scharfer Kritiker der *Virginia Company*, ein klarer Anti-Kolonialist. Pocahontas spricht in seinem Stück gegen Sklaverei und für Frauenrechte: gleichberechtigt *neben* ihrem Gatten zu stehen, nicht hinter ihm herzukriechen – ihr Lebensziel. Die Engländer 1607 »wollen Gold nach Hause bringen, und hinterlassen Wüsten, übersät mit Knochen, getränkt von Blut.« (Das mit den Knochen und dem Blut hat seitdem niemand richtig aussprechen noch hören wollen; erst in neuerer Zeit ist das geändert durch die Bücher von Frederick Fausz und Kirkpatrick Sale.)

Für Abrams ist Owen der erste, der derart seine eigenen aktuellen politischen An- und Absichten in *Pocahontas* unterbringt. Dieser Zug ist aber spätestens seit John Davis da – bloß sind dessen Absichten nicht so *explizit* politisch formulierbar wie die von Owen, der dann auch eine politische Karriere als Abgeordneter macht. *Pocahontas* bei Davis wird die Indianerin, deren Bild die Vertreibungen im Westen und Süden für den Osten unsichtbar macht. Mit der Bibel in der Hand und einem europäisch importierten Humanitäts-Sticker am Stirnband, eskortiert sie die jungen Frauen des Ostküsten-Protestantismus in die aufkeimenden Ideen abstrakter Rassen-Gerechtigkeit. – »Ein sehr frühes Vorbild für Onkel Tom«. (Fiedler, 80)

Nach politischen »Lagern« verläuft die Pocahontas-Verwendung dabei nicht. Sie wird allseitig verwendbar, wie die Lady Liberty selber.

★★★

Wohnt der amerikanische Autor oder die Autorin in Europa, scheint Europäisches auf im politischen Gerippe des Konstrukts. Charlotte Barnes sitzt (wie später Henry Adams und Karl Marx) im

Rechts: David Wenzel, Kinderbuchillustration, New Jersey, 1985

Pocahontas . A.° 1616

British Museum, studiert John Smith-Schriften, und »mindestens 20 andere Bücher«, bevor sie zu schreiben anfängt. *The Forest Princess; or, Three Centuries ago. An historical play in three parts*, 1844. »This tale is no fiction«, sagt das Vorwort.

Smith und Rolfe sind gute Freunde in ihrem Stück, sitzen zusammen in London in der Kneipe, die Anas Todkill, der alte Smith-Spezi aus Virginia, betreibt in der Nähe Whitehall. Seine zukünftige Frau kümmert sich währenddessen um die todkranke Pocahontas in Rolfes Haus in Gravesend. Ihr Name: Mistress Alice, neben der Zofe Maud die zweite weiße Dienerin der Indian Princess, bei Barnes.

Barnes läßt den jungen Charles, Prince of Wales, den 17jährigen Thronfolger, im Stück, als Verehrer von Pocahontas auftreten, eine ungewöhnliche Wendung. Rolfe wird bei ihr verhaftet wegen eines Denunzianten, der angibt, Rolfe wolle sich zum König von Virginien machen. Queen Anne und Charles verwenden sich für Rolfe beim König, er wird freigelassen, trifft Poca wieder kurz vor ihrem Tod in Gravesend...

In einer Kneipenszene unterhalten sich Smith und Rolfe bei »der besten Flasche Wein« über Raleigh. Ein Bote bringt die Nachricht vom Scheitern der Guayana Expedition Raleighs (– die *in reality* erst wenige Tage nach Pocahontas' Tod und Rolfes Wegfahrt begann. So genau nimmt die Frau aus dem *British Museum* es wieder nicht). Rolfe zeigt sich als früher Bewunderer von Raleigh. Dialog:

> Smith: Hüte deine Zunge, Freund. King James, soviel weiß ich,
> sieht auf dich mit Argwohn im Auge.
> Rolfe: Der König?
> Absurd! Aus was für Gründen?
> Smith: (hinter vorgehaltenem Hut)
> Bist du nicht Gatte
> Der Indianischen Prinzessin von Virginia?
> Die einmal Länder und Krone
> Von Powhatan erben wird?
> Rolfe: (lächelnd) James hat keinen Grund
> Sich darum zu sorgen.
> Smith: Sei trotzdem auf der Hut
> Mit deinem Lobpreis Raleighs.

Mary Woodbury, ca. 1738, wahrscheinlich das erste Pocahontasportrait hergestellt in der Neuen Welt und das erste von einer Frau. Vorlage ebenfalls: Van de Passe

Der Spitzel in der Kneipe, mit fiebrigem Hirn – *fevered by wine* –, hört und schreibt mit, Volday, ein alter Feind von Smith; James erhält die Denunziation per Brief; Rolfe wird festgesetzt und fehlt dadurch (zunächst) am Sterbebett seiner Frau. Pocahontas singt, vom Tod gezeichnet, ein Loblied auf Britannien. Da hinein platzt die Nachricht von Rolfes Verhaftung. Der Vorwurf: er plane zusammen mit Raleigh ein unabhängiges Kingdom Virginia zu errichten. Darauf stünde Tod. Pocahontas, schon sterbend, geht nach Whitehall, trifft Queen Anne und Thronfolger Charles, die sich größte Sorgen, ihr aber Hoffnung machen. Rolfe, von allen Verdächten freigesprochen, kommt rechtzeitig frei, sie sterben zu sehn. London erlebt also Poca-Rettung II, John Rolfe diesmal auf dem Richtblock.

Allegorische Schlußvision:

Pocahontas sieht Wolken erscheinen, offene See. Im Bühnenhintergrund die *George*, Argalls Schiff, das sie zurückbringen sollte, mit gehißten Segeln... Verwandlung: die Mündung des James River erscheint, mit ihren Wäldern, dem primitiven Fort, dann Wigwams, Powhatan steht am Ufer und erwartet die Ankunft seiner Tochter mit dem Schiff, das sich der Küste nähert.

Wieder verdunkeln Wolken die Szene, eine allegorische Figur der Zeit erscheint, in ihrem Gefolge »der Frieden«. Die Wolken zerteilen sich und zeigen in der Ferne die Gestalt von George Washington. Der Genius des Columbia Districts ist um ihn. »Die Zeit« umarmt den Genius von Columbia, »der Friede« (ebenfalls weiblich) umarmt die Wappentiere Englands und Amerikas, Löwe und Adler. Nach diesem Blick der Sterbenden in die Zukunft wird die Bühne wieder zu Gravesend. Aus Pocahontas' Mund zum Schluß die Beschwörung des zukünftigen großen Häuptlings George Washington, *Father of his country*, der als *Sohn* von Pocahontas' Vision erschient.

Hier, bei Charlotte Barnes also, die Grundlegung von Pocahontas als *Mutter aller Amerikaner*; deutlich angelehnt an die Schlußvision Jeanne d'Arcs in Schillers *Jungfrau von Orleans*: das Naturkind, das sich bei Schiller, während der letzten Schlacht vor Reims, ebenfalls in den Feind ihres Landes, den englischen Kriegsherrn Lionel, verliebt.

An denselben Plätzen, an denen Barnes ihre *Pocahontas* 1844

R. L. Morgan Monceaux, 1992, ebenfalls nach dem Van de Passe-Portrait. Pocahontas' Fächer verwandelt in eine Schreibfeder. Die Schrift im Bild: ihre Geschichte in Kurzform, wie mit dieser Feder geschrieben. Das einzige Bild von P. als Schriftstellerin

schreibt oder spielen läßt, Manchester, Liverpool, hat Friedrich Engels gerade seine Recherchen zur *Lage der arbeitenden Klasse in England* beendet, Druck in Leipzig 1845:

Arbeiter! Euch widme ich ein Werk, in dem ich den Versuch gemacht habe, meinen deutschen Landsleuten ein treues Bild eurer Lebensbedingungen,* eurer Leiden und Kämpfe, eurer Hoffnungen und Perspektiven zu zeichnen.

– so eröffnet Engels sein Vorwort zur »arbeitenden Klasse«, während gleichzeitig in Liverpool, durch Charlotte Barnes, das Bild des Ur-Republikaners George Washington über dem Bett der sterbenden Pocahontas erstrahlt, Figur aus Powhatan und Columbus, verwandelt in die Freiheitsfrau Columbia, Good Spirit des Regierungsdistrikts, Washingtons *real wife*.

Pocahontas mit ihren drei Verehrern John Rolfe, John Smith und

★ … »…a true relation of…«!!

Mona-Pocahontas, Thomas Sully, Virginia 1852

Charles, Prince of Wales* gebiert 1617 als in Europa Sterbende die kommenden *Ur-Demokratien:* begeisterter Vormärz-Beifall in Liverpool:

Engels' *Lage der arbeitenden Klasse* setzt ein mit *America,* nämlich Cotton; den Maschinen zur Baumwollverarbeitung, die das englische Leben revolutioniert und mit Manchester die erste Industrie-Großstadt hervorgebracht haben. Bourgeoisie und Proletarier erscheinen bei Engels als »zwei ganz verschiedene Völker, so verschieden, wie sie der Unterschied der Rasse nur machen kann«. Ersetzung des (rückständigen) Rassenkampfs durch den (fortschrittlichen) Klassenkampf heißt das später; erster Teil des Programms von Pocahontas auf der Liverpool-Bühne, von Engels damit erfüllt; (zweiter Teil bis heute: eine Vision ...überm James River).

***

Engels, wie Marx passionierter Raucher, vergißt in der Auflistung der schlechten und verfälschten Nahrungsmittel, die die Arbeiter der Vor-Revolution zu konsumieren gezwungen sind, den Tabak nicht:

›Tabak wird mit ekelhaften Stoffen aller Art vermischt, in allen möglichen Formen, die diesem Artikel gegeben werden‹ (Liverpool Mercury). – Ich kann hinzusetzen, daß wegen der allgemeinen Tabakverfälschung mehrere der angesehensten Tabakhändler von Manchester im vorigen Sommer öffentlich erklärten, kein derartiges Geschäft könne ohne Verfälschung bestehen, und daß keine einzige Zigarre, die weniger als 3 Pence kostet, ganz aus Tabak besteht.**

– an Nikotinvergiftung ist das europäische Proletariat demnach *nicht* zugrunde gegangen. Die *wahren Gifte* waren und sind zu teuer

* – dessen späteren Status als »erster vom Volk geköpfter« englischer König Mrs. Barnes hier listig für die Sache der Demokratien ins Pocahontas-Stück einbaut (3. Akt, 4 Szene).

** F. Engels, MEW 2, Berlin 1972, 301

HARRIS, BEEBE & CO.
THE
POCAHONTAS
CHEWING TOBACCO.

Lucky Strike, zuerst ein Kautabak für Goldsucher im California Goldrush und dem Colorado Silver Strikes … ›to strike a lode‹ …eine Ader treffen

für der kleinen Leute Sack. Sie bekommen Dreck zu rauchen und hlg. Indianerinnen an die Schädel-Innendecke.

★★★

Rechts: frühe Gesundheitsreklame, keine Reizung der Kehle, 1928

LUCKY STRIKE
"IT'S TOASTED"
CIGARETTES
Amelia M. Earhart
"It's toasted"
No Throat Irritation-No Cough.
Amelia M. Earhart says:
"Lucky Strikes were the cigarettes carried on the 'Friendship' when she crossed the Atlantic. They were smoked continuously from Trepassey to Wales. I think nothing else helped so much to lessen the strain for all of us."

John Esten Cookes *Pocahontas*-Roman von 1885 möchte daneben, daß er Shakespeare mit Poca verband, den verlorenen Bürgerkrieg mit ihrer Hilfe *für den Süden* zurückgewinnen. Via Pocahontas versuchen in den letzten Jahren des 19. Jh. Cooke und einige andere virginiafreundliche Leute ein Bild des Südens zu entwerfen, das nicht um die Komplexe »Sklaverei« und »weltliche Ausschweifung« gebaut ist.

My Lady Pokahontas, ist im gesamt-amerikanischen Kontext dahin funktionalisiert, dem »dirty South« ein (indianisch) menschliches Antlitz zu geben. Dafür kämpfen auch einige aufgeschlossene New Englander, die den Süden gern als Partner in die neuformierte Union integriert sehen möchten. Zum Emblem der menschlichen Anteile des Südens wird Pocahontas in den Jahren nach 1870 in Cookes Schriften.*

Wenn Cookes Freund William Wirt Henry im Jahr 1882 Pocahontas preist als

> ... die erste ihres Volkes, die das Christentum umarmte und sich durch Heirat mit der englischen Rasse vereinte; die wie ein Schutzengel wachte über die junge Kolonie, aus der nun selbst ein mächtiges Volk hervorgegangen ist, in dem die Nachkommen von Pocahontas immer den wirklichen Adel bildeten,**

– dann meint dieser Adel, auch wenn er »nur südlich« ist, Zugang zu den Regierungs-Sesseln der neuen Union; ein Südadel, der frei ist vom Blutgeruch der Sklaverei; unverdächtig seiner Pocahontas-Anteile, seiner *roten Anteile* wegen. Im Gefolge dieser Figur tauchen die *Pocahontas-Descendants* auf in der 1880ern, als Südstaatenleute der *richtigen* Abkunft; als Leute aus der Genealogie der *Nicht-Cavaliers.*

Cookes fiktive Romanze und Wirts legalistische Verteidigung der frühen Jamestowner bezeichnen den wilden Versuch des Old Dominion, der Jamestown-Legende ihren Platz als erste englische Niederlassung in Ame-

★ Bei John Esten Cooke ist der Erzähler Anas Todkill nicht mehr der Jamestownmann aus dem Gefolge von John Smith, der er wirklich war, sondern umgewandelt in einen Puritan.

★★ William Wirt Henry, »The settlement of Jamestown«, *Proceedings of the Virginia Historical Society* (Richmond, 1882), 10-82, 63

Robert M. Sully, Pocahontas, USA 1855

rika zu erhalten. Aber die Virginier arbeiteten gegen eine übermächtige Konstellation. In den Jahren nach dem Bürgerkrieg okkupierten die Puritaner des Nordens den Platz der Ursprungsgründer der USA. Als Lincoln 1863 *Thanksgiving* zum nationalen Feiertag proklamierte, half er, einen

Landung der Pilgrims, Sandsteinrelief über der östlichen Rotunda-Tür im Capitol, Washington, 1825

Prozeß zu befestigen, der schon lang im Gange war, angetrieben von so vielen New England Missionaren, die *ihren* Ursprungsmythos von Küste zu Küste verbreitet hatten. Nach der Schlacht von Appomattox wurde den Pilgrims sogar direkter Einfluß auf den Sieg der Union zugeschrieben; diese Botschaft beherrschte die Feiern zum 250. Jahrestag der Landung der Pilgrims im Jahr 1870.*

* Abrams, 251

Thanksgivings...

Obwohl W. W. Henry oder Cooke mit ihren Texten eine Rettung des südlichen Gründungsmythos beabsichtigen, schlägt ihre Mühe für den Nord-Mythos zu Buche. Der Körper der »puritanisierten« Roten landet schließlich, nicht nur »geweißt«, wie bei Chapman 1840, sondern um-geboren in die Genealogie der Pilgrim Fathers, mit beiden Füßen in der *Plymouth Culture*. Pocahontas wird entführt nach New England – von ihrer dort herangezüchteten Version stammt die Pocahontas all der Kinderbücher ab, die eingangs dieses Bands zitiert sind. Gereinigt von indianischer Wildheit, von Cavalier-Faible und *Holy Smoke* ist sie dort – immer schon – eine sexuell gereinigte Lolita, ein Stück Pornographie. Ihr »wirkliches« Leben beginnt damit, daß sie konvertiert: eine kleine umgedrehte Marienpuppe für den Hausgebrauch; der »Jesus«, den sie gebar, heißt nicht Thomas Rolfe, er heißt *The Union*. Dies demnach die unio mystica, aus der geboren werden die USA (– der Gottessohn); die puritanisch gewordene Rote bezeichnet genau den Anteil *Native America*, der ertragbar scheint (und repräsentierbar) im Blauweißrot der *Stars and Stripes*.

Nicht Pocahontas, sondern Lola Montez
Lithographie 1847, wahrscheinlich das Bild, das sie aus London an Ludwig von Bayern sandte.

2. VON DER UNMÖGLICHKEIT, POCAHONTAS ZU FLIEHEN

Herman Melville gab sich derweil die größte Mühe, seine Wortkörper vom Bau Amerikas nicht von tagespolitisch umkämpften Gespenstern wie dem Pocahontas Girl infizieren zu lassen. Kein Walfangschiff namens *Pocahontas* segelt in Melvilles Großroman.

Die Pocahontas Mythe hat sich das nicht gefallen lassen und ihre Sogkraft auch auf Melville angesetzt. *Pocahontas* spukt in äußerst merkwürdiger Weise durch die (nie geschriebenen) Rezensionen des *Moby-Dick*. Kurz nach Erscheinen von Melvilles Wal-Roman sorgte die Versenkung eines amerikanischen Walfangschiffs durch einen Riesenwal für Zeitungsmeldungen. Melville bekam die Nachricht von seinem Verleger. Enttäuscht über die ausbleibende öffentliche Resonanz auf sein Buch, aber seines Humors noch nicht ganz beraubt, antwortete er: »Die beste Rezension hat *Moby Dick* selbst verfaßt!«

Der Wal Moby Dick »selbst«, offenbar in telepathischer Verbindung sowohl mit Melville als auch weiteren Figuren amerikanischer Gründungsmythen, rührt sich und faßt nach: drei Wochen später wird der aus New Bedford stammende Whaler *Pocahontas* vor der chilenischen Küste von einem Riesenwal, dem er dort nachstellt, angegriffen und manövrierunfähig gemacht. Hätten die Walfänger Melvilles Buch gekannt, wären ihnen die Reste von Ahabs Lanze im Rücken des »Wals-der-die-Pocahontas-rammte«, nicht entgangen...

Dies lädierte *Pocahontas*-Schiff war einige Jahre vorher schon mal in einen merkwürdigen Zwischenfall verwickelt, einen amerikanisch-japanischen diplomatischen Kurzzwist. Drei Seeleute aus New York waren in der Nähe japanischer Gewässer wegen Krankheit von Bord der *Pocahontas* gelassen worden. Nach Gesundung von einem andern Schiff aufgenommen, tauchen sie wenig später an der nordjapanischen Küste auf. An Land gesetzt zum Holz holen, werden sie durch einen *Sturm* von ihrem Schiff getrennt; japanische Fischer greifen sie auf. Sie werden – Japan is a closed kingdom – der Spionage verdächtigt, als weiße Eindringlinge in Militärgewahrsam genommen und entsprechend ausführlich verhört.

Ein Walfänger namens »Pocahontas« hat also *en passant* schon mal

Pocahontas, Bugsprietfigur des gleichnamigen Walfangschiffs, ca. 1825

an die Tür des verschlossenen japanischen (Welt)Reichs geklopft, bevor im Jahr 1854 die gewaltsame Öffnung Japans durch die USA erfolgt: der Commodore Matthew Galbraith Perry erzwingt diese »Öffnung« mit drei Kriegsschiffen, er selbst kommandiert das Flaggschiff *Powhatan.* Später wird dieser powhatanische Einfall ins Reich der aufgehenden Sonne besiegelt mit dem Vertrag von Kanagawa, der einen Botschaftertausch vorsieht und die Häfen Simoda und Hakodate für amerikanische Schiffe zugänglich macht; ein Mosaikstein im amerikanischen World Wide Web halbkolonialer Militärstützpunkte auf der Basis *bilateraler Verträge*.

Der Commodore Perry hat dann auf der Suche nach einem geeigneten Autor für die Niederschrift seiner Heldentaten auf seinem Großkanu *Powhatan* bei Nathaniel Hawthorne angefragt; Hawthorne, selber nicht geneigt oder anders beschäftigt, dachte an Freund Melville; doch auch Melville, trotz großer Geldnot, lehnte ab. Die prunkvolle offizielle Gedenkschrift erscheint in New York 1856-60 in drei Bänden unter dem Titel *Narrative of the Expedition of an American Squadron to the China Seas and Japan*; ohne Autorangabe.

Wir wissen nicht, unter welchem *anderen Titel* dies Kind gesegelt wäre, hätte Melville ihm seine Feder geliehen; auf jeden Fall wäre dann das frühe Jamestown durch die Attacke des Kriegsschiffs *Powhatan* zur »Öffnung Japans« – präludiert durch ein Anklopfen des Walfängers *Pocahontas* – auf Melvilles Schreibtisch gelandet. Chronist *dieser* Geschichte(n) hat Melville, auch als Auftragsarbeiter für die Navy, aber nicht werden wollen. So geistert nur der Walfänger *Pocahontas* durch die (ungeschriebenen) Rezensionen des *Moby-Dick*.

3. EIN BUCH AUS LAUTER NAMEN

Thomas Rolfe, Pocahontas' einziger Sohn, und seine Frau Jane Poythress hatten nur ein Kind, die Tochter Jane. Sie konnte zwar Pocahontas' »Blut« vererben, aber, als Mädchen, den *Namen* des Vaters nicht. Damit ist der Name *Rolfe* aus der Liste der Pocahontas-Nachkommen getilgt.

Tochter Jane, verheiratet mit Colonel Robert Bolling, hat wiederum nur ein Kind, einen Sohn. Der Pocahontas-Faden läuft sehr dünn durch die ersten beiden Nachfolgegenerationen. Erst in der dritten Generation gibt es sechs Kinder, einen Sohn und fünf Töchter, geboren um 1700ff. Die zahlreichen Nachkommen *dieser* Sechs, die Hereinnahme weiterer Familiennamen durch die fünf Töchter – es sind die Randolphs, Flemings, Gays, Eldridges & Murrays – und deren Mischung mit weiterer virginischer Aristokratie machen Pocahontas für die Virginier und die Südstaaten in der Folgezeit zu einer realen Ursprungsmutter, Urmutter einer Gruppe aristokratischer White Americans: der *First Families of Virginia,* F.F.V., wie sie sich heute offiziell nennen.

1887, ein Jahr nach der Geburt von Coca Cola, Hilda Doolittle, des Autos, der Rollbahn, des Schraubendampfers und der ersten gelingenden Kraftübertragung mit hochgespannten Gleichströmen, erscheint in Richmond, Virginia ein Pocahontas-Buch aus lauter Namen. Die Latte der real-existierenden Nachkommen von Pocahontas, die in dem Buch erstmals aufgelistet sind, verzichtet – zumindest im Titel – ebenfalls auf Nennung des Vaters der amerikanischen Ur-Familien; die Nachkommen aus dem Paar Pocahontas/Rolfe listen sich lieber unter dem Titel *Pocahontas and her Descendants* auf.

John Rolfe als leiblicher Vater des *gemischten* Thomas Rolfe ist aus der Genealogie, die Pocahontas im 19. und 20. Jh. feiert als *Mother of us all* fast so ausgeschlossen wie der Joseph der Bibel aus der Jesus-Zeugung plus Jungfrauengeburt. Eben *deshalb* gibt es heute die umfangreichen Bücher mit den langen Namenslisten all derer, die noch in den 1990er Jahren reklamieren, im direkten »Blutsinne« Nachkommen der *Pocahontas*-Lady zu sein, gruppiert um etwa 40 Kernfamilien amerika-

Das ›Sedgeford Hall Portrait‹, Ende 18. Jh., längere Zeit als Portrait von Pocahontas und Thomas Rolfe gehandelt; wahrscheinlich das Bild einer Irokesin mit ihrem miscegenetic boy.

Julia Margaret Cameron zeigt Alice Liddell als Pomona, ca. 1872 (Lewis Carrolls Alice?)

nischen »Uradels«.* Auch im Abstammungsbuch lebt Pocahontas weniger als *a white tobacco planter's wife*, sondern als *Indian Princess*, als amerikanische *Aristokratin* der ersten Stunde, genealogisch im Rang eines King Arthur. Von ihr abzustammen, setzt den ersten und vielleicht einzigen unangefochtenen amerikanischen Adelstitel. Ihr Besonderes ist, einen amerikanischen Adel zu begründen, dessen Nobilität sich erstmals *nicht* aus englischer Abstammung herleitet, sondern aus amerikanischer *Geschichte*.

Beim Durchblättern der heutigen auf beträchtliche Dicke angewachsenen Bücher mit allen Namen von allen von Pocahontas herstammenden Amerikanern stößt man ziemlich früh auf amerikanische Präsidentennamen: Präsident Thomas Jefferson stammt zwar nicht ab, aber wird angekoppelt an die Kette der Pocahontas-Nachkommen, als 1790 seine Tochter Martha »Patsy« Jefferson einen Randolph heiratet: Mr. Thomas Mann Randolph, den damaligen Gouverneur von Virginia, Sproß einer der sechs Ur-Familien aus Poca/Lady Rebecca. Jefferson war noch nicht Präsident in diesem Moment; die Heirat, die ihm einen hohen Randolph als Schwiegersohn brachte, förderte aber sein Präsident-Werden. Eine Halbschwester von Jefferson heiratet in eine andere Pocahontas-Linie ein.**

Das erste Verwundern über diese Vernetzungen weicht bald einem: *natürlich* ist das so, wie denn sonst, bei den üblichen Verfahren »standesgemäßer Heiraten« innerhalb einer begrenzten Aristokratie. Daß

★ Wyndham Robertson, *Pocahontas, Alias Matoaka, And Her Descendants through Her Marriage At Jamestown, Virginia, in April, 1614, with John Rolfe, Gentleman; including the names of Alfriend, Archer, Bentley, Bernard, Bland, Bolling, Branch, Cabell, Catlett, Cary, Dandridge, Dixon, Douglas, Duval, Eldridge, Ellett, Ferguson, Field, Fleming, Gay, Gordon, Griffin, Grayson, Harrison, Hubard, Lewis, Logan, Markham, Meade, McRae, Murray, Page, Poythress, Randolph, Robertson, Skipwith, Stanard, Tazewell, Walke, West, Whittle, and others. With biographical sketches by Wyndham Robertson, and illustrative historical notes by R. A. Brock*, Genealogical Publishing Company Inc., Baltimore 1986, zuerst Richmond, Va.,1887. Zahlreiche Neuauflagen, so 1956, 1968, 1974, 1979, 1982. Eine erweiterte und modernisierte Auflage von 1985, 443 Seiten stark, enthält ca. 18.000 Namen und das jeweilige Verwandtschaftsverhältnis zur *Mother of them all*. Interessierte erfahren Näheres bei »The Pocahontas Foundation. P.O. Box 431, Barryville, Va., 22611, USA.«

★★ W. Robertson, 1985, a.a.O., 23

George Washington *nicht* in einer direkten Pocahontas-Genealogie steht, ist eher erstaunlich. Aber das wäre auch nur eine Verstellung des Blicks auf die wirklich substantiellen *Virginian Ancients:* denn beide, Thomas Jefferson wie George Washington, stehen in einer viel direkteren jamestownisch-virginischen Herkunftslinie: beide sind Abkömmlinge virginischer *Tabakpflanzer*. Der Reichtum ihrer Familien stammt aus dem ersten amerikanischen Gold, sie sind ökonomisch direkte Abkömmlinge des *Pflanzerpaares* Pocahontas/Rolfe, auch wenn zu Washingtons und Jeffersons Präsidentenzeit der Tabakanbau die Nr. 1 Position an den Weizen abgegeben hat, der sie dann bald mit Cotton teilt, dem nächsten *Gold.*

4. 2 DICHTER & 1 FIRST LADY AUS POCAHONTAS

Daß Mythenproduktion, Geschichtsschreibung und politische Propaganda nie prinzipiell unterschieden waren in Amerikas Sortiment von Aufschreibesystemen, läßt sich an den verschiedenen Umgangsweisen mit solchen amerikanischen Abkunfts-Geschichten besonders gut ablesen. James Fenimore Cooper konnte 1828 ironisch anmerken:

> Die Familien Amerikas, von denen man annimmt, sie hätten eine Spur indianischen Blutes in ihren Adern, sind mächtig stolz auf ihre Abstammung; viele der herausragendsten Personen Virginias brüsten sich offen damit, von der fabelhaften Pocahontas herzukommen*

– ein Mythologem, dem aber mit Ironie nicht beizukommen war, das vielmehr Anspruch darauf erhob, zugleich exakte Geschichts- und Stammbaum-Schreibung zu sein: histo/myth-tory.

Knapp 100 Jahre später setzt der Eintritt Amerikas in den 1. Welt-

★ J. F. Cooper, *Notions of the Americans picked up by a travelling bachelor,* London, 2 Bde., 1828, Bd. 2., 383, zit. nach Virgil J. Vogel, *This Country Was Ours. A documentary History of the American Indian,* NY 1972, 102

2. Februar 1855, Lola Montez trifft im Fotostudio von Marcus Root auf eine Delegation von Indianerhäuptlingen beim Fototermin nach Besuch beim Großen Weißen Vater in Washington. Lola bestand darauf, mit dem Arapaho-Chief Light in the Clouds zum ›sicherlich ersten Foto einer weißen Frau Arm in Arm mit einem Indianer‹ sich zusammenzusetzen

1905

krieg in den USA eine neue Marke im Umgang nicht nur mit den eigenen Ursprungsmythologien, sondern mit Geschichte überhaupt. Keineswegs dominiert allein Henry Fords »History is bunk«-Parole – die Formel hat nie in dem Maß gegolten, in dem europäischer Dünkel die ›Geschichtslosigkeit Amerikas‹ gern hinzustellen beliebte. Es wird durchaus *geschichtlich* gedacht, und »ernsthaft«. Worüber Cooper sich

Calumet
NET WEIGHT 1/2 LB.
—227 GRAMS
DOUBLE-ACTING
BAKING
POWDER

1950

lustig machen konnte, 1828 – die (eingebildete) Herkunft aus Pocahontas –, ist 1915 ein Politikum, das die Kraft entfaltet, über eine Präsidentschaftswahl (mit)zuentscheiden; und damit über die Haltung der USA zu Europa und zum laufenden Krieg.

Im Kriegseintrittsjahr 1917 ist unter den virginischen Aristokratinnen, die Anspruch erheben, von der wirklichen Pocahontas abzustammen, keine geringere als die Ehefrau des amtierenden amerikanischen Präsidenten Woodrow Wilson, Edith Bolling. Mrs. Bolling, verwitwete Mrs. Galt, kommt aus einer der Familien, die sich mit dem Kürzel »F.F.V.« schmücken: Member der *First Families of Virginia.* Sie ist President Wilsons zweite Frau; er heiratet die 43jährige im Dezember 1915, gut ein Jahr nach dem Tod seiner ersten Frau, Ellen Axon, Tochter eines Predigers aus Georgia.* Wilson selbst ist ein virginischer Pfarrerssohn; seine geplante zweite Heirat kommt viel zu früh für das Image eines Präsidenten in der Wiederwahlkampagne. Aber Edith Bolling geht durch:

> Als ihre Verlobung bekanntgegeben wird, erregt die Meldung ein Aufsehen, das sogar den Krieg in Europa für einen Tag aus den Schlagzeilen verdrängt. Die Zeitungen machten großes Aufheben von der Tatsache, daß Mrs. Galt in der 9. Generation von Pocahontas abstamme – (a ninth-generation descendant of Pocahontas); das machte die bevorstehende Heirat in der öffentlichen Meinung zu einer allgemein akzeptierten Angelegenheit. Die Democrats atmeten erleichtert durch und beschlossen, nett zu sein zur zukünftigen Braut, *after all.***

★ gestorben am 6. August 1914 im Weißen Haus an den Folgen einer TBC und Nierenschrumpfung; da ist WW I noch keine Woche alt.

★★ Marianne Means, »Edith Bolling Galt Wilson«, in dies.: *The Woman in the White House. The lives, times and influence of twelve notable First Ladies*, NY 1963, 135-164. – Amerika vor der Prohibition: Wilsons Innenminister Franklin K. Lane bekommt einen Brief unmittelbar nach der Hochzeit, der ihn darauf hinweist, daß der Präsident sich strafbar machen würde, wenn er seiner neuen Frau Alkohol anböte, »because of her Indian ancestry«. Edith Bolling antwortete, das Alkoholverbot gälte nur »for those of my tribe living in a Reservation«, nicht aber für Indians in der freien Welt. (Carl Sferrazza Anthony, *First Ladies: the saga of the President's wives and their power, 1789-1961*, NY 1990, S. 356)

Pocahontas und John Rolfe heiraten vor der Kamera, Hollywood 1923

Daß die Frau des Mannes, der sich 1917ff anschickt, als kriegführender Präsident die durcheinandergeratenen *First Families of Europe* und dessen Grenzen neu zu ordnen, eine Pocahontas-Nachgeborene ist, ruft zwei gewitzte Lyriker auf den Plan, Carl Sandburg und Vachel Lindsay, Protagonisten der sog. »Freien-Vers-Revolution«, die ab 1915 Amerika durchspült, ausgelöst durch Edgar Lee Masters' *Spoon River Anthology*.*

★ – »ein poetisches Fieber«, diagnostiziert G. R. Ruihley – ausgelöst von einem bis dahin völlig unbekannten Lyriker: »Ganze Phalanxen ernsthafter Seelen erhoben sich plötzlich und entledigten sich überbordender Mengen freien Verses«, schreibt Ruihley, ein Dammbruch, der in den folgenden Jahren etwas nie Geahntes heranschwemmt: die USA als eine Nation von Gedichteschreibern, der Freie Vers als eine bevorzugte amerikanische Freizeitbeschäftigung. – Glenn Richard Ruihley, *The Thorn of a Rose. Amy Lowell Reconsidered*, Hamden, Conn, 1975, 113

1241221 Alexander Bolling Galt (7/21/1890-)
124123 Annie Lee Bolling (6/15/1865-2/26/1917), m. 6/14/1893, Matthew H. Maury of Anniston, Alabama (6/9/1860-) son of Joseph Frye and Elizabeth Graves Maury
1241231 Anne Bolling Maury (9/2/1900-), m. John A. Goodloe
12412311 John A. Goodloe, Jr.
12412312 Anne Goodloe
12412313 Matthew Maury Goodloe
12412314 Elizabeth Goodloe
1241232 Lucy Logwood Maury (4/19/1903-), m. 2/23/1929), John Edward Moeling of Louisiana
124124 William Archibald Bolling (10/11/1867-), m. 10/21/1891, Mary Johnson Keller (3/31/1870-), dau. of John Esten Cooke and Frances Weir Berry Keller
1241241 John Esten Bolling (12/9/1893-), m. 4/1/1918, Edith Marion Bourne of New York City
1241242 William Holcombe Bolling (7/31/1896-), m. 12/22/1922, Virginia Gaither of North Carolina
124125 Bertha Bolling (10/11/1869-). Unm.
124126 Charles Rodefer Bolling (6/11/1871-6/11/1871)
124127 Edith Bolling (10/15/1872-), m. (1st) 4/30/189 Norman Galt of Washington (4/30/1866-1/28/1908), son of Matthew W. and Mary Jane Galt. M. (2nd) 12/18/1915, President Woodrow Wilson (12/28/1856-2/3/1924, son of Joseph Ruggles and Janet Woodrow Wilson. Edith was the President's second wife. No issue.
124128 John Randolph Bolling (4/11/1876-). Unm.
124129 Richard Wilmer Bolling (10/6/1879-), m. 5/9/1908, Eleanor Hunter Lutz (7/8/1885-), dau . of Francis Asbury and Eleanor Sweeting Galt Lutz
1241291 Clara L. Bolling
1241292 Richard Wilmer Bolling, Jr.
1241293 Sterling Ruffin Bolling
1241294 Barbara Bolling
12412x Julian Brandon Bolling (5/7/1882-), m. 6/19/19 Viola Roosevelt Belden (9/10/1882-), dau. of William Harrison and Elizabeth Roosevelt Jennings Belden No issue.
12412a Geraldine Bolling (8/12/1885-7/6/1887)
12413 Harriett W. Bolling, m. 9/18/1861, Robert H. Waddell, of Attala County, Mississippi
12414 Mary Jefferson Bolling, m. 3/31/1864, Rudolph Tuesler of Petersburg. Had issue.
1242 Edward Bolling (-1855), m. Anne Cralle
12421 (son) 12422 (dau)
1243 Alexander Bolling (-1878), m. Susan Gray
12431 (dau) 12432 (dau) 12433 (dau)
1244 Jefferson Bolling, d.s.p.
1245 Catherine Bolling, d.s.p.
1246 Pocahontas R. Bolling, m. (1st) William G. White. M (2nd) 10/10/1867, Peter J. Hill of Nelson County

247 (son)
248 (son)
25 Mary Jefferson Bolling, m. 5/27/1797, Col. Edward P. Archer of Powhatan County, son of Field and Elizabeth Archer. Colonel Archer, m. (2nd) 1799, Anne Walthall, and had issue.
251 Peter Jefferson Archer, m. (1st) Martha W. Michaux, dau. of Jacob and Mary Ann Eliza Woodson Michaux. M. (2nd) Lucy Gilliam
Children by first wife:
2511 William Segar Archer, m. Mary McIlwaine
25111 Mary Finley Archer, m. 10/25/1905, Beverley Heth Randolph (6/25/1868-)(242383)
251111 Beverley Heth Randolph (6/23/1908-)
251112 Mary Archer Randolph (2/15/1912-)
2512 Edward Cunningham Archer, M.D., m. Caroline Wooldridge (33242)
2513 John Archer
2514 Michaux Archer, m. Mrs. Smith
2515 Sally Archer, m. Robert Archer
2516 Mary Archer
2517 Katie Archer, m. Robert Dunn
2518 Martha Archer
26 Robert Bolling, m. 1800, Jane S. Payne (-1806), dau. of Archer and Martha Dandridge Payne of "New Market", Goochland County. No issue. She m. (2nd) James B. Ferguson (541)
27 Thomas Bolling (2/11/1764-)
28 Jane Bolling (9/17/1765-)
29 Ann Bolling (7/20/1767-), m. 1784, Capt. Howell Lewis
NOTE: There were a number of persons named Howell Lewis.
2x (son)
2a (dau)
3 Col. Robert Bolling, of "Chellowe", Buckingham County (8/17/1738-1775), m. (1st) 6/5/1763, Mary Burton (ca. 1749-5/2/1764), dau. of William Burton of the "Old Plantation", Northampton County; m. (2nd) 5/31/1765 (marriage bond this date) Susannah Watson of "The Brooke", Henrico County. Mary Burton died at Jordan's. When she married Col. Bolling, she was 15. MEMOIR pp. 10 and 40.
31 Mary Burton Bolling (4/301764-8/3/1787), m. 11/4/1781, Robert Bolling of "Centre Hill, Petersburg (3/3/1759-)(of the Stith Bollings), son of Robert Bolling of "Bollingbrook", and his second wife, Mary Marshall Tabb Bolling (-10/14/1814), dau. of Col. Thomas Tabb of "Clay Hill", Amelia County. Robert Bolling of "Centre Hill" m. (2nd) 11/4/1790, Catherine Stith (-8/9/1795); m. (3rd) 9/1/1796, Sally Washington (-10/2/1796); and m. (4th) 11/23/1797, Ann Dade Stith (-4/ /1846)

Doppelseite aus dem Stammbuch der Pocahontasnachkommen, *Pocahontas Foundation*, Richmond, Virginia, stammt von 1985

Der frechste unter den Profi-Lyrikern, Vachel Lindsay, hat die Idee, seine Vorstellungen von Amerikas Aufstieg zur Weltmacht im frühen 20. Jh. im Körper von *Our Mother Pocahontas* zu verankern; und zweitens diese Mutterschaft zu einer Propaganda-Attacke für Wilsons Kriegseintritt 1917 zu nutzen. Die auch für Lindsay auf der Hand liegende Notwendigkeit dabei, John Rolfe von Pocahontas' Seite zu entfernen, bekommt in seinem Gedicht eine neue Dimension:

Rolfe, that dim adventurer,
Had not come a courtier.
John Rolfe is not our ancestor.
We rise from out the soul of her
Held in native wonderland
While the sun's rays kiss her hand.

Rolfe, der flache Abenteurer,
Das war nicht der Mann für sie.
John Rolfe ist nie der Ahnherr hier,
Aus *ihrer* Seele steigen wir
In unserm eigenen Wunderland
Die Sonne selbst küßt ihr die Hand
:

»Was für ein lieblicher amerikanischer Traum – als vaterloser Indianerjunge von einer Indianermutter ohne Mann neu geboren zu werden, ja, überhaupt keinen Vater zu besitzen außer eben den Wald selbst,«

– hat Leslie Fiedler zu dieser Strophe angemerkt.* Es ist kein spezifisch amerikanischer Traum allerdings; vielmehr das Verfahren ewiger Aufstiegssöhne überall, sich eine neue Mytho-Genealogie zu erschreiben, in welcher sie immer »direkt« aus einer historischen Ursprungsfigur oder aus dem Körper der Gottheit selbst entspringen: »direkte Filiation«.

Die handstreichartige, von Lindsay endlich auch offen benannte Notwendigkeit der Entfernung Rolfes von Pocas Seite kreiert auch den Namen für den neuen Lebensbereich, den Lindsay seiner Pocahontas

* L. Fiedler, *The Return...*, a.a.O., 100

Fahne der Kompanie E vom 4. Virginia Kavallerie-Regiment

(und sich als ihrem Sohn) zuweist: *native wonderland* – das Wunderland aus Mythologie und »Eingeborenheit«, in dem Pocahontas zur Kühlerfigur einer amerikanischen *Nationalliteratur* aufsteigt, die zum Vater niemand anderen hat als den Krieg; als Liebhaber zugelassen keine Rolfes, Smiths oder andere Typen, nur der Kuß der Mytho-Sonne erreicht noch ihr Gesicht. Lindsay entwirft eine *Rote* als Mutter der neuen Amerikaner, die sich, 1917, erstmals in ihrer Geschichte in einer großen *Ostwärts*-Bewegung finden; Pocahontas, Blick nach Europa:

Auf ihrer Haut der Kupferschein
Hoch schwebt der schönste Kopf im Land.
Ihr Schritt leicht wie ein Blatt im Wind

Ihr Herz ein Nest, Schmerz unbekannt,
Ihr Traum: Söhne wie Powhatan
Durch ihr Blut der Blitzschlag rann
Liebesschrei mit den Vögeln sang sie
Vogelgleich
Durch den Weinberg schwang sie
Der Wald, so tief, fast ohne Laut
Erglüht mit seiner roten Braut*

– am Anfang des Gedichts steht ein mythisierter Powhatan, Conqueror und Emperor, Mann von Panther-Grazie mit Zügen eines altamerikanisch-römischen Kriegsherrn, die auch in der Tochter Pocahontas schimmern. Pocahontas ist nicht nur Frau ohne Mann, sie ist auch Frau ohne Mutter; und Frau ohne Sohn. Lindsay streicht neben dem leiblichen (europäischen) Vater auch Thomas Rolfe aus dem amerikanischen Stammbuch, ersetzt ihn in der Zeile: »She dreamed of sons like Powhatan«.

Dafür konstruiert er sie als Frau *mit Vater und Land*: als eine Art Pallas Athene, Tochter von Powhatan Ur-Zeus, *Kriegsgöttin*, männerlos, aber geschickt von einem Vater-Gott; und dieser Zeus ist Amerikaner, ein roter Amerikaner sogar.

Sein Panther-Charme blüht in dem Kind
Das lachend rumtollt mit dem Wind
Im Überschwang von wildem Mut,
Des Walds Geliebte – Augenglut,
Im Frühling
In Virginia
Unsere Mutter Pocahontas.

Es war kein ganz einfacher Schritt, das Kind des frühen virginischen Walds in die Position einer Großen Mutter des kriegführenden (weißen) Amerika zu befördern. Um dies zu erreichen, koppelt Lindsay sie zusammen mit einem zweiten Heros der amerikanischen Mytho-Historie, mit dem im Krieg aller Kriege siegreichen Präsidenten Abraham Lincoln.

* Lindsays und Sandburgs Gedichte im Original vollständig im Anhang

A Shoshoni maiden swinging from a tree. Alfred J. Miller, Gemälde, ca. 1830

Das hat eine Vorgeschichte. Als Edgar Lee Masters 1915 mit seiner *Spoon River Anthology* eine Sammlung epigrammatischer Grabinschriften und Totenverse berühmter Amerikaner publizierte, die er in einer (fiktiven) *small town* in Illinois – dem Heimatstaat von Abraham Lincoln – ansiedelte, ist unter ihnen auch Anne Rutledge, die im jugendlichen Alter gestorbene erste (von fern) Geliebte von Abraham Lincoln. Masters, der seine Toten ihren Vers jeweils selber aufsagen läßt – *please allow me, to introduce myself* –, läßt Anne Rutledge sich so vorstellen:

Ich bin Anne Rutledge, die unter diesen Gräsern schläft,
Im Leben geliebt von Abraham Lincoln

Wie alle Toten bei Masters hat sie eine Botschaft an die Lebenden, hier ans amerikanische Geschichtsbewußtsein:

Blühe für immer, o Republik,
Blühe aus dem Staub meines Busens*

– daß etwas »aus dem Staub ihres Busens« erblühe, ist Frauen wie Pocahontas und Frauen wie Anne Rutledge, die mit einem Präsidenten schlief (und sei es auch nur mit einem kommenden und auch nur in dessen Phantasie), vertraut. Frau kommt nicht zur Ruhe im Taubenschlag Grab, nicht mal in Lincolns verschlafenem Illinois, wenn sich, wie zu diesem Zeitpunkt, ein bevorstehender Kriegseintritt und eine nationale Revolution gleichermaßen auf allerlei Begrabene(s) stützen und stürzen.**

Ebenfalls in Illinois entstehen einige Monate später zwei Grabstein- bzw. Pocahontasgedichte, in denen Fäden aus Masters *Spoon River* weitergesponnen werden: Carl Sandburgs *Cool Tombs*, und Vachel Lindsays *Our Mother Pocahontas*. Als Carl Sandburg um die Jahreswende 1916/7 einige neue Gedichte an den Kollegen Lindsay schickt, ist unter ihnen das Gedicht *Cool Tombs*, »Kühle Gräber«. Es dreht sich um drei American heroes, Abraham Lincoln in der ersten Strophe, General Ulysses Grant in der zweiten, Pocahontas in der drit-

* I am Anne Rutledge who sleep beneath these weeds,
Beloved in life of Abraham Lincoln
(…)
Bloom forever, O Republic,
From the dust of my bosom.

** Die *Spoon River Anthology* galt, als sie im Frühjahr 1914 in einer Zeitschrift und im Jahr danach als Buch erschien, sofort nicht nur als wichtigste amerikanische Lyriksammlung seit Whitmans *Leaves of Grass*, sie wurde auch ein Bestseller, übersetzt ins Italienische, Deutsche, Französische, Skandinavische, Japanische u. a. Sprachen; Cesare Pavese befand später, kein moderner amerikanischer Schriftsteller sei denkbar ohne den Einfluß von Edgar Lee Masters. Es folgen auf dem Fuß drei Lyriksammlungen, die Amy Lowell 1915-17 herausgibt, mit Gedichten von Aldington, H.D., Flint, Fletcher, D.H. Lawrence und ihren eigenen.

·en; Verse im Ton von Vanitas-Gedichten: ...was *zählt* denn noch, wenn man im Grab liegt ...was scheren euch noch, Lincoln und Grant, :ure Attentäter ...oder euer Feind an der Börse ...und was die Trommelschläger und Werbeleute ...ich zeig euch eine andere *Geschichte* ..warum nicht: Pocahontas, die war eine Liebende... vielleicht hat sie besseres zu erinnern als ihr ...im kühlen Grab...

Eine Liebende ...und er beschwört die Schönheit ihres Körpers mit den Sinnlichkeitsformeln der Liebeslyriker »...Pocahontas' body, lieblich wie eine Pappel, süß wie die Weißdornbeere im November...wie eine Papuafrucht im Mai«...

»...rote Beere schwillt am Dorn«, heißt das bei Theodor Storm, im Deutschen, und: »junge Frau, was sinnst du nur?« Frage:

...does she remember? ... in the dust, in the cool tombs?

Eher ja, meint Sandburg:

... wenn ich eine Straße mit Menschen sehe, was bleibt von ihnen ... wer kriegt mehr als die Liebenden ... aber auch sie: im Staub, in den kühlen Gräbern.

Was Sandburg gern wissen möchte: »tell me if the lovers are losers« – lohnt sich wenigstens bei denen die Mühe.

Lindsay, von Sandburgs schöner Pocahontasstrophe angemacht, antwortet im Januar 1917 aus Springfield, Illinois, der Stadt Lincolns, er werde, ausgehend von Sandburgs Versen, ein eigenes, längeres Pocahontasgedicht schreiben. Lindsays Gedicht *Our Mother Pocahontas*, das zumindest seinem Titel nach schließlich berühmteste von ihnen allen, interessiert sich dann für Pocahontas als Liebende nicht –, indem er Sandburgs Strophe als Ganze seinem Gedicht voranstellt; er interessiert sich für Pocahontas in den Dimensionen der *Statue of Liberty.*

Der Lincoln aus Sandburgs Gedicht paßt Lindsay dafür gut in die Linie. Amerika schickt sich an, den großen europäischen Krieg zu entscheiden; die »Sklaverei« in Europa abzuschaffen, d.h., die Monarchien. Lindsay nutzt dies, die Frage nach Ort und *Herkunft* des »modernen Amerika«, via Pocahontas, so zu stellen, wie kein Gedicht zuvor. Von den andern – von all den Ex-Europäern Jamestowns – kommt niemand in Frage für die potentielle Position einer amerikanischen Ursprungsfigur, die Position eines »Stammvater Abraham in Amerika«. Lindsay nimmt diese *Frau*, »die indianische Braut, buhlend mit dem Wald«, und vermählt sie mythologisch dem großen Krieger Lincoln. Aus diesem *Paar* komme, wenn es schon ein Paar sein muß das moderne Amerika; das Amerika der modernen Großstadt und des modernen Kriegs...

Shawmut Weizenmehl, Rochester, N. Y. 1894

...Flammen züngeln aus dem Boden in Lindsays Gedicht ...Flammen überall im Land, 1917 ...das alte Kriegsgötterzeichen:

On Adams Street and Jefferson –
Flames coming from the ground!
On Jackson Street and Washington –
Flames coming from the ground.

Und warum züngeln alle Präsidentenfeuer?:

Weil durchs verschlafne Springfield braust

die Rothaut Queen mit Feder-Haupt,
Wind und Stern umspielt ihr Haar,
Am Fuß der wilden Meute Schar.
Weil sie Europas dürres Laub
Heruntertrat in grauen Staub

Because, through drowsy Springfield sped
This redskin queen, with feathered head,
With winds and stars, that pay her court
And leaping beasts, that make her sport;
Because, gray Europe's rags august
She tramples in the dust

Durch Springfields Straßen tobt, zusammen mit dem Geist der andern *Großen Vier*, Adams, Jefferson, Jackson, Washington, der Geist von Abraham Lincoln, erweckt von einer indianischen Diana, Herrin der Tiere, mit ihrer Meute. Wind und Sterne machen ihr den Hof (den John Rolfe, *Courtier,* ihr nicht machen darf), in »sport« wieder aufgegriffen die alte Strachey-Zuschreibung der nackten, radschlagenden *little playful one,* wanton girl; ein Stück »freie sexuelle Amerikanerin«.

Von Whitmans Trapper, der seine »rote Braut« am Wasserfall umarmt, und beide sind nackt wie das Wasser selbst, ist Lindsays Pocahontas dabei so weit entfernt, wie der landnehmende Amerikaner davon entfernt war, Indianer zu sein. Aber genau diese »Entfernung« läßt Lindsay seine Pocahontas überbrücken, wenn er sie in seinem Gedicht an der Seite Daniel Boones zur Komplizin jener Männer adelt, die Kentucky dem Körper der Staaten einverleibten, die die Weizenfelder von Kansas anlegten, die den Grand Canyon durchquerten und schließlich am Pazifik ankamen, mit immer ihr als gutem Geist, *Spirit of the free.* Dorthin hat vor Lindsay noch niemand ihre Spur gelegt, Pocahontas als Wegweiser der Pioniere auf dem Weg nach Westen, bis zur Küste Californiens – *native wonderland.*★

In dieser Konstruktion stört ihn alles Nicht-Eingeborene: nach Pocahontas' Männern kippt Lindsay all jene europäischen »Stämme«

★ in einigen kalifornischen Filmen hat sie es schon zur Erscheinung gebracht, zu diesem Zeitpunkt

Energieströme in John Fords Monument Valley, französischer Comic, 1993

aus denen tatsächlich die meisten Amerikaner stammen, aus seinen neuen genealogischen Listen. Die dritte (letzte) Sequenz des Gedichts ist fast ein Gemeinschaftsgebet zur Kriegseröffnung gegen *Europe* als Herkunftskontinent der Amerikaner, ein Feldgottesdienst ganz Amerikas im Namen der *redskin queen...*

Wir schwören ab unser'm Sachsenblut.
Zukunftshoffnung, schmelzwasserwild,
Strömt brausend ein. Die neuste Rasse
Geborn aus Pocas federnder Klasse.
Teutonenstolz ist nun dahin,
Tot unser Nordisch-Slawisch Glühn:
Italienträume weggefegt,
Und Keltenfehden jetzt verwehn...

We here renounce our Saxon blood.
Tomorrow's hopes, an April flood
Come roaring in. The newest race
Is born of her resilient grace.
We here renounce our Teuton pride:
Our North and Slavic boasts have died:
Italian dreams are swept away
And Celtic feuds are lost today...

1898, Amerika wird Weltmacht. Commodore George Dewey stürmt mit seinem Flaggschiff den Hafen von Manila, amerikanisch-spanischer Krieg

Die 1917er Amerikaner auf dem Kriegspfad heißen in Lindsays Gedicht bündig *the newest race,* die neueste Rasse, entsprungen aus Pocahontas' geschmeidigem Ursprungskörper.↘ So läßt Lindsay den »Neuen Amerikaner« als eine Art *Parzival aus Pocahontas,* vervielfacht zu einer Bruderhorde, vaterlos, Söhne eines indianisierten Zeus, in den Krieg ziehen zur Durchsetzung von Wilsons 14-Punkte-Plan, – welcher mitformuliert wird von Edith Bolling, Pocahontas-Descendant der 9. Generation, Frau an des Präsidenten Seite: ein Parzival-Häuptling mit Maschinengewehr und Diplomatenkoffer im ersten Anlauf der USA auf die Position Weltpolizist, Bringer der Neuen Weltordnung, NWO, verankert im Körper der *Indian Princess*, in Lindsays Gedicht ausgewachsen zur *Redskin Queen*; amerikanische *Königin* des Antimonarchismus…

…entführt nach Europa ein weiteres Mal. Diesmal nicht nach London, sondern ins indianerfreundliche Frankreich …auf die Schlachtfelder Flanderns …to meet the *Fucking Kaiser* there… .

5. POCAHONTAS GEWINNT EINEN WELTKRIEG

Lindsays Pocahontas-Gedicht ist erschienen in einer Sondernummer, die *Poetry* im Juni 1917, nachdem Amerika im April dem deutschen Kaiserreich den Krieg erklärt hat,↘↘ herausbringt. Sie heißt *For America at War* –, und *Our Mother Pocahontas* ist darin das Eröffnungsgedicht.★

Sandburg und Lindsay gehören beide zur sog. Chicago Renaissance, so nennt sich die Lyrikbewegung amerikanischer Runderneuerung, die von der damals 52jährigen Harriet Monroe,↘↘↘ zwar nicht

★ *Poetry: A Magazine of Verse,* hrsg. von H. Monroe, Alice Corbin Henderson und Eunice Hammond Tietjens, erschien erstmals im Oktober 1912. Lindsay und Sandburg, wie Harriet Monroe aus Illinois, sind von Anfang an Monroes Protegés, Lindsay veröffentlicht ab 1912, Sandburg ab 1914 seine Poetry in *Poetry*

»begründet« wurde, aber entscheidend mit der von ihr herausgegebenen Zeitschrift *Poetry* zusammenhängt.

Beide, Sandburg und Lindsay, haben 1916 Wahlkampf gemacht für Woodrow Wilson. Wilson führte diesen zunächst als *Gegner* einer amerikanischen Weltkriegsbeteiligung. Sandburg und Lindsay unterstützten ihn als Pazifisten: *He'll keep us out of war.* 1917 schwenken beide um auf Wilsons geänderte Pro-Kriegs-Linie. Die Mobilisierung der »Redskin Queen« im Gedicht als einer Ikone *for America at war* verbirgt bei Lindsay diesen Schwenk und stellt ihn aus. Wenn Pocahontas nicht nur als Urmutter aller (guten) Amerikaner, sondern einer »neuesten Rasse« aufscheint, muß es den hervorragendsten (Schreib)-Söhnen dieser Rasse wohl erlaubt sein, politisch den Kurs zu wechseln.

Besonders interessant ist das bei Sandburg, der aus der frühen amerikanischen organisierten Linken kommt; zusammen mit Jack London hat er noch 1915 fast alle Ausgaben der *International Socialist Review* geschrieben. Aber 1916 dann, »Pocahontas' body« kribbelt in den Schuhn, wechselt auch er das Lager and joins the President and his Pocahontas Wife.

Woodrow Wilson hat Edith Bolling, die bekennende Pocahontas-Nachfahrin, im Dez. 1915 geheiratet. Wilson ist also, als Sandburg und dann Lindsay ihre Unterstützung für ihn und ihre Gedichte starten, schon öffentlich aufgenommen in die Gemeinde der Pocahontas Descendants.* Bolling, das ist einer der Urnamen: der erste Bolling, Robert, war der Mann von Pocahontas' Enkelin, Jane Rolfe. Viele der Nachkommen dieser Sippen im 18. und 19. Jh. gaben sich, um die Herkunft zu demonstrieren, indianische Vornamen. Powhatan z.B. als zweiter Vorname bei Männern ist in Virginia nicht selten. Eine Urururur-Großmutter von Wilsons Frau Edith Bolling steht mit den Namen *Pocahontas Rebecca Bolling* im Buch der Nachkommen, sie ist gestorben 1803. Ihre genealogische Registernummer ist 123,** noch sehr

★ Daten aus dem offiziellen Register der Nachkommen, Stand 1985; Woodrow Wilson und Edith Bolling figurieren dort unter der Reg. Nr. 124127.

★★ – noch nicht numeriert sind die »Thomas Jefferson Descendants«: all jene unautorisierten Nachkommen Jeffersons, die sich darauf berufen, aus der Verbindung von Jefferson mit seiner schwarzen Sklavin Sally Hemmings abzustammen; Sally begleitete

Vachel Lindsay, Mother

Ehepaar Wilson am 24.2.1919 in Boston kurz vor der Unterzeichnung des Versailler Vertrags.

dicht dran an Lady Rebecca, die ab 1917 wieder, indianisch-klar, Pocahontas heißt, um- oder zurück-getauft, re-amerikanisiert von Vachel Lindsay.

den nach dem Tod seiner Frau Martha Wayles Skelton ledig gebliebenen Jefferson während seiner Botschaftertätigkeit ab 1785 nach Paris. Als die schwarze Illustrierte *Ebony* 1954 einen Artikel über mutmaßliche Kinder von Jefferson und Sally brachte und über deren in den amerikanischen Slums verteilte Nachkommen, meldeten sich Hunderte, die solchen Anspruch erhoben; es wurde eine Kampagne daraus und ein Sturm der Entrüstung unter den »seriösen« Jefferson-Biographen. Die Biographin, die die Existenz von Nachkommen Jeffersons mit Sally zweifelsfrei nachweist, wird von der *Los Angeles Times* zur »Woman of the Year« ernannt. Bis weit in die Siebziger erregten *Jefferson's Descendants* das amerikanische Gemüt. Zu Jeffersons Verbindung mit der Bolling-Line s.weiter oben.

Edith Bolling, eine VIP aus einer Super F.F.V., war dann auch nicht bloß eine Repräsentativfrau. Sie begleitet Wilson nach Europa, ist anwesend bei der Deklamation seiner 14 Punkte und bei der Unterzeichnung des Versailler Friedens-Vertrags – gegen alle Regeln und Konventionen; manchmal hinter einem Vorhang, den öffentlichen Blicken verborgen. Ihre Überfahrt auf dem Schiff sieht aus wie eine Art Liebesreise, verspäteter Honey Moon.

Der Präsident war so absorbiert von ihrer Gegenwart, daß Edith Benham, die Sekretärin von Mrs. Wilson, in ihr Tagebuch notierte: »I never dreamt such sweetness and love could be (...) It is very beautiful to see his face light up and brighten at the very sight of her, and to see her turn to him for everything«... *

I light up when you call my name
And I know you gonna treat me right...

Wilson & Bolling im *Versailles Fever* ...US-Außenminister Lansing beschwerte sich, daß Wilson nie mit ihm sprach, ihn und die andern Mitglieder der Friedensdelegation nicht einmal darüber informierte, was er vortragen würde in Versailles.

Als Woodrow Wilson im Oktober 1919 nach Schlaganfall mit hohem Fieber halbseitig gelähmt darniederliegt und das Weiße Haus verrammelt wird – Besuchersperre –, ist Mrs. President 6 Monate lang allein *in control*. Edith Bolling ist das Verbindungsstück zwischen dem Präsidenten und dem Kongreß, sowie dem Senat und der Öffentlichkeit. Die Diskussion um Amerikas Rolle im Völkerbund fällt in diesen Zeitraum. Wilsons Traum von einer demokratischen Weltregierung unter amerikanischer Führung – Pocahontas-Frieden # 2 – geht dabei irgendwie in die Brüche, bzw. wird vom Senat (und Europa) nicht so mitgeträumt. Der Senator Mr. Hitchcock, der Wilsons Position am vehementesten im Senat vertritt – und der ebenfalls nicht selbst zu Mr. President hinein ans Bett darf –, erhält von Edith Bolling vor der entscheidenden Sitzung die Botschaft: »The President does not wish the Democrats to compromise«. Hitchcock: »Dann wird gar nichts draus werden« ...wurde auch nichts. (Means, a.a.O., 140f.). Die Präsident-

★ Marianne Means, *The Woman in the White House*, NY 1963, 158

1907, 300 Jahre Jamestown

schaft ist dann auch regulär zu Ende. Wilson kandidiert nicht mehr; Nachfolger Harding ist gewählt im Nov. 1920. Wilson lebt noch gut drei Jahre ...sitzend im Schaukelstuhl ...sie liest ihm Detective Stories vor ...»I hate detective stories«, erinnert sie sich.

Ihr Leben dauert bis 1961; der 8. Mai 1957 sieht Edith Bolling Galt Wilson (85) in einer Feierstunde des Parlaments in Richmond, Virginia, unter den Festrednern im Festakt zu »350 Jahre Jamestown«; 854 geladene Pocahontas-Descendants auf der Galerie ... & Peggy Lee am TV...

...Edith Bolling Wilson vertrat die Poca-Descendants noch auf John F. Kennedys Inauguration, Januar 1961 ...der bitterkalte Tag mit Robert Frosts Gedicht...

6. AMTSFÜHRUNG, SEEFAHRT UND KAMERAFÜHRUNG

Wilson als President war nicht bloß ehelich verkoppelt mit der Pocahontas-Linie, er macht auch Indianerpolitik – mit bösen Folgen: Wilson hebt per Gesetz die 25-Jahr-Sperre für den Verkauf von Privatland auf, das Indianern, im Zuge eines der weiteren Versuche, sie seßhaft und zu Landwirten und Viehzüchtern zu machen, in den Jahrzehnten zuvor zugeteilt worden war. Im Juni 1918 bringen Wilsons Democrats außerdem ein Gesetz durch, nach dem die US-Regierung das Recht erhält, die Gewinnung von Bodenschätzen und Öl, die jemand brach liegen läßt, von sich aus in die Hand zu nehmen. (Klingt

wie John Donne von 1621: wer nicht ackerbaut, darf vertrieben werden…)

1921 können die Amerikaner nicht länger das Desaster übersehen, das Wilsons Administration angerichtet hat. Mit größter Evidenz trat zutage, daß Indianer, die Landpatente erhalten hatten, obdachlos und arm geworden waren

– so Janet A. McDonnell, Historikerin des US Army Corps of Engineers.* Indianer, die nicht langfristig siedeln, sondern kurzfristig Geld wollten, hatten ihr Land verkauft und fanden sich, ungeübt in der Geldwirtschaft der Weißen, und »geborene Opfer« von Betrügern, bald verarmt wieder.

Dies war der vorläufige Endpunkt einer durch immer neue US-Ge-

★ Janet A. McDonell, *The Dispossession of the American Indian, 1887-1934*, Bloomington, Ind. 1991, 4f.

Delegation von Sioux Häuptlingen vor dem Weißen Haus 1925

setze abgesegneten Vertreibung der Native Americans immer noch weiter in die westlichen Berge und Wüsten oder in die städtische Armut.

Auch Edith Bolling leistet einen Beitrag zur Indianerpolitik: als die 88 Schiffe, die die Amerikaner im Verlauf des 1. WK von den Deutschen gekapert hatten, neue Namen brauchten – wie auch all die neugebauten Schiffe, die während des Kriegs in Amerika vom Stapel liefen –, übernahm sie die Aufgabe der Namensfindung. Aber, ach: alle Namen, die sie sich ausdachte, standen schon in den Marineregistern. ›Erfinderisch‹ orderte sie in der Library of Congress ein Indian Dictionary und gab allen Schiffen indianische Namen.* Sie folgte damit einer älteren Tradition. Robert Tilton schreibt in seinem Pocahontas-Buch:

★ M. Means, a.a.O., 156f.

»Offenbar hatte die US Navy eine Vorliebe für indianische Namen au ihren Schiffsbäuchen. Zu Beginn des amerikanischen Bürgerkriegs tru-gen die meisten Schiffe der Nordstaaten in Atlantischen Gewässern In-dianernamen: die *Powhatan*, die *Pawnee*, die *Seminole*, die *King Philipp* und die *Pocahontas*.« Die *Pocahontas* war dabei das einzige Schif jener Ära mit einem *Frauennamen*.*

Die Küsse und Schüsse, die Sandburg und Lindsay abfeuern au ihrer Lincoln/Pocahontas-Doppelflinte, sind also alles andere al

* Tilton, a.a.O., 145f.

Schüsse ins Blaue oder Kuß auf einen Leichenmund. Lincoln und Pocahontas werden in *Cool Tombs* und besonders in *Our Mother Pocahontas* Schlüsselfiguren eines amerikanischen Neu-Nationalismus, der sich anschickt, nun, nachdem der amerikanische Westen geschlossen ist, die *europäischen* Indianer, die verrückt spielen, zu reeduzieren ...the re-edition of European Mankind zu betreiben. Dies amerikanische Lieblingsspiel startet tatsächlich im Körper der 1917 noch einmal neu in die Fundamente Amerikas gegossenen Pocahontas.*

...wollte Vachel Lindsay Außenminister werden?** Mit *Our Mother Pocahontas* im Schlepptau...

...& ist das nicht eine neue Entführung. Pocahontas, von Argall 1613 entführt in die Ehe mit Rolfe hinein, wird 1917 wieder entführt, diesmal von patriotischen Ur-Natur-Adels-&Frei-Vers-Burschen wie Vachel Lindsay, aus all ihren Jamestown-Verbindungen heraus, und muß sogar die Kirchen wechseln: aus Rebecca Rolfe, puritanisch-protestantisch, wird Mutter Pocahontas, ankatholisiert, ein Schuß heidnisch-griechischer Göttin dabei, kampflustig, lianenschwingend – womit sie allerdings mehr von einer spezifisch amerikanisch konstruierten Kunst-, d.h. Comic-Figur bekommt: Entführung ins Pop-Serial. Säkulare wirkliche (Pflanzer)paare taugen (auch im Pop Universum) nicht für die Geburtsphantasien ewig pubertierender Berufs-Söhne *on their rise*. »America rising« ist die basic line der Lindsay-Gedichte. Ihren Charakter hat Lindsay selbst aber genauer bezeichnet, als er sagte, man solle seine Gedichte, seine Versionen der Geschichte nehmen als *Vaudeville* ...Paradestücke einer Nummern-Revue vom *aufstrebenden* Amerikaner.

Die *Cool Tombs* sind in rhythmischen Wechseln heiße; Herberge der »2 Körper der Königin« im Reich der prinzipiellen Doppel-Körperlichkeiten *aller* mit »Staatenbildung« befaßten oder in sie involvierten Menschenkörper.

★

★ Voll zum Tragen kam dies Re-Educations-Konzept erst nach WW II, ermöglicht durch 35 Millionen deutscher Karl May-Anhänger, fehlgeleitet auf Ostlandritten gegen Mongo-Comanchen und Ost-Seminolen – diesen vor der deutschen Haustür wieder aufgetauchten Nachkommen des in der Bibel verloren gegangen 13. Stamms Israel.

★★ ...es stehen auch 4 Lindsays im Registerbuch der Pocahontas-Nachkommen. Ob eine Verbindung von diesen zu Vachel Lindsay besteht, er also selbst aus Pocahontas irgendwie herkäme, konnten wir nicht ermitteln.

John Fords Film *Young Mr. Lincoln,* der 1939 die Einleitung des 2. Weltkriegs begleitet, übernimmt scheinbar »unkritisch« aus Carl Sandburg den Grabstein von Anne Rutledge als magischen Ratgeber für den werdenden Präsidenten. Der junge Henry Fonda läßt sich, im Zwiegespräch am Grab, vom Orakel der toten Geliebten seinen Karriereweg weisen aus dem Tal des Sangamon River hinaus nach Washington, übers Rechtsanwaltsbüro, den Senatorensitz, bis zur Präsidentschaft und schließlich zum Krieg für den »Erhalt der Union«. Lamarr Trottis Drehbuch und Ford/Fonda lösen diese Aufgabe im Film so, daß man merkt, Fonda=*Young Mr. Lincoln* hat dem Stock, den er als magischen Anzeiger von Anne Rutledges Absichten wirft, die Richtung selbst gegeben, die er »von der Toten« haben möchte. Das Spiel von der »wirklichen Wahrheit«, die von Mythisierungen zu unterscheiden sei, spielt John Ford nicht mit. Die Szene ist ein schöner Beleg dafür, daß er beide für absolut gleichgewichtig hält.* Insofern

★ vgl. dazu John Fords Propagandafilm über Pearl Harbor zum Eintritt der USA in

kann man als Historiker nur dazulernen, wenn man einmal mehr ins Kino geht.

den 2. Weltkrieg. Das wenige Filmmaterial einiger Amateurfilmer vom Angriff der japanischen Flieger auf Hawaii hat Ford so gestückelt, zerschnitten und montiert, daß eine Spielfilmsequenz, die eine Spannung in Richtung »Kriegseintritt« erzeugt, herauskommt. Ford demonstriert dabei einen Umgang mit dem Realen, der die Idee, man könne zwischen Wirklichkeiten, Mythen und Montagen eine prinzipielle Bild-Unterscheidung machen, nicht einmal in Erwägung zieht.

INDIAN SONG

1. SAD-EYED LADY OF THE LOWLANDS. BOB DYLAN

Als Bob Dylan 1964, mit *The Times They Are A-Changin'* in der Tasche nicht als Staatsdichter, aber anerkannter Staatskritiker ausgewiesen, an einer Tankstelle in Flat Rock, North Carolina aufkreuzte und den Tankwart nach Carl Sandburg, dem Dichter, fragte – Sandburg hatte es seit den 20er Jahren gemocht, zu Lesungen mit seiner Gitarre oder Banjo zu erscheinen – gab jener zurück: »Sie meinen wohl Sandburg, den Ziegenfarmer ...von dem Dichter weiß ich nichts, aber es gibt hier einen Sandburg, der hat eine Ziegenfarm, hat ein Buch über Lincoln geschrieben. Kleiner Mensch, sogar noch kleiner als Sie.« Dylan und Freunde, bekifft, platzen dann Sandburg in die Bude und überreichen die Platte ...das übliche Nicht-Mögen between the generations greift Platz...wieder so einer, der ein *poet* sein will etc. ...10 min. später sind sie wieder im Auto.*

Ob gut oder schlecht erfunden. Der Tankwart, von Dylans Biograph Scaduto »mountaineer« genannt, Hinterwäldler aus Bergregion, hat von der Ziegenfarm den Präsidentenduft herüberwehen hören, und auch Dylan sieht er gleich ganz richtig: »...noch kleiner als *Sie* sogar«, sicher rannte Dylan auf seinen *High Heels* herum ...*Boots of Spanish Leather* ...Lied von einem Liebespaar, getrennt durch einen Ozean ...gerade geschrieben.

Die amerikanischen Dichter nehmen es mindestens so genau mit ihren *Traditions* wie die europäischen Kollegen. Daß Allen Ginsberg nach Paris fuhr, um sich auf Baudelaires Grab fotografieren zu lassen, ist die gleiche Meldung wie die, daß Samuel Beckett als Sekretär bei James Joyce hospitierte; wird aber verschieden gehandelt. Dylans Besuch bei Sandburg, verkleidet in den polternden Überfall einer Hippie Gang, ist absolut ernst: es geht darum, den Lincoln-Stab zu übernehmen aus der Hand des abdankenden Orpheus: Ziegenfarmer! *The Magic Flute & Harp* aus Carl Sandburgs Hand. Und wetten! Dylan hatte sie mit im Auto, als sie wegfuhren aus *Flat Rock, Carolina*.

* Anthony Scaduto, *Bob Dylan*, Ffm 1976 – NY 1971 – 265f.

Dylan hat keinen expliziten Pocahontas-Song geschrieben. Die Figur geistert anders bei ihm, zuerst im direkten Auftrittsraum. Eine (Pseudo)Indianerin spukt leibhaftig an seiner Seite herum, in seinen Konzerten und auf frühen Plattencovers. Joan Baez, immer mit imaginärer Feder im Stirnband, spielt diese Position in Dylans früher Produktionswelt. Von seinem Song *Sad-Eyed Lady Of The Lowlands*, der das im Text am besten enthalten dürfte, hat Dylan zwar gesagt, er hätte ihn für seine spätere Frau Sarah Lowndes geschrieben, 1964 im Chelsea Hotel New York; er behauptet das allerdings 11 Jahre später, in *einem anderen* Song (s. John Smith). Da ist Sarah gerade dabei, sich von ihm zu trennen.

Dylan ist auch in solchen Dingen eine Stufe raffinierter, more sophisticated, als die meisten seiner Kollegen (und Interpreten). Für biographisch bare Münze muß man solche Aussagen jedenfalls nicht nehmen. Genausowenig wie die Aussage, der Song *Visions Of Johanna* sei für Joan Baez geschrieben (was er über Allen Ginsberg an die »richtigen Ohren« kommen ließ.)

In beiden Songs sind die Frauen aus mehreren und aus mehrerem gestrickt. So wie der Sänger nicht einfach *Dylan* ist. Der Sänger in *Sad-Eyed Lady of the Lowlands* tritt auf als Mann mit *Arabian drums,* ein Halb-Orientale; die Frau, die er ansingt, kommt als *Gypsy* ins Bild, Zigeunerin. Wie er verfügt sie über *Gypsy hymns,* aber arbeitet in einer Konservenfabrik; sie hat Augen *like smoke,* und ähnelt in einer direkten Weise keiner seiner Geliebten jenes Moments, Sarah Lowndes, die seine Frau wird, und Joan Baez, von der *er* sich gerade trennt. Vielleicht »ähnelt« sie beiden; mehr aber *einer* Pocahontas, einer attraktiven mexikanischen Lolita...

With your childhood flames on your midnight rug,
And your Spanish manners and your mother's drugs
And your cowboy mouth and your curfew plugs,
Who among them do you think could resist you?

– wer von den Typen denkt, er hätte dir (je) widerstanden? Ein Mytho-Wesen, ca. 12 Jahre alt im Song auf ihrer Mitternachtsdecke, Verfügerin über Zauberdrogen, so wie nur Mythowesen, geisternd zwischen allen Ordnungen, sind:

Vereinslogo der Chicago Black Hawks, Eishockey, nach dem Sauk-Häuptling Black Hawk, geschlagen am Bad Axe River, 1832

And your eyes like smoke and your prayers like rhymes,
And your silver cross, and your voice like chimes
Oh, who among them do they think could bury you?

Deine Augen aus Rauch, deine Zauberspruch-Gebete,
Dein silbernes Kreuz, deine Glockentonrede,
Wer von ihnen glaubt, er könne dich je loswerden.

– eine Mixtur: mexikanische Arbeiterin in einer Konservenfabrik, mit der Glockenstimme von Joan Baez, den rauchigen Augen von Sarah L., aber nicht weniger herausmontiert aus der Landschaft von Steinbecks *Cannery Row*, dem Zigarettenmädchen *Carmen* aus Bizet/

Premingers *Carmen Jones* und der »Frau der Ebene«, Virginia Tidewater, Frau *with the sea at your feet* – nicht *die* Pocahontas aus Jamestown, Va., aber eine Frau aus den landscapes zwischen den Rassen, Klassen, Kulturen und Altersschichten. *Gypsy girl* heißt diese Frau oft in den Rocksongs der Sechziger, auch bei Jimi Hendrix tanzt, blickt und liebt sie bevorzugt unter diesem Etikett.

Die Flachlandfrau mit den traurigen Augen hat sogar einen (andern) Mann in dem Song, einen Gauner, einen Dieb; sie hat auch ein Kind von ihm. Dennoch sagt der Refrain, dunkel und kühl:

Sad-Eyed Lady of the lowlands,
Where the sad-eyed prophet says that no man comes

– »kein Mann wird kommen« für sie, fünf mal sagt es der Song. Weil dieser Platz dem sad-eyed prophet, dem Sänger reserviert ist; den Sängern des Mythos von der schwarzhaarigen Schönen mit dem *saintlike face* und der *ghostlike soul*. Dylan wußte haargenau, als was eine Figur wie Joan Baez an seiner Seite angesehen wurde, als Frau aus der Reihe der mythischen Uramerikanerinnen, ausersehen, dem »Neuen Kolonisator«, dem weißen Orpheus im Feld des Folk, den Liebes-Lorbeer zu reichen – und das eigene, *glockenhelle* Organ beizusteuern zu des Sängers *Chimes of Freedom*; eine multifunktionelle Indianerin; Dylan mehr ein John Smith als ein John Rolfe in diesem Paar. Denn: alles mögliche war in dieser Konfiguration anstellbar, vom Bett zum Smoke zum gemeinsamen Bühnenauftritt, nur *geheiratet* werden konnte »sie« nicht – weshalb sie, da sie als Nicht-Mytho-Wesen andere Erwartungen hatte an die Konstellation, schließlich wegging von da.

Dylan schreibt und lebt so etwas nicht weniger aus als der Captain John Smith die Geschichte seiner wundersamen Errettungen durch die *Native Ladies* der vielen Welten, in die ihn seine Abenteuer trugen. Weil das so gut sichtbar ist bei Dylan, gibt er so selten Interviews. Man kann solche Verfahren vor dämlichen Fragern nur ruinieren. Die *Songs* und ihre Darbietungsweise sind die Interviews. Ausschweifende Dialoge mit dem Hörer in den Gefilden des Mythos. Deshalb genügt es auch nicht, sie als Texte zu nehmen, als »Gedichte«. Die Funktion »Orpheus« ist durch Schrift allein nicht mehr anzuklicken, es braucht das ganze Spektrum, den Auftritt, die Inszenierung, den Sound, die Stim-

me, den Rhythmus, um den Mythos anzuschließen ans laufende Leben und an das zu entwerfende, und damit »den Sänger« zu gebären; den, zu dem allein »Pocahontas« kommt und spricht – wenn sie kommt und spricht. (Zu Salman Rushdie? Vermutlich nicht.)

2. MARLON BRANDO, POCAHONTAS AND ME. NEIL YOUNG

Neil Young, einer der großen Dauerkonkurrenten von *Captain Bob* um die Krone des erweiternden Leierschlägers im *Electric Folk Wonderland,* ging die Sache direkter an. In einer Strophe von schönster Offenheit, so offen, daß man sie nicht einmal »ironisch« nennen möchte, benennt er die Pole: die Nacht, die Prairie, ein Tipi, ein unbekanntes »Homeland«, darin ein Liebesakt mit *der* Frau: der Indianerin, und dazu einen zweiten Mann – damit am Feuer jemand da ist, mit dem man auch reden kann:

I wish I was a trapper
I would give a thousand pelts
To sleep with Pocahontas
And find out how she felt
In the mornin', on the fields of green
In the homeland we never have seen.
And maybe Marlon Brando
Will be there by the fire
Sittin' and talk about Hollywood
And the good things there to hire
By the Astrodome and the first teepee
Marlon Brando, Pocahontas and me.
Pocahontas!*

»Sind das nicht Queequeg und Ishmael unterm Baldachin aus Rauch«? Ohne Frage sind sie; bloß hat Neil Young die Frau wieder hineinphantasiert, die bei Melville der Verheiratung der beiden Männer weichen mußte. Den »roten Geliebten« im Männerpaar ersetzt Neil Young durch einen »Mann der Medien«; daß die Wahl auf Marlon Brando fällt, liegt nahe als die Hommage eines Musikers, »der die Indianer liebt«, an einen Schauspieler, der offen für Indianerrechte eintritt; wäre der Song etwas später geschrieben, hätte auch Kevin Kostner an Brandos Stelle stehen können, in hollywoodscher Idealkonkurrenz.

★ Neil Young and Crazy Horse, »Pocahontas«, auf *Rust Never Sleeps,* 1979

1000 Felle würde Neil Young-als-Trapper geben, um Pocahontas' Gefühle beim Beischlaf zu *kennen;* das erarbeitete Gold mehrerer Jäger-Winter, und um das Land zu betreten, das weder er noch ein anderer Amerikaner *kennt*, und das sie dennoch *homeland* nennen; nicht das versprochene Jenseitsland der Bibel diesmal! Dies nie gekannte *Homeland* ist das Land einer *unknown interracial sexuality*, die in den Körpern als eine Art Faktum wohnt; Faktum, nicht *obwohl*, sondern *weil* der Vollzug des Liebesakts in diesem »Land« immer unter die Verbote fiel oder unter die Gewaltakte, die die Mischverfahren zwischen verschiedenen Rassen und Klassen bestimmen. Neil Youngs Song sagt, deutlich wie kein anderer, daß es keinen Amerikaner gibt, der nicht »mit Pocahontas geschlafen« hätte in einem seiner nächtlichen Prairieausflüge (oder beim Ansehn des TV); ähnlich, wie es um 1940 keinen deutschen Mann gab, der nicht dazu verdammt gewesen wäre, in einer seiner realphantastischen Konstruktionen ein Siegfried zu sein, der, unter Tarnkappengebrauch, irgendwo einer »Brünhild« etwas Unerhörtes zuzufügen hatte.

In einer einzigen Zeile, die an Vollkommenheit nichts zu wünschen läßt, bringt Neil Young die Hauptpaare des »amerikanischen Phantas-

Richard Widmark und Edward G. Robinson als Carl Schurz in John Ford, *Cheyenne Autumn*, 1964

mas« nicht nur zusammen, sondern auf einen Nenner: »Marlon Brando, Pocahontas, and me« – rhythmisch und klanglich alles drin – zeitgemäß minimiert – von Melvilles bis zu Whitmans Sounds. Inhaltlich die überfällige Parodie und Korrektur von *My rifle, my pony and me,* Dean Martins großem Hit; Formelzeile der totalsten *Verdrängung* der grundlegenden Paare. (Jerry Lewis konnte ein Lied singen davon).

Pocahontas !

3. FEVER. PEGGY LEE. A TEENAGE AFFAIR

Never know how much I love you
Never know how much I care
When you put your arms around me
I get a fever that's so hard to bear
You give me fever!

So war das Ausgangsmaterial – ein schwarzes Paar, das sich heftig liebt, sexueller als Liebende in weißen vergleichbaren Songs –, als Peggy Lee sich 1958 des »schwarzen« Songs *Fever* annahm. *FEVER* war ein Hit gewesen zwei Jahre zuvor in den schwarzen Rhythm & Blues-Charts von Little Willie John, ein schwarzer Hit im Soul-Bereich, gezielt auf schwarze Käufer und schwarze Radiostationen.*

Peggy Lees inspirierte Aufnahme von *Fever*, Words & Music von John Davenport** und Eddie Cooley, wird ein Superhit in den amerikanischen und britischen Charts.

* Produziert durch *King Records*, gegründet von Syd Nathan 1945 in Cincinnatti, Ohio; eins der ersten Labels, das regelmäßig Crossovers von Rhythm & Blues und Country probierte, lange vor Sun Records in Memphis. James Brown spielte als Vorgruppler in Little Willie Johns Tourneen; er widmete ihm später eine Platte: *Thinking Of Little Willie John And Other Nice Things*. Little Willie war Ende Mai 68 an Lungenentzündung gestorben, im Walla-Walla-Knast, dem Washington State Penitentiary. Er saß dort ein wegen einer tödlich verlaufenen Messerstecherei in einer Kneipe in Seattle (1966); der sprichwörtliche Jähzorn der Kleinwüchsigen... You give me a pain in the ass, man ...TAKE THIS... er trug auch immer eine Pistole bei sich. – Bei Syd Nathans *King Records* hat auch Otis Redding angefangen, auch James Browns erster Million Seller kam dort raus, 1956, *Please, Please, Please.*

★★ d.i. Otis Blackwell (nach Patricia J. Pierce, *The ultimate Elvis*, NY 1994, 170), Autor vieler Rocksongs, etwa von *Don't Be Cruel,* einem der ersten Elvis Hits. *Fever*, 1956 produziert von Henry Glover, jazzerfahren, wahrscheinlich unter Mitwirkung von Otis Blackwell, ist der erste Fusion-Song, den es gibt, lange bevor es dieses Wort gab, genau angelegt im Übergang von Jazz zu Rock, aber von seiner Funktion als Musicbox und Dancing Song klar auf der Seite der weißen Teens im Jahr 3 des Rock'n'Roll; der erste Song dieser Art (weiß), der es in die Top Ten der amerikanischen Rhythm & Blues Charts *und* in die Top Ten von AFN und BFN in Europa brachte.

FEVER ist weit mehr als einer der *Petting Songs* für Teens, wie sie grade üblich werden, ein offen erotisches Stück, in der Musik wie im Text ...*You give me fever ...fever in the morning ...fever when you hold me tight ...Fever, with your kisses ...fever all through the night.*

Die Tochter schwedischer Einwanderer, vorschriftsmäßig blond, macht etwas mit dem Song, das schwarze Kritiker wenige Jahre später als den typischen Diebstahl der Weißen an (ursprünglich) schwarzer Musik bezeichnen werden. Peggy Lee wollte eine Version für die Juke Box aufnehmen, für weiße Jugendliche nicht nur in Amerika, sondern überall auf der (Radio)Welt. Nicht nur, daß sie selber singt, läßt den Song »erblonden«, sie ändert durch Textzusätze die »Farbe« des Songs; konkret: sie fügt zwei Strophen hinzu, deren Figuren dem Stoff normaler weißer High Schools entnommen sind.

Die zwei neuen Paare des Songs machen das schwarze Paar, ohne es direkt »anzutasten«, unsichtbar. Wenn Little Willie John »You« sang in seinem Song, war automatisch die schwarze Frau angesprochen, die ihm das *Fever* gibt. Im Mund von Peggy Lee verschiebt sich das: ein weißer Mann nimmt, ebenso automatisch, die Stelle des Fieber-Erregers ein. Darauf speziell war Peggy Lee aber nicht aus; ihre neuen Strophen nehmen *sie selbst* als Teil des Liebespaars aus dem Focus. Peggy Lee hat öfter Stücke für sich verändert, gelegentlich schrieb sie auch selbst welche. In diesem Fall griff sie zur Songwriter-Feder mit der Absicht, den Komplex der *forbidden love* im Song zu installieren; verbotene *Teenagerliebe*. In der seit ca. 3 Jahren laufenden ersten großen Sexualisierungsphase amerikanischer Jugendlicher nach WW II ist die Diskussion um die Notwendigkeit elterlicher Verbote und Kontrollen hochgeschlagen: insbesondere der in die Sexualität der Töchter eifersüchtig eingreifende Vater ist das Hauptproblem. Peggy Lee schiebt zwei weibliche Teenager in den Song, die es *trotzdem* tun; es in zwei berühmten »verbotenen Paaren«, trotz Vater, tun.

Daß ihr dabei das *Pocahontas Girl* in die Feder kommt, hat mit der aktuell laufenden Feier »350 Jahre Jamestown« sicher zu tun, man möchte sagen: *selbstverständlich*; genauso läßt sich an so fortgeschrittener Stelle aber sagen: der allamerikanische Automatismus, der an *Umschnittstellen* amerikanischer Geschichte »Pocahontas«! ruft, tritt in Kraft:

Captain Smith and Pocahontas
Had a very mad affair.
When her daddy tried to kill him
She said »Daddy-oh!, don't you dare!«
He gives me fever!
Fever with his kisses,
FEVER when he holds me tight.
Fever! I'm his Missus,
Oh Daddy won't you treat him right.

Womit Peggy Lee der verbotenen körperlichen Liebe zwischen Teenagern die verbotene körperliche Liebe nicht nur zwischen weißem Siedler und Indianermädchen hinzufügte, sondern im Gebrauch des Wortes »Missus« zusätzlich die Liebe zwischen den Körpern von schwarz und weiß, dekolonisierend. Für 1958 war das ein Schritt –

(und nicht nur »Diebstahl«). Liebe zwischen den Rassen nicht als strafbar, schändlich oder verwerflich, sondern als selbstverständlich und sexuell höchst befriedigend, mit der nötigen Mahnung an »Daddy«, sich rauszuhalten, wenn die Töchter ihre Liebhaber wählen.

Das zweite Paar zur Erhöhung des Fiebers in Peggy Lees Cover Version von Little Willie Johns Soul-Hit ist europäisch. Eins, das aber auf jeder amerikanischen Schulbank lag, und wieder liegt die unglücklichen Romeo und Julia, etwas älter als 350 sogar, but still going strong und vielleicht vom selben Automatismus herbeigerufen; die notorischen »Romeo & Juliet«, – in den 1990er Jahren geradezu exzessiv neobelebt von Hollywoods *Classic Recycling*-Maschinerien.

Auch den beiden Unglücklichen aus Shakespeares Stück ließ Peggy Lee 1958 nur Gutes widerfahren in ihrer Re-Vision der historischen Lieben …

Romeo loved Juliet
Juliet she felt the same
When he put his arms around her, he said,
»Julie Baby you're my flame«.
Thou givest fever, when we kisseth,
Fever with thy flaming youth.
Fever – I'm afire,
Fever, yea I burn forsooth.

– schöner als in dieser Unterweisung im Englisch der King-James-Bibel ist Shakespeare »nie« zweckentfremdet worden, umstandsloser »das Feuer« selten entzündet. Die Liebesflammen schlagen hoch in diesen Versen, sei es »erstmals« so für weiße Teens oder auch nur als »eins der ersten Male« – (auch andere arbeiteten hart an dieser Sache), aber Peggy Lee tut es so ohne Zögern bis in die letzte Zeile, daß diese selbst noch im Fade Out zu einem Hymnus wird an »die Flammen«: *..What a lovely way to burn… what a lovely way to burn …what a lovely way-ay to burn!…*

…auch noch all die Scheiterhaufen wegwischend, die anders gebrannt haben, Scheiß auf die Inquisiteure, umstandslos und beflügelt, wie nicht mal im sonst unschlagbaren »Sagt, ist es Liebe, was hier so brennt«, von der gleichen cherubimischen Unwiderstehlichkeit.

Die Balkonszene und die Trennungsszene waren nach Richard D. Altick beliebte Motive der englischen Salon- und Theatermalerei im 19. Jahrhundert. Spätestens hier geht »Julia« aus dem Status einer Shakespeare-Figur in den einer Popfigur über; die sie, wenn man genau hinsieht, auch schon ist in Shakespeares Sonett-Prolog zu diesem Stück von einer Liebe, die nicht sein darf wegen der »fatalen Lenden« zweier verfeindeter Familien, die nichts hervorbringen als Unglück für das Paar:

From forth the fatal loins of these two foes
A pair of star-cross'd lovers take their life.

»Star-cross'd« heißt hier nicht, daß sich zwei Sterne in Liebe »kreuzen«, das Paar »mit dem Scheitel in den Sternen«, wie es heißt bei Ovid, es bedeutet vielmehr »thwarted by a malign star«: gekreuzt unter dem Zeichen eines unheilvollen Sterns. Laut *Oxford English Dictionary* ist die Formulierung hier zum ersten Mal belegt. Shakespeare hat dies Sternen-Kreuz, das Übel verheißende, extra konstruiert für *Romeo and Juliet*, das Modellpaar der nicht erlaubten Liebe, erstes Exemplar einer Serie, born to be Pop. Die genaue Datierung des Stücks ist umstritten: 1592 bzw. 1594/5 – das letztangegebene ist auch Pocahontas' Geburtsjahr. Der Stern, der seine Bahn verläßt und unerlaubt die Wege eines andern kreuzt, schien rüber bis nach Virginia to produce star-cross'd Smith and Pocahontas/Juliet.

4. SWEET VIRGINIA. JAGGER/RICHARD AUF PILZSUCHE

Mick Jagger & Keith Richard haben 1978 – im Lauf ihres Amerikaner-Werdens – etwas von der zugehörigen Berauschungsgeschichte in den Mythos der *amerikanischen Lüste* einzuschreiben versucht: in einem Song, der ein Tribut ist an *Sweet Virginia* als Rauschland, Land *schöner* Drogen, mit eingebauter höflicher Entschuldigung in Richtung *California* für die Bevorzugung der tabakbauenden Ursprungskolonie:

Wading through the waste stormy winter
And there's not a friend to help you through
Trying to stop the waves behind your eyeballs
Drop your reds drop your greens and blues

Thank you for your wine, California
Thank you for your sweet and bitter fruits
Yes, I've got the desert in my toenail
And I hid the the speed inside my shoes

But come on come on down Sweet Virginia
Come on honey child I beg of you
Come on come on down you got it in you
Got to scrape that shit right off your shoes.

Sweet Virginia bezeichnet fünf Sorten Drogen in dem Song: Pillen in der ersten Strophe: »...wirf die Roten ein, wirf die Grünen ein und dann die Blauen« – *Blues* als Doppelname für »den Zustand« und für LSD, dann »Speed« und Shit.

In der Mitte die freundliche Absage an die Segnungen Kaliforniens: Wein, und die süßen und bitteren Früchte anderer Art, Baumfrüchte, Lebensverfahren. »*Come on come on down*, du hast es in dir!«... Rauchkraut wächst aus Virginias Schuhen, und das ergibt, multipliziert mit den Farben aller Pillen, *Sweet Virginia*, einen berauschenden (und hier fast jungfräulichen) Kontinent für sich.* Einsetzbar gegen »die

* Nicht einfach ein *Mädchen* Virginia also, das auf den Sänger herabstoßen soll in der Apotheose des Songs...

These foolish things remind me of you...

Fluten hinter deinem Augapfel« nach einem langen und stürmischen Winter, ohne Freund darin, *to help you through*.

Es sind alles orale Drogen, und unter diesen die nichtflüssigen: alles was man inhaliert und einwirft, nicht Flasche, nicht Spritze soll runterkommen »down on me« aus dem *Sweet Virginia* im Song der Stones. Hier könnte der Große Hase begraben sein in puncto: »Beseitigung de gesamten Komplexes Tabak« aus der amerikanischen Gründungsmythologie. Man soll die Scheiße *schlucken*; das Inhalieren des *Großen Geists* ist zum zentralen Gift erklärt.

»*Come on come on down*, *Sweet Virginia*« – das ist zwar nich *genau* der Song, den England sang, 1615, aber irgendwelche *waves* sollten kommen aus dem wilden Kontinent, aus Virginias Brüsten und Füßen ohne Schuhn, wie sie in den *Roaring Tens* des 17. Jahrhunderts herumsprangen als zu missionierende in Englands ausschweifendem Hirn ...aber Paffer von blauem Rauch, Virginias erster und fundamentaler Fahne...

...die Neu-Welt-Fieber der erweiterten Art ließen auf sich warten ...fast 300 Jahre lang.

...Fahne aus schwarzem Haar und *Smoke* ...sie wird später verwandelt auftauchen, an allen möglichen Ecken der Erde ...als »Schwarzer Krauser« ...als Roth Händle: Schwarze Hand auf indianischem Grund ...als schwarze Lakritzpfeife im lutschenden Kindermund ...*Pferdeblut!*, hieß es ...Lakritz kauen & Eichenblätter rauchen: indianische Initiationen für mitteleuropäische Weißfußindianer 1950ff... jeder von ihnen verliebt in ein fernes flatterndes Schwarzhaar-Pferdchen.

...die geteilte Pfeife jedoch – *the shared smoke* – wird für lange Zeit eine männliche Angelegenheit ...ein Ding zwischen Bruder und Bruder, überall auf der Welt... gleich in welchen Farben ...auch Jagger und Richard sind Ishmael und Queequeg unterm Baldachin ...unter Beteiligung von (colored) women jedoch, wie Neil Young...★

★ Daß Mick Jaggers nicaraguanische Frau ausgerechnet auf den Vornamen Bianca hörte; und die Frau davor auf den Nachnamen Faithful, und die nächste dann auf den Nachnamen Hall (of Fame), sind sichere Hinweismarken auf die Verankerung von Jaggers Pop-Unbewußtem in den Netzen des Pocahontas-Komplexes.

5. DER »GRÜNÄUGIGE INDIANER«. T. C. BOYLE, WORLD'S END

Roter Mann/weiße Frau blieb dagegen lange tabu – Prosperos Verdikt über Caliban bewies Haltbarkeit –, zumindest in der »Kunst« und im Kneipenverhalten jeden weißen Normal-Arschlochs, der beim Anblick »weiße Frau mit rotem Mann« sich selber eifersüchtig an die Stelle des »von da« verdrängten weißen Mit-Bruders phantasiert. Damit hat im Roman T.C. Boyles *World's End* Schluß gemacht. Zeit der Handlung: die (holländischen) Siedlerjahre in Massachusetts von 1610 bis jetzt; das Tabu wird hier gebrochen schon für die 1610er Jahre; unter den Überläufern zu den Roten sind nicht nur Männer, die die Kolonialfron satt haben; es ergreift auch etwas verrücktere Frauen: »Am Tag darauf verschrieb Katrinche ihre Seele den Höllenfeuern, indem sie mit dem Heiden Mohonk nach Indian Point durchbrannte.« (46) Wenig später kommt ihre ganze zurückgebliebene Familie bis auf einen Bruder bei einem Brand des Hauses um. Katrinche kann nicht anders, als die Schuld daran, ihres Weglaufens wegen, sich zuzuschreiben:

Sie hatte sie alle getötet. Ja. Hatte sie genauso getötet, als hätte sie sie an die Wand gestellt und erschossen. Zuerst ihr Vater, und jetzt das: Sie hatte mit einem Heiden das Bett geteilt, und hier war die Rache Gottes. In ihrer Not und Verzweiflung schor sie sich den Skalp mit einer geschärften Muschel und vergrub sich dann in Mohonk.

Ihr Sohn Squagganeek* wurde im nächsten Jahr geboren. Seine Augen waren grün wie die von Agatha, und diese Besonderheit war Anlaß für beträchtliche Verwirrung bei den Kitchawanken. Es waren Augen der Habgier, die Augen eines Teufels, eines Zauberers, eines weißen, so argumentierte die eine Fraktion und wollte den Säugling aussetzen, damit er die Ödnis der Welt durchwandere. (139)

Einmal dachte sie daran, um ihres Sohnes willen nach Van Wartwyck zurückzukehren, sich der Gnade des patroon auszuliefern und um Arbeit und ein Dach über dem Kopf zu betteln, doch sie wußte, daß sie keine Gnade finden würde. Sie war ein Indianerliebchen, eine Abtrünnige, eine

* Blätter-Auge

Hure: Was sie getan hatte, war strafbar: Die holländischen Gesetze, waren sie auch durch bislang nicht formuliertes englisches Recht ersetzt worden, verlangten für den Beischlaf mit einer Squaw eine Geldstrafe von fünfundzwanzig Gulden, die sich auf fünfzig erhöhte, sofern sie empfing, und auf einhundert, wenn sie das Kind zur Welt brachte; der Gedanke, eine weiße Frau könne mit einem dieser schmierigen, nach Moschus riechenden Wilden Unzucht treiben, war den braven Bürgern und Bauern so absolut undenkbar gewesen, daß sie sich dafür kein spezielles Strafmaß ausgedacht hatten – Verstümmelung der Gliedmaßen und Verbannung würden es im Zweifelsfall schon tun.

Und so blieb es – das Leben eine einzige Serie von Wunden, keine Freuden außer ihrem Kind... (141)

...sie wird nach einer Weile auch von ihrem indianischen Geliebten verlassen; mit kahlgeschorenem Kopf durchirrt sie die Wälder, ein lebendtotes Denkmal ihres Fehltritts. Die Weißen des Romans sind mehr oder weniger Leibeigene des holländischen Großgrundbesitzers und Landverpächters van Wart; er regiert seine holländischen Kleinpächter im amerikanischen Wald mit der Knute eines feudalen Despoten von der rechten Seite Gottes. »Frei« in diesem Land ist niemand: außer ihm, der Herr von Wartville.

Aber der *grünäugige Indianer* hört nicht auf, real durch dies Gebiet zu spuken, die Jahrhunderte hindurch; immer wieder wird einer geboren in der Linie der Nachkommen von Katrinche; Mann mit grünem Augenzeichen – bis er in der Jetztzeit, in den 1980ern, im Bett der »höchsten weißen Frau«, der Frau des jetzigen Chefs des Orts, Depeyster van Wart, landet. Der ist inzwischen Fabrikbesitzer, mächtigster Mann des Orts, wie die van Warts seit jeher. Seine Ehefrau, Joanna van Wart, und er haben eine erwachsene Tochter. Sie flirtet herum mit den Ideen und Leuten der 68er, hat wechselnde Liebhaber, ist dauernd bekifft und Anti-Vietnam. Das Ehepaar van Wart ist sexuell getrennt seit 15 Jahren. Madame van Wart, dem Rang nach »Herrin« des kleinen Orts, pfeift auf ihre Rolle. Sie hat einen Indianertick entwickelt, Faible für die »Ureinwohner«, die unrechtmäßig vertriebenen, und führt nun regelmäßig Sammlungen durch für das *Jamestown Reservat*. Sie kleidet sich indianisch, rötet ihre Haut, geht an der Spitze von Demos in Jamestown für die Rechte von Powhatans Nachkommen. Sie hat eine ständige Love Affair mit einem Indianer – der Aktualinkarnation des »ewigen Grünauges«, Jeremy Mohonk, kein »Fehltritt«. Jeremy überredet sie, ein Kind von ihm zu haben. Jedesmal, wenn sie mit ihm geschlafen hat, eilt sie nach Hause zu ihrem Mann Depeyster und schläft auch mit ihm, um das Kind, sollte es gezeugt worden sein des Tags zuvor, ihrem Mann unterschieben zu können. Die Phantasien des Depeyster van Wart bei einem dieser Beischläfe hat Boyle mit einer fälligen Variante von Smith & Pocahontas virtuos bestückt:

...kurz nach Neujahr war sie wieder zu ihm gekommen. Und dann noch einmal. Sie hatte sich wie toll gebärdet, drängend und wild, ihre Haut war dunkel getönt gewesen von irgendeinem rötlichen Pigment, ein Geruch nach Sumpf und Lagerfeuern und bitteren, wilden Beeren hatte in den dicken Zöpfen ihres Haars gehangen, Wildleder auf nacktem Fleisch. Er war John Smith gewesen, und sie Pocahontas, ungezähmt, wild, fiebernd hatten sie sich gepaart, als ginge es um Leben und Tod. Wer war sie, diese Fremde unter ihm mit dem Moschusduft und dem entrückten

Blick? Es war ihm egal. Er hatte sie bestiegen und penetriert, hatte seinen Samen tief in ihr vergossen. Selig. Dankbar. Und gedacht: diese Indianermarotte ist vielleicht doch nicht so übel. (378)

Der grünäugige Indianer wird fortdauern. T.C. Boyle läßt ihn zur Welt kommen als Kind einer Weißen Lady, die in der Vorstellung ihres

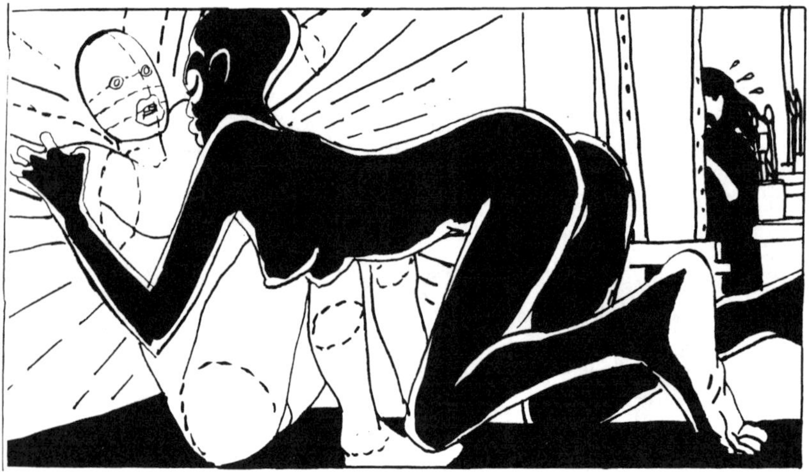

Mannes, des Unternehmers, Pocahontas heißt; während er ihr als »John Smith« seinen Republikanerpimmel reinrammelt, nicht ahnend, daß sie sich tatsächlich von einem rot-weißen Mischling vögeln läßt, dessen Kind, das sie schon trägt, er ihr nur nachstempeln muß, damit es das Recht erhält, unter seinem Dach später aufwachsen zu dürfen. Und das Kind wird tatsächlich ein *Kind von Pocahontas* sein; einer aus dem Stamme ihrer wirklichen Descendants, die Augen noch ein wenig grüner als seine Vorgänger – an diesen Augen erkennt ihn Depyster van Wart bei der Geburt –

Dann kam der zweite Alarm, die Fahrt zum Arzt, der Test, die Untersuchung, die Unbestreitbarkeit des Resultats: Joanna war schwanger. Was machte es da aus, daß sie vollkommen übergeschnappt war? Was machte es aus, daß sie ihn jetzt noch stärker mied als je zuvor und ihre Besuche in der Reservation verdoppelte? Was machte es aus, wenn sie ihn mit ihrer Kriegsbemalung und den Lederhosen und alldem in der Öffentlichkeit der Lächerlichkeit preisgab? Sie war schwanger, und Van Wart Manor würde seinen Erben bekommen. (378)

...er erkennt und akzeptiert ihn, er braucht diesen Sohn, er wird mit ihm ausreiten, seine Tage neu gestalten, sein ganzes Leben.

Dies ist ein Kind, gezeugt und geboren komplett aus dem Pocahontas-Komplex: seiner eigenen Frau als einer *Weißen* Frau hätte der

Boß und Republikaner van Wart im Zeitalter der Rückkehr des *Vanishing American*, wo jeder Amerikaner, der auf sich hielt, sich jack-nicholson-mäßig indianisierte, nie und nimmer ein Kind machen können; ihr Körper hätte seinen Samen, hätte er ihn überhaupt herausgebracht, abgewehrt; zeugen kann er nur in Gestalt des zurückkehrenden Kolonisators, des *niemals verschwundenen Kolonisators* der ersten Stunde. Dessen Erektion ist aber schon immer davon infiziert, vor der »Roten« sich zu erheben und vor der eigenen Frau zu versagen (= einer der Kerne des Puritanismus).

Dem Grimm auf die Unaufhörlichkeit dieses Kolonisators ist Boyles Roman *World's End* entsprungen. »John Smiths« Erben werden noch im Jahr 3000 als die *van Warts* auf diesen Ländereien sitzen und über die ebenso unvergänglich arm bleibenden »Jeremy Mohonks« triumphieren, der Titel *World's End* ist gültig von der ersten bis zur letzten Zeile. *Anfang* war hier nie. Nur der Anfang, den T.C. Boyle gesät hat ins *Begehren* des weißen Herrn: wie Neil Young möchte er Pocahontas begattet haben in der Nacht; mehr als 1000 Felle gäbe er für das Ergebnis: einen Erben seines Kolonisatorenreichs. *Was sie fühlte*, will er nicht wissen. So beschert ihm das Spiel der Gene, die dabei sind, sich zu befreien aus den Fesseln kolonialer Zuschreibungen, einen kleinen Thomas Rolfe in Umkehrung: Sohn einer weißen Pocahontas, von einem roten Vater. Spätes Recht für »Kocoum«.

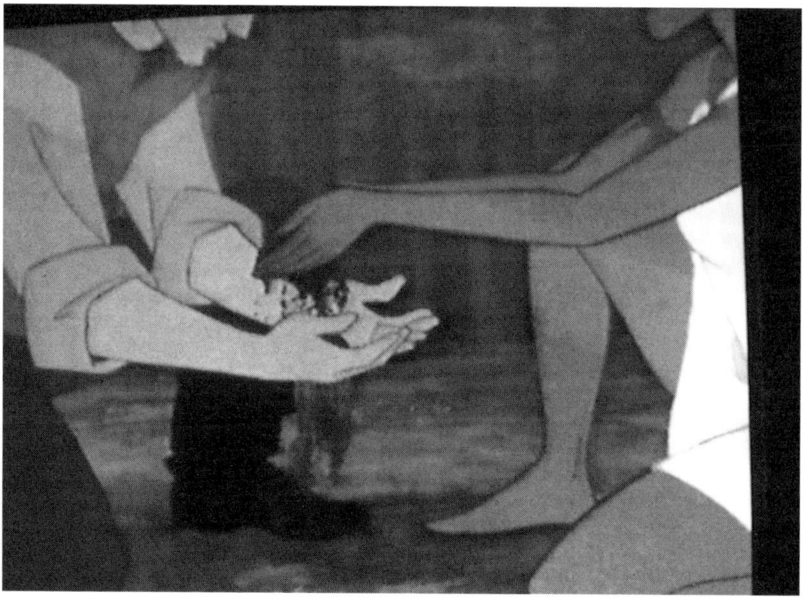

6. POCAHONTAS. A WALT DISNEY PRODUCTION

Disneys *Pocahontas* ist eine Öko-Poca aus Disney-Anmut und *political correctness*, Kind der *Natur* gegenüber dem Städter Smith. Sie zeigt dem blonden Engländer (einem Typ, der zeichnerisch aus der Genealogie der deutschen Siegfrieds stammt, gemischt mit ein bißchen Nils Holgersson-Naivität), was *Nature* ist: die Flüsse und Seen, die Bäume, die Tiere, die Luft, *Alles*, das ganze gewachsene Amerika. Der blonde weiße Ankömmling, den der Film als einen Seemann einführt, hat das alles offensichtlich nicht gekannt und nicht gewußt. Keine Rehe und Bäche und Wasserfälle in Old England, und Fisch nur auf dem englischen Tisch, nicht im freien Ozean. Er hat einen Kompaß anstelle der Seele, läßt sich aber gleich entflammen vom farbigen Naturkind im hellsten puertoricanischen Braun, das die Farbskala kennt. Eine *love at*

first sight, mit Feinden auf beiden Seiten. Auf Seiten der Roten gibt es den eifersüchtigen Kocoum, der Pocahontas als Mann versprochen ist, den sie aber nicht »liebt«; auf Seiten der Weißen gibt es den bösen Kommandeur des Landungsunternehmens in Virginia, den Captain Ratcliff (einer aus der Kategorie des *Captain Hook* aus *Peter Pan*). Ratcliffe neidet dem blonden Siegfried Smith seine Schönheit, seine Überlegenheit und seine schnellen indianischen Kontakte.

Dieser Zug geht durch alle neueren *Pocahontas*-Produktionen: es gibt gute und böse Rote, und es gibt gute und böse Weiße; die Bösen beider Seiten arbeiten zusammen gegen die Smith/Pocahontas-Liebe, die vereinten Guten beider Seiten aber setzen sich durch: der böse Kocoum wird von Smiths ständigem Begleiter, einem blonden Schiffsjungen, den er auf See vor dem Ertrinken gerettet hat, erschossen, als jener versucht, Smith mit dem Messer zu töten. Der böse Captain Ratcliffe wird entsprechend von seinen eigenen Leuten entwaffnet, als er versucht, sie gegen die Indians in den Krieg zu führen. Auslöser dafür ist ein Schuß, den Ratcliffe auf Powhatan abfeuert – und in den John

Smith sich wirft, Powhatan somit rettend, vor dem er selber gerade durch Pocahontas gerettet worden ist. Smith überlebt die Kugel, muß aber zur Heilung heim nach England. So umgeht der Film die rot-weiße Liaison als eine dauernde und endet in einem Liebesabschied. Poca und Smith als Liebende bleiben zwei Singles, jeder in seiner »Kultur«; die Kulturen erscheinen als gleichberechtigt, aber unterschiedlich. Die Indianer haben den Mais (und schöne Mädchen), die Engländer haben Gewehre (und schöne Männer). Die Powhatans geben den Engländern den Mais, die Engländer behalten die Gewehre, lernen aber, sie nicht mehr auf die Roten anzulegen. Darin liegt die Political Correctness des Films: im neuen geltenden Gerede von der Gleichheit und Gleichberechtigung der Kulturen, die allerdings nirgendwo praktisch hergestellt wird, außer in dieser Rede selbst. Das ist das *Korrekte* in diesem, wie immer bei Disney, schön gezeichneten Kinderfilm. Nicht nur schön, sondern anspruchsvoll, mit vielen Raffinessen; Raffinessen, die dem Auge des Kinozuschauers (des kleinen wie großen) entgehen – weil sie oft so kurz sind, daß sie vom bewußten Auge nicht wahrgenommen

werden können. Aber es gibt ja Video, Video für das kleine u. große spielende Kind. In Einzelbildschaltung bekommt man mit, wie der Schatten der laufenden Pocahontas, die unterwegs ist zur Rettung ihres blonden John, dessen Kopf schon auf dem Stein gelagert ist, die Gestalt wechselt. Aus der Silhouette des laufenden Mädchens wird in Zehntelsekunden die des *American Eagle*, des amerikanischen Wappentiers des Adlers, wie er auf den Briefmarken, Geldscheinen, im Capitol und sonstwo seine Flügel breitet. Im Schattenriß der laufenden Pocahontas unterwegs zur gründenden Rettungstat, also versteckt die Geburt der kommenden USA als eines Staats der Rassengerechtigkeit und Gleichheit. So groß ist der Überfluß, den die Disney-Zeichner zu verschenken haben, daß sie es sich leisten, diese zeichnerisch wundervolle Metamorphose in zwei Sekunden Film zu verstecken, sie (beinah) unsichtbar zu machen.* *The All American Eagle/spannt weit die Flüge*

★ Ähnlich wie Hitchcock in *The Birds* die von Saul Bass wunderbar auf die Hauswände und Gartenzäune gezeichneten Schatten der angreifenden Vögel zum Teil in Einstellungen von weniger als einer Sekunde versteckt.

aus/hervor aus Pocas Schatten/als flöge er nach Haus.

Es ist viel Poesie in dem Film ... zwei Disneytierchen, die Pocahontas umschwirren bzw. umwedeln, ein kleiner Kolibri und ein Waschbär; viel allgemeine Menschlichkeit des Ausgleichs zwischen den Rassen – aber, wie schon gesagt, nicht ein einziges Tabakblatt. Ist alles Mais, was (reichlich) da auf Stengeln schwelgt, oder Sonnenblume: ein Sonnenblumenhang, auf dem Pocahontas ihre Strachey'sche Radschlagszene hat und sich hineintollt in die Arme von Smith; als Paar vereint liegen sie dann *im Auge des Adlers*; eine exquisite Einstellung. Optisch wird man nicht, wird man nie betrogen von den Disney Artists, aber, wie man sieht, sind auch ihre politischen Reißbrettarbeiten nicht von ungefähr – die hier aber nicht weiter kritisiert sein sollen. Sie vollziehen nur, was anderswo als »geltende Linie« ausgeheckt worden ist: im PC-Wahn der Universitäten, Verlage und Zeitungen, der, anstatt auf die bestehenden Differenzen zu weisen und sie so scharf wie möglich zu beschreiben, ihre programmatische Einebnung betreibt durch

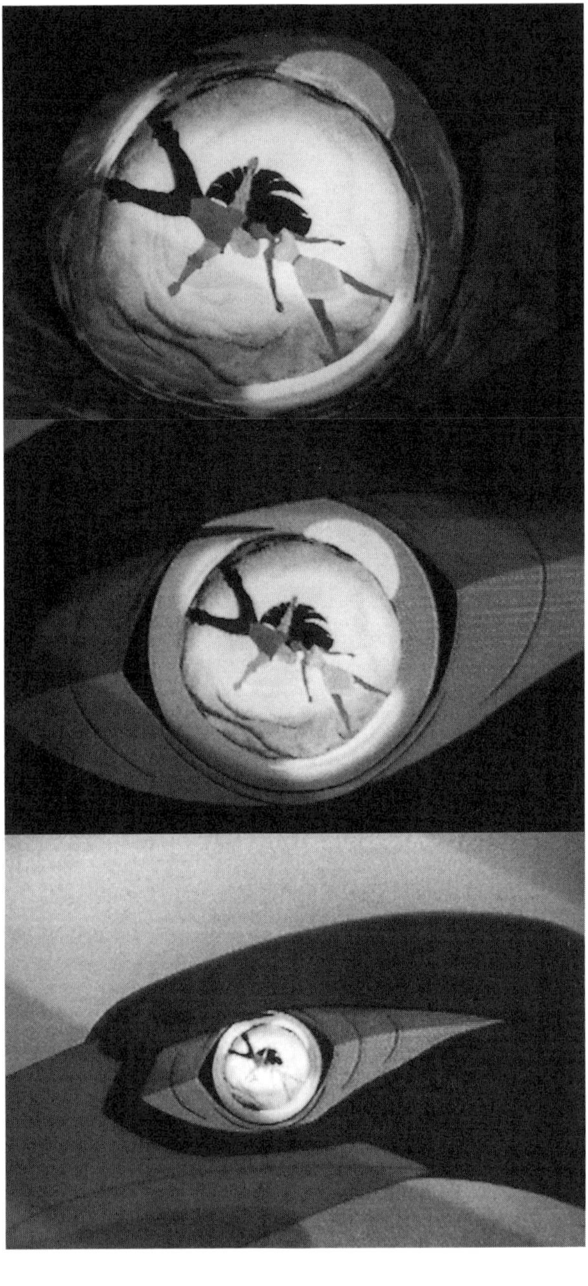

das Mittel der *bloßen Benennung*.

So ist in Disneys *Pocahontas II* John Rolfe nicht einmal mehr ein Tabakpflanzer, sondern ein Londoner Diplomat, der mit Virginia überhaupt nichts zu tun hat, außer daß Poca sich in ihn *in London* verliebt. Auch die Geschichte mit Taufe und Christianisierung haben die Disney-Strategen lieber weggelasssen. Wenn nicht mehr »christianisiert« wird im Kinderfilm, gibt es auch keine Verletzung »ethno-religiöser Gefühle«.

Wenn niemand mehr »Rothaut« sagt, ist die Diskriminierung der Rothäute verschwunden... nach diesem Programm haben die Deutschen 30 Jahre lang den Holocaust verarbeitet vor allem dadurch, daß sie das Aussprechen von Wörtern wie »Judensau« unter Strafe stellten, und tatsächlich hat kein einziger Antisemit 30 Jahre lang dieses Wort ausgesprochen; dann war erfolgreich durchgeführt, was Goldhagen *Reeducation* nennt, und in Deutschland gab es keine Antisemiten mehr; nur noch Bratwurst essende Demokraten...

Hier kann jetzt jeder Jude gut leben ...wie ein roter Indigener über den Kränen von New York... John Smith stellt Pocahontas den Auf-

sichtsräten vor... die Bezeichnung *Indian Princess* für Prostituierte, colored, wird mit Kastration bestraft... Mit der Parole *Lieber rot als tot* gewinnt eine Frau die amerikanische Präsidentschaftswahl ... Hillary C., getrennt von Bill nach Ende seiner Amtszeit... an der Spitze ihres Beraterstabs ein Spitzenmann aus der Reihe der Pocahontas Descendants ...& Neil Young wird, was er immer schon wollte: – – – –

★★★

Legitime Rolfe/Pocahontas-Kinder müssen anders entstehen ...durch genealogische Verschiebung, interkontinental ...Quantensprünge, Theorieschübe ...durchs Mutations-Spiel der Mytho-Galaxien...

...Patti Hearst, entführt als Erbin des mystisch-praktischen Druck- und Sende-Imperiums von Randolph Moctezuma Hearst aus Los Xanadu, eine mythisch-natürliche Tochter von Pocahontas/John

Rolfe: als sie im Überwechseln auf die Seite der *Weathermen* Guerrilla einen Schritt hinüber auf die *Indianerseite* der amerikanischen Kultur wählte* – zumindest für ein paar Jahre. Das transportiert Leslie Fiedlers (eben deshalb wunderbare) Formulierung vom *Return of the Vanishing American* mit: daß die immer wiederkehrenden »Verschwindenden« einer Kultur, jene Gespenster, die, stellvertretend für Herden von Toten, erscheinen als verlöschende Sterne, kurz »in den Wäldern glühn«, »in den Wildnissen braten«: in einem traurigen städtischen Untergrund, die Norm vernichtend, oder sie nicht kennend –, immer auch im *indianischen Teil* der Geschichte eines Landes ankommen oder diese, verglimmend, berühren ...auch das steckt in »Stockholm« ...wobei sie manchmal Verbrecher werden, Entführer, Geiselnehmer, und dafür bestraft werden ...nicht nur vor Gericht, auch in den Kinoversio-

* Patti Hearst, in deren Namen das pulsierende »P« und das weiche »H« an den gleichen Stellen sich bewegen wie im Namen ihrer Ur-Schwester Pocahontas.

nen ihres Geisterns.

Ebenfalls weht im »wiederkehrenden Verschwindenden«, im windigen Rauch dieses Paradoxes, das Wissen mit, daß auf der *andern* Seite, dort, wo das Ewig-nicht-verschwindende Geld ist in unseren Kulturen und die ewig fest stehende Macht, immer ein Stück des gesellschaftlichen Verbrechens der historischen Unterwerfer der Verschwundenen zu Hause ist, – der Geist, der auf dieser Seite umgeht, ist aber nicht der eines schweifenden Paradoxes, sondern der täglich neu befestigte einer ungetrübten und herrschsüchtigen *Legalität*.

Muß da der Wunsch, daß manche Verbrechen sich »lohnen« und »ungesühnt« bleiben sollen, nicht durchgehen dürfen als genuines Indianer*begehren* – Wunsch, der sich ergibt aus all der unendlich vielen vergeblich geleisteten und auch noch un(ter)bezahlten Arbeit der bestohlenen »Unteren«.

GANZ GEWISS NICHT, ALYSSA !... DEINE MUTTER WURDE OPERIERT, WEIL SIE KEINE KINDER MEHR BEKOMMEN SOLLTE !
ABER WARUM DENN ?
EIN WEISSER ARZT HAT DAS ENTSCHIEDEN. ER FAND, DASS ZWEI KINDER SCHON ZUVIEL WA-REN... DOROTHY, DEINE MUTTER, IST NICHT WIEDER AUFGEWACHT...
DER SCHUFT ! DER MÖRDER !
SO ETWAS PASSIERT HÄUFIG... DIE WEISSEN ENTSCHEIDEN VIELES AN UNSERER STELLE, VIEL ZU VIELES...
UND MAMA..., WAR SIE HÜBSCH ?
...SEHR HÜBSCH...
ICH... ICH WEISS, DU MAGST ES NICHT, WENN ICH TRINKE... D... DOROTHY,...
10

7. MYTHO-CLINCH
JOHN SMITH VS. JOHN ROLFE

Ring frei, Runde 15.
Januar 1617, das Brentford-Zimmer. Pocahontas, John Rolfe – Besuch wird gemeldet: es erscheint der Captain John Smith...

John Smiths »emotionale Lage« in diesem Moment der Rückkehr zur »verlassenen Pocahontas« hat Frances Mossiker zu imaginieren versucht. Sie fragt sich, warum es so lange dauerte, bis John Smith in London sich sehen ließ bei Lady Pocahontas-Rolfe im Landhaus in Brentford, wohin sie gezogen war, als die London-Luft ihr nicht mehr erträglich schien; unbekannt, ob sie das *Belle Sauvage*, unter dessen Schild sie ein paar Monate ein und aus gelaufen war, gern verließ oder gezwungen.

Jetzt John Smith, der Totgeglaubte, auf der Schwelle in Brentford, und es verschlug ihr die Sprache.

Auch Rolfe, der *sicher* wußte, daß Smith am Leben war, hatte ihr nichts erzählt! Und nun steht Smith mit Rolfe im Zimmer, dem gegenüber er die ambivalentesten Gefühle hegen mußte. Mußte?

Den Klatsch über Smith, er habe sich durch Heirat mit der Tochter Powhatans zum König von Virginia machen wollen, hatte Rolfe mit Sicherheit gehört, als er 1610 ankam in Jamestown. Eine Jungfer hatte Rolfe nicht geheiratet, 1614. War Smith ihr erster Mann gewesen? Und warum war er es nicht geblieben? Mossiker:

Hatte Captain Smith, als die Jahre 1616/17 heranrollten, nicht allen Grund, zu bedauern, die Ehe mit Pocahontas nicht gesucht zu haben, die Gelegenheit nicht ergriffen zu haben, als sie ihm offenstand? War Smiths unerklärliche Zurückhaltung, Pocahontas in London seinen Respekt zu erweisen, womöglich erklärlich als Ausdruck seiner Frustration, seines Bedauerns über verpaßte Chancen, vertane und verspielte Gelegenheiten? Hatte Rolfe nicht viel besseren Gebrauch von den Möglichkeiten gemacht, die sich ihm boten? So muß es ihm erschienen sein in jenem Moment: wo Rolfe den Ertrag der fruchtbaren Äcker von Pocahontas' Land genoß, konnte Captain Smith – trotz seiner Entdeckungsarbeit, trotz der von ihm

Geschichtsbuch für Kinder, Chicago, 1998

angelegten Landkarten, trotz seines Wagemuts – auf kein Fleckchen Erde seine Hand legen.*

Eine Richtung von Mossikers Phantasie stimmt sicher. In seiner *Generall Historie of Virginia*, 1624, beschwert Smith sich ganz offen über seine Besitzlosigkeit:

In keinem der beiden Länder – Virginia oder New England – besitze ich einen Fuß Land, nicht einmal das Haus, das ich dort gebaut habe, noch den Boden, den ich mit eigenen Händen umgrub, noch wurde mir irgendeine andere Befriedigung oder Genugtuung zuteil...

– nicht mal in New England, das diesen Namen nach einer seiner Karten trägt! Zumindest für die 100 Acres, die ihm zugestanden hätten als Virginia-Veteran, ihm *schuldlos* entgangen, wäre Smith gern re-imbursed worden!** »Ein enttäuschter, verbitterter, einsamer Mann«; einer, der zwar gelegentlich für die Plymouth Company noch arbeitete, und der auch nicht aufgegeben hatte – s.o. den Bittbrief an Sir Francis Bacon zur Ausstattung einer neuen Flotte, 1618; dessen Anträge aber kein Gehör fanden.

Rekapituliert man, was geschah: die Schießpulververletzung, seine Abreise, sein Auftrag an die Siedler, ihr seinen Tod mitzuteilen – er selbst hätte aber an die Stelle gehört, an der Rolfe sich jetzt befand: ein Sack voll nicht zu reparierender Fehler, alles in allem ...plus Ungerechtigkeit der Welt...

...vermutlich schneite er unangemeldet rein in Brentford, aus spontaner Selbstüberwindung, vermutet Mossiker.

Pocahontas, als sie die Sprache wiedergefunden hat, macht ihm Vorwürfe. Sei er so behandelt worden als Fremder in *ihrem* Land?

Du versprachst Powhatan, was dein wäre, sollte auch ihm gehören, und er dir das Gleiche; du nanntest ihn *father,* als Fremder in seinem Land ...

* Bradford Smith, *Captain John Smith: His Life & Legend*, Philadelphia/NY 1953, 304f.

** vgl. seinen Antrag an die *Virginia Company* auf finanzielle Entschädigung, POCA Bd. 4, *You Give Me Fever! Arno Schmidt. Seelandschaft mit Pocahontas*, S. 270, 271

Poca am Fenster, Medizinmann Uttamatamakin, Nurse mit Thomas, Hund im Brentford-Haus, Aquarell eines unbekannten Künstlers, 1906

Diese Wiedergabe ihrer Sätze stammt von Smith, eine andere gibt es nicht, oder sie ist nicht erhalten; Rolfe hat nichts hinterlassen zu dieser Szene. Pocahontas, aufgebracht, in (Smith'schem) Klartext:

Sie erzählten uns immer, du wärest tot, und ich wußte nichts andres, bis ich ankam in Plymouth. Aber Powhatan hatte Uttamatamakin den Auftrag gegeben, nach dir auszuschauen und die Wahrheit herauszufinden, denn deine Landsleute lügen viel...

Mossiker hat darin den Aufschrei gegen Rolfe, gegen Dale, gegen den Pastor Whitaker gehört, die sie alle gleich betrogen haben mit ihrer Lüge von Smiths Tod. Und Smith, *der Autor,* läßt deutlich Raum für die Spekulation, daß sie Rolfe vielleicht nie geheiratet hätte, hätte sie gewußt, er sei am Leben. Rolfe sieht überhaupt nicht *gut* aus im Licht dieser Szene.

Wir sehen Smith, den *Autor*, lächelnd, Rücken in den Seilen, schaukelnd, Schwung suchend für den entscheidenden Haken ... den Knockout von Brentford in Sachen Mytho-Fight der Jamestown-Champs.

Liegt hier der Hase begraben, warum John Rolfe, der sich doch vom »Faktischen« her so gut zu einem Ursprungs-Helden eignen würde, es nicht in die Große-Nummern-Galerie der Helden Amerikas geschafft hat? Mossiker:

Wenn John Rolfe niemals den Weg in die amerikanische Heldengalerie fand, mag das daran liegen, daß, durch eine Ironie des Schicksals, die beiden bedeutendsten Briefe von seiner Hand – der abwegig entschuldigende an Sir Edwyn Sandys und die umständlich gewundene, hochtönende Adresse an Gouverneur Dale 1613, die zugleich mit der Bitte um Erlaubnis für die Ehe mit Pocahontas deren sexuelle Attraktion verneint: ein ungalantes Beharren, daß Rolfes einzige Motive das Wohl der Kolonie und der Ruhm Gottes seien – ihn von seiner scheinheiligsten Seite zeigen, als kalkulierenden, gönnerhaften Kerl, als einen, der auf seinen Vorteil aus ist, und als Platzhirsch. Verurteilt von seiner eigenen Feder steht er da. Aber von seiner besten Seite her gebührt Rolfe deutlich ein heroischer Rang: eine wagemutige Seele, ein Wegbereiter, ein nicht nur abenteuernder, sondern unternehmender Mann, erfinderisch, innovativ. Nichts für ihn: die Haufen und Stapel geernteten englischen Weizens, Flachs, Gerste oder der indianische Mais; Rolfe experimentiert lieber mit den knappen goldenen Samen des goldenen Tabakblatts von den West Indies. Und natürlich ist er der erste Mann der Kolonie, der eine rote Frau heiratet und einen Frieden zwischen den Rassen zustande bringt, so kurz dieser auch gewesen ist.

Es sind seltsame Gründe, und auch »ungerechte«, die Mossiker ins Feld führt: seit wann wäre eine nachgewiesene, »reale« Scheinheiligkeit einer historischen Figur ein Grund, sie *nicht* in einer Heldengalerie zu führen. Solche Züge werden, bei Bedarf, gestrichen, glattgebügelt, umgeschrieben, umerfunden – wie ja an Smith, den Mossiker im nächsten Atemzug als den geeigneteren Helden nennt, gut zu sehen ist. Smith, sagt sie

buckelt vor keinem andern Mann. Er erklärt, er entschuldigt sich nicht. Er fordert, er bittet nicht. Er personifiziert jenen ruppigen Individualismus,

Pocahontas empfängt John Smith in Brentford, 1617
amerikanisches Kinderbuch, 1985

der essentiell fürs Bild des amerikanischen Helden ist.« (302f)

In der Tat kann man Smiths fehlende Unterwürfigkeit gegenüber Herrschaftsfiguren hervorheben. Der Ton seiner Schriften und ihrer Widmungsadressen ist für Renaissanceverhältnisse auffällig wenig anbiedernd und gnadenheischend, man kann ihn geradezu selbstbewußt nennen, womit er der erste John Wayne dann wäre;* aber diese Eigenschaften wären – hätte *das mythenschaffende Empfinden* so gewollt – auch Rolfe zuschreibbar gewesen. Schließlich *schafft* man die Mythen, man pflückt sie nicht vom Baum der »Geschichte«, wo sie »gewachsen« wären.

Der wirkliche Grund von Rolfes Nicht-Berücksichtigung auf Capitol-Gemälden und in Fever-Songs ist von Mossiker klar angesprochen, bloß nicht als solcher identifiziert: Rolfe ist wahrscheinlich *zu real* für einen mythischen Helden; »zu real« und greifbar in seinen geschichtlichen Handlungen, und zu ähnlich den wirklich lebenden Amerikanern von da an bis Jetzt.

Genau so, wie wir es im mexikanischen Zusammenhang für Isabel Montezuma vs. Malinche/Marina feststellen können. Isabel Montezumas hoher Grad an greifbarer Realität, dazu ihre reale Ähnlichkeit mit vielen historischen wie jetzt lebenden Mexikanerinnen, macht die wirkliche Montezuma-Tochter ungeeignet für die Position der Mutter-von-uns-allen im mythischen Familienalbum der »Nation«; – die *Tatsache* ihres Mutter-Seins von *La raza*, der neuen Mischrasse der Chicanos. John Rolfe wie Isabel Montezuma funktionieren nicht als Mytho-Medien, weil sie historisch zu nachweisbar sind, zu tätig, zu sehr teil heutiger Wirklichkeiten.** Dem entsprechend macht die weitgehende *Irrealität* der Pocahontas-Figur sowie die selbst erzeugte Fiktionalität der Smith-Figur die beiden *geeignet* für genau das Spiel einer Vertauschung, die vorzunehmen ist mit Hilfe des »Mythos«.

★ Man vergleiche die schmerzende Unterwürfigkeit im Ton der Widmungen, die Monteverdi dem (fast gleichzeitigen) Druck seines *Orfeo* voranstellt; als schwebte das Gonzaga-Schwert minütlich über ihm. Smiths Umgang mit James I., der Virginia Company, Queen Anne und der englischen Öffentlichkeit erscheint demgegenüber fast burschikos ...trapperhaft ...ur-amerikanisch.

★★ Isabel Montezuma spielt ein Hauptrolle in POCA 2: *Buch der Königstöchter. Die Pocahontas/Medea-Connection.*

Phillip Young hat nach seinem Überblick über alle ihm bis etwa 1960 zugänglichen Pocahontas-Versionen erstaunt festgestellt, daß es nicht eine einzige gibt, in der sie als Schurkin erscheint. Wo sie doch, sagt Young, eine so ausgezeichnete abgeben würde:

> Vom Standpunkt ihres Volkes sind ihre Verbrechen schwere – wiederholter Verrat, und kulturelle wie religiöse Abtrünnigkeit. Aber wer weist schon einen Verrat zu den eigenen Gunsten zurück; so können wir allezeit versichert sein: die Liebe existiert, die Liebe zählt, und wir sind sehr begehrenswert, das bestätigt uns Pocahontas.

Das ist sehr gut zu sehen an der mexikanischen Malinche: der noch viel deutlicheren Kollaborateurin, der allerschärfsten Kollaborateurin *überhaupt* in der Geschichte; das macht nichts, sie geht, feministisch gewendet, als Heldin durch; anders gesagt: durch sie ist ein Ausdruck des eigenen »Böse-Seins« als »Gut-Seins« möglich, sie hat die nötige Mehrdimensionalität für solche Operationen; die historisch klar umrissenen Figuren bieten das nicht. Sie sprechen uns nicht »frei«.

Würde man den Gedanken »Schurken« zulassen bei Pocahontas, wäre der nächste Gedanke der, daß sie »bestraft« worden wäre: »geopfert« in einem mythischen Sinn, »ermordet« in einem physischen. Was historisch im Bereich des möglichen liegt.

Nicht daß »wir begehrenswert« sind, würde uns die übergelaufene Rote dann bestätigen; sie würde uns vielmehr an eine Schuld erinnern. Das haben mythologische Konstruktionen aber nicht vor.

Gründung ist ein mythologischer Begriff. Das Gegründete steht seit Ur-Zeiten. Heroen haben es gegründet, periodische Veranstaltungen halten die Erinnerung aufrecht an jene Zeit. Wenn die Heroen aus dem Dämmer der Geschichte treten, steht die Geschichte still. In Zeiten der Unruhe sehen wir sie aus dem Dämmer der Geschichte treten.*

Pocahontas tritt aus dem Dämmer, um jeweils wieder zu versichern, »daß es gut war«, was Amerika »gründete«. Daß es sich um eine »aufgeladene Lüge« handelt dabei, wird nicht verschwiegen: es drückt sich aus in der ästhetischen Qualität der dabei entstehenden Texte und Bilder. Wer sich nicht so leicht »belügen« läßt, ist nach wie vor »die Kunst«. Die schönsten Bilder entstehen tatsächlich da, wo »wahr« gesprochen wird: in der Verwandlung des Körpers der laufenden Poca in das Emblem des *American Eagle*. Das ist, was wirklich geschah.

Der Mythos ist nicht einfach »in die Kunst verschobene« Geschichtsschreibung demnach; er ist auch nicht einfach ihre Fälschung; er ist einmal ihre jeweils wünschenswerte Version, Version mit einem Hinterhalt, Version aus dem aktuellen Verschiebebahnhof *unausgesprochener* gesellschaftlicher, politischer, persönlicher, artistischer Bedürfnisse, Version auch für eine Art *heroischen* Alltagsgebrauch mit der Zielrichtung eines Freispruchs vor der Geschichte.

Die sog. »Mythen des Alltags« haben damit einerseits die Funktion, eine *Geschichte* des Alltags nicht entstehen zu lassen. Aber das ist nur einerseits; denn andererseits müssen sie, um nicht als »Lüge« dazustehen, geschichtshaltig genug sein, um nicht als Hirngespinste zu erscheinen. *Fever* ist demnach ein Teil *der Geschichte*, aber nicht jener Teil, der stattgefunden hat. *Die Geschichte* besteht aus Ereignissen, die

* Klaus Heinrich, *der Gesellschaft ein Bewußtsein ihrer selbst zu geben*, Frankfurt 1998, 9f.

stattgefunden haben, und ebenso aus Ereignissen, die nicht stattgefunden haben; drittens aus Ereignissen, die sich ihr »hinzufügen«, weil sie hätten stattfinden können oder sollen. Dies ist der Punkt, aus dem unsere Wünsche die Geschichte mit- und umschreiben.

Außerhalb des Mythos bleibt der bewußte Entschluß zur *Geschichte*, als Plädoyer für historische Gerechtigkeit, wie es Stephen Vincent Benét vorbringt für John Rolfe:

> Und wenige Männer versammelten mehr Leben in ihrem Leben
> Als dieser nüchtern-sprechende Experimentierer,
> Der führte Schiffbruch, Hunger und Heiraten in seiner Spur,
> Und machte Tabak zum König von Virginia
> Für ein Jahrhundert und mehr.
> Du magst an ihn denken als Pocahontas' Ehemann.
> Er war eher mehr als das und seine Saat geht immer noch auf,
> Und wir täten gut daran, das kleine Gartenstück einzuzäunen,

Wo er, in Wams und langen Strümpfen, anpflanzte
das indianische Kraut.

...alles wahr ...jedes Wort wahr ...aber wo ist das Fieber? ... »Wams und lange Strümpfe!?« ...was spricht uns frei?

Nimmt es wunder, daß die Ladies der *Association for the Preservation of Virginia Antiques,* die, laut Mossiker, das Sagen in der *Jamestown Foundation* haben, Benéts Rat täglich in den Wind schlagen und *keinen* Zaun um sein Gartenstückchen ziehen? Nicht mal eine Statue hat Rolfe an *seinem* Platz, wie Smith sehr wohl ...Smith, der doppelt, in Jamestown und in England, denkmal-geschützt lebt ...John Smith, der Eroberer, dessen Londoner Grab-Inschrift mit der Zeile beginnt:

Hier liegt einer besiegt, der Könige besiegte.
Here lyes one conquered that hath conquered Kings.

Conqueror! Smith hat keinen Sohn, aber *millions of sons!* So viel wie Disney Zuschauer hat...

Der Literaturprofessor William B. Cairns, University of Wisconsin, fällte schon 1912, in seiner *History of American Literature*, einer der ersten amerikanischen Literaturgeschichten überhaupt – sie stellt John Smith, William Strachey und George Sandys an den Anfang des amerikanischen Schreibens –, über Smith entschlossen dies Urteil:

Die Leistungen dieses Mannes (...) zählen zu den bemerkenswertesten der Neuzeit. Sein Geburtsort ist ein Nest, Willoughby, an der flachen Küste von Lincolnshire. Sein Vater starb, als Smith noch ein Junge war; sein Vormund behandelte ihn sehr schlecht, schließlich wird e r in eine Kaufmannslehre gegeben – ein Leben, das nicht nach seinem Geschmack war; mit 15 lief er davon und verdingte sich bei der Armee; Kämpfe in Frankreich und in den Niederlanden; Kurierdienste nach Schottland für den König (= der spätere James I.), er hat aber als Hofmann nur geringe Erfolge. Geht zurück nach Willoughby und lebt einige Monate als Einsiedler im Wald;

Smith selber erzählt, wie er in dieser Zeit Übungen mit der Lanze unternimmt, Don Quichote-Spiele im ironischen Ton. Und er studiert, nach eigener Angabe, *The Art of War* von Niccolò Machiavelli, ins

Pocas Abschiedstränen bei *Smith's Abreise* von Virginia, Kinderbuch 1989

Englische übersetzt von Peter Whitehorne, London 1560, sowie die *Meditationen* von Marc Aurel, übersetzt von Thomas North.*

Danach Rückkehr auf den Kontinent, wo er mehr Abenteuer durchläuft, als man aufzählen kann; er ging über Bord im Mittelmeer, wurde aufgefischt von einem Piratenschiff, nahm an einer Kaperfahrt teil und erhielt seinen Anteil an der Beute; und erreicht schließlich den Orient, den Schauplatz seiner märchenhaftesten Abenteuer. (...) Nach diesen Abenteuern (...) sieht man ihn zurück in England im Jahre 1605, ca. 25 Jahre alt. Für die nächsten anderthalb Jahre scheint Smith nichts Bemerkenswertes getan zu haben, dann betritt er wieder die Bühne als einer der auffälligsten Koloniengründer in Jamestown, Virginia...

Der Historiker Bradford Smith, der als erster der Smith-Biographen versucht hat, den »Wahrheitsgehalt« seiner Geschichten zu bestimmen – das »wahre Gold« –, insbesondere was seine türkischen Stories angeht, hat schließlich eine etwas verschobene Lösung dieser Aufgabe einer reinen »Aufklärung« vorgezogen:

Bei allen Nationen bringt ihr homerisches Zeitalter Helden hervor, die ins Geheimnis gehüllt erscheinen. (...) Amerika hat das Glück, sein homerisches Zeitalter in geschichtlicher Reichweite zu haben. Dies könnte einen sehr bedeutenden Teil unserer Kraft als Nation ausmachen. (...) Es ist unser großes Glück, einen Populärmythos (folk myth) zu besitzen, der mit den Fakten korrespondiert. Er versetzt uns in die Lage, an eine mythische Story glauben zu können, die nicht nur hätte passieren können (und sollen), sondern die passiert ist. Wir brauchen keinen imaginären Odysseus als Nationalhelden, denn unsere Helden sind real und ihre Taten sind beweisbar.

Dies erklärt die Bedeutung von John Smith. Er ist unser Odysseus, unser Siegfried, unser Aeneas. So wie Athen seinen Perikles hatte, aber davor zuerst seinen Theseus, Rom seinen Cäsar, aber zuvor seinen Romulus, England die Queen Elizabeth, aber zuvor seinen Arthur – so brauchen wir Smith, um Washington und Lincoln in die gehörige Perspektive zu stellen.**

* Barbour, *Smith...*, Bd. 3, 156
** Bradford Smith, *Captain John Smith: His Life & Legend*, Philadelphia/NY 1953, 304f.

– dies alles hätte aus John Rolfe, dem »Realen« aber ebenso konstruiert werden können. Auch hätte Hollywood nicht Kirk Douglas als Homers Odysseus nötig gehabt, wenn dies so »stimmen« würde, wie Bradford Smith meint. Näher am Punkt ist er mit dem Satz:

Eine der Qualitäten des Folk Hero liegt in dem gewissen Geheimnis, das ihn umgibt. Smith gibt uns genau das (...) Er muß immer in Teilen unbekannt und unkennbar bleiben. Dies ist sein Glück, denn wo das Bekannte oft vergessen wird, lebt das Geheimnis weiter.

Rolfe *ist* kennbar. Und Smith ein Held wie Odysseus, eben deshalb, weil es seine »mad affair« mit Pocahontas *nicht* gab. In den ganzen USA gibt es einen einzigen Ort, der auf den Namen Rolfe lautet: *Rolfe City* in Iowa, gegründet 1884, ein Kaff, bei dem sich die Handbook-Schreiber nicht einmal sicher sind, ob der Name nicht von einem schwedischen Vorbesitzer des Landes namens Rolfe stamme; aber immerhin liegt Rolfe City in *Pocahontas* County, dessen Kreisstadt *Pocahontas* heißt, gegründet 1892, 2000 Einwohner stark heute.*

Die, die auf Rolfe als »Heros« beharren, haben nichts weiter zu bieten als die Inthronisierung einer sowieso schon hoch im Kurs stehenden, aber nicht besonders unterhaltenden Eigenschaft: »John Rolfes Philosophie der Arbeit«, wie der Dramatiker Paul Green das genannt hat:

> In Rolfe ist die Essenz des Charakters der englischen Rasse präsentiert. In ihm kommt einmal mehr der Grund für Englands Erfolg als kolonisierende Macht zum Ausdruck. England war eine Nation, die arbeitete. (302)

John Rolfe könnte das unterschrieben haben. Er *ist* der Heros der ersten Gründung Amerikas. Dies anzuerkennen, hieße aber eine weitere Realität anerkennen, die Ehe mit der roten Frau.

Kopf auf Stein schlägt also Tabakmesser ...man will: Grundlagen für Songs. Was nimmt Elvis auf, als er zurück aus Europa nach America kommt... zurück von der Militärarbeit ...zuerst zu Sinatra ins TV-Studio ...dann rein ins Aufnahmestudio ...und als eins der ersten Stücke: Peggy Lee's *Fever* ...mit der Pocahontas/Smith-Strophe ...auch in der Musik klar angelehnt an den Bass und die Indian Drums von Peggy Lee ...*Captain Smith is back in town..*

★ Ein weiteres *Pocahontas County* gibt es in West Virginia, eingerichtet 1821, 1990 bewohnt von 9008 Einwohnern. Insgesamt heißen 5 amerikanische Orte Pocahontas alle so benannt im 19. Jahrhundert: in Virginia, Missouri, Illinois, Iowa. Arkansas; letzteres mit ca. 6000 Einwohnern der größte der Flecken; cf. Frank R. Abate, *American Places Dictionary in 4 vols.*, Detroit Mich. 1994

Arbeit & *Arbeit. Mythos* und Geschichte, immer wieder am Nullpunkt:

> Captain Smith and Master Rolfe
> Keep on having mad affairs...

Arbeit & *Arbeit.* Smith hat seine Denkmäler, hat seine »Ausgaben«;* Rolfe nicht. Rolfe arbeitet – unmythologisch, modern. Er ist Produktmanager bei Phillip Morris, arbeitet auch abends, zu Hause. Steckt sich (k)eine an (!!!??) ...kippt sich ein' ein ...muß aber noch Berichte schreiben. Letztlich ist es *Zusammenarbeit ... Two Rode Together...*

In der Kulisse wartet eine chinesische Pocahontas ...*They Call Me Mellow Yellow!...*

★ wozu neben seinen beiden oft gedruckten Briefen an Sandys und Dale seine Berichte nach London gehören würden, die Myra S. Kingsbury im 3. Bd. ihrer Protokolle der Virginia Company abgedruckt hat. Dort auch eine Übersicht über Rolfes Grundbesitz in Virginia: 400 Acres auf der Island of James City, dazu nochmal doppelt so viel bei Mulberry Island. Kingsbury, Bd. 4, 555f.; George Sandys erscheint als Besitzer von 300 acres in derselben Liste, Stand Mai 1626.

8. EPILOG AUF DEM SCHLACHTFELD VON CANISSA. »STAB-ÜBERGABE«

Merkwürdigerweise fehlt in der Liste von Smiths Ruhmestaten bei Cairns eine der wesentlichsten: die Erfindung der vor-elektrischen Telegraphie, Übermittlung von Botschaften mittels Feuerzeichen. Wir erinnern uns: bei der Belagerung der Stadt *Olumpagh* (= Unterlimbach, im heutigen Slowenien) durch die Türken erbot sich Smith, dem Kommandanten der Artillerie der belagerten Stadt, dem General Baron Kisell, »jedes Zeichen zu übermitteln und lesbar zu machen, das er wolle, wenn man ihm drei Fackeln gebe und einen Berg anweise, von dem aus diese in der Stadt sichtbar seien.« Was Smith damals entwickelt hat, ist nicht bloß ein (Rauch)Zeichensystem, sondern so etwas wie der Anfang des Morsealphabets: Smith teilte dazu das Alphabet in zwei Teile. Die Buchstaben von A bis L wurden mit *einer* Fackel signalisiert, die von M – Z mit *zwei* Fackeln, jeweils so oft hochgehalten, wie der Buchstabe Zahlen hat, wenn man A=1 setzt, B=2, C=3, usw., und wieder neu beginnt mit M=1, N=2, aber diese mit zwei Fackeln signalisiert. Nach dem Ende jedes Wortes werden *drei* Fackeln hochgehoben (= Leertaste). Das funktionierte ausgezeichnet. Smith übermittelte lesbare Botschaften an Baron Kisell und an deren Gouverneur Lord Ebersbaught.* Mit diesem, seinen »stratagem of light«, sagt Smith, sei Olumpagh befreit worden. Smith gibt diesen Bericht 1630, in *Die wahren Reisen, Abenteuer und Beobachtungen des Captain John Smith, in Europa, Asien, Afrika und Amerika, beginnend um das Jahr 1593, und fortgesetzt in die Gegenwart bis 1629*, einem seiner letzten Texte, einer Art Autobiographie all seiner Taten.**

Solche Nachrichten pflegten vorher auch mit Spiegeln, von Anhöhe zu Anhöhe, weitergefunkt zu werden; aber Smith wollte nachts senden, daher die »Strategie des Lichts«. Limbach und die Festung oberhalb der Stadt, die Smith »Olumpagh« nennt, sind nachweislich im Jahr 1601 von den Türken angegriffen worden. Bradford Smiths Ein-

* Barbour, *Smith…*, Bd. 3, 163ff. Bradford Smith nennt ihn Lord of Ebersbaught

** Die Bilderreihe dazu von Smiths Taten s.o. im Kapitel *Sept Cabecas has der Leone*

The Lakeside
Press: Chicago
R. R. Donnelley
& Sons Co.

wand, es habe da gar keine Belagerung gegeben, ist wohl unhaltbar; nicht aber der Hinweis von Bradford und Barbour auf die Quellen von Smiths Telegraphen-Phantasie: keineswegs hat Smith diese Art der Übermittlung mit dem halbierten Alphabet per Fackelzeichen erfunden; eine Darstellung solcher und anderer militärischer Techniken der Nachrichtenübermittlung findet sich sowohl im Anhang von Machiavellis *Kunst der Kriegführung* – eben dem Buch, das Smith angibt gelesen zu haben, bevor er 1597 zurück auf den Kontinent geht, und in

Drei Verlagssignets der Lakeside Press, Chicago, 1897 ... 1926 ... 1930

William Bournes' Anleitungsbuch für Offiziere an Land und zur See.* Warum diese Techniken dem steiermärkischen Oberstleutnant bei der Artillerie Hanns Jakob Khissl aus Graz nicht bekannt gewesen sein sollen, weiß der Teufel. Smith jedenfalls stellt sich als Erfinder dessen, was später als indianisches Rauchzeichen-Habit so populär geworden ist, auf einen der östlichen Alpenausläufer und reklamiert dies als Erfindung für sich; stellt sich also, im Jahr 1630, dar als erster amerikanischer Edison.

★ William Bournes, *Inventions or Devices, very necessary for all Generals and Captains, Or Leaders of men, as well by see as by land*, London 1578.

Gemacht haben will Smith die Erfindung aber lange *vorher,* vor 1600 schon. Keine Indianerkopie also – falls die Powhatans sich mit Rauchzeichen verständigt haben sollten; in den Schriften taucht dazu nichts auf; es ist auch eher unwahrscheinlich: für Waldindianer sind Rauchsäulen – bei gegebener natürlicher Beschränkung der Blickweiten durch Blatt- und Baumwerk – nicht unbedingt ein gebotenes Kommunikationsmittel. Wenn Smith als Erfinder also womöglich nicht in Erfinder-Konkurrenz gesehen werden wollte zu den Virginian Indians, dann funkt sein Flammenwerfer aber wohl Konkurrenz zu einer anderen Art Feuer & Rauch: dem, der von englischen Tabakspfeifen aufsteigt, gestopft und beliefert von Mr. John Rolfe.

Könnte hier nicht gesagt sein: John Smith, zum Schriftsteller geworden am Ende, reklamiert für sich eine Überlegenheit im Nachrichtentechnischen gegenüber den Sendungen Rolfe-Virginias: die Zeichen, die *er* setzt (und übermittelt) aus der Neuen Welt sollen den ökonomischen Qualm, den Rolfe verbreitet, überdauern und überwehn: John Smith, Neue-Welt-Telegraph mit dem Mittel des *Feuers:* ein nicht unabgründiger Witz. Der ausgebootete Kolonialist, zum Buchstabensetzer mutiert, als nachrichtentechnischer Revolutionär, der eben deshalb – um seine *Bestimmungen* durchführen zu können – an jeder Ecke der Welt *gerettet* werden mußte von Ladies aller Länder und Rassen, weil es *ein sichereres Zeichen* der Erwähltheit nicht gibt im westlichen Buchstabenkosmos; – außer eben jenem reichlich unangenehmeren der Beweisführung durch Hängen am Kreuz ...und dazu neigte Smith, der mythische, in England lebende *wirkliche* Amerikaner, ganz und gar nicht. Und natürlich trug die Nachricht ihre Früchte, durch die Jahrhunderte: die Walt Whitman-Amerikaner kommen aus Smith, die Ishmaels und Queequegs ...denn *erster Adoptivsohn* der Roten ist Smith schließlich auch – in seiner Schreibe –; den realen Churchbau überläßt er den Masters Rolfe, Whitaker, Dale, Argall und Genossen.

Die Fundierung der amerikanischen Literatur in den drei Ursprungs-Schreibern Smith, Strachey und Sandys durch den Literaturprofessor William B. Cairns erscheint uns so übel nicht und richtungsweisend geradezu für die amerikanische Aufzeichnungsgeschichte: in Smith die Hemingways und Hawks, in Stracheys *Erfassung* des Gegebenen (und seiner Sexualisierung) die Schreiber vom Typus Henry

Miller,* Mailer bis Pynchon, Sozio-Ethnologen der Abwege der eigenen Gesellschaft, und in George Sandys der Typus Ezra Pound, der »Über-Setzer«, der alle Richtungen und Zweige der Weltliteratur zu übertragen sucht ins »Amerikanische«, das dadurch allerdings erst zum richtig Amerikanischen wird, also andauernd erst *erfunden* werden muß ...erfunden werden muß *in Europa* von Typen wie Pound, die unaufhörlich durch die Konfigurationen gleiten, mal Odysseus, mal Orpheus, mal Tristan sind (und mal Mussolini)...etc. Keine Rede kann davon sein, daß Amerika einen Odysseus nicht »brauche«, es läßt ihn aber in Amerika *geboren* sein, in irgendeinem *Private Idaho,* ehe er seine Irrfahrten antritt.

★★★

★ – der anfing als Angesteller der Western Union: Personalchef & Telegraphen-Abteilung.

Smiths Balkanberichte sind in vielem hieb- und stichfest, so auch die auftauchenden Namen. Seine Darstellung der Kämpfe um Limbach und Canissa (heute Nagykanizsa im südlichen Ungarn) führt im 5. Kapitel der *True Travels* z. B. einen Namen heran, der besonders aufhorchen läßt: Vincenzo Gonzaga. Der Herzog von Mantua, Chef Monteverdis und des späteren Orfeo-Librettisten Allessandro Striggio, rückt im Sommer 1601 mit Truppen heran, die helfen sollen, Canissa, das von den Türken rückerobert worden ist, erneut zu entsetzen. Geplant ist ein Generalangriff der vereinigten christlichen Fürsten, aufgeteilt in drei Armeen. Gonzagas Truppen gehören zur zweiten unter Ferdinand, Erzherzog der Steiermark. Seine Truppen machen Rast bei Graz, das Wetter ist schlecht, sie bleiben stecken im Matsch. Claudio Monteverdi hätte mit auf diesen Feldzug gehen sollen: als Unterhaltungsmusiker für seinen Fürsten, wie er ihn schon vorher auf Feldzügen begleitet hat; diesmal hat Monteverdi sich freistellen lassen können: seine Frau erwartet ihr erstes Kind. Aber Striggio ist mit dabei im Gefolge des Herzogs.

Durch einen Todesfall am Hof sieht Monteverdi sich gezwungen, dem Herzog einen Brief aufs Schlachtfeld hinterherzuschreiben. Es ist der erste erhaltene Brief Monteverdis, die Nr. 1 in der Briefausgabe von Denis Stevens: Der bisherige Hofkapellmeister Benedetto Pallavicino ist gestorben, und Monteverdi möchte unter allen Umständen die freigewordene Stelle; und er will nicht warten (wegen des laufenden Intrigenkarussells), bis Herzog Vincenzo zurück ist; und so muß ein Bote los, mit der Botschaft

> ... ich bitte flehentlich darum, mir die Stelle eines Maestro der Kirchenmusik sowohl als auch der Kammermusik zu gewähren, die ich, wenn mich Eure Güte und Gunst damit würdigen werden, mit der Demut antreten werde, die einem bescheidenen Diener zukommt, wenn er von einem großen Fürsten wie Ew. Hoheit begünstigt und gefördert wird, vor der ich mich verbeuge und meine demütigste Ehrerbietung erweise, indem ich Gott jeden Tag um die größte Zufriedenheit bitte, die ein ergebener und getreuer Diener für seinen Herrn nur sehnlichst wünschen kann.
>
> Mantua, 26. November 1601

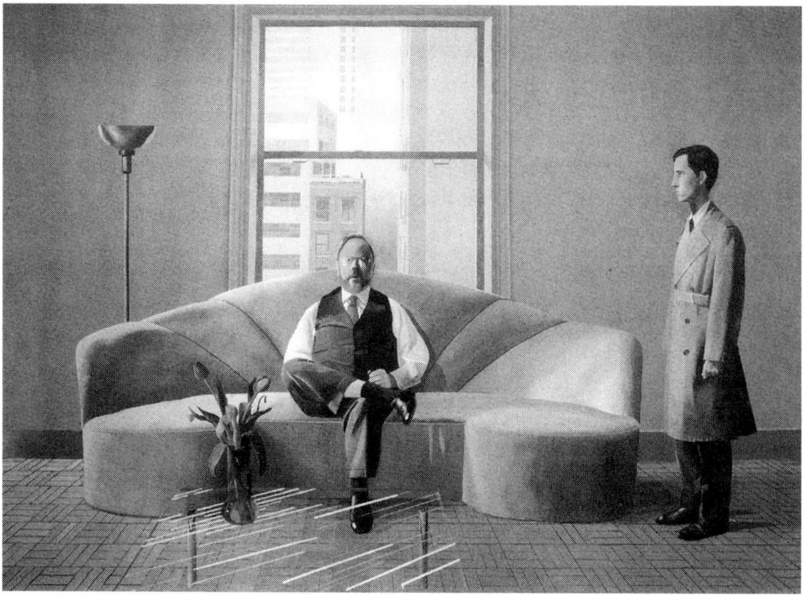

Als der Brief Graz erreicht, sind die mantuanischen Truppen gerade aufgebrochen. Er geht ins Leere, und Monteverdis Beförderung bleibt zunächst aus; aber John Smith hat seine Beförderung hier bekommen: seine Actions um Limbach/Canissa bringen ihm den Hauptmannstitel ein, *Captain* Smith ab hier.

...ein großartiger Geschichtsmoment: die Szene, in der Alessandro Striggio und John Smith aneinandervorbeistolpern im Matsch des Feldlagers von Canissa: der Orfeo-Librettist aus Italien und der Feuer-Telegraph aus England; der Neu-Erfinder des europäischen Kunstmanns Orpheus und der *praktische* Orpheus des kommenden Amerika hätten den Ärmel aneinandergestreift, beim Ausweichen vor einer Regenpfütze ...und sechs Jahre später erneut vereint, als am 22.2. 1607 die Smith-Schiffe nach Virginia aufbrechen, während am selben Tag in Mantua die *Orfeo* Oper uraufgeführt wird.

Monteverdis Brief war dennoch nicht umsonst: er bekommt seine Beförderung zum (privaten) Hofkapellmeister später, nach Rückkehr Vincenzos von dessen (wenig ruhmreicher) Feldzugsteilnahme. Frustriert von seinen militärischen Mißerfolgen, geplagt von einer alten Knieverletzung und umgegeben von zahlreichen Alchimisten, Chemiefachleuten nach Maßgabe der Zeit,

...schrieb Vincenzo nach Mantua, und drängte seine Militärtechniker, eine neue Art von Kanonenkugeln zu erfinden, die einschläfernde oder giftige Gase im türkischen Heerlager verstreuen sollten.*

...eine ganze Reihe neuer Erfindungen militärischer, technischer und artistischer Art deuten sich an in den Gräben der Kriegführung gegen die »muselmanische Bedrohung«, Bedrohung aus dem *Osten*, dessen Grenzen in diesen Kriegen, so gut es geht, dicht und *sicher* gemacht werden sollen, damit die Expansion nach Westen, in die *Neuen Welten,* nicht unter den Bedingungen von Zweifrontenkriegen starten muß; ...Flankenschutz für die *Virginia Schiffe* ...wo's in Europa schlechter und schlechter läuft mit der guten alten Levante Company...

...Orpheus & *Orpheus* kreuzen ihre Schritte an dieser Grenze, im Morast des Feldlagers an der Türkenfront ...und nicht nur diese beiden: William Strachey befindet sich im März 1607, als die erste Jamestownflotte Richtung Karibik steuert, auf dem Weg zurück nach London aus *Istanbul:* er war Sekretär des Londoner Botschafters in der Türkei, eines Mr. Glover, mit dem er sich rechtzeitig zerstreitet, um nach London zurückgeschickt zu werden ...rechtzeitig, um anschließend anheuern zu können in Sir Thomas Gates 9-Schiffe-Flotte ...und kommt, als weitgereister Mann mit theologischer Collegebildung (Cambridge) gleich aufs Flaggschiff, die *Sea Venture,* von da in den Bermuda Shipwreck, von da in die Führungsmannschaft der Virginia Colony, in die Schreiberposition, unter die drei Ursprungs-Schreiber Nordamerikas ...auf dem gegebenen Umweg über Konstantinopel/Istanbul...

...Stadt, in die auch der dritte amerikanische Literatur-Urheber George Sandys gekommen war, als Reiseschriftsteller: *Relation of a Journey 1610*, über den Balkan bis nach Syrien, das Buch erschien 1615 Aus diesem Buch wiederum hat Captain John Smith, der Vielleser

* Denis Stevens, Kommentar zu Brief Nr. 1, in Monteverdi, *Briefe, 1601-1643*, dt von H. H. Henschen, München 1989 (London 1980), S. 40

einen Teil des *Kolorits* zur Ausschmückung seiner Orientabenteuer bezogen – so Bradford Smith.*

Für seine Bestattungsfeier in London hatte Smith den Ort vorher bestimmt: die *Saint Sepulchre's Church* – am Ende der *West Road*, direkt neben einem Gasthaus mit dem Namen *Saracen's Head Inn*, »Zum Sarazenenkopf«: Türkenschädel auf Holztafel. (79, 290) Smith stieg dort oft ab oder kehrte auf einen Drink ein. Die drei abgeschlagenen Türkenköpfe in seinem Wappen (doppelt!) sind alles andere als ein Karnevals-Orden ...Ausweis von der Ostfront vielmehr ...Orpheus' Sprungbrett for *Heading West* ...Smith, Strachey, Sandys ...Dreigestirn mit türkischer Karriere vor der amerikanischen.

Beim Anlegen seiner Landkarten von New England nannte Smith eine Landzunge, die sich etwas oberhalb von Cape Cod ins Meer erstreckt, *Cape Trabigzanda;* nach seiner edlen Türkin Charatza Trabigzanda, die ihn als Sklaven so nett behandelt hat; noch während der Drucklegung (=eingelegtes Korrekturblatt) allerdings umbenannt zu Ehren der Königin in *Cape Ann.*** Viele von Smiths Namen sind aber geblieben, z.B. »Plymouth«, wo die Pilgrim Fathers landeten: ein Fleck

* Bradford Smith, a.a.O., 64, George Sandys, *A Relation of a journey begun Anno Domini 1610*, London 1615 (mehrere Neuauflagen im 17. Jh.)

** Barbour, *Smith...*, Bd. 1, 339ff.

mit einem Indianerdorf, das Smith (im Vorbeifahren) so benannt hat; der *Charles River*, an dem Boston liegt, oder das Cape Elizabeth weiter im Norden. Ob die Gruppe der Inseln, die dem Cape Ann vorgelagert sind, ca. 50 km nördlich von Boston, die Smith – als Denkmalsetzer seiner eigenen Taten – auf »Der drei Türken Köpfe« taufte, *The Three Turks' Heads,* heute noch so heißen, ist in den uns zugänglichen Atlanten nicht verzeichnet. Die Geschichte jedenfalls jener Konfrontation ist weitergegangen...*

★ Konstellationen wie Clinton vs. Milosevic – Bush vs. Ghaddafi oder Saddam – haben (u.a.) diese Vorgeschichte. Etwas voreilig von daher die Wut des patriotischen Lokalhistorikers Alexander Brown, der John Smith im Jahr 1890 unter die Lieferanten un amerikanischer Legenden zählte: »His vanity has for over 200 years destroyed the truth and true idea of our earliest history«. A. Brown, *Genesis of the United States,* zuerst 1890, oft nachgedruckt, rpt. NY 1964, in 2 Bd., Spalte 864a; »the truth and true idea of our latest history« sprechen eher für Smiths »vanity«.

Um *Umbenennungen* handelt es sich dabei sowieso immer ...fast alle diese Capes, Inseln, Landzungen, Ankerplätze und geplanten Städte hatten vorher schon französische Namen getragen ...zuerst durch Giovanni da Verrazzano, den Florentiner, der 1523/4, fahrend für François I., das nördliche Amerika für Frankreich kartographisch in Besitz nahm ... von Verrazzano stammt der (sehr) frühe Name *Arcadia* für einen Teil Amerikas ... wegen einiger an Land sichtbarer schöner Nackter unter schönen Bäumen ...oder spanische Namen ...die Chesapeake Bay hieß für die Spanier, die vor den Engländern dort waren, *Bahia de Santa Maria* ...und das Land, das die Engländer *Virginia*

nennen, vorher span. *Ajacán** ...*Port St. Louis* war vorgesehen für *Plymouth*, die erste Puritanersiedlung in New England, von Samuel de Champlain ...Champlains Siedlung *Quebec*, das kanadische Jamestown, aber behielt den Namen ...ab 1612 unter den missionierenden Fittichen eifriger Jesuiten ...sie taufen kanadische *Indiens* in größerem Maßstab...

★ Vgl. Clifford M. Lewis/Albert J. Loomie, *The Jesuit Mission in Virginia, 1570-1572* Chapel Hill, NC 1953

Werbelogo der Cherokee Coal, Cherokee Coal Company, Louisville, Kentucky, 1947

Disney's
POCAHONTAS

© Disney

Anhang

Anmerkungen

Seite 10: – amerik. »Algonquian«, gesprochen hauptsächlich östlich des Mississippi, die ganze Küste hoch bis nach Kanada. Die Zuordnung besagt etwa so viel, wie wenn man für Europa um das Jahr 300 n. Chr. Völker der »indoeuropäischen« Sprachfamilie zuteilt. Unter »Algonkin« versammeln sich Hunderte von Einzelgesellschaften, manchmal untereinander verbunden, manchmal nicht, und manchmal auch im Krieg gegeneinander. In Virginia aber auch andere indianische Sprachfamilien, z.B. Iroquoian und Sioux-Sprachen. Algonkin wird heute noch gesprochen von ca. 90 000 Menschen (in 15 Sprachen) im mittleren u. östlichen Kanada und mittleren u. östlichen USA. Bekannteste sind: Cree, Cheyenne, Fox, Shawnee und Ojibwa. Merritt Ruhlen, *A Guide to World's Languages,* Stanford, CA, 1987, nennt unter 17 an der Ostküste gesprochenen Algonquian Languages als eigene auch das »Powhatan«, gilt heute als ausgestorben. (S. 366) Vergleichbar in Südamerika das »Araukanische« – ein europäisches Kunstwort für eine Vielzahl von Stämmen, deren Differenz noch bis in die Mitte des 18. Jhs. wahrgenommen und benannt wurde, ehe sie sich alle als »Araukaner« ins europäische Denken assimiliert fanden. Heute noch in Chile gesprochen von ca. 440.000 Indianern. Quechua, bedeutendste noch lebende amerinische Sprache, sprechen heute noch ca. 7 Milionen Menschen in Kolumbien, Ecuador, Peru, Bolivien.
»Sprachfamilien« wurden erstmals von dem 1609 in Leyden gestorbenen Joseph Justus Scaliger aufgestellt. Auf der Basis der verschiedenen Wörter für »Gott« in jeder Sprache zählte er elf: Slawisch, Germanisch, Romanisch, Griechisch, Albanisch, Tartarisch, Ungarisch, Finnisch (& Lappensprachen), Irisch (& schottisches Gaelic), Walisisch/Bretonisch und Baskisch.
In Nordamerika haben viele der mehr oder weniger verschwundenen Sprachen nur in englischen Ortsnamen überlebt, z.B. Massachusett(s), Delaware, Cheyenne, Alabama, Omaha, Dakota, Biloxi, Wichita. »Others have become famous around the world via Western Movies, e.g. Comanche, Muscogee (=Creek), Cherokee, Mohawk«. (M. Ruhlen, a.a.O., 205).

Seite 25: Louisa Lander, *Virginia Dare,* 1859. – Amerik. Bildhauerin, die in Rom lebte. (Aus Joy S. Kasson, *Marble Queens and captives: women in nineteenth-century American sculpture,* New Haven/London 1990). – Virginia Dare: das erste in Amerika – auf Roanoke – geborene christliche weiße Kind (prot.), 1588 wie alle andern Roanoke-Siedler verschwunden. Lander zeigt sie als *Erwachsene* – (zur Stelle, wo erwähnt wird, daß sie in einem amerik. Roman von 1912 als wirkliche Mutter von Pocahontas dargestellt wird.) – Gedicht zu ihr von Lydia Sigourney, »V.D.«, *Graham's Magazine*, 41, Okt. 1852, 442f.

Seite 26: Strachey ist überzeugt, daß Powhatan die verschollenen Roanokesiedler auf dem Gewissen hat. (Strachey, 105f.)

›Virginia Dare‹, Louisa Lander, 1850

Powhatan wird beschrieben als Tyrann, als absoluter Feudalherr, dessen Wort und Laune Gesetz ist und unter dem die Indianer sehr leiden. 80% ihrer Erträge müssen sie an ihn abführen als Zins, dies ist in den Augen eines Engländers an der Schwelle zur bürgerlichen Revolution etwas ganz Unmögliches. So macht Porters Satz: »Strachey sah die Engländer als Befreier der Indianer an« (von Powhatans Feudaltyrannei) Sinn.
Entsprechend Stracheys Propaganda in Richtung der Indianer für einen Wechsel der Staatsangehörigkeiten: auch an die Engländer würden sie Tribute zahlen müssen, aber längst nicht soviel wie an Powhatan. Unter den Engländern würden die Indianer »freie Landbesitzer« werden, neben den Engländern, mit denen sie sich in ihre jetzigen Gebiete teilen würden; jetzt »gehöre« alles Powhatan. Sie würden dadurch Untertanen von King James, der sie auch in Kriegen schützen werde. Solche Vorteile hätten sie jetzt nicht, jetzt seien sie arm und versklavt, ohne Sicherheitsgarantien über ihr Leben und ohne Sicherheit über ihren Besitz und ihre Güter. (Strachey, 91-3)

Seite 29: Daß nicht auch Raleigh im Herzen der Finsternis verschwunden war zusammen mit den Toten von Roanoke, lag an Queen Elizabeth, die auf Sir Walters belebender Präsenz am Hof bestand. Der gebundene Ritter vertrieb sich die Zeit mit dem exzessiven Verbrauch und der Popularisierung desjenigen Goldes, das bis dahin allein aus Übersee in England eingetroffen war, des Tabaks aus der Karibik, dessen Handel bis zu diesem Zeitpunkt die Spanier monopolisierten. Unter Elizabeths Nachfolger James kam Raleigh für gut ein Jahrzehnt in den Tower. Er soll sich nach dem Tod der kinderlosen Elizabeth an der Verschwörung zugunsten von Arabella Stuart als Thronfolgerin beteiligt haben, 1603. Arabella kam um ihre Chancen durch falsche Liebeswahl; sie heiratete den einzigen Mann, der ihr (von James I.) verboten war. Liebe »zum Feind« als Ausschlußgrund von der Thronfolge ...in der *alten* Welt, der weißen ...wieviel gefährlicher also »drüben«.

Seite 41: Karl Heinz Göller hat an einer anderen Figur der amerikanischen Geschichte(n), an William Cody alias Buffalo Bill, ausgeführt, wie die geschriebenen *Romances* der Groschenromane die historische Realität der Figur Cody dermaßen überformten, daß Cody/Buffalo Bill sich schon zu Lebzeiten Züge dieser *dime novels* zu eigen machen mußte, weil er keine Chance hatte gegen sie. »Cody hat das selbst deutlich gesehen und ausgesprochen. Bis zum Ende seines Lebens war er Schauspieler, spielte aber nur eine einzige Rolle: den Buffalo Bill der *Wild West Shows* und der Romane.« So daß Cody am Ende seines Lebens »selbst« nicht mehr wußte, was er »erlebt« hatte und was aus den Romanen war. Noch schöner ist dies Verhältnis abzulesen an der Antwort auf eine Kritik, die sich der Cowboy-Autor Wister oft und dauernd anhören mußte: so wie er schreibe, hätte ein Cowboy nie geredet. Der Cowboy Burleigh Withers rettete ihn: »Ja, mag sein, daß wir nicht so redeten, vor Mr. Wisters Buch, aber seitdem es da ist, reden wir so.« (Göller, »›Romance‹ versus ›Reality‹ aus amerikanischer Sicht«, in: *Amerikanische Literatur in der Weltliteratur,* Fs f. Rudolf Haas, Hrsg. v. Claus Uhlig und Volker Bischoff, Berlin 1992, S. 44)
Ganz ähnlich war Heinrich Heine der erste moderne Autor, welcher, entgegen der von

Matthäus und Lukas überlieferten Erzählung, *seiner* Prinzessin Salome eine (nicht erwiderte) »Liebe« zu ihrem Opfer Johannes andichtete, 1841 im *Atta Troll*; dies wurde »auf der Stelle« zum Kern der *Geschichte* und zu der Version, die Maler, Dichter und Komponisten in seiner Nachfolge reihenweise als selbstverständliche *Tatsache* begriffen: den notwendigen Tod des Jesus-Vorläufers im Affekt einer jüdisch/arabischen Femme fatale und ihres despotischen Vaters (»Powhatan«) begründend; von hier geht ein direkter Pfad in den Wigwam Freuds.

Seite 48: Amerikan. Kriegserklärung an England am 18. Juni 1812. »England war in der Tat geschockt, als die Vereinigten Staaten im Sommer 1912 ihre Kräfte auf die Seite der napoleonischen Tyrannei warfen, denn das Frühjahr und den Frühsommer hindurch war prophezeit worden, daß es keinen Krieg geben werde.« (Reginald Horsman, *The Causes of the War of 1812*, Philadelphia, 1962, 13) Erstaunlich an dieser Kriegserklärung war aber nur, fährt Horsman fort, daß sie nicht schon 1807 oder 1809 ergangen war; da lagen die Gründe schärfer auf der Hand als 1812 (was von Europa aus gesehen vielleicht stimmt; von Amerika aus nicht unbedingt: 1812 gingen die großen Indianeraufstände unter Tecumseh los, die sich seit etwa 1805 angedeutet hatten. Die zunächst religiöse, dann politische Loslösungsbewegung der Indianer von den USA wurde von den Briten seit 1807 aufmerksam verfolgt und danach z.T. unterstützt; England wollte, nach der Unabhängigkeit der USA 1783, sich Einflüsse und Niederlassungen auf dem Neuen Kontinent erhalten, und tat dies teils mit Hilfe der Indianer, deren Aufstände es zu diesem Zweck gebrauchen konnte. Ein Treffen Tecumsehs mit britischen Offizieren gibt es in Amherstburg, 1808, weitere danach. (Horsman, 165f.)). London, vom Krieg mit Napoleon in Atem gehalten, war aber nicht besonders interessiert an den Ereignissen entlang des *DETROIT RIVER*. Erst als die English Army in Amerika (Canada) argumentierte, daß die Indianer sich im Kriegsfall den Amerikanern anschließen würden, wenn England sie nicht vorher an sich bände, ließ die Londoner Regierung der Zusammenarbeit mit Tecumseh zustimmen. Sie ließ der Übersee Army dann mehr oder weniger freie Hand für ihre Aktionen. Napoleon blieb wichtiger. Die Indianer täuschten sich tatsächlich über den Charakter der Zusammenarbeit mit den Briten; sie sahen sie als ehrliche Verbündete gegen die vorrückenden amerikanischen Siedler, während die Briten die Indianer gegen die Amerikaner benutzen wollten, um das Land um den Ohio und an den großen Seen, die noch nicht zu den USA gehörten, selbst in ihren Besitz zu bekommen. (Horseman, 166f.; vgl. auch Bradford Perkins, *Prologue to War. England and the United States 1805-1812*, Berkeley/Los. Ang. 1963, 282ff.)

Seite 50: Davis kann man weitere Pioniertaten zuschreiben, darunter den ersten sog. Seeroman. »Überraschend populär«, sagt Thelma Louise Kellogg, sei seine *Naval Story* »The Wooden Walls well manned: a picture of an English Frigate«, gewesen, erschienen 1804 – fast zwanzig Jahre vor Coopers *The Pilot* und Scotts *The Pirat* – und noch 1878 als bedeutendes Seestück neu aufgelegt. (T. L. Kellogg, *The life and works of John Davis, 1774-1853*, 76ff.) Auf Davis' Konto gehen weiter: der erste amerikanische Briefroman, und der Grundstein für die lange und variantenreiche Geschichte des *mocking bird* in der amerikanischen Literatur; er stößt seine Nachtigallen-Fälschungstöne zuerst aus in Davis' *Ode to the Mocking-Bird* – der Vogel, von dem Thomas Jefferson sagte, daß die europäische Nachtigall im Vergleich zu ihm ein drittklassiger Sänger sei; *The mocking-bird* fliegt und singt von Longfellow über Whitman bis Harper Lee als *American* bird. – Und dann publiziert Davis, ebenfalls 1804, im *European Magazine* »The Story of Dick the negro«, ausgelagert aus den *Travels* (dort S. 413-427), später in England noch einmal aufgelegt als Pamphlet gegen die Sklaverei; der Sklave in diesem Text wird wiedergegeben »in eigenen Worten«. Nicht nur eine Urheberschaft der Sklavenstories, sondern auch eine der Literarisierung von *Oral History* kann Davis zuerkannt werden. Wenn Melvilles Buch-Ich Ishmael später von sich sagen konnte, »ein Segelschiff war mein Harvard und Yale«, dann trifft dies auf den mit 14 Jahren bei der East India Company als Schiffsjunge eingetretenen, und mit 19 für über 4 Jahre in die *Navy* gezwungenen Davis real-biographisch zu. Joseph Conrads literarischer Glanz war ihm aber nicht »gegeben«; Davis' Stil wird von Kellogg zu Recht charakterisiert als *mawkishly sentimental.* Ein Seemann von der süßen Sorte: *Pocahontas hieß das Mädchen/und das Herz war ihm so schwer.* Am Ende von Davis' *Travels* die Bemerkung, daß es nur zwei amerikanische Gasthausschilder gäbe: das mit dem Adler, und das mit der Indianerin drauf.

Seite 71: Eine besondere Version der Errettungsgeschichte hat Deutschland beigesteuert. In den amerikanischen Produktionen *Pocahontas, die Tochter des Urwaldes*, produziert von der amerikanischen Filiale der *Pathé frères*, und *Pocahontas* von Edwin Thanhousers Independent Film Corporation – den ersten beiden Filmen mit Pocahontas/Smith, die in Deutschland zu sehen waren –, wurde von der Münchner bzw. Berliner Zensur die Szene, in der »der Hauptmann Smith von Indianern mit Waffen bedroht wird« bzw. »er getötet werden soll« indiziert und entfernt ... wodurch die nur ca. 15 min langen Filme vermutlich völlig unverständlich wurden ... was wohl auch Zweck der Eingriffe war; vgl. Herbert Birett (Hg.), *Verzeichnis in Deutschland gelaufener Filme. Entscheidungen der Filmzensur 1911-1920: Berlin, Hamburg, München, Stuttgart*, München 1980, Sp. 492a. Das deutsche Kaiserreich hatte als erstes Land der Welt eine offizielle Filmzensur eingeführt (1906), aber Gerichtsurteile betreffend Filmverbote gibt es mindestens schon seit 1897. Von 1906 bis 1912 durchliefen über 12.000 Filme in Deutschland die Zensur (ibid., S. 1f.). Erhalten sind die Filme nicht, es sei denn, sie warten in einem Archiv auf ihre Erretter(In). Vgl. auch Herbert Birett, *Das Filmangebot in Deutschland 1895-1911*, München 1991. 1911 gibt es auch einen *Tempest*-Film von Thanhouser (die 3. von 9 Stumm-Verfilmungen des *Sturm* zwischen 1905 und 1929).

Seite 79: Stichwort: »den toten Frauen eine Stimme geben«; vgl. das Gedicht von Paula Gunn Allen, »Pocahontas to Her English Husband, John Rolfe«, in *Skins and Bones, Poems 1979-87*, Albuquerque, 1988, 8f. Oder Mary V. Dearborn, *Pocahontas's Daughters: Gender and Ethnicity in American Culture,* NY/Oxford 1986 – der weitreichendste Versuch, Pocahontas an den Anfang einer Genealogie heutiger *miscegenous women* zu stellen; auch Rayna Green, »The Pocahontas Perplex: The Image of Indian Women in

American Culture«, *The Massachusetts Review* 16 (1975), 698-714. Mit der feministischen Diskussion befaßt sich POCA Bd. 2, *Mad Affairs. Buch der Königstöchter.*

Seite 82: Eine *trading company* ist eine gesetzlich genehmigte, mit bestimmten Privilegien ausgestattete Handelsgesellschaft. 1588 hatte England sechs nach ihren Zielgebieten benannte Handelsgesellschaften: Muscovy, Baltic, Levant, Cathay, Moroccan und African. Im Jahr 1600 wurde die East India Company gegründet, 1606 die Virginia Company of London und die Plymouth Company. Die Gesellschaften handelten im Auftrag der Krone. Sie bestanden aus Kaufleuten, Adligen und Regierungsbeamten; sie waren in der Geschäftsführung selbständig, mußten aber die Erwartungen der staatlichen Obrigkeit erfüllen, den Prinzipien des Merkantilismus dienen, der Marine Material liefern und möglichst die jeweiligen politischen Rivalen schwächen. Handelsgesellschaften waren kein englisches Spezifikum.
Bis 1700 hatten England, Frankreich, Holland, Schweden und Dänemark rund fünfzig solcher Gesellschaften. Vier der dreizehn amerikanischen Urstaaten wurden als Kolonien von europäischen Handelsgesellschaften gegründet: Delaware von einer schwedischen, New York von einer holländischen, Virginia von der Virginia Company of London und Massachusetts von der Massachusetts Bay Company. Die ersten zwölf Siedlungen auf dem amerikanischen Festland waren aus privatwirtschaftlicher Initiative entstanden. Die Krone stellte zwar territoriale Ansprüche, ihr fehlten aber oft die Mittel, Personal und ein Verwaltungsapparat für eine gewinnbringende Kultivierung. Sie stellte Einzelpersonen und Firmen Konzessionen aus, sogenannte charters. Aktienbesitzer trieben die Kolonisation voran: Auch mit relativ kleinen Einsätzen, etwa zwölf Pfund, war man beteiligt. (Raeithel, *Geschichte der nordamerikanischen Kultur, Bd. 1, Vom Puritanismus bis zum Bürgerkrieg. 1600-1860*, Ffm., 1995, 8)

Seite 87: Der Vorname Newports veranlaßt Alexander Brown zu der Bemerkung: »Der Name Christopher ist eine Anmerkung wert. Columbus trug den selben Namen. Er bedeutet ›Christusträger‹. Den Namen Christie weiterzutragen, war ein Hauptzweck der Expedition.« Newport führte allerdings wenig Christliches im Schilde; hervorgetreten war er zuerst 1592 durch Kaperfahrten gegen spanische Schiffe in der Karibik; nach seinen fünf Fahrten nach Jamestown (Dez. 1606 bis Dez. 1611) trat er in die Dienste der Londoner *East Indian Company*. Nach mehreren Fahrten in den Persischen Golf, nach Indien, Bantam und Java, trug er sich, um den 1. Sept. 1617, etwa 50 Jahre alt, zu Grabe, irgendwo dort. Als er im Juli 1607 von der ersten Fahrt nach Virginia zurückkam, meldete sein Brief an Robert Cecil, Earl of Salisbury, noch aus dem Hafen von Plymouth: »Das Land ist excellent und reich an Gold und Kupfer; von den Goldvorkommen haben wir eine Gesteinsprobe mitgebracht.« Goldräuber (»bearing Christ«). Alexander Brown, *The Genesis of the United States*, Boston 1890, Sp. 957a u. S. 105

Seite 89: Kirkpatrick Sale hat dagegen eingewandt: »Weiter wird gesagt, es habe zu viele ›feine Herren‹ gegeben. Als die Tabakernten mit gutem Gewinn verkauft wurden, zeigte sich jedoch, daß diese hochwohlgeborenen Dandys sehr wohl hart arbeiteten und überaus leistungsfähig waren; Ralph Hamor meint, es habe am freien Unternehmertum gemangelt; aber als man 1612 Parzellen zu vergeben und Privatinitiativen zu fördern begann, hungerten die Menschen weiter, und noch 1619 herrschte in der Kolonie ›großer Mangel an Getreide‹« Das würde heißen, keiner der »natural born masters« wollte der Kleinbauer sein (der Getreidebauer), wenn die großen Gewinne am Tabak hingen; insofern waren sie Goldsucher geblieben und glaubten, wie diese, daran, daß man das gefundene Gold notfalls auch essen könne; nein, sie glaubten, das nötige Getreide vor dem Winter von den Indianern beschaffen zu können, mit ein bißchen Beschiß-Bezahlung und Raub.

Seite 115: Die Kanone von Smith an Powhatan hätte ein Geschenk sein sollen, Dankgeschenk für die Freilassung. Zur Geschenk-Kultur der Indianer bemerkt Joel W. Martin, *Sacred Revolt*, 28, daß neben Dingen und Tieren auch immaterielle Güter geschenkt wurden: Lieder, das Wissen eines Schamanen, Kräuterwirkungen, Beschwörungsformeln für Rituale, Tanzformen etc.

»Die riesige Variationsbreite von ausgetauschten Geschenken legt nahe, daß noch wichtiger als das Geschenk selber die sozialen Beziehungen waren, innerhalb derer es geschenkt wurde und die es ausdrückten. Jedes Geschenk stand in Relation zu einer Beziehung, drückte etwas über sie aus oder veränderte sie. Das Geschenk konnte dementsprechend angenommen oder zurückgewiesen werden. Z. B. hatten die Alabamas im Jahr 1737 Geschenke zu erwarten von den Cherokees, weil jene einen 20 Jahre alten Friedensvertrag mit den Alabamas verletzt hatten, indem sie mit den Engländern paktierten. Obwohl vier Cherokee-Häuptlinge aufkreuzten und Perlen, Halsbänder, Tabakspfeifen und Tabak brachten, wurde dies Geschenk als inadäquat empfunden und abgelehnt. Um die Sache in Ordnung zu bringen, sollten die Cherokee im nächsten Jahr wiederkommen, mit einem größeren Geschenk. Geschenke waren, wie dieses Beispiel zeigt, Zeichen schwankender Werte in einem komplexen ökonomischen System innerhalb eines konstanten historischen Prozesses des kulturellen und politischen Kontakts. Weil Geschenke den kulturellen Kontakt sowohl ausdrückten als auch interpretierten, spielten sie eine zentrale Rolle für die Entfaltung von Gruppenidentitäten, von Koalitionen und anderen friedlichen Beziehungen verschiedener Gruppen und Völker untereinander. Im Verständnis der Indianer des Südwestens brachte der gegenseitige Austausch von Geschenken, die eine Wertschätzung ausdrückten, zwei Völker einander näher, indem ein gemeinsamer Nenner aufgemacht wurde, der die Basis abgeben konnte für gegenseitige Freundschaft. Das Ergebnis war eine heikle Balance zwischen Intimität und Differenz, Solidarität und Abneigung.« (28f.)

Damit ist schön beschrieben, daß die Geschenke Teil einer politischen Ökonomie waren. Die Werte in dieser Ökonomie sind nicht abstrakt bestimmt – »Geld« oder eine andere Äquivalenzrelation –, sondern auf einer Skala im Spektrum der sozialen Beziehungen.

Smiths Trickserei mit der »Kanone« gegenüber Powhatan ein schweres Vergehen demnach. Powhatan wollte die Kanone nicht unbedingt »gegen die Weißen«, sondern als Beweis einer Wertschätzung, die er von den Jamestownern erwartete nach der Freilassung von John Smith und auch allgemein gegenüber seiner Position. Ohne Pulver und Kugeln, die schnell ausgegangen wären, hätte er mit dem Kanonendings nicht viel anfangen können; er wäre abhängig von den Lieferungen Jamestowns geblieben. Für die Weißen aber war dies »Waffe« und sonst nichts, und wurde nicht aus der Hand gegeben. Für Powhatan hieß das: er wurde nicht als gleichrangig anerkannt von den Herren des Jamestown-Stamms.

Seite 119: London 1607 hallt noch wider vom letzten großen Fest, Einzug James I., des Schotten, im Jahr 1604 ...riesige Wagencorsos zur Feier von James als »King of the Globe« ...die Rundung der Erde ist angekommen »auf der Straße« ...die Straße besteigt »das Schiff« ...Götterfiguren wimmeln durch die Menge – es ist ihr erster großer Ausverkauf –, alle Mythen spielen in Florenz, Paris, London, in Antwerpen, Prag, Mailand, Sevilla, Madrid. »Die Nacht verwandelt sich in künstlichen Tag, (...) die Lichtwoge bäumt sich gen Himmel, Feuergarben schießen in die Nacht und die Sterne erbleichen«. Andere fahren ins Dunkel ...über sich ein bleiches Sternenzelt ...legen Fundamente für neue Mythen ...die kommenden, die götterlosen ...»alle Mythen spielen in Jamestown, Tenochtitlan, Peru, Patagonien, Mexiko City, New York« ...spielen im Kino heißt das, spielen auf Platten ...Mexico & Jamestown, ihre Gründungsorte ...Popmusik wächst aus den Fahrten übers Meer zwischen den Kontinenten ...Kino beim Blick hin und her zwischen diesen. *Lange* Blicke – bis schließlich Bild wird aus der Projektion.

Seite 131: Die Ernährung der Jamestown-Siedler über den Winter blieb ein Problem bzw. wurde wieder eins nach dem Ende der Ära Gates/Dale. Nach 1617 gibt es wieder verstärkt Klagen über zu wenig Mais und andere Grundnahrungsmittel. Überall sei lieber Tabak angebaut worden als die nötigen Lebensmittel, sogar auf Jamestowns Straßen sei er gewachsen. D.h., die Siedler vertrauten »auf Gott«, oder auf Raub, was in diesem Fall dasselbe ist. Sale und Kupperman sehen darin aber nicht nur die Folgen von Dummheit und Geldgier, sondern die eines Kulturschocks: die Siedler hätten sich in der Wildnis ausgesetzt gefühlt, in einer »geistigen Embryonalstellung« (Sale, 328), mit ähnlichen Ausfallserscheinungen, wie sie Kriegsgefangene zeigen; so einer der Grundgedanken von K.O. Kuppermans Studie *Settling with Indians*, London 1980.

Seite 132: Die beiden Bermuda-Boote kommen am 23.5.1610 in Jamestown an. Die Bermudafahrer Gates, Sylvester Jourdain und Richard Rich fahren am 15. Juli 1610 zurück mit einem Schreiben von Lord de la Warr, dat. 7.7.10, und mit dem Strachey-Bericht vom Schiffbruch an die Company, datiert 15.7.10. Sie erreichen London Anfang September. Die Ballade von Rich, *News from Virginia*, ist am 1. Okt. im Buchhandelsverzeichnis registriert. Jourdains Bericht *A discovery of the Bermudas* ist der erste gedruckte, Okt. 1610. Am 8.11. gibt der Londoner *Council* der Virginia Company einen »offiziellen« Bericht heraus, *A true declaration...* (an der so viel »Wahres« nicht war, s.u.) Sylvester Jourdain erscheint 1613 nochmal ausführlicher mit *A Plaine Description of the Barmudas.* (Barbour, *Smith*, Bd. 2, 32)

..., John Ford, 1956, Der Moment des Raubs...

Seite 133: »Strachey schrieb ein Widmungssonett für Jonsons Stück *Sejanus*, eine Tragödie, (...) in der Heminge und Condell und Shakespeare als Schauspieler auftraten«; so P.E. Kuhn, »Shakespeare and the Founders of America: *The Tempest*«, in *Philological Quarterly*, XLI, I, January 1962, 123-146, 128. Kuhn vertritt die Ansicht vom *Tempest* als Amerikastück am vehementesten, allerdings mit oft löcherigen Argumenten. Jeder Mensch in London, der mal mit Virginia zu tun hatte und auch Shakespeare über den Weg gelaufen ist, wird Kuhn zu einem weiteren Beweis in einer Kette, deren Haltbarkeit mit ihrer Länge nicht zunimmt. Dazu ließ Kuhn sich verleiten, das Intrigennetz des Londoner Hofs nach einem personifizierten Gut-Böse-Schema aufzufassen: hier der gute Earl of Essex, da der böse bucklige Robert Cecil; und Shakespeare auf der Seite der Guten – zu deren guten Taten auch die Kolonisierung Virginias gehört. Wir werden sehen, daß das Intrigennetz der Höfe von Elizabeth und James sowie das Spitzelnetz Londons weit komplizierter angelegt waren; und auch, daß Shakespeare dem Unternehmen Virginia keineswegs vorbehaltlos zugeneigt war; jedenfalls nicht im Text des *Tempest*. Daß Kuhn in der Figur des Caliban zusätzlich zu dessen Wildheit auch noch die ganze geballte Bosheit von James' Lieblingsberater Robert Cecil dargestellt sehen will, überspannt seinen Bogen entschieden.

Seite 135: In Italien dominiert das Volkstheater, commedia dell'arte; Schiffbrüche in mehreren der populären Stücke: in *La Pezzia; di Filandro; Gran Mago; Le Nave; Li tre*

...Blick und Schatten von ›Scar‹ fallen auf...

Satiri landen Schiffbrüchige auf einer Insel: »There are love-intrigues between the nobles and the native girls, and comic business in the hunger and greed of the sailors«; E.K. Chambers, *William Shakespeare*, Bd.1, Oxford 1930, 233f. – Jean Renoir hat 1953 mit *Die Goldene Karosse* dieser Tradition ein schönes Denkmal gesetzt.

Seite 142: »...a persistent anxiety of Americans«: »an obsessed man searches for someone – a woman, a child, a best friend – who has fallen into the clutches of an alien people. But when found the sought one doesn't want to be rescued.« Stuart Byron, »*The Searchers:* Cult Movie of the New Hollywood«, *New York Magazine*, 5. März 1979, p. 45. In folgenden neueren Hollywoodfilmen sieht Byron diesen Komplex behandelt: Spielberg, *Close Encounters of the Third Kind,* George Lucas, *Star Wars,* beide 1977, Michael Cimino, *The Deerhunter* 1978, Paul Schrader, *Hard Core* 1979, John Milius, *Dillinger* 1973 und *The Wind and the Lion* 1975, Martin Scorsese, *Mean Streets* 1973 und *Taxi Driver* 1976; vgl. dazu auch Brian Henderson, »*The Searchers*: An American Dilemma«, *Film Quarterly* 34 (Winter 1980-81), 9-23. – Die Tanzszene Harvey Keitel/Jody Foster in *Taxi Driver* (=Zuhälter und 12jährige Prostituierte) habe er geschrieben, sagt Drehbuchautor Paul Schrader, weil in *The Searchers* die »entsprechende« Szene fehle: hätte Ford den Mut gehabt zu zeigen, daß Natalie Wood das Leben bei den Comanchen, die sie als Kind raubten, gemocht hatte, wäre das Ende des Films, als Wayne sie »rettet«, ein bitter-süßes gewesen. Wayne, von ihrem Zögern vor der Rückkehr zu

den Weißen unbeeindruckt, erledigt den Comanchen Chief »Scar« dann wie ein Tier. Lesley Stern, *The Scorsese Connection,* Bloomington Ind./London, 1995, 59
»It makes sense to discuss *The Searchers* as a film about America – a symbolic representation of the American psyche – as one might discuss the *Leatherstocking Tales* or *Moby-Dick*« – schrieb schon 1975 Douglas Pye in einem Aufsatz »Genre and Movies« in der Zeitschrift *Movie,* Nr. 20, Spring 75. (rpt. in Barry K. Grant, ed., *Film Genre. Theory and Criticism,* Metuchen, NJ 1977, 208.) Ein Blick – damals ungewöhnlich –, der sich heute beinah »selbstverständlich« durchgesetzt hat.

Seite 144: Dies, neben vielem andern, spricht dagegen, daß sie zu dieser Zeit mit einem Algonkin namens »Kocoum« verheiratet gewesen sein soll, wie Strachey schreibt. Der »Pocahontas«-Name erscheint mehrfach und verschieden bei Strachey. Zuerst als die Powhatan-Tochter Pocohunta, »using sometyme to our Fort in tymes past, now marryed to a pryvate Captayne called *Kocoum* some two years since«. (1, 62)
Das junge, radschlagende Mädchen dann wird von Strachey »Pochohuntas« geschrieben: »*Pochohuntas,* a well featured but wanton young girle Powathans daughter, sometymes resorting to our Fort, of the age then of 11. or 12. yeares, gett the boyes forth with her into the markett place and make them wheele, falling on their handes, turning their heeles upwardes, whom she would follow, and wheele so her self naked as she was all the Fort over«, aber wenn sie erst 12 geworden sind, fügt Strachey hinzu, ziehen sie eine Art Lederschürze an, ähnlich der unserer Handwerker, und sind sehr besorgt ab da, noch nackt gesehen zu werden. (1,72)
Eine ausführliche Fußnote der Herausgeber Wright/Friend diskutiert an dieser Stelle die Frage, ob es sich um ein und dasselbe oder womöglich um zwei verschiedene Mädchen handelt. Da »Pocohunta« bei Strachey schon 2 Jahre zuvor als dem Unterhäuptling Kocoum verheiratet galt (p. 62), könnten Pocohunta (Kocoums Frau) und Pochohuntas (die radschlagende) zwei verschiedene Mädchen sein.
Auf S. 113 nochmal der Name, diesmal als »Pochahuntas«, eine Lieblingstochter Powhatans; ihr richtiger Name sei »Amonute« gewesen, sagt Strachey hier (nicht Matoaka); noch 'ne Variante. Für uns nicht so wichtig; uns interessiert die radschlagende, die die Frau von John Rolfe wird.

Seite 146: Nach K. Grein, *Die Entführung*, sind die meisten Fälle von Frauen-Entführungen, die heute vor Gericht kommen, der Einleitungsakt zu einer Vergewaltigung oft nach gemeinsamen Parties oder ähnlichem, wo es spät wird:
»T. erklärte sich bereit, gegen 2 Uhr die V. mit einem weiteren Kommilitonen in seinem PKW an den Bahnhof zu bringen. Dort war jedoch bereits der Zug der V. abgefahren. T. bot sich nun an, die V. heimzubringen. V. war damit einverstanden. Nach ihren Angaben sei T., nachdem er den Kommilitonen abgesetzt habe, in eine etwas andere Richtung als angegeben gefahren, was T. jedoch durch Ausreden vertuscht habe. Schließlich sei er mit seinem VW (Käfer) in einen Feldweg eingebogen und habe versucht, sich ihr zu nähern (...)« Klaus Grein, *Die Entführung. Eine dogmatische und kriminologische Untersuchung des §237 StGB*, Diss. Bielefeld, Stgt. 1974, 141.

Der Täter der anschließenden Vergewaltigung, der 21jährige nigerianische Student T., wird später vom Gericht freigesprochen. Es gelingt der Studentin nicht – obwohl sie glaubhaft versichern kann, zunächst durch das rechte Seitenfenster des VW geflohen zu sein –, in den Augen des Gerichts die Behauptung ihres Entführers überzeugend zu widerlegen, sie habe freiwillig mit ihm auf dem Rücksitz des Autos »den GV ausgeführt«. Für die männliche Rechtsprechung liegt das Vergehen der entführten Frau wahrscheinlich schon darin, das jeweilige Gefährt des fremden Mannes (Schiff, Auto) überhaupt betreten zu haben; Hamors Satz »The party spent the night aboard« scheint in diese Richtung zu gehen; eine Pocahontas, die unter keinen Umständen hätte entführt (und später *verführt)* werden wollen, wäre rechtzeitig vor der Nacht von Bord gegangen. Das hätte ihr zwar nichts genützt – sie wäre auch dann festgehalten worden –, aber in dieser kleinen Bemerkung liegt doch so etwas wie eine untergründige Entlastung ihrer Entführer ...die Indianerin »benimmt sich«, ihrem Ruf entsprechend, »flippig«. Zwar betont Hamor, daß sie auf dem Schiff alleine schläft in einem besonderen Raum, aber dies unterstreicht nur den zugrundeliegenden prinzipiellen Prostitutionsverdacht. Um so verdienstvoller erscheint das spätere Werk ihrer Entführer: sie zu einer Christin bekehrt zu haben.

Seite 148: Daß Iopassus & Frau für den »Judaslohn« eines Kupferkessels die schöne Rote an die Weißen verkauft haben sollen, entspricht so zwar nicht den »Tatsachen« – ist mehr die Fortschreibung von Bibel-Konstellationen als von Argalls Annalen; gerade deshalb aber genau die Version, die sich mytho-historisch *durchgesetzt* hat. So etwa in David Garnetts *Pocahontas*-Roman, wo der entführende Captain Argall sich über Iopassus' (»*Japazaws*«) heimliche Zeichen ärgert, die er ihm unter dem Tisch mit den Füßen gibt: »›What a filthy old Jew‹, he said under his breath feeling a certain pleasure that the Indian should have shown himself inferior.« (1933, 234). Indianischer Verräter = unterwertiger Jude. Die Vorlage für diesen Satz findet sich tatsächlich in John Smiths *Generall Historie...* (1624), wo Japazews »the old Jew« genannt wird im Moment, wo jener, zusammen mit seiner Frau, scheinheilig in Pocahontas' lautes Klagegeschrei (das Smith sie anstimmen läßt) einstimmt, und sich erst von der Übergabe dieses Copper Kettle beruhigen läßt. Pocahontas' Geheul ist, wie Barbour anmerkt, Smiths eigene Melodram-Zutat. Hamor schrieb nur, sie sei extrem nachdenklich, traurig geworden und *discontented.* (Barbour, *Smith*, Bd. 3, 244)
Der copper kettle erlangt später seine spezielle Berühmtheit in der amerikanischen Mythologie als wichtigstes Gefäß beim *moonshining* – dem nächtlichen Schwarzbrennen des Whiskeys; (vgl. etwa Elvis Presleys Großvater als Schwarzbrenner in Alabama, K.T., *Buch der Könige* 2y). Während der Prohibitionszeit wird *moonshiner* zum gängigen Ausdruck für Alkoholschmuggler.
Zum Kupferdings vgl. auch Joan Baez: (*Give me a) Copper Kettle*, einer ihrer ersten Songs auf Platte, Bluegrass/Blues-Mischung, nicht viel Bourbon drin im Cocktail.

Seite 150: Zurück bekommt Powhatan aber unerwartet einige Engländer. Mehrere der als Teil der Lösegeldsumme Freigelassenen kommen freiwillig zu Powhatan zurück,

nicht als Gefangene, sondern als die ungefähr ersten Weißen der späteren USA, die ihr unveräußerliches Recht auf freie Wahl des Wohnorts – das in den amerikanischen Sternen steht, vom britischen Gesetz aber noch bestraft wird – in Anspruch nehmen; oder die einfach wissen, wo das Essen besser ist (...genug geplagt von Jamestowns Fast & Junk Food). Als einige dieser Überläufer zurückgefangen werden, läßt Thomas Dale sie auf verschiedene grausame Weisen hinrichten, zur Belehrung der Stammbesatzung von Henrico.
Bei einigen Autoren heißen die weißen Siedler, die zu Powhatan übergelaufen sind, *the Germans* (bei Garnett) oder *the Dutch*; tatsächlich waren unter einigen Handwerkern, die Thomas Dale Powhatan zum Hausbau überlassen hatte, sechs Deutsche oder Holländer (damals beide gleichlautend »Dutch«), von denen später einige bei den Indianern blieben.

Seite 151: Gates verhält sich genauso, wie z.B. John Major in den Verhandlungen mit den verschiedenen irischen Befreiungsbewegungen ab Sommer 96: die *Sinn Fein* soll von den Verhandlungen ausgeschlossen bleiben, bis die IRA ihre Waffen abgegeben hat; – oder wie das deutsche Militär gegenüber den aufständischen Ruhrarbeitern 1920: Ehe irgendein »Zugeständnis« in irgendeiner Sache vom Militär kam, hieß es immer und unnachgiebigst: erst die Waffen abliefern. Um dann, wenn die Waffen abgegeben waren, diejenigen, die darauf eingegangen waren, hohnlachend totzuschlagen. Die »Eisenschädelei« gegenüber bewaffneten Aufständischen, die für 1920 besonders an der deutschen Sozialdemokratie diagnostiziert worden ist, ist nicht deren Erfindung. Sie wird aber um 1920 herum von ihr besonders rigoros »angewandt«. Sie machte es schlicht genauso wie alle anderen Conquistadoren und Militärs, machten jene *nach* im Gefühl, sonst keine *Autorität* zu haben. Das war eine Zentralangst der SPD um 1920: wer nicht totschlägt, wird nicht ernstgenommen.

Seite 154: Sollte es Aufzeichnungen von ihrer Hand gegeben haben – was wahrscheinlich ist, da sie Lesen und Schreiben lernte –, so sind sie nicht erhalten. Merkwürdigerweise hat keiner der Romanautoren in all den Jahrhunderten verflossener *Pocahontas Fantasies* der Entführten ein mögliches schriftliches Nachdenken über ihre Situation zugestanden.
Wie etwa dieser Leidensgenosse, Jahrhunderte später, es sich schriftlich zugesteht, wenn er den Sprechvorgang zwischen Entführer und Entführungsopfer festhält. Das »er« seiner Darstellung ist im folgenden (sonst wörtlichen) Zitat ersetzt durch das »sie« einer fiktiven Pocahontas: »Es waren die Gespräche als solche, die Erleichterung brachten Wenigstens eine menschliche Stimme. Diese Gespräche waren Oasen in der Eintönigkeit. Manchmal erfuhr sie etwas von draußen, meistens etwas, das sie lieber nicht erfahren hätte. Aber sie mochte die Stimme des Engländers. Sie fand sie symphatisch. Sie mochte, daß die Stimme Englisch sprach. Sie mußte manchmal nach Wörtern suchen und das verlängerte die Gesprächsdauer, und sie konnte sich vorher etwas zurechtlegen das klug und witzig klang. Auf englisch kann man knapp sein, ironisch, sarkastisch, es ist nicht so umständlich wie Powhatanisch. Manchmal hatte sie das Gefühl, allein die

fremde Sprache nötige sie, nicht selbstmitleidig zu werden. Manchmal, wenn sie der Versuchung nicht widerstehen konnte, sich vorzustellen, wie es werden würde, wenn sie wieder frei wäre, und was sie wem erzählen würde, begann sie unwillkürlich in ihrer Phantasie Englisch zu sprechen.«

– dieser Autor hat auch über die Funktion des Schreibens in der Gefangenschaft nachgedacht, über die Funktion »der Schrift« als einer Gegenwehr gegen das umfassende Gefühl der Ohnmacht, das alles Denken auszulöschen droht:

»Immer wenn es ihr gelang, ein Gefühl zu vergegenständlichen (meist in Form einiger Sätze in ihr Tagebuch), ging es ihr besser. Sie konnte dadurch *das Gefühl* nicht bewältigen oder in den Griff bekommen oder welche Vokabeln man dafür auch verwenden möchte, sie war ihm nur nicht so ausgesetzt. Die Schrift markierte einen Ort außerhalb des Gefühls, und schreibend verfügte sie über diesen Ort. Es war wie ein Sich-Wehren gegen die Reduktion der Welt auf ein überwältigendes Gefühl.«

Ob der Schreibakt auch bei einer Wilden, die ihn gerade erst lernt, seine Wunderkräfte der imaginären »Verfügbarmachung« von Orten entfaltet hat? Oder gewährt er dies Privileg erst dem späteuropäischen Buchstabenmenschen? Jedenfalls ginge dieser »innere Monolog« auch durch als Textur aus dem Kopf der gefangenen Indianerin, die dabei ist, zur alphabetischen Engländerin zu konvertieren. (Die Zeilen stammen von Jan. P. Reemtsma, *Im Keller,* HH 1997, 176ff)

Seite 154: Nicht ganz so in der reich bebilderten Broschüre von Anne Covell Newton, *A crown of Eagles. The life-stories of ten famous American Indians,* Washington D.C., 1992, die von der *United States Information Agency* heute an Schulen verteilt wird. Bei Newton wird Pocahontas, modernen diplomatischen Gepflogenheiten gemäß, förmlich ihrem Vater übergeben und damit aus dem Geiselstand befreit, bevor dieser sie zur Heirat an die Siedler zurückgibt. (Sp. 11b)

Ann Covell Newton hat Arbeitsfragen für die Schüler entworfen; zwei von ihnen lauten: »Do you think that the colonists' plan to take Pocahontas as a hostage was a good idea? Why?« und »Do you know of any other incident in history where a hostage was used to obtain an agreement?« (Fragen 4 und 5). Einen andern Fall aus »der Geschichte« wußten die amerikanischen Schüler 1992 vielleicht nicht; aber Amerikas Haupt-Hysterie der 80/90er Jahre, Iran-Geisel-Krise und Reagans Bombardierung Libyens »wegen« Geiselnahmen, dürften nicht spurlos an ihnen vorbeigegangen sein. »Staatsterrorismus« avancierte zum Staatsfeind Nr. 1 in den USA: genau das also, als was man Argalls Zugriff auf Pocahontas bezeichnen muß: spätestens ab dem Moment, wo Gouverneur Gates zustimmte und die Lösegeldfrage selbst in die Hand nahm. Die Antworten der Schüler wären interessant gewesen. Vermutlich fanden sie die Entführung von Pocahontas *richtig* – weil sie so erfolgreich war. (»Fuck Ghaddafi!«)

Seite 163: Sabine Schülting will den symbolischen Frauentausch, mit dem die Weißen bei solchen Kolonialhändeln ihre eigene Ökonomie durchsetzen und dabei die andere Seite regelmäßig betrügen – zwei an sich richtige Beobachtungen – festmachen am Beispiel von Iopassus/Pocahontas/Kupferkessel und am folgenden Verhandlungspoker

Powhatan/Gates, bei dem Powhatan seine Tochter, so Schülting, kampflos verschenke. »Wie Malinche ist sie das Objekt eines symbolischen Frauentauschs bzw. -raubs, durch den die Kolonisierung metonymisch vollzogen wird, ein Objekt, das die Gebenden nicht zurückerhalten dürfen«, schreibt Sabine Schülting zu Pocahontas. Ob das so stimmt? Pocahontas *soll* ja nach dem Raub zunächst zurückgegeben werden, aber die Jamestowner Erpresser bekommen nicht den Preis, den sie fordern. Als P. dann bei den Engländern bleibt, hat es andere Gründe, als den des »symbolischen Frauentauschs«; von ihr aus auch persönliche Gründe: das Verhältnis Rolfe/Pocahontas übergeht Schülting aber. Vielleicht teilt die »empirische« Pocahontas hier das Schicksal anderer einzelner »indigener Frauen« im Theorie-Diskurs; jede/r wird dort leicht Objekt einer präfabrizierten Rede. (S. Schülting, *Wilde Frauen, fremde Welten. Kolonisierungsgeschichten aus Amerika*, Reinbek 1997, 167ff.)
Die *Koalitionsheirat* Pocahontas/Rolfe, mit der Thomas Dale einen Frieden besiegelt, funktioniert dann eher nach dem *europäischen* Interaktionsmodell zwischen feindlichen Fürstenhöfen im Krieg. Deren Koalitionen via Verschiebung von heiratsfähigen Töchtern sind zwar auch kolonisierende Akte, aber keine, die in Übersee, zwischen weißen Europäern und farbigen einheimischen Königstöchtern erfunden werden müßten. Sie begründen (in Europa) ewig schon die Überlebensstrategien der Ökonomien der Feudalherrn und bedienen sich dabei raffinierterer Tricks als des bloßen »betrügerischen Austauschs«; einige davon habe ich zu beschreiben versucht im *Buch der Könige 1*, Monteverdi-Kapitel: *Orpheus in Mantua*.

Seite 176: Auch Strachey betont, die Indians seien im Prinzip friedlich; er kenne keinen Fall, in dem Indianer Engländer getötet hätten, ohne daß diese es durch eigene Aggressivität oder Dummheit provoziert hätten (Strachey, 45). Er ergänzt dies durch eine Beobachtung beim Fußballspiel: die kickenden Algonkin würden sich nicht gegenseitig die Hacken weghauen (wie die Engländer); auf solche Weise einen Vorteil zu erzielen, gilt ihnen als unfein. (Strachey, 84)

Seite 191: Was gemeinen Bibelphobikern als unangenehme Erinnerung an Sonntagsschulen und Konfirmandenquälerei erscheinen könnte, ist für englische Schulkinder bis weit ins 19. Jahrhundert hinein so etwas wie das kleine Einmaleins des Lese-Erwerbs gewesen. Richard W. Altick gibt in seinem Buch über die Sozialgeschichte des Lesens in England das Beispiel einer gewöhnlichen Rechenaufgabe von 1838 im Grundschulunterricht: »Von Jacobs vier Frauen hatte Leah sechs Söhne, Rachel zwei, Billah hatte zwei und Zillah hatte auch zwei. Wieviel Söhne hatte Jacob insgesamt?« Henry Brougham, der im Auftrag des House of Lords 1835 Schulen bei Lancaster inspizierte, zeigte sich erfreut darüber, daß die Schüler aus der Erinnerung Landkarten von Palästina zeichnen konnten und die alten wie die modernen Namen aller Buchten, Häfen und Ströme aus dem Kopf anzugeben wußten. »All dies«, sagte Brougham ohne jede Ironie, »ist wirkliches, substantielles, nützliches Wissen.« (Altick, *The English Common Reader*, Chicago 1957, 154, Anm. 33)

Seite: 194 Ursprünglich: »Einen Inder weißwaschen«. Das war eine durch Lucian sprichwörtlich gemachte Rede zur Bezeichnung ganz unmöglicher Vorgänge; von Erasmus in seinen Adagia zu »Einen Äthiopier weißen« abgewandelt, bzw. als »Aethiopem lavas« = »du wäschst einen Äthiopier«, als Begriff für ein »eitles Unterfangen« verwendet. Im Lauf des 16. Jhs. mit Bezug auf die Apostelbriefe dann christlich gedreht und auf die nach der Entdeckung Amerikas häufiger ins Haus stehenden Taufen Farbiger als »Reinigung« bezogen.
Der Albinoschock auf dem Kupferstich *Taufe des Äthiopiers* von Michel Lasne z.B. zeigt nicht nur des schwarzen Kämmerers Kraushaar geglättet – ohne alle Malcolm X'schen Qualen der Beseitigung des »Conk« –, sondern den Äthiopier, glattgekämmt mit wallendem Haar, zu einer Art höfischem Ritter erblondet, mehr Lancelot als je Othello, zudem dargestellt in der französisch-manufakturellen Kleidung eines burgundischen Prinzen: als »a sort of miracle of St Philip – a case of a ›successful‹ Ethiopian bath«, »eine Art St. Philips-Wunder, Fall eines ›erfolgreichen‹ äthiopischen Bades«, hat Jean Michel Massing den Vorgang definiert; cf. Jean Michel Massing, »From Greek proverb to soap advert: Washing the Ethiopian«, *Journal of the Warburg and Courtauld Institutes*, Bd. 58, (1995, 180-201, 190).
Wie Pocahontas als gebleichte *Indian Princess*, als domestizierte Lola Montez aus dem Indianerzirkus, durch fast die gesamte amerikanische WASP-Literatur des 19. und 20. Jahrhunderts geschleift wird, hat zuerst Leslie Fiedler gezeigt, neuerdings gefolgt von Robert Tilton. Fiedlers *The Return of the Vanishing American* entfaltet auf breiter Welle den Trauergesang auf die rabiate Metamorphose der roten Frau aus Virginias Wäldern in eine hochreligiöse Weiße durch die protestantisch-amerikanische Roman-Schrift.
Variante: am Danziger Marienaltar hatte es um 1475 die preußischen Kirchgänger und Pastoren erregt, daß in einer Paradies/Höllen-Kreuzwegsdarstellung auch zwei Schwarze zur Purgatorio anstanden. Man verlangte eine Extrahölle für Malcolm Black, vom Paradies zu schweigen. Das Bild ist von Hans Memling, gemalt in Brügge zwischen 1466/72, im Auftrag von Angelo Tani (Handelsagent der Medicis in Brügge und Burgund); auf dem Mittelteil Jesus, der die Guten und Bösen, nach links und rechts, auf die Triptychonflügel schickt. Die Guten tragen Gesichter der Freunde von Tani, bei den Bösen weiß man nicht genau, wer die Abgebildeten sind. Bei beiden Gruppen ragt ein schwarzer Kopf mit Kraushaar aus den Menschenmassen. Jean Ducellier schätzt, daß die Preise für schwarze Sklaven in Norditalien zwischen 1430 und 1475 bei 45 Florin lagen; damit konnte man 10 Jahre lang den Lohn eines »freien Arbeiters« bestreiten (das Geld für Kost und Logis noch nicht abgezogen). Die Schwarzen auf diesem Bild zeigen also vor allem den Reichtum ihrer, d.h. der Bildbesitzer, an. Was für die armen Danziger offenbar nicht lesbar war.
Das Bild wurde auf dem Transport nach Florenz von einer Hanse-Flotte gekapert und nach Danzig gebracht. Dort sieht es 1807 Napoleon. Er ordnet eine Umhängung an: das Bild kommt in den Louvre; 1815 von den Preußen zurückgeraubt und wieder in die Marienkirche Danzig gehängt. Erst jetzt als »Memling« identifiziert. Heute im »Muzeum Narodowe, Gdansk«. Im Rahmen der Rückgabe-Prozesse von sog. Beutekunst heute ist eine Klage der Stadt Florenz gegen die polnische Regierung überfällig.

»Wer darf sagen, daß es verlorene Liebesmüh sei, einen nackten Mohren im Bade zu waschen? (...) Die äußere Haut bleibt schwarz, aber in seiner Seele ist er weißer als Schnee«, schreibt der calvinistische Dichter und Prediger Jacobus Revius in einem 1630 in Deventer publizierten Sonett. Von Rembrandt wurde das Motiv aufgenommen in seinem erst 1974 entdeckten Gemälde *Die Taufe des Eunuchen* (1626); gemalt nach einer Vorlage von Pieter Lastman, der die Taufe des Mohrenkämmerers zwischen 1608 und 1622 gleich mehrfach in seine Bilder gebracht hat. (Drei erhaltene Originale hängen in Berlin, München u. Karlsruhe.)

Seite 195: Unter den Romanautoren hat David Garnett dieser Wurzel der Rolfe/Pocahontas-Liebe die meiste Aufmerksamkeit geschenkt. Er läßt ihre erste Begegnung auf Rolfes Tabakfeld stattfinden: »Seid Ihr hier der einzige, der Tabak anbaut?« fragte sie. »Ja«, antwortete er, »bisher bin ich der einzige. Aber das werde ich nicht bleiben.« Sie sahen einander an und lächelten, auf der Stelle verbunden im gemeinsamen Interesse und durch noch etwas mehr...»Zu Hause kümmere ich mich immer um den Tabak«, sagte sie. »Meine Pflanzen rauchen sich sehr angenehm. Powhatan sagt, sie geben unseren besten Pfeifentabak. Ich lasse nämlich nur wenige Blätter stehen.« »Was soll das heißen?« fragte er. »Nur sechs oder acht Blätter. Das ist das Geheimnis...« (D. Garnett, *Pocahontas, Or The Nonparell Of Virginia,* London 1933, 242ff.)
Die Version von »indianischer Unterrichtung« entspricht heutiger ›offizieller Sicht‹, vorgetragen etwa in *The Smithsonian Guide to Historic America. Bd. 1: Virginia and the Capital Region*, NY 1989, Text von Henry Wiencek: »Following the example of John Rolfe who had been taught by the Indians, the settlers begann to cultivate tobacco and ship it to Europe in place of the gold they were unable to find. The smoking habit quickly gripped the Old World making tobacco the basis of Virginia's economy for centuries.« (S. 100)
Was die ›offizielle Sicht‹ nicht sagt, ist, daß »the Indians« im Falle der Unterrichtung Rolfes die *Indianerin* war.

Seite 211: Den Indian Priests wird auch von Strachey Bösartigkeit bescheinigt. Er vergleicht sie mit »Dianas Priestern in Ephesus« (88), »ministers of satan«, die ihre Leute davon überzeugten, jedes Jahr einige ihrer eigenen Kinder den Göttern zu opfern (89), bzw. ihrem Gott: Okeus. Es sind die Priester, schreibt Strachey, die »ihre Häuptlinge dazu bringen, uns Widerstand entgegenzusetzen, die ihnen erzählen, wie sehr ihr Okeus über sie erzürnt sei, und daß er nicht zufrieden sein wird, mit einem ganzen Tausend Geopferter, nicht einmal mit einer Hekatombe geopferter Kinder, wenn sie es erlaubten, daß eine ganze Nation die alte Religion der Vorväter verachte und sich abkehre von dem, was sie geerbt hätten. « (90)
Sie haben aber zwei Götter, sagt Strachey; auch einen guten, das ist Ahone, der Gott, der die Sonne scheinen läßt, der den Mond und die Sterne ihr als Genossen geschaffen hat, der die Frucht auf den Feldern wachsen läßt etc. Porter vermutet den Hoch-Calvinisten aus Cambridge hinter dieser Konstruktion. (Gott & Satan, etc.) (Porter, *Inconstant Savage*, 333)

Die »Opferungen« muß Strachey aus anderer Literatur haben (denn er sagt zu ihnen, sie seien hier so üblich wie überall in Mexico und den West Indies); und das behauptet niemand sonst. (Möglicherweise handelt es sich bei seinen Opfer-Toten um Todesfälle aus Initiationsriten, die vorkamen.)

Seite 230: Auch eines der Widmungsgedichte vor John Smiths *Generall Historie...* stammt von einem »John Done«, und ist lange Zeit dem Dichter-Prediger John Donne zugeschrieben worden (z.B. von J.B. Hubbell, *Virginia Life in Fiction,* Diss. Columbia University, NY, 1919, gedr. Dallas 1922, 41). Korrigiert von Barbour in der Ausgabe von Smiths Schriften, Bd. II, 49. Smiths Buch erschien 1624 also nicht mit dem Gütesiegel der Donne'schen Autorität. Donne macht seine eigene Amerika-Politik in der Virginia Company.

Seite 234: *Orpheus Americanized*. Als Buchautor ist er zu diesem Zeitpunkt auch unterwegs unter dem Namen *Orpheus Junior*: d.i. William Vaughn, ein Waliser Schriftsteller, von George Parker Winship als einer der ersten Briten bezeichnet, der sich »permanent auf dem amerikanischen Kontinent niederließ«, und zwar in Neufundland/Labrador, im New Found Land. Das Buchmanuskript, das Vaughn über das Leben in Neufundland in seine alte Heimat schickt, trägt die Aufschrift: *The Golden Fleece ... transported from Cambrioll Colchos, out of the Southermost Part of the Island commonly called the Newfoundland, by Orpheus Junior*. Gedruckt wird es in London 1626.
»Cambrioll« ist ein keltisches Wort für Wales, Neufundland also so etwas wie Neu-Wales, von woher der walisische Autor seinen Erzähler als »Orpheus Junior« in die Heimat berichten läßt. Lesern der zwei Jahre vorher erschienenenen *Generall Historie* von John Smith muß der erste Teil von Vaughns Titel – das »Goldene Vlies« – zusätzlich als eine Art *Zitat* erschienen sein. Als kein anderer als Jason selber nämlich wird Smith in einem der Widmungsgedichte bezeichnet, die seiner Geschichte Virginias vorangestellt sind. Das Gedicht stellt Smith in die Reihe Columbus, Cabot, Frobisher, Humphrey Gilbert, Philip Amadas (der in Raleighs Auftrag nach North Carolina fuhr), Grandville, Drake, Captain Gosnold und Martin Pring (1603/6 in New England). Dort steht Smith, auch noch Mars, Vulkan und Neptun fortsetzend, als Schmied, der aus dem Amboß des Neuen Kontinents einen dauerhaften Frieden herausschlug:
(...)
Yet Smith is here to anvil out a peace
To after ages, and eternal fame
That we may have the golden *Jason's* fleece.
Vaughn ist also in Neufundland, um aus dem »kambrischen Kolchos« sein Goldenes Vlies nach London zu verschiffen, das Smiths Widmungslyriker (der anonym bleiben wollte) für John Smith von der Zukunft erst erwartet: ganz *America* als Jasons Beute. Das »Vlies« wurde dann aber ein eigenes Land. Die Figur Jason verschwindet dementsprechend aus den amerikanischen Mythenbildungen; um so stärker bleibt sie im spanisch-mexikanischen Sprachraum vertreten; vgl. den Überblick bei Carmen Wurm, *La Malinche*, a.a.O., S. 249ff. u. öfter. Smith rückt vielmehr weiter in die Aeneas-Position,

Pocahontas-Aufführung für weiße Besucher in der Pamunkey-Reservation, 1899

besonders als später George Washington das »Neue Rom« beerbt.
Einen »Orpheus Junior aus Neufundland« 1626 hätten wir nicht zu finden erwartet, allerdings unbegründeterweise; die Namen aus Ovid, Vergil, Homer und ein paar anderen sind, wie die aus den Nibelungen in Deutschland 1920, wirklich im Munde jedes halbwegs lesekundigen Engländers um 1600. Sogar der eher klobige Captain Edward Maria Wingfield, erster Vorsitzender des Rats der Jamestownsiedler und Smith-Rivale aus den ersten Virginia-Tagen, in dieser Funktion abgesetzt im Sept. 1607, greift in seinem Bericht, den er nach seiner Rückkehr Ende Mai 1608 in England an die Company richtet, zu den höchsten mythologischen Parallelisierungen für seine eigene schicksalhafte Tätigkeit: »Ich wußte zwar aus der Geschichte der Gründungen der großen Reiche in Asien und Europa, daß die Anfänge immer schwer sind; aber ich hätte mir Auseinandersetzungen vorgestellt wie jene zwischen Moses und Aaron und nicht solche mit dem Giftgehalt der meuternden Brut des Cadmus; zu schweigen von der seligen Harmonie in Amphions Städtebau.«
Cadmus: der Mann, der nach dem Raub der Europa durch den Stier (=Zeus) den Auftrag bekommt, das verantwortliche Tier zu finden und Europa, seine Schwester, zu be-

Rechts: Orpheus' Tod aus George Sandys, Ovids Metamorphoses Englished, *Jamestown/Oxford, 1632*

freien; nach langer vergeblicher Suche (denn wie sollte er Zeus als Stier ›ausfindig‹ gemacht und überführt haben), den Erdkreis durchirrend auf Grund des Verbots, ohne sie nach Hause zurückzukehren, hat das delphische Orakel ein Einsehen: Folge einem Rind und wo es sich im Grase niederläßt, eile, Mauern zu bauen – so der neue Auftrag. Cadmus muß dann, bevor es an die Mauern geht, einen Drachen besiegen, dessen Zähne aussäen (aus denen wiederum Drachen wachsen), also etwa Jasons Aufgaben aus Kolchos erledigen (= Bewältigung des Wilden und Triebhaften, bevor »die Stadt« entsteht, nämlich Theben). Vgl. Ovid, *Metamorphosen,* 3. Buch, Vers 1ff.
»Amphion«, den Wingfield sich lieber gewünscht hätte: der mit seiner Leier so schön die Mauern Thebens vervollständigt (ohne Drachenbrut), setzt dann wieder die Reihe Orpheus & Co. ein. Jenen Orpheus/Amphion *nicht gefunden* zu haben in Virginia, America, lautet Wingfields Klage; der Rat der Siedler war ihm »die meuternde Brut des Cadmus«, und das war alles too much für ihn.
Angeklagt worden war Wingfield u.a. dafür, keine Bibel in seinem Reisegepäck gehabt zu haben bei der Ankunft in Jamestown und im Gottesdienst keine Notizen gemacht zu haben (für die Wochenverwertung); Anwürfe, die Wingfield wütend zurückweist: die Bibel habe ihm gefehlt, weil bei der Einschiffung in England eine seiner Seekisten nicht mitverladen worden sei (wodurch auch sein ganzer Vorrat an Trockenfrüchten und Trockenfleisch abhanden kam). Der andere Vorwurf beziehe sich auf »zu große Dunkelheit in der Kirche bei Regenwetter« bzw. auf eine Predigt, die er unterbrochen habe, als ein Indianerangriff bevorzustehen schien ...alles Intrigen, um ihn aus dem Ratsvorsitz zu entfernen ...armer Wingfield (mit dem schönen geflügelten Namen).
Wingfield berichtet auch, daß Captain Archer, ebenfalls Mitglied des Rats der Siedler, John Smith habe aufhängen wollen, als jener nach seiner Gefangenschaft bei Powhatan (und fast einmonatiger Abwesenheit) ohne seine Begleiter Robinson und Emmery zurückkam. Archer macht Smith für deren Tod verantwortlich. Gerettet (diesmal durch einen Mann) wird Smith durch die Ankunft von Schiffen aus London, Captain Newport is back und befreit Smith aus Archers Fesseln. Wingfield, *A Discourse of Virginia,* in der Smith-Ausgabe von Arber/Bradley, Edinburgh 1910, Bd. 1, lxxivff. Hier (in Smiths einmonatiger Abwesenheit aus der Siedlung) liegt der Kern für den später vorgebrachten Verdacht, er habe Eheabsichten mit der Powhatan-Tochter und selbst Königsambitionen gehabt: ein Vorwurf, dem auch Wingfield sich ausgesetzt sah. Wingfield konterte mit der Antwort, ihn habe nie ein anderes Königreich interessiert als *the kingdom of heaven.*

Seite 237: Bevölkerungsentwicklung und Sexualität: *The Great Migration,* 1630-60: England hatte um 1630 ca 4 Mill. Einwohner. In dieser Zeit sind 214 000 Auswanderer registriert, davon 110.000 – gut über die Hälfte – auf die West Indies. Je 25.000 gehen nach Irland und New England, 50.000 an die Chesapeake Bay/Virginia, 4.000 nach Bermuda. Von 1630 bis 1700 nimmt die weiße (also meist englische Bevölkerung) um die Chesapeake Bay um etwa 110.000 Menschen zu. Davon sind 90% *indentured servants,* Lohnarbeiter auf Zeit, die die Kosten für ihre Überfahrt oder ähnliche »Darlehen« abarbeiten müssen, 80% davon sind männlich. D.h., die Bevölkerung Virginias bis 1700 und darüber hinaus vermehrt sich überwiegend durch Einwanderung. (Paul S. Boyer u.a., *The enduring vision. A history of the American People.* Lexington, Mass., 1996, Sp. 71b) Das Verhältnis von Männern zu Frauen ist zu dieser Zeit vier zu eins. Anzunehmen, daß drei Viertel der virginischen Männer oder mehr lebenslang oder mindestens für Jahre sexuell abstinent gelebt hätten, fällt schwer; obwohl es im 18. Jh. zunehmend Sekten wie die Shaker in Amerika zu geben beginnt, die ihr Binnenleben im Prinzip zölibatär organisieren. Aber die anderen? Der Schluß drängt sich auf – zumal wenn, wie gesagt wurde, jede zweite amerikanische Herberge *Indian Princess* heißt –, daß diese Herbergen (auch) Bordelle waren, in denen die wenigen in den Gebieten der Weißen verbliebenen Indianerinnen für Sexualzwecke zu mieten waren.

Seite 240: Unter des Abbé Prevosts glühenden Fans war der jugendliche Goethe (vgl. *Dichtung und Wahrheit,* 1811). Goethes »gierige und beglückte Hereinziehung« von Prevosts Dichtung in das eigene Leben konstatiert Hugo Friedrich, *Abbé Prevost in Deutschland. Ein Beitrag zur Geschichte der Empfindsamkeit,* Heidelberg 1929, 122.
Der *Ossian* am Schluß des *Werther* ...Ossian, der die Vorlage für J.F. Coopers Indianerkonstruktionen abgab, wie Liljegren gezeigt hat ...und der *Werther* tritt eine Nachfolge an in der Reihe der Bücher von den unglücklichen Lieben: Born in the USA.
Für die Franzosen, die eher ungern weggehen in die *Neue Welt,* ist diese ein »Ort wo man stirbt« (Manon Lescaut), während die Engländer gern gehen und (als Reiche) wiederkommen, wie Moll Flanders. Über eine 13-jährig gestorbene Tochter läßt Stendhal den Monsieur de Broglie sagen: »Es kommt mir so vor, als wäre meine Tochter in Amerika«. »Der ist nach Amerika gefahren« (für Sterben) gebräuchlich auch bei Elbbauern, Gegend Leipzig, 1860er Jahre; so bei Manfred Franke, *Leben und Roman der Elisabeth von Ardenne, Fontanes »Effie Briest«,* Düsseldorf 1994, 23.
Nach Amerika als *Durchgangsgrab* begibt sich auch (der Halb-Franzose) Peter Handke am Ende von *Der kurze Brief zum langen Abschied,* zum Begraben seiner ersten Ehe ...»Judith« ...um sich dann selbst neu zu entdecken: im Kino die Bilder von *Young Mr. Lincoln* – Henry Fonda am Grab von Ann Rutledge. »In diesen Bildern aus der Vergangenheit, aus den Jugendjahren Abraham Lincolns, träumte ich von meiner Zukunft.« (Handke, 1972, 135)
Für Goethe am Ende des *Wilhelm Meister* ist Amerika dagegen das »Land der Verheißung«, ausgedrückt auch in seinem Gelegenheitsvers:

Amerika, du hast es besser
Als unser Kontinent, das alte,
Hast keine verfallene Schlösser
Und keine Basalte.
Dich stört nicht im Innern
Zu lebendiger Zeit
Unnützes Erinnern
Und vergeblicher Streit.

Das ist wenigstens insoweit Pop, als Goethe den bemerkenswerten Songreim besser/

Schlösser aus seinem Überflug zieht. Aber in puncto »unnützes Erinnern« irrt er wohl; zeitgleich mit diesen Versen werden (erinnerte) *American Indians* auf amerikanischen Bühnen heimisch und erobern Romanplattformen. (Vgl. Ernst Beutler, »Von der Ilm zum Susquehanna. Goethe und Amerika in ihren Wechselbeziehungen«, in E.B., *Essays*, Bremen 1957, 580-692)

Seite 240:

Die Landung der ersten Jungfrauen zu Jamestown, Va.
Anno 1619
von Herrmann Schuricht

»Ein Schiff in Sicht! Hallo – hallo!«
Ertönt der Ruf, – und flink und froh
Aus Jamestown eilt zum nahen Strand
Ein jeder Mann und junge Fant.

Noch war kein einziger beweibt
Von allen, die die Neugier treibt –
Und leicht begreiflich ist fürwahr:
Daß liebestoll die ganze Schar.

Mit vollen Segeln biegt das Schiff
Jetzt um das nahe Felsenriff; –
Auf dem Verdecke ist zu schau'n
Ein Kranz holdseliger Jungfrau'n.

Sie lassen Tücher wie zum Gruß –
Die Mündchen spitzen sich zum Kuß –
Und jubelnd, – brennend vor Begier
Am Ufer steh'n die Pionier.

Kaum legt das Schiff im Hafen an,
Als vorwärts dränget Mann für Mann;
Doch Captain Smith gebietet: »Halt!«
Und rufet, daß es weithin schallt:

»Zurück – ihr heiratslustig Pack –
Erst bringet fünfzig Pfund Taback,
Eh' eine Schöne Ihr wählt aus
Und führt als Eh'gespons nach Haus!«

Das war, wie Jedermann ersieht,
Ganz niederträchtig und perfid –
Und ellenlang ward manch Gesicht
Dieweil an Taback es gebricht.

Die Reich'ren aber schleppten schnell
Ihr Tabakquantum d'rauf zur Stell' –
Und wer zuerst kam, hat die Qual:
Denn heikel ist solch Jungferwahl;

Die schönsten Mädchen gingen ab
Wie Marzipan – klipp klapp – klipp klapp –
Und auch die Ält'ste, lahm und stumpf
Führt heim zuletzt ein Lederstrumpf.

Genug – die Nachfrag' war so groß –
So lockend süß das Ehelos –
Daß noch manch' teure Mädchenfracht
Nach Jamestown ward zu Markt gebracht.

***

Wo ist sie hin, die schöne Zeit –
O Jammer und o Herzeleid –
Vergebens aus der Jungfrau'n Zahl
Sucht manche jetzt 'nen Eh'gemahl!

Das Gedicht ist abgedruckt im Anhang des zweiten, posthum erschienenen Bandes von Schuricht, *History of the German Element in Virginia,* 1900, 213f. Das deutsche Element in Virginia, im Versfuß deutsch geblieben, hat sich im Mytho-Vollzug voll virginisiert: Captain Smith empfängt 1619 in Jamestown »das Frauenschiff«, und Coopers Lederstrumpf holt sich von Bord dort eine Frau...

Seite 244: Die Legendenbildung zu J.R. Christus begann mehr als 100 Jahre nach seinem Kreuztod. Elvis hat noch alle Chancen, oder Stalin, oder sonstwer; James Dean, dem Liz Magdalena Taylor die Füße wusch vor letzter Porschefahrt. Rudi Dutschke ...oder doch besser einer aus dem KZ, den wir noch nicht kennen, an dessen Jesusstruktur ein zukünftiger Rushdie-Matthäus erst bastelt. Oder Wilhelm Reich, manche wetten *nur* auf ihn. Oder, weiblich, Marilyn. Sie macht es nun schon bald 40 Jahre, unvermindert, eher zunehmend, schon die Nudelreklamen können nicht ohne sie auskommen; wie die nordamerikanische Butterpackung nicht auf ein Pocahontas-Medaillon. Marilyn hat wirklich beste Aussichten – zumal sie in ihrer *Passionsgeschichte* am klarsten das Abdanken des Poeten-Gotts als Frauen-Beglücker bezeugt. Kein *King* Arthur schlummert in den Lenden ihres Arthur-Gatten.

Seite 249: Herman Melville hat die Kombination weißer Mann/farbige Frau nur einmal ins Zentrum einer Erzählung gestellt, in seiner Südsee-Story *Typee* – seinem größten Bucherfolg zu Lebzeiten. Als *Typee* 1958 unter dem *Titel Enchanted Island* in die Kinos kam, sah Thomas Inge den Film als eine »Neuauflage der Captain Smith & Pocahontas-Story, besonders in den Komplexen Rettung und Taufe«, er spiele nur in Melvilles Kulisse auf Nukuheva im Jahr 1842. Für andere ist Melvilles Südsee-Insulanerin Fayaway, die ihren weißen Seemann-Geliebten vor dem Tode rettet und von ihm verlassen wird, aber von Melville selber schon als Pocahontas-Figur angelegt. So H. Bruce Franklin im Nachwort zur amerikanischen Taschenbuchausgabe von *Typee* und Thomas Inge, »Melville in Popular Culture«, in John Bryant (ed.), *A companion to Melville Studies*, NY, Westport Ct., 1986, 695-739, 709. Thomas Inges weitere Kritik an Alan Dwans Film: er sei vor allem ein Technicolor-Vehicle für das Leinwandpaar Dana Andrews und Jane Powell, trifft eher – trifft allerdings fast alle Romanverfilmungen Hollywoods, die immer vorrangig auf ein Star-Paar bauen, und dann erst, wenn überhaupt, auf einen Autor. Das gerade ist ja ihre Stärke, daß sie auf Universalien setzen statt auf Kulturalismen; vgl. dazu den Mißerfolg von John Hustons *Moby Dick*-Film: Gregory Peck/Ahab & der Weiße Wal als Paar gingen voll daneben – abgesehen von den letzten 10 min. des Films, der finalen (Liebes)Katastrophe. Mit Queequeg/Ishmael als Paar dagegen konnte Huston gar nichts anfangen.

Seite 254: Nach Leslie Fiedler geht der spätere weiße Siedlermann Neu-Englands Ehen nur deshalb ein, um pro forma dem Bild vom anständigen White Anglo Saxian Protestant, »WASP« (dt.=Wespe), zu entsprechen: Ehe und Kinder sind nötig zur Demonstration dieser Zugehörigkeit und zur Grundlegung von Erbfolgen; um der täglichen Zwangs-Arbeit sowas wie einen Sinn anzuhängen.
Der wirkliche Traum ist das Wunschbild einer »Ehe zwischen Männern«, sagt Fiedler, ein Zusammenhängen von Mann mit Mann an den Tabakspfeifen – da sie offen sexuell nicht werden können. Ein *bonding*, das die klassische amerikanische Literatur zu beschwören nicht müde wird, die Ehe zwischen Alexander & Wawathan, Natty Bumppo & Chingachcook, Gordon Pym & Dirk Peters, etc.; affektiv assimiliert sich der WASP in seiner Ehe heimlich der Welt des Indianers. Der Tabak spielt seine Rolle darin nicht als Tauschobjekt, sondern als Medizin, Zaubermittel und Möglichkeit der magischen Kommunion. Die Whiskeyflasche *trennt* die Männer (sie ist die Quelle der »bösen Medizin«, die den Indianer nicht nur zum Töten anstiftet, sondern ihn auch das Verbrechen des Weißen Mannes, die Vergewaltigung, begehen läßt), die Pfeife bringt sie wieder zusammen.

Seite 284: In Florios Übersetzung lautet Montaignes Text so: »It is a nation, would I answer Plato, that has no kind of traffic, no knowledge of Letters, no intelligence of numbers, no name of magistrate, nor of politic superiority, no use of service, of riches or of poverty; no contracts, no successions, no partitions, no occupation but idle; no respect of kindred, but common, no apparel but natural, no manuring of lands, no use of wine, corn or metal. The very words that import lying, falsehood, treason, dissimulations, covetousness, envy, detraction, and pardon, were never heard of amongst them«.

Seite 286: Gates, ca. 50 Jahre alt, verläßt London »mit 8 guten Schiffen und einer Pinasse« im Juni 1609, »600 landmen« insgesamt an Bord; der Schiffbruch ist am 28. Juli 1609, am 10. Mai 1610 Abfahrt aus Bermuda, Ankunft Jamestown 23. Mai.
Anfang September desselben Jahrs ist er wieder in London; geht im Mai 1611 erneut nach Jamestown, um den wegen Krankheit zurückgetretenen Lord de la Warr zu ersetzen. Auf der Überfahrt stirbt seine Frau, seine beiden Töchter schickt Gates kurz darauf mit Captain Newport zurück nach London. Er bleibt Gouverneur für 4 Jahre; ab April 614 ist Thomas Dale Gouverneur.

Seite 288: *Welche* der Damen aus dem Aktionärskreis das *Strachey-Papier* weitergab, steht nicht mit Sicherheit fest. Laut Culliford dürfte es sich um Sara Smyth handeln, die dritte Frau von Sir Thomas Smyth, dem aktuellen Treasurer (=Schatzmeister), dem um 1610 einflußreichsten Mann im *Council* der *Virginia Company.* Smyth ist auch Gründungsmitglied der *East India Company* gewesen und damit der Mann, von dem wahrscheinlich die ganze Jamestown-Colony-Idee ausging – so erscheint er etwa in Stephen Vincent Benéts Virginia-Gedicht: »the great sage merchant with the golden hand«.

Seite 289: Ein warnendes Vorbild hierfür hätten sie in Vergils *Aeneis* gehabt. Auf Sizilien, wo Aeneas' Vater Anchises stirbt, der vorletzten Station von Aeneas' Troß vor Erreichen der göttlich angeordneten Endstation Rom, verbrennen die Frauen, die von der ewigen Flucht genug haben, die Schiffe. Ihr Argument: *hier* ist das neue Troja; hier wollen wir siedeln. Jupiter, der anders plant, schickt schnell einen Gewitterguß und rettet so dem Aeneas die Flotte; nur vier Schiffe brennen ab. Für Aeneas ein Vorwand, die nicht mehr kriegsfähigen Alten und alle Frauen auf Sizilien zurückzulassen. Sie gründen dort die Stadt Akesta, Aeneas aber auf dem Festland Rom: mit neuer latinischer Frau Pocahontas/Lavinia.
Auch Cortés in Mexiko verbrennt – so eine der Legenden – seine Schiffe, um seinen Leuten die Rückkehr abzuschneiden und sie so zur Conquista zu zwingen.
Ein Nachbild der Geschichte im Bermuda-Sinn (& im Sinn der trojanischen Frauen) gibt es im 18. Jhd. mit den Meuterern von der *Bounty.* Sie setzen ihr Schiff in Brand, um nicht wieder weg zu müssen von ihrer Südsee-Insel Toobanai, die in allen Karten falsch eingetragen ist; auf der ihnen also nicht Entdeckung droht. So weit ent-aristokratisiert waren die Leute von der *Sea Venture,* unterwegs nach Jamestown, Virginia, noch nicht. Als die den englischen Seekarten glücklich entkommenen Übriggebliebenen der Bounty dann doch gefunden und exekutiert werden, gibt es »Rettung durch eingeborene Frau«. Sie ist Stoff der letzten Verserzählung von Lord Byron, *The Island:* Neuha, die Südseeinsulanerin, verliebt sich in den einfachen Seemann Torquil, das blauäugige Nordkind, bei Byron zivilisiert durch die »Natursexualität« der Südseefrau. Sie versteckt und schützt ihn vor dem Zugriff der englischen Strafexpedition in einer Unterwasserhöhle. »This time a brown woman saves a white man from other white men« – eine neue Variante. (Nigel Leask, *British Romantic Writers and the East: Anxieties of Empire*, Cambridge 1992, 66, u. Caroline Franklin, »Haidee and Neuha: Byron's Heroins of the South«, *The Byron Journal* 18 (1990), 37-49)

Seite 289: William Strachey, gent. *1572, war 37 Jahre alt beim Bermuda Shipwreck. Gentry Status, aus einer Familie von evangelischer Frömmigkeit. Er geht aufs Emmanuel College in Cambridge, evangelisch-puritanisch ausgerichtete strenge Zuchtstätte. Von den ungefähr 100 Leuten aus Cambridge Colleges, die vor 1646 nach New England gingen, waren 35 auf Emmanuel gewesen, darunter John Harvard (ging 1635).
Nach Abgang vom Emmanuel war Strachey beim *Inns of Court;* so etwas wie die dritte Universität, laut Porter; dann eine kurze diplomatische Tätigkeit in der Türkei. Seine Karriere lief nicht so gut, 1608 war er in akuten Geldnöten; einer jener Mitglieder der

Gentry, die aus diesem Grund auf einem Jamestown-Schiff anheuerten; 1609 auf der *Sea Venture*.
Im Mai 1610 bei Ankunft in Jamestown ist er »Secretary«; Rückreise: Sept. 1611; Strachey ist also 16 Monate da. Seinen *True Report* über die Virginia Colony beendet er 1612, er ist 40 bei dessen Fertigstellung.
Strachey hielt einen Anteil bei *The Children of the Queen's Revels*, einer Truppe von Schauspielern, »boy actors«, die am Black Friars Theater spielten und dort 1605 u.a. Ben Jonsons *Eastward Ho* aufgeführt hatten. Strachey war nicht selten dreimal die Woche am Theater.
Sein *Report* wurde erst 1625 gedruckt, dann 1849 für die Schriften der Hakluyt Society. Es gibt drei Handschriften des Berichts. Eine im British Museum: das Exemplar, das Strachey 1618 Francis Bacon gewidmet hat. Das zweite ist in der *Bodleian Library*. Die dritte, die Northumberland Copy, wurde 1928 nach Princeton verkauft. Dies Manuskript enthält 27 der John White/de Bry Kupferstiche von *America*, handcoloriert von Strachey. Wright/Freund, die Hg. der neuen Hakluyt-Ausgabe (1953), benutzten die Princeton Kopie.
Der englische Anspruch auf amerikanisches Land erstreckt sich bei Strachey von Florida bis Maine und nach Westen hin unbegrenzt. Unbekannte Gebiete, in denen für Strachey der »descent into the South-Sea« gefunden werden könne.
Strachey hatte alle verfügbare Literatur über Virginia gelesen, als er seinen Bericht schrieb; was er von da nahm und was er selbst gesehen hat, ist daher manchmal schwer zu unterscheiden. Er gibt auch Quellen, die er hier und da sichtbar benutzt, nicht an.
Schreibweise: Strachey ist immer bemüht, seine Bildung herauszukehren, wo griech.-röm. Mythologie involviert werden kann, tut er es.

Seite 294: Gates dringt auf schnellen Bau neuer Schiffe, weil er dauernden Schaden für die Autorität durch seine andauernde *Abwesenheit* von Jamestown befürchtet. Seine Leute haben keine Eile, weil Bermuda solche Probleme nicht stellt, sondern zum Verweilen einlädt. Strachey nennt das die Versuchung der *Freiheit und prallen Sinnlichkeit*.

Seite 294: Die Verordnungen werden 1612 in London veröffentlicht, ebenfalls von Strachey: *For the colony in Virginea Britannia. Laws divine...* (*Göttliche, moralische und Kriegsgesetze*), vollständig bei Peter Force (ed.), *Tracts and other papers relating principally to the origin, settlement and progress of the colonies in North America, from the discovery of the country to the year of 1776*, 4 Bde. Washington 1836).

Seite 295: Richard Martin, Sekretär der Virginia Company in London, berühmter Anwalt und Member of Parliament, bittet Strachey 1610 um eine zusätzliche genaue Beschreibung des Zustands der Engländer in der Kolonie: Er will eine Beschreibung »der Sitten der Leute dort, wie die Barbaren sich mit eurer Anwesenheit abgefunden haben, aber insbesondere wie unsere eigenen Leute ihre Unterwerfung erdulden, wie sie die körperliche Arbeit ertragen, ob willig oder unter Zwang, wie sie es mit der Ausübung

der Religion halten. Folgen sie dabei ihrer inneren Neigung oder bloß der Gewohnheit? Und allgemein wie leicht fällt euch das Regieren dort & welche Hoffnung auf Erfolg habt Ihr.« Der Brief war adressiert »To the worthy my very loving friend William Strachey Esquire in Virginia«.
Greenblatt kommentiert: »als glaubten die Aktionäre der Virginia Company, die Kolonisten könnten nur durch eine Reihe innerer Hemmungen davon abgehalten werden, beim ersten Anzeichen eines Autoritätsverluses zu meutern (...) der Schiffbruch auf Bermuda bewies, wie wichtig und zugleich schwierig diese Aufgabe war: von den in Jamestown eingerichteten institutionellen und militärischen Sicherungen meilenweit entfernt, erwies sich Bermuda als ein Experimentierfeld, auf dem studiert werden konnte, bis zu welchem Grade die einfachen Abenteurer die Angst vor Disziplinarmaßnahmen verinnerlicht hatten. (192) (...) Denn die Vorstellung, Bermuda sei von der Vorsehung zum Ort der Rettung auserkoren worden, enthielt implizit ein subversives Element: Warum diese Insel verlassen? Weshalb weiterfahren zu der hungrigen Garnison inmitten verpesteter Sümpfe, die in fortwährendem Konflikt mit den ansässigen Algonkins lebte?« (193) Die Siedler hätten also die »Idee des Kolonialismus überhaupt nicht internalisiert«.

Seite 295: Das Montaigne-Zitat im *Tempest* ist bei allen Shakespeareforschern unumstritten; anders steht es mit der Bedeutung von Stracheys Bermuda-Report für das Stück. Hier gibt es eine Front, die »America« unbedingt aus Shakespeare heraushalten möchte. »There is not a word in *The Tempest* about America or Virginia, colonies or colonizing, Indians or tomahawks, maize, mocking birds, or tobacco. Nothing but the Bermudas...«; E.E. Stolle, zit. bei Orgel, (Vorwort zu *The Tempest*) 32f. Orgel nennt diesen Standpunkt, höflich, »extravagant«. Zur Verkehrung von Montaigne bei Shakespeare vgl. Marco Mincoff, *Things Supernatural and Causeless. Shakespearean Romance*, London/Toronto 1992, 100f.

Seite 296: John Smith beschreibt die Herrschaftsentwicklung auf den Bermudas in der *Generall Historie*, 5. Buch. Auch er erwähnt, wie Strachey, daß zwei Mann auf den Inseln zurückgelassen wurden, die gemeutert hatten. Sie schließen sich später, als neue Siedler landen, den Engländern wieder an. Unter dem Gouverneur Richard More gibt es eine Menge Streit und trouble, u.a. um zwei Riesenklumpen von *Amber-greece*, – ambergris heißt das Wort heute; oder grey amber; gebraucht für Parfums und als Gewürz war wertvoll und wird in London erwartet.
Es gibt weitere Todesurteile, sie werden aber nicht vollstreckt; einer der ehemals zurückgelassenen Männer landet für ein paar Jahre im Knast unter More. More beginnt mit der Anlage von mehreren Festungen, die die wenigen Einfahrten zu den Bermuda sichern. Sie werden dadurch im Lauf der Zeit uneinnehmbar (für die Spanier). Bei John Smith in der *Generall Historie* gibt es einen Bilderbogen, der sie alle zeigt: 123 Einzelbilder und eine Karte der Summer Isles in der Mitte.

Der Name Summer Isles kommt von Georges Somers, Kommandeur der *Sea Venture*, die 1609 hier gestrandet war. Nach Somers heißt auch der Hauptort der Bermudas: St George Town.
Laut Smith waren zwei Indiander an Bord der *Sea Venture*; einer von ihnen war Namuntack, den Powhatan im Austausch für den jungen Thomas Salvage (der bei den Powhatans blieb) den Weißen mitgegeben hatte; er war in London gewesen und nun auf der Rückfahrt. Der zweite Indianer, Matchumps, sagt Smith, hat Namuntack auf Bermuda in einem Streit erschlagen (Barbour, *Smith's Works...*, Bd. 2, 350). Deshalb kam Namuntack nie bei Powhatan wieder an (der immer wieder nach ihm gefragt hat).
Die Inseln bleiben ein Unruheherd; 1618 wird Nathaniel Butler Gouverneur; sein Bericht über die Bermudas liegt Smiths Text weitgehend zu Grunde. Am Ende des ersten Jahres unter Butler gehen 7000 Pound Tobacco nach London. Anders als Virginia ist die Insel ist bis zu diesem Zeitpunkt von etwa gleich viel Männern und Frauen bevölkert. (380ff)

Seite 297: Die antipapistische Paranoia der britischen Herrschaft war schon 1607 so weit gediehen, daß jeder Kolonist, der nach Virginia fuhr, zwei Eide ablegen mußte: den obligaten auf die Treue zum König und einen zweiten, längeren, in dem er »aus tiefstem Herzen schwor, dem Papst keinerlei Macht zuzugestehen, weder geistliche noch weltliche« und auch der Autorität der katholischen Kirche in Rom nirgends einen Zentimeter Boden nachzugeben. Cf. Susan Myra Kingsbury, *Records of the Virginia Company*, Bd. III, Washington 1933, 4f.

Seite 297: »Aus dem Zusammenhang von Stracheys Bericht herausgelöst, können diese Elemente umgewandelt und mit dem Material anderer Autoren wie Montaigne, Sylvester Jourdain, James Rosier, Robert Eden, Peter Martyr, deren Interesse an der Neuen Welt sich ganz erheblich von Stracheys Motiven unterscheidet, neu kombiniert werden.« Greenblatt, 198. Die Quellen zur Neuen Welt, die Shakespeare außer diesen zugänglich waren, sind Thomas Hariots Bericht von der Roanoke-Expedition, John Smiths erster Jamestown-Text (1608), Richard Hakluyts Sammlung aller bis dahin in England erschienenen Reiseberichte englischer Seefahrer über die Neuen Welten, sowie die ins Englische übersetzten Texte von Oviedo und Las Casas über die Eroberung Mexikos. Eine ganz schöne Latte, insgesamt. Eine »abgewogene« Würdigung des Komplexes mit Angabe aller relevanten Literatur in Orgels *Oxford Tempest*, 23ff., 31-39.

Seite 298: Montaigne stützt sich in seinem Essay außer auf spanische Quellen vor allem auf den Bericht des französischen Kolonisten André Thevet, *Singularités de la France antarctique, autremont nommée Amerique*, Antwerpen 1558, und den von Jean de Léry, des protestantischen Pastors, der 1578 sein Buch von der Reise nach Brasilien publizierte; außerdem auf die Berichte der Pastoren Pierre Richier und Guillaume Chartier, die ebenfalls Brasilien bereist hatten. Zeitweise beschäftigte Montaigne auch einen Diener, der über 10 Jahre in Brasilien gelebt hatte; durch ihn lernte er eine Reihe von Seeleuten und Kaufleuten kennen, die er zusätzlich befragte. Er erwähnt aber auch

drei brasilianische Indianer, die er in Rouen getroffen hat, dem damaligen Zentrum des französischen Handels mit Amerika. Das war im September 1562. Mit einem von ihnen konnte er sich mit Hilfe eines Dolmetschers unterhalten. Zwei Dinge, schreibt er, habe er sich von da gemerkt: das Erstaunen des Indianers über die erwachsenen, gut bewaffneten Männer der Schweizer Garde, die sich von Charles IX. – dem damals 12jährigen König – kommandieren ließen – einem kleinen Kind, das nirgendwo mit ihnen mithalten konnte –, statt sich einen Herrscher aus ihrer Mitte zu wählen; und zweitens war der Indianer erstaunt oder empört über die Reichtumsunterschiede, die er bei den Franzosen sah: »Die einen haben alles, alle Sorten von Dingen und Besitz, während andere, fast verhungernd, nackt, frierend und arm, an ihren Toren stehen und betteln. Er fand es seltsam, daß diese so Bedürftigen solch ein Unrecht ertragen konnten, ohne diesen andern an die Kehle zu gehen oder ihre Häuser anzustecken.«
Bei den Indianern, notierte Montaigne, gäbe es eine Redensart, die besagt, daß jeder Mensch gleichwertiger Teil eines andern sei.

Seite 302: Liest man die Stelle nach bei Erich Fried z.B., macht sie tatsächlich kaum Sinn. Sie ist auch verändert gegenüber der engl. Arden-Ausgabe. Gonzalos selbstbewußtes: »Ja, ganz recht« (engl. schlicht »Ay«) auf Antonios parodistischen Vorschlag, »Inseln zu pflanzen aus Apfelkernen«, wird bei Fried z.B. König Alonso – der gar nicht am Gespräch beteiligt ist – in den Mund gelegt. Merkwürdig. – Theaterregisseure helfen sich über die Stelle in der Regel damit hinweg, daß sie sie streichen.

Seite 304: So reinszeniert Shakespeare mit den Harpyien in »Alonso's banquet« eine Vergilepisode (3, 225) und mit Miranda und Ferdinand beim Schach in Prosperos »cave« die »Liebeshöhle« von Dido und Aeneas; aber in Abwendung von ihr. Shakespeare benutzt Vergil hier durchgehend, nicht um ihn zu zitieren, sondern um dessen Dido & Aeneas-Version zurückzuweisen, sie zu überschreiben mit einer anderen; vgl. Orgel, *Tempest*, a.a.O., 40ff.

Seite 310: Die zweite emblematische Bedeutung des Siebs tritt verstärkend hinzu, die Unterscheidung von Guten und Bösen. Das Sieb als Symbol der allseitigen Gerechtigkeit vervollständigt das der königlichen Virginität: aus diesem Hintergrund erfolgt wenig später die Benennung der englischen Überseegebiete als *Virginia* durch Walter Raleigh; eine Art Belohnungsname für die Standhaftigkeit der Königin, die *Elizabetha Virgo* ihres Männerstaats blieb und von diesem im Lauf der 1580er Jahre durch ihre Erhebung zu einer Art Göttin weitere Belohnung und Verehrung erfährt; eben das ist gesagt mit dem Terminus *Cult of Elizabeth*; Mondgöttin, Astrea.
Die öffentlich deklarierte A-Sexualität der Königin hielt diesen Hofstaat in seinen Funktionen am Laufen nicht unähnlich der offiziellen sexuellen Enthaltsamkeit von King Andy Warhol in seinem New Yorker Hofstaat der Factory 400 Jahre später. Insbesondere die höfischen adligen Männer um Elisabeth waren gegen einen König an ihrer Seite, da ein solcher die schwierige Balance des Hof- und Herrschaftssystem Whitehalls zu eindeutig hierarchisiert hätte. Während gelegentliche Liebschaften der weiter »män-

Ditchley Portrait, ca. 1592

nerlosen« Königin die Gesetze ihres männlichen Diener- und Beraterstabs nicht prinzipiell aufhoben, solange kein (Ehe)Mann den Sprung an ihre Seite schaffte.
Hatton, Auftraggeber des Sieb-Portraits von Cornelius Ketel, ist einer der Männer aus diesem Kreis um Elisabeth und ein scharfer Gegner des »Anjou match«. Das Sieb, das er der Königin auf Ketels Bild in die Hand geben läßt, ist ein Aufruf, ihre politische Jungfräulichkeit zu bewahren, wie es die vestalische Priesterin in Rom tat; der Globus, den er ebenfalls hineinmalen läßt, Ausdruck der imperialen Politik, zu der er und sein Kreis Elisabeth drängen. Das Anjou-Geplänkel – wie alle ihrer anverhandelten Ehe-Projekte nie ernsthaft betrieben – ist dann auch die letzte derartige Unternehmung der Virgin Queen.
Sir Christopher Hatton, einer der Favoriten der Königin, zuerst Captain der Garde, dann Vizebewahrer des Haushalts, später Kanzler der University of Oxford. Hatton war ein Befürworter aller frühen Kolonialunternehmen, eine der Schlüsselfiguren bei Francis Drakes Weltumseglung; ein Förderer der Suche Martin Frobishers 1576-79 im Nordmeer nach der Nord-West-Passage. Die dafür nötige Spezialausbildung in »Geometrie und Cosmographie« hatte Frobisher von John Dee erhalten. Georg Bests Bericht von diesen Expeditionen wurde gedruckt von John Bynnyman, einem Mitarbeiter des »right Honourable Sir Christopher Hatton, Vizchamberlaine«.
Zu Dees gezeichnetem Entwurf der Titelillustration, der als Holzschnitt auf dem Buch erschien, hat Peter French angemerkt: »Die Mixtur populärer religiöser und astrologischer Zeichen legt nahe, daß Elisabeth eine heilige Verpflichtung habe, Britanniens Ansprüche durchzusetzen, und daß keine Kraft auf Erden sie aufhalten kann, wenn sie dies in Angriff nehme. Die praktische Moral dieser ausgeklügelten allegorischen Zeichnung ebenso wie des Textes von Dees »General and Rare Memorials« ist die, daß die Queen die Gelegenheit ergreifen muß um ihre »Imperiale Britische Monarchie« zu stärken und dabei der Pilot des schlingernden Schiffs der Christenheit insgesamt zu werden.« Zit. n. Strong, *Gloriana*, 92

Seite 310: Cornelius Ketels Sieb-Portrait ist gleichzeitig das erste Bild, das Queen Elizabeth mit jener Säule zeigt, die in späteren Portraits als imperiale Säule zu einem festen Bestandteil der Queen-Darstellungen wird. Es sind dann zwei Säulen, die Säulen

des Herkules, die in den Portraits erscheinen; entlehnt aus den Portraits des Kaisers Karl V., wo sie, versehen mit der imperialen Devise PLUS ULTRA, den spanischen Weltherrschaftsanspruch untermauern. Die Abwandlung des alten Spruchs vom Ende der Welt: »Bis hierher, und nicht weiter«, der den Rand der ptolemäischen Teller-Erde bezeichnete, ist durch die spanische Conquista in Amerika möglich geworden: ›*Doch* darüber hinaus‹, sagen die Säulen Karls V. Die Säulen Elisabeths nehmen nach 1580 diesen Wahlspruch auf – auf ihren Spitzen ein Phönix und ein Pelikan. (Den Wahlspruch selbst übernahm auch der französische König Henri IV. für seine geplanten Übersee-gründungen, weniger folgenreich als Elisabeth allerdings.)
Das Wort Phönix taucht im *Tempest* vor der Szene mit der Harpyie auf, unter den gespenstischen Figuren, die Antonio und Sebastian das »Bankett« vorgaukeln, zusammen mit den »Einhörnern«, an die Sebastian mit einemal »glaubt«. Die mythischen Tiere »unicorn« und »phenix« haben hier auch eine politische Bedeutung: die Einhörner sind (seit dem 15. Jh.) schottische Wappentiere, seit der Heirat von Henry VIII mit Jane Seymour auch englische; seit 1603 werden sie zu Symbolen der englisch-schottischen Vereinigung. »Phönix« im Kontext Elisabeth steht für die jungfräuliche und die sich ständig erneuernde Krone. Die Stelle im *Tempest* charakterisiert also die Herren von »Naples und Milan« auch als solche (englische) Höflinge, die die Verbindung England/Schottland immer noch nicht hingenommen haben; erst Ariels Geister-Spiel läßt sie an Phönix und Einhorn »glauben«. Und das auch nur als »zynischen Witz«, denn sie halten ja nichts von dem ganzen Theater, das da abläuft, und wollen sich an die Tafel setzen. Da in Ariel auch der englische Löwe emblematisch mitgeführt wird, der zusammen mit dem schottischen Einhorn das britannische Wappen hält, hat Shakespeare die ganze Thron-Tier-Heraldik in dieser musikalischen Geisterszene versammelt; und Antonio, Alonso und Sebastian als die Deppen, die von alldem zwar »gehört« haben, aber nie was davon »wissen« wollten
Die Harpyie, die sie verhöhnt und ihnen das Essen wieder wegzieht – schon in Apollonius' *Argonauten* das freßgierige und stinkende Tier –, ist die exakte Antwort auf ihre diesbezügliche Verblendung oder Verstocktheit: in ihr kommen die Erynnien über das (nicht vorhandene) Gewissen der Bösen des Stücks. Ihre eigentliche Bestrafung – an der Prospero selbst sich später nicht interessiert zeigt – geschieht eigentlich hier: die Harpyie auch als der Vogel, der die Seelen ins Jenseits führt.
Während des Banketts der Argonauten bei Apollonius, das sie vergeblich zu stören suchen (2, 178ff.), werden sie von den Boreas-Söhnen auf die Strophadeninseln vertrieben, wo Aeneas und seine Gefährten bei Vergil gegen sie kämpfen müssen. Dort kommt eine weitere Qualität der Vogelmenschen ins Spiel. Sie verfügen über wahrsagerische Kräfte. Die Harpye Celaeno nennt Aeneas Italien als seinen Bestimmungsort und sagt ihm die Gründung Roms voraus. Dies erzählt Aeneas bei Vergil der Dido, während sie sich in ihn verliebt (=verlieben muß, weil, in der Gestalt von Aeneas' kleinem Sohn, längst Cupido auf ihrem Schoß Platz genommen und sie mit Liebe »vergiftet« hat.)
Die Stadt Neapel ist die Gründung einer Harpyie/Sirene, Parthenope. Nach ihr hieß Neapel zunächst Parthenopolis. Sie hat sich dort vom hohen Felsen ins Meer gestürzt, als ein vorbeifahrender Seemann, an den Schiffsmast gebunden, ihrem Gesang wider-

Die imperialen Säulen der Königin

stand – wie die Fischfrauen und Gelegenheits-Odysseuse auf Neapels Märkten heute erzählen. Ariel/Prospero hauen somit dem Herzog von Neapel auch sein eigenes Wappentier, bzw. seine Wappenfrau um die Ohren, zur Erinnerung daran, daß Naples, um 1600 politisch unter spanischer Herrschaft, nur eine kleine Geige spielt im Konzert der seefahrenden Nationen.

Seite 313: Daß Großbritannien von den Trojern »gegründet« worden sei, durch Brutus, einen Gefährten von Aeneas, geht auf Wace zurück; Ausgabe von Ivor Arnold, Verse 3855f; vgl. auch Layamon und Spenser, *Fairie Queene,* II, Canto 10, St. 5-68. – Juden – Griechen –Trojaner – Römer – Briten, das ist der Weg der (mytho-darwinschen) Evolution. Der Mythos eines *Troynovant,* von James I kräftig ins Spiel gebracht, konnte sich aber gegen den durch Elizabeth gesetzten stärkeren Tudor-Myth – »Astrea« – nicht recht durchsetzen, schreibt M.C. Bradbrook, »Shakespeare and the multiple theatres of Jacobean London«, *The Elizabethan Theatre* Bd.6, ed. by G.R. Hibbard, London 1978, 88-104. – Schon Chaucer bezieht sich auf diesen Britenmythos im *House of Fame*; Shakespeare außer hier noch im *King Lear* und in *Cymbelline,* die beide in die Anfangsjahre von James' Herrschaft fallen.

Seite 315: So wie umgekehrt Ovid nicht erfahrungslos war in verschiedenen Unbilden, die die Jamestown-Siedler als Teil ihrer Alltäglichkeit trafen. Ovids Verbannung nach Tomis (= Ende der Welt) bringt ihn in diese Lage. Natürlich gibt es auch dort »Barbaren«. In Ovids Beschreibung in den *Tristien* benehmen sich diese nicht viel anders als der durchschnittliche nordamerikanische Bilderbuch-Indianer in Büchern, Zeitungen oder Filmen der Weißen. Und ähnlich sind die Stammesnamen der Völker auf der anderen Seite der Mündung der »siebenarmigen Donau«, wo bei Ovid die Wilden leben (fera gens): Kolcher, Kizygen, Geten, Sermaten und Bessen, »allein schon die Namen auszusprechen, sträubt sich alles in mir« (Ovid, *Tristien,* 3, 10). Das Wasser schmeckt dort schlecht, er verträgt das Klima nicht, und schreiben kann man da auch nicht. Er diktiert. Im Winter, wenn die Donau zugefroren ist, kommen die Wilden heran und herüber; nicht nur gegen die Kälte muß man dann kämpfen, sondern auch gegen deren Pfeile, der barbarische Feind – »barbarus hostis« – umkreist mit seinen schnellen Pferden das römische Fort wie ein Wolf den Schafstall, das ganze Dach des Forts starrt von ihren abgeschossenen Pfeilen. Sie tränken ihre Pfeile mit Viperngift, etc., sie plündern und brandschatzen, obwohl bei der allgemeinen Armut von Tomis da gar nichts zu holen ist. (Ovid, *Tristien,* 3, 10, 16)
Da sitzt er, in seinem Jamestown, aber ohne rechten Kolonisierungsauftrag; eher wie die späteren australischen Sträflinge Britanniens. (*Tristien,* 3,9)
Sein Exil nennt Ovid am Anfang der *Tristien* einen »Schiffbruch«; und klagt, daß es in Rom Leute gebe, die sich, immer noch, aus seinem Schiffbruch Trümmer an Land holten. (1, 6) Auch andere hätten Schlimmes getan, aber ihn hat man ans Ende der Welt verbannt. Für Balzac ein Modell: Jeder verbannte Machthaber/Poet ist ein Ovid am Pontus.
In den *Tristien* schreibt Ovid nicht mehr *über* antike Helden, er setzt sich selbst als

Published MONTHLY. — BEADLE'S — Novel Series, NUMBER 71.

DIME NOVELS

UNITED STATES OF AMERICA — ONE DIME

THE CHOICEST WORKS OF THE MOST POPULAR AUTHORS

THE LOST TRAIL.

NEW YORK:
BEADLE AND COMPANY, 118 WILLIAM ST.
General Dime Book Publishers.

einen solchen. »Als ich von Rom abgeführt wurde, das war der Fall von Troja«, klagt er; ein ausgesetzter Aeneas auch er. Eine neue Stadt zu gründen, war ihm nicht gegeben. Aber – so überdauern *Exile* – das Weltreich der *Metamorphosen*.

Seite 317: Unumgänglich kam auch George Sandys in seinem Kommentar zum Buch 14 der *Metamorphosen* auf Queen Dido zu sprechen. Er weist Vergils Dido-Version als bloße »fiction« zurück. Zur Untermauerung übersetzt er ein Epigramm von Ausonius ins Englische; es hat die Schlußzeilen:
So fell unforced; lived undefamed (belied)
Revenged my husband, built a city, died.
...etwas kryptisch, aber »positiv besetzt« ...rächt den Gatten, baute eine Stadt, starb, unbefleckten Rufs; eher also in Richtung »Elizabeth's virtues« und Shakespeares angedeuteter »Verteidigung« der Widow Dido im *Tempest* gegen die übergriffigen Männerwitzler Antonio/Sebastian.

Seite 320: Die besondere Rolle des Theaters als Nachrichtenschleuder und Experimentierkolben für neues öffentliches Leben in der neuen Metropole London hat vielleicht am schönsten ein Nicht-Engländer festgehalten, der Schweizer Noch-Student und angehende Mediziner Thomas Platter im Tagebuch seiner Englandreise vom Herbst 1599. Engländer lassen sich – Zeitungen sind gerade am Anfang ihrer Entwicklung – vorzugsweise in den zahlreichen Theatern informieren und anschließen an sowohl alte als neue Welten:
»...sie erfahren in den Comedien, was sich in anderen Ländern zuträgt, Männer wie Weibs-personen gehen ohne Scheu dahin, weil mehrteils Engländer nicht pflegen viel zu reisen, sondern sich vergnügen zu Haus fremde Sachen zu erfahren und ihre Kurzweil zu nehmen. –
Sehr viel Wirtshäuser, Bierhäuser und Garküchen hat es hin und wieder in der Stadt, darinnen man auch viel Kurzweil mit Essen, Trinken, Saitenspiel und sonsten hat, wie dann auch fast alle Tage die Spielleute in unsere Herberge gekommen sind. Und ist sonderlich zu merken, daß die Weiber sowohl als die Mannen ja noch öfter, in die Wirts- und Bierhäuser zu gehen pflegen, um sich da zu belustigen. Sie halten es gar ein große Ehr, so man sie dahinführet und ihnen Wein mit Zucker zu trinken gibt; so einer nur ein Weib ladet, bringt sie drey oder vier andere Weiber mit sich, da trinken sie einander tapfer zu und danket demnach der Ehemann also dem, der sein Weib also lustig gemacht hat, ist ihnen ein ebener Dienst«. *Thomas Platters des Jüngeren Englandfahrt im Jahr 1599*, nach der Handschrift der Öffentlichen Bibliothek Basel hrsg. v. von Hans Hecht, Halle/Saale 1929.
In einer 1688 in Jena erschienen Zeitung, *Der europäische Herold*, wird über das ›Weibesvolk‹ in England gesagt, es »ist von Natur sehr schön, lebet in großer Freyheit, und dahero vertieffet es sich gemeiniglich in die Wollüste. Daß deswegen im Sprichworte geredet wird: Engelland sey der Weiber Paradies (...) der Knechte Fegfeuer und der Pferde Hölle. Weil diese bey den Wettelauffen, *force*jagen, und anderen *exercitien* auch

sonderlich auff Reisen sehr strapazieret werden.« Zit. b. Bodvar Liljegren, *Yearbook of the New Society of Letters at Lund*, 1922, 63f.
Tägliche Theatervorstellungen (außer So. und während der Sommerpause) fanden in London regelmäßig in mehrerenTheatern ab 1591/2 statt. Beginn der Aufführungen: meist 14 Uhr. Auch Essen und Trinken gab es für »den Penny« in den Theatern.
James selber erteilte 1620 eine Lizenz zum Bau eines auf 12.000 Plätze geplanten Theaters, eine Art Arena oder »Amphitheater«, geeignet auch für Tierhatzen, Tanzveranstaltungen, Konzerte und aufwendige Masques; letztere waren bis dahin auf Höfe und die Festhallen der juristischen Corporationen, auf die »Inns«, beschränkt. James' Bedingung: das Theater sollte später in den Besitz der Krone übergehen. Es kam dann nicht dazu aus Geldmangel, aber 15 Jahre lang, bis zum Beginn des Bürgerkriegs, wurde dieser Plan verfolgt; vgl. Glynne Wickhams dreibändige Studie *Early English stages, 1300-1600, Vol. 2, 1576-1600*, London/NY 1972, 90ff. Solche Pläne standen vollkommen adversal zur Theaterfeindlichkeit der mächtiger werdenden Puritaner.

Seite 322: Ca. ein Zehntel der gesamten Londoner Import-Tonnage kam aus dem Bereich des Mittelmeers: über die Levante Company; über Italien, aber auch über Tunis und Algier direkt. Zu den islamischen Ländern Nordafrikas bestehen fest etablierte Handelsbeziehungen. Obwohl man schwer von »Ländern« sprechen kann; zum einen sind die Bevölkerungen sehr heterogen, eher »Melting Pot« aus Arabern, Berbern, Beduinen, einigen Schwarzafrikanern und zahlreichen weißen Europäern, dazu den Moriscos, den islamischen Bevölkerungsgruppen Spaniens, deren Vertreibung 1609 unter Philip III. in ihre letzte Phase tritt. Tunis und Algier selber sind nicht so sehr »Hauptstädte« umliegender Ländereien, sondern so etwas wie Söldner- und Piratenbastionen, die das Land um sich herum unterdrücken und ausnehmen. Karl V. war es 1535 und 1541 nicht gelungen, diese Städte, trotz großen Heereinsatzes, zu unterwerfen. Hernan Cortés, zurück aus Mexiko, liefert hier seine letzten militärischen Aktionen (erfolglos) ab. Das islamische Nordafrika verweigert Europa den verlangten »Drittwelt-Status«. Im Dezember 1610 ist Nordafrika erneut in aller Munde, als Marokko (nach Sultanwechsel) einen Friedens- und Handelsvertrag mit der holländischen Republik abschließt, neben dem im selben Jahr mit Spanien ausgehandelten Waffenstillstand auf 12 Jahre. Um ihren guten Willen zu beweisen, schicken die Holländer dem neuen Sultan Mawlay Zaydan 3 Kriegsschiffe, um die er sie gebeten hatte. Philip III. nahm dies in einem amtlichen Schreiben als Anlaß für die Vertreibung der islamischen Restbewohner aus Spanien. – Die sich anbahnenden Kontakte führen zu einer Intensivierung der *Arabic Studies* an nordeuropäischen Universitäten (Leiden, Oxford, Paris); vgl. Gerard Wiegers, »Learned Moriscos and Arabic Studies in the Netherlands, 1609-1624«, in *FS. f. Reinhold Kontzi*, Tübingen 1996, 405-17. Bis dahin diente das Italienische bei den Kontakten mit der arabischen Welt im Mittelmeerraum als lingua franca.
Tunis und Algier – im *Tempest* der Herkunftsort der Hexe Sycorax – sind außerdem die Hafenstädte, in denen das Mittelalter hindurch die Goldkarawanen aus Timbuktu, bis ca. 1600 einer der Kultur- und Handelsmittelpunkte der islamischen Welt, eintrafen für den Handel mit Europa. In diesen *Goldhäfen* liegt 1611 auch ein Anklang an die ameri-

kanischen Überseestützpunkte, *Wunschhäfen* der *Virginia Company* für das amerikanische Gold.

Seite 322: Im Krieg des Herzogs von Savoyen 1613-15 mit Spanien, in dem er unbesiegt bleibt, schickt James I 15.000 Pfund nach Savoyen, eine Riesensumme für die fast leere englische Staatskasse. Frankreich verhält sich neutral. Der Krieg endet in einem von James vermittelten Friedensschluß, in dem Savoyen einseitig abrüstet (und dies mit Wehrlosigkeit im erneut einsetzenden Krieg 1616 bezahlt, wo James dann seine Hilfe verweigert). (Gardiner, *History of England,* Bd. 2, London 1883, 321) – James' Mutter, Mary Queen of Scots, hatte schon am Tag von James' Geburt bei den sofort zu benachrichtigenden Staaten an Savoyen gedacht. Reiterboten mit einer Einladung zur Taufe gingen nach England, Frankreich und Savoyen. Die Taufe von James wird noch nach katholischem Ritus vollzogen. Als kurz darauf seine Mutter Mary ihren Mann Henry Stewart, Lord Darnley ermordet – er hatte ihren italienischen Privatsekretär und Lieblingsmusiker erschlagen – und danach mit ihrem Geliebten James Hepburn Earl of Bothwell auf eins ihrer Schlösser flüchtet, wird James im Alter von 3 Monaten in die Obhut des Earl of Mar gegeben. Ab da ist er in den Händen des protestantischen schottischen Hochadels und wird von dessen Vertretern im Alter von einem Jahr zum schottischen König, James VI., gekrönt. James wächst unter fast völligem Ausschluß von der Außenwelt auf, lernt mit vier lesen, und hat von vier bis zum Alter von dreizehn fast nur mit Büchern zu tun. Er liest lateinisch, griechisch, englisch, französisch, italienisch, studiert Arithmetik und Kosmographie (=Geographie & Astronomie). »Selten ist ein so kleiner Junge so früh mit so vielen Informationen vollgestopft worden«, schreibt David Harris Willson, *King James VI and I*, London 1956/1959, 23. Auch von hier führt eine deutliche Spur von James I. Biographie in Prosperos Zelle.

Seite 325: Erstaunlicherweise geht Frank Kermode in der *Arden Edition* (1954ff.) gar nicht, und Stephen Orgel im *The Oxford Shakespeare* (rpt. 1998) nur marginal auf die Bedeutung dieser Heiratskonstellationen für die Figuration Prospero/James ein; insbesondere die Rolle Prince Henrys (s.u.) scheint ihnen keiner Erwägung wert.

Seite 326: Für die Londoner Zuschauer des *Tempest* waren die ›storm-tossed Bermoothes‹ ein eher schon überdeterminierter Anspielungslieferant. Walter Klier schlägt als Übersetzung für I,2, 229: »to fetch dew from the still-vexed Bermoothes« schlicht vor: »Prospero sandte Ariel um Mitternacht nach London, um Whisky zu holen«. W.K., *Das Shakespeare-Komplott,* Göttingen 1994, 75; auf den Bordell-Distrikt wies schon Kermode.

Die Bermudas, »sechstausend Jahre lang namenlos«, wie John Smith in seiner *Historie of the Summer Isles* schreibt, haben ihren Namen, dem Gerücht nach, von einem dort gestrandeten Schiff: die spanische Fregatte *Bermudas* sollte eine Ladung Schweine auf die westindischen Inseln bringen und kam nicht hin. Die Tiere retteten sich schwimmend an Land. Dort vermehrten sie sich ungestört, also rasend, – dies sehr zum Wohl der englischen Schiffbrüchigen vom Juni 1609.

Der Bericht, den die *Virginia Company* für die englische Öffentlichkeit im Nov. 1610 offiziell herausgibt, korrigiert die gröbsten Vorurteile: »Diese Inseln hatten immer als ein verzauberter Haufen Felsen gegolten und als Wildnis, in der Teufel hausten; aber all die Feen der Felsen erwiesen sich als Vogelschwärme und all die Teufel, die durch die Wälder tobten, waren nichts als Schweineherden«. Und der Bericht fügt an: »This was not Ariadne's thread, but the direct line of God's providence.« (*A true declaration of the state of the colony in Virginia…*, in: David B. Quinn, *New American World*, Bd. 5, 1979, 248-62, Sp. 253a)

Seite 326: Dies aufzufächern und in der gewünschten Vielschichtigkeit anzulegen, half Shakespeare (und uns) u.a. die aufgefächerte Erzählung des Inders – vermutlich ein verkleideter Schauspieler aus Deutschland, der vor seinen Gläubigern im Nürnberger Wirtshausgewerbe über Holland nach London geflüchtet war. Weit davon entfernt, ein erfinderischer Kopf zu sein, hatte er sein »Märchen« zusammengesetzt aus verschiedenen Theaterstücken, in denen er in Nürnberg gespielt hatte. Vor allem die *Comedia von der Schönen Sidea, wie es ihr bis zu ihrer Verheiratung ergangen* des deutschen Dramatikers Jacob Ayrer – verstorben 1605 – hatte er geplündert und ihre Geschichte mit Bruchstücken zweier spanischer Dramen vermengt. Die merkwürdige Übereinstimmung des *Tempest* mit Teilen der *Schönen Sidea*, die zuerst dem Übersetzer Ludwig Tieck im Jahr 1811 aufgefallen ist und die Shakespeareforschung seither nachhaltig verstört hat – da Shakespeare doch deutsch nicht sprach und das Stück nicht übersetzt worden war – könnte so als aufgeklärt gelten.
Bei Ayrer in der *Schönen Sidea* »heißt« Prospero Herzog Ludolff, Herzog von Litauen, Miranda=Sidea, Ferdinand=Prinz Engelbrecht, vgl. Ayrers *Dramen*, hg. v. Adelbert v. Kellner, 4 Bde., Stgt. 1865, 4. Bd., pp. 2177-2224. – Tiecks Mutmaßung von 1811, die Geschichte der Sidea könne von englischen Wanderschauspielern nach ihrer Rückkehr auf die Insel erzählt und weiterverbreitet worden sein, wäre nicht weit vom Kern (sie ist später weiter ausgeführt von Albert Cohn in seinem Buch *Shakespeare in Germany*).
Die Übersetzung der Sidea ins Englische, die Howard Furness 80 Jahre später in seiner Shakespeare-Variorum-Ausgabe des *Tempest* in den Anmerkungen veröffentlicht hat – (Bd. 9, Philadelphia 1892, 325-41) – zeigt, daß Shakespeare sich an Ayrers *Ur-Sturm* nur oberflächlich orientiert haben kann, zu marginal sind die Übereinstimmungen. Der oder die Märchenerzähler hatten die *Sidea* wohl außerdem mit weiteren Märchenmotiven von leibeigenen Prinzen, vom sog. »Wilden Mann«, von der einzigen Königstochter, von feindlichen Brüdern, von Magiern mit Zauberstäben usw. aufgepeppt. Für Herausgeber Furness ist die ganze deutsche Quelle schlicht Quatsch, ein Hirngespinst der »luchsäugigen Deutschen«, der »lynxeyed Germans«, wie er schreibt, die einen ihrer neidischen Imperialismen gestartet hätten, mit der Absicht, den Engländern Shakespeares *Tempest* zu rauben.
Daß im Namen Ayrer, spricht man ihn englisch aus, allerdings mehr als nur ein Anklang an Ariel drinsteckt, ist ein merkwürdiger Witz, den eine gute Geschichte des Sendens = Kunst der Lüfte, uns noch zu erklären hätte.

Seite 331: An Ariels Funktion ist Greenblatt nah dran, um dann die Kurve nicht ganz zu kriegen, bzw. in eine andere Institution hinein, nämlich das Militär:
»Kraft seiner Beherrschung des Okkulten läßt Prospero seine Feinde hungern, spioniert ihnen nach, belauscht ihre geheimen Gespräche, überwacht ihre Bewegungen, blockiert ihre Handlungen, verfolgt ihre Beziehungen zu dem eingeborenen Inselbewohner, plagt und diszipliniert seine Diener und vereitelt Verschwörungen gegen ihn selbst. Sein früherer Autoritätsverlust – seine Entmachtung, Exilierung und Ohnmacht – wird kraft seiner Kunst in vollem Umfang behoben. Aus dieser Perspektive betrachtet, ist Prosperos Magie nichts anderes als das literarische Gegenstück zum Kriegsrecht.« (199)
Nur ist Greenblatt auf das wirkliche Gegenstück zu dieser Kriegsrechts-Magie im London von 1611 nicht gekommen: den elisabethisch-jacobeischen Geheimdienst; die Identifizierung Ariels als Mann des Nachrichtendienstes ist ihm knapp durch die Finger geschlüpft.

Seite 334: Als Thomas Alva Edison, der Mann, der später die Geräte erfand, deren Funktionen das System ARIEL im *Tempest* so brilliant demonstriert, sich 1847 anschickte, auf mütterlichem Leitstrahl in The Lord's Own Country niederzukommen, fühlte er sich Prospero, Shakespeares rechtmäßigem Duke of Milan, derart verpflichtet, daß er sich von seiner Mutter in Milan/Ohio zur Welt bringen ließ (fürs italienische Mailand reichten die medialen Kräfte wohl nicht, bzw. es wäre das falsche Land gewesen). Sein für Erdzwecke viel zu gutes, sein überirdisches Aufzeichnungsohr machte Edison durch eine selbstverschuldete Explosion fast taub, bevor er den Phonographen erfand. Seine Erfindung hatte nichts mit »dem Hören« zu tun; sie war ihm schon eingeschrieben, als er sich hier blicken ließ. Seine Gewohnheit, seinen Namen ab da als Thomas A. Edison zu schreiben, lüftet eine Spur des Geheimnisses: Thomas Ariel Edison, Erfindergeist, unterwegs in göttlichem Auftrag, den Menschen wenigstens technisch ein Stückchen der Paradiese zu bringen, an deren Buchstäblichkeit die Reihe der SF-Autoren von Ovid über Montaigne über Bacon zu Orwell und Huxley immer mutloser werdend, sich historisch die Zunge ausgebissen hat. Das Gesetz, daß an jedem Stückchen Paradies immer auch ein Stückchen Hölle partizipiert, war dabei nicht außer Kraft zu setzen. Zur Hör- kam die Abhöranlage, zum Kinoblick die Überwachung, nicht nur Licht und Töne wandern gern auf Wellen, auch der Tod tut dies auf seinen Missiles, und der Postmann kommt als Policeman, wo immer es ihm beliebt. Ariel, »der Löwe von Juda«, fliegt und brüllt in zweierlei Gestalt; the tragic of violation and the magic of the violin reisen auf demselben Nacht-und Machtstrahl um den Ball.

Seite 334: Nicht unähnlich dem hybriden Dreh, den Benn 1934 mit Hitlers Staat probiert. Diesen möchte er seinem eigenen »Kunststaat« einverleiben, bloß ist es bei Benn nicht der nachrichtentechnische Weg (den Hitler/Goebbels nach Maßgabe der vorhandenen Technologien voll ausgebaut haben), sondern der Züchtungsweg der Neuen Biologien – 1934 in Berlin eine Art Vorwegnahme heutiger Gentechnologie –, der der Königsweg (=Diktatorweg) sein sollte zum NEUEN MENSCHEN DER KUNST. Er wird, bei Benn 1934, bei Shakespeare 1611, jeweils verordnet herunter von der Spitze des vorgestellten Idealstaates. Nach (halb) bestätigten Zeitungsgerüchten treibt sich ein Ghost namens Sloterdijk momentan in dieser Gegend rum.

Seite 336: In der Urversion der *Internationale* von Pottier, 1872, gibt es eine schöne Umkehrung der Bedeutung von *Cannibale;* das Wort wird dort, bei der Forderung der Soldaten nach »Nie mehr Krieg«, bezogen auf die eigene Generalität (›Menschenfresser‹):
S'ils s'obstinent, ces cannibales,/ A faire de nous des héros,/ Ils sauront bientôt que nos balles/ Sont pour nos propres généraux
– während Calibans eigener Song im *Tempest,* als er zum ersten Mal Alkohol getrunken hat: »'Ban, 'Ban, Ca-Caliban/Has a new master: – get a new man.« (Ende Akt II) in der 1929 erschienenen Sammlung von Tucker Brooke, *The Shakespeare Songs* (...), Intr. Walter de la Mare, als »Calibans Marseillaise« identifiziert und auch so betitelt ist. Das ist wohl ein Hohn des engl. poeta laureatus auf die Freiheitsbemühungen der Aufständischen von 1789 auf der südlichen Seite des Kanals.
Man sieht an Brookes Betitelung deutlich, wie »Caliban« im Jahr 1929 eher mit dem »Proletariat« identifiziert wurde als mit dem Dritte-Welt-Mann (im Rassen- und Klassenkampf der europäischen kapitalistischen Gesellschaften).

Seite 338: Die demonstrative Machtfülle Prosperos sieht Greenblatt andererseits eingeschränkt durch die ausgestellte Fragwürdigkeit dieser Macht selbst: »Für das Publikum der Renaissance mag diese Fragwürdigkeit im doppelten Status der Magie bestanden haben, einer Doppeldeutigkeit, die durch die vorsichtig angedeuteten Parallelen zwischen Prospero und der Hexe Sycorax bewußt betont und dadurch weiter verstärkt wird, daß Prospero Aussprüche von Ovids Hexe Medea untergeschoben werden. Für ein modernes Publikum hingegen dürfte sich die Fragwürdigkeit von Prosperos Macht auf die Figur Calibans konzentrieren, dessen Anspruch auf den einzig rechtmäßigen Besitz der Insel – ›Mein ist diese Insel, die du mir nimmst: von meiner Mutter her, von Sycorax!‹ – von Prospero nie wirklich beantwortet wird, es sei denn durch Haß, Folter und Sklaverei«. (200) Stephen Orgel geht in die gleiche Richtung, wenn er sagt: »Historically speaking, Caliban's claim to the island is a good one« – Caliban speche nicht nur berechtigt, sondern gut in diesem Punkt. Sehr interessant sind Orgels weitere Ausführungen zum Punkt »Herrschaftserbe aus genealogischer Linearität«: weder Elisabeth I. noch James I. sind zweifelsfrei legitime Thronfolger von ihrer familialen Abstammung her. Zu ihren verschiedenen – zu ihrer Zeit auch offen diskutierten – Illegitimitäten vgl.Orgel, 37ff. Zu ihrer Selbstlegitimation, wie auch zu der Prosperos als Herrscher, gehört das Pochen auf eigenes Verdienst, auf eigene Überlegenheit im Bereich Wissenschaft und Magic. Zur Diskussion dieses Punkts s.w.u. das Kapitel »Die Zauberer. In der Zirkuskuppel, im Tower«.

Seite 339: Die Tabakverbote des 17. Jhs. von der Schweiz bis nach China galten überwiegend der Brandgefahr. Das Globe Theatre aber, in dem, wie in allen Londoner Theatern während der Vorstellung geraucht wurde, ist nicht durch einen unachtsamen Raucher abgebrannt, es fing durch einen Kanonenschuß auf offener Bühne im 2. Akt von Shakespeares letztem Stück *Henry VIII oder All Is True,* am 29. Juni 1613 Feuer und verschwand so schon drei Jahre vor Shakespeares Tod in den Kulissen. Aufgebaut (›rekonstruiert‹) wurde es erst wieder vor ein paar Jahren, an nicht ganz derselben Stelle, von anglo-amerikanischen Theaterenthusiasten, zuerst als Theatermuseum, seit Sommer 1997 auch wieder als spielendes Theater.

Seite 340: Margreta de Grazia betont den »gleichen Affekt«, von dem Sycorax und Prospero getrieben würden: die Wut. Auch in ihrem Schicksal des Ausgesetztseins seien sie identisch, so wie in den meisten ihrer Fähigkeiten. »The Tempest: Gratuitous Movement or Action without Kibes», *Shakespeare Studies,* 14 (1981), 225; der Unterschied läge lediglich in Prosperos Verzicht auf Rache am Ende. Marco Mincoff bezeichnet die beiden als »offenkundig parallel angelegt«, sei es in den Ingredienzien, die sie für ihre Zaubereien brauchen (»dew«), sei es in ihrem Verhältnis zu Ariel, der ihnen beiden in gleicher Weise dienen muß; Sycorax schließt ihn in einer Pinie ein, Prospero droht ihm mit Einschluß in einer Eiche. M. Mincoff, *Things Supernatural and Causeless. Shakespearian Romance,* London and Toronto 1992, 113f. Was den Schluß nahelegt, daß nicht einfach »the devil«, sondern, »strukturell« ebenso Prospero als »Vater« von Caliban angesehen werden kann/muß: »this thing of darkness I acknowledge mine«...
Mincoff sieht in dieser Konstellation den Grund dafür, daß Prospero nicht als Person angelegt ist in dem Stück, als »character«, sondern als ein theoretisches Konstrukt »Magier«, mit den Fäden in der Hand, wodurch er uns eher abstoße als anziehe und dem Stück seine charakteristische »Spannungslosigkeit« verleihe. (Mincoff, 97, 111)

Seite 343: Die gebildeten und reichen katholisch-aristokratischen Häuser stehen in diesen Jahren »automatisch« auf der Kippe zum »Konspirations-Verdacht«, weil ihnen ein Interesse am Sturz Elizabeths und der anglikanischen Staatskirche unterstellt wird. Elizabeth I. erläßt am 18. Okt. 1591 z.B. eine Proklamation zur Abwehr spanischer Expansionsabsichten und Unterwanderungen durch spanische Laienpriester und Jesuiten – 5. Kolonne –, nach der alle Engländer, die im Lauf des vergangenen Jahres fremde Besucher bei sich aufgenommen haben, aufgefordert werden, sie bei Katholizismus-Verdacht eigens eingerichteten Kommissariaten zu melden, andernfalls sie sich der »Beihilfe zum Landesverrat« schuldig machten. Militärisch: allgemeine Mobilmachung, ideologisch: verstärkte religiöse Gegenpropaganda; ab 1593 allgemein verschärfte Gesetze gegen Katholiken.

Seite 343: Bis hin zu John Lyly war Elisabeth »die Göttin der Hofdichter«. Das ändert sich in den 1590er Jahren: die quasi religiöse Verehrung der *Virgin Queen* beginnt zu bröckeln. Um so stärker wird das im Jacobean Theatre; der hinterhältige, intrigante Höfling avanciert zum festen Bestandteil der Stücke; das Theater ist nicht mehr »höfisch«, sondern tendenziell »städtisch« ausgerichtet. Hamlet (um 1599) eins der ersten Stücke, in dem das so ist; im *Tempest* schon Topos; Dusinberry nennt u.a. Antonio und Sebastian als Prototypen der neuen Hof-Gangster, aus anderen Shakespearestücken

2 Firmenlogos… Fässer und Banken

Osric, Le Beau, Bayet, Jaques und den Königssohn Cloten aus *Cymbeline*; Juliet Dusinberre, *Shakespeare and the nature of women,* London 1975, S. 163. – »Verschwörer« rufen, institutionenlogisch, höfische Spitzeldienste, »Geheimdienste« hervor; die Begründung für den entstehenden englischen kann man also sowohl von »außen« her – Spanien – wie von »innen« her geben, Hofintrigen, »Plots«, und die innerenglische Auseinandersetzung um Fragen der richtigen Religion. –
Ob auch etwas für Jackson Pollocks *Malstil* abfiel, als er »Geld von der CIA nahm«, steht nicht in der Zeitung, die davon berichtet, daß Pollock, wie auch andere Artisten des *Greenwich Village,* nach dem Krieg »von der CIA finanziert« wurden. Grund: der amerikanische Geheimdienst wollte dazu beitragen, die Überlegenheit der westlichen Kultur über den sozialistischen Realismus zu beweisen, Kalte-Kriegs-Zahlungen also zur Durchsetzung des abstrakten Expressionismus. Ob von Pollock verlangt war, auch Galeristen zu bespitzeln, wird ebenfalls nicht vermeldet, ist aber anzunehmen: das *Village* wimmelte von *Kommunisten* zur Zeit des Senators McCarthy…

Seite 344: Konkret: im sog. *Babington Plot*, der aufsehenerregendsten dieser Verschwörungen, lanciert und forciert der Geheimdienst, der Elizabeth schützen soll, den Mordplan – ehe er ihn aufdeckt und den Plot erfolgreich »verhindert«. Der Attentäter, der ausersehen ist, Queen E. zu ermorden – als Begleitumstand oder Voraussetzung ei-

ner spanischen Invasion – (er heißt sage und schreibe: John Savage!) ist ein Schüler des kath. Emigrantencollege von Reims, der Regierungsagent Gilbert Gifford, der als scheinbarer Mitverschwörer den Savage an seinen Schwur im Reims College erinnert – nämlich die Queen zu töten – aus dem er nicht entlassen werden könne. (149) Und Walsingham selber ermuntert gezielt Babington, das angebliche Haupt der Verschwörung, mit der Conspiracy weiterzumachen. Als Lohn bietet er dem angestifteten Verschwörer eine 3-5-jährige Reisetour durch Europa an, mit den entsprechenden Pässen. (150-152) Oder: der Bierkutscher, der die Post des Konspirators Morgan zu Mary Stuart in den Knast bringt (und ihre Antworten von dort zurück), der auch andere Post zu ihr bringt (z.B. die Babingtons), ist nicht, wie sie glauben, ein Mann der Stuarts, sondern Walsinghams Mann. Jeder Brief, der zu Mary Stuart in die Zelle kommt und der von ihr weggeht, wird von Walsinghams Dienst gelesen, bevor er seine Adressaten erreicht. (153) Den »überführten« Exekutierten im Babington Plot werden dann die Schwänze abgeschnitten, nachdem sie vier Stunden gehangen haben (und teils noch leben), danach werden sie gevierteilt. (160) Nicholl ist sich mit dem Historiker Southwell einig, daß »die Regierung verantwortlich ist für den gesamten Plot«.
Ebenso in der Regierung erfunden ist der sich anschließende Stafford-Plot; das Opfer sollte wieder Elizabeth sein. Laut Walsingham ist der frz. Botschafter involviert: eine Intrige, um jenen aus dem Weg, d.h. außer Landes zu bringen, damit er nicht Zeuge werde des anschließenden Prozesses gegen Maria Stuart und ihrer Hinrichtung.
Greenblatts Ansicht, Shakespeares Stücke seien u.a. als Exercitien im öffentlichen Umgang mit sozial erzeugter Angst zu sehen, wird, ohne daß Nicholl darin explizit wird, von seiner Untersuchung bestätigt. Ein lateinischer Spruch, von einem Gefangenen im Tower in eine Wand geritzt: »Mala conscientia facit ut tuta timeantur« (= »ein schlechtes Gewissen durchsetzt das sicher Scheinende mit Angst«) könnte, sagt Nicholl, als Motto über diesen »paranoiden Tagen« stehen. (164)

Seite 345: Der Zweck ist zwar immer der gleiche, schreibt Nicholl, aber die Methoden der »Intelligence« waren sehr verschieden von den heutigen in jenen Tagen. In der modernen Spionage sind die Weitergabekanäle sehr differenziert und überwiegend schnell – Radio, Kamera, Satellit und das ganze elektronische Drumrum der in Zeichenform übertragenen Information; im Fachjargon: signals intelligence, kurz »sig-int«. Die Leuchtfeuer, die im Jahr 1588 die Nachrichten vom Kurs der Spanischen Armada binnen Stunden durch England übertrugen, könnten eine frühe Form von »sig-int« genannt werden, aber im allgemeinen war die elizabethanische Nachrichtenübermittlung an zwei Formen der Übertragung gebunden: das geschriebene Wort und das gesprochene Wort. Intelligence, wie jede andere Form der Nachricht, bewegte sich in Gestalt von Menschenkörpern. Ob niedergeschrieben in Briefen, in verschlüsselten Depeschen oder im Gedächtnis aufbewahrt, die Nachricht mußte von Ort zu Ort getragen werden. Der schnellste Transportweg jeder Nachricht war somit immer noch das Pferd. (105)
Problem: die Nachricht zu verbergen auf dem langen Weg (einnähen, in Steine backen, in Rädern, Knöpfen, Schuhen verbergen usw., das ganze einschlägige Repertoire). Die genannten Verbergungsmöglichkeitewn sind bekannt, weil sie *entdeckt* wurden. Viel

leicht gibt es einige unentdeckte. Aber Entdeckung war die Regel und deshalb der Zwang zu Verschlüsselungen besonders groß.
Thomas Platter notiert als englische Besonderheit, daß die fünf Haupthäfen der Insel von Kriegsschiffen bewacht werden und von einem zusätzlichen Alarmsystem geschützt sind: »Sie geben den Häfen mit einer brennenden Harzpfanne ein Zeichen und alsbald sieht man solches auf dem Lande, welches mehrteils eben ist; da hat es durch das ganze Königreich auch aufgerichtete, auf kleinen Bühelen stehende Harzpfannen, bei welchen man Tag und Nacht Wache hält, und alsbald einer ein Zeichen gibt, gehet es durch das ganze Land, also daß man sozusagen in einem Augenblick vom dem unterrichtet wird, was sich auf dem Meer zutraget.« (*Thomas Platters des Jüngeren Englandfahrt im Jahr 1599*, a.a.O., 64f.)
Von den Franzosen, die wegen ihrer späteren Verdienste in der Telegraphie gern als Erfinder der modernen Nachrichten- und Geheimdienste gehandelt werden, ist wahrscheinlich, daß sie ein Nachtrichtensystem wie die Engländer bei der Armada (brennende Harzfeuer auf aufgestellten Säulen oder Pfählen) um diese Zeit noch nicht hatten.
Louis XIV. Befehle im 2. engl.-niederländischen Krieg erreichen die Schiffe des in Lissabon vor Anker liegenden Admirals Beaufort so undeutlich und verworren, – »he sent a stream of instructions, mostly from various places in the Ile de France, where the King would not even know in which direction the wind was blowing in the channel – daß Beaufort lieber gar nichts tut; sein Auftrag war, sich im Sommer 1666 mit der niederländischen Flotte gegen die Engländer zu vereinigen: eine Verwirrung in der Nachrichtenübertragung, die die erst seit 1660 überhaupt aufgebaute frz. Kriegsflotte vermutlich davor bewahrt hat, gänzlich von den Engländern vernichtet zu werden. – (J. R. Jones, *The Anglo-Dutch Wars of the Seventeenth Century*, (»Modern Wars in Perspective«), London/NY 1996, 167ff.) – Auf Seefahrt spezialisierte Nationen haben (auch später) alle Nachrichtensysteme schneller entwickelt und handhabbar gemacht als Land-Nationen, vgl. z.B Marconi und das Radio in Großbritannien; die Italiener, denen Marconi sein Patent anbot, sahen keine rechte Verwendung dafür.

Seite 363: Londoner Lehrlinge z.B., die für die »Marranen«, die wenigen getauften Juden in England arbeiteten, die sich auf der Flucht vor der spanischen Inquisition nach England hatten retten können, wurden als Spitzel für den Nachweis benutzt, ob diese Juden tatsächlich christianisiert waren, oder ob sie heimlich, hinter verschlossenen Türen, weiterhin jüdische Rituale ausübten. *The New Cambridge Shakespeare*, Einleitung zu *Merchant of Venice*, Bd. 9, M.M. Manhood, Cambridge Engl./NY 1987, 19.
Den »Ariel« abgeben in den Gemächern ihrer Herrn ist nicht die einzige Kunstfertigkeit, die englischen Lehrlingen abverlangt wird um 1600. »The isle is full of music« lautet eine Zeile des *Tempest*. England fühlt sich *offiziell* als Insel der (neuen) Musik um 1600, Avantgarde, neben Italien. So werden – das sind die Alltagsformen der hohen Kunst – Lehrlinge bei Einstellung darauf abgehört, ob sie das tatsächlich können: Singen, da Singen Gebot ist. Werkstattquartette bei der Arbeit waren »gang und gäbe«, sagt P. Ariès in seiner *Geschichte des Alltagslebens*. Die Dichter-Lehrlinge vom Prenzlauer Berg in den 1980ern können die historische Exklusivität, die manch ahnungsloser Rich-

ter-Journalist ihnen gern angehängt hätte für *einzigartigen* Gesang, jedenfalls nicht reklamieren für sich.

Seite 366: Cookes Clou mit Miranda=Pocahontas deutet an, daß der Zentralaffekt – Tochter schützt Geliebten vor dem Zorn des Vaters – transplantierbar wäre, unabhängig vom jeweiligen Ausgang. Daß Miranda, übertrüge man das Modell ganz, eine Rote wäre und Prospero in der Position Powhatans – was ziemlich abstrus wäre –, ist dabei zweitrangig.
Da John Smith 1610/11 die Geschichte seiner Rettung durch Pocahontas noch nicht publiziert hatte, setzt die Roman-Version von Cooke einen mündlichen Bericht Smiths für Shakespeare an diese Stelle. Es gibt bei Cooke zwei Treffen zwischen Shakespeare und John Smith, eins vor, eins nach der Virginiafahrt; ein Treffen mit Smith allein, das zweite mit Smith im Theater, wo Pocahontas ihnen zusieht; immer dabei: Erzähler Anas Todkill, Smiths »Diener«, der alles aufschreibt. Diese Konstruktion hat Barth für seinen *Sot-Weed Factor* Roman übernommen. (Cooke, John Esten, *My Lady Pokahontas. A true relation of Virginia. Writ by Anas Todkill, Puritan and pilgrim. With notes by John Esten Cooke,* Boston/NY 1885, und Cooke, John Esten, »Did Pocahontas really rescue Captain Smith?«, *Magazine of American History* 13 (April 1885), 398-403.

Seite 375: Powhatan hat nach Strachey 100 Frauen, aber immer nur 12 aktuelle bei sich auf einmal. Den Liebesakt der Virginier beschreibt er als öffentlich-orgiastisch. Strachey beruft sich dabei auf *Kempes,* den Indianer, der 1610 fast ein Jahr lang in Jamestown lebt und dann an Skorbut stirbt; er hatte ganz gut Englisch gelernt und auch Beten in der Zeit; er wäre der *erste Bekehrte* gewesen, wäre er nicht zu früh gestorben.

Seite 377: Im 9. Kapitel seiner *Historie of Travell* beschreibt Strachey die Heiratsbräuche und die Sexualität der virginischen Indianer. Der Bräutigam muß werben und Geschenke bringen, wenn die umworbenen Mädchen die Pubertät erreicht haben. Der Mann habe ungefähr ein Jahr Bedenkzeit (Ausprobierzeit), ob er die junge Frau auch wirklich will. Wenn dies Jahr verstreicht und er schickt sie nicht weg, muß er sie behalten auf immer. Rountrees Beschreibung der Heiratsbräuche der Algonkin bestätigt diesen Punkt. Den folgenden nicht. Stracheys Beschreibung der Sexualität der Indianer entspricht ziemlich genau dem, was adlige Beobachter, die es nach dem 1. WK ins Ruhrgebiet verschlagen hatte, über die Sexualität der RuhrarbeiterInnen berichtet haben. Strachey:
»Es handelt sich bei ihnen um sehr wollüstige Menschen, obwohl die Frauen sorgfältig darauf achten, nicht der Untreue verdächtigt zu werden, wenn ihre Männer abwesend sind; aber mit deren gegebenem Einverständis sind sie wie Vergils *scrantiae,* und umarmen jeden Fremdling für nichts, und dies wird nicht als Beleidigung betrachtet, es ist vielmehr unglaublich, mit welcher Hitze sich beide Geschlechter dieser sexuellen Unmäßigkeit hingeben, und wie die Männer sich dieser Sorte ganz und gar unnatürlicher Venus, wodurch sie schon sehr jung infiziert werden mit ihrer eigenen Landeskrankheit, den *pox* – »and it is accompted no offence and uncredible yt is, with what heat both Se-

Pocahontas radschlagend, Disney, 1995

xes of them are given over to those Intemperances, and the men to preposterous Venus, for which they are full of their own country-disease (the Pox) very young.« (1, 113) – damit ist wohl eine Geschlechtskrankheit gemeint. Die sie aber mit Kräutern etc. sehr schnell zu heilen wissen, fügt Strachey hinzu. Dennoch gibt es eine große Verbreitung von Geschlechtskrankheiten bei den Indians, sagt Strachey, u.a. deswegen seien die Geburtenraten so niedrig und das Gebiet nicht ebenso dicht bevölkert wie die *West Indies*. (112-116)

Seltsam: diese Stelle ist doch viel offener zur »Sexualität der Roten«, als die mit der »geilen« radschlagenden nackten Pocahontas; sie wird aber nirgendwo zitiert.

Zu den *scrantiae* weisen Wright/Freund, Stracheys Herausgeber, auf ihren Gewährsmann Major, der angemerkt hat: »Wir haben dieses Wort bei Vergil nicht gefunden. Aber Plautus benutzt es als Bezeichnung für verächtliche Frauen«.

Sexualität für die weißen Siedler mit Powhatan-Frauen wäre nach Stracheys Bericht, außer in offenen Kriegszeiten, jederzeit möglich gewesen; auch mit verheirateten Frauen: wenn deren Männer zugestimmt hätten, was nach Strachey, wenn seine Beschreibung nicht völlig erfunden ist, eine normale Möglichkeit war.

Die Entscheidung späterer Strachey-Leser, indianische Sexualität immer und wieder nur dem kleinen Mädchen zuzuschreiben (der noch *unschuldig* nackten, radschlagenden Pocahontas), was alle Ausschlachter von Strachey (bis hin zu William Carlos Willi-

ams) getan haben, zeigt dann deutlich, welche Art Sexualität sie eben nicht beschreiben wollten: die mit erwachsenen (und auch verheirateten) Indianerinnen, die ihrer eigenen Sexualität nach nichts anderes gewesen wären als Verkörperungen einer *unnatürlichen Venus* (was heißt sexuell verworfen jenseits der Meßbereiche aller christlichen Religion); also auf einer Linie mit den später beschworenen Südseefrauen der *Bounty*-Phantasien.

Damit hätten sie einerseits, als immer Willige, ohnehin prinzipiell in der Verfügung des weißen Masters gestanden und wären andererseits tabu gewesen – von *heidnischer Sexualität*, wollüstig, unnatürlich, polygam, maßlos, niedrig und: *infiziert*; der ganze Huren- u. Syphilis-Komplex der soldatischen Männer aller Länder aller Zeiten hängt ihnen bei Strachey an, sowohl in nuce, als auch voll entfaltet.

Diese Stelle wird wohl nicht zitiert, weil sie klar ausspricht, was alle in den Köpfen haben, aber nicht sagen (dürfen): die (ausgerottete) Indianerin als urtümliche »bitch«, und die lebende dann auch.

Die ganze Männerphantasie von der sexuell verschlingenden Industriearbeiterin, der später sogenannten »roten Frau«, hängt schon an den Frauenkörpern der *Neuen Welt* 1492/1607, ist nur weitergeschrieben bis zu den Frauen der aufständischen Arbeiter 1920, bis zu den (sexuellen) Jüdinnen der polnischen Kleinstädte im Mund antisemitischer Polen 1942, den wollüstigen Kommissarinnen der Roten Armee in dt. Soldatenliteratur bis 1945 und in den Mündern der Stammtischkrieger danach, immer ein und dieselbe papistisch-protestantische Rede von der Wollust und dem Gift eingeborener Unter-Sexualität; der man sich gleichwohl bedient(e) zur Linderung eigener sexueller Notstände.

Beim Schreiben hält der Mann Strachey sich das auf Distanz durch plötzliche »Erinnerung« einer Vergil-Stelle (wenn sie auch falsch ist und in *Plautus* korrigiert werden muß. *Scrantiae!!*) Um eine Bezeichnung zu finden für sie; um der Schriftunkundigen, mit Kirche und ganzer Antike im Rücken, im weißen Text bescheinigen zu können, daß sie an »unnatürlicher *Venus*« leide.

Waffenkundig sind die Frauen selbstverständlich auch. Die Kinder, sind sie erst mal über das zweite Lebensjahr hinaus, werden von den Müttern im Bogenschießen trai-

niert, schreibt Strachey, sie bekommen kein Frühstück, bevor sie nicht ein bestimmtes Ziel getroffen haben ...im übrigen seien die Mütter sehr liebevoll und waschen die Kleinen im eiskalten Flußwasser, damit sie witterungsbeständig werden. (113)
Wenn das alles so gewesen ist, muß es in der Tat als reines Wunder gelten, daß je ein weißer Mann seinen Fuß lebend auf den Kontinent bekommen hat – (erinnert uns Beth Brant).
Es ist der Naziroman Karl Eys vom *Braunen Gold Virginias*, der im Jahr 1941 sich die Chance nicht entgehen ließ, die für Deutschland angesagten Anti-Amerikanismen auch in der Sexualität der Indianerinnen zu fundieren. Der Wache auf den Palisaden von Jamestown bei Ey fallen merkwürdige Bewegungen auf im Wald:
»Der Wald hat's allen angetan...«, singt die irische Wache und grinst. »Erst schleicht sich der Leutnant Blood hinaus, dann tönt's aus dem Wald, als ob ein Jüngferlein pfeifet, und nun kommt schon wieder einer. Wenn es in dieser lausigen Kolonie lustige Mädchen gäbe, sähe es aus wie das große Stelldichein im Grünen. Na, vielleicht sind's die roten Marys, die's euch angetan haben, he?«
Lukas lacht und schüttelt den blonden Kopf:
»Der Leutnant ist wohl auch nicht für das Rote in dieser Form. Er und Hauptmann Martin haben es eher auf das rote Metall abgesehen.« « (92)
So zerfallen die Siedler (soweit sie nicht blonde Deutsche sind wie der Held Lukas in der Geschichte: Pocahontas ist in *ihn* verliebt) in Rotsucher, die Gold wollen, und solche, die nach rotem Sex graben. Das »Rote in dieser Form« ist dann – für den dt. Roman 1941 – zur »natürlichen Grundlage« des rassisch=dekadenten amerikanischen Volkscharakters geworden. Das sonst für diese Zwecke beanspruchte »Negerblut« konnte im Bedarfsfall auch aus indianischer Quelle sprudeln, weiblicher.

Seite 380: Dgl. Stephano und Trinculo, die sich, plötzlich ihrer Herren ledig, einer freien »Wiedergutmachungs«-Phantasie von der eigenen Machtübernahme hingeben: »Der König und unsere ganze Mannschaft außer uns sind ja ertrunken, also wollen wir hier erben.« (2.2.174-75; 3: 597)
Nicht anders aber die Aristokraten:

Sebastian: Es fällt mir ein, daß Ihr
Prospero stürztet, Euren Bruder?
Antonio: Stimmt.
Und seht wie gut mein Staatsgewand mir paßt,
Ich seh viel besser aus. Und meines Bruders Diener,
Warn meinesgleichen: Und jetzt bin ich ihr Herr.
(2.1.270-74/3:592)

Seite 384: Dem Exemplar von Stracheys *True Report*, das Henry Percy gewidmet ist, dem 9. Earl of Northumberland, hatte Strachey sechs Zeilen Verse von Ben Jonson vorangestellt, aus *Sejanus*, 1605.

BUFFALO BILL'S WILD WEST
COMBINED WITH PAWNEE BILL'S GREAT FAR EAST
"Arrow-head" the Belle of the Tribe

Wild as they are, accept them, so were we.
To make them civil will our honour be.
And if good works be the effects of minds
That like good angels be, let our designs,
As we are Angli, make us Angels too.
No better work can Church or statesman do.

Wilde waren auch wir einmal, nun sind wir Englisch, und können uns noch zu Engeln verbessern. Das entspricht Smiths Schlußworten ziemlich genau. »Besseres können Kirche und Staat nicht tun«.

»In der Neuen Welt konnte Europa die eigene Vergangenheit sehen, sich selbst als Embryo. Dies ist ein weiterer Grund für Prospero, Caliban als *sein Geschöpf* zu sehen«, schreibt Orgel, 35. Dieser Gedanke wurde in England zuerst von Thomas Hariot ins Spiel gebracht, als er seinem *Brief and True Report* von der Roanoke-Expedition ein Bündel Drucke mit Bildern von »den alten Britonen« beigab, damit man sehe, »daß die Ureinwohner von Great Britain in vergangener Zeit ebenso wild wie jene Wilden waren«. Das konnten wir dann wiederhören aus dem Mund jener Predigerfraktion, die für die Taufe der virginischen Wilden eintrat.

Man könnte einwenden, bei der Formel »Barbaren waren wir eben auch noch« handele es sich um eine scholastische Floskel. Texte der Zeit sprechen dagegen. Der Gedanke findet sich in größter Verbreitung und wird vorgebracht mit großem Ernst. In einem Bändchen über den Volkscharakter der Hessen, gedruckt 1605, findet sich z.B. eine Passage, die sich mit angemessenem Schauder daran erinnert, wie in diesem schönen zivilisierten Land vor noch nicht langer Zeit am Franckenberge einem *schwarzen Gott*, einem *Mohren*, Menschenopfer gebracht wurden. Barbaren hier alle, bis Bonifazius kam... (Wilhelm Scheffern, *Hessische Chronica*, Cassel 1605).

Prospero, völlig unmissionarisch, nimmt demgegenüber den *wild bleibenden Wilden* »auf seine Kappe«; für ihn ist die Neue Welt *nicht* die alte im Embryonalzustand.

Seite 385: Mit seiner eingangs aufgestellten Behauptung, *tobacco* sei a »common herbe, which, (Though under diverse names) grows almost everywhere« (*A Counter-Blaste...*, ed. cit., 11f.) wandte sich James polemisch gegen die Verherrlichung seiner Vorgängerin auf dem Thron durch die Ependichtung Spensers. Der hatte versucht, dem dort *sovereign herbe* und *divine tobacco* genannten Kraut eine königliche Ätiologie zu geben. Eine der fiktionalen Erscheinungen Elisabeths, *Belphoebe*, holt den Tabak in *The Faerie Queen* (III. 6,5) dazu aus einem englischen Wald.

Schon 1596, noch zu Lebzeiten von Elizabeth I., hatte James sich als König von Schottland bei ihr – seiner Tante – beschwert wegen angeblicher Verleumdung seiner hingerichteten Mutter Mary Stuart in Edmund Spensers *Faerie Queen*. Er verlangte, daß der Dichter vor Gericht gestellt und bestraft werde (nicht unbedingt aus »Mutterliebe« allerdings, betont D.H. Willson, *King James VI and I*, a.a.O., 139).

Mit der Kategorie des für Tabak in Anspruch genommenen »Souveränen«, d.h. göttlich Geheiligten und durch Erfahrung Sanktionierten, setzt sich James Rex auf S. 19 seines Pamphlets auseinander.

Interessant ist die These des britischen Arztes R.R. Simpson, daß Hamlets Vater, dem für den *perfect murder* eine Essenz ins Ohr getröpfelt wird, durch eine zu starke Nikotininfusion zum Geist gemacht worden sein dürfte. Shakespeares Hamlet, der viele Parallelen zur Lebens- und Familiengeschichte von King James aufweist, könnte so an James I. *Counter-Blast* mitgeschrieben haben.; c.f. R.R. Simpson, *Shakespeare and Medicine*, 1959, rpt. Edinburgh and London 1962, 135, 137 u. Anm. 1. Simpson zählt in Shakespeares Werken 712 »medical references«. Vom Standpunkt des Fachmediziners aus werden besonders Shakespeares Schilderungen von Wunden, Verletzungen und die des Sterbens hervorgehoben (Simpson 2f., 51 u. 53ff.).

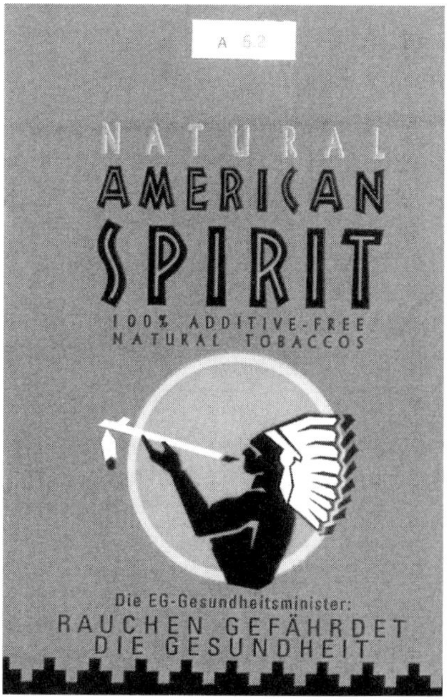

Neue Marke Deutschland, 1999

Seite 386: Spenser folgt dabei den zu seiner Zeit gültigen medizinisch-botanischen Anschauungen (J. Brooks verweist auf Jean Liébaults Bearbeitung von Charles Estienne, *L'agriculture et maison rustique (*1570) und Jacques Gohory, *Instruction sur l'herbe Petun,* das zwei Jahre später in Paris erschienen ist, wo die medizinischen Heilkräfte (vertus) als göttlich gesandtes Allheilmittel, das ist mit Spensers ›sovereign‹ gemeint, gepriesen werden.
Mit *The Fairie Queene, Canto III* steht Spenser auch in einer alten Epen-Tradition. Pharmaka (Heil- oder Zauberkräuter) werden seit Homer immer von Frauen verabreicht. Die Anwendung frischer Kräuter bei Wunden und Quetschungen war, vor allem wenn man das Blut wegen fehlendem Wasser nicht abwaschen konnte, zur Kühlung und Blutstillung zu allen Zeiten bei den verschiedensten Völkern der Erde üblich; vgl. Oswald Schmiedeberg, *Über die Pharmaka in der Ilias und Odyssee* (»Schriften der wissenschaftl. Ges. in Straßburg«); 36, Straßburg 1918, 6.
Vor der dritten großen Schlacht vor Troja erzählt der alte Nestor von der blonden Agamede, sie habe alle Pharmaka gekannt, welche sich weit und breit auf der damals bekannten Erde befanden, wie Ilias, XI, 741 (zit. ibid. 1ff.); auch das deutsche Wort ›Kraut‹ hatte einmal die gleiche Bedeutung wie *Pharmakon* bei Homer.
Es ist also angemessen, daß Queen Elizabeth I. in einer ihrer Personifikationen bei Spenser den schwerverletzten Ritter mit dem neuen Kraut aus den überseeischen Odyssen behandelt. Trotz der heilsamen Wirkung, die dem »göttlichen Tabak« in dieser ersten literarischen Erwähnung zuerkannt wird, endet die dadurch eröffnete Love Story zwischen Timias/Raleigh und seiner Königin mit einer Verstoßung des Ritters.

Panorama medizinischer Praktiken um 1600, Hintergrund: Tabakheilung

In den im Jahr der *Fairie Queene* 1590 von Christopher Marlowe und John Davies gemeinsam geschriebenen Versen und Epigrammen erfahren wir erstmals von Londoner Pfeifenrauchern, die offenbar nicht aus Gründen der Heilkraft am Rohr sogen, sondern zum bloßen Vergnügen. cf. BAT I., 73f. (das dort abgedruckte Epigramm wurde ca. 1620 zum ersten Mal in London veröffentlicht).
An der Universität Leyden wird etwa gleichzeitig »um 1588« von französischen und englischen Studenten berichtet, die das Tabakpfeifen-Rauchen in Holland bekannt gemacht haben.
An den franz. Hof gelangte Tabak erstmals durch Jean Nicot, als er sich 1559/61 in diplomatischer Mission in Lissabon befand. Er sandte den Tabak nach Versailles mit der Empfehlung, das zu Pulver zerriebene Kraut könne Kopfschmerzen lindern. Nach Nicot wurde später das Tabakgift »Nicotin« benannt, das geschah aber erst im Jahr 1820.

Seite 389: Ausgeführt in der Juristischen Dissertation von Hansjochen Hancke, *Die Lehre vom Divine Right of Kings bei Jakob I. von England und ihre Bedeutung in den englischen Verfassungskonflikten des frühen 17. Jahrhunderts*, Münster 1969, 78ff., u. die dort angegebene weitere Sekundärliteratur. Zwei Jahre später hatte der Tabakerlaß vom Oktober 1604 ein gerichtliches Nachspiel, das in den Gesetzessammlungen des Common Law als »Bates' Case« aufgeführt wird. cf. Joseph Robson Tanner, *Constitutional documents of the reign of James I A.D. 1603-1625 with an historical commentary,* Cambridge 1961 (1930), pp. 337-45.

Seite 390: Vgl. außerdem James, *Briefe*, S. 262, Oktober 1605, wo James den gerade zum Tode verurteilten Sir Walter Raleigh im Auge hat, verurteilt »on the slightest evidence« wegen seiner ihm zur Last gelegten Verwicklung in den Versuch, Arabella Stuart zur Nachfolgerin von Elizabeth I. zu machen (»Verschwörung von 1603«).
Vermutlich nahm James sich des nichtigen Themas Tabak (»this smallest trifle«) – wie er in späteren Ausgaben sagt – auch deshalb an, um öffentlich-verdeckt mit Raleigh, einem der prominentesten Vertreter der sog. *School af Atheism*, abzurechnen, der nach einheitlicher Meinung der diesbezüglichen Literatur das Rauchen in den besseren Kreisen von London gesellschaftsfähig gemacht hatte. Edmund Goldsmith merkt zu dem 3. und 4. Absatz des königlichen Pamphlets an, daß die schließlich 1618 von James veranlaßte Hinrichtung Raleighs, des Vorkämpfers für die englische Überseeherrschaft, zweifellos beeinflußt war von James' Abneigung gegen den Tabak: »Smokers may therefore look upon the author of the *History of the World* as the first martyr in their cause«.
Über die Art und Weise, wie der Tabak nach England kam, schreibt James: »It (Tobacco) was neither brought in by King, great Conquerour, nor learned Doctor of Physicks«; soll sagen: nicht durch einen König, einen Eroberer, einen großen Doktor kam der Tabak nach England, sondern »by a father so generally hated.« (*Counter-Blast...*, 13f.) Der Terminus *father* hat hier die Bedeutung von Urheber (lat. auctor). James nennt Raleigh, dessen Name in seinem Pamphlet mit Bedacht verschwiegen wird, im selben Absatz auch the first »Author (des Tabaks) amongst us«. Diese Ehre, oder wenn man so will, der Makel, käme aber eher den Seefahrern John Hawkins und Francis Drake zu; cf. D.H. Willson, *King James VI and I,* a.a.O., 300.
Daß der Tabak keine gute oder große Sache sein könne, sieht James ebenfalls in der Person Raleighs – der 1604 in London ganz unten ist – bestätigt; denn große Dinge kämen immer über großartige Personen zustande; das walte Gott: things »that have their first institution either from a godly, necessary or honorable ground, (...) are first brought in by the means of some worthy, virtuous and great Personnage.« Nur in diesem Fall würden Neuerungen auch von »all wise, virtuous and temperate spirits« übernommen. Was beweist, daß die Tabakraucher keine solchen sein können.

Seite 393: Die Protokolle der Sitzung der Virginia Company in London vom 5. Juni 1622, die der Right Honorable Earl of Southampton leitete, verzeichnen eine interessante Kontroverse zwischen ihm und Sir Edwyn Sandys (dem Bruder des Ovid-Übersetzers) über den *Tobacco Contract,* der im Frühjahr 1622 die Einfuhrsteuer auf Tabak von 12 auf 9% senkte. Der Earl erscheint bei dieser Diskussion insgesamt als Fürsprecher der Tabakwirtschaft, wie sie sich bis dahin entwickelt hat: sowohl für Tabakmonokultur in Virginia als auch für das Importmonopol der *Virginia Company* – welches wegen des verbreiteten Schmuggels an Englands vielen Küsten praktisch kaum zu

kontrollieren war. Edwyn Sandys spricht gegen die Bedeutung des Tabaks als Genußmittel (die sich – Witz! – bei näherem Hinsehen in Rauch auflöse, »vanish into smoke«) und auch gegen den Tabakanbau als Monokultur. Der Streit geht u. a. über die Verlagerung der kolonialen Wirtschaft auf Glasherstellung und Aufbau eines Pelzhandels nach Vorbild der Franzosen. Außerdem spricht Sandys gegen eine festgelegte Steuerabgabe auf Tabak an den König; die Krone solle, angesichts der Schwankungen im Tabakgeschäft, selber mit einer bestimmten Menge Tabak abgefunden werden, mit dem sie dann nach Belieben verfahren könne. Laut Protokoll setzte Sandys' Ansicht sich gegen den Earl of Southampton durch. Diese und ähnliche andauernde Winkelzüge der Company sind es, die (u.a.) dazu führen, daß King James unter dem Datum des 15. Juli 1624 den Laden dichtmacht und die Kolonie als »erste königliche Provinz in America« selbst übernimmt.
Zum Diskussionsstil im Rat der Company: Für die vorhergehende Sitzung vom 13. Mai 1622 hatte der König über den Kronrat verfügt, daß Edwyn Sandys, Lord Cavendish und zwei weitere störende Mitglieder der Company nicht an der Sitzung teilnehmen konnten. Sie waren unter Hausarrest gestellt wegen »exzessiven Fluchens« während der Sitzung zuvor. *The Records of the Virginia Company of London: The Court Book, from the manuscript in the Library of Congress*, ed. with an introduction and bibliography by Susan Myra Kingsbury. Preface by Herbert Levi Osgood, 2 Bde., Washington 1906.

Seite 394: Englischer Tabakanbau auf *Providence Island* in der Karibik scheitert nach Karen Kupperman an pflanzerischen Unzulänglichkeiten: die Gesellschaft wird 1629 gegründet als *Providence Island Company* von Puritanern in London. Die Londoner Geldgeber gingen davon aus, daß man den Tabaksamen »bloß in die Erde tun müßte«, dann würde er von alleine wachsen. Am Schluß dann Ernte. War aber nicht. Als alles nicht klappt, wird es auf den angeblich schlechten Samen geschoben (von den Bermudas). Die Pflanzer sollen besseren Samen nehmen. Kupperman: »Erfolgreicher Tabakanbau fordert, wie einige der Kolonisten bald merkten, breite Erfahrung und konstante Aufmerksamkeit. (…) Guter Tabak war schwer anzubauen; während der ganzen kolonialen Periode stellten erfolgreiche Pflanzer immer einen besonderen Stolz zur Schau über ihre erworbenen Fertigkeiten.« (Karen Ordahl Kupperman, *Providence Island, 1630-41. The other Puritan colony*, Cambridge 1993, 91) So muß man z.B. einen Teil der Blätter abschneiden (wie die überschüssigen Triebe beim Wein), sonst wird der Tabak »zu dünn« (vgl. Lois Green Carr u.a., *Robert Cole's World: Agriculture and Society in early Maryland*, Chapel Hill NC. 1991, 55-65; T. H. Breen, *Tobacco Culture The Mentality of the Great Tidewater Planters on the Eve of the Revolution*, Princeton 1985, 46-58).
Mitte der 30er Jahre gibt es einen kurzen tobacco boom auf Providence. 1638 geben die Investoren der Company in London Anweisung, jeder Pflanzer müsse eine bestimmte Menge Baumwolle pflanzen. Die Pflanzer hielten sich aber nicht daran, bauten weiter Tabak. Dieser erwies sich aber auf dem Londoner Markt als nicht konkurrenzfähig dem besseren virginischen gegenüber.

»Es ist sinnvoll, das mit der Entwicklung auf Barbados zu vergleichen: beide hinkten auf einem schwachen Tabakbein und auf dem nicht viel stärkeren Cottonbein durch die 1630er.« Der Tabak von Barbados war von *notoriously poor quality*, hat ebenfalls keine Chance in London. Weil von Providence ökonomisch nichts Nennenswertes kam, schickte die Krone da auch kein Militär hin zum Schutz und zur Verteidigung der Insel. Deshalb kann Providence 1641 wieder an die Spanier fallen.
Anders Barbados. Die Inselkolonie verpflichtet sich 1638 gegenüber Virginia, weniger Tabak zu produzieren. Sie experimentieren mit Kartoffeln, Flachs, Indigo, silk grass, Zucker. 1643 kam der erste Barbadoszucker in England auf den Markt. Innerhalb einer knappen Dekade war Barbados die reichste englische Überseekolonie. (Kupperman 111f.) In John Scotts Beschreibung von Barbados 1667 heißt es, daß »Barbados im Jahr 1666 17 mal so reich sei wie vor der sugar revolution.«
Daher war Barbados in den 1650ern größter Anlaufhafen des British Empire für *servants.* Großer Dienerbedarf; 70% aller Männer und 50% aller Frauen, die zu diesem Zeitpunkt aus GB auswanderten, gingen nach Barbados. (David Galenson, *White Servitude in Colonial America: an Economic Analysis,* Cambridge 1981, 82)
Auch die Providenceler hatten 1638 Verkehr mit den nordamerikanischen Bruderkolonien. Die Pilgrim Fathers schickten ihnen einige Indianer, die aus dem Massaker an den Pequots im Jahr 1637 übrig geblieben waren. Die Pequots hatten in Connecticut gelebt, in der Nähe des heutigen Hartford; 15 boys and 2 women werden von Captain William Peirce 1638 nach Barbados als Sklaven gebracht. Die Bücher der Company in London verzeichnen sie als »the Cannibal Negroes brought from New England«. (Kupperman, 178) Sie kamen mit einem der ersten Schiffe, die in New England die Werft verließen: der *Desire*, gebaut 1638. Dies war ihre erste Fahrt. Heute leben die verschwundenen Pequots nur noch im Namen von Melvilles Walfängerschiff im *Moby-Dick*, Kapitän Ahabs *Pequod*.

↘ Seite 405: Nur eins der Bücher aus dem 17. Jh. geht länger auf Smiths Gefangenschaft bei Powhatan und »seine Rettung durch dessen Tochter Pocahontas« ein, John Ogilby, *America*, London 1671, 192-205
1708 streicht der Historiker John Oldmixion John Smiths »Freundschaft mit *Nautaquaus,* dem Sohn des Königs, and the surprising Tenderness of *Pocahonta,* seiner Tochter«, heraus; um 1741 in der Neuauflage hinzuzufügen, diese Geschichten seien verdammt romantisch und verdächtig (»pretty romantick and suspicious«). – John Oldmixion, *The British Empire in America, Containing the History of the Discovery, Settlement, Progress and Present State of the British Colonies on the Continent and Islands of America*, Vol.1, London 1708, 221-28, 2. Aufl. London 1741, 355-62
Aus dem Jahr 1733 ist der Brief eines unbekannten englischen Korrespondenten dokumentiert; er bedankt sich für Gedichte, die er aus New-England zugeschickt bekommen hat, und fügt an: »wenn Eure Dichter Themen suchen sollten, so hätten sie in Pocahontas' Rettungstat, ihrer Gefangennahme und Taufe, in ihrer Heirat mit einem Engländer, an ihrem majestätischen Benehmen am Hofe von King James I, und schließlich an ihrer Krankheit und ihrem Tod in Gravesend Gegenstände genau so groß wie die von von den

Pocahontasstatue, London, heute

Griechen und Römern gestalteten. (...) Wieviele Statuen und Medaillen hätten die Römer für solch eine Lady errichtet und geprägt?«
Um zu beweisen, daß die Neuengland Siedler zu den »most elegant« aller Kolonisten gehören, ruft er in Boston zu einer Subskription für eine Pocahontas-Statue auf, aufzustellen auf dem schönsten öffentlichen Spazierweg. So scheint Pocahontas kurz auf als Helena von Troja in der renommierten *Boston Gazette,* im Jahr 1734. Eine singuläre Schnuppe. Das Denkmal daraus kam nicht zustande. Der Brief ist abgedruckt in Lawrence W. Towner, »Ars Poetica et Sculptura: Pocahontas on the Boston Common«, *Journal of Southern History* 28 (Nov. 1962), 482-5.
Ein weiterer anonymer Text 15 Jahre später stellt die Rettung von Smith durch Pocahontas in den Mittelpunkt, gestützt vor allem auf John Smiths Brief an Queen Anne 1616. Dieser Brief spielt insgesamt eine große Rolle für die wenigen Pocahontas-Erwähnungen dieser beiden Jahrhunderte. – Anonym, *An apology for the life of Bamfylde-Moore Carew,* Sherborne 1749.
1755 ist es Edward Kimber, der sich in einem Fünf-Seiten-Text zu der Behauptung aufschwingt, die Engländer verdankten diese Kolonie nur der Liebe, die »das junge Mädchen Pocahontas zu Capt. John Smith gefaßt hatte«. Edward Kimber, »A short account of the British Plantations in America«, in: *London Magazine* 24, Juli 1755.
Die Artikel oder auch Bücher dieser Zeit zur Geschichte der Frühkolonisierung Amerikas basieren dabei nicht auf dem, was heute »historische Forschung« heißt; sie para-

phrasieren überwiegend die Schriften von John Smith, oft auf der Grundlage von Samuel Purchas' *Pilgrimes*; in diese Reihe gehören: Nathaniel Crouch, *The English Empire in America*, London 1685, John Oldmixion, *The British Empire in America, Containing the History of the Discovery, Settlement, Progress and Present State of the British Colonies on the Continent and Islands of America*, Vol. 1, London 1708, 2. Aufl. London 1741; William Keith, *The History of the British Plantations in America*, London 1738; William Stith, *The History of the first discovery and settlement of Virginia*, Williamsburg 1747; Edward Kimber, A short account of the British Plantations in America, in: *London Magazine* 24, Juli 1755; J. Granger, *A Biographical History of England*, London 1779; Jeremy Belknap, »Captain John Smith«, in *American Biography*, Vol. 1, Boston 1794, 240-319; außerdem der Artikel »The History of North America, Continued«, *New American Magazine* 2 (Febr.-Juni 1759), 173-212.
Selbst die *Records der Virginia Company* spielen für Historiker erst ab dem frühen 19. Jh. eine Rolle, nach Gründung der USA, als es eigene amerikanische Universitäten zu geben beginnt. Erscheinungsort der Bücher ist meist London, auch wenn sie in Amerika geschrieben sind. Die erst im Verlauf der amerikanischen Revolution entstehenden Druckereien und Verlage drucken zunächst Zeitungen, Bücher erst danach.

Seite 406: Chateaubriands *Atala*, die rettende Halb-Indianerin (Spanisch/Natchez-Mischung) ist ziemlich sicher von Chastellux' *Pocahontas* und Robert Beverleys *History of Virginia* (frz. 1707) mitverursacht, denn andere von Chateaubriands identifizierten Quellen enthalten die Rettungsszene à la Pocahontas – bei ihm ein Kern – nicht.
Dieselben Bücher dürften dem Roman *Odérahi* (Paris 1795, Autor anonym) als Quellen gedient haben. Nach dem Erfolg Chateaubriands erschien eine Neuauflage von *Odérahi* 1801 mit dem Zusatz: »Odérahi ist eine ältere Schwester Atalas«. – Chateaubriand selbst baut im Epilog die Fiktion auf, er hätte die Geschichte während seines Amerika-Aufenthalts 1791 selbst gehört und nach mündlichen Überlieferungen der Indianer dort aufgeschrieben. Das französische Interesse an Indianern & Amerika zu diesem Zeitpunkt hatte den Erwerb Louisianas von den Spaniern im Jahr 1800 zum Hintergrund (4 Jahre später verkauft Napoleon das Gebiet aber an die USA).
Atala erschien auf Gasthausbildern, in Balletten, Vaudevilles, Melodramen, Opern; 1808 »Atalas Tod«, Gemälde von Anne-Louis Girodet, ausgestellt im Salon. Louis XVIII. kauft das Bild 1818, eine Einladung an die franz. Romantiker, sich der Restauration anzuschließen, ein Anstoß, dem Chateaubriand folgt: er wird Botschafter in Berlin und London, 1822 Außenminister in Louis' Kabinett. Das Bild der Atala seit 1818 im Louvre. – Chateaubriand christianisiert mit seinem Schreiben schließlich sogar europäische Indianer: A.W. Schlegel und andere romantische *Frontier-Figures* werden katholisch unter dem Einfluß seines »überwältigenden Stils«; Katholizismus war (wieder) angesagt, als back-lash zur frz. Revolution, angefangen mit Napoleons Papst-Meetings 1802 und 1804.

Seite 410: 1804 gibt es noch einen anonymen Text, »A sketch of the life of Pocahontas«, *Monthly Anthology*, 1 (February). Über John Smith nach der Rettung heißt es: »He

had not a heart for love. (...) He coldly thought of the advantage to be derived from the ardent affection of Pocahontas«.
In den Jahren 1801-1834 erscheinen die vier ersten American Standard Histories: 1801 William Robertson, 1804 John Marshall, 1827 James Grahame, 1834 George Bancroft, (die History, die Arno Schmidt benutzt hat für seine *Seelandschaft mit Pocahontas*).
1809-1813 die erste große Geschichte Virginias, Edmund Randolph, *History of Virginia* ed. with an intr. by Arthur H. Schaffer, Charlottesville Va. 1970; darin die Pocahontas-Story pp. 20-51. Geschrieben zwischen ca. 1809/13; Randolph ist ein Nachkomme von Pocahontas.

Seite 413: Fritz Steuben, *Tecumseh,* sieben Bände, 1930-39. Abenteuerromane mit Sympathie für die »rote Nation«; bemüht um »Authentizität«, oder was man dafür hielt 1930ff. Eher Siedler- und Kriegserzählungen zwischen Freikorpsroman und neuer Jugend/Abenteuerliteratur. Wegen der vielen Kampfbeschreibungen gut zu brauchen als Weltkriegsvorbereitung, Steuben bei den Nazis sehr populär.
Steuben vergleicht die amerik. Indianer gern mit den Germanen um das Jahr Null herum; ähnlich entwickelt, ähnliche Lebensform, ähnliche Bewaffnung, teils Ackerbauern, teils Jäger. Er ruft seine Leser, die er mit »Jungens« anspricht, auf, sich vorzustellen, wie es gewesen wäre, wenn in diese germanische Urgesellschaft Leute aus dem 16. und 17. Jh. in voller Bewaffnung mit ihren Gewehren, Schiffen, Kanonen etc. eingedrungen wären: no chance für die Germanen der Wälder ...mit daher seine Sympathie für die Roten: sie sind ihm die Urdeutschen aus den europäischen Früh-Urwäldern; die Amerikaner die Feinde (wie in WK I und dem kommenden II.) Auch das macht ihn sehr Nazikompatibel. Mit Beiwörtern wie »edel«, »tapfer« usw. wird nicht gespart zur Charakterisierung der Ur-Deutschen im amerikanischen Wald.
Viel Wert auch gelegt auf Schilderung indianischer Fertigkeiten, handwerklich, im Jagen, Häuserbauen, im Heilen von Krankheiten durch Kräuter, Schwitzbäder etc. Kann man alles auch lesen als Anweisungen im Überlebens-Training für kommende deutsche Indianer-Soldaten in russ. Steppe und Wald.
Typisch für aufgeheizte Situationen, Kampfnähe, sind solche Stellen:
»T. griff sich ans Herz, die Empörung übermannte ihn, rote Kreise tanzten vor seinen Augen, aber er riß sich zusammen und stürmte mit einem dumpfen, knurrenden Ton wie ein Bär durch die jungen Krieger, die das Opfer am Pfahl heulend umtanzten.« (Steuben, *Der fliegende Pfeil*, 153)
...typisch »Freikorps«.
Den Krieg der Muskogees streift Steuben nur am Rand, er berichtet von der Niederlage der Kriiks (wie er die Creeks schreibt), und daß an ihr besonders ein »Halbblut« namens McIntosh entscheidend beteiligt gewesen sei. Der ganze Métis-Hintergrund, den JW Martin entwickelt, kommt bei ihm nicht vor. Die Mittlerrolle zwischen Indianern (gut) und Amerikanern (böse) spielen bei ihm meist deutsche Siedler, die vorgeschoben im Zwischenland zwischen den Indianern und den amerik. Siedlern wohnen, mit diesem und jenem Indianer befreundet sind, aber auch mit den besseren Weißen guten Kontakt

pflegen. Dies die Beobachtungs- und Schreibposition, aus der Steuben seine Geschichten entwickeln kann.
»Halbblut« bei ihm rein rassistich gebraucht. Es waren Halbblut-Leute, die bei ihm die Kriiks verraten, die den Fährtensucher und Bluthund spielten für die Weißen, die den Weißen die Verstecke zeigten, in denen die roten Krieger und ihre Familien sich verbargen ...ohne sie hätten die Amerikaner diese nie gefunden etc. Alles so aus: *Tecumsehs Tod*, S. 349f.

Seite 441: Die Briten, vom Boden der USA entfernt, nun nur noch von Kanada und Florida aus operierend, hatten Tecumseh in der Tat Waffenhilfe versprochen.
»Sowohl Shawnees wie Muskogees hatten die unbeirrbare Hoffnung, daß die Invasion amerikanischer Siedler in ihr Gebiet mit britischer Hilfe aufgehalten werden könnte. Tecumseh hielt engen Kontakt zu britischen Offizieren auch in Detroit.« (Martin, 117)
Die Hoffnung auf britische Waffenhilfe erwies sich aber als Illusion. In entscheidenden Momenten zogen sich die Briten – die ja nicht Indianern helfen, sondern ihre Kolonien wiederhaben wollten – aus den Kämpfen zurück und ließen ihre Verbündeten allein; so auch in der Schlacht, die zu Tecumsehs Tod führte.
Es gab dagegen einzelne, getrennt von britischen Truppen operierende Briten wie William Augustus Bowles, die solche Hoffnungen durch anti-amerikanische Aktionen lebendig hielten. Er war Mann einer Seminolenfrau, verdammte McGillivray wie auch Hawkins mit ihren Assimilationsplänen, hatte gute Beziehungen zum spanischen Florida, und befreite mit Hilfe verschiedener Seminolen- und Muskogee-Gruppen einige Flußhäfen von ihrer amerikanischen Kontrolle; danach waren sie »frei für alle«. (117)
Darin ist ein Prinzip der Revolte, das überall akzeptiert wurde: gemeinsame Nutzung des verbliebenen Landes durch alle Indianerstämme zusammen; also kein Privatbesitz dieses oder jenes Stamms; dazu kam als zweites, neues, Prinzip, daß eine politische und militärische Konföderation zu bilden war unter Führung des Shawnee Tecumseh. (118)
Die Hoffnungen, von europäischen Feinden der USA mit ausreichend Waffen für ihren anti-kolonialen Kampf versehen zu werden, wurden allerdings auch in Florida enttäuscht. Es gab zwar ausreichend Pulverlieferungen, aber nicht genug Gewehre, wenig Munition und auch die Reparatur von Gewehren, die schon im Besitz der Indianer waren, wurde nur widerwillig oder gar nicht erledigt (Martin, 150). Wo sie aber doch ein paar Waffen bekommen, ist dies sofort Grund für das offizielle US-Militär (wie immer durch Spione sofort bestens informiert), die Verletzung amerikanischer Interessen zu konstatieren und sich in Stellung »zum Schutz der Siedler« zu bringen. (130)
Die alte spanische Haltung aus der Karibik und Mexiko allen Natives gegenüber setzt sich in Florida fort: offizielles Verbot, den Natives Waffen zu verkaufen. Als die *Native Americans* im Südwestens Nordamerikas im 17. Jh. stark unter Druck gerieten durch andere Stämme weiter aus dem Norden, die in Kontakt mit den Engländern gewesen waren und teils vor diesen auf der Flucht und teils auch für diese arbeiteten (als Jäger und Einfänger entlaufener Sklaven nämlich), hatten die spanischen Offiziellen Floridas sich ebenfalls geweigert, die ihnen »näher stehenden« Indianer, mit denen sie Handel trieben (deerskin trade u.a.), mit Gewehren zu bewaffnen. (Martin, 54).

Zur Diskussion der spanischen Waffenverteilungspolitik siehe Lewis Larson, »Guale Indians and the Spanish Mission Effort«, in *Tachale: Essays on the Indians of Florida and Southeastern Georgia during the Historic Period,* ed. Jerald Milanich and Samuel Proctor, Gainesville: University of Florida Press 1978, 135f.; John J. TePaske, »French, Spanish and English Indian Policy on the Gulf Coast, 1513-1763: A Comparison«, in *Spain and her Rivals on the Gulf Coast,* ed. Ernest F. Dibble and Earle W. Newton, Pensacola: University of West Florida Press, 1971, 18-24; Gregory A. Waselkov, »Seventeenth Century Trade in the Colonial South-East«, 120. Waselkov behauptet, daß, trotz des offiziellen Verbots, Feuerwaffen an Florida-Indianer »in großer Zahl« verkauft worden seien. (Martin, S. 198, Anm. 20)

Seite 444: Hawkins' Einsichten kamen (zu) spät. Er hatte zunächst die Forderungen von Siedlern nach »Erschließung« der Muskogee-Gebiete unterstützt und damit die Revolte geschürt. Wie Leute in Herrschaftsfunktionen oft, ignorierte er ihre ersten Anzeichen. Beim Streit um die Hergabe indianischen Lands für Straßenbau verkündete er 1811 in einer Versammlung:
»Der Zeitpunkt ist erreicht, da die weißen Siedler Straßen zu den Märkten haben müssen und auch Wege dahin, wo immer sie gehen wollen in den United States. Die Leute von Tennessee müssen eine Straße nach Mobile haben und die Postwege *müssen* Wege für alle Reisenden werden und die US Army muß diese Wege benutzen dürfen, um von Posten zu Posten zu marschieren wie immer das öffentliche Wohl dies verlangt.« (120f.) Die Hervorhebung des *müssen* stammt von J. W. Martin.
Indianische Proteste hiergegen nützten wenig. Sie zeigten die jeweils gemachten alten Vereinbarungen vor (die immer eindeutiger klar verletzt wurden), ohne große Beachtung zu finden. Das Bild von den Weißen als ungehemmten Landgrapschern, die auch die geschlossenen Verträge nicht einhielten, bildete sich nach 1810 weiter zur Gewißheit aus.

Seite 444: Dem Zug voraus der Rat der Alten, die Weisen des Stamms. Endet dann in solchen Beschreibungen: »Sie schleppten mit sich *die heilige Kohle von ihrem Ratsfeuer,* um sie jede Nacht anzuzünden, neue Kohle zu bereiten und sie dann wiederzuentzünden in Arkansas, wohin sie ihr verordneter Fußmarsch führte. Sechs Ausgewählte trugen auf dem Rücken die *heiligen alten Kupferplatten*, die nur bei speziellen Zeremonien ausgepackt werden, sie sprachen kein Wort miteinander, auf der ganzen Strecke nicht, und gingen immer den anderen, die mehrere Tausend zählten, um eine Meile voraus.« (Martin, 168) Das immer wieder Herzzerreißende der immer wieder verschwindenden Ur-Americans bringt einen dann nicht dazu, zu fragen, warum die schwarzen Sklavenboys Gewehre und Pflüge reparieren konnten und die roten Brüder, die schon zweihundert Jahre vor solchen Geräten zurückwichen, nicht. Fragen, denen wir nachgehen in POCA Bd. 3: *Export. Import. Warum Cortés wirklich siegte.*

1872...

Seite 448: *Intermarriages*: James Fenimore Cooper, *Conanchet, Or: The Wept of Wish-Ton-Wish*, Philadelphia, ist einer der vier, fünf Romane der 1820er Jahre, in denen, in Umkehrung von Pocahontas/Rolfe, die Liaison roter Mann/weiße Frau durchprobiert und verworfen wird. In *Conanchet* hat die von Indianern entführte Ruth Heathcote ein Kind mit dem Häuptling Conanchet, »indianisiert sich«, wird aber vom »Krieger« bleibenden roten Mann (der folgerichtig einen Kampftod zu sterben hat), zu den Weißen zurückgewiesen. Cooper im Vorwort: »Es mangelt in den Annalen unserer frühesten Geschichte weder an rührenden noch an erhebenden Beispielen von edler Gesinnung der Wilden. Virginia hat seine Legende von Powhattan, dem Mächtigen, und seiner großherzigen Tochter, der so übel belohnten Pocahontas.« Das »übel belohnt« setzt sich allerdings bei Cooper an seinen edlen Wilden fort; 1833 für die engl. Ausgabe hat er den Pocahontas-Satz gestrichen.

...1897...

...1997, New York, Centralpark

Zu den unedlen, den alltäglichen Formen der Mischehen im Süden der USA hat Cooper sich nicht geäußert; im Staat New York am See Otsego residierend, ist Nachricht davon vermutlich nur spärlich an seine Ohren und Augen gedrungen. Nationale Zeitungen, die *solche* Themen groß aufgemacht hätten, gab es noch nicht. Außerdem war New England schon gut 150 Jahre dabei, sich für solche Mischformen nicht zu interessieren, bzw. sie auszuschließen. Coopers Roman ist eine bemerkenswerte Ausnahme darin, kommt aber aus dem New England Setting nicht heraus.

Seite 454: Im Zeitraum von Hawkins' Muskogee-Mission kommt auch das erste Pocahontas-Stück zur Aufführung in den USA, Uraufführung am 6.4.1808, *New Theatre* Philadelphia, Musik von John Bray, bald darauf auch in Richmond, Va.; James Nelson Barker, *The Indian Princess; or, La Belle Sauvage. An operatic Melo-drame in three acts,* in: Montrose, J. Moses (ed.), *Representative Plays by American Dramatists, Bd. 1., 1765-1819,* NY 1918, rpt. 1964, pp. 575-628.
Es ist das erste von 30 amerikanischen Pocahontas-Dramen (gezählt von Martin Staples Shockley bis 1940). »Es ist bemerkenswert, wieviel intensiver die Liebesszenen mit Rolfe sind als die Szenen mit Smith, zu dem eher ein Schwester/Bruder-Verhältnis besteht.« (Tilton, a.a.O., 203, n. 30)
Das 2. Pocahontas-Stück ist uraufgeführt am 27. Mai 1829, in *The Theatre,* Richmond, Albert M. Gilliam, *Virginia, Or Love and Bravery.* Der Autor selbst spielte den *Nantaquans,* einen Bruder von Pocahontas, den Captain John Smith in seiner *Generall Historie of Virginia* als »den tapfersten, schönsten und kühnsten Geist, den er je in einem Wilden sah« beschrieben hatte, (»...I ever saw in a Salvage«). (Barbour/Smith Bd.2, 58) In diesem Stück, das nie gedruckt wurde und über dessen Inhalt kaum etwas bekannt ist, tritt, laut erhaltenem Personenverzeichnis der Aufführung, John Rolfe nicht auf. – Martin Staples Shockley, »American Plays in the Richmond Theatre, 1819-1838«, *Studies in Philology 37 (1940),* 100-119.

Seite 466: Eine englische Variante 1857/9:

POCAHONTAS

Mit müdem Arm, geborstner Klinge
Von wilder Horde rings umstellt
So führt ein aussichtslos Geringe
Der einsam Ritter, unser Held.
Da horch, ein Schrei den Wald durchdringt,
Aus tausend Kehlen brandend, flutend,
Als er, aus zwanzig Wunden blutend,
Doch kämpfend noch, zu Boden sinkt.

Der Holzstoß schon zu stürzen droht,
Schon sieht man, wie die Fackel schwelt -

Gar bitter ist der Flammentod –
Wer rettet den gefangenen Held?
Den Scheiterhauf in roher Lust
Umtanzt, umspringt die wilde Schar;
Das Opfer, stolz und unnahbar,
Dem Tode weist die nackte Brust.

Wer ist's, der Schutz dem Kühnen bringt?
Wer wehrt den mörderischen Stoß?
Da jählings aus der Menge springt
Ein Mädchen unbewehrt und bloß.
»Die Fessel löst und frei ihn sprecht!«
Vorm Ritter stehend sie begehrt.
»Des Häuptlings Tochter bin ich, hört,
Ich fordre gut indianisch Recht!«

Das Messer schnell beiseite fliegt,
Die Streitaxt schon zum Schlag gehoben,
Voll Lieb sie ihm am Busen liegt,
Der ihre Tat wird ewig loben.
Bis heut raunt man am Powhattan
Schürt man des Lagerfeuers Glut,
Wie einer Stammestochter Mut
Errettet den verlornen Mann.

William Makepeace Thackeray, *The Virginians. A tale of the last century*, London 1857-59, dt. v. Charlotte Richter: *Die Virginier: Eine Geschichte aus dem vergangenen Jahrhundert*, in: Thackeray, *Gesammelte Werke in Einzelbänden*, Bd. 2,1 u. 2, Berlin/DDR 1980 (zuerst 1953); Übersetzung des Gedichts: Helmut T. Heinrich, aus Thackeray, *Die Virginier*, a.a.O., Bd.2, 80. Kap., 392f. – (Bild aus Thackerays *Ballads*, 1869, Smith am Marterpfahl). Das Gedicht, obwohl auf englisch nicht ganz so satanisch schlecht – da ist es nur nur viktorianisch statt wilhelminisch –, weist auf die Töne europäisch-indianischer Altherren-Folklore; zur (etwas späteren) Parallel-Version des deutschen Dramatikers Detlev Liliencron von der indianischen Prinzessin sagen wir etwas in POCA Bd. 2, *Buch der Königstöchter*.

Thackerays Roman geht über zwei Brüder, Zwillinge, auf einer Nachbarplantage von George Washington – Tabakanbau. Einer will Soldat werden, der andere Schriftsteller; Nr. 1 kämpft mit George Washington gegen die Engländer, wird gefangen; hat einen frz. Sergeant als Wächter, der davon träumt, im Alter in der Normandie ein Gut zu haben. Er hat auch eine indianische Geliebte, die dem Gefangenen das Leben rettet; später in London dann Befreundung mit einer Schauspielerin, der berühmtesten Lady Macbeth-Darstellerin des Moments. Thackeray wollte auch Shakespeare und Virginia zusammenbringen. Ein »historischer Roman mit realen Personen« also; – Thackeray war 1852 und 1854 in Amerika zu Vorträgen; Boston, Richmond; er hat dabei John Esten Cooke getroffen, dessen *Pocahontas*-Roman (mit Shakespeare) es aber noch nicht gibt. Cooke arbeitet als Rechtsanwaltsgehilfe zum Zeitpunkt von Thackerays Besuch. Wahrscheinlich sind es die *Amerikareisen* von Autoren, die solche Stücke stiften.

Seite 502: (IN THE) COOL TOMBS

When Abraham Lincoln was shoveled in the tombs, he forgot the copperheads and the assassin ... in the dust, in the cool tombs.

And Ulysses Grant lost all thought of con men and Wall Street, cash and collateral turned ashes ... in the dust, in the cool tombs.

Pocahontas' body, loveley as a poplar, sweet as a red haw in November, or
a pawpaw in May – did she wonder? Does she remember? ... in the
dust – in the cool tombs?

Take any streetful of people buying clothes and groceries, cheering a hero
or throwing confetti and blowing tin horns ... tell me if the lovers
are losers ... tell me if any get more than lovers ... in the
dust, in the cool tombs.

»Copperhead«, eine Giftschlange aus den südlichen und südöstlichen Staaten der USA, mit kupferrotem Körper. Gängiger Ausdruck für jene Nordstaatler, die während des Civil War mit den Südstaaten sympathisierten, und über die – nach Sandburgs Vorschlag – Lincoln sich nicht noch im Grab totärgern soll.
Erstdruck des Gedichts in der »Chicago number« von Kreymborgs Zeitschrift *Others,* Juni 1917. William Carlos Williams in einem Brief 1917: »Sandburgs *In the cool tombs* is a splendid thing. I hope with all my power to hope, I may meet Sandburg soon. He is, if I am not mistaken, really studying his form. Few men are making any progress in their art. They are adding new decoration or repeating the old stuff. Burt Sandburg is really thinking like an artist. He seems to me to know his America and to begetting it in.« (John C. Thirlwall, ed., *The Selected Letters of W.C. Williams,* NY 1957). Während Pound Sandburg für nicht der Rede wert hielt. (Ellen Williams, passim).

★★★

FOR AMERICA AT WAR

OUR MOTHER POCAHONTAS

Pocahontas' body, loveley as a poplar, sweet as a red haw in November, or a pawpaw in May – did she wonder? Does she remember – in the dust – in the cool tombs?
Carl Sandburg

I

Powhatan was conqueror
Powhatan was emperor.
He was akin to wolfe and bee
Brother of the hickory tree;
Sun of the red lightning stroke
And the lightning-shivered oak.
His panther-grace bloomed in the maid
Who laughed among the winds,
And played
In excellence of savage pride,
Wooing the forest, open-eyed,
In the springtime,
In Virginia,
Our mother, Pocahontas
Her skin was rosy, copper-red,
And high she held her beautous head,
Her step was like a rustling leafe
Her heart a nest untouched of grief.
She dreamed of sons like Powhatan
And through her blood the lightning ran
Love-cries with the birds she sung,
And bird-like in the ivy swung.
(»in the grape-vine swung« in Coll. Poems, 1923)
The Forest arching low and wide
Glorified in its Indian bride.
Rolfe, that dim adventurer,
Had not come a courtier.
John Rolfe is not our anchestor –
We rise from out the soul of her
Held in native wonderland
While the sun's rays kissed her hand,

In the springtime
In Virginia,
Our mother, Pocahontas.

II

She heard the forest talking,
Across the sea came walking,
And traced the paths of Daniel Boone,
Then westward chased the painted moon.
She passed with wild young feet
On to Kansas wheat,
On to the miners' west,
The echoeing cañon's guest;
Then the Pacific sand,
Waking,
Thrilling,
The midnight land...

On Adams street and Jefferson –
Flames coming up from the ground!
On Jackson street and Washington –
Flames coming up from the ground!
And why until the dawning sun
Flames coming up from the ground?
Because through drowsy Springfield sped
This red-skin queen, with feathered head
With winds and stars that pay her court,
And leaping beasts that make her sport;
Because gray Europe's rags august,
She tramples in the dust;
Because we are her fields of corn;
Because our fires are all reborn.
From her bosom's deathless ambers,
Flaming as she remembers
The springtime
And Virginia,
Our mother Pocahontas.

III

We here renounce our Saxon blood.
Tomorrow's hopes, an April flood,

Come roaring in. The newest race
Is born of her resilient grace.
We here renounce our Teuton pride,
Our Norse and Slavic boasts have died,
Italian dreams are swept away
And Celtic feuds are lost today.

She sings of lilacs, maples, wheat;
Her own soil sings beneath her feat,
Of springtime
And Virginia,
Our mother, Pocahontas.

Vachel Lindsay, in: *Poetry. A magazine of Verse,* Vol. X, No. 4, 1917, pp. 169-172

Die Sache mit dem Schwingen an Lianen scheint ein Topos für jungfräuliche Indianerinnen in den Southern woods zu sein; hier ein Zitat aus dem gleichnamigen Gedicht von Simms, 1848, überarbeitet 1853: »does the maiden still swing in thy giant clasp?« – die Schlußzeile von *Grape Vine Swing* (Simms, *Selected Poems,* ed. J.E. Kibler, Athens Georgia/London 1990).
Das Lianenschwingen, das durch Edgar Rice Burroughs ab ca. 1910 zum Markenzeichen des Herrn Tarzan wird, ist vorher demnach in America ein Pocahontas-Abzeichen; die swingende Indianerin wiederum eine Erbin des jungen Mädchens auf der Schaukel in europäischen Legenden, Gemälden, Gedichten, Romanen. Die jungen Mädchen bei Watteau: am Eingang der Pubertät ...die schaukelnden jungen Damen in Jean Renoirs *Un partie de campagne.*
Zum jährlichen athenischen Weinfest – den Anthisterien – werden kleine Schaukeln mit Mädchen drauf verteilt. Das soll an eine Geschichte mit Dionysos erinnern, aus der Frühzeit des Weins, als beduselte Hirten die Folgen des Weingenusses als böswillige Vergiftungen auslegten und den weinausschenkenden Gastgeber erschlugen. Dessen Tochter erhängte sich darauf, und nach ihr die andern Mädchen des Fests. Die Schaukel gibt es zum Gedenken, daß man mit dem Wein auch anders swingen kann und die Mädchen gern schaukeln, wenn die Hirtenkeulen unausgepackt bleiben.

Seite 505: Der Wunsch, die europäische »Mutter« zugunsten der Neuen Geliebten und Ehefrau *America* zu verlassen, steht zu diesem Zeitpunkt schon seit einer Weile in den Zeitungen; bloß war America bis da nicht als *rote* Mutter vorgestellt. Alfred von Nikisch Rosenegk z.B. (1852-1917), ein ausgewanderter preußischer Berufsoffizier, der sich in Richmond, Va., vom Ladenjungen zum Bierbrauerdirektor hochgewuchtet hatte, erklärte 1890 anläßlich des *First German Day,* 8000 Teilnehmer, in Gegenwart des Gouverneurs Philip W. McKinney: »Germany is our mother, the USA is the wife of our choice. We have left our mother to live with our consort and are prepared to defend her against one and all, even if it should be needed, against our own mother«. »Grand Chief-

Marshall Rosenegk« sagte dies als Präsident u. Festredner des *German Day;* gedruckt im *Richmond Dispatch* und im *Richmond Anzeiger* vom 7. Okt 1890. – Klaus Wust, *The Virginia Germans,* Charlottesville *Va.* 1989, (1961), 232. Zu diesem Fest vgl. auch Herrmann Schuricht, *History of the German Element in Virginia,* Baltimore, Maryland, 2 Bde. 1898/1900, rpt. 1977.

** Seite 505: Amerika erklärt den Deutschen den Krieg am Freitag, 6.4.1917; das Datum, an welchem dem Dichter Petrarca auf Westwärtswanderung in der Kirche der Heiligen Clara in Avignon seine unerreichbare *Laura* zum ersten Mal »vor die Augen trat«: 6.4. 1327; das Datum, an welchem sie auch starb, 6.4. 1348. *April Love,* eine heikle Angelegenheit. *April is the cruellest month* – beginnt Eliots *Waste Land*, »die Unabhängigkeitserklärung der amerikanischen Poesie«. Im *April Love*-Song von Pat Boone, 1957, der Monat der *Showers … rain to grow the flowers for her first bouquet … Blumen,* die dann gleich auf dem Grabstein landen. Pocahontas/Rolfe heiraten im April … Monat der Paare, denen es zu einem Mai nicht reichen soll.

*** Seite 505: Das Porträt von Anne Rutledge in *Spoon River* habe sie immer besonders geliebt, schreibt im Febr. 1925 Harriet Monroe in *Poetry.* Masters, der seine letzten Lebensjahre vereinsamt in New Yorks *Chelsea Hotel* verbrachte, wurde, als er 1950 starb, zurückgebracht nach Illinois und beigesetzt auf dem Friedhof von Petersburg, Sangamon Valley, nicht mehr als einen Steinwurf vom Grab der Anne Rutledge entfernt. – Kollege Sandburg, gest. 1967, hat 1975 von seinem Biographen den Titel »der Lincoln der amerikanischen Poesie« angehängt bekommen. Aber nicht er, sondern Robert Frost – der auch anfing bei *Poetry,* um 1914 – wurde zur Amtseinführung Kennedys bestellt: als erster (und letzter) amerikanischer Dichter, der bei einer präsidialen Thronbesteigung *eigene Verse* beisteuern durfte (und dies auch wollte). Woodrow Wilson bei seiner Wiederwahl 1917 war noch nicht so weit, die Poeten Masters, Sandburg, Lindsay in den Rang von Pop-Polit-Mythologen offiziell zu erheben, den sie sich längst erschrieben hatten, allerdings.

Humphrey Carpenter in seiner Pound-Biographie: »Harriet Monroe war eine 52-jährige alte Jungfer, die Tochter eines Anwalts. Fast ein Viertel Jh. lang hatte sie mild mediokre Gedichte geschrieben, jetzt hatte sie Schwierigkeiten, sie zu veröffentlichen. Deshalb beschloß sie, ihre eigene Lyrikzeitschrift herauszubringen.«

Weiter Carpenter: »Bei gut hundert Sponsoren trieb Monroe das nötige Geld für *Poetry* auf, und sandte einen Rundbrief an mögliche Mitarbeiter. Zwei Jahre vorher, bei einem Besuch in London, war sie auf Ezra Pound aufmerksam gemacht worden. Der hatte postwendend geantwortet: ›Dear Madam, I *am* interested.‹ Er teilte ihr mit, er habe selber schon daran gedacht, eine Vierteljahresschrift zu gründen, aber jetzt sei das nicht mehr nötig. Er werde seine eigene Lyrik exklusiv in ihrem Magazin veröffentlichen. Gleichzeitig bot er sich ihr als *Foreign Correspondent* an: ›keeping you or the magazine in touch with whatever is most dynamic in artistic thought, either here in London or in Paris: (…): our American Risorgimento is dear to me.‹« (H. Carpenter, *A Serious Character. The Life of Ezra Pound,* NY 1988/90, 184f.) Pound hielt sich an sie u. a., weil sie

so gut im Geldauftreiben war, bzw. schien: seine Quarrels mit ihr bald danach resultierten daraus, daß sie, wie er fand, nicht genügend zahlte pro Gedichtseite in *Poetry.*
Die erste Nummer der Zeitschrift im Okt. 1912 – sie erscheint, fast im gleichen Layout, als einzige der damals gegründeten ›*Little Reviews*‹ noch heute – nennt Ezra Pound im Impressum als *Foreign Correspondent:* im Druckbild der Herausgeberin beinah gleichgestellt. In den ersten Nummern brachte Pound u.a. Richard Aldington's Gedichte sowie die von »H.D. Imagiste« und William Butler Yeats unter, bald darauf auch 5 Joyce-Gedichte (die Monroe lieber nicht gedruckt hätte. Pound dagegen: es würde ihrem Inhaltsverzeichnis *bis in alle Ewigkeit* zur Ehre gereichen, Joyce als eine der ersten gedruckt zu haben). Sein Versprechen, exklusiv für *Poetry* zu liefern, hielt Pound aber nicht. Schon 6 Monate danach erscheinen Poundgedichte auch in Henry Louis Menckens *The Smart Set* und später in Alfred Kreymborgs *Others,* einer im Juli 1915 gegründeten Konkurrenz zu *Poetry* in New York. Pound »überwirft« sich auch bald mit Monroe, die ihm Worte wie »whore« und »bitch« aus den Gedichten streicht. *Others,* wo u.a. auch W.C. Williams und Wallace Stevens publizieren, und wo 1917 Sandburgs *In the Cool Tombs* erscheint, sei wohl mehr für die *radical youth,* schreibt Monroe am 2. Juli 1915 dem Herausgeber Kreymborg, während *Poetry* alle Richtungen amerikanischer Poesie repräsentieren wolle. »Please make it very clear that we were the first in the field and the beginning of the present Renaissance«. (Ellen Williams, a.a.O., 150)
Ihr Bruder war Architekt der Weltausstellung 1892/3 gewesen. Bei der Eröffnungsfeier am 12. Okt. 1892 – *Columbus Day* – hatte Harriet Monroe ihre *Columbian Ode* vorgetragen; mit 1000 $ dotiert, das (fast) höchstbezahlte Gedicht der Kunstgeschichte bis da. Das bisher höchste Honorar für ein Gedicht, das wohl nie wieder übertroffen worden ist, hat John Greenleaf Whittier 1866 für seine lange Verserzählung *Snow-Bound: A winter idyl* erhalten, 10 000 $ von seinem Verlag Ticknor & Fields in Boston. (Lee Clark Mitchell, *Westerns. Making the man in fiction and film,* Chicago & London 1996, 58)
Dies lange Gedicht mit Westernelementen und Indianerpassagen, zuerst gedruckt am 17. Febr. 1866, ist ein »immediate success« und schnell in die Schulbücher geraten, was Whittier den Beinamen eines amerikanischen *schoolroom poet* einbrachte (Das Gedicht in Richard Ellmann, *The New Oxford Book of American Verse,* NY 1976, pp. 112-30).
Ihren eigenen Preisrekord für ein Gedicht übertraf Monroe 1894, als die *New York World* ihre Ode ohne ihre Erlaubnis nachdruckte. In einem der ersten Copyrightprozesse der Geschichte erstritt sie von der Hearst-Zeitung, mit Hilfe der Erfahrung ihres Anwalt-Vaters eine Summe von 5000 $. Dies, wie sie immer betont hat, im Namen und für das Wohl aller Lyriker, die in der Lage sein sollten, von ihren Produkten zu leben, und gegen die amerikanischen Zeitungen insgesamt, deren Gewohnheit es war, to have poems »routinely reprinted without permission«, d.h., jede entstehende Lücke im Umbruch mit einem Stückchen Gedicht zu füllen. (Ellen Williams, *Harriet Monroe and the poetry Renaissance. The first ten years of ›Poetry‹, 1912-1922,* Chicago/London 1977, 8f.)

Seite 506: Masters, der Mann aus dem Mittelwesten, aus Petersburg, Illinois, gelegen in Lincolns Sangamon Valley, hatte sich noch 1912 abfällig über die *Poetry*-Leute ge-

äußert, er mochte die *Chicago Bohèmiens* nicht. Sein plötzlicher Ruhm brachte ihn mit Sandburg, Lindsay u.a. zusammen, und er mochte sie doch:
»Die Ideen von Ibsen und Shaw und die Theorien des *Irish Theatre*, sowie der Gedanke vom Fortschritt der Wissenschaft und einer neu erstandenen Freiheit (re-arisen liberty) blühten überall, aber nirgends schöner als in Chicago. (...) All dies trat mir vor Augen, als wäre ich bis dahin in Dunkelheit befangen gewesen, und wäre plötzlich ins Sonnenlicht getreten.« – E.L. Masters, *Across Spoon River*, NY 1936, 338, zit. B. Bernard Duffey, *The Chicago Renaissance in American Letters. A critical history*, Westport 1956, rpt. 1972, 160

Seite 506: »Der Lincoln von Lindsay, Sandburg und Masters ist keine wirkliche Person. Sogar Sandburgs hochgepriesene Lincoln-Biographie romantisiert die Historie, z.B. akzeptiert er unkritisch die imaginäre Liebesgeschichte mit Anne Rutledge, wie es genauso Masters getan hatte. Die drei Dichter erschaffen einen mythischen Lincoln, larger than life, obwohl solche Übertreibungen bei Lincoln nicht notwendig wären. Der wirkliche historische Lincoln präsentierte auch so die besten Eigenschaften der amerikanischen Zivilisation«, merkt Blair Whitney, Literaturprofessor aus Illinois, im Jahr 1976 an – für sich selbst entschieden, daß es ausreiche, den »wirklichen Lincoln« zu geben, um den ganzen zu haben. John Fords Film wäre damit nicht zu machen gewesen. – (B. Whitney, »The Garden of Illinois«, in John E. Hallwas (u.a., eds.), *The Vision of this Land. Studies of Vachel Lindsay, Edgar Lee Masters, and Carl Sandburg*, Macomb, Illinois, 1976, 17-28, 22)

Seite 508: Zur Definition des seit dem 19. Jh. dem amerikanischen Innenministerium angegliederten Bureau of Indian Affairs, was ein Indianer sei – aufgestellt anläßlich Volkszählung 1950 –, gehört der Satz: »Seit den frühesten kolonialen Vermischungen der weißen und der indianischen Rassen, angefangen zur Zeit der Heirat zwischen Pocahontas und John Rolfe, gehörten zur Bevölkerung *›mixed blood‹ people*, die sich entweder als Indianer oder als Nichtindianer einstufen lassen, je nach Standpunkt.« (Vogel, a.a.O., 253). Für höhere Virginians war da nichts einzustufen: Pocahontas' descendants sind nicht nur Nicht-Indianer, sie sind vielmehr bessere Weiße; »besser« als später zugereiste englische, irische, deutsche, skandinavische Virginier, Europäer »ohne Schuß«...

Seite 511: Der sog. *Dawes Act* von 1887 gab dem Präsidenten das Recht, Land aus den Indianerreservaten privat an einzelne Indianer zur Bewirtschaftung zu überschreiben. Eingeschätzt von William Jones, dem Kommissar für *Indian Affairs* von 1897 bis 1904, als »prächtige Pulverisierungsmaschine für tribale Strukturen«, aber die Aufhebung des 25jährigen Verkaufsverbots durch Wilson machte die Sache weit schlimmer: Buster Keaton macht das in seinem 11. Kurzfilm *The Paleface* Ende 1921 zum Thema. Buster, unter die Indians geraten, die ihn zunächst am Marterpfahl verbrennen wollen, dann aber zum zweiten Häuptling (Little Chief) promovieren, zeitig seine Verbundenheit mit ihnen gleich in den ersten beiden Zwischentiteln

IN THE HEART OF THE WEST THE INDIAN OF TODAY
DWELLS IN SIMPLE PEACE

BUT THERE CAME THEN A GROUP OF OIL SHARKS
TO STEAL THEIR LAND:

Am Schluß des Films gibt es eine schriftliche Abmachung, die den Landbesitz der Indianer für alle Zeiten sicherstellt und die SHARKS vertreibt, – Buster Little Chief bringt sie mit in die Ehe mit der Tochter des Big Chief. Diesen Vertrag läßt Keaton unterschrieben sein von einem Herrn »John Smith« (Schrifttitel). Lesen und Schreiben konnte Buster Keaton zwar (angeblich) nicht besonders, als mündlicher Verfasser von Filmtiteln zeigt er sich aber voll auf der Höhe historischer Ironien, von den gefilmten Bildern zu schweigen, die Buster in der letzten Szene in einem Kuß mit der Indian Squaw zeigen... dann Abblende... dann Titel: TWO YEARS LATER... dann Buster und seine Indian Squaw, immer noch im Kuß in der gleichen Einstellung. Dann: ENDE.

Seite 514: Ein weiterer der *Pocahontas*-Kähne schippert zu Beginn des 1. Weltkriegs durch den Roman *The Good Soldier* von Ford Madox Ford, Ezra Pounds Londoner Förderer und Freund: Das Liebespaar des Romans tritt zu seinem *Honey Moon* auf dem Schraubendampfer *Pocahontas* an; weg aus Amerika, Richtung Europa. Der Name *Pocahontas,* von Ford Madox Ford leitmotivisch eingesetzt, dient zum *Foreshadowing* kommenden Unglücks; es wird nichts aus der Liebe; sie stirbt in London ...daher der Name.
Die Erstfassung von *The Good Soldier* wird gedruckt in der ersten Nummer der Zeitschrift *BLAST,* 1914, ein futuristisches Magazin in Anlehnung an Marinetti, hrsg. von F.M. Ford und Ezra Pound; als Buch erscheint es in London 1915; es gilt als Ford Madox Fords »Meisterwerk«.
Seine Schreibkarriere hat Ford Madox Ford begonnen als Co-Autor des damals ebenso unbekannten Joseph Conrad: zwei gemeinsame Romane entsprangen ihrer Hand: Ford (dt. Geburtsname Hueffer) und Conrad (poln. Geburtsname Korzeniowski) machen sich in London zu englischen Schriftstellern, Pound, Amerikaner in London, zieht es weiter süd- und ostwärts ...Paris ...Rapallo ...wo er Amerikaner bleibt ...vertriebene Hakennase im europäisch-antiken Exil.

Seite 516: Der historisch jüngste Betreiber des Re-Edukations-Spiels, Daniel Jonah Goldhagen, wird nicht müde, den re-eduzierten Deutschen zu bescheinigen, sie seien heute deshalb so gute Demokraten, weil erfolgreich von drüben re-educated. Die/der deutsche Mensch ließ sich das nicht zweimal sagen und schmiß mit Preisen nach dem Edukator. Von den Preiswürfen ermutigt – überreicht von herausragenden Menschen der deutschen Re-Eduziertheit wie Reemtsma und Habermas –, weitet der Educator im Jahr 1999 seine Umwälzungspädagogik aus; Goldhagen schlägt das Verfahren zur Lösung der politischen Probleme des »Balkan« vor. Diese Region sei militärisch zu besetzen zwecks Reeducation der gesamten Population zwischen Adria und Schwarzmeerküste bis runter an den Peloponnes, so Goldhagens Zivilisationsplan in der *Süddeutschen* vom 30.4.99. – Die da auch irgendwo angrenzenden Türken läßt er weg aus seiner Erziehungs-Campaign. Der einfache türkische Mann wird das bedauern.

Seite 517: In Filmlexika erscheint Trotti gern im Zusammenhang mit dem Satz Henry Fondas: »One of the few people in the film industry for whom I have any respect«; Trotti, Südstaatler, gab einige Jahre eine Zeitung in Atlanta/Georgia heraus; im selben Jahr wie *Young Mr. Lincoln* auch das Drehbuch zu Fords *Drums Along the Mohawk* (zusammen mit Sonya Levien); häufige Zusammenarbeit auch mit Dudley Nichols, der das Drehbuch zu Fords *Stagecoach* schrieb.

Seite 531: ...obwohl »Romeo loved Juliet« nicht etwa ein *Einfall* Peggy Lees ist aus der weltbekannten und allseits beliebten »freien Assoziation«: R & J und ihr Hit der *Love At First Sight* sind festes Repertoire der amerikanischen Songwriting History ...wie Eve and her serpent, Cleopatra and her asp, Napoleon, Joan of Arc, Cinderella und The Lorelei: in *Desolation Row,* 1965, läßt Bob Dylan die meisten davon Revue passieren, außerdem noch Kain & Abel, den *Hunchback* of Notre Dame, die ewig treibende Ophelia, Einstein disguised as Robin Hood, *The Phantom of the Opera,* und noch dies und das, woran Lloyd Webber und andere bis in unsere Tage ihre Messer wetzen; vorletzte Strophe bei Dylan:

Ezra Pound and T.S. Eliot
Fighting in the captain's tower
While Calypso singers laugh at them
And fishermen hold flowers

So injiziert Dylan die karibischen Calypsos in Pound und Eliot, wie letzterer die schwarze Musik des frühen 20. Jh. in Shakespeare injizierte; Eliot in *The Waste Land: Oh that Shakespearian Rag...*

Für die *Ziegfeld Follies # 1916*, Thema: *Salute to Shakespeare,* schrieb Jerome Kern einen parodistischen Song auf Juliet and Romeo, uraufgeführt am Broadway am 12. Juni 1916. Titel: *Have A Heart.*

Die ersten drei erhaltenen Romeo and Juliet-Filme sind von 1908, einer in Rom, produziert von der Cinès; im zweiten ließ J. Stuart Blackton für seine Vitagraph in New York die Capulets and Montagues vor einer Central Park-Kulisse antreten; der dritte, ein englischer von der British Gaumont, bot eine abgefilmte Theaterfassung; der Filmzauberer Méliès hatte allerdings schon um 1900 eine freie Version in Umlauf gebracht; Thanhouser, 1911, produziert den ersten two-reeler Romeo & Juliet, ca. 30 min., angeblich der erste Kinofilm mit riesigem Webeplakat, 1911 auch die zweite italienische Produktion, ebenfalls 2 Rollen. – 1916 folgte dann die Fox (mit Theda Bara als Juliet und Harry Millard), hier gleich, im Birth of a Nation-Style, mit 2500 Statisten (nach George Sadoul); unmittelbar danach eine Replik von Louis B. Mayer, in der »the first movie ›love team‹«, Francis X. Bushman & Beverly Bayne die Stars waren. (Abb. in Richard

Romeo und Julia, 1916

Griffith/Arthur Mayer, with the assistance of Eileen Bowser, *The Movies, rev. ed.*, NY 1970, 49) (vgl. R.H. Ball, *Shakespeare and Silent Film*, er nennt ca. 30 Romeo und Julia Filme bis 1928.)
Für Mark Twain eine Art Selbstverständlichkeit im *Huck Finn*, daß die beiden »Betrüger«, *The King and The Duke*, als sie im 20. Kapitel beschließen, in der ersten geeigneten Stadt, wo sie anlegen werden, einen Theaterabend zu geben, die Balkonszene aus *Romeo and Juliet !!!* auf ihrem Plakat ankündigen (dazu die Fechtszene aus *Richard III.*). Die Künstlernamen, die sie sich dafür geben – David Garrick the younger als Romeo (= the king) und Edmund Kean the elder (= the duke) weisen nicht nur auf die zwei berühmtesten englischen Schauspieler des 18. und 19. Jahrhunderts, auch die auf den englischen Bühnen meistgespielte Version von *Romeo and Juliet* stammt von David Garricks Ausgabe: *As written by Shakespeare*, von 1748. Garrick spielte die Rolle selbst zuerst 1750 und danach in ca. 60 Inszenierungen. Nach John Gays *The Beggar's Opera* (1728) ist Garricks Fassung von *Romeo and Juliet* das am häufigsten im 18. Jh. aufgeführte Stück überhaupt. (George Winchester Stone Jr. and George M. Kahrl, *David Garrick. A critical biography*, Carbondale, Illinois 1979, 569.)
Irgendwann ist aufgefallen, daß im Exemplar der Bodleian Library von Shakespeares erster Folioausgabe jene Seiten, die die Spuren der Studentengenerationen des 17. und

18. Jh. tragen, die Seiten mit Romeo and Juliet sind.
The Adventures of Huckleberry Finn, London 1884, New York 1885. – 1894 bis 1896 gab dann der frühere englische Buchbinder J.M. Dent den *Temple Shakespeare* heraus, von der er zeitweilig 250 000 Bde. im Jahr verkaufte. Bis 1934 betrug die Gesamtauflage 5 Millionen Exemplare. (Altick, *The English Common Reader*, Chicago 1957, 315 f).
Auf ihren obligaten Grand Tours through Italy erhoben die britischen Tourismuspioniere des 19. Jhs. auf den Spuren von Heinrich Heine und Alfred de Musset das vermeintliche Grab von Julia – Giulietta Capuleti – in Verona in den Rang einer Kultstätte. Julia wurde damit in die Reihe jener literarischen Gestalten gerückt, die sich dadurch auszeichnen, wirklich gelebt zu haben, à la Faust, der Graf von Monte Christo, Dickens' Mr. Pickwick oder Sherlock Holmes. Das »Grab« entstand auf Nachfrage hin: einige findige Veroneser beschlossen, die ständige Suche von Shakespeare-Lesern nach diesem Ort mit einem wirklichen Objekt zu belohnen. Um zu vermeiden, daß allzuviele Touristen die Friedhöfe unsicher machten, richtete man vor der Stadt, in einem ehemaligen kleinen Kloster eine *tomba de Giulietta* ein. Ein schöner alter Pferdetrog in schummerigem Licht, den man noch heute besichtigen kann – sagt Dietmar Grieser, *Schauplätze der Weltliteratur.* 20 Reisen an den Ort der Handlung, München 1976, 266ff.

Seite 533: Nicht einfach ein *Mädchen* Virginia also, das auf den Sänger herabstoßen soll – wie der sonst eher gute Teja Schwaner annimmt in der deutschen Fassung des Songs im *Rolling Stones Songbook* (Ffm 1977, 255). Der Titel des Songs – Schwaner: *Süße Virginia* – muß *Süßes Virginia* lauten, sonst wäre mit »Thank you for your wine, *California*« auch bloß einem Mädchen gedankt, um das es sich, amerikanisch, *nicht* immer handeln muß, wenn »honey child« da steht. Dieser Umstand hätte Schwaner auch davon abhalten können, das »Shit« der letzten Strophe mit »Scheiße« zu übersetzen; die ist es nicht, die »das Mädchen« in sich hat, sondern *Holy Smoke*. – Eine schöne Live Version von *Sweet Virginia* gibt es auf The Rolling Stones, *Stripped,* CD, 1995 ...(Thank you, Theo Roos, for den Hinweis).

Seite 534: Zum Ruhm das Gück, oder »die Glücke«, wie Benn das nannte, wenn er von Berauschungen sprach (damit »die Lücke« drin enthalten sei.) *Fame & Fortune*, – die Namen, die Andy Warhol seinen Dackeln gab – sie kommen nicht von ungefähr. Dylans Behauptung in *Just Like Tom Thumb's Blues*, man müsse wählen zwischen den beiden – und beide würden dann nicht halten, was sie versprechen – wird von Jagger und seiner Stones-Gruppe – inzwischen alle mit Häuptlingsfaces, steinalt + stoned – eher widerlegt. Dylans »Up on Profit Hill it's either fortune *or* fame« heißt bei den Stones Glück *und* Ruhm. Europäische Arbeiterjungen haben noch Utopien; wo das (letzte) amerikanische Individuum sich desillusioniert zeigt (melvillistisch). Wo die Stones aufs Indianische gehen, steuert Dylan auf alten Hobo (oder *Pathfinder),* auch im Auftrittsritual: die Stones mit immer noch mal den alten Kriegstänzen, genau nach Vorgabe der eigenen Tradition – tanzen, was »der Stamm seit altersher tanzt« –; Dylan mit seinen Songs dagegen »in jedem Auftritt anders«; als würde das alte Alk-Gehirn sich nicht er-

innern, wie ers das letzte Mal gebracht hat – (das ist ja die eigentliche materielle Grundlage der sog. Spontaneität und allen Sponti-Wesens).

Seite 535: Der Zentralmythos der Raucher – daß nichts endgültig sei: daß man alles wieder von vorn anfangen könne, das Leben, die Liebe – gerät am heftigsten ins Wanken, wenn etwas endgültig erlischt, und die »Segnungen Virginias« sich ins Gegenteil verkehren, von Holy Smoke zum Kettenrauch der durchwachten Nacht. Um den Anrufen und Diskussionen seiner Frau Cynthia, von der er sich gerade trennte, zu entkommen, floh John Lennon am Abend seines 27. Geburtstags ins Studio an der Londoner Abbey Road und nahm seinen Song *I'm So Tired* auf; den Verzweiflungssong eines Mannes, den das Leben nicht schlafen läßt, und der kein Mittel dagegen hat, als die nächste Zigarette...
Im so tired, I'm feeling so upset
Although I'm so tired I'll have another cigarette
And curse Sir Walter Raleigh he was such a stupid git
I'd give you ev'rything I've got for a little peace of mind.
Git, – nicht exakt übersetzbar; aber »sehr beleidigend«, brutales Arschloch etwa. Song vom *White Album* der Beatles, Herbst 1968. Der Mythos von Walter Raleigh als erstem und oberstem Tabakguru (Pfeifenkopf) Europas somit auch in den Pop-Annalen festgeschrieben durch eine Verwünschung des erschöpften Lennon: »I'm so tired... I haven't slept a wink ...I'm so tired ...My mind is on the blink...«
Lou Reed in *Blue in the Face* kontert dies Gefühl mit dem Satz, solange er eine Zigarre rauche, trinke er nicht den nächsten Whiskey; da sei die Zigarre gesünder...
...wen hätte Heiner Müller – der immer Zigarre plus Whisky nahm – verfluchen sollen?

Seite 552: Ein bißchen zwiespältig liest sich daher Jan Philipp Reemtsmas Ruf nach gerichtlicher Härte gegen seine Quäler schon: »Im Grunde interessiert mich nicht mehr, wie die Lumpe aussehen. Ich will sie nur im Gefängnis wissen.« Soviel gerechte Vergeltung müßte nicht sein bei jemandem, der die Beschränktheit aller Justiz als Mittel zur Herstellung von »Recht« kennt; insbesondere in einem Land, dessen Großverbrecher gern in den Regierungen zu finden sind – (dort ewig unverurteilt); – nur sehr viel seltener finden sie sich unter jenen, die ein Leben mit Zigarre auf *Barbados* oder den *Bahamas* oder den *Bermudas* für sich beanspruchen, ohne dafür eine lebenslange Fabrik- oder Büroarbeit »hinblättern« zu wollen – die ja in aller Regel ergeht als *Love In Vain.*
»Ob er seine Talente nicht in einem andern Beruf habe zur Geltung bringen wollen?« hat J.P. Reemtsma seinen Entführer, »den Engländer«, gefragt. Um von diesem zur Antwort zu bekommen, *er* habe nicht 300 Millionen geerbt, und von 3-5000 Mark im Monat wolle er nicht leben. »But I meant jobs with much higher salaries«, antwortet Reemtsma. Der Engländer: »Well, you'll be fifty or so before you earn the real big money, and then your life is over«. (*Im Keller,* 136) Zwei Profis – Reemtsmas Lieblingswort – unter sich. Vielleicht verraten die beiden der Welt gelegentlich den Job, in welchem es genügt, fünfzig zu werden, um an das »real big money« zu kommen. Ist uns bisher entgangen, diese Art Alterszulage ...eine Frage der »Talente«, sagt Reemtsma ... oder falscher Berufswahl...
»Ironie«, schreibt JPR, sei die wichtigste Qualität zum Aushalten einer Situation wie die seine war, entführt und angekettet *Im Keller.* Der Satz kann einem gefallen. Auch wenn sein Autor bei anderer Gelegenheit demonstriert, daß man, glücklich zurück in der Normalität der »much higher salaries« und des »geltenden Rechts«, auf die schöne Eigenschaft »Ironie« auch ganz gut verzichten kann.

Zu den Bildern

Umschlag: Michel Leiner, mit einem Bild-Objekt von Monika Theweleit-Kubale.
Umschlags. 2: Paul Cadmus, Mural, Postamt von Richmond, Virginia, 1939, Ausschnitt
Vorsatzbild hinten: *Pocahontas*, Disney, 1995
Vierte Umschlagseite: *Pocahontas*, Zeichnung von Gerhard Lahr, aus Eva Lips, *Sie alle heißen Indianer,* Kinderbuchverlag Berlin (DDR), Lizenzausgabe Hanau o. J. (ca. 1987)

S. 10 u. 11 *Pocahontas*, Animationsfilm, Richard Slapczynski, Leonard Lee, USA 1995.

S. 12 *Disney's Pocahontas (Disney's Klassische Film-Comics),* Stgt 1995, Übersetzung aus dem Amerikanischen von Karlheinz Borchert, Lettering Yannick Fallek

S. 14 *Rescue.* Patricia Adams, *The Story of Pocahontas, Indian Princess.* Illustr. by Tony Capparelli, A Dell Yearling Biography, NY 1987

S. 15 *Pocahontas and Capt. Smith,* aus John Warner Barber, *Interesting Events in the United States,* New Haven, Conn., 1829. Aus dem Kapitel »Settlement of Jamestown, Virginia«

S. 16 *Smith wird nach seiner Gefangennahme zu Opechancanough geführt;* Laurence Santrey, *Pocahontas;* illustr. by David Wenzel, Mahwah, New Jersey 1985

S. 17 Smith gefangen: »Wie sie über ihn triumphierten«, und »An einen Baum gebunden um zu Tode erschossen zu werden«. »...tied to a tree to be shot to death, led up and down their country, to be shown for a wonder; fatted as he thought, for a sacrifice for their Idol, before whom they conjured him three days, with strange dances and invocations, then brought him before the Emperor Powhatan, that commanded him to be slain« (Smith, *The True Travels...*, Barbour, III, 237). – Eins von acht Einzelbildern, angeordnet um die Karte von *Old Virginia* in Smiths *Generall Historie...*, 2. Buch, 1624. Kupferstich von Robert Vaughan, ein Kupferstecher, der seine Sachen nach Vorlagen von Theodor de Bry/John White anfertigte.

S. 18 Robert Vaughan, Kupferstich (Daten wie S. 17) Text im Bild: »König Powhatan befiehlt Captain Smith erschlagen zu lassen, seine Tochter Pokahontas bittet um sein Leben. Wie er sich bedankte und sich 39 ihrer Könige untertan machte, lesen Sie in der gedruckten Geschichte«.

S. 20 Walt Disney, *Pocahontas. Eine indianische Legende*, USA 1995, Animationsfilm. Regie: Mike Gabriel und Eric Goldberg; Buch: Leonard Jee, Carl Binder, Susannah Grant, Philip Lazebnik. Der Abspann nennt sechzehn Zeichner für Pocahontas, elf für John Smith und ein Dutzend weitere Schreiber, die an der Story mitgearbeitet haben; es gab viel zu bedenken bei diesem Film in puncto »political correctness«; die Eltern kaufen nicht *jeden Scheiß* und setzen ihn den Kindern vor. Die Stimme Powhatans in der Originalfassung ist die von Russell Means, einem der populärsten Sprecher für indianische Rechte in den USA... die deutsche Synchronstimme der »Mutter Weide« ist die von Hildegard Knef.

S. 21 Cover von Patricia Adams, *The Story of Pocahontas, Indian Princess. Illustr. by Tony Capparelli*, NY 1987

S. 22 de Bry, Kupferstich nach John White, 1590, indianisches Frauenfest. Nach White sind die drei Frauen in der Mitte »drei der schönsten des Stamms«; sehen aber eher aus, als seien sie den ewigen »drei Grazien« der italienischen Renaissance nachempfunden.

S. 23 *Phileas Fogg bei den Indianern*; ital. Comic, *Die Reise um die Welt in 80 Tagen*, 70er Jahre. Text im Bild: »Jetzt begreife ich, sie hat mich nur erregt, um ihn mir besser abschneiden zu können!«

S. 24 John Vanderlyn, *The Death of Jane McCrea*, 1804, Wadsworth Atheneum, Öl/Lw, Vgl. Samuel Y. Edgerton, Jr., »The Murder of Jane McCrea: The Tragedy of an American Tableau d'histoire«, *Art Bulletin*, 1965, 481-92. – Jane McCrea, eine junge Frau aus New England, wurde von Mohawks getötet nahe Fort Edward, 27. Juli 1777. Es waren Indianer, die zu den Truppen des britischen Generals Burgoyne gehörten. Jane McCrea hatte einen Geliebten, der in der britischen Armee kämpfte. Sie wollte zu ihm gebracht werden, die Indianer waren ihr Geleitschutz, brachten sie aber unterwegs um. Im Hintergrund auf dem Bild sieht man den Ehemann Janes herbeieilen; er hat aber die blaue Uniform der Unionstruppen an, statt der roten britischen. – Eine komische Geschichte das Ganze; als Propagandastory ist sie zwar einfach: die weiße amerikanische Frau, die die Weißen von der falschen Seite – die Engländer – liebt, muß ebenso sterben wie die, die einen roten Mann liebt. Aber warum sollten ausgerechnet die Indianer, die sie geleiten sollten, sie umgebracht haben?? Klingt eher, als wenn weiße Amerikaner die »Frontenwechslerin« geschnappt und massakriert hätten, und dann den Mohawks die Tat in die Schuhe geschoben. – Bei Patricia Trenton u. Patrick T. Houlihan, *Native Americans: Five Centuries of changing images*, NY 1989, 31 findet man eine gute Farbreproduktion des Gemäldes.

S. 25 André Lefevre, *Pocahontas, princess indienne, illustr. von Y.L.*, Frankreich 1973. *Die Rettung*. Der Text dazu lautet:
Poca: »Wenn ihr ihn tötet, tötet ihr auch mich.« Powhatan: »Der Große Geist hat durch die Stimme meiner Tochter gesprochen. Vielleicht sind wir wirklich dumm und beschränkt. Wakonda hat uns eine Lektion erteilt. Hört auf ihn. Der Weiße Mann ist frei!«.

S. 26 Laurence Santrey, *Pocahontas; illustr. by David Wenzel*, Mahwah, New Jersey 1985

S. 27 John Smith is rescued by Pocahontas, Kupferstich 19. Jh. (aus Richard H. Dillon, *North American Indian Wars,* 1983; ohne weiteren Nachweis dort).

S. 28 Frontispiz zu Henry Howe, *Historical Collections of Virginia,* Charleston, S. C. 1852. Zeichnung von C. Mayer, gestochen von S. Weekes. Im Sockel die Rettungsszene Pocahontas/Smith als Gründungsszene des amerikanischen Bundesstaates Virginia, im Kranz der Köpfe virginischer Politiker 4 Präsidenten (Washington, Jefferson, Monroe, Madison), eingebettet in die Blätter von King Tobacco. In der Mitte das Republikanische Weib mit zerbrochener Kette, einem gestürzten König zwischen den Beinen und der Inschrift: »So geschieht es mit allen Tyrannen.« Es war also Pocahontas, die den ersten Stein aus dem Sockel der britischen Krone schlug und den Grundstein für *Lady Liberty* legte. Unten links: William Randolph, der erste große Historiker Virginias – eine Sproß der Familien der Pocahontas-Descendants.

S. 30 John Chapman, *Rescue of Captain Smith*, Öl auf Leinwand, 21 x 25 ¼ in, ca 1836-1840

S. 31 Anonymer Kupferstich, 1841, *Captain Smith rescued by Pocahontas* (»Events of Indian History«)

S. 32 Alonzo Chappell, *Pocahontas Saving the Life of Capt. John Smith,* Kupferstich 1861, gedruckt in J.A. Spencer, *History of the United States, earliest period to the administration of President Johnson,* Bd.1, NY 1866. Der Heiligenschein, der ab John Davis (1803) in der Literatur um Pocas Kopf kreist, ist hier auch gemalt zu sehn (als helles Loch in der Weltmitte). Und John Smith ist kräftig gewachsen seit seinen Kupferstichtagen von 1624.

S. 35 Munoz, »Seul pour toujours« (Allein für immer), aus *(A Suivre)* No. 71, Paris 1983

S. 36 A. C. Warren, *Captain Smith Rescued by Pocahontas*, Kupferstich, Mitte 19. Jh.

S. 37 Kupferstich nach dem Gemälde von Edward Corbould, *Pocahontas Rescues Capt. John Smith*, 2. Hälfte 19. Jh., Tilton bemerkt zu dem Bild, daß es eine Mischung von Indianern der Ostküste und der *Great Plains* (»Horse Culture«) zeige. (Tilton, 98). Dies Bild ist oft variiert worden, wahrscheinlich weil – wie Tilton bemerkt – die Indianer der *Great Plains* irgendwann an die Stelle der *Native Americans* insgesamt getreten sind im Lauf des 19. Jh. Hier drei Varianten: am dichtesten an der Vorlage von Corbould ist George Virtue, Kupferstich 1850; T. Knight, Kupferstich 1850-60, hat die Stellung der Lanze verändert und die zwei drohenden Indians rechts vom Pferd auf einen reduziert; der Unknown American Artist der 3. Variante, Aquarell 19. Jh., Abby Aldrich Rockefeller Collection: Colonial Williamsburgh, hat die Frauengruppe unterm Baum rechts entfernt.

S. 38 Pocahontas rettet John Smith; hier nicht vor Stein und Keule, sondern vorm Marterpfahl und Scheiterhaufen. Illustration von G.G. Kilburne zu William Makepeace Thackeray, *Ballads; with illustrations by the author and others,* London 1879, zuerst erschienen in W. M. Thackeray, *The Virginians. A tale of the last century,* London 1857-59, dt. Von Charlotte Richter: *Die Virginier: Eine Geschichte aus dem vergangenen Jahrhundert*, in: Thackeray, *Gesammelte Werke in Einzelbänden*, Bd. 2,1 u. 2, Berlin/DDR 1980 (zuerst 1953).

S. 40 Rettungsszene. Aus W. Gilmore Simms, *The Life of Capt. John Smith, the Founder of Virginia*, NY 1902 (zuerst 1846). Nach dem Ölgemälde von Victor Nehlig *Pocahontas und John Smith*, 1870.

S. 43 Ausschnitt; s. S. 44

S. 44 Victor Nehlig, *Pocahontas and John Smith,* Öl auf Leinwand, 1870, Museum of Art at Brigham Young University. (Ein Ausschnitt dieses Bilds auf dem Cover von Tilton, *Pocahontas.*)

S. 46 Antonio Capellano, *Preservation of Captain Smith by Pocahontas*, 1825. Sandsteinrelief über der Westtür der Rotunde des Capitols; eingraviert als Datum des Ereignisses ist unten links: 1606. Capellano, Italiener, sprach weder Englisch noch Französisch, galt als arbeitswütig und wollte nichts lernen außer Bildhauern; die »1606« statt 1607 ist wohl ein Übermittlungsfehler.

S. 47 *Rescue*, Titelblatt zu John Davis, *Captain Smith and Pocahontas,* Philadelphia 1817, Kupferstich von «H.A.«

S. 49 Pocahontas Nahrungsengel, aus Carol Greene, *Pocahontas: Daughter of a Chief*, Childrens Press, Chicago 1988, Illustr. by Steve Dobson; Widmung: »This book is for Rebecca, who helped«. Es beginnt mit den Worten: »Pocahontas was a real person. She was born around 1596...«

S. 51 Die Shoshonin Sacajawea, den Weg durch den Westen zu den Rocky Mountains weisend, mit Baby auf dem Rücken, ihr französischer Mann Toussaint Charbonneau hinter ihr, rechts die Landvermesser und Expeditionsleiter Lewis & Clark. Unbekannter Maler, um 1900

S. 53 Pocahontas Bronze von William Ordway Partridge am Eingang des *Jamestown National Historic Site*, in Auftrag gegeben 1907. Ein Doppel steht seit 1957 in Gravesend, England, an ihrem Sterbeort. (s. Anm. in Poca Bd. 4, *»You Give Me Fever«. Arno Schmidt. Seelandschaft mit Pocahontas*, S. 228)

S. 55 wie S. 12

S. 57 Larry Weltz, *Captain Guts meets Black Power,* aus *Captain Guts No. 1*, o.J., Undergroundcomic der 60er Jahre; eine Supermann-Parodie ...Captain Guts, träumender Büroangestellter, in schwarzer Gefangenschaft ...und »Pocahontas saves Captain Guts«.

S. 59 *Der Sonnenvogel,* Milo Manara, Zeichnungen zu einem Roman des Bestsellerautors Wilbur Smith, München 1992 (*L'Oiseau de Soleil*), ein Karthagoroman. Mit einer

These: der Rest der versprengten Karthager habe sich nach Botswanaland abgesetzt und dort eine untergegangene Hochkultur begründet. Dr. Sally Benator und Ben Kazin, zwei Archäologen, graben die Stadt aus...

S. 61 *Rescue*, anonymer Maler, spätes 19. Jh., aus Carol Greene, *Pocahontas: Daughter of a Chief*, Childrens Press, Chicago 1988

S. 63 *The Rolfe Family vor ihrem Tabakfeld in Henrico*; Patricia Adams, *The Story of Pocahontas, Indian Princess. Illustr. by Tony Capparelli*, NY 1987 »Soon after they were married, they had a baby boy, Thomas. Pocahontas was very busy, helping her husband with the tobacco and caring for her baby. She lived in a nice home where her Indian cousins and friends were welcome to visit.« (75f)

S. 65 The little playful one beim Radschlagen im Kinderbuch, Carol Greene, *Pocahontas: Daughter of a Chief*, Childrens Press, Chicago 1988. »Next the boys taught her to turn cartwheels. ›This is *fun*‹, thought Pocahontas. She turned cartwheels all over the place« (13).

S. 67-69 Große Rettungsversammlung. Ingri & Edgar Parin d'Aulaire, *Pocahontas*, Zephyr Books, NY 1989

S. 71 wie S. 20

S. 75 *Johnny Smith and Poker-Huntas*, Film von Tex Avery, 1938, für die *Merry Melodies* von Leon Schlesinger. Uraufgeführt 22. Okt. 1938. *Poker* amerik.: Schreckgespenst.

S. 76-78, 84, 89 wie S. 20

S. 94 Peggy mit »cat«

S. 97 Ingri & Edgar Parin d'Aulaire, *Pocahontas*, Zephyr Books, NY 1989, *Der Tanz der wilden Powhatan Frauen*. »Out from the trees whirled Pocahontas, leading a band of young girls. The girls were painted in gleaming colours and each had a pair of antlers tied to her head. Leaping and yelling they stormed up to the fire, and danced an Indian dance around it.« (30)

S. 100-104; 106-108 Die neun Bilder sind als großes Faltblatt eingeheftet vorne in Smiths *True Travels* von 1630. Zeichner John Payn (manchmal auch als »Paine«), Kupferstiche: Martin Droeshout; Droeshouts Shakespeare-Bild ist abgebildet in den vier Folioausgaben von 1623, 1632, 1663/4 und 1685.

S. 105 *Compton's pictured Encyclopaedia and Fact-Index: Interesting – accurate – up-to-date, to inspire ambition, to stimulate the imagination, (...) such is the purpose of this*

work, Chicago 1949, Bd. XIII, Artikel Capt. John Smith, 1580-1631, 164f. Bildunterschrift: *Captain Smith, as the champion of the Christians, killed three Turkish champions in turn. At this period (about 1600) the full suit of war harness had already gone out of use for common soldiers, but was still worn on special occasions by great nobles, and as you see here, by chosen champions.*

S. 110 Das Wappen von John Smith, »The Armorial Bearings«, mit der *Serie* der abgeschlagenen Türkenköpfe, eingetragen ins Wappenregister (Coat of Arms) am 19. August 1625. Die Zeichnung auf dem Schild stammt von Robert Vaughan. Interessant das Hufeisen im Straußen(??)schnabel. Zeichen des Ewigen Überlebenden? Auf der Titelseite der *Generall Historie…*, auf der es auch abgebildet ist, hat das Wappen ein Spruchband unten: vincere est vivere = nur wer siegt, lebt.

S. 114 wie S. 20

S. 121 wie S. 10

S. 125 Derib (d.i. Claude de Ribaupierre), *American Buffalos*, Comic, Brüssel 1993, dt. HH 1994, *Land der Büffel.*

S. 127 Horatio Greenough, *Rescue,* 1837-53, Marmor, 141 x 122 in., stand rechts von der Haupttreppe zum Capitol, links stand Luigi Persico: *Disvovery of America*

S. 128 Albrecht Dürer, Orpheus' Tod

S. 129 Lithographie »Daniel Boone protects his family«, 1874, populärer Druck, nach H. Greenoughs Statue *The Rescue* von 1852. – Daniel Boone gibt's auch im Sandsteinrelief über der südlichen Tür der Rotunde des US Capitol: Enrico Causici, *Conflict of Daniel Boone and the Indians,* 1826/7; dargestellt eine Episode von 10.10. 1773, als Boone mit fünf Siedlerfamilien die Grenze zum späteren Kentucky überschritt, angegriffen wurde, einige Indianer niederstreckte, aber anschließend 40 Meilen zurückweichen mußte; das Relief ist abgebildet bei Vivien Green Fryd, *Art & Empire, The Politics of Ethnicity in the United States Capitol, 1815-1860*, New Haven u. London 1992, 33. Vgl. auch John Filson, *The Discovery of Kentucke and the adventures of Daniel Boone,* Wilmington 1884, rpt. NY 1978, 57

S. 135 Robert Vaughan, eins von den 8 Einzelbildern, angeordnet um die Karte von *Old Virginia* in Smiths *Generall Historie...*, 2. Buch, 1624. Es zeigt: Smith nimmt (1609) den König der Paspahegh gefangen. »It was also my chance in single combat to take the King of Paspahegh prisoner: and by keeping him forced his subjects to work in chains till I made all the country pay contribution; having little else wheron to live.«

S. 137 Pat Mills, Alan Mitchell (Text) und John Hicklenton (Bilder), *Das Los der Schwarzen*, AC Zelham 1992

S. 140 Paolo E. Serpieri, *Die weiße Indianerin,* Comic, Italien 1983 (Sonneberg 1989); eine Story wie in Fords *The Searchers*, aber nach Italo-Western-Art. Sarah wird bei den Comanchen wiederentdeckt und befreit...

S. 141 Pocahontas und John Rolfe in Henrico mit dem *Buch der Bücher*; fotografiert aus Kevin Kostners TV-Serie *500 Nations*, 6 Folgen über die Geschichte der Indianer, die in den letzten Jahren durch verschiedene 3. Programme des deutschen Fernsehns liefen. Der Maler ist dort nicht angegeben und war nicht zu ermitteln. Unserer Kenntnis nach das einzige Bild, das Rolfe und Pocahontas nicht mit Tabakblatt, sondern beim Buchblättern zeigt.

S. 144 Johann T. de Bry, Iopassus und Frau mit Pocahontas; Szenen um das Betreten von Argalls Schiff, bei Hind, *Engraving*, I, 124-6; der Kupferkessel, den Iapazaws angeblich als Lohn für seine Entführungshilfe erhalten haben soll, baumelt hier schon in seiner Linken; seine Frau hat Perlenkettchen bekommen...

S. 147 Pocahontas realisiert den Moment ihrer Entführung durch Captain Argall auf dessen Schiff; der gute Onkel lächelt. Patricia Adams, *The Story of Pocahontas, Indian Princess.* Illustr. by Tony Capparelli, NY 1987

S. 149 Pocahontas »ohne Essenskorb«, Wachen; Laurence Santrey, *Pocahontas;* illustr. by David Wenzel, Mahwah, New Jersey 1985

S. 152 Hal Foster, *Prinz Eisenherz. Aus den Tagen König Arthurs*, HH 1991, Werkausgabe Bd. 13, *Die Sonnengöttin.* – Foster begann seine *Prince Valiant* Strips am 13. Febr. 1937 und zeichnete bis 1970 jede Woche eine Seite für die Sunday Page; dieser Strip: 26. Okt. 47; Eisenherz brennt ein indianisches Dorf ab zur Strafe für die Gefangennahme seines Freunds Gunnar.

S. 153 wie S. 10; nicht in jedem amerikanischen Strip hat das »indianische Kraut« Bildverbot...

S. 155 wie S. 157

S. 156 wie S. 10; Reverend Alexander Whitakers Hand leert den Taufkelch auf Pocahontas' Haar...

S. 157 George Spohne, *The Wedding of Pocahontas with John Rolfe*, Lithographie, 1867; angelehnt an den Kupferstich von John C. McRae, *The Marriage of Pocahontas,* 1855 (s.o., S. 155); der Bildaufbau ist – wie so oft bei diesen immer »weitergeschriebenen« Bildern – identisch, nur hat Spohne den Hochzeitsakt ins Freie verlegt und der Braut drei Federn aufs Haupt gesetzt...

S. 158 wie S. 10

S. 159 wie S. 20

S. 165 wie S. 67

S. 169 Michael Frome, *Virginia: 10th State to join the Union* (»States of the Nation«) NY 1966, 99, schreibt: »In Virginia wird heute sechs mal so viel Mais angebaut wie Tabak, und zwar meist als Viehfutter«. Der Tabak wuchs laut Frome in Jamestown nicht nur auf den Straßen (was viele sagen), sondern auch zwischen den Gräbern. (34)

S. 170 u. 175 Aus Kevin Kostners *500 Nations;* die Missionsschule, zu der es nie kam in Jamestown und Henrico...

S. 173 wie S. 10

S. 177 *»September Kiss«, Silky Whip*, Nr.5, Ezra Mark (ed.), Seattle, Aug. 1998 (1996) aus dem Japanischen, bearbeitet von Cooter Johnson (»Art Direction«)

S. 179 Pocahontas wird Rebecca, Unknown Artist, spätes 19. Jh., aus M.W. Fishwick u.a., *Jamestown. First English Colony*, NY 1965

S. 181 Die Heirat Pocahontas/John Rolfe, aus Lawson, Marie, *Pocahontas and Captain John Smith. The Story of the Virginia Colony*. Illustrated by William Sharp, NY 1950

S. 185 u. 187 John Gadsby Chapman, *Baptism of Pocahontas at Jamestown, Virginia, 1613*, 1836-40, Öl/Lw, 144 x 216 in., Rotunda des US. Capitol

S. 190 Salomon de Bray, Rebecca und Elieser, 1660

S. 193 Ingri & Edgar Parin d'Aulaire, *Pocahontas*, NY 1989: Die Engländer krönen Chief Powhatan im Auftrag James I. und schenken ihm ein europäisches Bett. »This is from your royal brother the King of England, they said. Powhatan was mighty pleased and gave them his shaggy coonskin robe as a present for their king.«

S. 197 Dodoens nennt die Tabakpflanzen »peruanisches Bilsenkraut«; aus: *Stirpium historiae pemptades sex (=Geschichte der Pflanzen in sechs Pemptaden)*, Antwerpen 1583. Das Bild zeigt Tab. Rusticana (*Nic. tomentosa L.*), rechts, und links eine Tab. Nicotiana (*Nicotiana tabacum L.*); das L. steht für den Namensgeber Linné. Nicotiana tabacum verbreitet sich noch im 16. Jh. nach Italien, in die Niederlande, nach Deutschland und Ungarn, und gilt dort bald als der »einheimische«, europäische Tabak. Die Abbildung von Tab. Rustica gibt es bei Dodoens 1554 zuerst in seinem Kräuterbuch, in dem die »ganze Geschichte der Medizinalkräuter« beschrieben ist; gewidmet Maria von Ungarn und Böhmen, gleichzeitig Regentin der Niederlande. Der Name »peruanus« beruht auf dem Irrtum, die Pflanze käme aus Peru – (dort aber eher Coca in Gebrauch).
Bis etwa 1535 haben die Spanier die Nic. Tabacum von Yucatan und Tabasco nach Santo Domingo und zu anderen westindischen Inseln rübergebracht und damit die Anfänge der Tabakanbaukulturen gesetzt. Vorher wuchs nur die Tab. Rustica (= das schwerer genießbare, scharfe Kraut) wild auf den West Indies. In Santa Domingo gab es einige außergewöhnlich gute Ernten, fine quality, fine flavour; bis 1585/90 waren die Ernten auf Trinidad, Cuba, aus Venezuela und anderen Küstengebieten Südamerikas die Renner in Europa.
In Portugal Anbau ab ca. 1575, in den Niederlanden ab 1608, im Elsaß ab ca. 1620. Ein Herr Königsmann aus Straßburg baute mit Samen aus Virginia an (das wurde zunächst verboten, da zuviel Boden für den Getreideanbau verloren ging). Um 1600 Tabak in Mantua, 1616 der erste norwegische Versuch. Da war der Tabakanbau – kann man sagen – »um die Welt«. Türkei, Persien, Indien kamen auf den Tabak durch die Holländer und Portugiesen.

In der Neubearbeitung seines Kräuterbuch 1574 schreibt Dodoens, die Pflanze sei in Flandern nur äußerst selten – gelegentlich in Kräutergärten – anzutreffen. Dodoens ist später Leibarzt von Maximilian II. und Rudolf II. Tabak erscheint immer unter den »purgierenden« pflanzlichen Mitteln.
Die Wirkungen nach Dodoens: »Der Rauch oder Dampf, wenn man ihn in Mund oder Nase einatmet, lindert Hunger und Durst und führt zu einer gewissen Erquickung des Geistes. Wiederholter Gebrauch erzeugt einen Rausch, ähnlich dem vom besten Wein.«

S. 199 Edward Windsor Kemble, Illustration für die Erstausgabe der *Adventures of Huckleberry Finn (Tom Sawyer's Comrade)*, 1884/5, 7. Kapitel: Die Flucht aus Pops Hütte: »I laid down in the bottom of the canoe and let her float. I laid there and had a good rest and a smoke out of my pipe, looking away into the sky, not a cloud in it. The sky looks ever so deep when you lay down on your back in the moonshine; I never know it before.«

S. 203 wie S. 12

S. 204 wie S. 152

S. 206/7 wie S. 10

S. 209 Simon van de Passe, *Porträt von Pocahontas*, Zeichnung, 1616; als Kupferstich ausgeführt von Compton Holland. Im Handel in London vor dem 22. Februar 1616 (vgl. Barbour, *Pocahontas and her world*, Boston 1970). Einziges Porträt von Pocahontas zu Lebzeiten. Das Bild hier ist abgenommen von einem Druck von 1793; die Druckplatte etwas abgenutzt und nachgearbeitet; der Gesichtsausdruck von Matoaka/Pocahontas daher etwas ›milder‹ als auf den Drucken von der Originalplatte 1616.

S. 210 Renold Elstrack, *James I. und Anne of Denmark*. Kupferstich, 26x20 cm. Dies Bild könnte für den Londoner Festumzug zur Thronbesteigung von James 1604 entstanden und gezeigt worden sein, nach Arthur M. Hind, *Engraving in England in the Sixteenth & Seventeenth Centuries, Part II, The Reign of James I*, Cambridge/Engl. 1955, 28. Das Doppelportrait kam später als Kupferstich in den Handel; für diese Version ließ James I. sein Gesicht auf dem Portrait verändern, d.h. weniger »verbissen« erscheinen; die Schönheitsoperation führte Simon van de Passe durch, dem wir das einzige authentische Portrait von Pocahontas verdanken. – Elstrack, geb. 1570, Holländer, war beliebt in London als Portraitist des öffentlichen Personals; hat auch Landkarten gestochen. Zu Purchas' *Pilgrimes...*, Ausgabe 1625, trägt er die Indienkarte und die Karte von Nordamerika bei.

S. 212/3 wie S. 10

S. 215 Simon van de Passe, Porträt von John Smith. Etwa gleichzeitig mit dem Pocahontas-Porträt, Frühjahr 1616; »das einzige Bild von Smith mit erkennbaren Gesichtszügen« heißt: die andern sind Kampfdarstellungen und ähnliches. Das Portrait wurde hergestellt für die linke obere Ecke der Landkarte von New England, publiziert in Smiths *A Description of New England*, 1616, wieder abgedruckt in Smiths *New England Trials*, 1622, und in der *Generall Historie* (1624), sowie in den *True Travels* (1630): die »detallierteste erhaltene Landkarte von New England« aus jener Zeit.
Auf der Landkarte das Gedicht:
These are the lines that show thy face; but those
That show thy grace and glory, brighter be:
Thy fair discoveries and fowl overthrows
Of savages, much civiliz'd by thee
Best show thy spirit; and to it glory win;
So, thou art brass without, but gold within
Messing außen, Gold innen: das wollte Smith wohl immer (gewesen) sein.

S. 217 *Pocahontas sterbend*. »Some historians believe she had smallpox. Others believe it was either pneumonia or tuberculosis«. L. Santrey, *Pocahontas;* illustr. David Wenzel, 1985, 29

S. 218 wie S. 10

S. 222 Heacham Manor ist bis heute ein traditioneller Landsitz und Treffpunkt der Rolfe Family. Das Seepferdchen rechts zeigt die Nähe Heachams zur Nordsee an (Fischerei). Liegt ca. 100 Meilen nördlich von London, damals 1 Woche Reisezeit. Text auf der Tafel am Mast: »This Sign was erected by public subscription 9th April 1960 commemorating Princess Pocahontas, the Indian Princess who married John Rolfe of Heacham Manor, also depicting past and present industries«. Die Kirche des Orts, *Church of St. Mary the Virgin*, ziert außerdem ein Marmorrelief von Pocahontas, angebracht 1933.

S. 225 Debra Paget und James Stewart in Delmer Daves, *Broken Arrow*, 1950. Stewart/Jeffords, ein südstaatenentwurzelter Goldsucher im Apachengebiet, gibt einem angeschossenen Apachenjungen Wasser, pflegt seine Wunden, rettet ihm das Leben, kommt so in Kontakt mit den Roten und verliebt sich »auf den allerersten Blick« in Sansearai (phonetisch geschrieben) und sie in ihn. Chief Cochise gibt seine Zustimmung zur Heirat, »obwohl sie einem anderen versprochen war«. (Der Film ist vernünftig genug, keinen »Kocoum« als eifersüchtigen Rächer in der Kulisse zu haben.) Sie hat magische Heilkräfte; hier in ihrer Zauberinnentracht. Die Hochzeitsnacht sieht die beiden auf zwei Schimmeln durch ein Wasser reiten hin zu ihrem Liebes-Tipi ...und dann die beiden Schimmel angebunden im Blick der beiden aus dem Zelt von innen. Auch ein Vollmond hing wo rum. Das war die schönste rot-weiße Liebesnacht im Kino der 50er. Getrübt nur durch einen etwas überpazifistischen *Cochise* (Jeff Chandler) und Sansea-

rais schließlichen Liebestod (hingestreckt von weißen Meuchelkugeln); er kommt davon ...und begreift dann, wegreitend, irgendwas...

S. 238 The arrival of the brides at Jamestown 1619, von Howard Pyle, Buchillustration 1882

S. 239 Georges Pichard, *Marie-Gabrielle de Saint Eutrope*, Bd.3, *Marie-Gabrielle im Orient*, Rotterdam o.J.

S. 243 Vereins-Logo der *Washington Redskins*, American Football Team. – Football, gespielt seit kurz nach dem *Civil War*. Zusammenhang?? Schon möglich. Seit 1882 mit den heutigen Regeln (mehr Rugby, weniger Fußball). Seit den 1890er Jahren mit professionellen Teams.

S. 245 Hugo Pratt: *Corto Maltese: Und immer ein Stück weiter*, HH 1991 (*Toujours un peu plus loin*, Tournai 1979); Corto Maltese mit seinem Jivaro-Führer »Springinsfeld«, ein Kopfgeldjäger, der ihn zu dem Zwangsarbeitslager führen soll, in dem der weiße Schurke Mendoza Jivaro-Indios gefangen hält und für sich arbeiten läßt.

S. 247 Horatio Greenough, *George Washington*, 1832-1841, Marmorstatue, komponiert nach der Zeus-Statue von Phidias (5. Jh. v.u.Z.). In Auftrag gegeben im Febr. 1832 vom

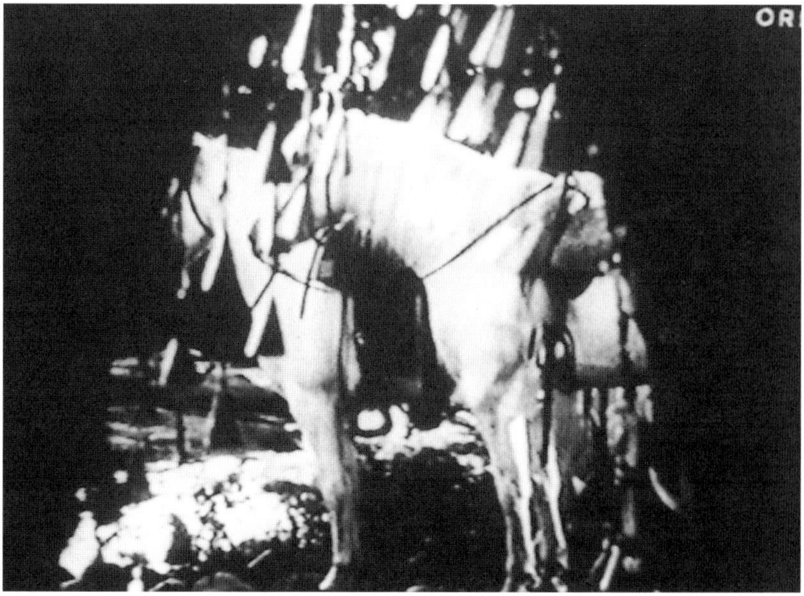

Kongreß. 1841 aufgestellt in der Rotunde des Capitol; 1843 in der Bibliothek, 1865-1908 vor dem Capitol, Ostfassade; 1908 dort entfernt und übernommen von der Smithsonian Institution, Washington, seit 1962 im Museum of American History. Hinter Washington links auf dem Sockel sichtbar: ein meditierender Indianer ...*Vanishing American*. Ihm gegenüber, auf der anderen Seite der Lehne: ein sinnierender Columbus im Gewand eines griechischen Philosophen, Vollbart, die Erdkugel in der linken Hand. Auf dem Sockel des Thronstuhls ein galoppierender Apoll im Sonnenwagen; auf der andern Seite: Herkules, mit bloßer Hand eine Schlange erwürgend, mit seinem Zwillingsbruder Iphikles.

In Washingtons linker Hand liegt ein Schwert, das Greenough, als es Einwendungen dazu gab, mit den Worten rechtfertigte, nur dem Schwert sei Amerikas jetzige Freiheit zu verdanken. (Brief an Samuel F.B. Morse, den Erfinder des Morsealphabets, vom 24.Mai 1834, *Greenough, Letters*; ed. Nathalia Wright, Madison, Wisconsin 1972, 176f); nachzulesen bei GreenFryd, 79 – Den Auftrag für diese Statue erhielt Greenough durch Vermittlung von James Fenimore Cooper nach dessen Besuch in Greenoughs Florentiner Atelier.

S. 250/1 wie S. 20

S. 253 *The Legend of the Lone Ranger*, Kinderkoffer 50er Jahre (als diese Koffer erstmals in Mode kamen). *The Lone Ranger* mit seinem Schimmel *Silver*, zunächst eine Radiofigur, Schöpfung von George W. Trendle, dem Besitzer der Radiostation WXYZ in Detroit, Michigan, zusammen mit dem Dramatic Director James Jewell und dem Scriptwriter Fran Striker aus Buffalo. Erste Sendung am 30.1.1933 (als Ezra Pound bei Mussolini sitzt und nicht mit ihm ins Gespräch kommt, weil der immer mit Berlin telefonieren muß). Großer Erfolg des *Ranger* bei Kindern in kurzer Zeit. 17 weitere Radiostationen schließen sich *nationwide* an und bilden zu diesem Zweck das *Mutual Network*. Lief im Radio bis 1955.
Ab 1935 auch als illustrierte Kinderbücher (*Big Little Books),* illustr. von Hal Arbo (bis 1968). 1938 beginnt *Republic* mit einer 15-teiligen Kurzfilmserie, im selben Jahr *King Features* mit einer Comicserie, die bis 1971 fortgesetzt wird. Berühmtester Zeichner der Figur ist Charles Flanders, seit 1939.
Erster Kinofilm 1940, produziert von Sol C. Siegel, based on the *Lone Ranger Legend*, Titel *Hi-Yo Silver*. Der *Lone Ranger*, immer maskiert (zwischen Zorro und Halbmaske), hat einen indianischen Kompagnon, *Tonto*. Dieser wird im Film unüblicherweise von einem Indianer dargestellt, dem *Chief Thundercloud,* einem Muskogee (gest. 1955, 56 Jahre alt).
Ursprungsgeschichte: sechs *Texas Rangers* werden kurz nach Ende des amerikanischen Bürgerkriegs von Gangstern verfolgt, einer überlebt mit Hilfe des Indianers *Tonto*, dem er kurz vorher das Leben gerettet hat; sein Name: John Reed - ein weiterer JR. Dieser König der Rangers kämpft ab da auf eigene Faust fürs Rechte, Markenzeichen: er erschießt nie jemanden, verschwindet am Schluß in einer Staubwolke, sein Roter Bruder Tonto immer im Fransenanzug mit rotem Stirnband (wie später Pierre Brice als *Winnetou*); die beiden rauchen nicht, trinken nicht, fluchen nie, hervorragende Manieren; den Schurken wird der Revolver aus der Hand geschossen, etc.
Die Abb. auf dem Koffer zeigt Clayton Moore als *Lone Ranger* und Jay Silverheels (d.i. Harry Smith), Sohn eines Mohawkhäuptlings, als *Tonto* in einer der letzten Kinoversionen, Stewart Heislers *The Lone Ranger*, gedreht im August/Sept. 1955. Da kam Arno Schmidts *Seelandschaft* grad in die Läden, verfolgt von den Rächern der *Catholic Church.* Moore & Silverheels spielten die beiden Figuren seit 1949 im ABC TV; 221 Folgen bis 1971, produziert von Jack Wrather, der auch die Rechte des Fanartikelverkaufs von George Trendle übernommen hatte.
»Perhaps no fictional action hero has become as established in our culture through as many media forms as the *Lone Ranger*«, schreibt B. R. Smith in *Horace Newcomb u.a.; (eds.), Encyclopedia of Television (Museum of Broadcast Communications),* Bd. 2, Chicago/London 1997, Sp. 968a. – J. Silverheels ist auch zu sehen in Delmer Daves, *Broken Arrow,* und anderen Western.
In *The Lone Ranger and the Lost City of Gold*, im Kino 1958, einer der vielen *El Dorado*-Geschichten, gibt es einen Doktor mit Namen James Rolfe; er stellt sich am Ende als studierter Indianer heraus und geht, enttäuscht von den korrupten Weißen, mit seiner Frau ins Reservat. Mit ihnen geht ein elternloses weißes Baby, ein kleiner Junge, den der *Lone Ranger* und *Tonto* aus einer zerstörten Farm gerettet haben: ein kleiner weißer Mr.

(Thomas) Rolfe, der diesmal bei den Indianern aufwachsen darf. So geistern die Namen der Pocahontas-Geschichte durch 1001 amerikanische Radio/Comic/Kino & Song-Version, bis im Jahr 1965 der Ranger und Tonto einen Kurzauftritt in Bob Dylans Universum haben: irgendwo auf *Bringing It All Back Home* oder auf einer der umliegenden Platten *They're riding along the line* ...reimt sich auf *feeling fine* ...das kinderrettende rot-weiße Brüderpaar »am Grund aller Serien«...

S. 256/7 Goscinny, *Asterix. Cäsar und Cleopatra*

S. 258 Wandmalerei in Venice, Los Angeles; Botticellis Venus noch auf Roller Skates, nicht, wie man für 1996 hätte erwarten können, auf Inlines.

S. 264 wie S. 20. Der Sturm, in dem John Smith einen Schiffsjungen retten wird.

S. 269 Amerika-Allegorie, Nürnberg Ende 16. Jahrhundert, von Markus Gerar. Papageien, Weihrauch, Ziege, männl. + weibl. Harpyie, Eskimo mit Bogen, Indian mit Club, auf den auch America selber sich stützt, ganz unten Schnecken; und gußeiserne Zierranken (die den Indians hier ohne weiteres zugestanden werden).

S. 271 wie S. 20

S. 274 In »Donald Duck und das Goldene Vlies« sind Dagobert und Donald auf die Hilfe von Harpyien angewiesen, um den vliesbewachenden Drachen überlisten zu können. Vorher müssen sie die Kochkünste der »teuflischen Vögel« bewundern...

S. S. 277 wie S. 20

S. 279 Thomas Hart Benton, *Arts of the West*, 1932, Murial, Tempera und Öl, fürs alte Whitney Museum, New York. Orientiert an Wandgemälden von Michelangelo, Tintoretto und El Greco. Ausstellungskatalog 1932. Man sieht: Zureiten, Tanzen, Geige/Gitarre /Mundharmonika, Scharfschießen, Hufeisenwerfen, Kartenspielen; der Ort: Tiff City. Tiff heißt Schluck, Schluckstadt also.

S. 280 »Patagonischer Riese«, mit Fellmantel bekleidet. Kupferstich aus *A collection of dresses of different nations*, London 1774, Bd.4, Tafel 215. Einer der vielen »Riesen«, die die Seefahrer auf ihren Fahrten besonders an den Küsten Südamerikas gesehen haben wollen. Schon Maghellan hatte die Einwohner der Südspitze Argentiniens als Riesen beschrieben. Sie haben ihren Anteil an der Konstruktion des Caliban.

S. 283 Anonymer Kupferstich zu einer 1773 in Birmingham erschienenen Ausgabe von *Orlando Furioso* des Ludovico Ariosto, genannt Ariost. Canto 15, Strophe 59. *Astolfo nimmt Calegorante gefangen* – obwohl der Riese über ein Zaubernetz verfügt, ihm geschenkt von Vulkan. Auf dem Bild des Riesen die üblichen Zeichen der Anti-Kulturali-

tät: Nacktheit, Leben in der Einsamkeit, Kannibalismus (s. die Schädelgalerie). Astolfos (= Lancelots) Kopf wird nicht da oben bleichen...
Ariosts Epos ist Karl V. gewidmet, 1516-21, es verknüpft die karolinische Rolandssage mit dem Sagenkreis um König Artus; viel Parodie, die mittelalterlichen Ritterversionen werden nicht mehr recht ernstgenommen; auch ein weiblicher Ritter dabei: Bradamante. Auch nicht ernst genommen wird die Gilde der Historiker: während Astolfo nach dem verlorengegangenen Verstand von Orlando sucht, kommt er auf den Mond und findet dort eine Gruppe von Schriftstellern vor, präsidiert von Johannes dem Täufer (in dem auch Johannes von Patmos, der Apokalypseschreiber, steckt; aus beiden zusammen macht er den Schutzpatron der Historiker). Er denunziert die Geschichtsschreibung als eine Reihe von Verfälschungen der Wahrheit und die Geschichtsschreiber als Leute, die sich damit bei ihren Geldgebern ein Amt verschaffen wollen.
Aber wenn du wissen willst, was das Wahre ist,
Dann muß man deren Geschichten einfach in ihr Gegenteil verkehren.
Griechenland hat gesiegt? Troja hat gewonnen!
Und Penelope war eine Hure! (etc.) Canto 35, 28,5-29,4

S. 285 Milo Manara, Giacinto Gaudenzi, Enzo Biagi, *Kolumbus*, Mailand 1991, HH 1992

S. 292-5, Hugo Pratt, *Corto Maltese. Die Südseeballade (Ballade de la Mèr Salée)*, Tournai 1967; dt. Reinbek 1989.

S. 296 S. 87 Der nachgebaute Pranger im Freilichtmuseum von Jamestown. – 1883 beginnt die *Association for the Preservation of Virginian Antiquities* sich für die inzwischen zur Insel gewordene ehemalige Landzunge mit den Resten der Jamestown-Siedlung zu interessieren. Am 30.12.1930 wird der *Colonial National Historical Park* dann eingeweiht, in den auch Teile von Williamsburg, vom Schlachtfeld von Yorktown und das *Cape Henry Memorial* integriert sind. Über 100.000 Besucher jährlich.

S. 308 Mehlreklame. Sands, Taylor & Wood Co., Brighton, Mass. importierten zunächst Mehl aus Europa, den Antillen, den Südstaaten; seit 1790. »The oldest flour company in the United States«, und eine der ältesten Firmen der USA überhaupt. Als das nordamerikanische Mehl besser wurde, nahmen sie dieses für ihre Produkte. *King Arthur* kam 1896 auf den Markt und ist bis heute die größte Mehlfirma in Neuengland. Das Zeichen ziert den Deckel der Mehlfässer

S. 309 Queen Elizabeth I.; George Gower, »the Armada portrait«, wahrscheinlich 1588; die Flotte legt der Königin den Erdball auf den Tisch ...vgl. Roy Strong, *Gloriana. The Portraits of Queen Elizabeth I*, 1987, 131ff.

S. 311/2 Cornelius Ketel, *The »Sieve« portrait*, ca. 1580-83; links im Bild die Säule, von der das Dido & Aeneas-Bild stammt; vgl. Roy Strong, *Gloriana...*, a.a.O., 101ff.

S. 315 wie S. 10

S. 316 Titelblatt der vollständigen Metamorphosenübersetzung von George Sandys, London 1632. Die ersten 5 Bücher der Metamorphosen waren 1621 erschienen.

S. 319 Gian Lorenzo Bernini, *Aeneas, Anchises und Ascanius bei ihrer Flucht aus dem brennenden Troja*, vollendet 1619; Auftragsarbeit für Scipione Caffarelli Borghese, Rom. Heute in der Galleria Borghese. »Bild der drei Generationen«, große Rettungsszene, der Vater will zunnächst nicht mit, muß mit Hilfe von Göttereinfluß überzeugt werden; »Aeneas« als Gründerheros war brauchbar auch und besonders für die Christen: Gründung Roms, von da das Christentum. Anchises trägt die trojanischen Heiligtümer, die sein frommer Sohn aus den Flammen gerettet hat. Nach 3 Jahrhunderten werden sie im römischen Tempel der Vesta ihre vorbestimmte dauernde Heimstätte finden, Unterpfänder der ewigen Herrschaft Roms.
Ascanius trägt das ewige Feuer der Vesta in einer Schale. Christlicher Romgedanke: Zerstörung des jüdischen Tempels in Asien, und neue Weltherrschaft des Christentums im Westen. Der Stützstab von Aeneas, den schon Scipio Africanus, der Zerstörer Karthagos, im Wappen hatte, geht figürlich in den des Papstes über. (Rudolf Wittkower, *Gian Lorenzo Bernini*, London 1966; H. Kauffmann, *Gianlorenzo Bernini, Die figürlichen Kompositionen*, Bln 1970, 77; Rudolf Preimesberger, »Pignus imperii. Ein Beitrag zu Berninis Aeneasgruppe«, in: *Festschrift Wolfgang Braunfels*, Tübingen 1977, 315-325).

S. 320 wie S. 247; Skizze zu Greenoughs Washington Statue

S. 328 Londoner Federzeichnung für eine Ballett-Choreographie, *Sauvage*. Fürs frz. Hofballett, aus dem Atelier von Henry Gissey, ca 1660, Bleistiftzeichnung; 1660: da kam das frz. Hofballett durch den Sohn von Charles I., der unter Cromwell im frz. Exil war, nach London.

S. 333 »Put a girdle round the earth«, engl. Buchillustration 1622, Francis Drakes Erdumseglungsschiff *Golden Hind*.

S. 335 Tabakwerbung, 1994

S. 337 Füssli, Caliban, S. 146

S. 350 Sir Walter Raleigh, Miniaturportrait von Nicholas Hilliard. Hilliard war auch bevorzugter Maler für die Miniaturen von Queen Elizabeth I., die um 1585 in Mode kamen als eine Art Sticker im aufgehenden Kult der Queen als (Mond)-Göttin. In den 70er Jahren war der Bedarf nach Queen-Miniaturen noch gering. Die erste Miniatur Hilliards von Elizabeth stammt von 1572; zwei große Halbkörperportraits zwischen 1572/76.

S. 355 »Prince Henry, wearing the suit of armour sent by Henri IV.« Gemälde, Dunster Castle. Maler unbekannt. Weitere Darstellungen des Thronfolgers und der Gemälde und Skulpturen aus seiner Sammlung bei Roy Strong, *Henry, Prince of Wales and England's Lost Renaissance*, o.O.,Thames and Hudson, 1986

S. 367 Turbinentanker Eurydike, Baujahr 1958 für die Aktiengesellschaft Weser, Bremen, 182 m lang, bei schwierigem Manöver

S. 370 William Makepeace Thackeray sah das Wappen Virginias bei einem Besuch in W. H. Prescotts, des Historikers, Bibliothek in Boston. Es inspirierte ihn zu seinem Roman *The Virginians*, der vom 1. Nov. 1857 bis Okt. 59 in monatlichen Zeitschriftenfolgen erschien. Der Roman beginnt mit einer Buchstabenvignette, einem großen O, in das Thackeray dieses Wappen hineingezeichnet hat, seine Pocahontas erscheint »sexualisierter« im Vergleich zu der ursprünglichen Princess im Wappen von Virginia, Prescott bedankt sich am 30. Nov. 1857 brieflich bei Thackeray für diese Aufmerksamkeit. *Centenary Edition*, London 1911, introd. und p.33

S. 377 *Spiegelungen*, Comic Album, Juan Antonio de Blas (Text), Alfonso Azpiri (Zeichnung), 1992; die erotischen Droh-/Wunschträume der Frau eines englischen Archäologen in Ägypten, man schreibt das Jahr 1902...

S. 378 Georges Pichard, *Marie-Gabrielle de Saint Eutrope*, Bd.3, *Marie-Gabrielle im Orient*, Rotterdam o.J.

S. 379 Trinculo, Stephano und Caliban, zu III, 2: »Drink, servant-monster, when I bid thee...«, Kupferstich der engl. Shakespeare-Ausgabe von Bell, 1773

S. 380 Prinz Eisenherz; Alete bei den Indianern; wie S. 152

S. 381 Robert Smirker, *The Murder of Lucinda*, 1807, Kupferstich. Illustration zu Joel Barlow, *The Columbiad*. Dargestellt ist der Tod von Jane McCrea, die hier umgetauft ist zu Lucinda. Vgl. Patricia Trenton and Patrick T. Houlihan, *Native Americans: Five Centuries of changing images*, NY 1989

S. 388 Holzschnitt aus *Les singularités de la France Antarctique, autrement nommée Amérique, & de plusieurs terres et isles découvertes de notre temps, par Frère André Thevet, natif d' Angoulême*, erschienen Paris 1557. Thevet, der sich selbst der Angoulèmer nennt, gibt die erste deutliche Darstellung eines Zigarrenrauchers in Wort und Bild, nach Brasilienaufenthalt 1555/6. Format des Bildes 22,2 X 16,2 cm. 20 Jahre später reklamiert er »daher« in seiner *Cosmographie universelle*: »Ich kann mir schmeicheln, den Samen dieser Pflanze als erster nach Frankreich gebracht, ihn gesät und auf den Namen *l'herbe Angoumoisine* getauft zu haben. Eine gewisse Person (er meint Jean Nicot), die nie selber nach Amerika gereist ist, gab der Pflanze einige Jahrzehnte nach meiner

Rückkehr zu Unrecht den eigenen Namen.« Nicot hatte 1559/60 als Gesandter am portugieschen Hof Nicotiana rustica nach Frankreich geschickt (der ab 1575 extensiv in französischen Kräutergärten angebaut wurde). Die indianische Art, Feuer zu machen durch Hölzerreiben, die ebenfalls auf dem Bild zu sehen ist, frappierte die Europäer sehr und regte zu vielen Darstellungen an.
Jean de Léry (Protestant) schreibt 1578 – in Parteinahme für Nicot – es gäbe keinen größeren Lügner als Thevet (Katholik). De Léry beschreibt als erster eine Tanzzeremonie in Brasilien, bei der Tabakrauch aus Riesenzigarren auf die Tanzenden geblasen werde (mit Abbildung). Thevet und de Léry gehören beide zu den Hauptinformanten Montaignes über Brasilien/Amerika.
»Man kann durch Tabak 5 bis 6 Tage ohne Nahrung leben«, schreibt John Sparke, der 1565 in der kleinen franz. Kolonie in Florida angelegt hatte. »Alle Franzosen hier rauchen ihn aus diesem Grunde.« Dies ist die erste veröffentlichte Beobachtung eines englischen Discoverers zum Komplex Tabak. Publ. in Hakluyts *The principal navigations, 1599-1600*, Bd. 3. Ein Wort für die von den Frenchmen benutzte »Pfeife« hatte Sparke noch nicht. Cartier fand, das Gerät sähe aus wie »unsere Hirtenflöten«. Dessen *Brief récit* über seine Expedition nach Canada hatte John Florio – der spätere Montaigne-Übersetzer – um 1580 ins Englische übersetzt und dabei das Wort *pipe* verwendet. »Pipe«, vorher schon gebräuchlich als Flüssigkeitsmaß, kommt der Formulierung, man trinke den Rauch, sehr entgegen. Die »Pfeife« kam dann in alle europäischen Sprachen. Das was Magritte/Foucault als »keine Pfeife« bezeichnen, *ist* also auch »keine Flöte« und auch »kein Krug«.

390 wie S. 285

S. 391 Wayne Wang/Paul Auster, *Blue in the Face*

S. 392 Bemaltes Holz mit indianischem Paar, das sich an eine »in Strängen gewickelte Tabakrolle« lehnt, in dieser Form kam der Tabak in Europa seit dem 17. Jh. in den Handel. In der Hand der Frau ein Zigarrenbündel: eine der ersten europäischen Darstellungen der Zigarre, Bremen um 1800

S. 397 Petalesharro, Oberhäuptling aller Pawnee, Foto v. W.H. Jackson, 1871, in der linken Hand eine Tomahawk-Pipe; ein Herz auf der Klinge; Tomahawk Pipes kamen im 18. Jh. auf den Markt; keine urspünglich indianische Erfindung, sowenig wie der Prairiegaul.

S. 401 »Kippe!« ...dann »letzte Kugel«. Richard Conte u. George Tyne, *Landung in Salerno*, die Szene, die Auggie zum Rauchen brachte, in Wang/Auster *Blue in the Face*, 1991

S. 404 Diese Kautabakreklame auf Scheunenwänden gab es überall in Ohio, West Virginia und West Pennsylvania, am verbreitetsten in den 30er Jahren. Mail Pouch, Tobacco, ein Kautabakrenner seit der Jahrhundertwende. Seit 1910 geschrieben in diesen Blockbuchstaben, »die jeder Amerikaner erinnert«. 1965 als Werbung an Highways von Lady Bird Johnson-Gesetz verboten: *Highway Beautification Act.* Mail Pouch Barns ab da kriminalisiert, Reklamen teils übermalt. Mail Pouch mußte die Werbung aufgeben, wird aber ab 1974 wieder zugelassen. Der letzte professionelle Mail Pouch Maler Harley Warrick aus Belmont, Ohio, kümmert sich wieder um ca. 300 Scheunen; im Winter bastelt und bemalt er Vogelhäuser und Briefkästen, immer Miniaturmodelle der Mail Pouch Barns. Vgl. Hal Morgan, *Symbols of America,* NY 1986

S. 407 Francisque-Joseph Duret, *Chactas betrauert Atala,* Bronzestatue ca. 1836, 45 cm hoch. Eine größere Version stellte er 1836 im *Salon* aus. Bezieht sich auf den Schluß von Atala, wo er lange nach ihrem Tod das Grab seiner Geliebten und das des Père Aubry aufsucht, der in der Zwischenzeit von Cherokees getötet worden ist. »Während er da saß und weinte, kam die zahme Schlange des Missionars aus dem Unterholz und ringelte sich zu seinen Füßen«.

S. 408 Eugène Delacroix, *Les Natchez,* Öl/Lw., begonnen 1823, beendet 1835, 90 x 117, NY, Metropolitan Museum of Art. 1835 im Pariser Salon ausgestellt. Seinen Titel hat das Bild von Chateaubriands Buch über die Natchez-Indianer, *Les Natchez* (1826). Eins der frühesten von der Literatur inspirierten Gemälde Delacroix', und das einzige nach Chateaubriand. »Eine junge Kanadierin, die mit ihrem Gatten die Wildnis durchquert, gebärt in der Wildnis in Gegenwart ihres Gatten ein Kind. Der Vater nimmt das Neugeborene in seine Arme.« (Tagebucheintragung Delacroix 5.10.1822) Die Szene selbst stammt aus dem Epilog zu Chateaubriands *Atala,* 1801. Der Erzähler dort trifft in der Nähe der Niagarafälle zwei junge Indianer mit ihrem sterbenden Kind. Die Indianer in der europäischen Darstellung sind am Ende des 18. Jhs. endgültig vorgerückt in die Position »aussterbende Rasse«. Die Frau im Bild ist die Enkelin des weißen Romanhelden René und der Natchez-Indianerin Celuta. Nach einem Massaker der Franzosen flüchteten die beiden zu den Chickasaws. Dort lebten sie – bei Chateaubriand – bis virginische Briten kamen und ihnen das Land wegnahmen. »Wir haben unsere Augen gen Himmel gerichtet und beladen mit der Asche unserer Vorfahren haben wir unseren Weg durch die Wildnis genommen. Ich habe auf dem Marsch mein Kind geboren; und weil meine Milch schlecht war wegen der Schmerzen, die ich ausgestanden habe, ist mein Kind gestorben.«
Bildvorlage der Indianerin ist eine Zeichung von A. Veneziano »Cleopatras Tod«, 1528, früher Raffael zugeschrieben; Sara Lichtenstein, Diss. London 1973. Daß Delacroix das 1823 während der in Paris grassierenden J.F. Cooper-Mode begonnene Bild unfertig ließ, dürfte den Grund in seiner politischen Gegnerschaft zu Chateaubriand als damaligem Außenminister der restaurierten Bourbonenmonarchie (Dez. 1822 bis Juni 1924) haben. In den Jahren nach der bürgerlichen Revolution von 1830, als beide sich im Lager der mehr oder weniger machtlosen, romantischen Kritiker der neuen bürgerlichen Gesellschaft wiederfanden, war das Etikett Chateaubriand an einem Delacroixbild kein Hinderungsgrund mehr für dessen Austellung. Das Gefühl eigenen politischen »Unter-

gangs« ließ sich im Untergang der Roten beleben. Im Sommer darauf, 1836, begann Delacroix sein Gemälde »Medea ermordet ihre Kinder in der Wildnis«, »Médée furieuse«.

S. 411 André Lefèvre, *Pocahontas, princesse indienne*, illustr. von Y.L., Frankreich 1973; Poca, Smith und Powhatan in dessen Tipi (frz. Typee). Poca, die gerade einen Mocassin näht, wird vom Vater aus dem Zelt gewiesen. »Der Ort der Frauen ist woanders, wenn zwei große Häuptlinge sprechen. Geh raus, mein Kind.«

S. 414 Indianische Interviewpartner in Kevin Kostners *500 Nations* Dokumentation.

S. 415 James Teit mit seiner indianischen Frau Lucy Artko. Teit, Schotte, 1883 nach British Columbia in Canada ausgewandert, arbeitete regelmäßig für Franz Boas als Dolmetscher und Informant über die *Thompson Indians*. Ronald Rohner, *The Ethnography of Franz Boas*, S. 139

S. 417 *Run of the Arrow* (RKO), directed, produced, and written by Samuel Fuller, 1956. Ralph Meeker (Lieutenant Driscoll), Billy Miller (Silent Tongue), Sarita Montiel (Yellow Moccasin) und Rod Steiger (O'Meara, a white Southerner). O'Meara/Rod Steiger wird von Yellow Moccasin/Sarita Montiel vor seinen Verfolgern, ihren Stammesgenossen, gerettet. Die beiden heiraten; O'Meara versucht mit allen Mitteln, »Sioux zu werden«. Als die Sioux einen weißen Lieutenant, der auch O'Mearas Hauptfeind ist, bei lebendigem Leibe häuten, wird es ihm doch zuviel. Er geht zurück zu den Weißen, seine rote Frau folgt ihm... Einer der ganz wenigen Filme der 50er (und überhaupt), in dem die rote Frau ihre Verbindung mit dem weißen Mann (und ihre Rettungstat) nicht mit dem Leben bezahlt.

S. 418 Gilbert Hernandez, *Blut von Paloma*, aus dem Amerikanischen von Jutta Harms, Lettering Dirk Rehm, mit einem Vorwort von Diedrich Diederichsen, Berlin 1992 (*Blood of Palomar*, Seattle, Washington 1990))...die Geschichte beginnt mit der Erzählung, wo Luba, die Hauptfigur, ihre fünf Kinder, von denen sie keins wollte, herbekam; von fünf verschiedenen Vätern, die sie wohl jeweils wollte, aber nicht behalten. Ich war mal schön, sagt sie in dem Comic, als ich siebzehn war, »für 5 Minuten«...

S. 419 Hugo Pratt, *Corto Maltese: Im Zeichen des Steinbocks (Sous le signe de Capricorne)*, Tournai 1979, Reinbek 1990; ...Corto Maltese in Bahia; Morgana Bantam, Mestizin, und ihr Halbbruder Tristan, weiß; aus Vaters 1. Ehe...

S. 422/426 wie S. 20; S. 423/425/427 wie S. 12

S. 428 Hugo Pratt, *Fort Wheeling*, Comic, Wien 1986; ursprünglich erschienen in dem argentinischen Magazin *Mysterix*. Der Comic entstand 1962 bei Recherchen vor Ort in West Virginia. Die Story spielt nach 1750 am Ohio River. Der Händler John Gibson, der unter den Indianern großes Ansehen genießt, ist mit *Fröhliches Eichhörnchen*, der Schwester von »Chief Logan«, verheiratet. Logan, Sohn einer Mingo-Indianerin und eines Franzosen, ist eine historische Figur, mit einigen Weißen zeitweilig gut befreundet. (Sein Name stammt von einem früheren Gouverneur von Pennsylvania.) Seine Familie wird von marodierenden Weißen 1774 in der Gegend von Fort Henry getötet (= ein Cooper-Place, gelegen am Südende von Lake George). Das ist Anlaß für einen längeren Krieg am Ohio, Chief Logàn wechselt die Seiten. Nach seiner Niederlage und Gefangennahme soll er eine berühmte Rede gehalten haben. Sie wurde von dem damals 21-jährigen James Madison aufgezeichnet und an die Presse gegeben. Thomas Jefferson übernimmt sie sieben Jahre später in seine *Notes on the State of Virginia* (1782). Logans Klage sei bewegender als die Reden von Demosthenes und Cicero, sagt Jefferson. Als solches Beispiel ist sie für Schulbücher und Presse standardisiert worden als »die Klage des verschwindenden Indianers«, dem niemand eine Träne weint. In Frankreich erscheint Chief Logans *ubi sunt?*-Klage am 21. April 1775 in der *Gazette de France*. Von dort hat Denis Diderot sie abgeschrieben, sie fand sich in seinem Nachlaß (der nach seinem Tod zusammen mit seiner Bibliothek in die Verfügung der russischen Zarin Katharina II. übergegangen war). Seine späteren Herausgeber J. Assézat u. M. Tourneux haben »Logans famous speech an Lord Dunmore« im 17. Bd. der *Œuvres complètes* (Paris 1876), als originale Diderot-Notiz verstanden und seinem Textkorpus zugeschlagen. (503f). So ist die Standard-Rede des gedemütigten Indianers von der *Virginia Frontier*, schon in erster Gestalt maßgeblich von der Aufzeichnung Madisons bestimmt, schließlich aus Rußland als Klage des Aufklärers Diderot über das untergehende indianische Volk an die Ohren europäischer Leser zurückgekommen – die heute (naturgemäß) erstmals über den in Wien übersetzten Comic eines Italieniers, der in Argentinien arbeitet, von »Chief Logan« erfahren. *Colonial media history*.

S. 430 *Man with Osage girl*, Fotografie ca. 1900. Aus *All Roads Are Good. Voices on Life and Culture*, Smithsonian, Ausstellungskatalog NY1994

S. 433 Gaetano Liberatore, *Les Femmes de Liberatore*, Paris 1995, Indianerin aus dem Kopf des Zeichners; genannt »Meister der harten Comics«

S. 434 Louis Hersent, *Die Krankheit des Las Casas*, Ö/Lw., ca. 1808, 53 x 64 cm. Die Szene zeigt den kranken Bartholomé de Las Casas, der von einer Indianerin mit Muttermilch verpflegt wird. Die Szene geht zurück auf Jean François Marmontels *Die Inkas oder die Zerstörung des peruanischen Reiches*, Paris 1777. Der Häuptling Henri, dessen Kind gestorben ist, bietet dem kranken Las Casas die Muttermilch seiner Frau zur Genesung. Las Casas willigt nach Widerständen ein. Das Bild wurde auf 3 französischen Salonausstellungen gezeigt, 1808, 1814 und 1824. Sehr beliebt, zwei Kupferstiche, 1808 und 1823. Mythologischer Hintergrund bei Marmontel: die Romulus und Remus Geschichte; vgl. Linda Nochlin, *Women as sex objects*, Ausstellungskatalog 1972.
Für die Salonausstellung 1806 malte Hersent auch Atala, die sich in den Armen ihres Geliebten, Chactas, vergiftet, *Atalas' empoisant dans les bras de Chactas*. Das erste *Ata-*

la-Bild war 1802 im Salon von Gautherot, einem Schüler Davids, ausgestellt; *Convoi d'Atala*. 1808 folgte das heute bekannteste: Anne-Louis Girodet mit *Atala au tombeau*, 1818 vom Louvre gekauft; dort hängt es noch.

S. 437 Tenskwatawa, gen. *The Prophet*, Tecumsehs Zwillingsbruder, der Priester-Schamane. Dies Bild, artist unknown, scheint beeinflußt vom Schweizer Maler Karl Bodmer, der die Missouri River Indians im 19. Jhd. auf diese Weise zeichnete. Tenskwatawas Einfluß wird darauf zurückgeführt, daß er die Sonnenfinsternis von 1806 richtig vorausgesagt hat.

S. 438/9 Ira Moskowitz, *A Pueblo Pleasure Dance (Dog Dance)*, Litho 1946, und *Ridicule of the Whites: Secret Dance of the San Felipe Mimics*, Litho 1946. Die Bilder tragen den Vermerk: »Early Winter at Taos«; Taos, bei Santa Fé, wo D.H. Lawrence am Ende lebte, eine Art amerik. Worpswede. Aus John Collier, *Patterns and Ceremonials of the Indians of the Southwest*, NY 1949

S. 440 Tecumseh verhandelt mit General Harrison; dem er mit seinen Shawnees unterliegt bei Tippecanoe...

S. 441 23 Millionen Acres indianisches Land gehen an die Weißen nach *dem Treaty of Horse Shoe Bend*. Das neue Gebiet, in das die Vertriebenen ausweichen müssen, wird ihnen ab 1889, als es für weiße Besiedlung freigegeben wird, und dann 1907, als es unter dem Namen Oklahoma zum US-Staat ernannt wird, wieder weggenommen. 1889: die berühmten 50 000 Siedler stürzen im Wettlauf los aufs Land (das den Indianern 1837 als »für immer« als Indian territory zugestanden worden war). Es umfaßte das Gebiet der Staaten Kansas, Nebraska, North & South Dakota u. Oklahoma, und unterstand dem Kriegsministerium.

S. 443 »General George Crook's Apache Scouts, described as ›turbulent, desperate, disreputable band‹ by General Nelson Miles, helped Americans to track down Geronimo. Despite their loyal services they, too, as Crook noted, were ›rewarded ... by captivity in a strange land.‹« (William Brandon, *Indians*, »The American Heritage Library«, NY 1985, 374)

S. 445 wie S. 414

S. 447 Paolo E. Serpieri, *Die weiße Indianerin*, ital. Comic 1984, Sonneberg 1989; Sarah, die gerade bei den Comanchen wiederentdeckte Weiße, wird von einem der Weißen vergewaltigt und stirbt. Ihre letzten Worte in den Armen ihres Bruders: »Der Tod macht mir keine Angst...Ich bin eine Comanchin...Die Tochter von einem großen Krieger... Eine... richtige...Comanchin.«

S. 447 Milo Manara, *Mann aus Papier,* München 1998 (*L'uomo di carta/Quatre doigts,* 1982); letzte Seite. - Weißer Mann mit Foto von »Gwendolin«, Frau aus Papier; »Weißes Kaninchen« liebt Mann aus Papier. Nicht so gern gesehn vom flintentragenden Männerpaar mit dem weißen Kreuz auf der Brust. »Der Sergeant« weiß, selbst ganz aus der Ferne, wen er erschossen hat, eine *Sioux Oglala.*

S. 449 Delmer Daves, *Broken Arrow*, 1950. Die Apachen hängen Weiße, die sich nicht an die Verträge halten, nachts an Bäume...

S. 450 wie S. 285

S. 454 wie S. 438

S. 457 Moziers Statue, 1859, existiert in mehreren Abgüssen. Das Kreuz hat Poca nach dem Willen des Bildhauers im Wald gefunden; das Reh am Band stellt ihre Gefangenschaft und Bereitwilligkeit zur Konversion dar. Im selben Jahr hat Mozier auch die Korrespondenz-Frau, Coopers *The Wept of Wish-ton-Wish,* in Marmor hauen lassen (die weiße Frau, die den Indianer liebt, Ruth Narra-Mattah; spielt in King Philip's War). Mozier verkaufte mehrere Kopien der *Wept of Wish-ton-Wish*, darunter auch eine bemalte, blaue Augen, blondes Haar. (Casson, *Marble Queens,* 93ff.) Es gibt auch eine *Undine* von Mozier.

S. 459 Das Booton Hall Portrait von Pocahontas wurde lange Zeit für ein Originalgemälde aus der Zeit von Pocahontas' Londonaufenthalt gehalten; ist aber ein Gemälde aus dem 18. Jh., gemalt nach Simon van de Passes Stich von 1616. Es war in englischem Besitz und bis 1875 in Amerika unbekannt. (Tilton, a.a.O., 105f.)

S. 461 *Pocahontas in London mit Biberfellhut*, in Jan Gleiter/Kathleen Thompson, *Pocahontas.* Illustrated by Deborah L. Chabrian (»Raintree Childrens Books«), Milwaukee/Toronto/Melbourne/London 1985, in freier Anlehnung ans »Booton Hall Portrait« und an das Pocahontas Ganzkörpergemälde von Richard N. Brooke, 1905 (linke Seite)

S. 463 Kinderbuchporträt von Pocahontas, L. Santrey, *Pocahontas*, illustr. by David Wenzel, Mahwah, NJ 1985; ebenfalls nach Booton Hall Portrait/van de Passe.

S. 465 Mary Woodbury, *Pocahontas,* ca. 1738, gern als »Volkskunst«-Stück bezeichnet, wahrscheinlich das Werk einer Schülerin (zur Geschichte der einzelnen Portraits vgl. Tilton, a.a.O., 105-116)

S. 467 R.L. Morgan Monceaux, *Matowaka - Pocahontas - Rebecca Rolfe of the Powhatan Indian Nation of Virginia,* 1992

Pocahontas Portrait, David Wenzel, Kinderbuch, New Jersey, 985

Das sog. ›Turkey Island Portrait‹, In: Thomas McKenney und James Hall, A History of the Indian tribes of North America, *1844*

S. 468 wie S. 141; Indianer mit Industrielandschaft; diese Sorte Bild nach dem Modell »ein Dinosaurier in Manhattan« verliert merkwürdigerweise nicht ihre Attraktion des »gelungenen Ausdrucks« vom Nicht-Ineinanderpassen der Zeiten.

P. in England kurz vor ihrem Tod, Deborah L. Chabriand, in: Gleiter/Thompson, Pocahontas, *Kinderbuch, 1985*

S. 469 Thomas Sully, *Pocahontas*, 1852. Virginia Historical Society, Richmond Va.

S. 472/3 Lucky Strike Kautabak seit 1856, eine Marke der *Duke Company*; das Bergarbeiter-Hammer-Plakat ist von 1886. Die Lucky Strike Zigarette kam 1916, auf den Markt gebracht gegen die Camel (1913) mit dem Slogan *It's toasted.* Die Werbung mit der Ozeanfliegerin Amelia M. Earhart, 1928, ist eine der ersten Gesundheitsreklamen, kein Husten, keine Reizung der Kehle, nichts half so beim Spannungsabbau während des Ozeanflugs. Sie selbst war Nichtraucherin, die Mannschaft dafür »Kette«... Washington Duke's tobacco business, 1878; beginnt nach dem Civil War in der Nähe von Raleigh, North Carolina. Sohn James B. Duke übernimmt 1881 die Firma, pioniert in Zigarettenmaschinen und macht das Unternehmen zur größten Tabakfirma der States. 1890 entsteht die *American Tobacco Company* mit James B. Duke als Präsident, einer der großen Tabaktrusts. James B. macht aus dem *Trinity College* in Durham durch eine 100 Millionen Dollar-Spende die *Duke University, North Carolina.* Sie heißt heute noch so ...Rauchverbot in allen Räumen.

S. 476 Enrico Causici, *Landing of the Pilgrims,* 1825, Sandsteinrelief über der östlichen Rotunda-Tür, Capitol. Der im Bild zu sehende Indianer, sitzend auf *Plymouth Rock,* ist angelehnt an den berühmten Begrüßungsindianer »Squanto«, ein Wampanoag Indianer aus New England (»Maine«) mit einer bewegten Geschichte; 1611 nach England gebracht, von John Smith 1614 wieder in Amerika an Land gesetzt; 1618 wieder in England; befreundet mit dem Abenteurer/Kolonisten Thomas Dermer; entführt, als Sklave verkauft nach Spanien, nach London geflohen, von Thomas Dermer wieder in New England an Land gesetzt, wo er seinen Stamm nicht mehr vorfand: gestorben an einer der europäischen Infektionskrankheiten. Er ist der legendäre Indianer, der die Pilgrim Fathers *englisch sprechend* begrüßte am Ufer von Plymouth Rock und ihnen in der Folge als Übersetzer diente. Er soll auch die Plymouth-Siedler in die Geheimnisse des Mais-Anbaus eingeweiht haben. Diese Legende wurde für die USA gestartet in einer Rede von John Quincy Adams, 6. Präsident der USA ab 1825, Sohn des 2. Präsidenten John Adams; die Rede war in Plymouth, Dez. 1802. – Die Geschichte mit dem Mais und dem Truthahn, den Squanto den Pilgrims übergeben haben soll (damit das spätere *Thanksgiving* startend), geht aber zurück auf John Smith, *The description of New England,* in: Barbour, *Smith...*, Bd. 2; zu Squanto vgl. auch Bd.1, *Biographical Directory;* er heißt dort mit seinem richtigen Namen Tisquantum. Ihm wird – für die Pilgrim Fathers - die Rolle zugeschrieben, die Pocahontas für Jamestown gehabt hat: »Without his help the Pilgrims probably would have perished during their first winter. Squanto, more than any other individual, is responsible for the holiday of Thanksgiving, proclaimed by the Plymouth governor, William Bradford, after a successful harvest. Squanto died in 1622 from »Indian fever«, which was really smallpox, brought by whites from Europe.« Carl Waldman, *Encyclopedia of Native American Tribes (Facts on File)* NY/Oxford, 1988, Sp. 246b. cf. auch Robert D. Arner, »Plymouth Rock revisited. The Landing of the Pilgrim Fathers«, *Journal of American Culture* 6 (Winter 1983), 25-35. Und Leonard A. Adolf, »Squanto's role in Pilgrim diplomacy«, *Ethnohistory* 2 (Sommer 1964), 247-261.

– Als Außenminister war Adams 1823 Mitverfasser der Monroe Doktrin; vgl. Green Fryd, a.a.O., 26

S. 478 wie S. 141

S. 480 Bugsprietfigur des Walfangschiffs *Pocahontas*, William Rush zugeschrieben, ca. 1825, das Medaillon in ihrer Hand zeigt entweder den Shipowner oder George Washington; Kendall Whaling Museum, Sharon, Maine.
Zum Angriff eines Wals auf das Walfangschiff *Pocahontas* und ihre schwere Beschädigung vgl. Jay Leyda, *The Melville Log*, Bd.1, 1951. Obwohl Melville sich in the *Confidence-Man: His masquerade* und in *Pierre, or, The Ambiguities* auf Pocahontas und ihre Legende bezieht, unterläßt er es im *Nantucket-Kapitel des* Moby-*Dick*, auf Captain Smith zu verweisen, der 1614 als erster »Nordamerikaner« von der engl. Krone die Lizenz erhielt, von Neuengland aus Wale fangen zu dürfen; vgl. Laurie Robertson-Lorant, *Melville. A biography*, NY 1996, 92.

S. 484 Fotografie von Julia Margaret Cameron, zeigt Alice Liddell als Pomona, ca. 1872 (Lewis Carrolls Alice?) (Renate u. Fritz Gruber, *The Imaginary Foto Museum*, Abb. 338)

S. 488/9 Wer vielleicht denkt, die Ausrottung der Indianer sei mit der der Juden zu vergleichen, läßt völlig außer acht, daß noch keine deutsche Mehl- oder Backpulverfirma auf die Idee gekommen ist, mit einem »typisch jüdischen Profil« für ihre Produkte zu werben; während es so gut wie kein amerikanisches Produkt gibt, das nicht irgendwann auf Powhatans Hakennase oder Pocas Busen seine Verkaufserwartungen gestützt hätte. So weit müssen die Deutschen erst mal kommen. – Hier das William Wright Backpulver, Chicago, ab 1899. Logo von 1905. Werbung vor und nach *Art deco*; aus dem Graphikerlehrbuch. Zweites Logo: 1950. Das Wort *Calumet* für Friedenspfeife stammt von Père Marquette, gefunden, als er 1675 die Ufer des Lake Michigan erkundete.

S. 491 Stummfilmbild. Es stamme aus einem *Jamestown*-Film von 1913, schreibt F. Mossiker. Die Annalen verzeichnen keinen solchen für 1913; 1923 gibt es einen; beide sind verloren oder nicht zugänglich. Als Filmbild kenntlich ist dies nur durch den »durchsichtigen« Hintergrund.

S. 499 Daniel Chester French, *Lincoln*, Bronze 1916, 3 feet, Fogg Art Museum (Harvard University, Cambridge, Mass.). Vorstudie zum *Seated Lincoln* am Lincoln Memorial in Washington, Kopf nach Gipsmasken, Life Masks von Lincoln. Die Sesselsäulen links und rechts sind die *fasces* der römischen Konsuln.

S. 503 Franck Zimmermann, *Linke Hand 1. Die Nacht des Gesangs*, Comic, Frankreich 1993, München 1994. Spielt 1865, Ende des *Civil War*, das Jahr, in dem diese Regionen für den »West-Blick« neu eröffnet werden.

S. 504 Ölbild 1898, Maler unbekannt. Am 1. Mai eröffnet Commodore George Dewey den Krieg gegen Spanien, indem er mit seinem Flaggschiff *Olympia* den Hafen von Manila stürmt. Ein paar Stunden später sind 8 spanische Schiffe vernichtet, 167 Spanier tot, Amerikaner keiner (State Museum of Vermont). Amerikas Bild vom »Aufstieg zur Weltmacht« hat was von »russischer Revolution«.

S. 508 Das Ehepaar Wilson am 24.2.1919 in Boston (bei der Landung). Ganz rechts: Governor Calvin Coolidge, später selber President (bekannt als Mann, der nie lachte; nicht Buster Keatons Gegenstück, aber Gegenteil im Präsidentenamt). Zwei Wochen später fuhren die Wilsons zurück nach Frankreich zur Unterzeichnung des Versailler Vertrags. (Durant, 232)

S. 510-12 Drei US Sonderbriefmarken zum 300. Jahrestag der Jamestowngründung, 1907: John Smith – Poca-Matoaka – die Ankunft der Engländer am James River. Auf der Smith-Marke links oben Pocahontas im Medaillon, rechts oben ihr Vater Powhatan. Auf der 2 Cent-Marke sieht man Tabakpflanzen, aber John Rolfe ist aus der Konstellation gestrichen, ebenso wie Sohn Thomas Rolfe.

S. 513 »Laughing Calvin« Coolidge, genannt Cal, der Schweigsame, mit einer Delegation von Sioux Häuptlingen vor dem Weißen Haus, angeblich alles Mitglieder der Republican Party; Foto zwischen 1923 und 1929.

S. 514 American Copper Products Corporation, Elizabeth Port, New Jersey, 1922

S. 515 »Das Beste von allen«, Häuptling der Mineralwässer, ist das Wasser von Sheboygan carbonated beverages, Mineral Water Company, Sheboygan, Wisconsin, 1908.

S. 518 Der Mann, der auf den ersten Blick an Buster Keaton erinnert, ist Dustin Farnum, mit der Ute-Indianerin Red Wing in *The Squaw Man*, 1913, Cecil B. DeMilles erstem Film; gleichzeitig der erste Film der Jesse L. Lasky Feature Play Company, aus der die Paramount und die MGM hervorgingen; Co-Regisseur war Oscar Apfel. Die Scheune, in der der Film gedreht wurde, wurde so zum 1. Hollywood Filmstudio und steht auf dem Gelände von Paramount unter Denkmalschutz. In der Theaterversion des Stücks wurde die Indianerin-Rolle von einer Weißen gespielt, DeMille verzichtete auf eine erfahrene Schauspielerin, »because I wanted a real Indian to play her part.« (*The autobiography of Cecil B. DeMille*, ed. by Donald Hayne, London 1960, 81)
Als DeMille 1949 mit den Vorbereitungen zu seinem vorletzten Film, *The Greatest Show on Earth*, begann, und sich dabei den *most thrilling moment* vorführen ließ, den der Circus zu bieten hat: den Moment des Zusammenfalls des riesigen Zirkuszelts von Ringling Bros./Barnum & Bailey, überraschte ihn der Zirkusarbeiter, der das letzte Tau löste, mit dem Satz: »My aunt was your first leading lady: he was nephew of Red Wing, the Indian girl I had cast in *The Squaw Man* in 1913«. (*Autobiography*, 370)
DeMille hat den Stoff dreimal verfilmt, 1914, 1918 und noch einmal als Tonfilm, 1931.

The Squaw Man: a comedy drama in four acts, NY 1906, von Edwin Milton Royle, uraufgeführt am Broadway 1906, 222 Aufführungen. Hauptfigur: Captain James Wynnegate, so heißt er in England; später, wegen eines Gelddiebstahls, den er anstelle seines Vetters auf sich nimmt, nach America ausgewandert, nennt er sich Jim Carston. Sein Vetter, Henry Wynnegate, Earl of Kerhill ist der »Täter«; James W. nimmt die Tat »auf sich«, weil er dessen Frau, Diana, Countess of Kerhill, liebt.
Der Böse des Stücks, Cash Hawkins (William S. Hart), bringt den Ute Chief Tabwana, den er betrunken macht, um sein Vieh ...die Tochter kommt rein und zerschlägt die Whiskeyflasche ...Cash, sauer: »die kauf' ich gleich mit!«, küßt sie, will sie mitnehmen ...Carston, der Gute, ergreift Partei für die beleidigte Häuptlingstochter der Ute, Nat-u-ritch. Wortwechsel im *Long Horn Saloon:* »Don't you accuse me of insultin' women. She ain't a woman – she's a squaw« (43); Carston findet, sie sei doch eine Frau. Beim anschließenden Streit revanchiert Nat-u-rich sich für die Hilfe und erschießt Cash Hawkins. Jim schützt sie vor dem Sheriff, nimmt sie mit auf seine Utah-Farm, heiratet sie, nachdem sie ihm nochmal unter Einsatz des eigenen das Leben gerettet hat, und sie gebiert ihm einen Sohn, Hal. Die Rettung: Carston war im Winter, auf der Suche nach verirrtem Vieh, in ein Schneeloch gefallen, bewußtlos; sie allein sucht nach ihm. Er kommt wieder zu sich in ihrem Dorf: I had been at death's door fighting fever (68). – Als später, durch einen der üblichen dramatischen Zufälle, Jims erste (und *eigentliche)* Geliebte, Lady Diana, aus England nachkommt (mit allen Beweisen seiner Unschuld), er außerdem den Titel eines *Earl of Kerhill* geerbt hat und *ihr* Ehemann rechtzeitig gestorben ist, so daß sie nun *frei* ist für ihn, tötet sich die Indianerin – (die hinter der Tür stehend alles angehört hat!!): auch, weil der Sheriff ihr wieder nachstellt wegen dem Schuß auf Cash und in der Hoffnung, daß ihr Sohn Hal, der ihr inzwischen sowieso abgenommen ist, mit den beiden nach England gehen und dort seinen Weg machen wird als späterer Earl of Kerhill, ein Halb-Indianer ...wie kann sie im Weg stehen.
Anders als Pocahontas am Fieber, stirbt die Ute-Frau also an einer weißen Rivalin, an der ihr Mann hängt – und ein bißchen an den Spätfolgen ihres Schusses auf einen Weißen, auch wenn der ein übler Gangster war; – wie die von David Belasco kurz vorher produzierte Madame Butterfly – aber *der Sohn,* »Thomas Rolfe«, wird es machen ...es sei sein »manifest destiny«, sagt einer der Englishmen, daß er der *future Earl of Kerhill* sei. Schluß Akt 3. – Akt 4: Nat-u-rich erschießt sich mit Jims Revolver *in the mountains.* Vorhang. Vorhang wieder auf: »Jim carries Nat-u-rich into house.«
Die dreisilbigen Namen für IndianerInnen waren in der Literatur und auf der Bühne des 19. Jhd. sozusagen Pflicht: Nat-u-ritch (bei DeMille, den das nicht scherte, im Drehbuch allerdings Naturitch), aber Inn-nu-woh in Karl Mays erster Indianererzählung, seinem Ur-Winnetou, sieben Jahre nach seiner Haftentlassung; May nahm den Namen seines Apachenhäuptlings von der Landkarte: *Winnetoon* heißt der Ort in Nebraska, wo der Missouri sich zum »Lewis and Clark-See« erweitert. Die letzte Silbe des Ortsnamens wurde von ihm ersetzt durch die letzte des großen Manitou – und da stand der Name.
Lasky steckte sein ganzes Geld in die Produktion seines *Squaw Man,* und Cecil B. DeMille sein Family Silver; es ging auf. *The Squaw Man* war erfolgreich, als Stück, als

Film, in der Provinz und auf dem Broadway (lief ständig bis 1921). Nachfolgestücke von Royle (die diesem fast gleichen) wurden als Abklatsch erkannt und ignoriert. Dustin Farnum, dem Hauptdarsteller, wurde seine Gage in Form von Anteilen an der Lasky Film angeboten; er lehnte ab und zog ca. 250 $ die Woche in Cash vor; wenig später, nachdem die Paramont gegründet war, wären die Anteile Millionen wert gewesen. So verpaßte DeMilles erster Squaw Man seine Chance, überzuwechseln ins Reich der Film-Millionäre. (Foto aus Georges Sadoul, *Histoire du Cinéma*, Bd. IV/1)

S. 523 How the West is Putting Its Water Power to Work, Umschlagillustration des *Scientific American*, Nr. 122, 8. Mai 1920

S. 525 Neil Young auf Mission. Aus *Rock Cartoon. L'Histoire du Rock en B.D., Paris 1990*, Zeichner: Blanc-Dumont.

S. 527 wie S. 12

S. 534 Trina Robbins, aus *Ah! Nana*, Nr. 1., frz. Comicband von Zeichnerinnen; der Song ist *These Foolish Things*

S. 537 Milo Manara, nach einem Szenario von Hugo Pratt, *Ein indianischer Sommer (Tutto ricomincio con un estate indiana*, 1983), dt. Hamburg 1997, 2 Bde. Ausgangsstory: Zwei Indianerjungen, einer davon blond – »der Holländer« – , der andere »der Neffe von Squando« vergewaltigen ein weißes Mädchen in einer New England-Düne; in der Nähe des (von John Smith so benannten) Cape Ann in den 1620er Jahren.
Zu »Squanto« s. »Bild S. 476«. Das Personal der Vergewaltigungsszene spielt damit, daß die Holländer »früher« hier waren – daß ein Holländer eine Indianerfrau geschwängert hat – daß das nun zurück- und weitergegeben wird, und daß selbst ein Neffe des »freundlichen« Squanto das Vergewaltigungsspiel mitspielt (– ein paar Sekunden nach diesem Akt werden die beiden, als sie sich in die Wellen stürzen, von einem ebenso jungen weißen »Rächer« aus den Dünen heraus erschossen.) Der Vorfall löst einen Krieg zwischen Weißen und Indianern aus (nicht die Vergewaltigung, sondern die Tatsache der beiden erschossenen Indianerjungen). Der Rächer ist Teil der allein in der Wildnis lebenden Familie Lewis; eine Mutter ohne Mann, drei Kinder; von den Puritans in New Canaan ausgestoßen.
Wie die meisten der heutigen (besseren) Indianercomics mischt auch dieser, ausgehend von historischem Material, die Jahrhunderte, zieht sie in der Geschichte eines Sommers zusammen, alle Indianerliteraturen in Schnipselchen und Anspielungen einbauend *Estata Indiana* im Original. Zum Leben der »Grenze« gehört das obligate inzestuöse weiße Geschwisterpaar – (dessen männlicher Teil hier, der jüngere Bruder des »Rächers«, etwas meschugge ist); die schöne Schwester Phillis stirbt am Ende unter Indianerkugeln, nachdem sich vorher der Priester der Gegend, Reverend Black, unter Ausnutzung seiner Privilegien des leichteren Frauenzugangs, im Badezuber an ihr »vergeht«. Die religiösen wie ethnischen Porno-Backings fehlen so wenig wie die

Schönheiten der Wald-Wildnis, des Strands, der Gräser, der brennenden Häuser. Die Frauen und Mädchen sind so angezogen, daß man nicht begreift, wie irgendein Amerikaner *Puritaner* bleiben konnte. Sehr aufgeklärt alles, insgesamt.

S. 539 Chris Achilleos, *The Eve of Midsummer*, 1976, aus *Diva Satanica*, Firenze 1990, Buchserie von Federico Dezigno u.a. (Seriös-Pornos mit Jahreszahlen, Filmographien etc.)

S. 540 Munoz, »*Le Bar à Joe*« *(A Suivre)* Nr. 46, Tournai 1981

S. 541 Delmer Daves, *Broken Arrow*, 1950

S. 542 René Magritte, *Der Morgenstern*, Öl, 1938

S. 543 bis 551, wie S. 20

S. 552 wie S. 525

S. 553 wie S. 125

S. 555 Smith besucht Pocahontas in Brentford 1617. Carol Greene, *Pocahontas: Daughter of a Chief*, Childrens Press, Chicago 1988

S. 557 Aquarell eines unbekannten Künstlers, 1906. New York Public Library Picture Collection

S. 559 wie S. 461

S. 561 wie S. 20

S. 563 Hugo Pratt: *Corto Maltese: Und immer ein Stück weiter*, HH 1991, (*Toujours un peu plus loin*) Tournai 1979. – Soledad Lokäarth hält Corto Maltese für »John Smith« – ein Zweit-Name, den Corto sich zuerst zugelegt hat im letzten Kapitel von Bd. 3 seiner Kolonialabenteuer, *Im Zeichen des Steinbocks*.

S. 565 wie S. 67

S. 567 wie S. 12

S. 569 Mark Tansey, *A short history of modernist painting*, 1982, Ö/Lw, 147 x 304 cm

S. 571-573 Verlagssignet der *Lakeside Press*, R. R. Donnelley Company. Version 1: 1897, von J.C. Leyendecker. Version 2: 1926, von Theodore Hapgood. Version 3: 1930, von

Rockwell Kent. Um 1930 ist die indianische Geschichte Amerikas eine Totalsymbiose mit Art Deco eingegangen; als hätten die »Zeichen« aufeinander gewartet, »Feder auf Feder«.

S. 575 Kölnisch Wasser, Tassen, Untertassen, Untersetzer, Müsli-Schälchen, Schonbezüge, Gummibälle, Federmäppchen, Shirts und was das Allround-Merchandizing sonst noch bereit hält, darunter auch kleine Tütchen mit dem Pocahontas-Schriftzug in New Yorker Cafés ...*Indian Sugar* drin ...oder Süßstoff ...Theo Roos schickte mir eins aus Man-hat-tan...

S. 577 David Hockney, *Henry Geldzahler and Christopher Scott*, 1968/9, Acryl/Lw, 213 x 304 cm

S. 579 Logo der Minnehaha Coal, Hickory Grove Coal Mining Corp., Rochester, New York, 1938. »Minnehaha«, eine Pocahontas des Nordens ...die ist für den Band *Königstöchter...*

S. 580 »Miss America« canned vegetables, Dorgan-McPhillips Packing Corporation, Mobile, Alabama, 1929

S. 581 wie S. 137

S. 582 Wayagamack wood pulp, Quebec 1924; Zulieferfirma für Papierherstellung.

S. 584/5 Kinder-Frühstücks-Set, 1995

S. 603 Foto von D. L. Gill, von einer *Pocahontas*-Aufführung für weiße Besucher, 1899 in der Pamunkey Reservation, King William County, Va.; s. *Handbook of North American Indians*

S. 611 »The pipe« geht über ans Denken des weißen Mannes. *Duke,* Durham N.C., 1878; *L.Orlik Limited*, London, England, 1956; *Petersons Pipe,* Harry L. Rogers, NY 1935; – *Foot Prints Chewing Tobacco*, Taylor Bros. Inc., Winston-Salem, NC, 1948

S. 617 Queen Elizabeth I., Marcus Gheeraerts the Younger, the »Ditchley« portrait, ca. 1592. Gemalt für Sir Henry Lee, den Patron des Malers. Der Maler hat sie auf eine Landkarte von England gestellt (durch Rahmung beschnitten). Das Bild hing in der Ditchley Hall, Nähe Schloß Woodstock, und ist das größte existierende Portrait von Elizabeth I.; vgl. Christopher Hibbert, *The Virgin Queen, The personal History of Elizabeth I,* London 1990; - »Die Königin und ihr Reich als austauschbare Ikonen und der erste visuelle Ausdruck ihrer als einer kosmischen Kraft«. Roy Strong, *Gloriana: The Portraits of Queen Elizabeth I.,* London 1987, 135

S. 629 zwei Firmenlogos; links: Chickasaw barrels, kegs, pails and buckets, Chickasaw Cooperage Company, Memphis Tennessee, 1905. Rechts: Zeichen der National Shawmut Bank, Boston, Mass., 1953. Die Bank führte den Indianer als Zeichen seit 1854, Adelbert Ames Jr. stellte 1910 eine Büste des Shawmut-Indianers her. Nach Angaben der Bank ist es Obbatinewat, Häuptling der Mushauwomeog, der einen Vertrag mit Miles Standish unterzeichnete im Jahr 1621

S. 634/5 Derib (d.i. Claude de Ribaupierre), *Celui qui est né deux fois,* Brüssel 1983, dt. *Gewitterregen (Der Weg des Schamanen 1),* HH 1990. Wie Deribs Comics immer mit weitgehendem »Wirklichkeitsanspruch«, »erzählt nach Dokumenten«; die Geschichte eines Sioux Medizinmannes in den *Great Plains* von Geburt bis Tod. Hier: Baden im Winter, – wie geschildert von William Strachey 1611/2 für die Algonkins in Virginia.

S. 640 Stich von Theodor de Bry, 1591. Aderlaß und Blut für Schwangere zur Stärkung... im Hintergrund die Tabak-Kräuter-Frau...

S. 649 Ingraham, Corbin & May, Chicago, Illinois, 1872. Red Cloud, Sioux Oglala (ca. 1810-1909), lange Zeit siegreicher Kämpfer gegen die US Army, unterzeichnet 1868 Vertrag von Fort Laramie über Sioux Reservat in Nebraska, dann South Dakota. Einer der wenigen Fälle, in denen weiße Amerikaner eins ihrer Durchzugsgebiete an Indianer zurückgaben. Schon vier Jahre nach dem Vertrag hat Red Cloud es – zu Lebzeiten – auf die Kautabaksdose geschafft. Starker Kämpfer...

S. 650 Gemälde 1897, unknown artist, Explorer Archives/Charmet

S. 666 Marathon, Handelsmarke der Transcontinental Oil Company, seit 1915. Gehört heute zu U. S. Steel, Logo von 1946.

S. 669 Igort, *Die Lethargie der Sinne*, (*La lethargie des sentiments*, Paris, o. J.) München 1992

Smith, John

Erstdrucke seiner Schriften; Erscheinungsort, wenn nicht anders angegeben, London):

1608
...A *True Relation of such occurrences and accidents of noate as hath hapned in Virginia since the first planting of that Colonny (...),*

1612
Smith, John, *A Map of Virginia. With a description of the countrey, the commodities, people, government and religion,* Oxford

1612
– *The Proceedings of the English Colonie in Virginia since their first beginning from England in the year of Our Lord 1606, till this Present 1612, with all the accidents that befell them in their journies and discoveries,* Oxford

1616
– *A Description of New England: or, the Observations and Discoveries of Captain John Smith (Admirall of that country) in the North of America,*

1618
– *Letter to the Right Honorable Sir Frances Bacon, Knight, Baron of Verulam, and Lord high Chauncellor of England,* Manuskript. Zuerst gedruckt in *State Papers* Colonial (1574-1621), vol. I, Nr. 42

1620
– *New Englands Trials. Declaring the successe of 26 ships employed thither within these sixe yeares.* Um 12 Seiten erweiterte Ausgabe, 1622

1623
– *The Generall Historie of Virginia, the Somer Isles, and New England, with the names of the Adventurers and their Adventures (also a catalogue of their names who where the first Treasurers heere, and planters, Gouernours there; and how they have yeerely succeeded, from the first beginning 1584 to this present 1623* (Folio-Broschüre)

1624
– *The Generall Historie of Virginia, New-England, and the Summer Isles with the names of the adventurers, planters, Governours from their first beginning Anno 1584 to this Present 1624 (...) Also the maps and descriptions of all those countryes, their commodities, people, Government, Customes, and Religion yet knowne. Divided into sixe bookes (...)*

1626
– *An Accidence or the Path-Way to Experience. Necessary for all young Sea-Men, or those who are desirous to goe to Sea, briefly shewing the phrases, offices and words of command, belonging to the building, ridging, and sayling a Man of Warre; and how to manage a Fight at Sea. Together with the Charge and Duty of every Officer and their Shares*

1627
»John Smith of his friend Master John Taylor and his Armado«, in: John Taylor, *An Armado, or Navye, of 103. Ships and other vessels; Who have the art to sayle by land, as well as by sea*

1627
– *A Sea Grammar, with the plaine Exposition of Smiths Accidence for younge Sea-Men, enlarged*

1628
»In the due Honor of the Author Master Robert Norton, and his worke«, in: Robert Norton, *The Gunner shewing the whole practice of artillerie*

1630
– *The True Travels, adventures and observations of Captaine John Smith in Europe, Asia, Affrica, and America, from Anno Domini 1593 to 1629. His Accidents and Sea-fights in the Straights; his Service and Stratagems of warre in Hungaria, Transsilvania, Vallachia and Moldavia against the Turks and Tartars; his three single combats betwixt the Christian armie and the Turkes (...) Together with a continuation of his generall History of Virginia, Summer-Iles, New England, and their proceedings since 1624 to this present 1629; as also of the new Plantations of the great river of the Amazons, the Iles of St. Christopher, Mevis, and Barbados in the West Indies* (= Smiths letzte große Zusammenfassung seines Lebens-Romans).

1631
– *Advertisements for the unexperienced Planters of New England, or Any Where. Or the Pass-way to experience to erect a Plantation (...), with the map allowed by our Royall King Charles*

1631
The Last Will and Testament of Captain John Smith; with some additional memoranda relating to him (by Charles Deane), Cambridge, Mass. 1867

Smith, John, moderne Ausgaben:

The Works of Captain John Smith, ed. Edward Arber, (»*The English Scholar's Library*«; *16)*, Birmingham 1884

The Generall Historie of Virginia, New England & the Summer Isles. Together with the True Travels, Adventures and Observations, and a Sea Grammar, 2 Bde., Glasgow, 1907

Travels and Works of Captain John Smith, President of Virginia, and Admiral of New England, 1580-1631, ed. Edward Arber. A new edition with a biographical and critical introduction by A.G. Bradley, 2 Bde. Edinburgh, 1910.

The Complete Works (1580-1631), ed. Philip L. Barbour, 3 Bde., Chapel Hill N.C. und London 1986

Namenregister

Kursive Ziffern beziehen sich auf Abbildungen bzw. Bildunterschriften, Sternchen verweisen auf Literaturhinweise, Film- oder Bildtitel.

Tabakspfeife aus Stein, 26 cm lang, 300 vor bis 700 nach, Hardin County, Tennessee. Tabakspfeifen sind eine indianische Erfindung, in Nordamerika ab etwa 500 v.u.Z. ausgegraben. Raubvogel, der Rauch wurde direkt aus dem Loch unter dem Schwanz gezogen; die Flügel zum Halten gegen die Glut, von einem zum andern gereicht. HH Museum für Völkerkunde...

Buch II: CA

Mad Affairs. Buch der Königstöchter. Die Medea/Pocahontas-Connection

ISBN 3-87877-752-3

POCA 2 sieht die Pocahontas-Geschichte in der langen Reihe jener (sagenhaften oder verbrieften) Königstöchter, die (fiktiv oder verbrieft) in die Arme des Kolonisators sich begeben, die »Vaterkultur« verlassen, eine Geschichte, die den Kern schon des ersten Kolonialepos der Weltgeschichte bildet: Medea (asiatisch), die dem Griechen Jason zum gewünschten »Goldenen Vlies« verhilft, in den *Argonauten*. ›Liebe zum Fremden‹, ›Kollaboration‹, Theorien ›des Weiblichen‹ in der Geschichte.
›When you put your arms around me
I get a fever that's so hard to bear‹.

Buch III: HON

Import. Export. Kolonialismustheorien, oder: Warum »Cortés« wirklich siegte.

ISBN 3-87877-753-1

POCA 3: Kolonialismustheorien. Es ist längst nicht alles gelöst bei Todorov & Co. – Wer oder was ist das *Alien*? Welche Macht kommt aus den (weißen) Medien.

Buch IV: TAS

»You Give Me Fever«: *Arno Schmidt. Seelandschaft mit Pocahontas.*

ISBN 3-87877-754-X

POCA 4 *Arno Schmidt. Seelandschaft mit Pocahontas*, erwies sich als Text, an dem sich der deutsche Nachkrieg, sein Verhältnis zu »Amerika«, zur Sexualität und zum Umgang mit der sog. Vergangenheit vorzüglich darstellen ließ. Für uns zusätzlich das Vergnügen einer ausgedehnten Kanufahrt – Tour de Dümmer – durch Arno Schmidts literarische Geographien.

Für Hilfen aller Arten bei der Fertigstellung von *Pocahontas in Wonderland. Shakespeare on Tour* danke ich vor allem Monika Theweleit-Kubale, in der Schlußphase des Bandes – Sommerferien! - die einzige Leserin; von ihr stammen auch die Objekt-Bilder für alle vier Umschläge von PO CA HON TAS; weiter Christian Schaeffer, der wieder alle Fotos vom TV gemacht und (eher staunend) gelesen hat; den Teilnehmern des Kolonialismus/*The Tempest*-Seminars 1997/8, insbesondere Rainer Hoeltschl, Jürgen Reuß, Birgit Kindler, Thomas Wald, Christoph Trunk, Michael Berger, Mathias Heybrock, Malte Oberschelp, u.a.; »Pocahontas mit Ovid & Shakespeare« sieht sich anders an als nur »Poca mit John Smith«, und Shakespeare »mit Virginia im Kopf« liest sich anders als Stadttheater-Shakespeare; q.e.d, und funktionierte gut; wie überhaupt die Bereitschaft, »durch die Zeiten« zu denken, von Vergil nach Virginia bis zu *Shakespeare in Love* im Cinemaxx, eher zunimmt als ab; die Computergeneration(en) sind nicht so abgenabelt von »Geschichte«, wie der Papier-Historiker denken mag, zudem allen Quellen-Formen offen. Lesen (und Filmekucken) in Gruppen ist sowieso ein befeuerndes Vergnügen, Dank für alle Beiträge; und Stefan Schnabel danke ich für Materialien zum *Sturm*. – Auch dieser Band hat (eigentlich) zwei Autoren, besonders die Kapitel *Geiselnahme, Shakespeare, Pocahontas' Descendants* und die Bemerkungen zum Tabak – zur Tatsache, daß nur einer auf dem Cover ist, s. die Vorbemerkung im Band TAS: *Arno Schmidt. Seelandschaft mit Pocahontas*. – Die Bilder sind montiert mit Michel Leiner, trotz avancierterer Computertechniken noch einmal mit Schere, Lichttisch, Klebefilm in nächtlichen Vergnügungs- (und Auszehrungsstunden); die vielen dabei entstandenen »Hurenkinder« sind eine Folge der Obszönität solch historisch veralteter Buchzeugungsverfahren. Doris Kern danke ich, außer für die Computersatzkunst, für ihre Unermüdlichkeit und Übersicht bei der Endproduktion, außerdem Tatjana Wolfert für verschiedene praktische Hilfen im Verlag und Barbara Helfer für Schlußlektüre, Schlußkorrekturen und das Erstellen des Namenregisters.

Die Deutsche Bibliothek - CIP-Einheitsaufnahme
Ein Titeldatensatz für diese Publikation ist bei der
Deutschen Bibliothek erhältlich
ISBN 3-87877-751-5

D-60322 Frankfurt am Main, Holzhausenstr. 4 / CH-4027 Basel, Altkircherstr. 17
info@stroemfeld.de